Martin B. Schultz, Jörg Knuth, Volker Pruß

Microsoft SQL Server 2005 Reporting Services – Das Praxisbuch

Martin B. Schultz, Jörg Knuth, Volker Pruß

Microsoft SQL Server 2005 Reporting Services – Das Praxisbuch

Martin B. Schultz, Jörg Knuth, Volker Pruß: Microsoft SQL Server 2005 Reporting Services – Das Praxisbuch
Microsoft Press Deutschland, Konrad-Zuse-Str. 1, 85716 Unterschleißheim
Copyright © 2006 by Microsoft Press Deutschland

Das in diesem Buch enthaltene Programmmaterial ist mit keiner Verpflichtung oder Garantie irgendeiner Art verbunden. Autor, Übersetzer und der Verlag übernehmen folglich keine Verantwortung und werden keine daraus folgende oder sonstige Haftung übernehmen, die auf irgendeine Art aus der Benutzung dieses Programmmaterials oder Teilen davon entsteht.

Das Werk einschließlich aller Teile ist urheberrechtlich geschützt. Jede Verwertung außerhalb der engen Grenzen des Urheberrechtsgesetzes ist ohne Zustimmung des Verlags unzulässig und strafbar. Das gilt insbesondere für Vervielfältigungen, Übersetzungen, Mikroverfilmungen und die Einspeicherung und Verarbeitung in elektronischen Systemen.

Die in den Beispielen verwendeten Namen von Firmen, Organisationen, Produkten, Domänen, Personen, Orten, Ereignissen sowie E-Mail-Adressen und Logos sind frei erfunden, soweit nichts anderes angegeben ist. Jede Ähnlichkeit mit tatsächlichen Firmen, Organisationen, Produkten, Domänen, Personen, Orten, Ereignissen, E-Mail-Adressen und Logos ist rein zufällig.

15 14 13 12 11 10 9 8 7 6 5 4 3 2 1
08 07 06

ISBN 3-86645-402-3

© Microsoft Press Deutschland
(ein Unternehmensbereich der Microsoft Deutschland GmbH)
Konrad-Zuse-Str. 1, D-85716 Unterschleißheim
Alle Rechte vorbehalten

Fachlektorat: Georg Weiherer, Münzenberg
Korrektorat: Dorothee Klein, Siegen
Layout und Satz: Gerhard Alfes, mediaService, Siegen (www.media-service.tv)
Umschlaggestaltung: Hommer Design GmbH, Haar (www.HommerDesign.com)
Gesamtherstellung: Kösel, Krugzell (www.KoeselBuch.de)

Inhaltsverzeichnis

Einleitung 15
Inhalt des Praxisbuches 16
Beispieldateien 17
Support 17
Danksagung 17

Teil A
Einführung 19

1 Was ist neu? 21
Berichtsfeatures 22
Entwerfen von Berichten und Modellen 23
Bereitstellung und Verwaltung 23
Berichtszugriff- und Übermittlung 24
Allgemeine Neuerungen 25

2 Unternehmensberichte 27
Allgemeine Definition 28
Internes und externes Berichtswesen 28
Typen des Berichtszugriffs 29
Anforderungen an moderne Berichtslösungen 29

3 Nutzergruppen 31
Die Informationskonsumenten 32
Die Informationserforscher 32
Die Analysten 33

4 Architektur 35
Reporting Life Cycle (Berichtslebenszyklus) 36
    Entwicklung von Berichten 36
    Management von Berichten 37
    Ausgabe von Berichten 37
Berichts-Designer 39
Berichts-Manager 40
Berichts-Generator 40
Berichtsserver 41
    Programmierschnittstellen 41
    Berichtsprozessor 41

Berichtsserver-Datenbank	42
Datenverarbeitungserweiterungen	42
Renderingerweiterungen	43
Übermittlungserweiterungen	44
Prozessor für Zeitplanung und Übermittlung	44
Befehlszeilenprogramme	45
Architekturdiagramm	46

5 Installation und Konfiguration ... 47

Editionen	48
Express Edition	48
Workgroup Edition	49
Standard Edition	49
Enterprise Edition	49
Developer Edition und Evaluation Edition	50
Der Installationsvorgang	50
Endbenutzer-Lizenzvertrag	50
Komponentenupdate	51
Willkommen	52
Systemkonfigurationsüberprüfung	52
Registrierungsinformationen	53
Zu installierende Komponenten	54
Featureauswahl	55
Instanzname	56
Dienstkonto	56
Berichtsserverinstallationsoptionen	58
Einstellungen für Fehler- und Verwendungsberichte	58
Installationsbereit	58
Setupstatus	59
Microsoft SQL Server 2005-Setup wird abgeschlossen	60
Ändern oder Entfernen der Installation	61
Konfiguration	63
Beispielberichte bereitstellen	71

Teil B
Entwicklung von Berichten ... 75

6 Einführung in die Berichterstellung ... 77

Schneller Einstieg mit dem Berichts-Assistenten	78
Die Datenquelle auswählen	80
Eine Abfrage entwerfen	82
Strukturierung der Berichtsdaten	85
Berichtstyp auswählen	85
Tabelle entwerfen	86
Tabellenlayout auswählen	87
Tabellenformat auswählen	88

Bereitstellungsspeicherort auswählen 89
Den Berichts-Assistenten abschließen 90

7 Entwicklungsumgebung 93
Der Berichts-Designer 94
    Die Ansichten *Daten*, *Layout* und *Vorschau* 94
    Toolfenster 95
Die Layout-Ansicht 96
Die Vorschau-Ansicht 98
Die Daten-Ansicht 101
    Designer für grafische Abfragen 102
    Standardmäßiger Abfrage-Designer 104

8 Berichtselemente 107
Textfeld 109
Linie und Rechteck 113
Bild 114
Unterbericht 117
Datenbereiche 117
    Tabelle 117
    Matrix 121
    Liste 124
    Diagramm 124

9 Formatierung und Seitenmanagement 129
Formatierung 130
    Formatierungszeichen(folgen) 130
    Benutzerdefinierte Formatierungszeichenfolgen 132
    Bedingte Formatierung 133
Seitenmanagement 134
    Seitenumbrüche 134
    Kopf- und Fußzeilen 135
    Dokumentstruktur 137

10 Datenquellen und Datasets 139
Datenquellen 140
    Freigegebene Datenquellen 141
    Berichtsspezifische Datenquellen 143
Datasets 145
    Datasets mit einer Abfrage aus Tabellen oder Sichten 145
    Datasets mit einer gespeicherten Prozedur 146

11 Gefilterte, sortierte und gruppierte Daten 151
Filtern 152
    Filtern auf dem Datenbankserver 152
    Filtern eines Datasets 154
    Filtern eines Datenbereichs 156

	Sortieren	157
	Sortieren auf dem Datenbankserver	157
	Sortieren im Bericht	158
	Interaktive Sortierung	158
	Datenoptionen	160
	Gruppieren	161
	Gruppieren auf dem Datenbankserver	161
	Gruppieren von Daten in einem Bericht	162
	Rekursive Hierarchien	166
12	**Parametrisierte Berichte**	**169**
	Abfrageparameter	170
	Berichtsparameter	172
	Berichtsparameter mit korrespondierendem Abfrageparameter	172
	Berichtsparameter ohne korrespondierende Abfrageparameter	175
	Parameter in gespeicherten Prozeduren	177
	Kaskadierende Parameter	178
	Dynamische Abfrage	181
	Mehrwertige Parameter	182
	DateTimePicker-Steuerelement	183
13	**Interaktiv: Drilldown/Drillthrough**	**185**
	Drilldown	186
	Drillthrough	188
	Hyperlinks und Lesezeichenlinks	191
	Hyperlinks	191
	Lesezeichenlinks	192
14	**Gestaltung und Bereitstellung**	**193**
	Kopfzeilen und Fußzeilen	194
	Kopf- und Fußzeile eines Berichts	194
	Kopf- und Fußzeile einer Tabelle	195
	Kopf- und Fußzeile einer Gruppe	195
	Gestaltungsaspekte	196
	Seitenlayout und Formatierung	196
	Interaktivität und Navigation	198
	Berichte testen und bereitstellen	199

Teil C
Management von Berichten ... **203**

15	**Übersicht über den Berichts-Manager**	**205**
	Arbeiten mit dem Berichts-Manager	206
	Starten des Berichts-Managers	206
	Navigieren im Berichts-Manager	207
	Symbole des Berichts-Managers	208

Die *Inhalt*-Seite	209
Bericht rendern	211
Ordner erstellen	211
Datenquellen anlegen	212
Bericht uploaden	213
Einem Bericht eine neue Datenquelle zuweisen	214
Bericht downloaden	215
RDL-Datei bearbeiten	216
Löschen eines Berichts oder Ordners	217
Verschieben eines Berichts oder Ordners	217
Der Umgang mit Ressourcen	218
Suchen	220
Nach Berichten und anderen Elementen suchen	220
Eigenschaftenseiten	221
Eigenschaftenseite *Allgemein* von Ordnern	222
Eigenschaftenseite *Sicherheit* von Ordnern	223
Eigenschaftenseite *Allgemein* von Datenquellen	224
Eigenschaftenseite *Allgemein* von Berichten	224
Eigenschaftenseite *Parameter* von Berichten	227
Siteeinstellungen des Berichts-Managers	230
Arbeiten mit dem HTML-Viewer	233
Berichtssymbolleiste des HTML-Viewers	234
Berichte mit Parametern	235
Berichte mit Dokumentstruktur	237

16 Sicherheit 239

Das Sicherheitsmodell von Reporting Services	240
Grundlagen der rollenbasierten Sicherheit	240
Konzept der rollenbasierten Sicherheit	241
Aufgaben und ihre Berechtigungen	241
Aufgaben auf Elementebene	242
Aufgaben auf Systemebene	243
Rollendefinitionen verstehen	244
Rollendefinition einrichten	244
Die Standardsicherheit	245
Vordefinierte Rollendefinitionen der Elementebene	246
Vordefinierte Rollendefinitionen der Systemebene	249
Rollendefinitionen erstellen, ändern oder löschen	251
Rollen zuweisen	255
Benutzer und Gruppen in Rollenzuweisungen	256
Vordefinierte Rollenzuweisungen	258
Benutzerdefinierte Rollenzuweisung	258
Was bei der Sicherheit von Elementen zu beachten ist	261
Sicherheit von Ordnern	261
Sicherheit von Berichten und Ressourcen	263
Sicherheit von Berichten für den globalen Zugriff	263
Sicherheit freigegebener Datenquellenelemente	264
Sicherheit von *Meine Berichte*	265

17 Datenquellen **267**
    Datenquellenvarianten 268
        Berichtsspezifische Datenquellen 268
        Freigegebene Datenquellen 269
    Eigenschaftenseiten für Datenquellen 269
        Eigenschaftenseite für berichtsspezifische Datenquellen 270
        Eigenschaftenseite *Allgemein* für freigegebene Datenquellen 271
        Beispiele für Verbindungszeichenfolgen 273
        Anmeldeinformationen für Datenquellen 274
    Einstellungen von Datenquellen bearbeiten 278
        Eine berichtsspezifische Verbindung zur Datenquelle einrichten 278
        Anmeldeinformationen bei Berichtsausführung abfragen 280
        Freigegebene Datenquellen anlegen 281
        Einen Bericht mit einer freigegebenen Datenquelle verbinden 282
        Freigegebene Datenquellen deaktivieren 283
        Berichte mit mehren Datenquellen verwalten 284
        Löschen einer freigegebenen Datenquelle 286

18 Berichtsausführung und Auftragsverwaltung **289**
    Schritte der Berichtsausführung 290
    Eigenschaftenseite zur Steuerung der Ausführung eines Berichts 291
        Die Option *Diesen Bericht immer mit den neuesten Daten ausführen* 292
        Die Option *Diesen Bericht aus einem Berichtsausführungs-Snapshot rendern* 293
        Der Bereich *Timeout für Berichtsausführung* 294
    Festlegen von Eigenschaften zur Berichtsausführung 295
        Beispiel: Bedarfsgesteuerte Ausführung von Berichten aus dem Cache 296
        Beispiel: Ausführen der Berichte von Snapshots 296
        Beispiel: Synchronisieren von Berichtsänderungen für einen gespeicherten Snapshot 297
    Was sind Aufträge? 298
    Aufträge verwalten 298
        Die Seite *Aufträge verwalten* 298
        Abbrechen von Aufträgen 300

19 Exportformate **301**
    Berichte exportieren 302
        Welches Exportformat soll ich wählen? 304
        Die Paginierung für Exportformate 304
    Renderingerweiterungen 305
        HTML-Renderingerweiterung 306
        Excel-Renderingerweiterung 307
        CSV-Renderingerweiterung 308
        XML-Renderingerweiterung 309
        Bild-Renderingerweiterung 309
        PDF-Renderingerweiterung 310
        Weitere Renderingerweiterungen 311

20 Snapshots, Verlauf, Zeitpläne ... 313
Was ist ein Snapshot? ... 314
Eigenschaftenseite für den Verlauf von Berichten ... 315
    Der berichtsspezifische Zeitplan ... 316
Einen Berichtsverlauf einrichten ... 318
Arbeiten mit dem Berichtsverlauf ... 320
    Die Berichtsverlauf-Seite ... 321
Freigegebene Zeitpläne einsetzen ... 323
    Freigegebene Zeitpläne verwalten ... 324
    Beispiel: Freigegebenen Zeitplan erstellen ... 325
    Einen freigegebenen Zeitplan einem Bericht zuweisen ... 327
    Welche Berichte sind einem Zeitplan zugewiesen? ... 327
    Einen Zeitplan anhalten bzw. fortsetzen ... 328

Teil D
Fortgeschrittene Arbeit mit Berichten ... 331

21 Berichts-Generator ... 333
Allgemeines ... 334
Entwerfen eines Berichtsmodells ... 334
    Anlegen eines neuen Berichtsmodellprojekts ... 334
    Datenquelle definieren ... 335
    Datenquellensicht definieren ... 336
    Berichtsmodell definieren ... 338
    Veröffentlichen des Berichtsmodells auf dem Berichtsserver ... 340
Starten des Berichts-Generators ... 341
    Starten mit Hilfe des Berichts-Managers ... 341
    Starten durch Eingabe einer URL ... 341
Die Arbeit mit dem Berichts-Generator ... 342
    Das Bearbeiten von Objekten im Entwurfsbereich ... 343
    Das Filtern von Datensätzen ... 343
    Ausführen des Berichts ... 344

22 RDL (Report Definition Language) ... 347
Was ist RDL? ... 348
    Was ist XML? ... 348
    Ein erster Blick auf eine Berichtsdefinition in RDL ... 348
RDL verstehen am Beispiel ... 349
    Konzept des Berichtgenerator-Beispiels ... 350
    Erstellen eines neuen Projektes ... 350
    Start der Projektimplementierung ... 353
    Teil 1: Berichtsdefinition generieren ... 354
    getData- und writeFile-Hilfsfunktion ... 362
    Teil 2: Berichtsdefinition an Berichtsserver weitergeben ... 363
    Berichtsgenerator-Beispiel ausführen ... 366

23 Berichte automatisch verteilen: Abonnements ... 369
Wozu Abonnements? Grundsätzliche Überlegungen ... 370
Was leisten Abonnements? Einsatzszenarien ... 371
Eines für alle: Erstellen eines Standardabonnements ... 372
Individuell für jeden Benutzer: Erstellen datengesteuerter Abonnements ... 376
    Regelmäßig frisch im Basisordner: Datengesteuerter Bericht auf Dateifreigabe ... 376
    Wenn der Prophet nicht zum Berg kommt: Abonnements per E-Mail ... 386

24 »Meine Berichte«-Funktionalität ... 393
Wieso Administration vertikal teilen? ... 394
»Meine Berichte« verwalten ... 394
    »Meine Berichte«-Funktionalität aktivieren ... 394
    So deaktivieren Sie »Meine Berichte« ... 396
Arbeiten mit »Meine Berichte« ... 396
    Arbeiten mit dem Berichts-Manager ... 397
    Berichte zum *My Reports*-Ordner hinzufügen ... 397
    My Reports-Ordner per URL-Zugriff nutzen ... 399
Verknüpfung zu einem bestehenden Bericht erstellen ... 399

25 Ausdrücke ... 401
Verwenden von allgemeinen Ausdrücken ... 402
    Ihr Beispiel: Verkaufsbericht nach Vertriebsmitarbeiter und Jahren ... 402
    Verwenden von Funktionen in Ausdrücken ... 404
    Globale Auflistungen und der Ausdruckseditor ... 407
    Erweiterte Möglichkeiten: .NET-Funktionen ... 409
Eigene Funktionen erstellen: Das Code-Element ... 410
Volle Flexibilität: Arbeiten mit Assemblies ... 412
    Implementierung einer Assembly ... 412
    Bereitstellung einer Assembly ... 414
    Verweisen auf eine Assembly in einem Bericht ... 416
    Nutzung der Assembly-Funktion im Bericht ... 417

Teil E
Programmierung ... 419

26 Einführung in Programmierung und URL-Zugriff ... 421
Programmiermöglichkeiten im Überblick ... 422
Die URL-Zugriffsfunktion ... 423
    Browsen durch die Berichtsserver-Ordnerstruktur ... 424
    URL-Parameter ... 426
Portal-Integration ... 431

27 .NET-Webdienste ... 433
Erstellen eines Webdienstes ... 434
Einbinden in eine Anwendung: Erstellen eines Webdienstclients ... 438

28 Reporting Services als Webdienst einbinden 443
Die Methoden 444
    Methoden für Rendering und Ausführung 444
    Methoden für Berichtsparameter 445
    Methoden für Datenquellen und Verbindungen 445
    Methoden für Abonnements 446
    Methoden für Berechtigungen, Rollen und Richtlinien 446
    Methoden für den Berichtsverlauf und Snapshots 447
    Methoden zur Verwaltung des Berichtsserver-Namespace 448
    Methoden für freigegebene Zeitpläne 449
    Methoden für verknüpfte Berichte 449
Bericht aus Anwendung rendern 449

29 Aufgaben automatisieren mit Reporting Services-Skriptdateien 455
Skript erstellen 456
Skript ausführen 456
Beispiel: Berichtsliste ausgeben und Bericht rendern 457
Skripts komfortabel entwickeln und debuggen 460

30 Erweiterungsschnittstellen 463
Die Erweiterungstypen 464
Einführung in Datenverarbeitungserweiterungen 465
Implementierung einer Datenverarbeitungserweiterung 466
    Beginnen Sie mit der Implementierung 467
    Implementierung der *Connection*-Klasse 470
    Implementierung einer *Command*-Klasse 474
    Implementierung einer *DataReader*-Klasse 478
Bereitstellung einer Datenverarbeitungserweiterung 482
Verwendung einer Datenverarbeitungserweiterung in einem Bericht 485
Debugging von Erweiterungs-Code 490
Entfernen einer Erweiterung 492

Stichwortverzeichnis 493

Einleitung

In diesem Kapitel:

Inhalt des Praxisbuches	16
Beispieldateien	17
Support	17
Danksagung	17

Microsoft SQL Server 2005 Reporting Services sind neu und als Bestandteil der SQL Server 2005-Lizenz ohne zusätzliche Kosten nutzbar. Als Erweiterung von SQL Server 2005 und Bestandteil des Microsoft Business Intelligence Framework stellen sie eine serverbasierende Lösung zur Verfügung, um Berichte sowohl in Papierform als auch webbasierend zu entwickeln, zu verwalten und zu verteilen.

Ziel dieses Buches ist es, Ihnen diese neue Technologie verständlich zu machen und dabei – den Anspruch des Buchuntertitels einlösend – nahe an der Praxis zu bleiben. Das heißt konkret: Wir haben für Sie keine endlosen Tabellen und langweiligen Featurelisten zusammengestellt, sondern Ihnen anhand von kurz skizzierten Szenarien die Praxisrelevanz der jeweiligen Features erläutert und bei wichtigen Themen mit einer Schritt-für-Schritt-Anleitung vertieft.

Inhalt des Praxisbuches

Das Buch ist so aufgebaut, dass auch Nutzer, die noch keine Erfahrung mit Berichtstools haben, einen leichten und schnellen Einstieg in die Materie finden. Deshalb beginnen wir mit einfachen Erläuterungen und praktischen Beispielen. Auf diesem Wissen aufbauend sind die darauf folgenden Ausführungen verständlich und immer leicht nachvollziehbar.

- **Teil A – Einführung:** In diesem Teil wollen wir Ihnen einen kleinen Überblick über die Microsoft SQL Server 2005 Reporting Services als SQL Server 2005-Komponente liefern: Wer braucht sie wofür? Neben den Einsatzmöglichkeiten und der Architektur werden Sie schrittweise durch die Installation geleitet: Welche Editionen gibt es, welche Hardware- und Softwarevoraussetzungen müssen gegeben sein, was muss für welche Zwecke installiert werden?

- **Teil B – Entwicklung von Berichten:** Dieser Teil stellt Ihnen mit dem in Visual Studio 2005 integrierten Berichts-Designer das Tool vor, mit dem Sie Ihre Berichte entwickeln können. Sie lernen sowohl den Berichts-Assistenten kennen, mit dem Sie schnell und unkompliziert zu einem einfachen Bericht kommen, als auch die Entwicklungsumgebung für komplexe Berichte. Sie erfahren alles Wissenswerte über die Möglichkeiten des Filtern, Sortierens und Gruppierens, über Formatierung und Gestaltung, über Parameterberichte und die interaktiven Features.

- **Teil C – Management von Berichten:** In diesem Teil stellen wir Ihnen den Berichts-Manager von Reporting Services vor, der als Verwaltungs- und Anwenderumgebung für die Elemente hoch- und heruntergeladen, angezeigt, verschoben, zeitgesteuert ausgeführt und gesichert werden kann. Weiterhin wird Ihnen näher gebracht, wie Sie mit Datenquellen arbeiten und welche Ihnen zur Verfügung stehen. Das Thema Sicherheit wird ebenfalls in diesem Teil besprochen. Das Einrichten und die Verwaltung von Zeitplänen, um z.B. einen Verlauf für Berichte aufzubauen, wird genauso in diesem Teil erläutert, wie der Umgang mit Snapshots. Sie erhalten einen Überblick über die Exportfunktionalität von Reporting Services.

- **Teil D – Fortgeschrittene Arbeit mit Berichten:** Hier zeigen wir Ihnen, was die Reporting Services für herausragende Features bieten, die sie von der Masse der Berichtstools abheben. Sie werden den Berichts-Generator als ein Tool zum Generieren von Ad-hoc-Berichten kennen lernen, mit dem Nutzer sich schnell Berichte zusammenstellen können, ohne spezielle Kenntnisse einer Programmiersprache, einer Datenbank oder einer Entwicklungsumgebung zu haben. Sie lernen, wie Berichtsdefinitionen dynamisch in RDL (Report Definition Language) erzeugt werden können, wie Sie Berichte vollautomatisch per Abonnement zustellen, wie Sie den Benutzern mit »Meine Berichte« ihren eigenen Bereich einrichten können und wie Sie mit Ausdrücken mehr Leben in Ihre Berichte bringen können.

Einleitung

- **Teil E – Programmierung:** Hier lernen Sie, wie Sie mit wenig Programmieraufwand die Reporting Services vollständig in Systeme integrieren können. Das beginnt bei dem URL-Zugriff für die Integration in Webtechnologie-basierte Systeme wie Portale, die Integration in eigene Anwendungen über die Webdienst-Schnittstelle, die Automatisierung über Skripts und schließlich die Erweiterung von Reporting Services selbst über deren Erweiterungsschnittstellen.

Selbstverständlich müssen Sie nicht alles vom Anfang bis zum Ende durcharbeiten. Wenn Sie bereits Erfahrungen im Umgang mit Berichtstools gesammelt haben, werden Sie mit Hilfe des Inhaltsverzeichnisses schnell ermitteln, wo Sie ins Buch einsteigen wollen. Wir wünschen Ihnen auf jeden Fall viel Spaß damit!

Beispieldateien

Der Quellcode für alle Rezepte des Buches ist online verfügbar unter *http://www.microsoft.de/mspress/support*. Tragen Sie unter *Titelsuche* im unteren Eingabefeld für die ISBN-Nummer (nach 3-86645-) **402** ein. Klicken Sie danach auf *Suchen*. Nach kurzer Wartezeit erscheint das Suchergebnis. Klicken Sie im Suchergebnis auf den angezeigten Link. Klicken Sie auf den Link neben *Downloads*, und speichern Sie die Datei auf Ihrem Computer. Wählen Sie dabei direkt den Ordner, in den Sie die Übungsdateien installieren möchten.

Support

Es wurden alle Anstrengungen unternommen, um die Korrektheit dieses Buches zu gewährleisten. Microsoft Press bietet Kommentare und Korrekturen für seine Bücher im Web unter *http://www.microsoft.com/germany/mspress/support* an.

Die Autoren bieten unter *http://www.ixto.de* Seiten an, auf denen sie Korrekturen, Ergänzungen und weitere Informationen zu den Themen des Buches bereitstellen.

Wenn Sie Kommentare, Fragen oder Ideen zu diesem Buch haben, senden Sie diese bitte per E-Mail an *presscd@microsoft.com* oder per Post an:

Microsoft Press Deutschland
Konrad-Zuse-Straße 1
85716 Unterschleißheim

Bitte beachten Sie, dass über diese Adressen kein Support für Microsoft-Produkte angeboten wird. Wenn Sie Hilfe zu Microsoft-Produkten benötigen, kontaktieren Sie bitte den Microsoft Online Support unter *http://support.microsoft.com*. Wenn Sie Support für die Tools von Drittanbietern benötigen, wenden Sie sich bitte an den jeweiligen Hersteller des Tools. Verwenden Sie dazu die Website, die auf der Download-Seite des entsprechenden Tools aufgeführt ist.

Wenn Sie direkt mit den Autoren Kontakt aufnehmen möchten, schreiben Sie an *rsautoren@ixto.de*.

Danksagung

Die Autoren danken Microsoft Press – namentlich Herrn Thomas Braun-Wiesholler und Herrn Florian Helmchen für das in sie gesetzte Vertrauen, die Unterstützung und die Geduld.

Volker Pruß möchte seinen geduldigen und verständnisvollen Freunden danken, insbesondere Ruprecht Dröge von der BeConstructed GmbH für seine Unterstützung (nicht nur) in fachlicher Hinsicht sowie Astrid Meirose für ihre Hilfe, das Lachen nicht zu verlernen.

Martin B. Schultz möchte Tilo Sommerwerk und Alexander Wolff für die Entwicklung von Programmierbeispielen und unermüdliches Schreiben und Korrigieren, Jakob Lexow fürs Überarbeiten, Jörg Knuth für die kompetente Urlaubsvertretung im Buchprojektmanagment und André R. Jenchen für seine Geduld und seinen Beistand danken.

Jörg Knuth möchte seinen Freunden, insbesondere Alina Außerehl, Katja Ziesch und Olaf Meyer, für Ermutigungen und Tipps, sowie Martin B. Schultz, Alexander Wolff und Tilo Sommerwerk fürs Schreiben und Korrekturlesen, und ganz besonders Jolanta Dederer für ihr Verständnis und ihre Unterstützung während der vielen Stunden des Schreibens danken.

Teil A
Einführung

In diesem Teil:

Kapitel 1	Was ist neu?	21
Kapitel 2	Unternehmensberichte	27
Kapitel 3	Nutzergruppen	31
Kapitel 4	Architektur	35
Kapitel 5	Installation und Konfiguration	47

Kapitel 1

Was ist neu?

In diesem Kapitel:

Berichtsfeatures	22
Entwerfen von Berichten und Modellen	23
Bereitstellung und Verwaltung	23
Berichtszugriff- und Übermittlung	24
Allgemeine Neuerungen	25

Die Microsoft SQL Server 2005 Reporting Services sind die Antwort auf die Anforderungen einer Geschäftswelt, die zu jeder Zeit Informationen aus unterschiedlichen Quellen in flexibler Form und auf Knopfdruck aufbereitet haben möchte. Damit sind sie interessant für alle, die sich mit der Entwicklung, Verwaltung oder Bereitstellung von Berichten beschäftigen und mit wenig Aufwand ihre Daten flexibel darstellen wollen, um fundierte Geschäftsentscheidungen treffen zu können.

Seit der Version SQL Server 2000 Reporting Services sind einige Features dazu gekommen, über die sich die Administration, Entwicklung und Bedienung noch einfacher gestalten lässt. In diesem Kapitel werden die wesentlichen Änderungen erfasst und beschrieben, sodass Sie sich einen Eindruck von den neuen Möglichkeiten der Reporting Services verschaffen können.

Berichtsfeatures

Sie können in Reporting Services 2005 relationale und multidimensionale Datenquellen aus SQL Server und Analysis Services verwenden, was in der Vorversion so nicht möglich war. Weiterhin stehen Ihnen wie gewohnt die Datenanbindungen zu XML-Datenquellen und anderen Formaten zur Verfügung.

Neu ist die Möglichkeit, direkt auf dem Berichtsserver Berichte zu erstellen. Mit dem Berichts-Generator, den Sie vom Berichtsserver herunterladen und in Abbildung 1.1 sehen können, klicken Sie sich nun Ad-hoc-Berichte zusammen und können diese auf dem Berichtsserver speichern.

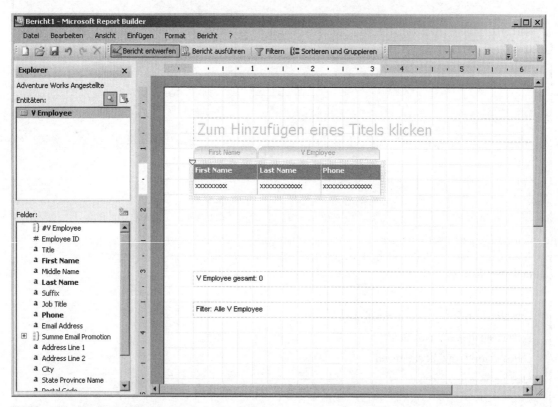

Abbildung 1.1   Erstellen Sie Ad-hoc-Berichte im Berichts-Generator

Um Berichte in Abhängigkeit von beispielsweise Regionen oder Produkten anzeigen zu lassen, haben Sie die parametrisierte Steuerung der Berichte genutzt. Ab sofort ist diese Funktion um multiple Parameter erweitert worden. Das bedeutet nicht, dass Sie verschiedene Parameter wie Regionen oder Produkte hintereinander einstellen – das war bisher auch möglich. Nun können Sie aus einem Parameter z.B. der Region mehrere Werte auswählen und den Bericht darüber anzeigen lassen.

Als Parameter im Format *DateTime* werden Sie sich über das *DateTimePicker*-Steuerelement freuen, welches eine komfortable Auswahl des gewünschten Datums gestattet.

Sie können benutzerdefinierte Steuer- und Berichtselemente verwenden, die Sie entweder selbst erstellen oder von Drittanbietern erwerben, d.h. Sie sind nicht mehr an mitgelieferte Elemente gebunden.

Entwerfen von Berichten und Modellen

Die Entwicklung von Berichten ist nun im Business Intelligence Development Studio integriert. Der Berichtsdesigner enthält Abfragegeneratoren, einen Ausdruckseditor, der IntelliSense beherrscht, und einen ausgefeilteren Assistenten, der Sie Schritt für Schritt an Ihren Bericht heranführt.

Unterstützen Sie die Ad-hoc-Berichtserstellung mit Modellen, die Sie basierend auf vorhandenen Schemen oder Ansichten generieren können. Es ist möglich, Modelle zu verfeinern und anschließend auf dem Berichtsserver zu veröffentlichen.

Erstellen Sie Ad-hoc-Berichte mit Hilfe von Vorlagen und vororganisierten Daten, die Sie direkt auf einem Berichtsserver speichern. Der Vorteil des neuen Features liegt in der Zeitersparnis, Sie sehen genau das, was Sie sehen wollen und können den Bericht danach wie jeden anderen Bericht aufrufen, verteilen und verwalten.

Bereitstellung und Verwaltung

Die Reporting Services 2005 bieten ab sofort eine grafische Benutzeroberfläche für die Konfiguration des Servers an, wie Sie in Abbildung 1.2 sehen. Sie werden sich sehr darüber freuen, falls Sie jemals einen Berichtsserver mit Hilfe der Konsolenanwendung konfigurieren mussten.

Die neue Integration der Reporting Services in das SQL Server Management Studio erlaubt es Ihnen, einen Server zu durchsuchen, Skripts aufzuzeichnen oder Zeitpläne und Sicherheit zu konfigurieren.

Dabei bleibt Ihnen der Berichtsmanager und die rollenbasierte Sicherheit erhalten. Der Berichtsmanager erlaubt Ihnen, den Serverinhalt durch Festlegen der Elementeigenschaften zu verwalten, die Berichtsausführung und den Verlauf zu konfigurieren oder Zeitpläne zu steuern.

Die rollenbasierte Sicherheit, die Sie auch aus der Vorgängerversion kennen, steuert den Zugriff auf Ordner, Berichte und Ressourcen, wobei die Sicherheitseinstellung einem Vererbungsmuster innerhalb der Ordnerstruktur folgen, in dem Sie für jeden Zweig die Einstellungen für Ihren Bedarf anpassen können.

Abbildung 1.2 So können Sie den Berichtsserver konfigurieren

Berichtszugriff- und Übermittlung

Falls Sie Nutzer von Windows SharePoint Services oder SharePoint Portal Server sind, werden Ihnen Webparts mitgeliefert, die Sie auf Ihren SharePoint-Seiten einbinden können und die Funktionalität des Berichtsexplorers und die Berichtsansicht zur Verfügung stellen.

Die interaktive Sortierung war in der Vorgängerversion noch nicht vorhanden. Eine Sortierung ist mittels Klick auf einen Spaltenkopf möglich. Sofort wird nach der angeklickten Spalte sortiert.

Das Drucken aus dem Internet Explorer heraus war schon ab dem Service Pack 2 für SQL Server 2000 Reporting Services möglich. Auch jetzt brauchen Sie nicht auf dieses Feature verzichten und können die Berichte sofort ausdrucken.

Allgemeine Neuerungen

In den Reporting Services 2005 wurden viele Verbesserungen gemacht, die man als Benutzer oder Administrator nicht so schnell oder gar nicht bemerkt.

Wichtige administrative Verbesserungen sind die 64-Bit-Prozessorunterstützung und die Möglichkeit, mehrere Instanzen des Berichtsservers auf einem Rechner zu installieren.

Die in diesem Kapitel gezeigten Erweiterungen und Verbesserungen sind noch nicht alles, was Reporting Services 2005 zu bieten hat. Aber es sind jene Funktionen, welche die Autoren dieses Buches am meisten begeistert haben.

Kapitel 2

Unternehmensberichte

In diesem Kapitel:

Allgemeine Definition	28
Internes und externes Berichtswesen	28
Typen des Berichtszugriffs	29
Anforderungen an moderne Berichtslösungen	29

Reporting Services ist eine Plattform für das unternehmensweite Berichtswesen. Um aber zu verstehen, worin genau die Leistungen dieser Plattform liegen, ist es wichtig, zunächst zu betrachten, worin die Anforderungen im Berichtswesen liegen, also die Frage zu klären: Was kennzeichnet einen Unternehmensbericht?

Allgemeine Definition

Der Austausch von Informationen gewinnt im Geschäftsleben einen immer höheren Stellenwert. Diese Entwicklung ist seit Jahrzehnten zu beobachten – nicht umsonst spricht man von der Informationsgesellschaft!

Egal, wie groß oder klein eine Firma ist – ohne permanenten Zugriff auf Informationen und deren Austausch sind nur die wenigsten modernen Arbeitsplätze denkbar. Die Qualität der Informationen hat einen entscheidenden Einfluss auf die Qualität von Business-Entscheidungen. Je mehr Informationen verfügbar sind, desto schwieriger ist es, den Überblick zu bewahren. Dadurch wird die Informationsaufbereitung zum zentralen Faktor, denn je besser die Informationen präsentiert werden, desto besser werden sie aufgenommen, und desto besser wird folglich auch die Qualität der auf ihnen basierenden Entscheidungen.

Eines der wichtigsten Mittel des geschäftlichen Informationsaustauschs sind Unternehmensberichte, die wir hier definieren als die Repräsentation von Informationen, die in einem aufbereiteten Format mit Personen innerhalb oder außerhalb des Unternehmens im Rahmen wiederkehrender Abläufe ausgetauscht werden.

Diese Informationen können in vielen verschiedenen Formaten aufbereitet werden, z.B. als Excel-Arbeitsmappe oder als PDF-Datei. Die Auslieferung kann auf vielen Wegen realisiert werden, z.B. als ausgedruckter Bericht oder als E-Mail-Anhang. Die aufbereiteten Informationen können, als Alternative zur Auslieferung, zentral bereitgestellt werden, z.B. auf einem Dateiserver oder als HTML-Seite im Intranet. Die Aufbereitung kann auch auf Abruf erfolgen, z.B. integriert in einem Webportal, in dem sich jeder die benötigten Berichte zusammenstellen kann.

Dabei ist nicht jeder Informationsaustausch und nicht jede Datenanalyse ein Unternehmensbericht in unserer Definition. Wenn Sie beispielsweise zwecks einmaliger Beantwortung einer bestimmte Fragestellung mit Hilfe eines Abfragewerkzeugs Daten von einem Datenbankserver abrufen und manuell in einem Excel-Arbeitsblatt analysieren, ist das Ergebnis zwar ein Bericht, aber kein Unternehmensbericht in unserer Definition, denn Sie tauschen diesen Bericht erstens eher nicht mit anderen Personen aus, da er Ihnen nur als Hilfsmittel dient und nicht präsentabel formatiert ist, und zweitens kehrt diese Aufgabe nicht genau in dieser Form wieder, Ihr Bericht ist also für den einmaligen Gebrauch bestimmt. Daher lohnt es sich für Sie nicht, den Aufwand zu betreiben, Standard-Struktur und -Format für diesen zu entwickeln.

Internes und externes Berichtswesen

Da Unternehmensberichte in sehr vielfältigen Zusammenhängen gebraucht werden, ist es nicht möglich, eine vollständige Liste aller möglichen Typen aufzustellen, aber die typischen Merkmale von Berichtsszenarien lassen sich folgendermaßen zusammenfassen:

- **Internes Berichtswesen** ist das am häufigsten vorkommende Szenario, in dem Unternehmensberichte erstellt werden. Diese Kategorie umfasst den Informationsaustausch innerhalb eines Unternehmens, z.B. standardisierte Abteilungsberichte. Beispielsweise erhält ein Angestellter in einem Supermarkt täglich ausgedruckte Lagerlisten, während sein Chef in der Zentrale eine Verkaufsstatistik über alle Märkte als Excel-Arbeitsblatt per E-Mail erhält, sowohl die täglichen Zahlen als auch eine Monatsübersicht.

- **Externes Berichtswesen** bezeichnet den Austausch von Informationen mit Personen außerhalb des Unternehmens. Dieser kann z.B. in gedruckter Form oder per E-Mail erfolgen, etwa bei Rechnungen oder Jahresberichten. Dabei wird häufig das PDF-Format eingesetzt, der Austausch kann aber auch direkt zwischen Business-Systemen erfolgen, z.B. bei Buchungen, die in elektronischer Form zwischen Zulieferer und Hersteller ausgetauscht werden.

Typen des Berichtszugriffs

Aus der Betrachtung der Art und Weise, in der auf die Berichte zugriffen wird, ergeben sich folgende Generalisierungen:

- **Standardberichtserstellung** basiert auf einem zentralen Speicherort, wo die Benutzer die benötigten Berichte finden können, indem sie eine Liste der verfügbaren Berichte abrufen. Typischerweise wird dieser Speicherort abgesichert, sodass Benutzer nur auf die Berichte sehen können, für die sie eine entsprechende Berechtigung haben. Die Berichte sind typischerweise entweder in einem proprietären Format der Reporting-Plattform oder in einem Dokumentmanagementsystem abgelegt.
- **Eingebettete Berichtserstellung** ist die Integration von Berichten in Portale oder Anwendungen von Drittherstellern oder unternehmensintern entwickelte Software. Beispielsweise lösen viele Unternehmen den internen Austausch von Budgetinformationen in Excel-Tabellen durch webbasierte Anwendungen ab, die diese Informationen übersichtlich und einheitlich darstellen. Diese Anwendungen werden beliefert durch die eingebettete Berichtserstellung, die Bestandteil der verschiedenen unternehmensintern entwickelten Anwendungen, die budgetrelevante Informationen verarbeiten, ist.

Diese Unternehmensberichtsszenarien haben folgende Charakteristika gemeinsam:

- **Zentrale Speicherung** Die Berichte werden entweder zentral bereitgestellt oder direkt an die Benutzer ausgeliefert. Dabei brauchen viele Benutzer den Zugriff auf dieselben Informationen oft in unterschiedlichen Formaten. Die so gespeicherten Berichte sollten abgesichert sein, um den Zugriff auf berechtigte Nutzer zu beschränken.
- **Standardisierte Information** wird von einem Bericht zur Verfügung gestellt, der regelmäßig aktualisiert wird. Ein solcher Bericht entspricht einem Standarddesign mit einem konsistenten Layout.

Anforderungen an moderne Berichtslösungen

Die Zunahme der zur Verfügung stehenden Informationen führt zu immer höheren Ansprüchen und immer ausgefeilteren Berichtslösungen. Beispielsweise erwartet man von einer modernen Berichtslösung:

- Einfache Navigation in großen Berichten.
- Möglichkeit der Bewegung von einem Bericht zum anderen, ohne den Kontext zu verlieren. Es muss also beispielsweise möglich sein, von einer Rechnung zu den Kundeninformationen des Bestellers zu gelangen und von dort wieder zurück.
- Zugriffsmöglichkeiten auf ältere Versionen eines Berichts, um Informationen über einen zeitlichen Verlauf vergleichen zu können.
- Werkzeuge, mit denen man Daten aus verschiedenen Quellen konsolidiert, in einem Bericht sehen zu können.

Eine unternehmensweit eingesetzte Berichtslösung muss zusätzlich die folgenden administrativen Anforderungen erfüllen:

- Flexibilität, um z.B. eine einzige Berichtsdefinition zu speichern, von der mehrere Berichte in Abhängigkeit von Parametern und Benutzerprofilen generiert werden können.

- Unterstützung von Push/Pull-Paradigmen, in denen Benutzer entweder die Berichte abrufen oder diese abonnieren können, sodass ihnen diese periodisch zugestellt werden.

- Berichtsmanagement über eine webbasierte Schnittstelle, damit Administratoren ihre Aufgaben erledigen können, ohne an einen Schreibtisch gebunden zu sein.

Inwieweit die Reporting Services dem Anspruch gerecht wird, alle hier formulierten Anforderungen umzusetzen, können Sie anhand der nachfolgenden Kapitel selbst beurteilen.

Kapitel 3

Nutzergruppen

In diesem Kapitel:

Die Informationskonsumenten	32
Die Informationserforscher	32
Die Analysten	33

In der Regel sind viele Mitarbeiter in einem Unternehmen an der Arbeit an Unternehmensberichten beteiligt, die sich typischerweise folgenden Gruppen zuordnen lassen: Informationskonsumenten, Informationserforscher und Analysten.

Bedenken Sie, dass viele Berichtslösungen trotz Perfektion in inhaltlicher Hinsicht wenig Akzeptanz beim Nutzer finden, weil sie diesen entweder über- oder unterfordern. Zu wissen, für welchen Typ von Benutzer man seine Berichte entwickelt, ist also von entscheidender Bedeutung für den Erfolg einer Berichtslösung.

Die Informationskonsumenten

Typischerweise stellen die Informationskonsumenten mit 65 bis 80 Prozent der Gesamtnutzer deren größte Gruppe. Sie verwenden am liebsten statische vordefinierte Berichte.

Viele von ihnen bevorzugen die altmodischen ausgedruckten Berichte, die typischerweise von einem Mitarbeiter in einem Batchjob ausgedruckt und dann über die Hauspost verteilt werden.

In technisch versierteren Unternehmen werden die Berichte meist zentral abgelegt, typischerweise auf einem Dateiserver, je nach Vertraulichkeit der enthaltenen Informationen entweder

- in einem allgemein zugänglichen Ordner,
- in einem abgesicherten Ordner oder
- individuell im Basisordner des Empfängers.

Diese Berichte werden in der Regel in Zeitintervallen aktualisiert, z.B. quartalsweise bei internen Telefonlisten, monatlich bei in Verkaufsberichten oder täglich bei Inventarlisten.

Da die Möglichkeit, Nutzern einfachen Zugriff auf eine große Menge von vordefinierten Berichten zu ermöglichen, zu den Stärken von Reporting Services zählt, gehören die Informationskonsumenten zur Hauptzielgruppe.

Obwohl es mittlerweile viele Nutzer bevorzugen, ihre Berichte online einzusehen, ist es mit Reporting Services immer noch möglich, die Berichte – meist ohne signifikanten Mehraufwand! – in Papierform zu bringen oder per Mail zu verschicken.

In beiden Fällen können die Berichte auf zwei Arten ausgeführt werden:

- on-demand, dann sind die Daten aktuell, aber der Benutzer muss unter Umständen längere Zeit auf die Generierung des Berichts warten, oder
- nach einem Zeitplan, dann entsprechen die Daten dem Stand zur Ausführung des Berichts, sind aber sofort verfügbar.

Bei der Ausführung bietet Reporting Services dieser Nutzergruppe ein Maximum an Flexibilität, denn der Konsument kann beim Abruf selbst aus einer Vielzahl von Ausgabeformaten und -geräten wählen.

Die Informationserforscher

Die Informationserforscher stellen typischerweise 15 bis 25 Prozent der Nutzer. Ebenso wie die Informationskonsumenten arbeiten sie mit vordefinierten Berichten, aber sie interagieren auch mit diesen, indem sie z.B. Filter verwenden, um Daten zu segmentieren.

Informationserforscher starten gerne bei zusammenfassenden Berichten, um sich von dort aus auf detailliertere Berichte weiterzubewegen, entweder durch Drilldown, um die Details in demselben Bericht »auszuklappen«, oder per Drillthrough, um die verknüpften Informationen in einem separaten Bericht zu betrachten.

Die Entwicklung interaktiver Berichte für Informationserforscher ist aufwändiger als die Entwicklung statischer Berichte, aber Reporting Services bieten umfangreiche Features zur Unterstützung der Entwicklung solcher Berichte: Parameter können erzeugt werden, mit denen sich die Daten an der Datenquelle oder im Bericht filtern lassen. Die Parameterwerte können entweder vom Nutzer bei der Berichtsausführung frei gewählt werden, oder der Administrator gibt die Auswahl von Parameterwerten – auch in Nutzergruppen spezifisch – vor.

Für die Berichtsanzeige wird das dynamische Ein- und Ausblenden von Bereichen für die Realisierung des Drilldowns ebenso unterstützt wie die Verknüpfung von Berichten über Hyperlinks für den Drillthrough.

Die Analysten

Die Analysten stellen mit 5 bis 10 Prozent der Nutzer die kleinste Gruppe. Analysten beherrschen die Entwicklung von Freiform-Berichten, die komplexe Datenanalysen unterstützen. Diese Berichte haben typischerweise die Form von Tabellen, die Daten mit komplizierten Berechnungen wie z.B. linearer Regression oder Verteilung enthalten. Diese Berichte können schließlich auch mit Informationskonsumenten und Informationserforschern ausgetauscht werden.

Standardmäßig unterstützt Reporting Services die Bedürfnisse dieser Nutzergruppe durch die Möglichkeit, Berichte als Excel-Datei zu exportieren.

Umgekehrt kann eine Excel-Arbeitsmappe, die von einem Analysten erzeugt wurde, auch über einen Berichtsserver als Ressource zur Verfügung gestellt werden und so mit anderen Nutzern ausgetauscht werden.

Darüber hinaus kann Reporting Services aufgrund seiner erweiterbaren Architektur mit Tools von Drittanbietern um die Fähigkeit, Freiformberichte in der Reporting Services-Umgebung zu entwickeln, erweitert werden.

Kapitel 4

Architektur

In diesem Kapitel:

Reporting Life Cycle (Berichtslebenszyklus)	36
Berichts-Designer	39
Berichts-Manager	40
Berichts-Generator	40
Berichtsserver	41
Befehlszeilenprogramme	45
Architekturdiagramm	46

Für eine sinnvolle Arbeit mit den Microsoft SQL Server Reporting Services sollten Sie über ein grundlegendes Verständnis ihrer Architektur verfügen. Wir wollen Ihnen in diesem Kapitel diese Architektur in Grundzügen vorstellen – allerdings nicht als ein starres und komplexes Gebilde, dessen Bestandteile erläutert werden, sondern anhand einer einzelnen Phase durchlaufenden Schrittfolge, die als Reporting Life Cycle bezeichnet wird, d.h. als Berichtslebenszyklus, in dem nach und nach verschiedene Komponenten zum Tragen kommen.

Reporting Life Cycle (Berichtslebenszyklus)

Wenn vom Lebenszyklus eines Berichts die Rede ist, deutet dies auf die zunächst zeitlich aufeinander folgenden, dann regelmäßig zu durchlaufenden Phasen der Entwicklung, der Verwaltung und der Nutzung eines Berichts hin.

Entwicklung von Berichten

In der Entwicklungsphase erstellen Sie mit Hilfe eines Berichtsentwurfstools, z.B. mit dem Berichts-Designer (Microsoft SQL Server Report Designer), der in der Entwicklungsumgebung (SQL Server Business Intelligence Development Studio) von Visual Studio 2005 integriert ist, eine Berichtsdefinition. Während Sie mit dem Berichtsentwurfstool einen Bericht entwickeln, d.h. die Berichtsinhalte (z.B. Daten und Bilder) festlegen und das Layout entwerfen, wird gewissermaßen im Hintergrund eine auf RDL basierende Berichtsdefinition erzeugt.

HINWEIS RDL steht für Report Definition Language (Berichtsdefinitionssprache) und ist eine XML-Grammatik, die die Struktur eines Berichts vollständig definiert. Die beim Entwickeln des Berichts entstehende *rdl*-Datei (Berichtsdefinitionsdatei) enthält also die Anweisungen, die das Layout beschreiben, und die Abfrage, mit der bei Ausführung des Berichts die Berichtsdaten abgerufen werden. Wir werden uns in Kapitel 22 ausführlicher mit der Berichtsdefinitionssprache beschäftigen.

Die Entwicklungsphase des Berichts umfasst insbesondere die folgenden Schritte:

- die Erstellung des Berichts, d.h. die Erzeugung einer *rdl*-Datei,
- das Herstellen einer Verbindung zu einer Datenquelle,
- die Erstellung einer Abfrage zum Abrufen der Daten (die später dann in Form von Feldern auf die Entwurfsoberfläche gezogen werden können),
- der Entwurf des Berichtslayouts durch Ziehen von Tabellen-, Matrix-, Diagramm- und anderen Berichtselementen auf die Entwurfsoberfläche,
- das Hinzufügen der abgefragten Daten zum Berichtslayout durch Ziehen von Feldern auf die Berichtselemente,
- die Anpassung des Layouts und die Bearbeitung der Datendarstellung durch Gruppierungen und Ausdrücke,
- die Bereitstellung des Berichts auf einem Berichtsserver, um ihn zur allgemeinen Nutzung zur Verfügung zu stellen.

Sie werden etwas später in diesem Buch ab Kapitel 6 ausführlich die Entwicklung von Berichten kennen lernen. Dort werden Sie als Berichtsentwurfstool den Berichts-Designer benutzen, den wir Ihnen weiter hinten in diesem Kapitel noch vorstellen werden.

Management von Berichten

Mit den Microsoft SQL Server 2005 Reporting Services haben Sie die Möglichkeit, Berichte und zugehörige Elemente von einem zentralen Ort aus zu verwalten. Neben Berichten können Sie von hier aus Ordner, Datenquellenverbindungen und Ressourcen verwalten. Für diese Elemente lassen sich Sicherheitseinstellungen vornehmen, Eigenschaften und geplante Vorgänge definieren sowie freigegebene Zeitpläne und freigegebene Datenquellen erstellen, die Sie zur allgemeinen Nutzung zur Verfügung stellen können.

Das Management von Berichten ist nicht nur Berichtsserveradministratoren, sondern auch den Nutzern möglich. Während Berichtsadministratoren die Features für die Nutzer aktivieren, Standardwerte festlegen, Ordner und freigegebene Objekte (z.B. freigegebene Zeitpläne und freigegebene Datenquellenverbindungen) verwalten können, haben die Nutzer die Möglichkeit, Berichte in einem persönlichen Arbeitsbereich (mit dem Namen *Meine Berichte*) zu publizieren und zu verwalten. Allerdings sind die hier gewährten Möglichkeiten abhängig von den Berechtigungen, die einem Nutzer jeweils zugewiesen werden können.

Zum Management von Berichten gehören z.B.:

- die Organisation der Berichterstellungsumgebung durch Hinzufügen neuer Ordner zum Speichern von Berichtssammlungen,
- die Aktivierung von Features wie *Meine Berichte*, *Berichtsverlauf* und *E-Mail-Übermittlung*,
- die bedarfsgerechte Anpassung des Standardsicherheitsmodells, um den Zugriff auf Ordner und Berichte durch rollenbasierte Sicherheit zu schützen,
- die Erstellung freigegebener Zeitpläne und freigegebener Datenquellen, die zur allgemeinen Verwendung zur Verfügung gestellt werden sollen.

Diese Berichtsverwaltungsaufgaben können ausgeführt werden, indem über einen Browser auf einen Berichtsserver zugegriffen wird. Sie können die vorhandenen Ordner, Features, Standardwerte und Sicherheitseinstellungen eines neu installierten Berichtsservers aber auch ohne weitere Anpassung verwenden.

Sie werden später in diesem Buch ab Kapitel 15 ausführlich das Management von Berichten kennen lernen. Dort werden Sie als Berichtsverwaltungstool den Berichts-Manager benutzen, den wir Ihnen weiter hinten in diesem Kapitel noch vorstellen werden.

Ausgabe von Berichten

In der letzten Phase geht es schließlich um die Ausgabe von Berichten, für die es zwei Methoden gibt, die häufig mit den englischen Begriffen *pull* (ziehen) und *push* (stoßen) bezeichnet werden:

Pull-Berichte

Der Nutzer kann je nach Bedarf auf die gewünschten Berichte zugreifen, indem er beispielsweise in der Ordnerhierarchie des Berichtsservers zu einem Bericht navigiert und ihn ausführt. Bedarfsgesteuerte Berichte können mit einem Browser oder mit Hilfe des Berichts-Managers angezeigt werden.

Beim Einsatz eines Browsers kann ein Bericht über eine Direktverbindung zu einem Berichtsserver angezeigt werden. Für jeden Bericht gibt es auf einem Berichtsserver eine URL-Adresse, die eingegeben werden muss, um den Bericht zu öffnen. Ein Berichts-URL enthält den Namen des Webservers, den Namen des virtuellen Verzeichnisses des Berichtsservers, den Pfad zum Bericht und den Namen des Berichts.

Da der URL eines Berichts nicht immer bekannt oder häufig auch zu komplex ist, kann alternativ auf den Berichtsserver verwiesen werden, indem das virtuelle Verzeichnis des Berichtsservers angegeben wird, um eine Browserverbindung im Stammknoten der Ordnerhierarchie zu öffnen. Dann kann in der Ordnerhierarchie des Berichtsservers navigiert werden, um den gewünschten Bericht auszuwählen. Berichte und Elemente werden in der Ordnerhierarchie als Verknüpfungen dargestellt. Der Nutzer klickt auf Verknüpfungen, um einen Bericht auszuführen, eine Ressource oder einen Ordner zu öffnen sowie den Inhalt einer freigegebenen Datenquelle anzuzeigen.

Beim Einsatz des Berichts-Managers (über den Sie weiter hinten in diesem Kapitel noch mehr erfahren) muss ein Nutzer, der Reporting Services nicht auf seinem Computer installiert hat, den URL des Berichts-Managers eingeben, d.h. den Namen des Webservers und den virtuellen Verzeichnisnamen *Reports*. Wenn der Nutzer die Reporting Services auf seinem Computer installiert hat, kann er den Berichts-Manager über einen Browser öffnen, indem er über die Adressleiste den URL *http://{Berichtsservername}/Reports* ansteuert.

Der Berichts-Manager zeigt dann einen oder mehrere Ordner an, auf die der Nutzer klicken kann, um die darin befindlichen Berichte aufzulisten. Durch Klicken auf einen Berichtsnamen wird schließlich der Bericht geöffnet. Je nach Beschaffenheit des Berichts kann es sein, dass der Nutzer einen Benutzernamen und ein Kennwort oder aber einen Parameterwert angeben muss. Bei einer Vielzahl von Ordnern und Berichten kann es sich auch als nützlich erweisen, einen Bericht anhand seines Namens zu suchen, indem ein Teil des Namens oder der ganze Name im Feld *Suchen nach* oben auf der Seite eingegeben wird.

Push-Berichte

Eine Alternative zum Ausführen eines Berichts je nach Bedarf stellen Abonnements dar. Während der Nutzer jedes Mal, wenn er einen bedarfsgesteuerten Bericht anzeigen möchte, bestimmte Schritte ausführen muss, kann mit Hilfe von Abonnements die Übermittlung des aktuellsten Berichts automatisiert werden.

Ein Abonnement ist eine Anforderung zur Übermittlung eines Berichts zu einem bestimmten Zeitpunkt oder als Reaktion auf ein Ereignis, mit der anschließenden Darstellung des Berichts auf eine vorher definierte Weise. Durch Abonnements werden die Berichte automatisch generiert und an ein Ziel übermittelt.

Es werden zwei verschiedene Arten von Abonnements unterstützt. Standardabonnements werden vom jeweiligen Nutzer erstellt und verwaltet. Datengesteuerte Abonnements generieren zur Laufzeit eine Abonnentenliste und diverse Übermittlungsoptionswerte. Für datengesteuerte Abonnements sind Fachkenntnisse im Erstellen von Abfragen und Kenntnisse der Verwendungsweise von Parametern erforderlich, so dass sie weniger von einem Nutzer als vielmehr von Berichtsserveradministratoren erstellt und verwaltet werden.

Für den automatischen Empfang von Berichten abonniert ein Nutzer einen oder mehrere bestimmte Berichte. Bei der Ausführung eines Berichts wird der Benutzer dann entweder darüber benachrichtigt, dass der Bericht nun verfügbar ist, oder er erhält zeitnah über eine E-Mail-Nachricht eine Kopie des Berichts zugestellt.

HINWEIS Abonnements verwenden verschiedene Übermittlungserweiterungen, um einen Bericht auf eine bestimmte Weise und in einem bestimmten Format auszugeben. Wenn ein Nutzer ein Abonnement erstellt, kann er eine der verfügbaren Übermittlungserweiterungen auswählen, um festzulegen, wie der Bericht übermittelt wird.

Ein Abonnement besteht aus den folgenden Bestandteilen:

- einem Bericht, der unbeaufsichtigt ausgeführt werden kann, d.h. dass der Bericht gespeicherte Anmeldeinformationen verwendet (oder keine Anmeldeinformationen, wovon allerdings abzuraten ist);
- einer Übermittlungsmethode (z.B. E-Mail) und Einstellungen für den Übermittlungsmodus (z.B. E-Mail-Adresse);
- Bedingungen für die Verarbeitung des Abonnements als Reaktion auf Ereignisse, die regelmäßig zeitbasiert sein können (z.B. an bestimmten Wochentagen zu einer bestimmten Uhrzeit) oder auch unbestimmt (z.B. wenn ein Bericht als Snapshot und das Abonnement bei jeder Aktualisierung des Snapshots ausgeführt wird);
- (optional) *Parametern* zum Ausführen des Berichts.

Wenn Sie einen Bericht ausführen, wird auf dem Berichtsserver das Layout aus der Berichtsdefinition mit den Daten aus der Datenquelle kombiniert und der Bericht in einem angegebenen Format gerendert. Dazu werden unterschiedliche Erweiterungen verwendet: Über eine Datenverarbeitungserweiterung werden die Daten basierend auf dem Typ der Datenquelle abgerufen, und über eine Renderingerweiterung wird die Berichtsausgabe entsprechend dem ausgewählten Format bereitgestellt. Durch Verwendung verschiedener Erweiterungen können die Verarbeitung der Daten und das Rendering des Berichts geändert werden.

Sie haben in diesem Abschnitt viele Begriffe gelesen, die Ihnen vielleicht noch unbekannt sind. Sie werden später in diesem Buch, insbesondere ab Kapitel 23, mehr über die Methoden zur Ausgabe von Berichten erfahren.

Berichts-Designer

Wir haben weiter oben in diesem Kapitel als Berichtsentwurfstool, mit dem in der Entwicklungsphase üblicherweise gearbeitet wird, den Berichts-Designer (Microsoft SQL Server Report Designer) erwähnt, der nach der Installation der Reporting Services in der Entwicklungsumgebung (SQL Server Business Intelligence Development Studio) von Visual Studio 2005 integriert ist. Eine kompaktere Version des Visual Studio 2005 wird dem SQL Server 2005 entsprechend mitgeliefert. Mit dem Berichts-Designer erstellen Sie in der Entwicklungsumgebung von Visual Studio 2005 zunächst ein oder mehrere Berichtsprojekte, denen Sie dann Berichte hinzufügen. Dabei kann es sich um tabellarische Berichte, Matrix- oder formfreie Berichte (die Tabellen, Matrizen und beliebig viele andere Elemente enthalten können) handeln. Zur Erstellung von tabellarischen Berichten und Matrixberichten (die auch als Kreuztabellen- oder Pivottabellen-Berichte bezeichnet werden) können Sie darüber hinaus auch auf den in der Entwicklungsumgebung integrierten Berichts-Assistenten zurückgreifen, der Ihnen in Kapitel 6 vorgestellt wird.

Beim Entwickeln eines Berichts haben Sie die Möglichkeit, den Bericht lokal zu testen, ohne ihn sofort auf einem Berichtsserver publizieren zu müssen. Im Berichts-Designer werden dann dieselben Datenverarbeitungs- und Renderingerweiterungen verwendet wie auf dem Berichtsserver, um sicherzustellen, dass der Bericht beim Entwickeln genauso angezeigt wird wie später den Nutzern beim Ausführen vom Berichtsserver aus.

Mit dem Berichts-Designer können die Berichte dann schließlich auch auf einem Berichtsserver publiziert werden. Das Publizieren oder Weitergeben eines Berichts erfolgt mit dem Buildprozess von Visual Studio 2005. Der Berichts-Designer stellt den Bericht auf dem von Ihnen ausgewählten Berichtsserver bereit.

Danach können die Eigenschaften und Sicherheitseinstellungen mit einem Berichtsverwaltungsprogramm wie dem Berichts-Manager verwaltet werden.

Sie werden die Arbeit mit dem Berichts-Designer ausführlich ab Kapitel 7 kennen lernen.

Berichts-Manager

Der Berichts-Manager ist ein webbasiertes Zugriffs- und Verwaltungstool für Berichte, das in den Reporting Services enthalten ist. Mit dem Berichts-Manager können die folgenden Aufgaben ausgeführt werden:

- Anzeigen, Suchen und Abonnieren von Berichten,
- Erstellen und Verwalten von Ordnern, verknüpften Berichten, Berichtsverlauf, Zeitplänen, Datenquellenverbindungen und Abonnements,
- Festlegen von Eigenschaften und Berichtsparametern,
- Verwalten von Rollendefinitionen und -zuweisungen, die den Zugriff der Nutzer auf Berichte und Ordner steuern.

Der Berichts-Manager stellt dem Nutzer eine Weboberfläche für den Zugriff auf einen Berichtsserver bereit. Diese Oberfläche besteht aus verschiedenen Webseiten und integrierten Steuerelementen. Die Seiten dienen zum Anzeigen von Elementen, zum Festlegen von Eigenschaften sowie zum Erstellen und Ändern von Abonnements, Zeitplänen, freigegebenen Datenquellen und Rollen. Dabei greift der Nutzer auf die auf einem Berichtsserver gespeicherten Elemente zu, indem er durch die Ordnerhierarchie navigiert und auf Elemente klickt, die er anzeigen oder aktualisieren möchte.

Welche Aufgaben im Berichts-Manager ausgeführt werden können, hängt von der einem Nutzer zugewiesenen Rolle ab. Ein Nutzer, dem eine Rolle mit vollen Berechtigungen zugewiesen wurde, beispielsweise als Berichtsserveradministrator, hat Zugriff auf sämtliche Anwendungsmenüs und Seiten. Einem Nutzer, dem eine Rolle mit der Berechtigung zum Anzeigen und Ausführen von Berichten zugewiesen wurde, werden dagegen nur die Menüs und Seiten angezeigt, die diese speziellen Aktivitäten unterstützen.

Einem Nutzer können auch mehrere Rollen zugewiesen werden. Jeder Nutzer kann über verschiedene Rollenzuweisungen für verschiedene Berichtsserver oder sogar für die verschiedenen Berichte und Ordner auf einem einzelnen Berichtsserver verfügen. Wenn Sie sich kundig gemacht haben, wie sich die jeweils zugewiesenen Rollen auf die Interaktionen mit Tools, Berichten und Berichtsservern auswirken, können Sie voraussehen, welche Vorgänge einem Nutzer zu einem bestimmten Zeitpunkt zur Verfügung stehen.

Um den Berichts-Manager auszuführen, gibt der Nutzer den URL des Berichts-Managers in die Adressleiste eines Webbrowsers ein, d.h. den Namen des Webservers und den virtuellen Verzeichnisnamen *Reports*.

Der Berichts-Manager wird bei der Installation auf demselben Computer wie der Berichtsserver installiert.

Sie werden die Arbeit mit dem Berichts-Manager ausführlich ab Kapitel 15 kennen lernen.

Berichts-Generator

Der Berichts-Generator ist ein Tool, welches Ihnen ermöglicht, Informationen zu durchsuchen, ohne dass Sie die Datenquellenstruktur verstehen müssen. Um dieses Ziel zu erreichen, können Sie mit dem Berichts-Generator Ad-hoc-Berichte erstellen.

Die Oberfläche des Berichts-Generators, den Sie vom Berichtsserver herunterladen und installieren, ist an vertraute Microsoft Office Paradigmen angelehnt, sodass Sie einen schnellen Einstieg finden können. Zum Erstellen eines Berichtes wählen Sie ein vordefiniertes Berichtsmodell aus und ziehen Sie anschließend per Drag and Drop die gewünschten Berichtselemente in Ihre Tabelle, Matrix oder Ihren Diagrammbericht. Es ist außerdem möglich, auf die Daten Filter anzuwenden, um die Datenauswahl zu verfeinern.

Auf Basis der Daten können neue Felder und Berechnungen hinzugefügt und Formatierungen geändert werden. Auch im Berichts-Generator können Sie sich die Berichte in einer Vorschau ansehen und zur weiteren Nutzung speichern. Für den Betrachter ist nicht ersichtlich, ob der Bericht im Berichts-Designer oder Berichts-Generator erstellt wurde.

Berichtsserver

Die Hauptkomponente der Reporting Services ist der Berichtsserver – ein Webdienst, der einen Satz von Programmierschnittstellen offen legt, über die die Clientanwendungen auf den Berichtsserver zugreifen können. Mit Hilfe seiner Unterkomponenten behandelt der Berichtsserver Berichtsanforderungen, ruft Berichtseigenschaften, Formatierungsinformationen und Daten ab, führt die Formatierungsinformationen mit den Daten zusammen und rendert den endgültigen Bericht. Bei den Unterkomponenten handelt sich um

- die Programmierschnittstellen,
- den Berichtsprozessor,
- die Berichtsserver-Datenbank,
- die Datenverarbeitungserweiterungen,
- die Renderingerweiterungen,
- die Übermittlungserweiterungen,
- den Prozessor für Zeitplanung und Übermittlung.

Programmierschnittstellen

Die Programmierschnittstellen verarbeiten alle an den Berichtsserver gesendeten Anforderungen, z.B. vom Berichts-Manager, vom Prozessor für Zeitplanung und Übermittlung, von Berichtsentwurfstools wie dem Berichts-Designer, von Browsern und von Drittanbietertools. Die Programmierschnittstellen empfangen Anforderungen über die Internetinformationsdienste (Internet Information Services = IIS) in Form von SOAP-Anforderungen (Simple Access Object Protocol) oder HTTP-GET-Anforderungen (Hypertext Transfer Protocol) und interagieren auf diese Anforderungen hin mit der Berichtsserver-Datenbank, indem sie den Berichtsprozessor initialisieren.

Berichtsprozessor

Der Berichtsprozessor ruft die Berichtsdefinition aus der Berichtsserver-Datenbank ab und kombiniert sie mit Daten aus der Datenquelle zum Bericht. Wenn ein bedarfsgesteuerter Bericht angefordert wird, werden die Berichtsdefinition und die Daten zur Transformation in ein verwendbares Format (z.B. HTML) an eine Renderingerweiterung gesendet. Wenn ein Berichtssnapshot generiert wird, wird der verarbeitete Bericht zum späteren Abrufen in der Berichtsserver-Datenbank gespeichert.

Berichtsserver-Datenbank

Die Berichtsserver-Datenbank ist eine SQL Server-Datenbank zum Speichern von Reporting Services-Daten wie Berichtsdefinitionen, Berichtsmetadaten, zwischengespeicherten Berichten, Snapshots und Ressourcen. Darüber hinaus werden in dieser Datenbank Sicherheitseinstellungen, verschlüsselte Daten, Zeitplan- und Übermittlungsdaten sowie Erweiterungsinformationen gespeichert. Die Berichtsserver-Datenbank kann sich auf einem vom Berichtsserver getrennten Server (oder Cluster) befinden oder auf demselben Computer wie der Berichtsserver installiert sein. Der Zugriff auf die Berichtsserver-Datenbank erfolgt über den Berichtsserver. Der Berichts-Manager, der Berichts-Designer und die Befehlszeilenprogramme verwenden Programmierschnittstellen zur Kommunikation mit der Berichtsserver-Datenbank.

Datenverarbeitungserweiterungen

Die Reporting Services umfassen vier verschiedene Datenverarbeitungserweiterungen, die spezifisch für den jeweiligen Typ der Datenquelle sind:

- Microsoft SQL Server
- OLE DB
- Oracle
- OBDC

Darüber hinaus kann sowohl jeder ADO.NET-Datenprovider als auch das Erweiterbarkeitsmodell für Reporting Services zum Erstellen weiterer Datenverarbeitungserweiterungen verwendet werden. Die Datenverarbeitungserweiterungen verarbeiten Abfrageanforderungen vom Berichtsprozessor, indem sie

- die Verbindung zu einer Datenquelle öffnen,
- die jeweilige Abfrage analysieren und eine Liste von Feldnamen zurückgeben,
- die Abfrage auf der Datenquelle ausführen und ein Ergebnisset zurückgeben,
- etwaige Parameter an die Abfrage übergeben,
- das Ergebnisset iterativ durchlaufen und Daten abrufen.

Zusätzlich sind einige Datenverarbeitungserweiterungen in der Lage,

- die jeweilige Abfrage zu analysieren und eine Liste der in der Abfrage verwendeten Parameternamen zurückzugeben,
- die Abfrage zu analysieren und eine Liste der für die Gruppierung verwendeten Felder zurückzugeben,
- die Abfrage zu analysieren und eine Liste der für die Sortierung verwendeten Felder zurückzugeben,
- einen Benutzernamen und das zugehörige Kennwort für die Verbindung mit der Datenquelle bereitzustellen,
- etwaige Parameter mit mehreren Werten an die Abfrage zu übergeben,
- Zeilen iterativ zu durchlaufen und zusätzliche Metadaten abzurufen.

In Kapitel 10 werden wir auf Datenverarbeitungserweiterungen noch einmal zu sprechen kommen.

Renderingerweiterungen

Der Berichtsserver transformiert und exportiert mit Hilfe von Renderingerweiterungen die Daten und Layoutinformationen des Berichtsprozessors in ein gerätespezifisches Format. Reporting Services umfasst sechs Renderingerweiterungen:

- Webarchiv
- Excel
- CSV
- XML
- TIFF
- PDF

Entwickler können weitere Renderingerweiterungen erstellen, um Berichte in anderen Formaten zu generieren. Auf die verschiedenen Exportformate werden wir in Kapitel 19 noch genauer eingehen. Sie finden deshalb im Folgenden nur einen kurzen Überblick dazu.

Webarchiv-Renderingerweiterung

Im Gegensatz zu anderen HTML-Renderingerweiterungen erstellt das Webarchiv einen eigenständigen, portablen Bericht, in dem die Bilder eingebettet sind. Dieses Format ist für Übermittlungen per E-Mail oder offline angezeigte Berichte geeignet.

Excel-Renderingerweiterung

Die Excel-Renderingerweiterung rendert Berichte, die in Microsoft Excel 2002 oder höher angezeigt und geändert werden können. Durch die Excel-Renderingerweiterung werden Dateien in MHTML erstellt, die den MIME-Typ *ms-excel* aufweisen und HTML-Metatags sowie Excel-spezifische XML-Dateninseln enthalten. Obwohl die Excel-Renderingerweiterung in HTML rendert, ist der gerenderte Bericht für die Anzeige in Microsoft Excel und nicht in einem Browser gedacht. Ressourcen wie z.B. Bilder werden in den Bericht eingebettet.

CSV-Renderingerweiterung

Die CSV-Renderingerweiterung (comma-separated values) rendert Berichte in durch Trennzeichen getrennte Nur-Text-Dateien ohne jede Formatierung. Benutzer können diese Dateien mit einer Tabellenkalkulationsanwendung wie Microsoft Excel oder einem anderen Programm zum Lesen von Textdateien öffnen.

XML-Renderingerweiterung

Die XML-Renderingerweiterung rendert Berichte in XML-Dateien. Diese XML-Dateien können dann von anderen Programmen gespeichert oder gelesen werden.

TIFF-Renderingerweiterung

Die TIFF-Renderingerweiterung rendert Berichte in das TIFF-Format. Es ist besonders nützlich, wenn kein Adobe Reader installiert ist. Das Bild kann mit gängigen Bildanzeigeprogrammen des Betriebssystems (z.B. Windows Bild- und Faxanzeige) angezeigt werden.

PDF-Renderingerweiterung

Die PDF-Renderingerweiterung rendert Berichte in PDF-Dateien, die mit dem Adobe Reader ab Version 4.0 geöffnet und angezeigt werden können.

Übermittlungserweiterungen

Der Prozessor für Zeitplanung und Übermittlung verwendet Übermittlungserweiterungen zur Übermittlung von Berichten an verschiedene Orte. Die Reporting Services verfügen über zwei verschiedene Typen:

- E-Mail-Übermittlungserweiterung,
- Dateifreigabe-Übermittlungserweiterung.

Entwickler können weitere Übermittlungserweiterungen erstellen, um die Funktionalität für den Prozessor für Zeitplanung und Übermittlung zu erweitern. Übermittlungserweiterungen werden Abonnements zugeordnet. Beim Erstellen eines Abonnements kann ein Nutzer eine der verfügbaren Übermittlungserweiterungen auswählen, um die Art der Übermittlung zu bestimmen.

E-Mail-Übermittlungserweiterung

Mit der E-Mail-Übermittlungserweiterung kann der Prozessor für Zeitplanung und Übermittlung über SMTP (Simple Mail Transport Protocol) eine E-Mail-Nachricht senden, die entweder den Bericht selbst oder einen URL zum Bericht enthält. Kurznachrichten (ohne URL oder Bericht) können auch an Pager, Telefone oder andere Geräte gesendet werden.

Dateifreigabe-Übermittlungserweiterung

Mit der Dateifreigabe-Übermittlungserweiterung kann der Prozessor für Zeitplanung und Übermittlung Berichte auf einem Dateiserver speichern. Sie können einen Speicherort, ein Renderingformat, einen Dateinamen und Optionen zum Überschreiben für die zu erstellende Datei angeben. Sie können die Dateifreigabe-Übermittlungserweiterung zum Archivieren von Berichten verwenden und im Rahmen einer Strategie zum Arbeiten mit sehr umfangreichen Berichten.

Prozessor für Zeitplanung und Übermittlung

Der Prozessor für Zeitplanung und Übermittlung stellt die Funktionalität für die Planung von Berichten und ihre Übermittlung an die Nutzer bereit. Berichte können für die einmalige oder wiederholte Ausführung geplant und den verschiedenen Nutzern nach diesem Zeitplan oder nach den persönlichen Zeitplänen der Nutzer übermittelt werden. Der Prozessor für Zeitplanung und Übermittlung führt somit zwei getrennte Aufgaben aus:

- Ausführen geplanter Berichte
- Übermitteln von Berichten (an ein bestimmtes Gerät oder einen bestimmten Ort)

Ausführen geplanter Berichte

Bei der Ausführung eines geplanten Berichts wird vom Berichtsserver ein Berichtssnapshot erstellt. Dieser Bericht wird für den späteren Abruf in der Berichtsserver-Datenbank gespeichert. Mehrere Snapshots können nen als Berichtsverlauf gespeichert werden.

Das Ausführen von Berichten nach einem Zeitplan kann einem Administrator den Lastenausgleich für den Berichtsserver und die Datenbanken erleichtern, die als Datenquellen für die Berichte dienen. Wenn Benutzer auf einen Snapshot zugreifen, werden Daten angezeigt, die bereits von der Datenquelle abgerufen und vom Berichtsprozessor verarbeitet wurden. Dadurch kann in gewissen Fällen die Belastung der Quelldatenbank reduziert und die Leistung verbessert werden. Der Prozessor für Zeitplanung und Übermittlung verarbeitet die Zeitpläne mit Hilfe des SQL Server-Agenten.

Übermitteln von Berichten

Berichte können von den Nutzern abonniert werden. Der Prozessor für Zeitplanung und Übermittlung verwendet Übermittlungserweiterungen, um Berichte diesen Abonnements entsprechend zu übermitteln. Die Reporting Services enthalten eine entsprechende E-Mail-Übermittlungserweiterung. Nachdem ein Bericht ausgeführt wurde, wird er an einen im Abonnement angegebenen Ort übermittelt. Mit Hilfe der Übermittlungserweiterung können die Reporting Services einen Bericht in eine E-Mail-Nachricht einbetten, eine einfache E-Mail-Benachrichtigung an einen Pager oder ein anderes Gerät oder den Bericht als Anlage senden.

Befehlszeilenprogramme

Außerdem stehen Ihnen in den Reporting Services als Dienstprogramme die so genannten Befehlszeilenprogramme zur Verfügung, mit denen Sie einen Bericht verwalten können:

- Das Dienstprogramm *rsconfig* ist ein Programm zur Verbindungsverwaltung:

    Mit diesem Tool können Sie die Verbindung zwischen einem Berichtsserver und einer Berichtsserver-Datenbank ändern. Der Berichtsserver verwendet verschlüsselte Verbindungsinformationen zum Zugriff auf eine Datenbank. Da die Daten verschlüsselt sind, müssen Sie zum Ändern der Verbindungsinformationen dieses Tool verwenden. Mit der neuen Benutzeroberfläche für die Konfiguration des Berichtsservers ist diese Einrichtung bedeutend einfacher, wie Sie in Kapitel 5 nachlesen können.

- Das Dienstprogramm *rs* ist ein Skripthost, den Sie zum Ausführen von Skriptvorgängen verwenden können:

    Mit diesem Tool können Sie Visual Basic-Skripts ausführen, die Daten zwischen Berichtsserver-Datenbanken kopieren, Berichte publizieren, Elemente in einer Berichtsserver-Datenbank erstellen usw.

- Das Dienstprogramm *rskeymgmt* ist ein Verwaltungsprogramm für Verschlüsselungsschlüssel, mit dem Sie symmetrische Schlüssel sichern oder von einem Berichtsserver verwendete verschlüsselte Daten löschen können:

    Mit diesem Tool sind Sie in der Lage, Verschlüsselungsschlüssel für den Fall zu speichern, dass Sie eine Datenbank wiederherstellen müssen. Wenn die Schlüssel nicht wiederhergestellt werden können, bietet das Tool eine Möglichkeit zum Löschen nicht mehr benötigter verschlüsselter Inhalte.

- Das Dienstprogramm *rsactivate* ist ein Serveraktivierungstool, mit dem Sie eine Berichtsserverinstanz in einer Webfarm aktivieren können.

    Mit diesem Tool aktivieren Sie den Dienst, wenn Sie einen neuen Berichtsserver einer Webfarm hinzufügen oder einen ausgefallenen Server ersetzen. Beim Aktivieren eines Dienstes wird ein symmetrischer Schlüssel erstellt, mit dem der neue Dienst die Daten in einer Berichtsserver-Datenbank ver- und entschlüsselt.

Architekturdiagramm

Wir haben versucht, Ihnen in diesem Kapitel einen kleinen, groben Überblick über die komplexe Architektur der Reporting Services, die wichtigsten der zahlreichen Bestandteile und ihr kompliziertes Zusammenspiel zu geben. Vielleicht haben Sie trotzdem an vielen Stellen unseres Überblicks schon mehr Informationen erwartet oder sich umgekehrt von der Informationsflut doch ein wenig überfordert gefühlt. Seien Sie unbesorgt: Alle genannten Begriffe werden in den folgenden Kapiteln des Buches noch einmal aufgenommen, in ihrem zugehörigen Kontext genauer und ausführlicher erläutert und in praktischen Übungen verwendet.

Die wichtigsten Begriffe zu den Bestandteilen der Reporting Services finden Sie noch einmal im Zusammenhang in der Abbildung 4.1 dargestellt.

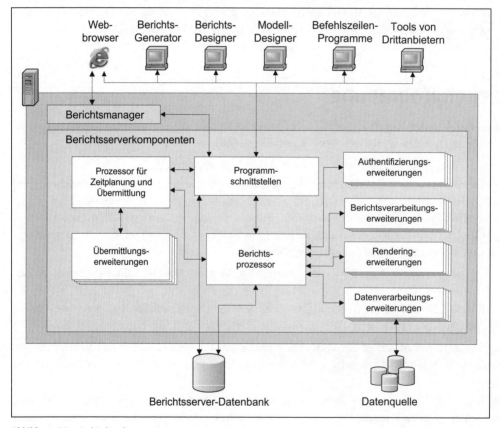

Abbildung 4.1 Architekturdiagramm

Weitere Informationen (nicht nur zur Architektur) finden Sie nach der Installation, deren Ablauf wir Ihnen im folgenden Kapitel 5 vorstellen werden, in der Reporting Services-Onlinedokumentation, die Sie aufrufen können, indem Sie im Startmenü den Menübefehl *Alle Programme/Microsoft SQL Server 2005/Dokumentation und Lernprogramme/SQL Server-Onlinedokumentation* ausführen.

Kapitel 5

Installation und Konfiguration

In diesem Kapitel:

Editionen	48
Der Installationsvorgang	50
Ändern oder Entfernen der Installation	61
Konfiguration	63
Beispielberichte bereitstellen	71

Die Microsoft SQL Server Reporting Services sollten Sie erst dann installieren, wenn Sie sich darüber klar geworden sind, wie und wofür Sie sie einsetzen wollen. Zudem sind einige Voraussetzungen hinsichtlich Hardware und Software zu erfüllen. Bevor Sie also den eigentlichen Installationsvorgang durchspielen werden, erhalten Sie zunächst einen Überblick über die Editionen der Reporting Services, von denen es abhängig ist, welches Betriebssystem Sie benötigen und welche Hardware- bzw. Softwarevoraussetzungen erfüllt sein müssen. Außerdem werden Ihnen verschiedene Installationsarten vorgestellt, für die Sie sich je nach Gegebenheiten und Erfordernissen in der Praxis entscheiden müssen.

Editionen

Die Reporting Services sind Bestandteil von Microsoft SQL Server 2005. Sie sind in allen Editionen enthalten. Allerdings stehen die Reporting Services erst mit Service Pack 1 auch für die Express Edition zur Verfügung. Folgende Editionen sind von Microsoft SQL Server 2005 erhältlich:

- Express Edition (ab Service Pack 1)
- Workgroup Edition
- Standard Edition
- Enterprise Edition
- Developer Edition
- Evaluation Edition

Da die Reporting Services Teil der Lizenz der vorliegenden Edition von Microsoft SQL Server 2005 sind, werden Sie im Produktionsbetrieb die Edition der Reporting Services einsetzen, die der Lizenz der eingesetzten Edition von Microsoft SQL Server 2005 entspricht.

Express Edition

Die Express Edition ist eine lizenzkostenfrei und redistributierbare Light-Version des SQL-Servers 2005, die unter anderem ohne Management Studio und Berichts-Generator ausgeliefert wird. Die Datenbankgröße ist auf 4 GB beschränkt.

Sie ist als Alternative für die Developer Edition für Entwickler gedacht und die wichtigste Edition für Unternehmen, die eigenentwickelte Software als Lizenz vermarkten (so genannte ISVs = Independent Software Vendors).

In Bezug auf die Hardwarevoraussetzungen gilt für alle Editionen (wie fast immer im Leben), dass immer nur das Beste gut genug ist. Berücksichtigen Sie, wofür Sie die Reporting Services einsetzen wollen. Sie werden mit den von Microsoft genannten Mindestanforderungen zwar gerade mal so hinkommen, dann werden Sie aber leider nicht den besten Eindruck von den Reporting Services gewinnen, was Schnelligkeit angeht. Deshalb sollten Sie den Reporting Services die Hardware-Ausstattung zugestehen, die der Bedeutung entspricht, die sie im Produktionsbetrieb einnehmen sollen.

Systemvoraussetzungen:

- Windows 2000 Professional mit SP4, Windows 2000 Server mit SP4 oder höher, Windows Server 2003 mit SP1 oder höher, Windows XP mit SP2 oder höher
- .NET Framework 2.0, IIS 5.0 oder höher

- Microsoft Internet Explorer 6.0 SP1 oder höher
- Computer mit mindestens Pentium III 600 MHz (1 GHz oder mehr ist empfohlen)
- Mindestens 192 MB RAM (512 MB oder mehr sind empfohlen)
- Mindestens 350 MB freien Speicherplatz auf der Festplatte für eine Standard-Installation

Workgroup Edition

Die Workgroup Edition ist eine Lösung für kleine Firmen, die eine Datenbank ohne Beschränkung der Größe oder der Anzahl von Nutzern benötigen. Ab der Workgroup Edition ist auch der Berichts-Generator, ein Tool, mit dem Endbenutzer Ad-hoc-Berichte erstellen können, enthalten.

Systemvoraussetzungen:

- Windows 2000 Professional mit SP4, Windows 2000 Server mit SP4 oder höher, Windows Server 2003 mit SP1 oder höher, Windows XP mit SP2 oder höher
- .NET Framework 2.0, IIS 5.0 oder höher
- Microsoft Internet Explorer 6.0 SP1 oder höher
- Computer mit mindestens Pentium III 600 MHz (1 GB oder mehr ist aber empfohlen)
- Mindestens 512 MB RAM (1 GB oder mehr sind empfohlen)
- Mindestens 350 MB freien Speicherplatz auf der Festplatte für eine Standard-Installation

Standard Edition

Die Standard Edition ist eine für kleine und mittelgroße Unternehmen erschwingliche Lösung. Im Gegensatz zur Workgroup Edition beinhaltet sie zusätzlich die Analysis Services, Data Warehousing, Unified Dimensional Model (ein Geschäftsmodell für Unternehmen, das schnelle Analysen großer Datasets ermöglicht und effizient Berichte erstellt), Geschäftsanalyse sowie Data Mining.

Systemvoraussetzungen:

- Windows 2000 Professional mit SP4, Windows 2000 Server mit SP4 oder höher, Windows Server 2003 mit SP1 oder höher, Windows XP mit SP2 oder höher
- .NET Framework 2.0, IIS 5.0 oder höher
- Microsoft Internet Explorer 6.0 SP1 oder höher
- Computer mit mindestens Pentium III 600 MHz (1 GHz oder mehr ist empfohlen)
- Mindestens 512 MB RAM (1 GB oder mehr sind empfohlen)
- Mindestens 350 MB freien Speicherplatz auf der Festplatte für eine Standard-Installation

Enterprise Edition

Die Enterprise Edition ist für Produktionsserver gedacht, die umfangreiche Berichterstellungsanforderungen einer großen Organisation erfüllen müssen. Die Enterprise Edition unterstützt sämtliche Features des Microsoft SQL Servers 2005. Zusätzlich zu den Features der vorgenannten Versionen hat sie zum Beispiel

Leistungsmerkmale wie datengesteuerte Abonnements, Berichtsserver mit Lastverteilung, uneingeschränktes Durchklicken und erweiterte Geschäftsanalyse.

Systemvoraussetzungen:

- Windows 2000 Server mit SP4 oder höher, Windows Server 2003 mit SP1 oder höher
- .NET Framework 2.0, IIS 5.0 oder höher
- Microsoft Internet Explorer 6.0 SP1 oder höher
- Computer mit mindestens Pentium III 600 MHz (1 GHz oder mehr ist empfohlen)
- Mindestens 512 MB RAM (1 GB oder mehr sind empfohlen)
- Mindestens 350 MB freien Speicherplatz auf der Festplatte für eine Standard-Installation

Developer Edition und Evaluation Edition

Die Developer Edition und die Evaluation Edition verfügen über dieselben Funktionen und Systemvorausetzungen wie die Enterprise Edition, unterliegen jedoch aber anderen Lizenzrichtlinien. Die Developer Edition wird pro Benutzer lizenziert und darf nur zum Zwecke der Konzeption, Entwicklung und Prüfung verwendet werden. Die Evaluation Edition ist eine voll funktionsfähige Version, die nach 180 Tagen abläuft. Sie ist nur als Testversion gedacht.

Der Installationsvorgang

Wenn alle Hardwarevoraussetzungen erfüllt sind, können Sie mit der Installation beginnen. Legen Sie dazu die Installations-CD ein und warten Sie, bis der Setup-Assistent erscheint, der Sie durch die Installation leitet. Falls das Setup-Programm nicht automatisch startet, müssen Sie auf der Installations-CD die Datei *setup.exe* suchen und das Programm manuell durch einen Doppelklick darauf starten.

Endbenutzer-Lizenzvertrag

Als ersten Schritt des Setup-Assistenten sehen Sie den Endbenutzer-Lizenzvertrag, wie in Abbildung 5.1 zu sehen. Prüfen Sie, ob Sie den Bestimmungen zustimmen wollen (dies ist allerdings Voraussetzung dafür, dass Sie den Installationsvorgang überhaupt fortsetzen können), setzen Sie ein Häkchen in das Kontrollkästchen *Ich stimme den Bestimmungen des Lizenzvertrages zu*, bevor Sie mit einem Klick auf die dann aktivierte Schaltfläche *Weiter* zum nächsten Schritt des Setup-Assistenten gelangen.

Der Installationsvorgang

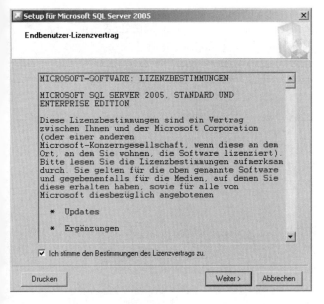

Abbildung 5.1 Die Setup-Routine setzt Ihr Einverständnis zu den Bestimmungen des Lizenzvertrags voraus

Komponentenupdate

In diesem zweiten Schritt (Abbildung 5.2) wird geprüft, ob alle benötigten Softwarekomponenten für den Installationsvorgang vorhanden sind, wie zum Beispiel Setup-Unterstützungsdateien (die in komprimierter Form auf der Installations-CD vorliegen und für den Installationsvorgang entpackt werden).

Abbildung 5.2 Die für die Installation erforderlichen Komponenten werden installiert

Gegebenenfalls werden die erforderlichen Softwarekomponenten automatisch installiert. Sobald die automatische Prüfung und (ggf. erforderliche) Installation abgeschlossen sind, wird die Schaltfläche *Weiter* aktiviert, über die Sie zum nächsten Schritt des Setup-Assistenten gelangen.

Willkommen

Im diesem Schritt heißt Sie die Setup-Routine *Willkommen* (Abbildung 5.3). Starten Sie das Setup-Programm, indem Sie auf *Weiter* klicken.

Abbildung 5.3 Die Setup-Routine heißt Sie Willkommen

Systemkonfigurationsüberprüfung

Im diesem Schritt überprüft der Setup-Assistent die Systemkonfiguration.

Alle Systemvorausetzungen werden in einer Ergebnisliste aufgeführt und der jeweilige Status in der zugehörigen Spalte angezeigt (siehe Abbildung 5.4). Der Spalte *Aktion* lässt sich entnehmen, welche Systemvorausetzung der Setup-Assistent gerade überprüft. Alle Aktionen sollten den Status *Erfolg* haben oder zumindest den Status *Warnung*.

Klicken Sie nach der Durchführung der Systemkonfigurationsüberprüfung auf die Schaltfläche *Weiter*, um zum nächsten Schritt des Setup-Assistenten zu gelangen.

Der Installationsvorgang

Abbildung 5.4 Der Setup-Assistent überprüft die Systemkonfiguration auf alle notwendigen Anforderungen

Registrierungsinformationen

Im Schritt *Registrierungsinformationen* (siehe Abbildung 5.5) geben Sie Ihren Namen und (optional) den Namen Ihrer Firma ein. Mit einem Klick auf die Schaltfläche *Weiter* gelangen Sie zum nächsten Schritt des Setup-Assistenten.

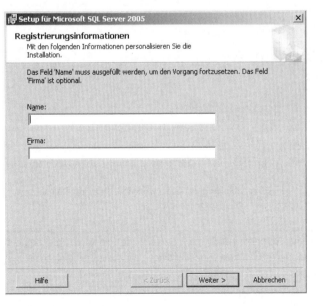

Abbildung 5.5 Geben Sie mindestens Ihren Namen als Registrierungsinformation an

Zu installierende Komponenten

Im Schritt *Zu installierende Komponenten* können Sie nun die Komponenten des SQL Servers auswählen, die Sie benötigen. Zur Verfügung stehen die folgenden Komponenten:

- SQL Server-Datenbankdienste
- Analysis Services
- Reporting Services
- Notification Services
- Integration Services
- Arbeitsstationskomponenten, Onlinedokumentationen und Entwicklungstools

Mit Microsoft SQL Server 2005 sind jetzt die Reporting Services ein Bestandteil des SQL-Server-Setups und nicht mehr, wie in der Vorgängerversion Microsoft SQL Server 2000, eine in gesondertem Setup zu installierende Komponente. Deshalb haben Sie nun die Möglichkeit, alle SQL Server-Komponenten in einem Installationsvorgang zu installieren. Im Folgenden wird davon ausgegangen, dass Sie die SQL Server-Datenbankdienste und die Analysis Services bereits installiert haben, und nur die Reporting Services zu installieren sind. Markieren Sie deshalb das Kontrollkästchen *Reporting Services*, wie in Abbildung 5.6 zu sehen, und klicken Sie auf *Erweitert*.

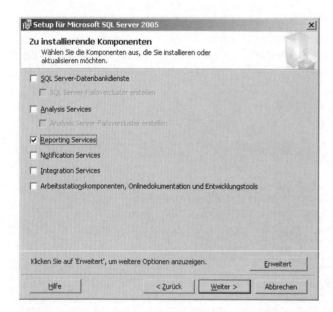

Abbildung 5.6 Hier wählen Sie die zu installierenden Komponenten aus

HINWEIS Sie können auch alle SQL-Server-Komponenten komplett installieren, indem Sie auch die Kontrollkästchen der anderen in Abbildung 5.6 gezeigten Komponenten aktivieren. Dadurch werden dann allerdings zusätzliche Dialogfelder, die das Setup der anderen Komponenten betreffen, angezeigt, die nicht Thema dieses Buchs sind.

Der Installationsvorgang

Featureauswahl

Im Schritt *Featureauswahl* (siehe Abbildung 5.7) können Sie die Features auswählen, die Sie benötigen und installieren möchten.

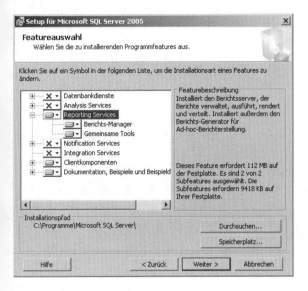

Abbildung 5.7 Wählen Sie hier die zu installierenden Programmfeatures aus

Um Features auszuwählen oder von der Installation auszuschließen, können Sie auf das jeweilige Symbol mit dem nach unten weisenden Pfeil vor einem Feature klicken und die gewünschte Auswahl im daraufhin geöffneten Kontextmenü treffen (siehe Abbildung 5.8).

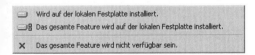

Abbildung 5.8 Kontextmenü bei der Featureauswahl

WICHTIG Wählen Sie für die Installation einer gewünschten Funktion mit allen Untereinträgen immer den Menüeintrag *Das gesamte Feature wird auf der lokalen Festplatte installiert*. Treffen Sie Ihre jeweilige Auswahl ggf. von der tiefsten Ebene aufwärts nach oben. Wenn eine Funktion vollständig mit allen Untereinträgen gewählt ist, erscheint das Symbol weiß, ansonsten grau hinterlegt. Bei Nichtauswahl erscheint ein rotes X.

Um alle in diesem Buch behandelten Features nutzen zu können, wählen Sie die Features *Reporting Services*, *Clientkomponenten* und *Dokumentation, Beispiele und Beispieldatenbanken* für die vollständige Installation auf der lokalen Festplatte aus.

TIPP Probieren Sie verschiedene Installationsvarianten aus, um sich im rechten Teil des Dialogfeldes unter *Featurebeschreibung* über die ausgewählte Funktion und deren Speicherbedarf zu informieren. Je nach Auswahl werden Sie sehen, dass die Schaltfläche *Durchsuchen* aktiviert und der Installationspfad angezeigt wird, sodass hier ein abweichender Speicherort gewählt werden kann. Selbst wenn Sie die Schaltfläche *Weiter* betätigt haben, können Sie von den nachfolgenden Schritten mit der Schaltfläche *Zurück* zur Featureauswahl zurückkehren, um die Konsequenzen der anderen Varianten auszuprobieren.

Sobald Sie die gewünschten Programmfeatures zusammengestellt haben, klicken Sie auf *Weiter*.

Instanzname

Im Dialogfeld *Instanzname* (siehe Abbildung 5.9) haben Sie die Möglichkeit, die *Standardinstanz* zu installieren oder eine *Benannte Instanz* anzugeben.

Jede SQL Server-Instanz besteht aus einem Satz von Diensten. Der Standardinstanzname lautet *MSSQL-SERVER*. Sie können den Instanznamen auch frei vergeben. Dazu müssen Sie die Option *Benannte Instanz* auswählen und im Textfeld rechts daneben einen Instanznamen angeben. Wenn Sie auf die Schaltfläche *Installierte Instanzen* klicken, werden Ihnen alle installierten Instanzen mit den zugehörigen Details angezeigt.

ACHTUNG Wenn die Beispiele in diesem Buch ohne Anpassung funktionieren sollen, lassen Sie die Option *Standardinstanz* ausgewählt.

Klicken Sie auf *Weiter*.

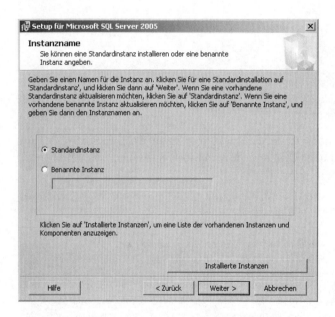

Abbildung 5.9 Geben Sie hier eine benannte Instanz an oder wählen Sie die Standardinstanz aus

Dienstkonto

Im Schritt *Dienstkonto* (Abbildung 5.10) wählen Sie ein Konto aus, unter dem die Berichtsserver-Dienste (d.h. der Berichtsserver-Windows-Dienst und der Berichtsserver-Webdienst) ausgeführt werden. Belassen Sie es bei der vorgegebenen Option *Integriertes Systemkonto verwenden,* und vergewissern Sie sich, dass im Listenfeld der Eintrag *Lokaler Dienst* gewählt ist.

Der Installationsvorgang

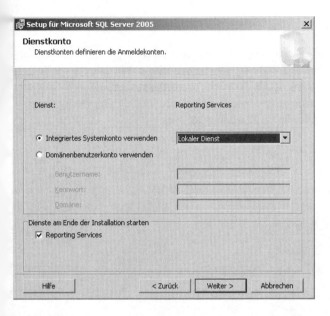

Abbildung 5.10 Auswahl des Dienstkontos

HINWEIS Der Berichtsserver erfordert eine Verbindung zur Berichtsserver-Datenbank und, um geplante Berichtsvorgänge zu unterstützen, auch zum SQL Server-Agenten. Daher muss das Dienstkonto die Anmeldeberechtigung für die SQL Server-Instanz erhalten, die diese Berichtsserver-Datenbank hostet. Die Tabelle 5.1 enthält eine Übersicht über die verschiedenen Kontotypen.

Kontotyp	Beschreibung
Lokaler Dienst	Das lokale Dienstkonto ist ein spezielles, integriertes Konto, das einem authentifizierten Benutzerkonto ähnelt. Das lokale Dienstkonto verfügt über den gleichen Zugriff auf Ressourcen und Objekte wie Mitglieder der Gruppe *Benutzer*. Durch diesen beschränkten Zugriff wird das System bei Gefährdung einzelner Dienste oder Prozesse geschützt.
Netzwerkdienst	Das Netzwerkdienstkonto ist wie das Konto *Lokaler Dienst* ein spezielles, integriertes Konto, das einem authentifizierten Benutzerkonto ähnelt. Dienste, die unter dem Netzwerkdienstkonto ausgeführt werden, greifen hier jedoch mithilfe der Anmeldeinformationen des Computerkontos auf Netzwerkressourcen zu.
Lokales System	Das integrierte lokale Systemkonto heißt *Lokales System*. Es erfordert für die Verbindung mit SQL Server auf demselben Computer kein Kennwort. Das lokale Systemkonto kann jedoch die Zusammenarbeit der SQL Server-Installation mit anderen Servern einschränken. Dies hängt von den Rechten ab, die dem Konto erteilt wurden.
Domänenbenutzerkonto	Gibt ein Domänenbenutzerkonto an, das die Windows-Authentifizierung für das Einrichten von und Verbinden mit SQL Server verwendet. Sie sollten ein Domänenbenutzerkonto mit minimalen Rechten für den SQL Server-Dienst verwenden, da der SQL Server-Dienst keine Administratorkontorechte erfordert.

Tabelle 5.1 Übersicht über die verschiedenen Kontotypen

Zudem können Sie angeben, ob der Dienst nach dem Abschluss der Installation gestartet werden soll, indem Sie das Kontrollkästchen *Reporting Services* aktivieren.

Wenn Sie Ihre Auswahl getroffen haben, klicken Sie auf die Schaltfläche *Weiter*, um zum nächsten Schritt des Setup-Assistenten zu gelangen.

Berichtsserverinstallationsoptionen

Im Schritt *Berichtsserver-Installationsoptionen* (siehe Abbildung 5.11) belassen Sie die Option *Server installieren, jedoch nicht konfigurieren* ausgewählt und klicken auf *Weiter*. Der Server wird später über das *Reporting Services-Konfigurationstool* konfiguriert. Die Auswahl in Abbildung 5.11 ist deaktiviert, da vorher in der Komponentenauswahl nur die Komponente *Reporting Services* gewählt wurde und die Reporting Services nur über das *Reporting Services-Konfigurationstool* konfiguriert werden können.

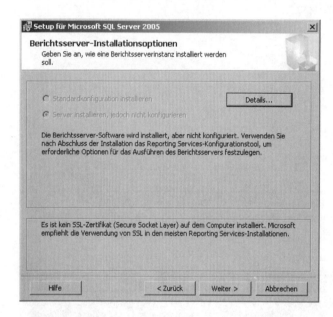

Abbildung 5.11 Die Berichtsserver-Installationsoptionen

Einstellungen für Fehler- und Verwendungsberichte

In diesem Schritt können Sie festlegen, ob Fehlerberichte oder Daten zur Featureverwendung an Microsoft gesendet werden. Lassen Sie beide Kontrollkästchen deaktiviert, und klicken Sie auf *Weiter*.

Installationsbereit

Im Schritt *Installationsbereit* (Abbildung 5.12) wird angezeigt, dass die Setuproutine jetzt genügend Informationen gesammelt hat und welche Komponenten installiert, entfernt oder geändert werden. Klicken Sie auf die Schaltfläche *Installieren*, um den Installationsvorgang zu starten.

Der Installationsvorgang

Abbildung 5.12   Jetzt kann die Installation gestartet werden

Setupstatus

Der Schritt *Setupstatus* zeigt Ihnen den Fortschritt des Installationsvorgangs an (siehe Abbildung 5.13). Der Installationsvorgang nimmt einige Minuten in Anspruch. Es wird der jeweilige Status der aktuellen Installationstätigkeit angezeigt.

Abbildung 5.13   Der Setupstatus wird während des Installationsvorgangs angezeigt

Sie haben während der Installation weiterhin die Möglichkeit, das Setup abzubrechen, indem Sie auf die Schaltfläche *Abbrechen* klicken.

Wenn Sie die Installation durchlaufen lassen und anschließend auf *Weiter* klicken, gelangen Sie zum letzten Schritt des Setup-Assistenten.

Microsoft SQL Server 2005-Setup wird abgeschlossen

Wenn dieser letzte Schritt des Setup-Assistenten (siehe Abbildung 5.14) angezeigt wird, wurden die Reporting Services erfolgreich installiert. Klicken Sie zum Beenden auf die Schaltfläche *Fertig stellen*.

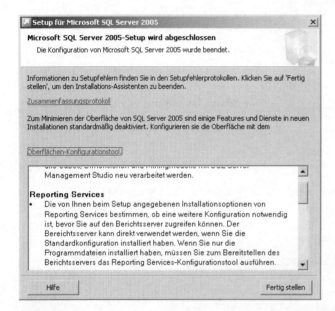

Abbildung 5.14 Meldung über die erfolgreiche Installation der Reporting Services

TIPP Probieren Sie den Installationsvorgang ruhig häufiger aus, denn Sie werden viel über den Aufbau und die Zusammenhänge der einzelnen Komponenten erfahren.

Nachdem Sie eine Ihren Wünschen entsprechende Installation durchgeführt haben, müssen Sie den Berichtsserver nur noch konfigurieren, um anschließend mit der eigentlichen Arbeit mit den Reporting Services beginnen zu können. Wie Sie den Server konfigurieren, erfahren Sie im Abschnitt »Konfiguration« weiter hinten in diesem Kapitel.

Ändern oder Entfernen der Installation

HINWEIS Ein Klick auf den Link *Zusammenfassungsprotokoll* in Abbildung 5.14 öffnet eine Datei, in der der gesamte Installationsvorgang protokolliert wurde. In dieser Datei sind die einzelnen Komponenten der Installation aufgelistet und mit dem jeweiligen Status (Erfolg oder Misserfolg) der Installation gekennzeichnet.

Ein Klick auf den Link *Oberflächen-Konfigurationstool* ruft ein komfortables Programm zur Konfiguration der Eigenschaften des SQL-Servers auf (Abbildung 5.15). Sie können das *Oberflächen-Konfigurationstool* auch später starten, indem Sie auf *Start/Alle Programme/Microsoft SQL Server 2005/Konfigurationstools/SQL Server-Oberflächenkonfiguration* klicken.

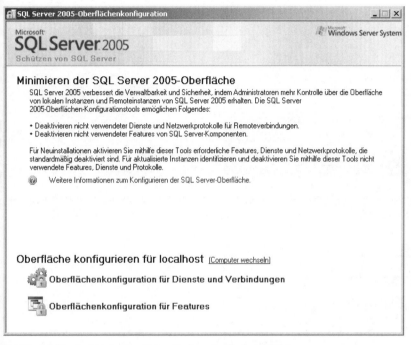

Abbildung 5.15 Ansicht des Oberflächen-Konfigurationstools des SQL Servers

Ändern oder Entfernen der Installation

Falls Fehler gemeldet wurden und Sie vielleicht gar nicht bis zum Ende vorgedrungen sind, können Sie jederzeit die Reporting Services deinstallieren und eine Neuinstallation vornehmen. Gehen Sie hierzu wie folgt vor:

1. Wählen Sie *Start/Systemsteuerung/Software*, um das Dialogfeld *Software* zu öffnen.
2. Markieren Sie im Listenfeld den Eintrag *Microsoft SQL Server 2005*.
3. Klicken Sie auf die Schaltfläche *Ändern*, um die bestehende Installation anzupassen. Falls Sie den Server deinstallieren möchten, klicken Sie auf die Schaltfläche *Entfernen*.
4. Wie in Abbildung 5.16 zu sehen, können Sie festlegen, welche Komponenten Sie ändern möchten. Wählen Sie die Option *MSSQLSERVER: Analysis Services, Datenbankmodul, Reporting Services*, und klicken Sie auf die Schaltfläche *Weiter*.

Abbildung 5.16 Legen Sie hier fest, welche Komponenten Sie ändern möchten

5. Im nächsten Dialogfeld *Featurewartung* (siehe Abbildung 5.17) wählen Sie aus, welche Komponente Sie ändern möchten. Wählen Sie die Option *Reporting Services*, und klicken Sie anschließend auf *Weiter*.

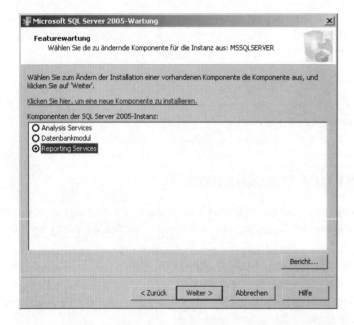

Abbildung 5.17 Wählen Sie die Komponente aus, die geändert werden soll

6. Wie in Abbildung 5.18 zu sehen, können Sie jetzt auswählen, ob Sie Komponenten des SQL-Servers entfernen oder ändern möchten. Klicken Sie links auf die Schaltfläche neben *Installierte Komponenten ändern* und Sie gelangen wieder zum *Willkommen*-Dialogfeld, das in Abbildung 5.3 weiter oben zu sehen ist.

Konfiguration

Abbildung 5.18 Wählen Sie hier, ob installierte Komponenten geändert oder entfernt werden sollen

Nun können Sie die Änderung der Installation analog der Beschreibung im Abschnitt »Der Installationsvorgang« durchführen.

> **ACHTUNG** Beachten Sie, dass bei einer vollständigen Deinstallation der Reporting Services die in Ihrer SQL Server-Instanz neu angelegten Datenbanken *ReportServer* und *ReportServerTempDB* sowie die Beispieldatenbank *AdventureWorks* nicht entfernt werden. Vor einer Neuinstallation sollten Sie demnach – um Fehlermeldungen aufgrund von Namenskonflikten zu vermeiden – erwägen, die Datenbanken manuell zu entfernen.

Konfiguration

Jetzt beginnen Sie die Konfiguration des Berichtsservers.

> **TIPP** Es ist empfehlenswert, alle Schritte in der hier vorgeschlagenen Reihenfolge zu bearbeiten, da sonst leicht Fehler bei der Konfiguration passieren können.

1. Starten Sie das Konfigurationstool, indem Sie auf *Start/Alle Programme/Microsoft SQL Server 2005/Konfigurationstools/Reporting Services-Konfiguration* klicken.
2. Der Konfigurations-Manager erscheint, wie in Abbildung 5.19 zu sehen, und fordert zur die Instanzauswahl auf. Geben Sie den Namen Ihres Computers an, wählen Sie unter *Instanz* die Option *MSSQLSERVER*, und klicken Sie auf *Verbinden*.

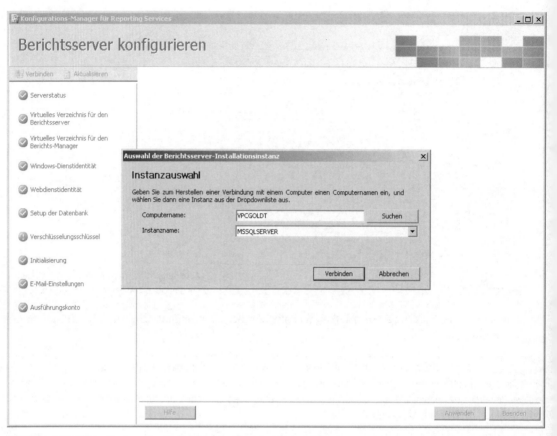

Abbildung 5.19 Wählen Sie den zu konfigurierenden Computer und die Instanz aus

3. Der Berichtsserverstatus entsprechend der Abbildung 5.20 wird angezeigt. Falls der Dienst nicht ausgeführt wird, klicken Sie auf die Schaltfläche *Starten*.

Konfiguration

Abbildung 5.20 Hier können Sie den Berichtsserverdienst starten sowie beenden und dessen Status einsehen

> **ACHTUNG** In Abbildung 5.20 können Sie sehen, dass die Instanz-ID *MSSQL.3* ist. Dies heißt auch, dass er die Reporting Services standardmäßig in den Ordner *C:\Programme\Microsoft SQL Server\MSSQL.3* installiert hat. Sämtliche Pfadangaben in diesem Buch beziehen sich auf die Installation in diesem Standardordner.

4. Um ein neues virtuelles Verzeichnis zu erstellen, unter dem Ihr Berichtserver erreichbar sein soll, klicken Sie links auf den Link *Virtuelles Verzeichnis für den Berichtsserver*. Sie gelangen so zum Fenster *Einstellungen des virtuellen Verzeichnisses für Berichtsserver* (Abbildung 5.21). Klicken Sie hier auf die Schaltfläche *Neu*.

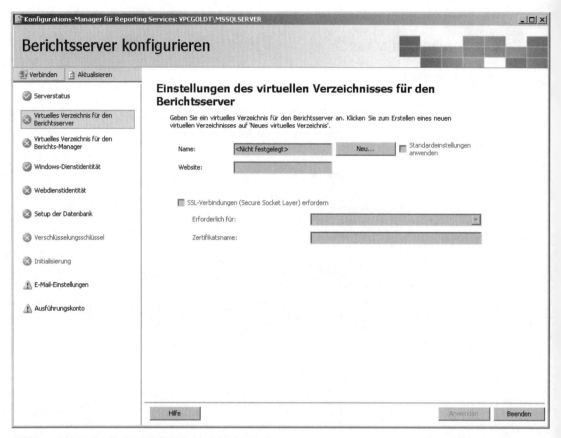

Abbildung 5.21 Stellen Sie das virtuelle Verzeichnis für den IIS ein

5. Wählen Sie im Dialogfeld *Neues virtuelles Verzeichnis erstellen* (Abbildung 5.22) unter *Website* den Eintrag *Standardwebsite* aus, und lassen Sie als *Namen* für das virtuelle Verzeichnis *ReportServer* stehen. Bestätigen Sie die Angaben mit *OK*. Nun legt der Konfigurationsmanager das virtuelle Verzeichnis im IIS für Sie an.

Abbildung 5.22 Ein neues virtuelles Verzeichnis für den Berichtsserver wird erstellt

6. Um das virtuelle Verzeichnis festzulegen, unter dem Ihr Berichts-Manager erreichbar sein soll, klicken Sie auf den Link *Virtuelles Verzeichnis für den Berichtsserver* und gehen analog zu Schritt 4 und 5 vor, mit dem Unterschied, dass der Verzeichnisname diesmal *Reports* ist. Mehr zum Thema Berichts-Manager erfahren Sie in Kapitel 15.

7. Klicken Sie links auf den Link *Windows-Dienstidentität*. Belassen Sie alle Einstellungen so wie sie sind. Die Dienstkontokonfiguration ist im Abschnitt »Dienstkonto« in diesem Kapitel beschrieben.

Konfiguration

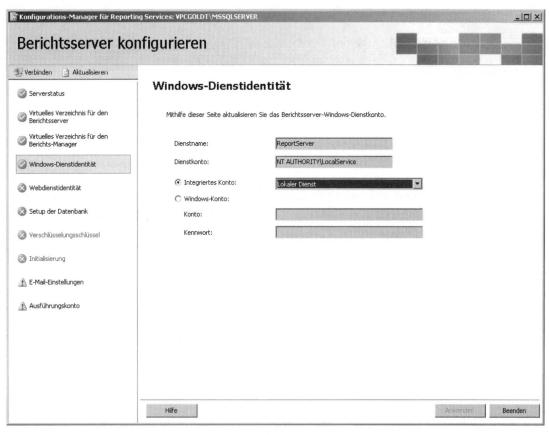

Abbildung 5.23 Konfigurieren Sie das Windows-Dienstkonto für den Berichtsserver

8. Klicken Sie links auf den Link *Webdienstidentität* (Abbildung 5.24). Wählen Sie unter *Berichtsserver* und *Berichts-Manager* den Eintrag *ReportServer* aus, und klicken Sie auf *Anwenden*. Sie legen hiermit fest, in welchem Anwendungspool der Berichtsserver-Webdienst ausgeführt werden soll.

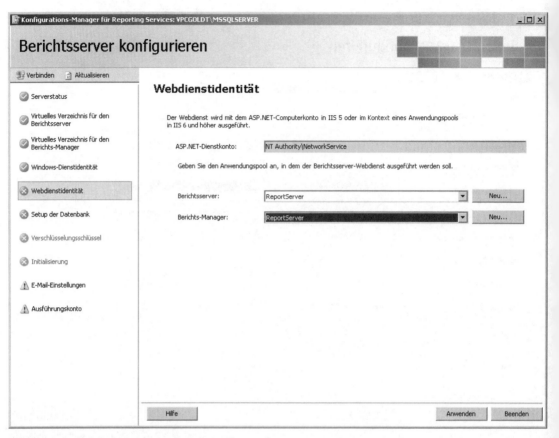

Abbildung 5.24 Webdienstidentität einstellen

9. Um eine neue Berichtsserver-Datenbank anzulegen, klicken Sie auf *Setup der Datenbank* (Abbildung 5.25). Verbinden Sie sich mit Ihrem Server, und klicken Sie auf die Schaltfläche *Neu*.

Konfiguration

Abbildung 5.25 Legen Sie hier eine neue Datenbank an

10. Im Dialogfeld *SQL Server-Verbindung* (Abbildung 5.26) übernehmen Sie alle Standardeinstellungen, wählen jedoch als Sprache *Deutsch* aus. Unter *Servername* ist bereits standardmäßig der Name Ihres Servers voreingetragen. Das Konto muss Administratorprivilegien haben, um ein Anlegen der Datenbank auf dem Server zu ermöglichen. Bestätigen Sie mit *OK*. Nachdem der Konfigurations-Manager die Datenbank für Sie angelegt hat, klicken Sie dort auf die Schaltfläche *Anwenden*.

11. Wenn Sie Ihren Berichtsserver in die Lage versetzen wollen, automatisch generierte Berichte via E-Mail zu versenden, ist es notwendig, die E-Mail-Einstellungen zu konfigurieren. Klicken Sie dazu links auf den Link *E-Mail-Einstellungen* (Abbildung 5.27). Geben Sie die *Absenderadresse* an, die der Berichtsserver verwenden soll, sowie den SMTP-Server. Der SMTP-Server ist ein Dienst zum Versenden von E-Mails. Wenn Sie den SMTP-Dienst Ihres Berichtsservers verwenden möchten, tragen Sie unter *SMTP-Dienst* **localhost** ein und klicken auf *Anwenden*. Mehr über das automatische Versenden von Berichten erfahren Sie in Kapitel 23.

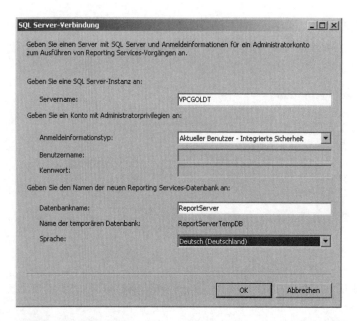

Abbildung 5.26 Einstellungen für die neue Datenbank

12. Damit ist die Installation fertig konfiguriert und als letzten Schritt stellen wir noch die mitgelieferten Beispielberichte bereit.

Abbildung 5.27 E-Mail-Einstellungen konfigurieren

Beispielberichte bereitstellen

Die Reporting Services-Beispielberichte sind Grundlage für zahlreiche Schritt-für-Schritt-Anleitungen in diesem Buch. Um mit ihnen arbeiten zu können, genügt es nicht, die Beispielberichte beim Setup mitzuinstallieren, denn dabei werden sie zunächst nur im lokalen Dateisystem abgelegt (standardmäßig im Ordner *C:\Programme\Microsoft SQL Server\90\Samples\Reporting Services\Report Samples\AdventureWorks Sample Reports*), sie müssen die Beispielberichte auch bereitstellen, was im Folgenden beschrieben wird.

Dass die Beispielberichte noch nicht bereitgestellt sind, erkennen Sie daran, dass im Berichts-Manager der Ordner *Stamm* noch keine Elemente enthält, wie in Abbildung 5.28 dargestellt. Mehr zum Thema »Berichts-Manager« erfahren Sie in Kapitel 15.

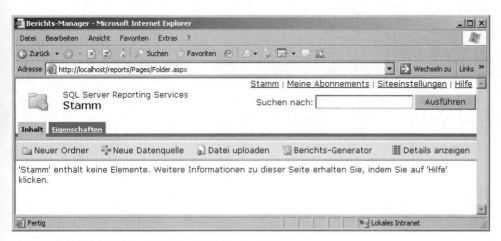

Abbildung 5.28 Die Beispielberichte sind noch nicht bereitgestellt

Um die Beispielberichte auf dem Berichtsserver bereitzustellen, gehen Sie folgendermaßen vor:

1. Öffnen Sie das mitgelieferte Beispielberichte-Projekt im Business Intelligence Development Studio, indem Sie den Windows-Explorer starten, in den Ordner *C:\Programme\Microsoft SQL Server\90\Samples\Reporting Services\Report Samples\AdventureWorks Sample Reports* wechseln und dort auf die Datei *AdventureWorks Sample Reports.sln* doppelklicken.
2. Rufen Sie den Menübefehl *Erstellen/AdventureWorks Samples Reports bereitstellen* auf, wie in Abbildung 5.29 zu sehen. Das Business Intelligence Development Studio kompiliert dann zuerst die Beispielberichte und stellt sie anschließend auf dem Report Server bereit. Im Ausgabefenster unten sehen Sie die Statusmeldungen. Wenn dort überall *0 Fehler* und *0 Warnungen* steht, sind die Beispielberichte korrekt bereitgestellt worden.

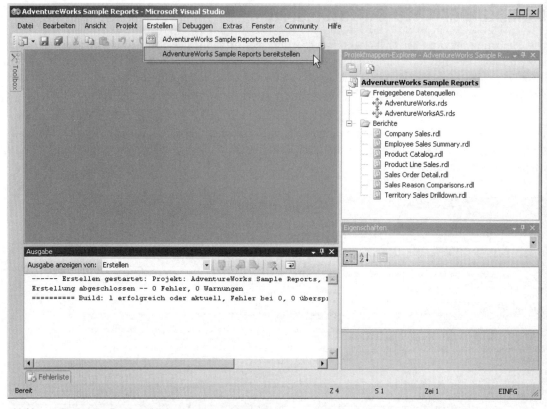

Abbildung 5.29 Bereitstellen der *AdventureWorks Sample Reports*

3. Um den Erfolg zu überprüfen, öffnen Sie den Berichts-Manager, indem Sie in der Adresszeile Ihres Browsers die URL *http://<Ihr Webservername>/reports* eingeben. Dort wird jetzt der *AdventureWorks Sample Reports*-Ordner im Ordner *Stamm* entsprechend der Abbildung 5.30 angezeigt.

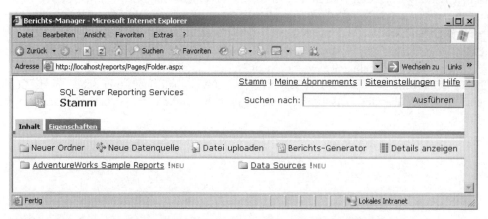

Abbildung 5.30 Der Stamm-Ordner enthält nun die neu bereitgestellten *AdentureWorks Sample Reports*

4. Klicken Sie auf *AdventureWorks Sample Reports*, um sich die Namen und Beschreibungen der Beispielberichte anzeigen zu lassen (Abbildung 5.31).

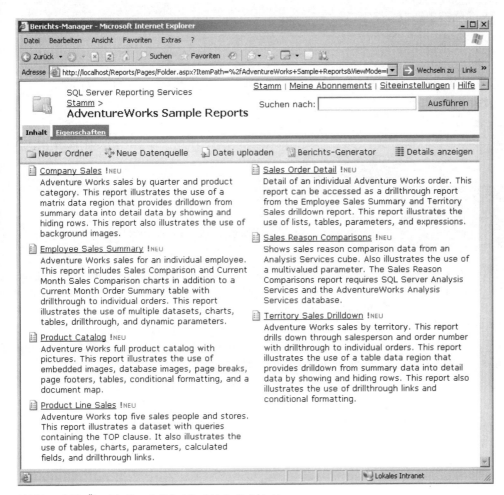

Abbildung 5.31 Übersicht über die Beispielberichte im Berichts-Manager

5. Klicken Sie z.B. auf *Company Sales*, um sich einen Beispielbericht anzeigen zu lassen. Sie erhalten Ihren ersten gerenderten Bericht (Abbildung 5.32)!

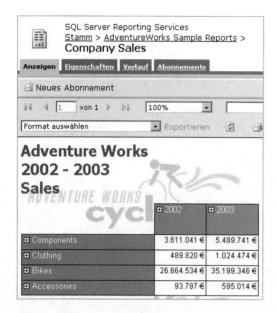

Abbildung 5.32 Der Beispielbericht *Company Sales* im Berichts-Manager

Vielleicht haben Sie den Installationsprozess, wenn Sie ihn zum ersten Mal durchgeführt haben, als etwas langwierig empfunden, da man erst das Zusammenspiel der Komponenten begreifen muss. Hat man es aber einmal gesehen, ist es relativ einfach und außerdem sind die Installationsroutine und der Konfigurations-Manager sehr übersichtlich.

Jetzt kann die eigentliche Arbeit endlich beginnen und Sie können schon gespannt auf das nächste Kapitel sein, in dem es um die Einführung in die Berichterstellung geht.

Teil B

Entwicklung von Berichten

In diesem Teil:

Kapitel 6	Einführung in die Berichterstellung	77
Kapitel 7	Entwicklungsumgebung	93
Kapitel 8	Berichtselemente	107
Kapitel 9	Formatierung und Seitenmanagement	129
Kapitel 10	Datenquellen und Datasets	139
Kapitel 11	Gefilterte, sortierte und gruppierte Daten	151
Kapitel 12	Parametrisierte Berichte	169
Kapitel 13	Interaktiv: Drilldown/Drillthrough	185
Kapitel 14	Gestaltung und Bereitstellung	193

Kapitel 6

Einführung in die Berichterstellung

In diesem Kapitel:

Schneller Einstieg mit dem Berichts-Assistenten	78
Die Datenquelle auswählen	80
Eine Abfrage entwerfen	82
Strukturierung der Berichtsdaten	85
Bereitstellungsspeicherort auswählen	89
Den Berichts-Assistenten abschließen	90

Die Entwicklung von Berichten bildet die erste von drei aufeinander folgenden Phasen des so genannten *Reporting Life Cycle*, wie wir ihn in Kapitel 4 vorgestellt haben:

1. Entwicklung von Berichten
2. Management von Berichten
3. Ausgabe von Berichten

Zur Entwicklungsphase gehören insbesondere:

- die Erstellung von Berichten,
- die Auswahl der Datenquellen,
- die Erstellung von Abfragen,
- die Strukturierung der Daten der Berichte,
- die Bereitstellung der Berichte.

Wir werden uns in diesem Kapitel mit der Entwicklung von einfachen Berichten befassen. Berichte für die *Microsoft SQL Server Reporting Services* werden mit Hilfe des *Berichts-Designers (Microsoft SQL Server Report Designer)* erstellt, der nach einer erfolgreichen Installation in der Entwicklungsumgebung (Microsoft Development Environment) von Visual Studio 2005 integriert ist. Selbst wenn Sie noch nie damit gearbeitet haben, werden Sie sehen, wie schnell, leicht und selbstverständlich Sie sich nach einigen wenigen Hinweisen darin zurechtfinden können.

Schneller Einstieg mit dem Berichts-Assistenten

Wir werden also zunächst einen einfachen Bericht erstellen, und zwar mit Hilfe des *Berichts-Assistenten*. Auch wenn Sie schon bald andere Möglichkeiten der Erstellung von Berichten kennen werden und dann vielleicht nicht mehr auf die Hilfe dieses *Berichts-Assistenten* zurückgreifen wollen, eignet er sich als Einstieg hervorragend, um die grundsätzlichen Schritte bei der Erstellung eines Berichts zu illustrieren und um mit der Entwicklungsumgebung ein wenig vertraut zu werden.

1. Öffnen Sie Microsoft Visual Studio 2005.

    Dies kann beispielsweise über *Start/Alle Programme/Microsoft Visual Studio 2005/Microsoft Visual Studio 2005* geschehen.

2. Rufen Sie den Menübefehl *Datei/Neu/Projekt* auf (oder klicken Sie in der *Standard*-Symbolleiste auf das Symbol *Neues Projekt*).

    Es öffnet sich das Dialogfeld *Neues Projekt*.

3. Wählen Sie nun im geöffneten Dialogfeld *Neues Projekt* wie in Abbildung 6.1 unter den Projekttypen den Eintrag *Business Intelligence-Projekte* aus und unter den Vorlagen *Berichtsserverprojekt-Assistent*. Bevor Sie das Dialogfeld mit einem Klick auf die Schaltfläche *OK* schließen, geben Sie Ihrem neuen Projekt einen Namen, z.B. **Praxisbuch-Projekt01**, und vergewissern Sie sich, dass als Speicherort dieses neuen Projekts der Standardordner *\Visual Studio 2005\projects* unterhalb des Ordners *Eigene Dateien* ausgewählt ist.

Schneller Einstieg mit dem Berichts-Assistenten

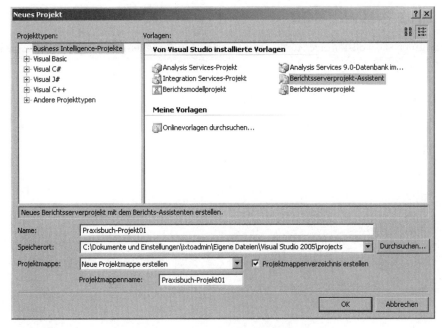

Abbildung 6.1 Festlegung von Projekttyp, Vorlage, Projektname und Speicherort

HINWEIS Sobald Sie Ihre Eingabe bzw. Auswahl im Dialogfeld *Neues Projekt* mit *OK* bestätigt haben, werden am angegebenen Speicherort ein neuer Ordner mit dem oben angegebenen Namen für das Projekt (d.i. die *Projektmappe*) und in dieser Projektmappe zunächst ein *Report Project file* gleichen Namens (*.rptproj*) und später weitere namentlich entsprechende Dateien erstellt, auf die wir an gegebener Stelle noch eingehen werden.

Bei der Erstellung eines Berichts erzeugen Sie also zunächst ein Projekt und innerhalb des Projekts den Bericht. Weitere Berichte können Sie dann diesem (oder später auch einem anderen) Projekt hinzufügen, das wie eine Art Behälter Ihre Berichte, Datenquellen, Bilder usw. umschließt.

Es öffnet sich nun der *Berichts-Assistent* mit der Willkommensseite, auf der Ihnen die verschiedenen Aufgaben vorgestellt werden, die Sie Schritt für Schritt mit Hilfe des Berichts-Assistenten ausführen können:

- Auswählen der Datenquelle, aus der die Daten abgerufen werden sollen,
- Entwerfen einer Abfrage, die für die Datenquelle ausgeführt werden soll,
- Auswählen des Typs für den Bericht, den Sie erstellen möchten,
- Angeben des Grundlayouts des Berichts,
- Angeben der Formatierung für den Bericht.

4. Nach einem Klick auf *Weiter* gelangen Sie zur nächsten Seite des Berichts-Assistenten.

Die Datenquelle auswählen

Die Abbildung 6.2 zeigt Ihnen das vollständige Aussehen dieser Seite im Berichts-Assistenten nach Ausführung der nachfolgend erläuterten Schritte.

Abbildung 6.2 Name, Typ und Verbindungszeichenfolge der Datenquelle

Nach einer erfolgreichen Installation der *Microsoft SQL Reporting Services* können Sie zur Auswahl bzw. Erstellung einer Datenquelle auf die mitgelieferte Beispiel-Datenbank *AdventureWorks*, die lokal in Ihrem Microsoft SQL Server integriert ist, zurückgreifen. Da Sie bis jetzt noch keine Datenquellen erzeugt haben, auf die Sie zugreifen könnten, haben Sie in diesem Schritt zunächst nur die Möglichkeit, eine neue Datenquelle zu erstellen.

1. Vergewissern Sie sich, dass als Typ *Microsoft SQL Server* ausgewählt ist, und klicken Sie auf die Schaltfläche *Bearbeiten*.

   Es öffnet sich ein zusätzliches Dialogfeld *Verbindungseigenschaften*.

2. Geben Sie im Dialogfeld *Verbindungseigenschaften* entsprechend der Abbildung 6.3 unter *Servername* den Servernamen (hier **localhost**) ein, wählen Sie unter *Beim Server anmelden* die Option *Windows-Authentifizierung verwenden* und unter *Mit Datenbank verbinden* die Datenbank (hier *AdventureWorks*) aus.

Die Datenquelle auswählen

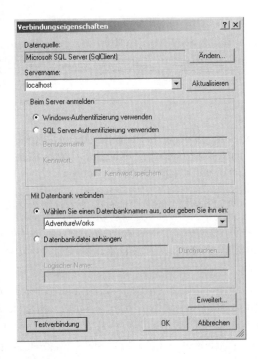

Abbildung 6.3   Festlegung von Servername, Anmeldeinformation und Datenbank

HINWEIS   Da Sie den Datenbankserver benutzen, der lokal auf Ihrem Rechner installiert ist, geben Sie hier als Servernamen einfach nur **localhost** ein. Für den Fall, dass Sie in einer Netzwerkumgebung arbeiten und auf eine Datenbank eines Datenbankservers im Netz zugreifen wollen, können Sie als Servernamen den entsprechenden Server und als Datenbank dann die gewünschte Datenbank auswählen. Von den Gegebenheiten vor Ort hängt es ab, ob Sie die *Windows-Authentifizierung* oder eine *SQL Server-Authentifizierung* verwenden werden.

Schließen Sie bitte noch nicht das Dialogfeld!

3. Klicken Sie auf die Schaltfläche *Testverbindung*.

   Ein zusätzliches Dialogfeld *Microsoft Visual Studio* bestätigt Ihnen, dass das Testen der Verbindung erfolgreich war.

4. Klicken Sie auf *OK*, um das Dialogfeld *Microsoft Visual Studio* wieder zu schließen.

5. Klicken Sie auf *OK*, um Ihre Eingaben zur Verbindung zu bestätigen und das Dialogfeld *Verbindungseigenschaften* zu schließen.

   Nachdem Sie die beiden zusätzlich geöffneten Dialogfelder geschlossen haben, sind Sie wieder beim *Berichts-Assistenten* angekommen, in dem nun wie in Abbildung 6.2 als Name der neuen Datenquelle **AdventureWorks** und unter *Verbindungszeichenfolge* **Data Source=localhost;Initial Catalog=AdventureWorks** (also Servername und Datenbank) eingetragen sind.

TIPP   Aktivieren Sie das Kontrollkästchen vor *Diese Datenquelle freigeben*, damit Sie in Zukunft unter der Option *Freigegebene Datenquelle* auch für weitere Berichte innerhalb Ihres Projekts auf die gerade neu erstellte Datenquelle zugreifen können. Sie ersparen sich dann nicht nur unnötige Mausklicks, sondern können auch für den Fall, dass Sie Ihre Berichte auf einen anderen Server (z.B. den Produktionsserver) migrieren wollen, dies zentral für diese eine Datenquelle, auf die sich viele Berichte beziehen, ändern und müssen nicht für jeden Bericht dessen Datenquellen-Eigenschaften neu einstellen. Auf die Frage, wie Sie für eine solche freigegebene Datenquelle die Eigenschaften-Änderung vornehmen, kommen wir später noch zurück.

6. Mit einem Klick auf *Weiter* gelangen Sie zur nächsten Seite des *Berichts-Assistenten*.

Die Abbildung 6.6 zeigt Ihnen das vollständige Aussehen dieser Seite nach Ausführung der folgenden Schritte.

Eine Abfrage entwerfen

Auf dieser Seite des *Berichts-Assistenten* können Sie entweder eine schon vorher erstellte Abfrage einfügen, einen Abfragetext direkt hineinschreiben oder – wie wir es hier tun werden – mit Hilfe des *Abfrage-Generators* eine Abfrage entwerfen, mit der die gewünschten Daten für Ihren Bericht abgerufen werden.

HINWEIS Sie werden später noch andere Möglichkeiten kennen lernen, z.B. wie Sie mit Hilfe einer *Gespeicherten Prozedur* die für Ihren Bericht benötigten Daten abrufen.

Wir werden eine einfache Abfrage aus drei Tabellen der mitgelieferten Beispiel-Datenbank *AdventureWorks* erstellen:

- Die Sicht *vEmployeeDepartment* wird uns jeweils den Nachnamen (Feld *LastName*) und den Vornamen (Feld *FirstName*) der Mitarbeiter liefern sowie die einzelnen Abteilungen der Beispielfirma (Feld *Department*) und eine zusammenfassende Gruppierung der Abteilungen (Feld *GroupName*).
- Die Tabelle *Address* wird uns die zu jedem Mitarbeiter gehörige Adresse mit Straßenname (Feld *AddressLine1*), Postleitzahl (Feld *PostalCode*) und Ort (Feld *City*) liefern.
- Die Tabelle *EmployeeAddress* liefert uns keine Felder für den Bericht. Sie dient lediglich zur Verknüpfung der Sicht *vEmployeeDepartment* mit der Tabelle *Address*, da sie sowohl das Feld *EmployeeID* als auch das Feld *AddressID* enthält.

Als Ergebnis wollen wir eine Tabelle erhalten, in der wir die Mitarbeiternamen – alphabetisch nach Nachname und Vorname geordnet – mit ihren jeweiligen Adressen sehen, und zwar gruppiert zu ihren jeweiligen Abteilungen, wobei die Abteilungen jeweils ihren Abteilungsgruppen zugeordnet sind.

1. Klicken Sie auf die Schaltfläche *Abfrage-Generator*, um den Abfrage-Generator in einem eigenen Fenster zu öffnen.

   Klicken Sie dort auf das Symbol *Standardmäßiger Abfrage-Designer* links oben in der Ecke. Das Fenster unterteilt sich nun in vier verschiedene Bereiche (von oben nach unten): *Diagramm, Raster (Datenblatt), SQL, Ergebnisse*.

   Die Abbildung 6.5 zeigt Ihnen das vollständige Aussehen des *Abfrage-Generators* nach Ausführung der folgenden Schritte.

2. Klicken Sie mit der rechten Maustaste ins oberste Viertel, den *Diagrammbereich*, und wählen Sie im geöffneten Kontextmenü den Eintrag *Tabelle hinzufügen*.

TIPP Der in den Berichts-Assistenten integrierte Abfrage-Generator hat weder eine Menüleiste noch Symbolleisten, sondern wird über Kontextmenüs gesteuert, die sich – nach einem Klick mit der rechten Maustaste in einen der vier Bereiche – mit jeweils unterschiedlichen Einträgen öffnen. Sie können das Fenster des Abfrage-Generators in seiner Größe beliebig verändern.

Es öffnet sich das zusätzliche Dialogfeld *Tabelle hinzufügen* mit der Registerkarte *Tabellen*.

Eine Abfrage entwerfen

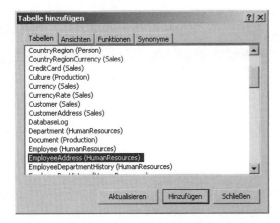

Abbildung 6.4 Tabellenauswahl für die Abfrage

3. Wählen Sie im Dialogfeld *Tabelle hinzufügen* auf der Registerkarte *Tabellen* wie in Abbildung 6.4 die Tabellen *Address (Person) und EmployeeAddress (HumanResources)*, um sie dem Diagrammbereich hinzuzufügen.

> **TIPP** Sie können dem Diagrammbereich Tabellen hinzufügen,
> - indem Sie jeweils eine Tabelle markieren und dann auf die Schaltfläche *Hinzufügen* klicken,
> - oder indem Sie erst nacheinander bei gedrückter Taste [Strg] alle gewünschten Tabellen markieren und dann auf die Schaltfläche *Hinzufügen* klicken,
> - oder indem Sie doppelt auf jede hinzuzufügende Tabelle klicken.

4. Wechseln Sie anschließend zur Registerkarte *Ansichten* und fügen Sie analog zu den Tabellen die Sicht *vEmployeeDepartment (HumanResource)* hinzu.

5. Das Dialogfeld *Tabelle hinzufügen* bleibt, während Sie die Tabellen auswählen, geöffnet. Klicken Sie danach auf die Schaltfläche *Schließen*.

   Im Diagrammbereich des Abfrage-Generators werden die ausgewählten Tabellen angezeigt, deren anzuzeigende Spalten nun bestimmt werden können.

6. Markieren Sie (in dieser Reihenfolge!) bei der Tabelle *vEmployeeDepartment* die Spalten *GroupName*, *Department*, *LastName* und *FirstName* und bei der Tabelle *Address* die Spalten *AddressLine1*, *PostalCode* und *City*.

   Im darunter gelegenen Viertel des Abfrage-Generators, dem *Rasterbereich (Datenblattbereich)*, sehen Sie nun untereinander aufgelistet die ausgewählten Spalten.

Kapitel 6: Einführung in die Berichterstellung

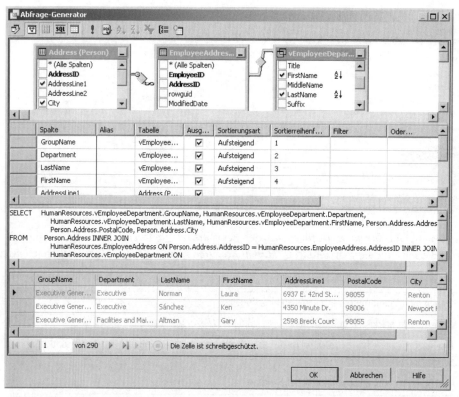

Abbildung 6.5 Abfrage mit dem Abfrage-Generator erstellen

7. Um die abzufragenden Daten bereits bei der Abfrage zu sortieren, klicken Sie im *Rasterbereich (Datenblattbereich)* des Abfrage-Generators unter *Sortierungsart* für *GroupName*, *Department*, *LastName* und *FirstName* jeweils in das entsprechende Feld und wählen *Aufsteigend* aus.

   Sie könnten die Datensortierung auch noch später bei der Berichtsbearbeitung vornehmen, aber es ist immer günstiger, die Daten bereits vorsortiert aus der Datenbank zu beziehen.

   Der Abfrage-Generator sollte bei Ihnen nun in etwa das Aussehen haben wie in Abbildung 6.5.

HINWEIS Wenn Sie Ihre Abfrage testen wollen, klicken Sie mit der rechten Maustaste irgendwo in einen Bereich des Abfrage-Generators und wählen im geöffneten Kontextmenü den Eintrag *SQL ausführen* (in diesem Fall spielt es keine Rolle, in welchen der vier Bereiche Sie klicken, da jedes Kontextmenü diesen Eintrag enthält). Das Abfrage-Ergebnis erscheint im untersten Viertel, dem Ergebnisbereich. Sobald Sie Ihre Abfrage auf diese Weise im Abfrage-Generator ausgeführt haben, werden Arbeitsspeicher-Ressourcen des Datenbankservers verbraucht. Wenn Sie den Abfrage-Generator danach noch einige Minuten mit dem Abfrageergebnis geöffnet lassen, werden Sie von dem Dialogfeld *Microsoft Visual Database Tools* darauf aufmerksam gemacht und aufgefordert, zu entscheiden, ob Sie das Abfrage-Ergebnis weiterhin benötigen oder ob es aus dem Speicher gelöscht werden kann. Wenn Sie auf diese Warnung nicht reagieren, wird das Ergebnis nach kurzer Zeit automatisch gelöscht. Die von Ihnen erstellte Abfrage ist davon allerdings nicht betroffen. Sie können das Abfrage-Ergebnis allerdings auch manuell löschen, indem Sie mit der rechten Maustaste in den Ergebnisbereich klicken und im geöffneten Kontextmenü den Eintrag *Ergebnisse löschen* wählen.

8. Mit *OK* bestätigen Sie die Auswahl und schließen den Abfrage-Generator.

Strukturierung der Berichtsdaten

Sie befinden sich nun wieder im Berichts-Assistenten, wo Sie noch einmal – wie in Abbildung 6.6 – die gerade entworfene Abfragezeichenfolge sehen können.

Abbildung 6.6 Mit dem Berichts-Assistenten eine Abfrage entwerfen

9. Klicken Sie auf die Schaltfläche *Weiter*, um zu den nächsten Seiten des Berichts-Assistenten zu gelangen.

Strukturierung der Berichtsdaten

Auf den folgenden Seiten des Berichts-Assistenten geben Sie Ihrem Bericht ein vorläufiges Aussehen, das Sie später noch weiter bearbeiten können.

Berichtstyp auswählen

Zunächst bietet Ihnen der Berichts-Assistent die Möglichkeit, den Berichtstyp auszuwählen. Ein einfacher Tabellenbericht *(Tabellarisch)* ist immer dann sinnvoll, wenn Sie den gesamten Inhalt der abgefragten Daten als normale *Tabelle* anzeigen möchten. Im Gegensatz dazu wird eine *Matrix* erforderlich, wenn Sie eine Kreuztabellen-Darstellung wünschen.

1. Wählen Sie wie in Abbildung 6.7 die Option *Tabellarisch*, um einen einfachen Tabellenbericht zu erstellen.
2. Klicken Sie auf die Schaltfläche *Weiter*, um zur nächsten Seite des Berichts-Assistenten zu gelangen.

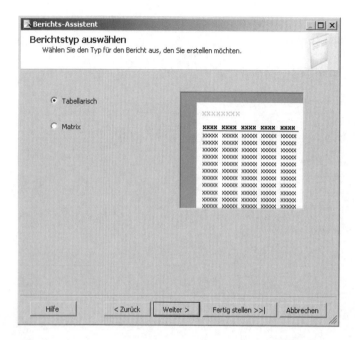

Abbildung 6.7 Berichtstyp auswählen – einfacher Tabellenbericht oder Matrix

Tabelle entwerfen

Das Aussehen dieser Seite des Berichts-Assistenten hängt von der Auswahl ab, die auf der vorherigen Seite getroffen wurde. Da in unserem Fall *Tabellarisch* gewählt wurde, stehen Ihnen die Gruppierungsmöglichkeiten *Seite*, *Gruppieren* und *Details* zur Verfügung (bei der Wahl von *Matrix* hießen die Gruppierungsmöglichkeiten *Seiten*, *Spalten*, *Zeilen* und *Details*).

HINWEIS Der Berichts-Assistent bietet Ihnen die Möglichkeit, die abgefragten Daten mit wenigen Mausklicks so zu strukturieren und zu gruppieren, wie Sie sie später angezeigt haben möchten. Je nach Auswahl – *Tabellarisch* oder *Matrix* – stehen Ihnen folgende Auswahlmöglichkeiten zur Verfügung:

- **Seite(n)** (*Tabellarisch* und *Matrix*): Ein Feld, das dieser Kategorie zugeordnet wird, erscheint zu Beginn jeder Berichtsseite. Sobald sich der Wert des Feldes ändert, wird eine neue Berichtsseite erstellt.

- **Gruppieren** (nur *Tabellarisch*): Ein Feld, das dieser Kategorie zugeordnet wird, erscheint als linke gruppierende Spalte Ihres Berichts, der alle Datensätze, die den gleichen Feldwert haben, zugeordnet sind. Wenn Sie diese Kategorie benutzen, blendet der Berichts-Assistent eine zusätzliche Seite ein: *Tabellenlayout auswählen*.

- **Spalten** (nur *Matrix*): Die Werte eines Feldes, das dieser Kategorie zugeordnet wird, bilden die Spaltenüberschriften der Matrix.

- **Zeilen** (nur *Matrix*): Die Werte eines Feldes, das dieser Kategorie zugeordnet wird, bilden die linke gruppierende Spalte der Matrix.

- **Details** (*Tabellarisch* und *Matrix*): Ein Feld, das dieser Kategorie zugeordnet wird, befindet sich auf der untersten Gruppierungsebene.

- **Drilldown aktivieren** (Kontrollkästchen, nur *Matrix*): Wenn Sie dieses Kontrollkästchen aktivieren, können bestimmte Gruppierungsebenen ein- oder ausgeblendet werden. Wir werden in Kapitel 13 genauer darauf eingehen.

Strukturierung der Berichtsdaten

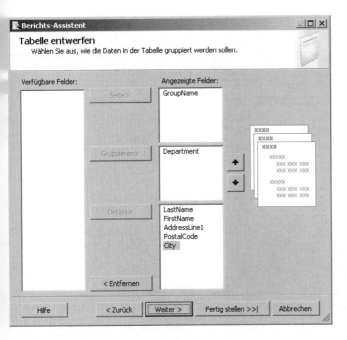

Abbildung 6.8 Gruppierung der abgefragten Daten in der darzustellenden Tabelle

1. Gruppieren Sie wie in Abbildung 6.8 das Feld *GroupName* unter *Seite*, das Feld *Department* unter *Gruppieren* und die übrigen Felder *LastName*, *FirstName*, *AddressLine1*, *PostalCode* und *City* unter *Details*.

TIPP Um ein Feld von *Verfügbare Felder* zu *Seite*, *Gruppierung* oder *Details* zu verschieben, markieren Sie das Feld und klicken auf die entsprechende Schaltfläche. Sie können das Feld auch per Drag & Drop in die entsprechende Gruppierungskategorie ziehen. Falls nötig, können Sie mit Hilfe des nach oben bzw. unten weisenden Pfeils die Anzeigereihenfolge noch nachsortieren (auch dies ist per Drag & Drop möglich).

2. Klicken Sie auf die Schaltfläche *Weiter*, um zur nächsten Seite des Berichts-Assistenten zu gelangen.

Tabellenlayout auswählen

Die Seite *Tabellenlayout auswählen* wird nur angezeigt, wenn als Berichtstyp *Tabellarisch* ausgewählt wurde und Sie ein Feld in die Kategorie *Gruppieren* gezogen haben.

Es stehen zwei Optionen zur Auswahl: *Abgestuft* oder *Block*, die sich auf den ersten Blick nur darin zu unterscheiden scheinen, dass im ersten Fall eine etwas aufgelockerte, gestufte Darstellung, im zweiten Fall eine Blockdarstellung erzeugt wird. Allerdings gibt es bei der Option *Abgestuft* noch zusätzlich die Möglichkeit, das Kontrollkästchen vor *Drilldown aktivieren* zu aktivieren. Auf diese Weise wird – wie Sie später noch sehen werden – bewirkt, dass Detailebenen des Berichts ein- oder ausgeblendet werden können. Für beide Optionen kann das Kontrollkästchen vor *Mit Teilergebnissen* aktiviert werden. Für numerische Felder im Detailbereich werden dann Zwischensummen zu jeder Gruppe gebildet.

1. Wählen Sie die Option *Abgestuft* und aktivieren Sie das Kontrollkästchen vor *Drilldown aktivieren* wie in Abbildung 6.9.
2. Klicken Sie auf die Schaltfläche *Weiter*, um zur nächsten Seite des Berichts-Assistenten zu gelangen.

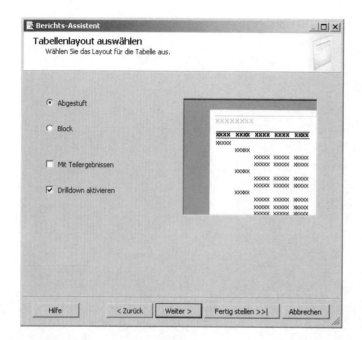

Abbildung 6.9 Tabellenlayout *Abgestuft* mit Drilldown

Tabellenformat auswählen

Die nächste Seite des Berichts-Assistenten bietet Ihnen fünf verschiedene Vorlagen zur Auswahl, mit denen Sie den Stil der anzuzeigenden Tabelle bestimmen.

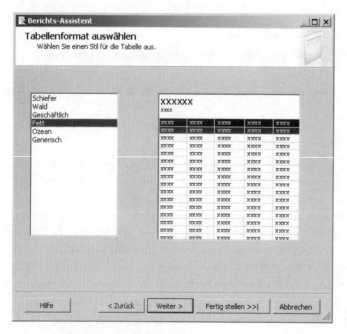

Abbildung 6.10 Auswahl des Tabellenformats

- **Schiefer:** Der Bericht erscheint in hellen Blau- und Grautönen.
- **Wald:** In dieser Darstellung überwiegen dunkle Grüntöne.
- **Geschäftlich:** Eignet sich wegen seiner Blau- und Grautöne für eine seriös wirkende Darstellung.
- **Fett:** Das Aussehen des Berichts ist von Fettdruck und dunkelroter Farbe bestimmt.
- **Ozean:** Wenig Fettdruck und verspielte Blautöne bestimmen hier das Bild.
- **Generisch:** Der Bericht wird ohne Formatierungen dargestellt.

Diese Formateigenschaften sollten Sie später selbst für sich genauer erkunden und erproben.

1. Wählen Sie den von Ihnen gewünschten Stil, z.B. wie in Abbildung 6.10 die Option *Fett*.
2. Klicken Sie auf die Schaltfläche *Weiter*, um zur nächsten Seite des Berichts-Assistenten zu gelangen.

Bereitstellungsspeicherort auswählen

Auf der vorletzten Seite des Berichts-Assistenten wählen Sie den Speicherort aus, an dem der Bericht gespeichert werden soll. Diese Seite erscheint nur, wenn für den gerade erstellten Bericht auch ein neues Projekt, für das die folgenden Angaben noch nicht gemacht werden konnten, erzeugt wurde.

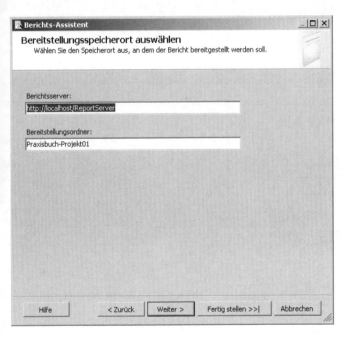

Abbildung 6.11 Bereitstellungsspeicherort auswählen

1. Wie in Abbildung 6.11 sollte die Standard-URL des Berichtsservers **http://localhost/ReportServer** lauten; der Name des Bereitstellungsordners kann jenem entsprechen, den Sie zu Beginn Ihrem Projekt gegeben haben: **Praxishandbuch-Projekt01**.

ACHTUNG Die hier vorgenommenen Eingaben zum Speicherort entsprechen nicht der Ordnerstruktur des Dateisystems, sondern werden in der Tabelle *Catalog* der Datenbank *ReportServer* auf Ihrem Microsoft SQL Server abgelegt.

2. Klicken Sie auf die Schaltfläche *Weiter*, um die Auswahl zu bestätigen und zur letzten Seite des Berichts-Assistenten zu gelangen.

Den Berichts-Assistenten abschließen

Sie haben nun fast alle notwendigen Angaben gemacht und sind auf der letzten Seite des Berichts-Assistenten angekommen, die in etwa das Aussehen der Abbildung 6.12 haben sollte.

1. Weisen Sie Ihrem Bericht einen Namen zu, z.B. **Einfacher Drilldown-Bericht**.
2. Überprüfen Sie in der Berichtszusammenfassung die von Ihnen durchgeführten Eingaben. Falls Sie Korrekturen vornehmen möchten, können Sie mit einem Klick auf die Schaltfläche *Zurück* bzw. *Weiter* die Seiten des Berichts-Assistenten in beide Richtungen durchlaufen und ggf. erforderliche Änderungen oder Ergänzungen vornehmen.
3. Aktivieren Sie auch noch das Kontrollkästchen vor *Berichtsvorschau*, damit nach der Fertigstellung des Berichts in der Entwicklungsumgebung der Berichts-Designer in der Vorschau-Ansicht aufgerufen wird.
4. Klicken Sie auf die Schaltfläche *Fertig stellen*, um den Berichts-Assistenten zu schließen und den Bericht erstellen zu lassen.

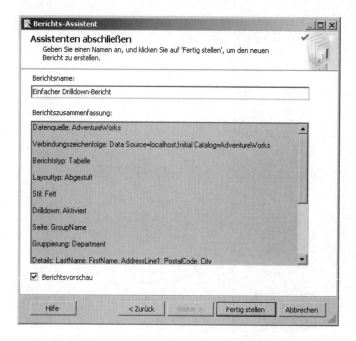

Abbildung 6.12 Den Berichts-Assistenten abschließen

Die Arbeit mit dem Berichts-Assistenten ist damit abgeschlossen und die weitere Arbeit am gerade erstellten Bericht wird innerhalb der Entwicklungsumgebung im Berichts-Designer stattfinden, der im folgenden Kapitel 7 vorgestellt wird.

In Ihrem neuen Bericht können Sie nun durch Klicken auf das +-Zeichen neben den Namen in der *Department*-Spalte die Drilldown-Felder anzeigen oder verbergen.

Den Berichts-Assistenten abschließen

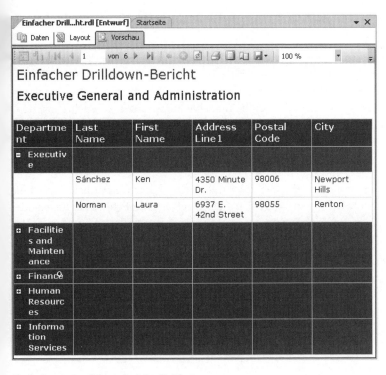

Abbildung 6.13 Der neue Bericht in der Vorschau

Sie haben nun folgende Möglichkeiten:

- Sie beenden hier Ihre Arbeit, um sie später fortzusetzen. Sie können die Entwicklungsumgebung schließen, indem Sie den Menübefehl *Datei/Beenden* aufrufen. Im folgenden Kapitel 7 werden Sie sehen, wie Sie Ihre Arbeit wieder aufnehmen können.
- Sie lassen die Entwicklungsumgebung geöffnet, um im folgenden Kapitel 7 weiterzumachen.
- Sie lassen die Entwicklungsumgebung geöffnet, um weitere Berichte innerhalb des neu erstellten Projekts *Praxisbuch-Projekt01* mit Hilfe des Berichts-Assistenten zu erstellen. Klicken Sie dazu mit der rechten Maustaste im Projektmappen-Explorer, der sich am rechten Rand der Entwicklungsumgebung befindet (siehe Abbildung 6.14), auf den Ordner *Berichte* und wählen Sie im geöffneten Kontextmenü den Eintrag *Neuen Bericht hinzufügen*.

Abbildung 6.14 Der Projektmappen-Explorer

Es öffnet sich der Berichts-Assistent, dessen einzelne Schritte Sie in diesem Kapitel kennen gelernt haben. Erstellen Sie weitere Berichte, um mit den grundsätzlichen Schritten bei der Erstellung eines Berichts vertraut zu werden. Sie werden nun beispielsweise in dem Schritt *Datenquelle auswählen* im Berichts-Assistenten die Möglichkeit haben, auf die in Abbildung 6.2 durch Aktivieren des Kontrollkästchens vor *Diese Datenquelle freigeben* dort freigegebene Datenquelle *AdventureWorks* zuzugreifen, sodass Sie die *Verbin-*

dungseigenschaften nicht mehr festlegen müssen (Sie sehen die freigegebene Datenquelle auch in Abbildung 6.14).

Noch ein Wort zum *Berichts-Assistenten*: Mit ihm zu arbeiten kann eine erhebliche Arbeitserleichterung darstellen. Auch wenn die Anforderungen an Ihre Berichte zunehmend komplexer werden, kann er als Ausgangspunkt für die Berichterstellung dienen, gerade was grundlegende Entscheidungen für die Gestaltung von Berichten angeht. Wir werden auch in den folgenden Kapiteln noch häufiger auf den Berichts-Assistenten zurückgreifen, um schnell Berichte zu erstellen.

Kapitel 7

Entwicklungsumgebung

In diesem Kapitel:

Der Berichts-Designer	94
Die Layout-Ansicht	96
Die Vorschau-Ansicht	98
Die Daten-Ansicht	101

Sie haben im vorhergehenden Kapitel 6 mit Hilfe des Berichts-Assistenten einen ersten einfachen Bericht erstellt, den Sie nun in der Entwicklungsumgebung (Microsoft Development Environment) von Visual Studio 2005 weiter bearbeiten können:

- Wenn Sie gerade erst den Berichts-Assistenten beendet haben, finden Sie Ihren neu erstellten Bericht geöffnet in der Entwicklungsumgebung.

- Wenn Sie zwischenzeitlich die Entwicklungsumgebung geschlossen haben, können Sie Ihren Bericht öffnen, indem Sie Microsoft Visual Studio 2005 starten und im Menü *Datei* unter *Öffnen* den Eintrag *Projekt/Projektmappe* aufrufen. Im geöffneten Dialogfeld *Projekt öffnen* doppelklicken Sie auf den Ordner *Praxisbuch-Projekt01* und wählen im geöffneten Projektordner die Datei *Praxisbuch-Projekt01.sln*.

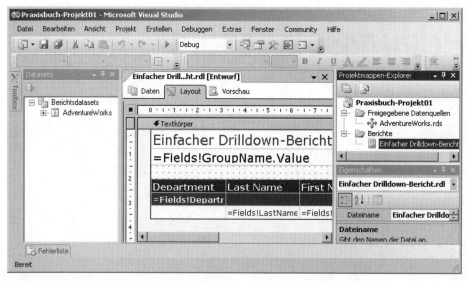

Abbildung 7.1 Der Berichts-Designer in der Entwicklungsumgebung von Visual Studio 2005

Der Berichts-Designer

Sie sollten nun Ihren Bericht in der Layout-Ansicht sehen, und zwar im Berichts-Designer, der sich zentral in Ihrer Entwicklungsumgebung befindet.

Bevor wir weiter an unserem Bericht arbeiten, wollen wir kurz das Aussehen des Berichts-Designers betrachten (siehe Abbildung 7.1).

Die Ansichten *Daten*, *Layout* und *Vorschau*

In der obersten Leiste des Berichts-Designers sehen Sie den Namen des von Ihnen geöffneten Berichts (hier *Einfacher Drilldown-Bericht.rdl*).

HINWEIS Wenn Sie mehrere Berichte innerhalb eines Projekts öffnen, werden die Namen der Berichte als Registerkarten in der obersten Leiste des Berichts-Designers hintereinander angeordnet, sodass Sie durch einen Klick auf eine dieser Registerkarten zwischen den einzelnen geöffneten Berichten wechseln können.

Der Berichts-Designer

Unterhalb dieser Leiste sehen Sie die drei Registerkarten *Daten*, *Layout* und *Vorschau*, über die Sie die Ansicht auf den jeweils aktiven Bericht bestimmen können (Abbildung 7.2).

Abbildung 7.2 Die Registerkarten des Berichts-Designers

- In der gerade geöffneten Layout-Ansicht sehen Sie das Ergebnis Ihres mit Hilfe des Berichts-Assistenten erstellten Berichts in Form einer Tabelle mit Feldern, die Ihrer Auswahlabfrage entsprechen: den anzuzeigenden Berichtsnamen (den Sie später noch ändern können; hier im Augenblick der Dateiname ohne Erweiterung: **Einfacher Drilldown-Bericht**), die Seitengruppierung (d.h. die jeweilige Seitenüberschrift, hier: **=Fields!GroupName.Value**) und die restlichen Felder in der Kopfzeile der Tabelle. Hier können Sie Änderungen an Ihrem Bericht bzw. Ergänzungen vornehmen.

- Holen Sie nun die Registerkarte *Vorschau* in den Vordergrund. Der Bericht wird verarbeitet, und Sie sehen eine Vorschau des Berichts in der Form, wie ihn später die Nutzer sehen werden. Eine zusätzliche Symbolleiste wird Ihnen hier zur Verfügung gestellt, mit deren Hilfe Sie z.B. durch Ihren Bericht navigieren können.

- Aktivieren Sie jetzt die Registerkarte *Daten*. Sie sehen ein Bild, das Ihnen aus dem Berichts-Assistenten bekannt vorkommen wird und Ihnen dort als Abfrage-Generator vorgestellt wurde. Hier können Sie Ihre Abfrage überarbeiten, d.h. verschiedene Veränderungen und weitere Ergänzungen vornehmen.

Wir werden im weiteren Verlauf dieses Kapitels die drei verschiedenen Ansichten noch häufiger und genauer betrachten. Klicken Sie nun aber zunächst auf die Registerkarte *Layout*, um wieder in die Layout-Ansicht zu wechseln.

Toolfenster

Neben dem Berichts-Designer werden – wie in Abbildung 7.1 dargestellt – am linken und rechten Rand der Entwicklungsumgebung verschiedene Toolfenster zum Teil in Form von Registerkarten angezeigt:

- Auf der linken Seite:
  - die *Toolbox*, in der Ihnen verschiedene Berichtselemente für die Berichtsbearbeitung zur Verfügung stehen,
  - die *Datasets* mit den Feldern, die Ihre Abfrage ergeben haben.
  - Als weiteres Fenster können Sie mit dem Menübefehl *Ansicht/Server-Explorer* den *Server-Explorer* öffnen, in dem die verbundenen Server angezeigt werden (hier können Sie zur Zeit den Namen Ihres lokalen Servers sehen).

- Auf der rechten Seite:
  - der *Projektmappen-Explorer*, in dem wie in Abbildung 6.14 aus Kapitel 6 die Elemente der aktiven Projektmappe anzeigt werden und verwaltet werden können,
  - die *Eigenschaften* bzw. das *Eigenschaftenfenster*, mit dessen Hilfe Sie beim Entwerfen die Eigenschaften der verschiedenen Objekte Ihres Berichts sich anzeigen lassen und verändern können,
  - die *Klassenansicht* (Menübefehl *Ansicht/Klassenansicht*), die Sie später für die Programmierung benötigen,
  - die *Dynamische Hilfe* (Menübefehl *Hilfe/Dynamische Hilfe*), die auf Ihre Auswahl und Aktionen in der Entwicklungsumgebung reagiert, indem sie Ihnen die dafür relevanten Informationen anzeigt.

Sie werden die verschiedenen Toolfenster im weiteren Verlauf dieses Buches noch genauer kennen lernen. Einige der Toolfenster befinden sich standardmäßig automatisch im Hintergrund, sodass sie entlang den Rändern der Entwicklungsumgebung minimiert angezeigt werden. Wenn ein Toolfenster ausgeblendet ist, werden dessen Name bzw. das zugehörige Symbol auf einer Registerkarte angezeigt. Sobald Sie den Mauszeiger über die Registerkarte bewegen, wird das Toolfenster vollständig eingeblendet, sodass seine Inhalte verwendet werden können. Sobald Sie den Mauszeiger aus dem Toolfenster heraus bewegen, wird es automatisch wieder zu seiner Registerkarte am Rand der Entwicklungsumgebung minimiert. Sie können die Toolfenster am linken bzw. rechten Rand der Entwicklungsumgebung auch dauerhaft einblenden, indem Sie den Mauszeiger auf die Registerkarte eines Toolfensters bewegen und in der Titelleiste des daraufhin geöffneten Toolfensters auf das Pinn-Symbol *Automatisch im Hintergrund* klicken.

TIPP Wenn Sie ein wenig in Ihrer Entwicklungsumgebung geübt haben, kann es sein, dass Sie das eine oder andere Toolfenster nicht so leicht wiederfinden. Sollte dies der Fall sein, haben Sie folgende alternative Möglichkeiten:

- Sie öffnen das Menü *Ansicht* und wählen den gewünschten Eintrag,
- oder Sie drücken die entsprechende Tastenkombination (die Tastenkombination finden Sie am Ende jedes Eintrags im Menü *Ansicht*).

Wenn Sie dagegen grundsätzlich wieder das ursprüngliche Aussehen Ihrer Entwicklungsumgebung wünschen, wählen Sie im Menü *Fenster* den Eintrag *Fensterlayout zurücksetzen* und bestätigen das Dialogfeld mit *Ja*.

Die Layout-Ansicht

Wenden wir uns nun der Arbeit an unserem Bericht zu. In der Layout-Ansicht des Berichts-Designers wird der Bericht wie in Abbildung 7.1 angezeigt. Der Bericht befindet sich vollständig in einem Bereich, der Nachrichtentext genannt wird.

1. Klicken Sie auf die Leiste *Textkörper* und öffnen Sie dann wie oben beschrieben das Toolfenster *Eigenschaften*.
2. Vergewissern Sie sich, dass im Listenfeld am oberen Rand des Eigenschaftenfensters der Eintrag *Textkörper* ausgewählt ist.
3. Klicken Sie auf das +-Symbol vor *Size* (Größe), um entsprechend der Abbildung 7.3 die Eigenschaften *Width* (Breite) und *Height* (Höhe) anzuzeigen.

Abbildung 7.3 Das Eigenschaftenfenster für *Nachrichtentext*

Die Layout-Ansicht

Die dort angegebenen Größen beziehen sich auf die Entwurfsoberfläche, auf der Sie Ihren Bericht gestalten können. Diese Größen sind teilweise abhängig und auf jeden Fall zu unterscheiden von den Eigenschaften, die für den Bericht, d.h. für die Gestaltung des Papierausdrucks, gelten.

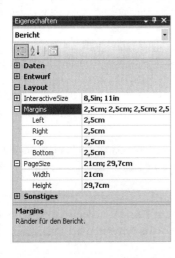

Abbildung 7.4 Das Eigenschaftenfenster für *Bericht*

4. Um die Eigenschaften von *Bericht* anzuzeigen, wählen Sie im Listenfeld am oberen Rand des Eigenschaftenfensters den Eintrag *Bericht* und klicken jeweils auf das +-Symbol vor *Margins* (Seitenränder), um die Größe des oberen, unteren, linken und rechten Rands anzuzeigen, und vor *PageSize* (Seitengröße), um die Breite und die Höhe der auszudruckenden Seite anzuzeigen (siehe die Abbildung 7.4).

Die Breite des Nachrichtentextes, d.h. der Entwurfsoberfläche, auf der Sie Ihren Bericht gestalten können, ist abhängig von der Breite des Berichts, d.h. der Breite des Papierausdrucks abzüglich des linken und des rechten Rands.

5. Ändern Sie bei den Eigenschaften von *Bericht* den linken und den rechten Rand *(Margins Left* bzw. *Margins Right)* auf jeweils 1 cm, indem Sie jeweils in das dahinter stehende Feld klicken, den neuen Wert eingeben und die Änderung mit der ⏎-Taste bestätigen.

Da eine Gesamtseitenbreite *(PageSize Width)* von 21 cm zur Verfügung steht, können Sie nun nach Änderung der Seitenränder für den Nachrichtentext eine Breite von 21 cm – 1 cm – 1 cm = 19 cm festlegen, um die gesamte Breite auszunutzen.

6. Wählen Sie dazu im Listenfeld am oberen Rand des Eigenschaftenfensters den Eintrag *Textkörper* und ändern Sie den Wert im Feld hinter *Size Width* auf 19 cm ab.

In der Layout-Ansicht Ihres Berichts ist jetzt auf der rechten Seite eine fast 4 cm breite, gepunktete Fläche hinzugekommen, auf die Sie den Bericht in seiner Breite hin ausdehnen können.

7. Wählen Sie dazu im Listenfeld am oberen Rand des Eigenschaftenfensters den Eintrag *table1* und ändern Sie den Wert im Feld hinter *Size Width* auf 19 cm ab, um die dargestellte Tabelle auf die zur Verfügung stehende Breite zu bringen.

8. Verfahren Sie anschließend ebenso für die Berichtselemente *textbox1* (Textfeld) und *GroupName* (Textfeld), um sie auf die zur Verfügung stehende Breite zu bringen.

TIPP Wenn Sie das Listenfeld am oberen Rand des Eigenschaftenfensters aufklappen, sehen Sie die verschiedenen Bestandteile, aus denen Ihr Bericht besteht. Wenn Sie einen Eintrag des Listenfelds auswählen, wird in Ihrem Bericht im Berichts-Designer das jeweilige Berichtselement markiert. Umgekehrt können Sie mit einem Mausklick ein Element in Ihrem Bericht markieren und dann im Listenfeld des Eigenschaftenfensters sehen, welchen Namen und welche Eigenschaften das gerade markierte Element hat.

Wenn Sie dies ein wenig ausprobieren, werden Sie feststellen, dass bestimmte Elemente andere Elemente beinhalten. Wenn Sie z.B. *List1* (Liste) im Listenfeld auswählen, wird in Ihrem Bericht ein Bereich markiert, zu dem sowohl das Textfeld *GroupName* als auch die Tabelle *table1* gehören. Ebenso beinhaltet wiederum die Tabelle *table1* mehrere Textfelder. Im vorliegenden Zusammenhang heißt das, dass z.B. der Wert für *Size Width* (die Breite) von *Nachrichtentext* nicht kleiner sein kann als der Wert für *Size Width* (die Breite) von *list1* und dieser wiederum nicht kleiner sein kann als der Wert für *Size Width* (die Breite) von *GroupName* bzw. von *table1*.

Ebenso wie Sie mit der Maustaste verschiedene Elemente markieren können, lassen sich auch die markierten Elemente mit Hilfe des Mauszeigers anfassen und in ihren Ausmaßen und Positionen verändern. Genauer arbeiten Sie allerdings, wenn Sie die gewünschten Werte direkt im Eigenschaftenfenster eingeben.

Bei der Entwicklung von Berichten werden Sie die meiste Zeit in der Layout-Ansicht arbeiten. Wir werden uns insbesondere im folgenden Kapitel 8 ausführlich mit den einzelnen Berichtselementen beschäftigen und dabei die Layout-Ansicht noch eingehender kennen lernen.

Die Vorschau-Ansicht

Um während der Arbeit an einem Bericht diesen so zu sehen, wie er später den Benutzern in einem Webbrowser wie dem Microsoft Internet Explorer präsentiert wird, können Sie zwischen der Layout- und der Vorschau-Ansicht wechseln, indem Sie auf die entsprechende Registerkarte klicken:

1. Klicken Sie auf die Registerkarte *Vorschau*, damit der Berichts-Designer den Bericht lokal ausführt.
2. Klicken Sie auf das +-Symbol vor *Facilities and Maintenance*.

    Der Bericht sollte nun etwa so aussehen, wie in Abbildung 7.5 dargestellt. Bedenken Sie, dass wir das Resultat der schnellen Arbeit mit dem Berichts-Assistenten vor uns haben und dass bisher kaum manuelle Änderungen an den einzelnen Berichtselementen vorgenommen wurden. Wir werden uns im folgenden Kapitel 8 ausführlicher mit Berichtselementen beschäftigen.

Die Vorschau-Ansicht

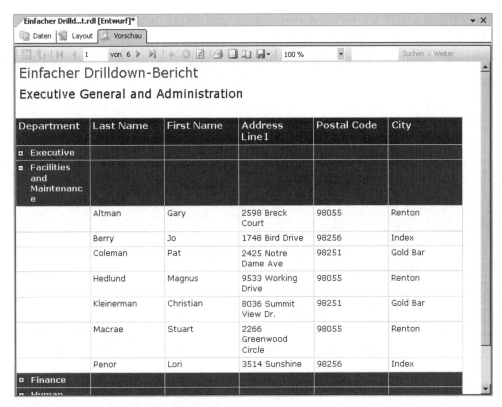

Abbildung 7.5 Bericht in der Vorschau (Ausschnitt)

Wir wollen nun von links nach rechts die einzelnen Vorschaufunktionen betrachten, die mit Hilfe der Symbolleiste verwaltet werden können (wenn die Maus auf ein Symbol bewegt wird, wird in der QuickInfo die jeweilige Funktion angezeigt):

- **Dokumentstruktur** (nur bei Berichten mit Dokumentstruktur): zum Aus- und Einblenden der Dokumentstruktur (Berichte mit Dokumentstruktur werden Sie in Kapitel 9 kennen lernen).

- **Parameter ein-/ausblenden** (nur bei Berichten mit Parametern): zum Aus- und Einblenden der Parameterfelder (Berichte mit Parametern werden Sie in Kapitel 12 kennen lernen).

- **Erste Seite**: zum sofortigen Sprung auf die erste Seite des Bericht, wenn gerade eine andere beliebige Seite des Berichts angezeigt wird.

- **Vorherige Seite**: zum Blättern auf die vorhergehende Seite des Berichts.

- **Aktuelle Seite**: zeigt Ihnen in einem Textfeld die Seitenzahl der aktuellen Seite des Berichts an; Sie können in dieses Textfeld selbst eine Zahl eintippen und mit der ⏎-Taste bestätigen, um auf eine beliebige Seite des Berichts zu springen; hinter dem Textfeld wird Ihnen die Gesamtzahl der Seiten des Berichts angezeigt.

- **Nächste Seite**: zum Blättern auf die folgende Seite des Berichts.

- **Letzte Seite**: zum sofortigen Sprung auf die letzte Seite des Berichts, wenn gerade eine andere beliebige Seite des Berichts angezeigt wird.

- **Zurück**: zum Wechsel auf die vorher angezeigte Seite.

- **Rendern des Berichts anhalten**: zum Stoppen eines in der Verarbeitung befindlichen Berichts (wenn Sie z.B. merken, dass die Verarbeitung zu lange dauert).
- **Bericht aktualisieren**: zum erneuten Rendern des Berichts.
- **Drucken**: zum Ausdrucken des Berichts (Sie müssen dazu zunächst in die Seitenansicht – siehe folgenden Punkt – gewechselt sein).
- **Seitenansicht**: zur Anzeige des Berichts, wie er auf einer gedruckten Seite erscheinen wird.
- **Seite einrichten**: ermöglicht die Auswahl des Papierformats.
- **Exportieren**: zum Rendern des Berichts zu einem anderen Format – es öffnet sich ein Menü, aus dem Sie das gewünschte Exportformat auswählen können:
  - XML-Datei mit Berichtsdaten
  - CSV (durch Trennzeichen getrennt)
  - TIFF-Datei
  - Acrobat-Datei (PDF)
  - Webarchiv
  - Excel

  Nach Auswahl eines Menüeintrags öffnet sich das Dialogfeld *Speichern unter*, in dem Sie den Speicherort auswählen können. Auf die verschiedenen Exportformate werden wir in Kapitel 19 noch genauer eingehen.
- **Zoomfaktor**: zum Verkleinern bzw. Vergrößern des Berichts (gilt auch, wenn die Seitenansicht gewählt ist).
- **Suchtext**: Textfeld zur Eingabe eines Suchbegriffs.
- **Suchen**: durchsucht den aktuellen Bericht nach dem eingegebenem Begriff.
- **Weiter**: sucht das nächste Vorkommen des gesuchten Begriffs.

Nachdem wir die Benutzung der Vorschaufunktionen kennen gelernt haben, wollen wir nun noch einen kurzen Blick auf unseren Bericht werfen.

> **TIPP** Vergleichen Sie zu den folgenden Ausführungen auch unsere Strukturierung der Berichtsdaten im vorhergehenden Kapitel 6 und dort die Abbildungen 6.8 und 6.9.

Am oberen Rand der ersten Seite ist der Name des Berichts platziert. Wenn Sie zu den nächsten Seiten des Berichts wechseln, werden Sie feststellen, dass er nur auf der ersten Seite des Berichts erscheint. Wir werden im folgenden Kapitel 8 zeigen, wie Sie den Berichtstitel als Kopf jeder Berichtsseite definieren können.

Darunter befindet sich das abgefragte Feld *GroupName*, dessen Inhalte auf den folgenden Seiten jeweils zuoberst erscheinen. Wir haben dieses Feld im Berichts-Assistenten in die Kategorie *Seite* gezogen, sodass immer dann, wenn sich der Wert des Feldes ändert, eine neue Seite – mit dem neuen Wert von *GroupName* als Seitenüberschrift – beginnt.

Darunter sehen Sie die eigentliche Tabelle mit den Spaltenüberschriften und am linken Rand das Feld *Department*, das wir im Berichts-Assistenten in die Kategorie *Gruppieren* gezogen haben und dessen wechselnde Werte jeweils mit einem +-Symbol beginnen. Dies ist die Wirkung unserer Auswahl *Drilldown aktivieren*. Durch einen Klick auf das +-Symbol können die zugehörigen Werte der restlichen Felder, die wir im

Berichts-Assistenten in die Kategorie *Details* gezogen haben, eingeblendet bzw. bei Klick auf das dann erscheinende --Symbol wieder ausgeblendet werden. Die Drilldown-Funktion hat auch Auswirkungen auf den Ausdruck und den Export, sodass der spätere Benutzer des Berichts selbst entscheiden kann, welche Details ein- und welche ausgeblendet im Druck bzw. in der Datei erscheinen sollen.

Die nach Ausführung des Berichts vom Benutzer manuell ein- bzw. ausgeblendeten Details bleiben so bestehen, auch wenn die Seiten gewechselt werden. Um auf die standardmäßige Einstellung (Details ausgeblendet bzw. eingeblendet) zurückzukehren, reicht ein Klick auf die Schaltfläche *Bericht aktualisieren* in der *Vorschau*-Symbolleiste. Über den Berichts-Assistenten werden die Details so eingestellt, dass sie standardmäßig zunächst ausgeblendet sind. Wir werden im folgenden Kapitel 8 zeigen, wie die Details so eingestellt werden können, dass sie bei Ausführung des Berichts eingeblendet erscheinen.

Die Daten-Ansicht

In der Ansicht *Daten* können Sie die Abfrage für Ihren Bericht definieren oder – wenn z.B. mit dem Berichts-Assistenten gearbeitet und die Abfrage schon erstellt wurde – nachbearbeiten.

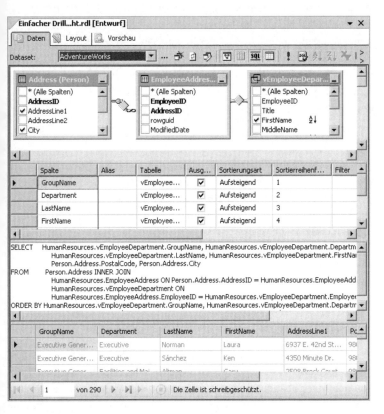

Abbildung 7.6 Die Daten-Ansicht im Designer für grafische Abfragen (Ausschnitt)

1. Wechseln Sie in die Daten-Ansicht, indem Sie auf die Registerkarte *Daten* klicken.

    Was Sie nun sehen, sollte etwa der Abbildung 7.6 entsprechen.

2. Passen Sie ggf. das Aussehen Ihren Wünschen an, indem Sie beispielsweise die Tabellen anders anordnen oder die Größen der einzelnen Bereiche verändern.

In der Daten-Ansicht können zwei verschiedene Abfrage-Designer angezeigt werden:

- entweder der Designer für grafische Abfragen, der standardmäßig anzeigt wird und dem Abfrage-Generator ähnelt, den Sie bei der Arbeit mit dem Berichts-Assistenten kennen gelernt haben,
- oder der *standardmäßige Abfrage-Designer*, auf den Sie mit der entsprechenden Symbol-Schaltfläche umschalten können.

Designer für grafische Abfragen

Der Designer für grafische Abfragen, wie Sie ihn in Abbildung 7.6 sehen, hat wie der Abfrage-Generator des Berichts-Assistenten vier Bereiche für die Erstellung bzw. Bearbeitung der Abfrage und bietet eine Symbolleiste zur Verwaltung und Steuerung der verschiedenen Abfragefunktionen.

Diagrammbereich

Im Diagrammbereich werden die von der Abfrage verwendeten Tabellen und ihre Verknüpfungen in grafischer Darstellung anzeigt. Hier können Sie der Abfrage Tabellen hinzufügen (indem Sie mit der rechten Maustaste in diesen Bereich klicken und im dann geöffneten Kontextmenü den Eintrag *Tabelle hinzufügen* wählen oder indem Sie die entsprechende Schaltfläche auf der Symbolleiste auswählen). Beim Hinzufügen einer Tabelle erzeugt der Abfrage-Designer aufgrund der Schlüssel der Tabelle ggf. die Darstellung der Verknüpfungen zu den anderen Tabellen. Um selbst eine Verknüpfung zu erstellen, ziehen Sie ein Feld aus einer Tabelle zu einem Feld einer anderen Tabelle. Die Verknüpfung kann mit Hilfe des Kontextmenüs nach Anklicken mit der rechten Maustaste bearbeitet werden. Um der Abfrage Felder hinzuzufügen, aktivieren Sie das Kontrollkästchen vor dem hinzuzufügenden Feld.

Rasterbereich

Im Rasterbereich werden die in der Abfrage ausgewählten Felder untereinander aufgelistet anzeigt. In der ersten Spalte mit der Bezeichnung *Spalte* können Sie aus allen ausgewählten Tabellen die gewünschten Felder hinzufügen; in der Spalte *Alias* können Sie einem ausgewählten Feld einen abweichenden Anzeigenamen geben; in der Spalte *Tabelle* wird die Tabellenzugehörigkeit des betreffenden Feldes anzeigt; in der Spalte *Ausgabe* kann bestimmt werden, ob das Feld angezeigt oder verborgen werden soll; in der Spalte *Sortierungsart* können die Optionen *Aufsteigend* oder *Absteigend* gewählt werden bzw. kann nach Auswahl einer Sortierungsart wieder auf *Nicht sortiert* umgeschaltet werden; in der Spalte *Sortierreihenfolge* können Sie festlegen, in welcher Reihenfolge die für eine Sortierung ausgewählten Spalten zum Tragen kommen sollen; in der Spalte *Filter* und in den folgenden Spalten *Oder* können Sie Filterkriterien eingeben.

SQL-Bereich

Im SQL-Bereich wird die SQL-Syntax der Abfrage (in der Abfragesprache Transact-SQL) anzeigt, wie sie beispielsweise durch den Berichts-Assistenten oder durch die jeweilige Auswahl im Diagramm- bzw. Rasterbereich erzeugt wurde. Da alle Bereiche voneinander abhängig sind, hat eine Änderung der SQL-Syntax direkte Auswirkungen auf die Darstellung der Abfrage in den anderen Bereichen. Sie können im SQL-Bereich eine Abfrage auch manuell eingeben. Nach dem Klicken in einen der anderen Bereiche wird die Syntax überprüft, ehe Sie in den anderen Bereichen die jeweilige Darstellung Ihrer Abfrage betrachten können. Wegen der gegenseitigen Abhängigkeit der Bereiche kann es übrigens vorkommen, dass ein manuell erzeugter bzw. veränderter Abfragetext vom Designer für grafische Abfragen umstrukturiert wird (im Gegensatz zum Designer für generische Abfragen).

ACHTUNG Eine unstimmige, fehlerhafte manuelle Eingabe oder Änderung im SQL-Bereich führt nicht zwangsläufig zu einer sofortigen Meldung, die Sie auf den Fehler aufmerksam macht. Um eine Abfrage zu überprüfen, sollten Sie sie auf jeden Fall ausführen und im Ergebnisbereich kontrollieren (indem Sie mit der rechten Maustaste in einen der vier Bereiche klicken und im dann geöffneten Kontextmenü den Eintrag *SQL ausführen* wählen oder indem Sie die entsprechende Schaltfläche auf der Symbolleiste auswählen).

Auch sollten Sie nach Erstellung oder Änderung einer Abfrage im Abfrage-Designer zum Speichern des Berichts zunächst in die Layout-Ansicht wechseln, um die Auswirkungen dort zu betrachten und um sicherzugehen, dass die Abfrage korrekt gespeichert wird.

Ergebnisbereich

Im Ergebnisbereich können Sie sich die Ergebnisse einer Abfrage als Tabelle anzeigen lassen, indem Sie mit der rechten Maustaste in einen der vier Bereiche klicken und im dann geöffneten Kontextmenü den Eintrag *SQL ausführen* wählen oder indem Sie die entsprechende Schaltfläche auf der Symbolleiste auswählen. Sobald Sie die Abfrage ausgeführt haben, werden Arbeitsspeicher-Ressourcen des Datenbankservers verbraucht. Sobald Sie das Ergebnis nicht mehr benötigen, sollten Sie es deshalb wieder löschen, indem Sie mit der rechten Maustaste in den Ergebnisbereich klicken und im dann geöffneten Kontextmenü den Eintrag *Ergebnisse löschen* wählen.

Symbolleiste

Wir wollen nun von links nach rechts die einzelnen Funktionen betrachten, die mit Hilfe der Symbolleiste gesteuert werden können (wenn die Maus auf ein Symbol bewegt wird, wird in der QuickInfo die jeweilige Funktion angezeigt):

- **Dataset auswählen**: zur Anzeige eines bereits erstellten Datasets oder – bei Auswahl der Option *Neues Dataset* – zum Erstellen ein neuen Datasets.
- **Ausgewähltes Dataset bearbeiten**: zur Änderung der Optionen für das aktuell ausgewählte Dataset. Es öffnet sich das Dialogfeld *Dataset*, auf das wir in den folgenden Kapiteln noch genauer eingehen werden.
- **Ausgewähltes Dataset löschen**: zum Löschen des aktuell ausgewählten Datasets.
- **Felder aktualisieren**: zum Aktualisieren der Feldliste des Datasets.
- **Standardmäßiger Abfrage-Designer**: zum Umschalten in den Designer für generische Abfragen (siehe unten).
- **Diagrammbereich ein-/ausblenden**: zum Ein-/Ausblenden des Diagrammbereichs (siehe oben).
- **Rasterbereich ein-/ausblenden**: zum Ein-/Ausblenden des Rasterbereichs (siehe oben).
- **SQL-Bereich ein-/ausblenden**: zum Ein-/Ausblenden des SQL-Bereichs (siehe oben).
- **Ergebnisbereich ein-/ausblenden**: zum Ein-/Ausblenden des Ergebnisbereichs (siehe oben).
- **Ausführen**: zum Ausführen der Abfrage, sodass sie im Ergebnisbereich angezeigt wird.
- **SQL überprüfen**: zum Überprüfen der SQL-Syntax.

- **Aufsteigend sortieren**: zum Hinzufügen einer vorher im Diagrammbereich ausgewählten Spalte zu den Spalten, nach denen sortiert werden soll (eine so für die Sortierung aktivierte Spalte schließt sich in der Sortierreihenfolge an schon vorhandene sortierende Spalten an).

- **Absteigend sortieren**: zum Hinzufügen einer vorher im Diagrammbereich ausgewählten Spalte zu den Spalten, nach denen sortiert werden soll (eine so für die Sortierung aktivierte Spalte schließt sich in der Sortierreihenfolge an schon vorhandene sortierende Spalten an).

- **Filter entfernen**: zum Entfernen eines Filters auf einer vorher im Diagrammbereich ausgewählten Spalte (Berichte mit Filtern werden Sie in Kapitel 11 kennen lernen).

- **GROUP BY verwenden**: zum Hinzufügen bzw. Entfernen einer GROUP BY-Klausel zu einer Abfrage.

- **Tabelle hinzufügen**: zum Hinzufügen einer Tabelle zur aktuellen Abfrage (in den Diagrammbereich und SQL-Bereich). Zum Entfernen einer Tabelle klicken Sie diese im Diagrammbereich mit der rechten Maustaste an und wählen im dann geöffneten Kontextmenü den Eintrag *Entfernen*.

Neben den Funktionen, die mit der Symbolleiste gesteuert und verwaltet werden können, stehen Ihnen noch zahlreiche weitere Funktionen zur Verfügung, die Sie über das Kontextmenü nach Anklicken eines Elements mit der rechten Maustaste aufrufen können. Wir werden in den folgenden Kapiteln darauf noch genauer eingehen.

Standardmäßiger Abfrage-Designer

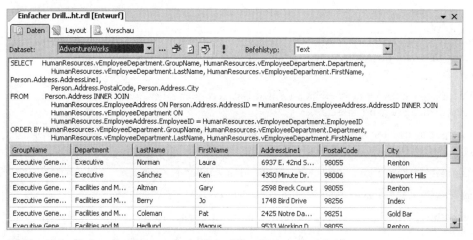

Abbildung 7.7 Die Daten-Ansicht im standardmäßigen Abfrage-Designer (Ausschnitt)

Sie wechseln in den standardmäßigen Abfrage-Designer, indem Sie auf die entsprechende Schaltfläche der Symbolleiste klicken. Der standardmäßige Abfrage-Designer, wie Sie ihn in Abbildung 7.7 sehen, hat im Gegensatz zum Designer für grafische Abfragen nur den SQL-Bereich und den Ergebnisbereich für die Erstellung, Bearbeitung und Verwaltung der Abfrage und eine um einige Funktionen reduzierte Symbolleiste. Er wird in erster Linie für Abfragen benutzt, die nicht durch die grafische Benutzeroberfläche unterstützt werden, z.B. wenn Sie gespeicherte Prozeduren verwenden wollen, oder für Abfragen, die nicht automatisch durch den Designer für grafische Abfragen korrigiert bzw. umstrukturiert werden sollen, da eine Überprüfung der Abfragesyntax nicht stattfindet.

Die auf der Symbolleiste des standardmäßigen Abfrage-Designers vorhandenen Funktionen entsprechen denen, die wir im Designer für grafische Abfragen kennen gelernt haben:

- **Dataset auswählen**: zur Anzeige eines bereits erstellten Datasets oder – bei Auswahl der Option *Neues Dataset* – zum Erstellen ein neuen Datasets.
- **Ausgewähltes Dataset bearbeiten**: zur Änderung der Optionen für das aktuell ausgewählte Dataset. Es öffnet sich das Dialogfeld *Dataset*, auf das wir in den folgenden Kapiteln noch genauer eingehen werden.
- **Ausgewähltes Dataset löschen**: zum Löschen des aktuell ausgewählten Datasets.
- **Felder aktualisieren**: zum Aktualisieren der Feldliste des Datasets.
- **Standardmäßiger Abfrage-Designer**: zum Zurückschalten in den Designer für grafische Abfragen.
- **Ausführen**: zum Ausführen der Abfrage, sodass sie im Ergebnisbereich angezeigt wird.

Zusätzlich gibt es noch das Listenfeld *Befehlstyp*. Hier stehen drei Optionen zur Auswahl:

- **Text**: zum Abrufen von Daten aus der Datenbank mit Hilfe eines Abfragetextes, der im SQL-Bereich formuliert werden kann (das ist die standardmäßige Auswahl, da in den meisten Fällen mit diesem Befehlstyp gearbeitet wird).
- **StoredProcedure**: zum Abrufen von Daten mit Hilfe einer gespeicherten Prozedur (die allerdings nur ein einzelnes Resultset zurückgeben darf). Anstelle eines Abfragetextes wird der Name der gespeicherten Prozedur angegeben (Berichte, die auf gespeicherte Prozeduren zurückgreifen, werden Sie in Kapitel 10 kennen lernen).

Der SQL-Bereich und der Ergebnisbereich ähneln jeweils dem, was wir im Designer für grafische Abfragen kennen gelernt haben. Wir werden auf die Unterschiede und Besonderheiten noch eingehen, wenn wir in Kapitel 10 mit dem Designer für generische Abfragen arbeiten.

Kapitel 8

Berichtselemente

In diesem Kapitel:

Textfeld	109
Linie und Rechteck	113
Bild	114
Unterbericht	117
Datenbereiche	117

Wenn wir unseren bisher erstellten Bericht in der Layout-Ansicht betrachten, sehen wir verschiedene Elemente, aus denen er besteht. Diese Berichtselemente sind durch die Zuhilfenahme des Berichts-Assistenten in den Bereich *Nachrichtentext* unseres Berichts platziert worden. Im linken Teil des Berichts-Designers sehen Sie die Toolbox, die unter der Kategorie *Berichtselemente* alle Elementtypen enthält, die Sie in einen Bericht einfügen können (siehe Abbildung 8.1).

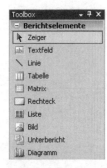

Abbildung 8.1 Die Toolbox mit den Berichtselementen

HINWEIS Die am linken und rechten Rand des Berichts-Designers befindlichen Symbol-Schaltflächen öffnen sich automatisch, wenn Sie mit dem Mauszeiger darauf zeigen, und schließen sich wieder, wenn Sie in einem anderen Bereich des Berichts-Designers weiterarbeiten. Sie können sie fest verankern, indem Sie auf das Pinn-Symbol klicken. Wenn Sie beispielsweise die Toolbox durch einen Klick auf das Schließkreuz aus dem Berichts-Designer entfernt haben, können Sie sie dort wieder einfügen, indem Sie

- entweder in der *Standard*-Symbolleiste auf das entsprechende Symbol klicken
- oder den Menübefehl *Ansicht/Toolbox* wählen
- oder die Tastenkombination [Strg]+[Alt]+[X] betätigen.

Die Berichtselemente werden in einem Bericht zur Anzeige von Daten und grafischen Elementen verwendet. Innerhalb der Berichtselemente unterscheiden wir noch die Datenbereiche, zu denen *Tabelle*, *Matrix*, *Liste* und *Diagramm* gehören. Datenbereiche sind Berichtselemente, die wiederholte Zeilen von Daten aus zugrunde liegenden Datasets anzeigen können (wir werden in Kapitel 10 genauer auf Datasets eingehen).

Wir geben Ihnen in der folgenden Auflistung eine kurze Übersicht über die Auswahlmöglichkeiten aus der Toolbox, bevor wir dann in den folgenden Abschnitten die einzelnen Berichtselemente genauer betrachten werden:

- **Zeiger:** ist die Standardauswahl, die Ihnen erlaubt, ein bestimmtes, im Bericht schon vorhandenes Element durch Mausklick auszuwählen, um z.B. dessen Position zu verändern oder dessen Eigenschaften anzuzeigen bzw. zu bearbeiten.
- **Textfeld:** ermöglicht Ihnen, ein Textfeld in Ihren Bericht einzufügen. Ein Textfeld kann eine statische Bezeichnung, den Wert eines Feldes oder berechnete Daten beinhalten. Genaueres erfahren Sie im folgenden Abschnitt »Textfeld«.
- **Linie:** ist ein grafisches Berichtselement zur visuellen Gestaltung des Berichts. Genaueres erfahren Sie im Abschnitt »Linie und Rechteck« weiter hinten in diesem Kapitel.
- **Tabelle:** ermöglicht Ihnen, eine Tabelle in Ihren Bericht einzufügen. Eine Tabelle ist ein Datenbereich, in dem die Daten zeilenweise dargestellt werden. Genaueres erfahren Sie im Abschnitt »Datenbereiche« weiter hinten in diesem Kapitel.

- **Matrix**: ermöglicht Ihnen, eine Matrix in Ihren Bericht einzufügen. Eine Matrix ist ein Datenbereich, in dem die Daten in Form einer Kreuztabelle dargestellt werden. Genaueres erfahren Sie im Abschnitt »Datenbereiche« weiter hinten in diesem Kapitel.
- **Rechteck**: kann sowohl als grafisches Berichtselement zur visuellen Gestaltung als auch als ein Container für andere Berichtselemente eingefügt werden. Genaueres erfahren Sie im Abschnitt »Linie und Rechteck« weiter hinten in diesem Kapitel.
- **Liste**: ermöglicht Ihnen, eine Liste in Ihren Bericht einzufügen. Eine Liste ist ein Datenbereich, in dem die Daten frei angeordnet dargestellt werden. Genaueres erfahren Sie im Abschnitt »Datenbereiche« weiter hinten in diesem Kapitel.
- **Bild**: ermöglicht Ihnen, ein Bild in Form z.B. einer BMP-, JPEG-, GIF- oder PNG-Datei in Ihren Bericht einzufügen. Das Bild kann von einem Webserver oder aus einer Datenbank abgerufen werden oder in den Bericht eingebettet sein. Genaueres erfahren Sie im Abschnitt »Bild« weiter hinten in diesem Kapitel.
- **Unterbericht**: ist ein Berichtselement, das auf einen anderen Bericht auf dem Berichtsserver verweist. Genaueres erfahren Sie im Abschnitt »Unterbericht« weiter hinten in diesem Kapitel.
- **Diagramm**: ist ein Berichtselement, in dem abgerufene Daten grafisch dargestellt werden, z.B. als Säulen-, Balken- oder Kreisdiagramm. Genaueres erfahren Sie im Abschnitt »Datenbereiche« weiter hinten in diesem Kapitel.

Einige dieser Berichtselemente sind in unserem Bericht schon vorhanden, andere werden Sie in den folgenden Abschnitten noch kennen lernen. Wir wollen zunächst von dem mit dem Berichts-Assistenten erstellten Bericht ausgehen.

TIPP Wenn Sie zwischenzeitlich die Entwicklungsumgebung geschlossen haben, können Sie Ihren Bericht öffnen, indem Sie Microsoft Visual Studio 2005 öffnen und den Menübefehl *Datei/Öffnen/Projekt* aufrufen. Im geöffneten Dialogfeld *Projekt öffnen* doppelklicken Sie auf den Ordner *Praxisbuch-Projekt01* und wählen im geöffneten Projektordner die Datei *Praxisbuch-Projekt01.sln* aus. Vergewissern Sie sich, dass der Bericht *Einfacher Drilldown-Bericht.rdl* geöffnet ist; falls nicht, doppelklicken Sie im Projektmappen-Explorer im Ordner *Berichte* auf den Bericht, um ihn zu öffnen.

Textfeld

Wie Sie im vorhergehenden Kapitel 7 gesehen haben, bietet Ihnen der Berichts-Designer mit dem Eigenschaftenfenster in seinem rechten Teil die Möglichkeit, die Eigenschaften der schon in Ihrem Bericht befindlichen Berichtselemente anzuzeigen und ggf. zu verändern.

1. Öffnen Sie das Eigenschaftenfenster, indem Sie den Mauszeiger über die Registerkarte *Eigenschaften* bewegen, sodass es vollständig eingeblendet wird.
2. Sie können es nun fest verankern, indem Sie auf das Pinn-Symbol klicken.
3. Wählen Sie im Listenfeld am oberen Rand des Eigenschaftenfensters den Eintrag *textbox1*.

Abbildung 8.2 Das Eigenschaftenfenster für das Textfeld-Berichtselement *textbox1* (Ausschnitt)

Zum einen sollte nun das Eigenschaftenfenster in etwa das Aussehen haben wie in Abbildung 8.2. Zum anderen sollte in Ihrem Bericht das entsprechende Element markiert sein.

Im Eigenschaftenfenster finden Sie die gebräuchlichsten Eigenschaften zur schnellen Formatierung und Gestaltung des ausgewählten Berichtselements. Für das ausgewählte Textfeld *textbox1* sehen Sie z.B. die Textfarbe (*Color*) *DarkRed* oder die Textausrichtung (*TextAlign*) *General*.

Unterhalb des Listenfelds, in dem der Name und Typ des ausgewählten Berichtselements angezeigt wird, sehen Sie eine Symbolleiste mit vier Symbol-Schaltflächen:

- **Nach Kategorien:** Mit dieser Schaltfläche kann zur Auflistung der Eigenschaften innerhalb von alphabetisch sortierten Kategorien gewechselt werden (wie in Abbildung 8.2). Die Anzeige der Eigenschaften in einer Kategorie kann mit dem +-Symbol erweitert bzw. dem --Symbol reduziert werden. Diese Schaltfläche steht mit der folgenden Schaltfläche *Alphabetisch* in optionaler Beziehung.

- **Alphabetisch:** Mit dieser Schaltfläche kann zur alphabetischen Auflistung der Eigenschaften ohne Anzeige der übergeordneten Kategorien gewechselt werden. Um den Wert einer Eigenschaft zu verändern, klicken Sie in das entsprechende Feld neben dem Namen der Eigenschaft und überschreiben den dort angegebenen Wert bzw. wählen aus einem Listenfeld den gewünschten Wert aus (Sie können auch einfach den Namen der Eigenschaft markieren und den Wert direkt eingeben oder – bei einem Listenfeld – durch ggf. mehrmaliges Doppelklicken den gewünschten Wert aus der Liste ansteuern). Diese Schaltfläche steht mit der vorherigen Schaltfläche *Nach Kategorien* in optionaler Beziehung.

> **TIPP** Zu jeder ausgewählten Eigenschaft finden Sie am unteren Rand des Eigenschaftenfensters im Beschreibungsbereich eine kurze Beschreibung der Eigenschaft. Sie können die Beschreibung der Eigenschaft ein- oder ausschalten, indem Sie mit der rechten Maustaste ins Eigenschaftenfenster klicken und im dann geöffneten Kontextmenü den Eintrag *Beschreibung* wählen.

Abbildung 8.3   Die Eigenschaftenseite für das Textfeld *textbox1*

- **Eigenschaftenseiten**: Mit dieser Schaltfläche öffnen Sie das Dialogfeld *Eigenschaftenseiten* für das ausgewählte Berichtselement bzw. Objekt – siehe die Abbildung 8.3.

Mit dem jeweiligen Dialogfeld *Eigenschaftenseiten* (dessen Name sich dem ausgewählten Element bzw. Objekt anpasst, z.B. beim Textfeld *Textfeldeigenschaften* heißt) können Sie grundlegende Einstellungen der Eigenschaften eines ausgewählten Elements bzw. Objekts vornehmen. Wir werden in den folgenden Abschnitten die *Eigenschaftenseiten* noch genauer kennen lernen.

Wie Sie in Abbildung 8.2 bzw. in Abbildung 8.3 sehen, hat der Berichts-Assistent dem ausgewählten Textfeld als Name *textbox1* zugewiesen. Wenn Sie das Listenfeld am oberen Rand des Eigenschaftenfensters öffnen, sehen Sie zahlreiche andere, ähnlich bezeichnete, d.h. nummerierte Textfelder, aber auch solche, die einen Namen haben, der dem Feld aus der Datenbankabfrage entspricht. Dabei ist zunächst wichtig, die Eigenschaft *Name* eines Berichtselements oder Objekts von der Eigenschaft *Wert (Value)* zu unterscheiden. Der *Name* ist eine berichtsinterne Eigenschaft für die Bezugnahme auf das Element, z.B. innerhalb der Eigenschaftenseiten oder bei der Programmierung; sie ist sozusagen das Element bzw. Objekt selbst. Der *Wert* hingegen ist eine Eigenschaft, die in Ihrem Bericht sichtbar wird.

Unser gerade ausgewähltes Textfeld hat den Namen *textbox1*, den Sie also nicht ändern sollten, und den Wert *Einfacher Drilldown-Bericht*, den Sie z.B. in **Mitarbeiteradressen (nach Abteilungen)** ändern könnten. Hier handelt es sich bei der Eigenschaft *Wert* um eine einfache statische Bezeichnung, die so in Ihrem Bericht erscheint. Es gibt weitere Textfelder mit einer statischen Bezeichnung als Wert, z.B. in der Titelzeile der Tabelle, die aus zahlreichen Textfeldern besteht (worauf wir ausführlicher im Abschnitt »Datenbereiche« weiter hinten in diesem Kapitel eingehen). Wenn Sie dagegen das Textfeld *GroupName* auswählen, sehen Sie als Wert *=Fields!GroupName.Value*. Es handelt sich hierbei um einen Ausdruck, der – vereinfacht ausgedrückt – bewirkt, dass der jeweilige Wert (Value) des Felds *GroupName* angezeigt wird (wie wir es im Berichts-Assistenten festgelegt haben, dass der jeweilige Wert dieses Feldes zu Beginn jeder Seite angezeigt wird). Wir werden in Kapitel 25 ausführlich auf Ausdrücke eingehen. Hier sollte es zunächst genügen, wenn Sie sich mit der Syntax eines Feldausdrucks vertraut machen, mit dem ein Feldwert in einem Textfeld angezeigt werden kann.

Wenn Sie in die Vorschau-Ansicht wechseln und sich mit der Schaltfläche *Nächste Seite* in der Symbolleiste nach und nach die vom Berichts-Assistenten erzeugten Seiten anschauen, werden Sie feststellen, dass das statische Textfeld *textbox1*, das – ohne dass wir darauf hätten Einfluss nehmen können – vom Berichts-Assistenten eingefügt wurde, nur auf der ersten Seite erscheint. Dagegen erscheint das Textfeld *GroupName* – so wie wir es im Berichts-Assistenten festgelegt haben – jeweils mit entsprechend wechselndem Wert auf jeder Seite direkt oberhalb der Tabelle. Um z.B. ein Textfeld wie das Textfeld *textbox1* als Titel des Berichts auf jeder Seite erscheinen zu lassen, gehen Sie am besten folgendermaßen vor:

1. Rufen Sie den Menübefehl *Bericht/Seitenkopf* auf.

    Oberhalb des Bereichs *Textkörper* erscheint ein neuer, leerer Bereich *Seitenkopf*.

2. Klicken Sie in der Toolbox auf das Berichtselement *Textfeld* und bewegen Sie den Mauszeiger in den Bereich *Seitenkopf*.

    Der Mauszeiger hat sich in ein Kreuz mit angehängtem Textfeld-Symbol verändert.

3. Klicken Sie in den Bereich *Seitenkopf*.

    Ein neues, leeres Textfeld wird in einer Standardgröße an der gewählten Stelle in den Bereich *Seitenkopf* eingefügt.

> **HINWEIS** Alternativ zu dieser Methode können Sie
> - das gewünschte Berichtselement direkt aus der Toolbox in den entsprechenden Bereich des Berichts ziehen, sodass es in einer Standardgröße erzeugt wird,
> - oder, nachdem Sie in der Toolbox auf das gewünschte Berichtselement geklickt haben, direkt im entsprechenden Bereich das Berichtselement in der gewünschten Größe zeichnen.

4. Öffnen Sie das Eigenschaftenfenster für das neue Berichtselement.

    Im Listenfeld am oberen Rand des Eigenschaftenfensters erscheint der Name des neuen Textfelds, z.B. *textbox14*. Da das neue Berichtselement gerade erst eingefügt wurde und somit noch von keiner anderen Seite darauf Bezug genommen wird, können Sie ihm einen neuen Namen geben:

5. Markieren Sie im Eigenschaftenfenster die Eigenschaft *Name*, und geben Sie als neuen Namen **ReportTitle** ein.

6. Markieren Sie die Eigenschaft *Value* (Wert), und geben Sie als neuen Wert **Mitarbeiteradressen (nach Abteilungen)** ein.

7. Erweitern Sie das neue Berichtselement, sodass es sich über die gesamte Breite der Entwurfsoberfläche des Berichts ausdehnt.

8. Weisen Sie z.B. folgenden Eigenschaften neue Werte zu, indem Sie im Eigenschaftenfenster die betreffende Eigenschaft suchen und markieren und den entsprechenden Wert eingeben:

    - *BackgroundColor: Brown*
    - *BorderColor.Bottom: Black*
    - *BorderStyle.Bottom: Solid*
    - *BorderWidth.Bottom: 3pt*
    - *Color: White*
    - *Font.FontFamily: Times New Roman*
    - *Font.FontSize: 18pt*

- *Font.FontWeight: Bold*
- *TextAlign: Center*

9. Vergrößern Sie den Bereich *Kopfzeile der Seite* so, dass das Textfeld darin angezeigt wird, ohne oberhalb oder unterhalb abgeschnitten zu werden.
10. Klicken Sie auf das Textfeld *textbox1* und wählen Sie im geöffneten Kontextmenü den Eintrag *Löschen*.
11. Markieren Sie die Liste *list1*, und setzen Sie den Wert der Eigenschaft *Location.Top* auf *0*.
12. Wechseln Sie von der Layout-Ansicht in die Vorschau-Ansicht, um das Ergebnis zu betrachten.
13. Wechseln Sie mit der Schaltfläche *Nächste Seite* in der Symbolleiste auf die zweite Seite des Berichts.

Das Ergebnis sollte in etwa der Abbildung 8.4 entsprechen. Auf gleiche Weise können Sie auch den Bereich *Seitenfuß* erzeugen und bearbeiten.

Mitarbeiteradressen (nach Abteilungen)					
Inventory Management					
Department	Last Name	First Name	Address Line 1	Postal Code	City
Purchasing					
Shipping and Receiving					

Abbildung 8.4 Die zweite Seite des Berichts mit fester Kopfzeile

Wir hoffen, dass Sie möglichst vollständig die vorgeschlagenen Veränderungen der Eigenschaften des Textfelds *ReportTitle* vorgenommen haben. Dann haben Sie nun schon ein wenig praktische Erfahrung im Umgang mit dem Eigenschaftenfenster gesammelt und vielleicht auch bemerkt, wie viel Arbeit der Berichts-Assistent beim Erstellen eines Berichts verrichtet. Wir werden im folgenden Kapitel 9 ausführlicher auf die Eigenschaften zur Formatierung von Berichtselementen eingehen.

Linie und Rechteck

Die Berichtselemente *Linie* und *Rechteck* dienen in erster Linie der grafischen Gestaltung eines Berichts. Sie können an jeder beliebigen Stelle des Berichts platziert werden. Wir erstellen zunächst innerhalb des Projekts *Praxisbuch-Projekt01* einen leeren Bericht.

> **HINWEIS**   Wir werden uns in Kapitel 10 noch genauer mit der Erstellung eines leeren Berichts beschäftigen, in dem jeder Schritt des Berichtserstellungsvorgangs selbst kontrolliert werden kann. In diesem Kapitel benötigen wir hier einfach nur einen leeren Bericht zum Ausprobieren verschiedener Berichtselemente.

1. Klicken Sie mit der rechten Maustaste im Projektmappen-Explorer auf den Ordner *Berichte* und wählen im dann geöffneten Kontextmenü den Eintrag *Hinzufügen/Neues Element*.
2. Es öffnet sich das Dialogfeld *Neues Element hinzufügen*, in dem Sie unter *Vorlagen* den Eintrag *Bericht* auswählen und als Name für den Bericht z.B. **Test_Berichtselemente.rdl** eingeben.
3. Klicken Sie auf die Schaltfläche *Hinzufügen*, um den leeren Bericht zu erstellen.

Der leere Bericht wird zunächst in der Daten-Ansicht angezeigt, damit die Auswahl der Datenquelle und die Erstellung der Abfrage erfolgen kann.

4. Da Berichtselemente wie *Linie* oder *Rechteck* keine Datenbindung erfordern, klicken Sie auf die Registerkarte *Layout*, um sofort in die Layout-Ansicht zu wechseln.
5. Ziehen Sie aus der Toolbox zunächst eine Linie und dann ein Rechteck auf die Entwurfsoberfläche.
6. Platzieren Sie die Linie innerhalb des Rechtecks.
7. Verschieben Sie das Rechteck auf der Entwurfsoberfläche.

Sie sehen, dass ein innerhalb des Rechtecks platziertes Berichtselement mit dem Rechteck verschoben wird. Mit Hilfe des Rechtecks, das wie ein Container andere Berichtselemente in sich aufnehmen kann, können Sie also sehr gut Elemente grafisch zu einer Gruppe zusammenstellen und deren Platzierung im Bericht kontrollieren. Mit Hilfe der Linie können Sie Elemente grafisch voneinander abgrenzen.

Bild

Ein Bild kann in einen Bericht

- eingebettet werden, sodass es als Teil des Berichts gespeichert wird,
- als Teil des Berichtsprojekts eingefügt werden,
- aus einer Datenbank eingefügt werden.

Bevor Sie ein Bild in einen Bericht einfügen, sollten Sie sich darüber im Klaren sein, dass von der Größe des ausgewählten Bildes auch die Verarbeitungsgeschwindigkeit Ihres Berichts abhängt. Sie können zwar die Darstellungsgröße im Berichts-Designer noch verändern, aber die Dateigröße bleibt davon unbeeinflusst. Bringen Sie ein Bild deshalb möglichst vorher in eine geeignete Darstellungsgröße, indem Sie es mit einem geeigneten Bildbearbeitungsprogramm bearbeiten und neu abspeichern.

Wenn Sie das Berichtselement *Bild* aus der Toolbox auf die Entwurfsoberfläche des Berichts ziehen, öffnet sich der Bild-Assistent mit der Willkommensseite, auf der Ihnen die verschiedenen Aufgaben vorgestellt werden, die Sie Schritt für Schritt mit Hilfe des Bild-Assistenten ausführen können:

- Auswählen eines Quelltyps für das Bild,
- Auswählen eines Quellspeicherorts für das Bild,
- Optionales Importieren des Bildes in den Bericht,
- Angeben des MIME-Typs des Bildes.

Nach einem Klick auf die Schaltfläche *Weiter* gelangen Sie zur nächsten Seite des Bild-Assistenten (siehe die Abbildung 8.5):

- Wenn Sie die standardmäßig vorgegebene Option *Eingebettet* wählen, können Sie auf der folgenden Seite des Bild-Assistenten nach einem Klick auf die Schaltfläche *Neues Bild* das gewünschte Bild von einem beliebigen Speicherort auswählen. Eine Miniaturansicht des Bildes, dessen Dateiname und der MIME-Typ werden angezeigt. Nach einem Klick auf die Schaltfläche *Weiter* gelangen Sie zur letzten Seite des Bild-Assistenten, auf der Ihnen eine Zusammenfassung Ihrer Auswahl angezeigt wird, die Sie mit einem Klick auf die Schaltfläche *Fertig stellen* bestätigen.

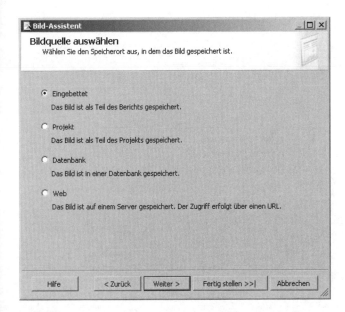

Abbildung 8.5 Der Bild-Assistent mit der Auswahl des Quellspeicherorts eines Bildes

---

HINWEIS   MIME-Typ (Multipurpose Internet Mail Extensions-Typ) eines Bildes in einem Bericht kann sein: *image/bmp, image/jpeg, image/gif, image/png, image/x-png.*

Ein auf diese Weise eingefügtes Bild wird als Teil des Berichts, d.h. als Text in der *Berichtsdefinition* abgespeichert und die MIME-Codierung für das Bild vom Berichts-Designer ausgeführt, sodass die Größe der Berichtsdefinition zwar zunimmt, aber auch sichergestellt wird, dass das Bild jederzeit für den Bericht verfügbar ist (auf Berichtsdefinitionen werden wir in Kapitel 22 eingehen). Das Bild ist demnach für den Bericht nicht als separate Datei vorhanden.

- Wenn Sie die Option *Projekt* wählen, ändert sich die Vorgehensweise nicht.

  Allerdings wird bei einem auf diese Weise eingefügten Bild nur ein Verweis auf das Bild als relativer URL-Pfad in der Berichtsdefinition gespeichert und das Bild gleichzeitig als separate Datei in das Berichtsprojekt eingefügt. Die Größe der Berichtsdefinition ist somit kleiner als bei einem eingebetteten Bild.

- Wenn Sie die Option *Datenbank* wählen, wird dem Bericht ein Bild hinzugefügt, das unter dem Datentyp *image* oder *binary* in einer Datenbank gespeichert ist. Im Bild-Assistenten müssen Sie auf der folgenden Seite drei Angaben machen (siehe die Abbildung 8.6):

  - **Dataset:** Das Dataset, in dem sich das Bildfeld befindet, muss vor dem Einsatz des Bild-Assistenten erstellt worden sein (zu Datasets erfahren Sie mehr in Kapitel 10) und mindestens ein Feld enthalten, in dem Bilder gespeichert sind.
  - **Bildfeld:** den Namen des Feldes, das Bilder enthält.
  - **MIME-Typ:** den MIME-Typ des Bildes.

Abbildung 8.6 Der Bild-Assistent mit der Auswahl von Dataset, Bildfeld und MIME-Typ

- Wenn Sie die Option *Web* wählen, können Sie als Bildquelle einen *URL* eingeben, auf den der Bericht dann verweist. Ist der gewählte Server einmal nicht erreichbar oder das Bild nicht mehr verfügbar, erscheint an Stelle des Bildes das aus dem Browser bekannte rote Kreuz.

Hintergrundbilder

Ein Bild kann auch als Hintergrundbild in einen Bericht eingefügt werden, und zwar sowohl als Hintergrund im Nachrichtentext, der Kopfzeile oder der Fußzeile der Seite als auch in den Berichtselementen Rechteck, Textfeld, Tabelle, Matrix oder Liste. Markieren Sie dazu die Eigenschaft *BackgroundImage* des gewünschten Elements bzw. Objekts, und wählen Sie für die Eigenschaft *BackgroundImage.Source* einen der drei folgenden Werte:

- **External:** die Eigenschaft *BackgroundImage.Value* muss den Pfad zu einer Bilddatei angeben,
- **Embedded:** die Eigenschaft *BackgroundImage.Value* muss den Namen einer eingebetteten Bilddatei angeben,
- **Database:** die Eigenschaft *BackgroundImage.Value* muss auf ein Feld verweisen, das binäre Bilddaten enthält; hier muss zusätzlich der entsprechende MIME-Typ angegeben werden, der bei den beiden anderen Optionen ignoriert wird.

Für die Eigenschaft *BackgroundImage.BackgroundRepeat* können Sie einen der vier folgenden Werte auswählen:

- **Repeat:** Das Bild füllt in wiederholter Darstellung den Hintergrund des Elements bzw. Objekts vollständig aus.
- **NoRepeat:** Das Bild wird nur einmal in der linken oberen Ecke des Elements bzw. Objekts dargestellt.
- **RepeatX:** Das Bild füllt in wiederholter Darstellung den oberen Rand des Elements bzw. Objekts vollständig aus.
- **RepeatY:** Das Bild füllt in wiederholter Darstellung den linken Rand des Elements bzw. Objekts vollständig aus.

Unterbericht

Ein eingebetteter Bericht ist in einem Bericht ein Berichtselement, das als Container einen anderen Bericht enthält. Bevor Sie dieses Berichtselement benutzen können, muss zunächst der Bericht, den es enthalten soll, erstellt werden. Prinzipiell kann jeder Bericht in einem Berichtsprojekt in einen anderen Bericht eingebettet werden, d.h. zu einer Art Unterbericht in einem Hauptbericht werden. Der Bericht, der eingebettet werden soll, muss in dem Berichtsprojekt vorhanden sein, zu dem auch der Bericht gehört, in den er eingebettet werden soll. Bericht und eingebetteter Bericht können allerdings auf unterschiedliche Datenquellen zurückgreifen. Dies kann insbesondere dann interessant, d.h. Zeit und Kosten sparend sein, wenn Sie auf schon erstellte Berichte zugreifen können.

Um in einen Bericht einen anderen Bericht einzubetten, führen Sie folgende Schritte aus:

1. Wechseln Sie in die Layout-Ansicht des Berichts, der den anderen Bericht enthalten soll.
2. Ziehen Sie aus der Toolbox das Berichtselement *Unterbericht* auf eine freie Stelle der Entwurfsoberfläche.
3. Öffnen Sie das Eigenschaftenfenster für den eingebetteten Bericht.
4. Ändern Sie den Wert der Eigenschaft *Unterbericht* (bitte nicht verwechseln mit der Eigenschaft *Name*), indem Sie aus dem Listenfeld den gewünschten Bericht auswählen, der eingebettet werden soll. Im Listenfeld zur Eigenschaft *Unterbericht* werden alle im Berichtsprojekt vorhandenen Berichte angezeigt – mit Ausnahme des Berichts selbst, der den eingebetteten Bericht enthalten soll.

HINWEIS   In der Layout-Ansicht werden nur die einzelnen Berichtselemente des eigentlichen Berichts angezeigt. Vom eingebetteten Bericht dagegen wird lediglich sein *Name* auf grauem Hintergrund angezeigt. Wenn Sie die Berichtselemente des eingebetteten Berichts bearbeiten wollen, müssen Sie ihn gesondert öffnen.

Ebenso ist in der Daten-Ansicht das Dataset zum eingebetteten Bericht nicht zugänglich.

Wechseln Sie in die Vorschau-Ansicht, um den Bericht mit dem eingebetteten Bericht zu sehen.

Datenbereiche

Die Datenbereiche bilden eine besondere Form der Berichtselemente. Im Gegensatz zu den anderen Berichtselementen können Datenbereiche viele Zeilen aus einem Dataset anzeigen. Verfügbare Typen von Datenbereichen sind *Tabelle*, *Matrix*, *Liste* und *Diagramm*.

Tabelle

Die Tabelle ist der am häufigsten benutzte Datenbereich beim Erstellen eines Berichts. In der einfachsten Form besteht eine Tabelle aus statischen Spaltenüberschriften und darunter aus Zeilen, in denen die abgerufenen Daten dargestellt werden. Die Tabellenzeilen können nach Feldern oder Ausdrücken zu Gruppen zusammengefasst werden (so wie wir es bei Erstellung unseres Berichts mit Hilfe des Berichts-Assistenten gemacht haben); wenn gruppierte Felder geeignete Zahlen enthalten, kann unterhalb einer solchen Gruppierung z.B. eine Zeile mit Teilergebnissen gebildet werden.

Wir wollen an einem einfachen Beispiel zeigen, wie Sie eine Tabelle erstellen und darin die Daten gruppieren, indem wir im vorhandenen Projekt *Praxisbuch-Projekt01* einen neuen leeren Bericht erstellen:

1. Klicken Sie mit der rechten Maustaste im Projektmappen-Explorer auf den Ordner *Berichte*, und wählen Sie im Kontextmenü den Eintrag *Hinzufügen/Neues Element hinzufügen* (wenn Sie im Kontextmenü den Eintrag *Neuen Bericht hinzufügen* wählen, öffnet sich der Berichts-Assistent.
2. Es öffnet sich das Dialogfeld *Neues Element hinzufügen*, in dem Sie unter *Vorlagen* den Eintrag *Bericht* wählen, unter *Name* einen geeigneten Namen für den neuen Bericht eingeben, z.B. **Test_Tabelle** (die Dateiendung *.rdl* für Berichte wird automatisch ergänzt, falls Sie sie nicht selbst schon eingeben), und die Schaltfläche *Hinzufügen* betätigen.

   Der leere Bericht wird zunächst in der Daten-Ansicht angezeigt, damit die Auswahl der Datenquelle und die Erstellung der Abfrage erfolgen kann.
3. Öffnen Sie in der Symbolleiste das Listenfeld *Dataset auswählen*, und wählen Sie den Eintrag *<Neues Dataset>*.
4. Es öffnet sich das Dialogfeld *Dataset*, in dem Sie dem neuen Dataset einen Namen, z.B. **Department_NumberOfEmployees**, geben.
5. Vergewissern Sie sich, dass als Datenquelle *AdventureWorks* und als Befehlstyp *Text* ausgewählt ist. Wir verzichten darauf, die Abfragezeichenfolge manuell einzugeben, sondern werden sie anschließend im Abfrage-Designer erzeugen.
6. Klicken Sie auf die Schaltfläche *OK*, um die Eingabe zu bestätigen und das Dialogfeld *Dataset* zu schließen.
7. Vergewissern Sie sich, dass der Designer für grafische Abfragen geöffnet ist (deaktivieren Sie ggf. in der Symbolleiste die Schaltfläche *Standardmäßiger Abfrage-Designer*, klicken Sie mit der rechten Maustaste in den oberen Bereich, den Diagrammbereich, und wählen Sie im Dialogfeld *Tabellen hinzufügen* die Ansicht *vEmployeeDepartment* aus.

HINWEIS Die Erstellung einer Abfrage im Abfrage-Designer unterscheidet sich kaum von der im Abfrage-Generator, den Sie innerhalb des Berichts-Assistenten kennen gelernt haben. Wenn Sie sich noch einmal informieren wollen, wie Sie grafisch eine Abfrage erstellen können, lesen Sie bitte in Kapitel 6 den Abschnitt »Eine Abfrage entwerfen«.

8. Wählen Sie in der Tabelle die Spalten *GroupName*, *LastName* und *FirstName*.
9. Wählen Sie im darunter liegenden Bereich, dem Rasterbereich, für alle Spalten die Sortierungsart *Aufsteigend*.
10. Wechseln Sie in die Layout-Ansicht und ziehen Sie aus der Toolbox den Datenbereich *Tabelle* auf die Entwurfsoberfläche, sodass das standardmäßige Tabellengitter mit drei Zeilen (die als *Kopfzeile*, *Detail* und *Fußzeile* gekennzeichnet sind) und drei Spalten erscheint.

    Nachdem wir eine Tabelle hinzugefügt haben, können wir darin Felder einfügen. Jede Zelle in der Tabelle enthält standardmäßig ein Textfeld.

HINWEIS Jede Tabelle in einem Bericht ist einem Dataset zugeordnet. Falls der Bericht – wie in unserem Bericht – nur ein einzelnes Dataset enthält, wird eine neu eingefügte Tabelle automatisch diesem Dataset zugeordnet. Enthält der Bericht mehrere Datasets, müssen Sie die Tabelle dem richtigen Dataset zuordnen.

11. Ziehen Sie aus dem Toolfenster *Datasets* nacheinander die Felder *GroupName*, *LastName* und *FirstName* aus dem Dataset *Department_NumberOfEmployees* in die Textfelder der Tabellenzeile, die als *Detail* gekennzeichnet ist.

Es erscheinen in den drei Textfeldern jeweils die entsprechenden Ausdrücke der Art, wie wir sie im Abschnitt »Textfeld« weiter vorne in diesem Kapitel beschrieben haben. In der darüber liegenden Tabellenzeile, die als *Kopfzeile* gekennzeichnet ist, erscheinen automatisch als statische Spaltenüberschriften *Group Name*, *Last Name* und *First Name*.

12. Ändern Sie die Werte dieser statischen Textfelder z.B. in die deutschsprachigen Spaltenüberschriften *Abteilungsgruppe*, *Nachname*, *Vorname*, indem Sie entweder in das jeweilige Textfeld klicken und den Wert einfach überschreiben oder im Eigenschaftenfenster den Wert (Value) überschreiben.
13. Klicken Sie anschließend zuerst einfach irgendwo in die Tabelle und dann auf die Schaltfläche vor den Spaltenüberschriften, sodass die Zeile markiert wird und im Eigenschaftenfenster die Eigenschaften für das Element *TableRow1* anzeigt werden.
14. Ändern Sie für die Eigenschaft *Font.FontWeight* den Wert auf *Bold*, um die Spaltenüberschriften in der Berichtsdarstellung hervorzuheben.

TIPP   Wechseln Sie zwischendurch immer wieder einmal in die Vorschau-Ansicht, um das Ergebnis der bisherigen Arbeit zu betrachten. Denken Sie aber daran, wieder in die Layout-Ansicht zurückzuwechseln, wenn Sie die Berichtsbearbeitung fortsetzen wollen.

15. Da in unserer Abfrage jede Abteilungsgruppe aus zahlreichen Mitarbeitern besteht, können Sie nun eine Gruppierung vornehmen, indem Sie mit der rechten Maustaste auf die Schaltfläche vor der Zeile *Detail* klicken und im Kontextmenü den Eintrag *Gruppe einfügen* auswählen (falls keine Schaltflächen vor den Zeilen bzw. über den Spalten erscheinen, klicken Sie zunächst irgendwo in die Tabelle).
   Es öffnet sich das Dialogfeld *Gruppierungs- und Sortierungseigenschaften* wie in Abbildung 8.7, in dem Sie festlegen können, nach welchem Feldwert Sie gruppieren wollen.

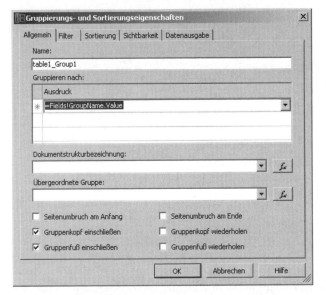

Abbildung 8.7   Gruppierungs- und Sortierungseigenschaften mit der Registerkarte *Allgemein*

16. Klicken Sie in die erste leere Zeile unter *Gruppieren nach*, und wählen Sie aus dem Listenfeld den Ausdruck *=Fields!GroupName.Value*.

17. Bevor Sie das Dialogfeld mit einem Klick auf die Schaltfläche *OK* schließen, wechseln Sie noch auf die Registerkarte *Sortierung* und wählen im Listenfeld denselben Ausdruck wie auf der Registerkarte *Allgemein* aus (die Sortierungsart wird unter *Richtung* standardmäßig mit *Ascending* eingestellt).

    Oberhalb und unterhalb der Zeile *Detail* erscheinen die *Kopfzeile* und die *Fußzeile* der gerade erzeugten Gruppe. Es ist nun zwar festgelegt, dass nach den Werten des Feldes *GroupName* gruppiert und sortiert wird, aber die Anzeige für den Bericht muss noch entsprechend angepasst werden.

> **HINWEIS** Wie sich der Abbildung 8.7 entnehmen lässt, können Sie im Dialogfeld *Gruppierungs- und Sortierungseigenschaften* noch zahlreiche weitere Festlegungen treffen. Unter anderem können Sie definieren:
> - ob vor bzw. nach jeder Gruppe ein Seitenumbruch vorgenommen werden soll;
> - ob die Kopfzeile bzw. Fußzeile der Gruppe eingeschlossen, d.h. angezeigt werden soll;
> - ob die Kopfzeile bzw. Fußzeile nach Seitenumbrüchen innerhalb einer Gruppe auf der neuen Seite wiederholt werden soll;
> - ob die Gruppe in die Dokumentstruktur einbezogen werden soll (auf die Dokumentstruktur werden wir im folgenden Kapitel 9 genauer eingehen).

18. Markieren Sie das Feld mit dem Ausdruck *=Fields!GroupName.Value* und verschieben Sie es in die darüber liegende Zelle (oder löschen Sie es an der bisherigen Stelle und ziehen es erneut aus dem Toolfenster *Datasets* in die angegebene Zelle), d.h. in die Kopfzeile der Gruppe.

    Ihr Entwurf sollte in etwa so aussehen wie in Abbildung 8.8.

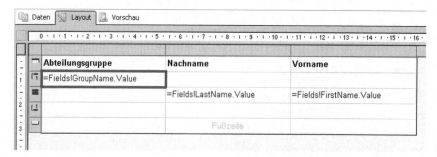

Abbildung 8.8 Der Bericht mit Gruppierung in der Layout-Ansicht (Ausschnitt)

Sie sehen links vor den Zeilen untereinander die Schaltflächen für
- die Kopfzeile der Tabelle, die die Spaltenüberschriften enthält,
- die *Kopfzeile der Gruppe,*
- die Detailzeile, die die Zeilen für die wiederholten Daten repräsentiert,
- die Fußzeile der Gruppe, die noch leer ist,
- die Fußzeile der Tabelle, die ebenfalls leer ist.

Zeilen oder Gruppen können gelöscht oder hinzugefügt werden, indem Sie mit der rechten Maustaste auf die jeweilige Schaltfläche vor der Zeile klicken und im Kontextmenü die gewünschte Auswahl treffen.

19. Wenn Sie nun in die Vorschau-Ansicht wechseln, sollte Ihr Bericht in etwa so aussehen wie in Abbildung 8.9.

Sie sehen in der linken Spalte unterhalb der Spaltenüberschriften den ersten Wert der Gruppierungsspalte. Wenn Sie im Bericht weiter nach unten blättern, sehen Sie nach der Auflistung der dieser ersten Gruppe zugehörigen Mitarbeiter die nächste Gruppe mit ihren Mitarbeitern.

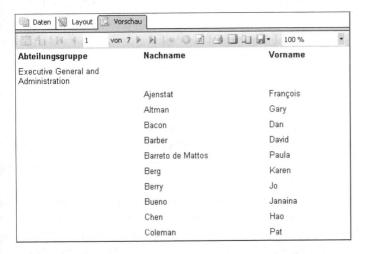

Abbildung 8.9 Der Bericht mit Gruppierung in der Vorschau-Ansicht (Ausschnitt)

20. In unserer Tabelle könnten beispielsweise die leeren Zeilen entfernt werden. Um aber die weiter oben angesprochene Möglichkeit der Bildung von Teilergebnissen in unserem Bericht zu nutzen, ziehen Sie jeweils in die linke Zelle sowohl der Fußzeile der Gruppe als auch der Fußzeile der Tabelle aus dem Toolfenster *Felder* das Feld *GroupName*, sodass beide Male der Ausdruck =Fields!GroupName.Value dort erscheint. Verändern Sie in beiden Textfeldern den Ausdruck in =**Count(Fields!GroupName.Value)**.

21. Setzen Sie für beide Textfelder die Eigenschaft *TextAlign* auf den Wert *Center* und die Eigenschaft *Font.FontWeight* auf *Bold*.

Ohne den Ausführungen zu Ausdrücken und Funktionen in Kapitel 25 vorzugreifen, sei hier die Wirkung der Funktion *Count()* in unserem Ausdruck zumindest demonstriert. Wenn Sie in die Vorschau-Ansicht des Berichts wechseln, werden Sie unterhalb jeder Gruppe die Anzahl der jeweiligen Mitarbeiter der Gruppe sehen können und am unteren Ende der letzten Seite die Gesamtanzahl aller Mitarbeiter.

TIPP Wenn Sie in den Eigenschaften der Tabelle das Attribut *FixedHeader* auf *True* setzen, bewegen sich die Tabellenüberschriften beim Scrollen nicht aus dem sichtbaren Bereich. So wie bei der Funktion *Fenster fixieren* in Excel ist dadurch immer eine Zuordnung der Spalten möglich. Das Gleiche erreichen Sie über das Dialogfeld *Tabelleneigenschaften* auf der Registerkarte *Allgemein* mit der Option *Der Header soll beim Ausführen eines Bildlaufs sichtbar bleiben*.

Dabei sollten Sie die Hintergrundfarbe (*BackgroundColor*) der Kopfzeile nicht auf *transparent* gestellt lassen, da sich sonst die Überschriften mit den Spaltenwerten überlagern.

Matrix

Eine Matrix ist ein Datenbereich, der Zeilen und Spalten enthält, die zur Aufnahme der Daten erweitert werden. Eine Matrix kann dynamische Zeilen (wie die Tabelle), aber auch dynamische Spalten aufweisen, die mit Gruppen von Daten wiederholt werden. Wir wollen an einem einfachen Beispiel die Arbeit mit dem Datenbereich *Matrix* vorführen:

1. Erstellen Sie einen leeren Bericht, dem Sie den Namen **Test_Matrix.rdl** geben.

2. Erstellen Sie ein neues Dataset mit dem Namen **MatrixDataset**, der freigegebenen Datenquelle *AdventureWorks* und dem Befehlstyp *Text*.
3. Erstellen Sie im Designer für grafische Abfragen eine Abfrage, indem Sie zunächst dem Diagrammbereich die Tabellen *Product, ProductCategory, ProductSubcategory, SalesOrderDetail* und *SalesOrderHeader* hinzufügen.
4. Wählen Sie bei der Tabelle *ProductCategory* das Feld *Name* und bei *ProductSubCategory* das Feld *Name*, und weisen Sie im Rasterbereich dem ersten Feld als Alias den Wert **Kategorie** und dem zweiten Feld als Alias den Wert **Unterkategorie** zu.
5. Wählen Sie bei der Tabelle *SalesOrderHeader* das Feld *OrderDate*, legen Sie als Alias den Wert **Bestelljahr** fest, und verändern Sie den Spaltenausdruck in **YEAR(OrderDate)**.
6. Wählen Sie bei der Tabelle *SalesOrderHeader* erneut das Feld *OrderDate*, bestimmen Sie als Alias den Wert **Bestellmonat**, und verändern Sie den Spaltenausdruck in **MONTH(OrderDate)**.
7. Wählen Sie in der Tabelle *SalesOrderDetail* das Feld *OrderQty*, legen Sie als Alias den Wert **Umsatz** fest, und verändern Sie den Spaltenausdruck in **SUM(OrderQty*UnitPrice)**.

Wir haben während der letzten Schritte – wie schon weiter oben – wieder auf Funktionen und Ausdrücke zurückgegriffen, auf die ausführlicher in Kapitel 25 eingegangen wird. Die Funktionen *YEAR()* und *MONTH()* ermitteln aus dem Datumsfeld *OrderDate* das Jahr bzw. den Monat, die Funktion *SUM()* bildet die Summe aus dem Produkt aus *OrderQty* und *UnitPrice*. Da es sich bei *SUM()* um eine Aggregatfunktion handelt, sind im Abfrage-Designer automatisch die anderen Felder gruppiert worden.

Ihre Abfrage sollte nun das Aussehen haben wie in Abbildung 8.10.

```
SELECT   Production.ProductCategory.Name AS Kategorie, Production.ProductSubcategory.Name AS Unterkategorie, YEAR(Sales.SalesOrderHeader.OrderDate)
         AS Bestelljahr, MONTH(Sales.SalesOrderHeader.OrderDate) AS Bestellmonat,
         SUM(Sales.SalesOrderDetail.OrderQty * Sales.SalesOrderDetail.UnitPrice) AS Umsatz
FROM     Production.Product INNER JOIN
         Production.ProductSubcategory ON Production.Product.ProductSubcategoryID = Production.ProductSubcategory.ProductSubcategoryID INNER JOIN
         Production.ProductCategory ON Production.ProductSubcategory.ProductCategoryID = Production.ProductCategory.ProductCategoryID INNER JOIN
         Sales.SalesOrderDetail ON Production.Product.ProductID = Sales.SalesOrderDetail.ProductID INNER JOIN
         Sales.SalesOrderHeader ON Sales.SalesOrderDetail.SalesOrderID = Sales.SalesOrderHeader.SalesOrderID AND
         Sales.SalesOrderDetail.SalesOrderID = Sales.SalesOrderHeader.SalesOrderID AND
         Sales.SalesOrderDetail.SalesOrderID = Sales.SalesOrderHeader.SalesOrderID
GROUP BY Production.ProductCategory.Name, Production.ProductSubcategory.Name, YEAR(Sales.SalesOrderHeader.OrderDate),
         MONTH(Sales.SalesOrderHeader.OrderDate)
```

Abbildung 8.10 Die Abfrage im SQL-Bereich des Designers für grafische Abfragen

8. Wechseln Sie nun in die Layout-Ansicht, und platzieren Sie eine Matrix aus der Toolbox auf der Entwurfsoberfläche.
9. Ziehen Sie aus dem Toolfenster *Datasets* das Feld *Bestellmonat* in die als *Spalten* gekennzeichnete Zelle und das Feld *Bestelljahr* ebenfalls auf diese – nun schon gefüllte – Zelle, sodass automatisch eine zusätzliche Zeile eingefügt wird. Lassen Sie die Maustaste dabei in der oberen Hälfte des Feldes los, damit das Bestelljahr über dem Bestellmonat erscheint.
10. Ziehen Sie aus dem Toolfenster *Datasets* das Feld *Unterkategorie* in die als *Zeilen* gekennzeichnete Zelle und das Feld *Kategorie* ebenfalls auf diese – nun schon gefüllte – Zelle, sodass automatisch eine zusätzliche Spalte eingefügt wird. Lassen Sie hier das Kategoriefeld in der linken Hälfte des Feldes los, sodass die neue Spalte links eingefügt wird.
11. Ziehen Sie aus dem Toolfenster *Datasets* das Feld *Umsatz* in die als *Daten* gekennzeichnete Zelle, sodass der Bericht nun in etwa das Aussehen wie in Abbildung 8.11 hat (der Übersichtlichkeit halber haben wir die Schriftgröße in den *Textfeldern* auf *8pt* gesetzt und die Spalten so verbreitert, dass die Ausdrücke vollständig angezeigt werden).

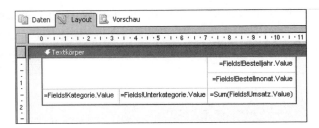

Abbildung 8.11 Die Matrix in der Layout-Ansicht (Ausschnitt)

Wenn Sie nun in die Vorschau-Ansicht wechseln, werden Sie eine relativ unübersichtliche Anzeige von Daten sehen. Wir wollen deshalb noch kleine Änderungen vornehmen.

12. Klicken Sie in der Layout-Ansicht mit der rechten Maustaste in das Textfeld *Bestellmonat*, und wählen Sie im Kontextmenü den Eintrag *Gruppe bearbeiten*, sodass sich das Dialogfeld *Gruppierungs- und Sortierungseigenschaften* öffnet.

13. Wechseln Sie zur Registerkarte *Sichtbarkeit*, wählen Sie unter *Ursprüngliche Sichtbarkeit* die Option *Ausgeblendet*, aktivieren Sie das Kontrollkästchen *Sichtbarkeit wird von einem anderen Berichtselement ein-/ausgeschaltet*, geben Sie in das Listenfeld *Berichtselement* **Bestelljahr** ein und schließen Sie das Dialogfeld mit einem Klick auf die Schaltfläche *OK*.

14. Öffnen Sie in gleicher Weise das Dialogfeld *Gruppierungs- und Sortierungseigenschaften* mit der Registerkarte *Sichtbarkeit* für das Textfeld *Unterkategorie*, wählen Sie unter *Ursprüngliche Sichtbarkeit* die Option *Ausgeblendet*, aktivieren Sie das Kontrollkästchen *Sichtbarkeit wird von einem anderen Berichtselement ein-/ausgeschaltet*, geben Sie in das Listenfeld *Berichtselement* **Kategorie** ein, und schließen Sie das Dialogfeld mit einem Klick auf die Schaltfläche *OK*.

Mit den letzten drei Schritten haben wir die Drilldown-Funktion so aktiviert, dass bei der Anzeige des Berichts unterhalb der *Bestelljahre* die *Bestellmonate* und rechts neben den *Kategorien* die *Unterkategorien* zunächst ausgeblendet erscheinen und mit einem Klick auf das +-Symbol eingeblendet werden können.

15. Öffnen Sie für die Textfelder *Bestelljahr* und *Bestellmonat* jeweils das Dialogfeld *Gruppierungs- und Sortierungseigenschaften* mit der Registerkarte *Sortierung*, und wählen Sie im Listenfeld unter *Ausdruck* den Ausdruck *=Fields!Bestelljahr.Value* bzw. *=Fields!Bestellmonat.Value*. Schließen Sie danach das Dialogfeld mit einem Klick auf die Schaltfläche *OK*.

16. Führen Sie die Sortierung analog dazu an den Textfeldern *Kategorie* und *Unterkategorie* durch. Wählen Sie dabei den Ausdruck *=Fields!Kategorie.Value* bzw. *=Fields!Unterkategorie.Value*.

Nehmen Sie noch folgende Änderungen an verschiedenen Formatierungen im Eigenschaftenfenster vor, bevor Sie in die Vorschau-Ansicht wechseln (auf Formatierungen gehen wir ausführlicher im folgenden Kapitel 9 ein).

17. Markieren Sie die Textfelder *Umsatz, Kategorie, Unterkategorie, Bestelljahr* und *Bestellmonat*, und geben Sie für die Eigenschaft *Font.FontSize* den Wert **8pt** ein, und weisen Sie den Eigenschaften unter *BorderStyle (Default, Left, Right, Top, Bottom)* jeweils den Wert *Solid* zu.

18. Markieren Sie die Textfelder *Kategorie, Unterkategorie, Bestelljahr* und *Bestellmonat*, und weisen Sie der Eigenschaft *BackgroundColor* den Wert *Silver* zu.

19. Öffnen Sie für das Textfeld *Umsatz* die Eigenschaftenseiten, und geben Sie im Dialogfeld *Textfeldeigenschaften* unter *Format* im Feld *Formatcode* den Wert **C** ein (wir ignorieren an dieser Stelle, dass wir mit € wohl die falsche Währung zuweisen).

20. Weisen Sie für das Textfeld *Bestelljahr* der Eigenschaft *TextAlign* den Wert *Right* zu.

21. Weisen Sie für das Textfeld *Bestellmonat* der Eigenschaft *TextAlign* den Wert *Center* zu.

Falls Sie die letzten Schritte durchgeführt haben, sollte der Bericht, wenn Sie in die Vorschau-Ansicht wechseln, in etwa so aussehen wie in Abbildung 8.12 (hier wurde die Drilldown-Funktion sowohl unter *Bikes* als auch unter *2002* betätigt).

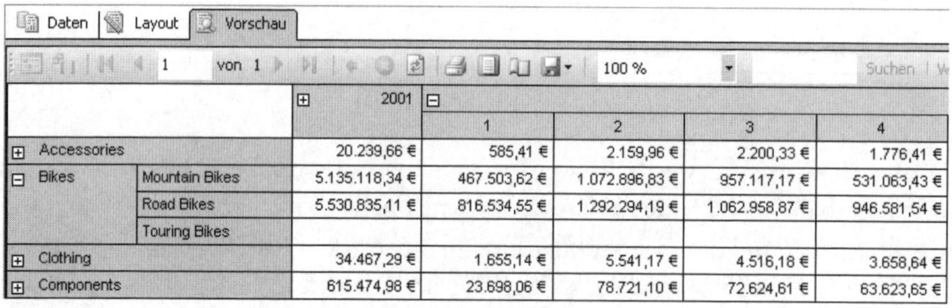

			2001				
				1	2	3	4
⊞	Accessories		20.239,66 €	585,41 €	2.159,96 €	2.200,33 €	1.776,41 €
⊟	Bikes	Mountain Bikes	5.135.118,34 €	467.503,62 €	1.072.896,83 €	957.117,19 €	531.063,43 €
		Road Bikes	5.530.835,11 €	816.534,55 €	1.292.294,19 €	1.062.958,87 €	946.581,54 €
		Touring Bikes					
⊞	Clothing		34.467,29 €	1.655,14 €	5.541,17 €	4.516,18 €	3.658,64 €
⊞	Components		615.474,98 €	23.698,06 €	78.721,10 €	72.624,61 €	63.623,65 €

Abbildung 8.12   Die Matrix in der Vorschau-Ansicht (Ausschnitt)

Liste

Eine Liste ist ein Datenbereich, in dem wiederholte Daten frei angeordnet (z.B. wie in einem Formular) dargestellt werden können. Wir werden später noch mit dem Datenbereich *Liste* arbeiten und wollen dies hier nur kurz anhand unseres mit dem Berichts-Assistenten erzeugten Berichts *Einfacher Drilldown-Bericht* beschreiben.

Wenn Sie einen leeren Bericht erzeugen und den Datenbereich *Liste* auf die Entwurfsoberfläche ziehen, werden Sie feststellen, dass einfach ein leerer Kasten erscheint, in den Sie beispielsweise verschiedene andere Berichtselemente (wie z.B. mehrere Textfelder und ein Bild) sowie andere Datenbereiche (wie z.B. eine Tabelle und ein Diagramm) platzieren können, die dann jeweils seitenweise für die wechselnden Werte wiederholt dargestellt werden. Eine Liste dient also in erster Linie als ein grafischer Container mit den Funktionsweisen eines Datenbereichs.

Wenn Sie unseren mit dem Berichts-Assistenten erzeugten Bericht *Einfacher Drilldown-Bericht* öffnen, in die Layout-Ansicht wechseln und im Listenfeld des Eigenschaftenfensters den Eintrag *List1* wählen, werden Sie sehen, dass die Liste zum einen ein anderes Berichtselement, nämlich das Textfeld *GroupName*, und zum anderen einen anderen Datenbereich, nämlich die Tabelle *table1*, enthält. Dadurch wird bewirkt, dass auf jeder Seite der jeweilige Wert des Textfelds *GroupName* (hier: der Name der Abteilungsgruppe) und die zugehörigen Werte innerhalb der Tabelle *table1* (hier: zu der Abteilungsgruppe die jeweiligen Abteilungen und zu jeder Abteilung die jeweiligen Mitarbeiterinformationen) angezeigt werden.

Listen werden also benutzt, wenn Sie zur Darstellung vieler verschiedener Daten innerhalb eines Datensatzes aus Ihrem Dataset einen sehr großen Inhaltsbereich (der wie in unserem Beispiel über eine ganze Seite reichen kann) benötigen, sodass die Elemente im Inhaltsbereich wie in einem Formular angeordnet dargestellt werden können. Durch die Schachtelung von Datenbereichen (in unserem Bericht die Tabelle) innerhalb der Liste kann derselbe Datenbereich mehrfach in einem Bericht verwendet werden.

Diagramm

Ein Diagramm ist ein Datenbereich, der Daten grafisch darstellt. Diagramme gehören sicherlich zu den eindrucksvollsten Elementen bei der Erstellung eines Berichts.

Datenbereiche

Die Daten für Diagramme können in drei verschiedenen Bereichen verwendet werden:

- **Werte:** Für die Werte steht beim Entwurf des Diagramms der Bereich *Datenfelder* zur Verfügung. Werte bestimmen die Größe des Diagrammelements für jede Kategoriengruppe, z.B. die Höhe jeder Säule im Säulendiagramm oder die Größe jedes Segments in einem Kreisdiagramm.

- **Kategorien:** Für die Kategorien steht beim Entwurf des Diagramms der Bereich *Kategorienfelder* zur Verfügung. Mit Kategorien können Daten gruppiert werden. Kategorien stellen die Bezeichnungen für die Diagrammelemente zur Verfügung, z.B. wird in einem Säulendiagramm für jede Säule die jeweilige Kategorie auf der X-Achse des Diagramms angezeigt.

- **Serien:** Für die Serien steht beim Entwurf des Diagramms der Bereich *Reihenfelder* zur Verfügung. Mit Serien kann dem Bericht eine zusätzliche Dimension der Daten zugefügt werden. Beispielsweise lassen sich in einem Säulendiagramm für eine Kategorie mehrere Säulen (etwa für mehrere Jahre) anzeigen.

Es werden insgesamt neun Diagrammtypen unterstützt (in Klammern die englischen Bezeichnungen, wie sie im Eigenschaftenfenster unter der Eigenschaft *Type* benannt sind):

- **Säule** (Column): wird (wie das Balkendiagramm) zum Vergleich von *Werten* in verschiedenen Kategorien verwendet. Im Säulendiagramm werden Serien als vertikale Säulen angezeigt, die nach der Kategorie gruppiert sind. Werte werden durch die Höhe der Säulen dargestellt (gemessen an der Y-Achse), Kategorien als Bezeichnungen an der X-Achse.

- **Balken** (Bar): wird (wie das Säulendiagramm) zum Vergleich von Werten in verschiedenen Kategorien verwendet. Im Balkendiagramm werden Serien als horizontale Balken angezeigt, die nach der Kategorie gruppiert sind. Werte werden durch die Länge der Balken dargestellt (gemessen an der X-Achse), Kategorien als Bezeichnungen an der Y-Achse.

- **Fläche** (Area): wird (wie das Liniendiagramm) zum Vergleich von Werten über die Zeit verwendet. Im Flächendiagramm werden Serien als Mengen von Punkten, die durch eine Linie verbunden sind, anzeigt, wobei die von der Linie und den Achsen begrenzte Fläche ausgefüllt ist. Werte werden durch den Abstand der Punkte von der X-Achse dargestellt (gemessen an der Y-Achse), Kategorien als Bezeichnungen an der X-Achse.

- **Linie** (Line): wird (wie das Flächendiagramm) zum Vergleich von Werten über die Zeit verwendet. Im Liniendiagramm werden Serien als Mengen von Punkten, die durch eine Linie verbunden sind, angezeigt, wobei die von der Linie und den Achsen begrenzte Fläche nicht ausgefüllt ist. Werte werden durch den Abstand der Punkte von der X-Achse dargestellt (gemessen an der Y-Achse), Kategorien als Bezeichnungen an der X-Achse.

- **Kreis** (Pie): wird (wie das Ringdiagramm) verwendet, um (prozentuale) Anteile darzustellen. Im Kreisdiagramm werden die Werte als anteiliges Segment im Verhältnis zum Kreisganzen angezeigt, d.h. die Segmentgröße wird durch die Höhe des Werts bestimmt. Kategorien dienen zur Anzeige der Bezeichnungen in der Legende. Serien sind in Kreisdiagrammen nicht darstellbar.

- **Ring** (Doughnut): wird (wie das Kreisdiagramm) verwendet, um (prozentuale) Anteile darzustellen. Im Ringdiagramm werden die Werte als anteiliges Segment im Verhältnis zum Ringganzen angezeigt, d.h. die Segmentgröße wird durch die Höhe des Werts bestimmt. Kategorien dienen zur Anzeige der Bezeichnungen in der Legende. Serien sind in Ringdiagrammen nicht darstellbar.

- **Punkt** (Scatter): wird zum Vergleich von Werten über Kategorien hinweg verwendet. Serien werden als Mengen von Punkten, Werte durch die Position der Punkte, Kategorien durch verschiedene Punkte im Diagramm dargestellt.

- **Blase** (Bubble): wird zur Darstellung von Serien als Mengen von Symbolen verwendet. Kategorien werden durch verschiedene Symbole, Werte durch die Position und Größe der Symbole dargestellt.
- **Kurs** (Stock): wird zur Darstellung von höchstem, niedrigstem, Schluss- und Eröffnungswert verwendet. Werte werden durch den Abstand von der X-Achse dargestellt (gemessen an der Y-Achse), Kategorien als Bezeichnungen an der X-Achse.

Alle Diagrammtypen (mit Ausnahme des Blasendiagramms) besitzen Diagrammuntertypen, die vom jeweiligen Diagrammtyp abhängig sind (z.B. gibt es beim Kreisdiagramm als Untertyp das explodierende Kreisdiagramm oder beim Säulendiagramm das gestapelte Säulendiagramm). Die am häufigsten eingesetzten Diagrammtypen sind Säulen-, Balken-, Kreis- und Liniendiagramme.

Wir wollen am Beispiel eines Kreisdiagramms die Arbeit mit dem Datenbereich *Diagramm* erläutern. Erstellen Sie zunächst wieder einen leeren Bericht:

1. Klicken Sie mit der rechten Maustaste im Projektmappen-Explorer auf den Ordner *Berichte*, und wählen Sie im geöffneten Kontextmenü den Eintrag *Hinzufügen/Neues Element hinzufügen*.
2. Es öffnet sich das Dialogfeld *Neues Element hinzufügen*, in dem Sie unter *Vorlagen* den Eintrag *Bericht* auswählen und als Name für den Bericht z.B. **Test_Diagramm.rdl** eingeben.
3. Klicken Sie auf die Schaltfläche *Öffnen*, um den leeren Bericht zu erstellen.

   Der leere Bericht wird zunächst in der Daten-Ansicht angezeigt, damit die Auswahl der Datenquelle und die Erstellung der Abfrage erfolgen kann.
4. Öffnen Sie in der Symbolleiste das Listenfeld *Dataset auswählen*, und wählen Sie den Eintrag *<Neues Dataset>*.
5. Es öffnet sich das Dialogfeld *Dataset*, in dem Sie dem neuen Dataset einen Namen, z.B. **DiagrammDataset**, geben.
6. Vergewissern Sie sich, dass als Datenquelle *AdventureWorks* und als Befehlstyp *Text* ausgewählt ist. Wir verzichten darauf, die Abfragezeichenfolge manuell einzugeben, sondern werden sie anschließend im Abfrage-Designer erzeugen.
7. Klicken Sie auf die Schaltfläche *OK*, um die Eingabe zu bestätigen und das Dialogfeld *Dataset* zu schließen.
8. Wechseln Sie ggf. in den Designer für grafische Abfragen.

   Wir erstellen nun eine Abfrage in der Art, wie wir sie im Abschnitt »Tabelle« weiter vorne in diesem Kapitel erstellt haben, wo wir die Abteilungsgruppen mit ihren Mitarbeitern abgefragt haben, dann die Mitarbeiter nach den Abteilungsgruppen gruppiert haben, und schließlich mit der Funktion *Count()* die Anzahl der Mitarbeiter jeder Gruppe ermitteln konnten.
9. Fügen Sie dem Diagrammbereich die Ansicht *vEmployeeDepartment* hinzu, und wählen Sie in der Tabelle die Felder *GroupName* und *LastName*.
10. Klicken Sie in der Symbolleiste auf die Schaltfläche *GROUP BY verwenden*.

    Im Rasterbereich wird eine zusätzliche Auswahlspalte *Gruppieren nach* angezeigt, in der für beide Felder der Wert *Group By* eingestellt ist.
11. Ändern Sie im Rasterbereich für das Feld *LastName* den Wert in der Auswahlspalte *Gruppieren nach* in *Count*, sodass als Alias für *LastName* der Wert *Expr1* angezeigt wird.
12. Wählen Sie im Rasterbereich als *Sortierungsart* für das Feld *GroupName* den Wert *Absteigend* aus.
13. Wechseln Sie in die Layout-Ansicht, und ziehen Sie aus der Toolbox den Datenbereich *Diagramm* auf die Entwurfsoberfläche.

Standardmäßig wird ein Diagramm des Diagrammtyps *Säule (Column)* erzeugt. Wir benötigen für unseren Bericht den Diagrammtyp *Kreis (Pie)*.

14. Klicken Sie mit der rechten Maustaste in das Diagramm, und wählen Sie im Kontextmenü den Eintrag *Diagrammtyp/Kreis/Einfacher Kreis*.

    Sie sehen nun auf der Entwurfsoberfläche ein schematisiertes Kreisdiagramm mit Legende und den drei weiter oben beschriebenen Bereichen, in die Sie die Datenfelder, die Kategorienfelder bzw. die Serienfelder ziehen können.

15. Ziehen Sie aus dem Toolfenster *Datasets* das Feld *GroupName* in den Bereich der *Kategoriegruppen (Kategorienfelder)*, das Feld *Expr1* in den Bereich der *Werte (Datenfelder)* wie in Abbildung 8.13.

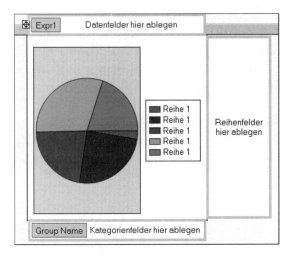

Abbildung 8.13 Das Kreisdiagramm in der Layout-Ansicht (Ausschnitt)

Falls zwischenzeitlich die Anzeige der Bereiche verschwinden sollte, klicken Sie einfach in das Diagramm, um sie wieder anzuzeigen.

Im Eigenschaftenfenster können Sie ggf. die Werte verschiedener Eigenschaften des Diagramms verändern. Leistungsfähiger erweisen sich hier allerdings die Eigenschaftenseiten, um noch einige Veränderungen vorzunehmen.

16. Klicken auf die Schaltfläche *Eigenschaftenseiten* in der Symbolleiste des Eigenschaftenfensters (oder klicken Sie mit der rechten Maustaste in das Diagramm, und wählen Sie im Kontextmenü den Eintrag *Eigenschaften*).

    Es öffnet sich das Dialogfeld *Diagrammeigenschaften* mit der Registerkarte *Allgemein*, auf der Sie z.B. den automatisch vergebenen Namen des Diagramms, den Diagrammtyp und Diagrammuntertyp sehen (bzw. verändern) können.

TIPP Testen Sie die zahlreichen verschiedenen Einstellungsmöglichkeiten in den Eigenschaftenseiten des Diagramms ausführlich, um sich mit ihnen vertraut zu machen. Im vorliegenden Rahmen können wir Ihnen nur einen kleinen Ausschnitt aus der Vielzahl der Möglichkeiten vorstellen.

17. Wechseln Sie zur Registerkarte *Daten*.
18. Klicken Sie hinter dem Bereich *Werte* auf die Schaltfläche *Bearbeiten*, um das Dialogfeld *Diagrammwert bearbeiten* zu öffnen.

19. Wechseln Sie hier zur Registerkarte *Punktbezeichnungen*, aktivieren Sie das Kontrollkästchen *Punktbezeichnungen anzeigen*, und wählen Sie aus dem Listenfeld *Datenbezeichnung* den Ausdruck *=Fields!Expr1.Value*.

    Wir werden dadurch erreichen, dass in den einzelnen Segmenten des Kreisdiagramms der jeweilige Wert (hier: die jeweilige Anzahl der Mitarbeiter) anzeigt wird. Sie können auf dieser Registerkarte auch noch später beispielsweise die *Position* der Anzeige selbst bestimmen, die standardmäßig auf *Automatisch* eingestellt ist, oder mit einem Klick auf die Schaltfläche *Bezeichnungsart* das Dialogfeld *Stileigenschaften* öffnen, in dem Sie die Schriftart sowie z.B. die Schriftgröße der im Diagramm angezeigten Werte verändern können.

20. Schließen Sie das Dialogfeld *Diagrammwert bearbeiten* mit einem Klick auf die Schaltfläche *OK*, sodass Sie sich wieder im Dialogfeld *Diagrammeigenschaften* befinden.

21. Wechseln Sie zur Registerkarte *Legende*, vergewissern Sie sich, dass das Kontrollkästchen *Legende anzeigen* aktiviert und unter *Layout* die Option *Spalte* gewählt ist, und aktivieren Sie unter *Position* das mittlere Kästchen in der unteren Reihe, um die Legende unterhalb des Kreisdiagramms zentriert zu platzieren.

22. Wechseln Sie auf die Registerkarte *3D-Effekt*, und aktivieren Sie das Kontrollkästchen *Diagramm mit 3D-Effekt anzeigen*.

23. Schließen Sie das Dialogfeld *Diagrammeigenschaften* mit einem Klick auf die Schaltfläche *OK*.

24. Wenn Sie nun in die Vorschau-Ansicht wechseln, sollte der Bericht in etwa so aussehen wie in Abbildung 8.14.

Abbildung 8.14   Das Kreisdiagramm in der Vorschau-Ansicht (Ausschnitt)

Kapitel 9

Formatierung und Seitenmanagement

In diesem Kapitel:

Formatierung 130
Seitenmanagement 134

Im vorhergehenden Kapitel 8 wurde bereits bei der Vorstellung der verschiedenen Berichtselemente gezeigt, dass die Reporting Services vielfältige Möglichkeiten bieten, die Berichte den individuellen Wünschen gemäß anzupassen. Wir wollen Ihnen in diesem Kapitel nun einen genaueren Überblick darüber geben.

Formatierung

Wie Sie gesehen haben, sind jedem Berichtselement zahlreiche Formateigenschaften zugeordnet, die Sie besonders praktisch über das jeweilige Eigenschaftenfenster bearbeiten und verändern können. Jedes Berichtselement, das Sie einem Bericht hinzufügen, verfügt über einen spezifischen Satz von Formateigenschaften (z.B. Schriftschnitt, Farbe, Abstände oder Rahmenart) mit Standardwerten, wobei manche Formate selbstverständlich nicht für alle Berichtselemente zur Verfügung stehen können. So machen etwa die Schriftschnitteigenschaften nur Sinn bei Berichtselementen, die auch Text enthalten können.

Insbesondere die Formatierung des Textfeldes als das am häufigsten eingesetzte Berichtselement erfordert dabei unsere Aufmerksamkeit, weil es neben Text ja auch Zahlen oder Datumsangaben beinhalten kann. Wenn Sie beispielsweise ein Textfeld mit den Geburtsdaten der Mitarbeiter aus der Datenbank abfragen, erscheinen diese Daten zunächst unformatiert, d.h. es werden Datum und Uhrzeit (mit Stunden, Minuten und Sekunden) angezeigt, was durchaus nicht immer erwünscht sein wird. Sie haben nun verschiedene Möglichkeiten, ein solches Textfeld mit einer Datumsangabe den Anforderungen entsprechend zu formatieren.

Formatierungszeichen(folgen)

Am übersichtlichsten können Sie eine Formatierung mit Hilfe eines Formatierungszeichens vornehmen, z.B. über das Dialogfeld *Textfeldeigenschaften*, das Sie aufrufen, indem Sie mit der rechten Maustaste das entsprechende Textfeld mit der Datumsangabe anklicken und im daraufhin geöffneten Kontextmenü den Eintrag *Eigenschaften* wählen.

TIPP Erstellen Sie zum Nachvollziehen der folgenden Erläuterungen zunächst in der Daten-Ansicht ein Dataset, das auf folgender Abfrage beruht:

```
SELECT LastName As Nachname, FirstName As Vorname, BirthDate As Geburtsdatum, Gender As Geschlecht FROM
HumanResources.Employee e INNER JOIN Person.Contact c ON c.ContactID = e.ContactID ORDER BY
Month(BirthDate), Day(BirthDate), Year(BirthDate), Gender
```

Erstellen Sie dann in der Layout-Ansicht eine Tabelle, in deren Detailzellen Sie nacheinander alle abgefragten Felder ziehen.

Im Dialogfeld *Textfeldeigenschaften* wechseln Sie zur Registerkarte *Format* und klicken dort auf das Feld mit den drei Punkten rechts neben dem Formatcode. Im daraufhin angezeigten Dialogfeld *Format auswählen* stehen Ihnen zwei Optionen zur Verfügung:

Formatierung

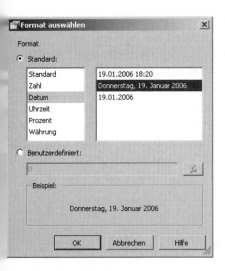

Abbildung 9.1   Formatieren über das Dialogfeld *Textfeldeigenschaften*

- **Standard**: ermöglicht Ihnen die Auswahl unter sechs verschiedenen Unteroptionen:
  - *Standard:* unformatiert, d.h. Anzeige wie aus der Datenbank übernommen.
  - *Zahl:* Nach Auswahl dieser Option muss ein sekundäres Format aus der Liste (z.B. mit Tausendertrennzeichen bzw. Dezimalstellen) gewählt werden.
  - *Datum:* Nach Auswahl dieser Option muss ein sekundäres Format aus der Liste gewählt werden.
  - *Uhrzeit:* Nach Auswahl dieser Option muss ein sekundäres Format aus der Liste gewählt werden.
  - *Prozent:* Nach Auswahl dieser Option muss ein sekundäres Format aus der Liste gewählt werden.
  - *Währung:* Anzeige nach dem lokalen Gebietsschema.
- **Benutzerdefiniert**: ermöglicht Ihnen die Eingabe eines der folgenden, gebräuchlichsten Formatierungszeichen, wenn es sich z.B. um eine Datumsangabe handelt:
  - *d:* kurzes Datumsformat (11.04.2006)
  - *D:* langes Datumsformat (Dienstag, 11. April 2006)
  - *t:* kurzes Zeitformat (08:04)
  - *T:* langes Zeitformat (08:04:20)
  - *f:* langes Datumsformat und kurzes Zeitformat (Dienstag, 11. April 2006 08:04)
  - *F:* langes Datumsformat und langes Zeitformat (Dienstag, 11. April 2006 08:04:20)
  - *g:* kurzes Datumsformat und kurzes Zeitformat (11.04.2006 08:04)
  - *G:* kurzes Datumsformat und langes Zeitformat (11.04.2006 08:04:20)
  - *M* oder *m:* Tag und Monat (11 April)
  - *R* oder *r:* RFC1123-Muster (Tue, 11 Apr 2006, 08:04:20)
  - *Y* oder *y:* Monat und Jahr (April 2006)

Wenn Sie beispielsweise wie in Abbildung 9.1 die Option *Standard*, die Unteroption *Datum* und als sekundäres Format den zweiten Listenpunkt (hier: *Donnerstag, 19. Januar 2006*) ausgewählt haben, sehen Sie im deaktivierten Feld unter der Option *Benutzerdefiniert* das Formatierungszeichen, das dieser Auswahl entspricht: *D,* d.h. langes Datumsformat. Probieren Sie die anderen sekundären Formate der Unteroption *Datum* aus und ebenso die Unteroption *Uhrzeit* mit deren sekundären Formaten, und Sie werden jeweils ein anderes Formatierungszeichen im deaktivierten Feld sehen. Wenn Sie statt der Option *Standard* die Option *Benutzerdefiniert* wählen, können Sie in das daraufhin aktivierte Feld direkt eines der oben angegebenen *Formatierungszeichen* eingeben, um die entsprechende Formatierung für das ausgewählte Datenfeld festzulegen.

Für den Fall, dass Sie ein Textfeld mit einer Zahl formatieren wollen, stehen Ihnen unter der Option *Standard* die anderen Unteroptionen *Zahl, Prozent* und *Währung* zur Verfügung. Auch für das Formatieren von Zahlen gibt es weitere Formatierungszeichen, die über die Vorgaben unter der Option *Standard* hinausgehen und die Sie in das Feld unter der Option *Benutzerdefiniert* direkt eingeben können:

- *C* oder *c:* Währung
- *D* oder *d:* Dezimal
- *E* oder *e:* Wissenschaftlich
- *F* oder *f:* Festkomma
- *G* oder *g:* Allgemein
- *N* oder *n:* Zahl
- *P* oder *p:* Prozent
- *R* oder *r:* Round-Trip
- *X* oder *x:* Hexadezimal

Es würde hier zu weit führen, Ihnen alle Möglichkeiten bei der Formatierung von Zahlen aufzuzeigen: Probieren Sie die verschiedenen Varianten einfach aus! Bei einigen Varianten (z.B. *C/c, D/d, E/e, F/f, N/n, P/p*) können Sie eine Formatierungszeichenfolge bilden, indem Sie hinter das Formatierungszeichen eine Zahl setzen, um die Anzeige um die entsprechende Anzahl von Stellen vor bzw. hinter dem Komma zu erweitern oder zu reduzieren.

Benutzerdefinierte Formatierungszeichenfolgen

Zusätzlich zu diesen standardmäßig vorgegebenen Formatierungsmöglichkeiten können Sie auch benutzerdefinierte Formatierungszeichenfolgen zusammenstellen, um die gewünschte Anzeige zu erzielen. Es stehen Ihnen u.a. die folgenden, gebräuchlichsten Formatierungselemente zur Verfügung:

- Für Datumsangaben:
    - *yyyy:* vierstellige Jahreszahl (2006)
    - *yy:* zweistellige Jahreszahl (06)
    - *MMMM:* Monatsname (März)
    - *MMM:* Monatsname in Kurzform (Mrz)
    - *MM:* zweistellige Monatsangabe (03)
    - *M:* ein- bzw. zweistellige Monatsangabe (3 bzw. 11)
    - *dddd:* Wochentagsname (Dienstag)
    - *ddd:* Wochentagsname in Kurzform (Di)
    - *dd:* zweistellige Tagesangabe (01)

Formatierung

- *d*: ein- bzw. zweistellige Tagesangabe (1 bzw. 31)
- *HH* bzw. *hh*: zweistellige Stundenanzeige bei 24-Stunden- (16) bzw. 12-Stundenrhythmus (04)
- *H* bzw. *h*: ein- bzw. zweistellige Stundenanzeige bei 24-Stunden- (16) bzw. 12-Stundenrhythmus (4)
- *mm*: (zweistellige) Minutenanzeige (04)
- *ss*: (zweistellige) Sekundenanzeige (20)

- Für Zahlen:
  - *0*: notwendig ausgefüllter Platzhalter
  - *#*: optional ausgefüllter Platzhalter
  - *%*: Prozentangabe

Diese Formatierungselemente können zudem mit der `Leertaste` und folgenden Zeichen kombiniert werden:

- – , : / .

HINWEIS Formatierungen von Textfeldern mit Zahlen oder Datumsangaben können auch im Eigenschaftenfenster unter der Eigenschaft *Format* direkt eingegeben werden. Denken Sie daran, dass sowohl bei Datumsangaben als auch bei Währungen die Anzeige des formatierten Textfeldes in unterschiedlicher Weise von den Einstellungen auf dem Clientrechner bzw. den Servern abhängen kann. Informieren Sie sich ggf. z.B. in der Reporting Services-Onlinedokumentation oder auf der Microsoft-Website!

Wir werden im folgenden Abschnitt noch ein Beispiel für die Zusammenstellung von Formatierungselementen zu einer Formatierungszeichenfolge vorführen.

Bedingte Formatierung

Formatierungszeichenfolgen können auch eine wichtige Rolle spielen, wenn Sie eine *bedingte* Formatierung vornehmen wollen, d.h. wenn die Formatierung eines Feldes z.B. vom Wert eines anderen Feldes abhängen soll. So haben wir in unserem oben vorgeschlagenen Beispiel-Dataset neben den Mitarbeiternamen und den Geburtsdaten auch noch die Geschlechtsangabe abgefragt, was uns die Möglichkeit bietet, abhängig vom jeweiligen Geschlecht die Formatierung des Geburtsdatums vorzunehmen.

Stellen Sie sich vor, Sie wollen eine Liste der Geburtstage aller Mitarbeiter erstellen und dabei der alten Sitte entsprechen, dass das Alter einer Frau tabu ist. Sie können dies z.B. erreichen, indem Sie mit der *IIf*-Funktion zunächst den Wert des abgefragten Feldes *Geschlecht* überprüfen und dann entsprechend die Formatierung mit Hilfe von verschiedenen Formatierungszeichenfolgen festlegen:

```
=IIf(Fields!Geschlecht.Value = "F", "d. MMMM", "d. MMM. yyyy")
```

Das Ergebnis wird dann etwa jenem entsprechen, das Sie in Abbildung 9.2 sehen.

Nachname	Vorname	Geburtsdatum	Geschlecht
Charncherngkha	Sootha	5. Jan.1957	M
Ansman-Wolfe	Pamela	6. Januar	F
McGuel	Alejandro	6. Jan.1979	M
Watters	Jason	8. Jan.1979	M
Brown	Eric	8. Jan.1957	M
Dyck	Shelley	8. Januar	F
Earls	Terrence	9. Jan.1975	M
Saraiva	José	11. Jan.1954	M
Trenary	Jean	13. Januar	F

Abbildung 9.2 Bedingte Formatierung eines Textfeldes mit Datumsangabe

Die bedingte Formatierung können Sie auch für andere Formateigenschaften eines Berichtselements einsetzen, z.B. um die *Color*-Eigenschaft eines Textfeldes abhängig vom eigenen Wert oder vom Wert eines anderen Feldes zu machen.

Seitenmanagement

Neben der Formatierung einzelner Berichtselemente liegt ein Hauptaugenmerk bei der Berichtserstellung auf der äußerlichen Gestaltung der Seiten, d.h. insbesondere auf der Seitenformatierung.

Seitenumbrüche

Bei der Erstellung von großen, mehrseitigen Berichten sollten Sie es nicht unbedingt dem Zufall überlassen, wo eine Seite umbrochen wird, denn je nach dem Format, in dem der Bericht angezeigt wird, wird die Einstellung der Seitengröße ignoriert – um genau zu sein: Ein Seitenumbruch in Abhängigkeit von der Seitengröße wird nur vom PDF- und vom TIFF-Format unterstützt. Berichte in diesen beiden Formaten weisen also automatische Seitenumbrüche auf.

Um die auf das A4-Format voreingestellte Seitengröße zu ändern, können Sie z.B.:

- im Eigenschaftenfenster den Bericht auswählen und die Eigenschaften *PageSize.Height* und *PageSize.Width* ändern oder

- über den Menübefehl *Bericht/Berichtseigenschaften* (falls das Menü *Bericht* nicht verfügbar sein sollte, klicken Sie einfach in den Berichtsentwurfsbereich, um es sichtbar zu machen) das Dialogfeld *Berichtseigenschaften* öffnen und auf der Registerkarte *Layout* die gewünschten Änderungen vornehmen.

Darüber hinaus haben Sie aber bei allen Formaten (mit Ausnahme des CSV- und des XML-Formats) die Möglichkeit, Seitenumbrüche zu erzwingen, indem Sie am Anfang oder Ende einer Tabelle, Matrix, Liste oder Gruppe, eines Bildes oder eines Rechtecks manuelle Seitenumbrüche hinzufügen.

Um vor oder nach einem der genannten Berichtselemente einen manuellen Seitenumbruch einzufügen, rufen Sie das jeweilige Eigenschaftenfenster auf und aktivieren auf der Registerkarte *Allgemein* das entsprechende Kontrollkästchen. Bei einer Gruppierung (z.B. in einer Tabelle oder Matrix) klicken Sie in der Layout-Ansicht auf die Tabelle, um die Spalten- und Zeilenziehpunkte über und neben der Tabelle anzuzeigen, dann mit der rechten Maustaste auf eine Kopf- oder Fußzeile, die eine Gruppenzeile repräsentiert, wählen im Kontextmenü den Eintrag *Gruppe bearbeiten* und aktivieren im daraufhin geöffneten Dialogfeld *Gruppie-*

rungs- und Sortierungseigenschaften auf der Registerkarte *Allgemein* das Kontrollkästchen *Seitenumbruch am Anfang* bzw. das Kontrollkästchen *Seitenumbruch am Ende*.

HINWEIS Manuelle Seitenumbrüche führen beim Rendering ins Excel-Format dazu, dass jede neue Seite als gesondertes Arbeitsblatt dargestellt wird.

In der folgenden Übersicht sehen Sie für jede Rendering-Erweiterung, ob und wie Seitenumbrüche möglich sind:

Rendering-Format	Automatischer Seitenumbruch	Manueller Seitenumbruch
PDF	Ja	Ja
TIFF	Ja	Ja
Excel	Nein	Ja
HTML	Nein	Ja
CSV	Nein	Nein
XML	Nein	Nein

Tabelle 9.1 Unterstützung von Seitenumbrüchen nach Rendering-Format

Bedenken Sie bei der Seitenformatierung, dass der Nutzer einen Bericht vielleicht nicht nur in einem Webbrowser sehen, sondern ggf. auch ausdrucken oder weiterbearbeiten will.

TIPP Bei einem großen Bericht, d.h. einem Bericht, der große Datenmengen zurückgibt, kann die Leistung des Berichts während des Renderns und Anzeigens durch manuelle Seitenumbrüche verbessert werden. Darüber hinaus kann durch manuelle Seitenumbrüche auch verhindert werden, dass ein Bericht mit großen Datenmengen vielleicht gar nicht angezeigt werden kann, weil er zu groß zum Öffnen im Webbrowser ist.

Kopf- und Fußzeilen

Berichte können eine Kopf- und/oder eine Fußzeile enthalten, die am oberen bzw. unteren Rand jeder Seite angezeigt werden. Insbesondere bei mehrseitigen Berichten macht der Einsatz einer Kopf- oder Fußzeile Sinn, z.B. um die Seitenzahl, den Berichtsnamen oder ein Bild (z.B. ein Firmenlogo) anzuzeigen. Kopf- und Fußzeilen können Textfelder, Bilder und andere Berichtselemente enthalten. Dagegen können weder Datenbereiche (Tabelle, Matrix, Liste, Diagramm) noch eingebettete Berichte oder Berichtselemente, die direkt auf ein Feld verweisen, in eine Kopf- oder Fußzeile eingefügt werden.

Sie können einem Bericht eine Seitenkopf- bzw. Seitenfußzeile hinzufügen, indem Sie z.B. den Menübefehl *Bericht/Seitenkopf* bzw. *Bericht/Seitenfuß* ausführen (falls das Menü *Bericht* nicht verfügbar sein sollte, klicken Sie einfach in den Berichtsentwurfsbereich, um es sichtbar zu machen). Dem Bericht wird dann automatisch eine Kopf- oder Fußzeile hinzugefügt, deren *Eigenschaften* über das Eigenschaftenfenster weiter angepasst werden können. Bei mehrseitigen Berichten sind hierbei insbesondere die Eigenschaften *PrintOnFirstPage* und *PrintOnLastPage* interessant, mit deren Einstellungen sie Anzeige bzw. Ausdruck der Seitenkopfzeile bzw. Seitenfußzeile unterdrücken oder bewirken können.

Die Kopfzeile der Seite und die Fußzeile der Seite sind im Wortsinne prädestiniert für die Anzeige der aktuellen Seitenzahl und die Anzeige der Gesamtseitenzahl des Berichts: Hier (und nur hier) können Sie die Elemente *PageNumber* und *TotalPages* der *Globals*-Auflistung zum Einsatz bringen:

1. Ziehen Sie (nachdem Sie, wie oben beschrieben, dem Bericht eine Kopf- oder Fußzeile hinzugefügt haben) ein Textfeld in den Entwurfsbereich der Kopf- bzw. Fußzeile.
2. Klicken Sie mit der rechten Maustaste in das Textfeld, und wählen Sie im daraufhin geöffneten Kontextmenü den Eintrag *Ausdruck,* um das Dialogfeld *Ausdruck bearbeiten* zu öffnen.
3. Klicken Sie im linken Teil unter *Felder* auf *Global,* um – wie in Abbildung 9.3 – die *Globals*-Auflistung anzuzeigen:

    - *ExecutionTime:* liefert das Datum und die Uhrzeit des Beginns der Berichtsausführung
    - *PageNumber:* liefert die aktuelle Seitenzahl des Berichts (und kann – wie erwähnt – nur in Seitenkopf- und Seitenfußzeilen verwendet werden)
    - *ReportFolder:* liefert den vollständigen Pfad des Ordners mit dem Bericht (ohne Angabe der Berichtsserver-URL)
    - *ReportName:* liefert den Namen, unter dem der Bericht in der Berichtsserver-Datenbank gespeichert wird
    - *ReportServerUrl:* liefert die URL des den Bericht ausführenden Berichtsservers
    - *TotalPages:* liefert die Gesamtseitenzahl des Berichts (und kann – wie erwähnt – nur in Seitenkopf- und Seitenfußzeilen verwendet werden)
    - *UserID:* liefert die Benutzer-ID des Nutzers, der den Bericht ausführt
    - *Language:* liefert die Sprach-ID des Nutzers, der den Bericht ausführt

    Die *Globals*-Auflistung enthält die globalen Variablen des Berichts, aus denen wir nun *PageNumber* und *TotalPages* für das *Textfeld* unserer Seitenkopf- bzw. Seitenfußzeile in einem Ausdruck verarbeiten.
4. Geben Sie in den oberen Teil des Dialogfeldes die Zeichenfolge = "**Seite** " & ein, markieren Sie im rechten unteren Teil *PageNumber,* klicken Sie auf die Schaltfläche *Einfügen,* geben Sie dann in den oberen Teil die Zeichenfolge & " **von** " & ein, markieren Sie im rechten unteren Teil den Eintrag *TotalPages,* und klicken Sie auf *Einfügen,* sodass sich der Ausdruck wie in Abbildung 9.3 ergibt.
5. Klicken Sie abschließend auf die Schaltfläche *OK*.

    In der Vorschau-Ansicht des Berichts erscheint anschließend der Ausdruck innerhalb des Textfeldes z.B. in der Form *Seite 1 von 5*.

Seitenmanagement

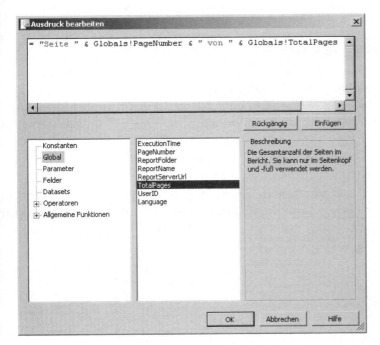

Abbildung 9.3 Ausdruck mit Elementen aus der *Globals*-Auflistung

Wir werden die verschiedenen Arten von Kopf- und Fußzeilen, z.B. eines Berichts, einer Tabelle oder einer Gruppe in Kapitel 14 noch eingehender behandeln.

Dokumentstruktur

Um dem Nutzer eines großen, d.h. mehrseitigen Berichts den Umgang damit zu erleichtern, können Sie ihm mit Hilfe einer Dokumentstruktur die Möglichkeit zum Navigieren in bestimmte Bereiche des Berichts zur Verfügung stellen. Allerdings wird eine solche Dokumentstruktur nur in HTML-, Excel- und PDF-Berichten angezeigt. Durch Klicken auf entsprechend bearbeitete Berichtselemente wird der Bericht aktualisiert und der Bereich des Berichts angezeigt, der dem jeweilig angeklickten Element in der *Dokumentstruktur* entspricht.

Sie erstellen eine Dokumentstruktur, indem Sie einzelnen Berichtselementen eine Dokumentstrukturbezeichnung hinzufügen:

1. Erzeugen Sie wie in Kapitel 6 mit Hilfe des Berichts-Assistenten einen Bericht, dem Sie z.B. den Namen **Einfacher Bericht mit Dokumentstruktur** geben, wobei Sie im Schritt *Tabelle entwerfen* das Feld *GroupName* nicht unter *Seite*, sondern unter *Gruppieren* platzieren und im Schritt *Tabellenlayout auswählen* das Kontrollkästchen *Drilldown aktivieren* nicht aktivieren.

2. Klicken Sie in der Layout-Ansicht auf die Tabelle, sodass die Spalten- und Zeilenziehpunkte über und neben der Tabelle angezeigt werden, und dann mit der rechten Maustaste auf den Zeilenziehpunkt der zweiten Zeile, in der der Ausdruck *=Fields!GroupName.Value* steht, um das Kontextmenü zu öffnen.

3. Klicken Sie im Kontextmenü auf den Eintrag *Gruppe bearbeiten*, um das Dialogfeld *Gruppierungs- und Sortierungseigenschaften* zu öffnen.

4. Klicken Sie im geöffneten Dialogfeld auf der Registerkarte *Allgemein* in das Listenfeld unter *Dokumentstrukturbezeichnung*, wählen Sie dort den Eintrag =Fields!GroupName.Value aus, und schließen Sie das Dialogfeld mit einem Klick auf die Schaltfläche *OK*.

5. Gehen Sie entsprechend für die darunter liegende Gruppen-Kopfzeile, die den Ausdruck =Fields!Department.Value enthält, vor, wobei Sie schließlich im Listenfeld unter *Dokumentstrukturbezeichnung* den Listeneintrag =Fields!Depatrment.Value und im Listenfeld unter *Übergeordnete Gruppe* den Listeneintrag =Fields!GroupName.Value wählen, bevor Sie das Dialogfeld mit einem Klick auf die Schaltfläche *OK* schließen.

6. Wechseln Sie nun in die Vorschau-Ansicht, in der Ihnen links neben dem eigentlichen Bericht die Dokumentstruktur wie ein interaktives Inhaltsverzeichnis angezeigt wird.

7. Indem Sie auf die –- bzw. +-Zeichen klicken, können Sie den Strukturbaum auf- bzw. zuklappen oder mit einem Klick auf ein Element direkt zu dem entsprechenden Bereich des Berichts wechseln (siehe Abbildung 9.4).

Abbildung 9.4 Anzeige der Dokumentstruktur

Auf ähnliche Weise können Sie für Textfelder und andere Berichtselemente Dokumentstrukturbezeichnungen hinzufügen.

HINWEIS In Kapitel 13 werden Sie weitere interaktive Features kennen lernen, mit denen der Nutzer durch einen Bericht navigieren bzw. dessen Aussehen verändern kann.

Kapitel 10

Datenquellen und Datasets

In diesem Kapitel:

Datenquellen 140
Datasets 145

Wir haben bisher wie selbstverständlich und ohne viel darüber nachzudenken für unsere Berichterstellung eine Datenquelle und ein Dataset benutzt, wie sie mit wenigen Mausklicks z.B. im Berichts-Assistenten erzeugt werden konnten. Wir wollen uns nun genauer anschauen, auf welche Weisen wir die Quellen, aus denen Daten für unsere Berichte kommen sollen, bestimmen können und wie mit Hilfe von Abfragen bzw. gespeicherten Prozeduren Datasets definiert werden können, die dann die gewünschten Daten aus den Datenquellen bereitstellen.

Datenquellen

Die Bezeichnung *Datenquelle* trifft das damit Gemeinte nur ungenau. Gemeint sind verschiedene Eigenschaften, mit denen bestimmt wird, auf welche Weise unsere Berichte mit den Daten aus einer bestimmten Datenquelle verbunden sind. In diesen Verbindungsinformationen enthalten sind:

1. Name der Datenquelle
2. Typ der Datenquelle
3. Eine Verbindungszeichenfolge
4. Anmeldeinformationen

Die in einer Datenquelle gespeicherten Verbindungsinformationen sind – vom Namen der Datenquelle abgesehen – abhängig vom Typ der Datenquelle. Jeder der sieben zur Verfügung stehenden Datenquellentypen hat eine eigene Datenverarbeitungserweiterung:

- **Microsoft SQL Server:** Stellt eine Verbindung zu SQL Server 7.0 oder höher her. Sie verwendet den .NET Framework Data Provider für SQL Server.
- **OLE DB:** Stellt eine Verbindung zu allen Datenquellen her, die über einen OLE DB-Provider verfügen. Sie verwendet den .NET Framework Data Provider für OLE DB, der schneller ist als ODBC.
- **Microsoft SQL Server Analysis Services:** Stellt eine Verbindung zu Analysis Server 2000 oder höher her. Sie verwendet den .NET Framework Data Provider für Microsoft Analysis Services.
- **Oracle:** Stellt eine Verbindung zu einer Oracle-Datenbank her. Sie verwendet den .NET Framework Data Provider für Oracle und das Oracle Call Interface. Auf dem Berichtsserver muss Oracle 8i Version 3 (8.1.7) Client oder höher installiert sein.
- **ODBC:** Stellt eine Verbindung zu allen Datenquellen her, die über einen ODBC-Provider verfügen. Sie verwendet den .NET Framework Data Provider für ODBC.
- **XML:** Ermöglicht die Verwendung von XML-Daten in einem Bericht. Die Daten können von einem XML-Dokument, einem Webdienst oder einer webbasierten Anwendung abgerufen werden, auf die mithilfe eines URLs zugegriffen wird.
- **Berichtsservermodell:** Das sind Berichtsmodelle, die auf SQL Server und Analysis Services-Cubes zugreifen. Weitere Informationen finden Sie in Kapitel 21.
- Es können darüber hinaus weitere Datenverarbeitungserweiterungen erstellt und implementiert werden (siehe Kapitel 30).

Datenverarbeitungserweiterungen verarbeiten Abfrageanforderungen, indem sie unter anderem eine Verbindung zu einer Datenquelle öffnen, die Logon-Informationen prüfen, eine Abfrage analysieren und eine Liste von Feldnamen zurückgeben, eine Abfrage auf einer Datenquelle ausführen und ein Ergebnisset zurückgeben, ggf. Parameter an eine Abfrage übergeben (in Kapitel 12 werden wir ausführlich auf Parameter zu sprechen kommen), das Ergebnisset iterativ durchlaufen und Daten abrufen.

Unabhängig vom eingesetzten Datenquellentyp, den ein Bericht benutzt, stellt die Datenquelle also eine Zeichenkette dar, in der die Eigenschaften des Datenquellentyps und die Verbindungsinformationen gespeichert sind. Eine Datenquelle kann als berichtsspezifische Datenquelle innerhalb eines Berichts gespeichert werden oder als freigegebene Datenquelle, die separat im Berichts-Designer gespeichert ist und beim Publizieren der Berichte auf dem Berichtsserver gespeichert wird.

Freigegebene Datenquellen

Das Erstellen einer freigegebenen Datenquelle empfiehlt sich dann, wenn sie in einem Berichtsprojekt von mehreren Berichten verwendet werden soll. Eine freigegebene Datenquelle stellt einen einzelnen Einstiegspunkt für die Bearbeitung der Verbindungsinformationen bereit. Deshalb müssen Sie, wenn mehrere Berichte eines Berichtsprojekts die freigegebene Datenquelle verwenden und sich die Verbindungsinformationen dafür ändern (z.B. wenn die Berichte von der Testumgebung in die Produktionsumgebung übertragen werden), nur einmal die Verbindungsinformationen (eben für die freigegebene Datenquelle) bearbeiten.

Wir können dies an der Datenquelle unseres mit dem Berichts-Assistenten erstellten Berichts veranschaulichen:

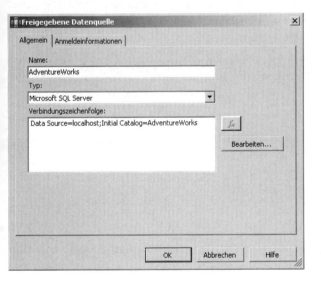

Abbildung 10.1 Die Registerkarte *Allgemein* des Dialogfeldes *Freigegebene Datenquelle*

1. Starten Sie Microsoft Visual Studio 2005.
2. Rufen Sie den Menübefehl *Datei/Öffnen/Projekt/Projektmappe* auf.
3. Es öffnet sich das Dialogfeld *Projekt öffnen*. Doppelklicken Sie auf den Ordner *Praxisbuch-Projekt01*.
4. Im geöffneten Ordner markieren Sie die Datei *Praxisbuch-Projekt01.sln* und klicken auf die *Öffnen*-Schaltfläche.
5. Öffnen Sie den Projektmappen-Explorer, in dem sich im Ordner *Freigegebene Datenquellen* unsere Datenquelle *AdventureWorks* befindet.
6. Doppelklicken Sie auf die Datenquellendatei *AdventureWorks.rds*.

Es öffnet sich das Dialogfeld *Freigegebene Datenquelle* mit der Registerkarte *Allgemein*. Sie sehen hier wie in Abbildung 10.1 den Namen und den Typ der Datenquelle sowie die Verbindungszeichenfolge:

- Der Datenquellenname sollte möglichst so gewählt sein, dass Sie wissen, auf welche Datenquelle Sie zurückgreifen, und muss innerhalb eines Berichtsprojekts eindeutig gewählt sein.

- Der Datenquellentyp kann aus dem Listenfeld ausgewählt werden, in dem alle registrierten Datenverarbeitungserweiterungen, wie wir Sie weiter oben vorgestellt haben, aufgeführt sind. Wir haben für unseren Bericht den Typ *Microsoft SQL Server* gewählt.

- Die Verbindungszeichenfolge, die vom Berichtsserver zum Herstellen der Verbindung zur Datenquelle verwendet wird, zeigt für unseren Bericht als Server den lokalen Server und als Datenbank die SQL Server-Datenbank *AdventureWorks* an.

Auf der zweiten Registerkarte des Dialogfeldes, der Registerkarte *Anmeldeinformationen*, könnten Sie die Anmeldeinformationen eingeben. Es empfiehlt sich jedoch, dies an anderer Stelle zu tun:

7. Klicken Sie auf der Registerkarte *Allgemein* auf die Schaltfläche *Bearbeiten*, um das Dialogfeld *Verbindungseigenschaften* zu öffnen, mit dem die Verbindungszeichenfolge konfiguriert werden kann.

Entsprechend der Abbildung 10.2 sehen Sie hier:

- den Servernamen, der aus einem Listenfeld, in dem alle verbundenen Server anzeigt werden, ausgewählt werden kann,

- die Informationen zur Anmeldung beim Server, bei denen – abhängig von den Einstellungen des ausgewählten Servers – entweder die Option *Windows-Authentifizierung verwenden* oder die Option *SQL Server-Authentifizierung verwenden* gewählt werden kann,

- die Datenbank, die aus einem Listenfeld, in dem alle auf dem ausgewählten Server verfügbaren Datenbanken angezeigt werden, ausgewählt werden kann.

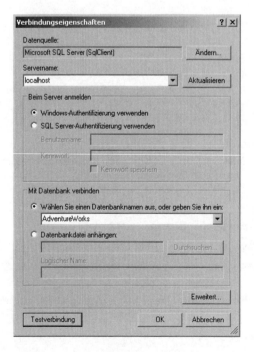

Abbildung 10.2 Das Dialogfeld *Verbindungseigenschaften*

Wir haben diese Datenquelle in Kapitel 6 innerhalb der einzelnen Schritte mit dem Berichts-Assistenten erstellt und – wie Sie in Abbildung 6.2 sehen können – dadurch freigegeben, dass wir das Kontrollkästchen *Diese Datenquelle freigeben* aktiviert haben. Sie können jedoch auch jederzeit außerhalb der Berichtserstellung eine freigegebene Datenquelle erstellen:

1. Klicken Sie mit der rechten Maustaste auf den Ordner *Freigegebene Datenquellen*, und wählen Sie im Kontextmenü den Eintrag *Neue Datenquelle hinzufügen* aus.

   Alternativ können Sie auch mit der rechten Maustaste auf den Ordner *Berichte* klicken, im Kontextmenü den Eintrag *Hinzufügen/Neues Element* wählen und im daraufhin geöffneten Dialogfeld unter Vorlagen *Datenquelle* anklicken. Schließen Sie das Dialogfeld mit *Hinzufügen*.

2. Es öffnet sich das Dialogfeld *Freigegebene Datenquelle* (siehe Abbildung 10.1), in dem Sie anschließend Ihre Eingaben hinsichtlich *Name* und *Typ* sowie der *Anmeldeinformationen* vornehmen. Über die *Bearbeiten*-Schaltfläche müssen dann noch *Servername, Anmeldeart* und *Datenbank* (siehe Abbildung 10.2) angegeben werden. Anschließend testen Sie die Verbindung und bestätigen die Eingaben jeweils mit *OK*.

   Die freigegebene Datenquelle wird als separate Datei innerhalb des Berichtsprojekts als XML-Dokument gespeichert, das den Namen der Datenquelle, die Datenquellen-ID (DataSourceID) und die Verbindungsinformationen (ConnectionProperties) enthält. Als Dateiname, den Sie noch ändern können, wird automatisch der Name der gewählten Datenbank und als Dateiendung *.rds* (Report DataSource) festgelegt.

Um den XML-Code unserer freigegebenen Datenquelle *AdventureWorks.rds* einzusehen, müssen Sie die Datei selbst öffnen:

1. Rufen Sie den Menübefehl *Datei/Öffnen/Datei* auf.
2. Es öffnet sich das Dialogfeld *Datei öffnen*, in dem Sie die Datei *AdventureWorks.rds* auswählen, welche sich im Unterordner von *Praxisbuch-Projekt01* befindet, und die Schaltfläche *Öffnen* betätigen.

Eine freigegebene Datenquelle können Sie also entweder innerhalb des Berichts-Assistenten oder auf die eben beschriebene Weise erstellen. Sie wird wie die Berichte auf dem Berichtsserver publiziert. Nach dem Publizieren ist die Datenquelle neben den Berichten im Berichtsprojekt vorhanden und kann separat verwaltet werden.

Berichtsspezifische Datenquellen

Eine berichtsspezifische Datenquelle wird innerhalb eines Berichts erstellt und steht dann nur für diesen Bericht zur Verfügung. Wenn Sie bei der Erstellung eines Berichts mit dem Berichts-Assistenten in dem oben erwähnten Schritt *Die Datenquelle auswählen* das Kontrollkästchen *Diese Datenquelle freigeben* deaktiviert lassen (siehe in Kapitel 6 die Abbildung 6.2), erzeugen Sie eine berichtsspezifische, also nicht freigegebene Datenquelle. Es können dann zwar mehrere Datasets innerhalb des Berichts, aber keine Datasets der anderen Berichte innerhalb des Projekts diese Datenquelle verwenden, und die Datenquelle kann nach ihrer Publizierung durch den Bericht nicht separat verwaltet werden.

Eine berichtsspezifische Datenquelle wird auch dann standardmäßig erzeugt, wenn Sie einen leeren Bericht erstellen und bei der Erstellung des Dataset nicht auf eine vorhandene freigegebene Datenquelle zugreifen, sondern eine neue Datenquelle erstellen.

Erstellen eines leeren Berichts mit berichtsspezifischer Datenquelle

Ein leerer Bericht enthält zunächst keine Informationen zu Daten oder zum Layout. Sie sollten einen leeren Bericht erstellen, wenn Sie – im Unterschied zur Berichterstellung mit dem Berichts-Assistenten – jeden Schritt des Berichterstellungsvorgangs selbst steuern und kontrollieren möchten. Nach dem Erstellen eines leeren Berichts besteht der erste Schritt im Herstellen einer Verbindung zu einer Datenquelle und im Einrichten einer Abfrage. In den nachfolgenden Schritten werden Berichtselemente, Datenbereiche und Felder hinzugefügt und das Berichtslayout definiert.

So erstellen Sie innerhalb des Projekts *Praxisbuch-Projekt01* einen leeren Bericht:

1. Sie klicken mit der rechten Maustaste im *Projektmappen-Explorer* auf den Ordner *Berichte* und wählen im daraufhin geöffneten Kontextmenü den Eintrag *Hinzufügen/Neues Element* aus.
2. Es öffnet sich das Dialogfeld *Neues Element hinzufügen*, in dem Sie unter *Vorlagen* den Eintrag *Bericht* auswählen und als Name für den Bericht z.B. **LeererBericht.rdl** eingeben.
3. Klicken Sie auf die Schaltfläche *Hinzufügen*, um den leeren Bericht zu erstellen.

   Der leere Bericht wird in der Daten-Ansicht angezeigt, damit die Auswahl der Datenquelle und die Erstellung der Abfrage erfolgen kann.
4. Wählen Sie im Listenfeld *Dataset auswählen* den Eintrag *<Neues Dataset...>* aus.

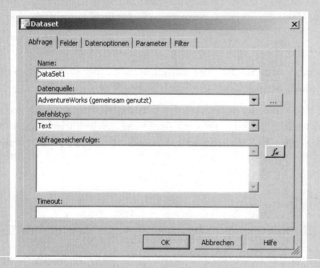

Abbildung 10.3 Das Dialogfeld *Dataset* mit der Registerkarte *Abfrage*

Es öffnet sich das Dialogfeld *Dataset* mit der Registerkarte *Abfrage* entsprechend der Abbildung 10.3, wo Ihnen im Listenfeld unter *Datenquelle* alle freigegebenen Datenquellen des Berichtsprojekts mit dem Klammerzusatz *gemeinsam genutzt* (und ggf. schon erstellte berichtsspezifische Datenquellen ohne den Klammerzusatz) zur Auswahl gestellt werden.

5. Wählen Sie im Listenfeld unter *Datenquelle* keine der vorhandenen Datenquellen, sondern den Eintrag *Neue Datenquelle*, um das Dialogfeld *Datenquelle* zu öffnen.

   Es öffnet sich das gleiche Dialogfeld wie in Abbildung 10.1, allerdings erzeugen Sie nun keine freigegebene, sondern eine berichtsspezifische Datenquelle.

Im Gegensatz zur freigegebenen Datenquelle wird bei einer berichtsspezifischen Datenquelle kein separates XML-Dokument erstellt. Der Name der Datenquelle, die Datenquellen-ID (DataSourceID) und die Verbindungsinformationen (ConnectionProperties) werden in der Berichtsdefinition abgespeichert, deren XML-Code Sie einsehen können, indem Sie z.B. im Projektmappen-Explorer die Berichtsdatei mit der rechten Maustaste anklicken und im Kontextmenü den Eintrag *Code anzeigen* wählen.

Datasets

Eine Datenquelle enthält keine Abfrageinformationen. Diese sind im Dataset enthalten, das mit Hilfe der Datenquelle eine Verbindung mit einer Datenbank herstellt. Ein Dataset enthält einen Zeiger auf die Datenquelle, die Abfrage selbst und ggf. auf Parameter, Gruppierungs- und Sortierungsinformationen. Erst nachdem eine Datenquelle erstellt worden ist, kann also ein Dataset erstellt werden, das mit dieser Datenquelle die Datenbank abfragt. Ein Bericht kann mehrere Datasets verwenden, wobei ein Dataset immer nur eine Datenquelle verwendet, aber ein anderes Dataset eine andere Datenquelle verwenden kann.

Wir haben in den vorherigen Kapiteln häufig Datasets erstellt und dabei z.B. in Kapitel 6 innerhalb des Berichts-Assistenten den Abfrage-Generator kennen gelernt, wie wir in Kapitel 7 und Kapitel 8 mit dem Abfrage-Designer, insbesondere dem Designer für grafische Abfragen, gearbeitet haben, sodass Sie nun schon ein bisschen mit den Techniken zur Erstellung einer Abfrage innerhalb der SQL Server Reporting Services vertraut sein dürften.

Datasets mit einer Abfrage aus Tabellen oder Sichten

Sie haben gesehen, dass die grafische Abfrageerstellung (sowohl im Abfrage-Generator als auch im Designer für grafische Abfragen) immer eine Abfragezeichenfolge erzeugt. Die Auswahl einer Tabelle (oder einer Sicht) der Datenbank fügt dem Diagrammbereich des Abfrage-Designers die Tabelle hinzu und erzeugt im SQL-Bereich eine Abfragezeichenfolge mit einem *SELECT* ohne irgendwelche Spalten der ausgewählten Tabelle (bzw. Sicht) und einem *FROM*, das die ausgewählte Tabelle (oder Sicht) nennt. Wenn Sie weitere Tabellen auswählen, werden automatisch *JOIN*-Beziehungen (*INNER JOIN* oder *CROSS JOIN*) zwischen den Tabellen erstellt. Alternative *JOIN*-Beziehungen können per Drag & Drop zwischen Feldern der Tabellen erstellt werden. Erst die explizite Auswahl von Tabellenfeldern (im Diagrammbereich oder Rasterbereich) erweitert den *SELECT*-Teil der Abfrage. Durch Auswahl eines Tabellenfelds für die Sortierung (im Diagrammbereich oder Rasterbereich) erzeugen Sie eine *ORDER BY*-Klausel für die Abfrage. Wenn Sie im Rasterbereich Kriterien formulieren, erzeugen Sie eine *WHERE*-Klausel für die Abfrage (wir werden uns im folgenden Kapitel 11 mit Filtertechniken, also der *WHERE*-Klausel, noch ausführlicher befassen.)

Wenn Sie sich – wovon wir ausgehen – im Schreiben von Abfragezeichenfolgen genauer auskennen, werden Sie an manchen Stellen eher dazu neigen, die grafischen Hilfen des Abfrage-Designers nicht zur Hilfe zu nehmen, sondern den Text lieber einzutippen und vielleicht Umstrukturierungen der Abfragezeichenfolge vorzunehmen. Sie werden dabei bemerken, dass der Designer für grafische Abfragen – soweit dies möglich ist – die manuellen Eingaben grafisch umzusetzen versucht, allerdings manchmal auch Korrekturen an der Abfragezeichenfolge vornimmt. In solchen Fällen sollten Sie in den Designer für generische Abfragen wechseln, der keine Korrekturen bzw. Umstrukturierungen vornimmt, da hier keine Überprüfung der Abfragezeichenfolge stattfindet. Der Designer für generische Abfragen eignet sich auch besser für den Fall, dass Sie eine andernorts formulierte Abfrage kopieren und hier einfach einfügen wollen.

Datasets mit einer gespeicherten Prozedur

In diesem Bewusstsein werden Sie sich sicherlich fragen, ob und wie Sie solche andernorts formulierten Abfragen, üblicherweise als gespeicherte Prozeduren in der Datenbank abgelegt, direkt für einen Bericht nutzen können. Um Ihnen dies zu demonstrieren, wollen wir zunächst eine gespeicherte Prozedur erstellen. Sie brauchen dazu nicht z.B. den Enterprise Manager oder den Query Analyzer von Microsoft SQL Server zu öffnen, sondern können dies mit Hilfe des Server-Explorer in der Entwicklungsumgebung von Microsoft Visual Studio 2005 tun. Der Server-Explorer wird neben dem Berichts-Designer am linken Rand der Entwicklungsumgebung als Registerkarte angezeigt und öffnet sich, wenn Sie den Mauszeiger über die Registerkarte bewegen:

1. Starten Sie Microsoft Visual Studio 2005.
2. Öffnen Sie das Projekt *Praxisbuch-Projekt01*.
3. Öffnen Sie das Toolfenster *Server-Explorer* über den Menübefehl *Ansicht/Server-Explorer*, und lassen Sie es dauerhaft geöffnet, indem Sie auf das Pinn-Symbol *Automatisch im Hintergrund* klicken.
4. Es wird eine Datenverbindung benötigt. Dazu klicken Sie mit der rechten Maustaste auf den Eintrag *Datenverbindungen* und wählen im Kontextmenü den Eintrag *Verbindung hinzufügen* aus.
5. Im Dialogfeld *Verbindung hinzufügen*, welches ähnlich aussieht wie in Abbildung 10.2, tragen Sie als Servernamen **localhost** ein, wählen als Anmeldeart *Windows-Authentifizierung verwenden* und im Listenfeld für die Datenbank *AdventureWorks* aus. Beenden Sie das Dialogfeld mit *OK*.
6. Klicken Sie im Toolfenster auf das *+*-Zeichen vor *<Servername>.AdventureWorks.dbo*, wobei der Name Ihres (vermutlich lokalen) Servers (hier *vpcGoldt*) dort stehen sollte.
7. Klicken Sie mit der rechten Maustaste auf *Gespeicherte Prozeduren*, und wählen Sie im daraufhin geöffneten Kontextmenü den Eintrag *Neue gespeicherte Prozedur hinzufügen* aus (Abbildung 10.4).

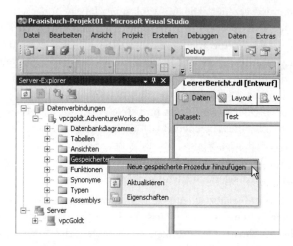

Abbildung 10.4 Erzeugen einer gespeicherten Prozedur im Server-Explorer

Im Berichts-Designer öffnet sich ein Entwurfsfenster, in dem schon die Grundsyntax zum Erstellen einer neuen Prozedur vorgegeben ist. Wir werden nun der Einfachheit halber die bereits erstellte Abfragezeichenfolge aus unserem Bericht *Department_Employee_Address* nutzen, um daraus eine gespeicherte Prozedur zu erzeugen.

8. Ersetzen Sie in der Zeile, die mit *CREATE PROCEDURE* beginnt, den vorgegebenen Prozedurnamen beispielsweise durch **myDepartmentEmployeeAddress**.

9. Löschen Sie die sechs Zeilen vor dem *AS* und die Zeile nach dem *AS*.
10. Öffnen Sie über den Projektmappen-Explorer den Bericht *Department_Employee_Address*, wechseln Sie in die Daten-Ansicht, kopieren Sie vollständig die Abfragezeichenfolge aus dem SQL-Bereich in die Zwischenablage, wechseln Sie wieder in das Entwurfsfenster zum Erstellen der gespeicherten Prozedur, und fügen Sie zwischen *AS* und *RETURN* den kopierten Text ein.

> **HINWEIS** Sie können auch beim Erstellen einer gespeicherten Prozedur die bekannten grafischen Hilfsmittel zur Hilfe nehmen:
>
> - Klicken Sie dazu nach dem obigen Schritt 6 mit der rechten Maustaste in das Entwurfsfenster, und wählen Sie im Kontextmenü den Eintrag *SQL einfügen* aus.
> - Es öffnet sich im Berichts-Designer der Abfrage-Generator (wie Sie ihn bei der Berichtserstellung mit dem Berichts-Assistenten kennen gelernt haben) mit dem Dialogfeld *Tabelle hinzufügen* und der Registerkarte *Tabellen*.
> - Sie können nun genauso vorgehen wie in den Schritten 3 bis 6 im Abschnitt »Abfrage entwerfen« in Kapitel 6.
> - Schließen Sie das Fenster des Abfrage-Generators mit einem Klick auf das Schließen-Feld, und bestätigen Sie die Frage, ob die Änderungen übernommen werden sollen, mit einem Klick auf die Schaltfläche *Ja*, sodass Sie wieder im Entwurfsfenster zum Erstellen der gespeicherten Prozedur landen.

Die fertige Prozedur sollte nun in etwa so aussehen wie in Abbildung 10.5.

```
CREATE PROCEDURE myDepartmentEmployeeAdress
AS
SELECT   D.GroupName, D.Department, D.LastName,
         D.FirstName, A.AddressLine1, A.PostalCode,
         A.City
FROM Person.Address AS A
INNER JOIN HumanResources.EmployeeAddress AS E
    ON A.AddressID = E.AddressID
INNER JOIN HumanResources.vEmployeeDepartment AS D
    ON E.EmployeeID = D.EmployeeID
ORDER BY D.GroupName, D.Department, D.LastName, D.FirstName
    RETURN
```

Abbildung 10.5 Erstellen einer gespeicherten Prozedur im Berichts-Designer

11. Sie können die SQL-Syntax nun noch nach Ihren Wünschen strukturieren, bevor Sie die Prozedur mit einem Klick in der *Standard*-Symbolleiste auf die Schaltfläche *Ausgewählte Elemente speichern* in der Datenbank auf dem Datenbankserver speichern (anders als etwa im Query Analyzer muss die Prozedur zum Speichern in der Datenbank nicht gesondert ausgeführt werden).

Die *CREATE PROCEDURE*-Anweisung hat sich in eine *ALTER PROCEDURE*-Anweisung geändert, und die Prozedur ist im Server-Explorer im Ordner *Gespeicherte Prozeduren* der Datenbank *AdventureWorks* aufgeführt.

Wir können nun auf diese wie auf jede andere gespeicherte Prozedur einer Datenbank von den SQL Server Reporting Services aus zugreifen, um Daten in einem *Dataset* zurückzugeben:

1. Erzeugen Sie einen neuen Bericht z.B. mit dem Namen **Test_StoredProc_Dataset**.
2. Wählen Sie in der Daten-Ansicht des Berichts-Designers im Listenfeld *Dataset auswählen* den Eintrag *Neues Dataset* aus.

   Es öffnet sich das Dialogfeld *Dataset* entsprechend der Abbildung 10.3.

3. Geben Sie dem *Dataset* z.B. den Namen **DatasetFromStoredProc**, und vergewissern Sie sich, dass als Datenquelle *AdventureWorks (gemeinsam genutzt)* ausgewählt ist.
4. Ändern Sie die Auswahl im Listenfeld *Befehltyp* in *StoredProcedure*.
5. Unter *Abfragezeichenfolge* können Sie nun einfach den Namen der eben erstellten gespeicherten Prozedur *myDepartmentEmployeeAddress* eintippen und das Dialogfeld mit *OK* schließen.
6. Es öffnet sich der Abfrage-Designer (wie Sie an der Symbolleiste erkennen können, handelt es sich bei gespeicherten Prozeduren immer um den Designer für generische Abfragen, selbst wenn Sie die entsprechende Schaltfläche in der Symbolleiste betätigen), in dem Sie zum Testen des Dataset die gespeicherte Prozedur dadurch ausführen können, dass Sie in der Symbolleiste auf die Schaltfläche *Ausführen* klicken. Ihr Abfrage-Designer sollte nun in etwa so aussehen wie in Abbildung 10.6.

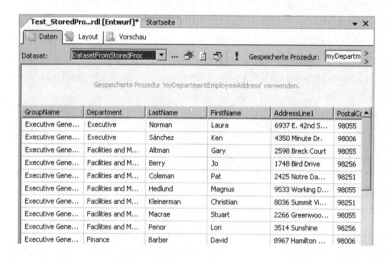

Abbildung 10.6 Dataset mit einer gespeicherten Prozedur

Sie können sehen, dass das Dataset mit gespeicherter Prozedur dasselbe Abfrageergebnis liefert wie das Dataset, das wir in Kapitel 6 mit dem Berichts-Assistenten erstellt haben. Auch wenn Sie mit dem Dataset weiterarbeiten und in der Layout-Ansicht über das Toolfenster *Datasets* auf die vom Dataset gelieferten Felder zugreifen wollen (siehe Abbildung 10.7), werden Sie feststellen, dass auch hierbei keine Unterschiede mehr bestehen.

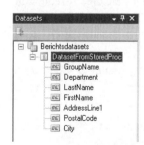

Abbildung 10.7 Das Toolfenster *Datasets*

Unterschiede bestehen allerdings darin, dass gespeicherte Prozeduren gegenüber Abfragen einige Vorteile besitzen:

- **Geschwindigkeit**: Eine gespeicherte Prozedur wird bei der ersten Ausführung auf dem Datenbankserver kompiliert, es wird der Ausführungsplan erstellt und im Cache des Datenbankservers abgelegt, sodass bei allen folgenden Ausführungen die gespeicherte Prozedur schneller prozessiert werden kann als eine Abfrage aus Tabellen oder Sichten, für die bei jeder Ausführung der Ausführungsplan neu erstellt werden muss.

- **Wiederverwendbarkeit:** Eine einzelne gespeicherte Prozedur kann für zahlreiche Datasets und Berichte genutzt werden; ebenso lassen sich für andere Zwecke bereits erstellte gespeicherte Prozeduren (sofern sie nur ein Ergebnisset zurückgeben) nutzen oder können abgewandelt und unter neuem Namen eingesetzt werden.
- **Wartbarkeit:** Wenn Änderungen an der Struktur der *Datenbank* oder an Tabellen vorgenommen werden, müssen alle Datasets mit Abfragen aus Tabellen oder Sichten entsprechend überarbeitet, bei Datasets mit einer gespeicherten Prozedur jedoch nur entsprechende Änderungen in der jeweiligen gespeicherten Prozedur durchgeführt werden.
- **Handhabbarkeit:** Eine gespeicherte Prozedur (insbesondere wenn sie sehr komplex ist), die sich bewährt hat, d.h. die richtigen Ergebnisse liefert, kann bedenkenlos eingesetzt werden, sodass keine zeitraubenden Tests mehr wie bei der Neuerstellung von Abfragen aus Tabellen oder Sichten notwendig sind.
- **Sicherheit:** Es kann sich als durchaus sinnvoll erweisen, diejenigen Benutzer, die für die Berichterstellung zuständig sind, nicht mit allen Zugriffsrechten auf die Datenbank auszustatten, sondern nur auf bestimmte, für Berichtszwecke erstellte gespeicherte Prozeduren, um versehentliche Datenmanipulationen oder Löschungen zu verhindern oder den Schutz von sensiblen Daten zu gewährleisten.

Aus diesen Gründen ist es eigentlich immer empfehlenswert, bei der Berichterstellung eher Datasets mit einer gespeicherten Prozedur als mit einer Abfrage zu verwenden.

Das nächste Kapitel befasst sich mit den Möglichkeiten, wie die Daten gefiltert, gruppiert und sortiert werden können.

Kapitel 11

Gefilterte, sortierte und gruppierte Daten

In diesem Kapitel:

Filtern	152
Sortieren	157
Gruppieren	161

Wir werden uns in diesem und den folgenden Kapiteln ausführlicher damit beschäftigen, auf welche Weise wir die Daten für unseren Bericht so abrufen können, dass sie den jeweiligen Anforderungen entsprechen. Abfragen, ob nun in direkter Form oder über eine *Gespeicherte Prozedur* (wie wir sie im vorhergehenden Kapitel 10 vorgestellt haben), liefern zunächst Daten in Abhängigkeit von der Beschaffenheit der *Datenquelle* und der Art und Weise, wie wir unsere *Abfrage* formuliert haben. Hier können wir festlegen, ob und wie die Daten, die wir für unseren Bericht benötigen, schon gefiltert, sortiert bzw. gruppiert geliefert werden, bevor wir sie in unserem Bericht nutzen, oder ob wir – da uns die Microsoft SQL Server Reporting Services diese Möglichkeit bieten – Filterung, Sortierung bzw. Gruppierung erst bei unserer Berichterstellung vornehmen wollen.

Die Entscheidung, wo und wie gefiltert, sortiert bzw. gruppiert werden soll, ist von den Möglichkeiten der Datenquelle, den Leistungsanforderungen, der Dauerhaftigkeit des Datasets und der gewünschten Komplexität des Berichts abhängig. Wir wollen in den folgenden Abschnitten die verschiedenen Techniken des Filterns, Sortierens bzw. Gruppierens vorstellen, sodass Sie eine Vorstellung darüber gewinnen können, welche Technik wann angewendet werden soll.

Filtern

Wir haben in unseren bisherigen Beispielen auf Filter verzichtet und uns immer alle Daten anzeigen lassen, die unser Dataset geliefert hat. Wie wir im vorhergehenden Kapitel 10 schon erwähnt haben, bietet Ihnen die WHERE-Klausel beim Formulieren der Abfrage die Möglichkeit, schon an der Quelle, d.h. dem Datenbankserver, die Daten so zu filtern, dass nur die gewünschten Daten zurückgegeben werden (filternd wirken zumeist auch JOIN-Beziehungen).

Unser in Kapitel 6 mit Hilfe des Berichts-Assistenten erstelltes Dataset basierte auf drei Tabellen der Beispiel-Datenbank *AdventureWorks*:

- Die Sicht *vEmployeeDepartment* lieferte uns jeweils den Nachnamen (Feld *LastName*) und den Vornamen (Feld *FirstName*) der Mitarbeiter sowie die einzelnen Abteilungen der Beispielfirma (Feld *Department*) und eine zusammenfassende Gruppierung der Abteilungen (Feld *GroupName*).
- Die Tabelle *Address* lieferte uns die zu jedem Mitarbeiter gehörige Adresse mit Straßenname (Feld *AddressLine1*), Postleitzahl (Feld *PostalCode*) und Ort (Feld *City*).
- Die Tabelle *EmployeeAddress* lieferte uns keine Felder für den Bericht. Sie diente lediglich zur Verknüpfung der Sicht *vEmployeeDepartment* mit der Tabelle *Address*, da sie sowohl das Feld *EmployeeID* als auch das Feld *AddressID* enthält.

Der daraus erstellte Bericht zeigt schließlich alle Mitarbeiter mit ihren Adressen an, gruppiert nach Abteilungen sowie Abteilungsgruppen. In der Praxis wird es allerdings häufig so sein, dass nicht immer alle Daten benötigt werden. Sie haben nun grundsätzlich zwei Möglichkeiten, die Daten zu filtern: entweder direkt an der Quelle, dem Datenbankserver, oder im Berichtsserver, wo es wiederum mehrere Möglichkeiten gibt.

Filtern auf dem Datenbankserver

Indem Sie mit Hilfe des Abfragetextes direkt auf dem Datenbankserver filtern, bewirken Sie natürlich eine Reduzierung und Entlastung des Netzwerkverkehrs, denn es werden dann nur die Daten geliefert, die die Abfrage anfordert.

Um direkt an der Quelle zu filtern, gehen Sie am besten wie folgt vor:
1. Erstellen Sie einen leeren Bericht, wie im vorhergehenden Kapitel 10 gezeigt.
2. Geben Sie dem Bericht z.B. den Namen **BerichtFilterQuelle**.
3. Weisen Sie im geöffneten Dialogfeld *Dataset* auf der Registerkarte *Abfrage* dem neuen Dataset z.B. den Namen **DatasetFilterQuelle** zu, wählen Sie die freigegebene Datenquelle *AdventureWorks (gemeinsam genutzt)* sowie als Befehlstyp *Text*, und schließen Sie das Dialogfeld mit einem Klick auf die Schaltfläche *OK*.
4. Wechseln Sie innerhalb der Daten-Ansicht in den *Designer für grafische Abfragen*, und fügen Sie dem Diagrammbereich die Sicht *vEmployeeDepartment* hinzu (wir verzichten hier auf die Tabelle *Address*, weil wir nur ein kleines Beispiel geben wollen).
5. Markieren Sie bei der Sicht *vEmployeeDepartment* die Spalten *GroupName*, *Department*, *LastName* und *FirstName*.
6. Um ein Beispiel der Filterung auszuprobieren, geben Sie im *Rasterbereich* unter *Filter* für *GroupName* **Manufacturing** ein.
   Dem Abfragetext wird auf diese Weise eine WHERE-Klausel hinzugefügt, die bestimmt, dass nur die Datensätze geliefert werden sollen, deren *GroupName*-Wert gleich *Manufacturing* ist.
7. Wechseln Sie in die Layout-Ansicht, und ziehen Sie aus der Toolbox den Datenbereich *Tabelle* auf die Entwurfsoberfläche.
8. Klicken Sie mit der rechten Maustaste auf den Zeilenziehpunkt vor der Zeile *Detail*, und wählen Sie im Kontextmenü den Eintrag *Gruppe einfügen*.
9. Tragen Sie im daraufhin geöffneten Dialogfeld *Gruppierungs- und Sortierungseigenschaften* unter *Gruppieren nach* in das Listenfeld den Ausdruck **=Fields!GroupName.Value** ein (den vorgegebenen Namen *table1_Group1* für die Gruppe können Sie beibehalten), und bestätigen Sie Ihre Eingabe mit *OK*.

HINWEIS   Wir werden weiter hinten in diesem Kapitel im Abschnitt »Gruppieren« noch genauer auf das Erstellen von Gruppen eingehen. Erklärungen zu der Vorgehensweise finden Sie dort. Folgen Sie hier einfach den Anweisungen, um die Gruppen zu erstellen.

10. Ziehen Sie aus dem Toolfenster *Datasets* das Feld *GroupName* in die linke Spalte der gerade erzeugten Gruppenzeile.
    Es erscheint der Ausdruck *=Fields!GroupName.Value* und im darüber liegenden Feld der Kopfzeile der Wert *Group Name*.
11. Erzeugen Sie auf die gleiche Weise eine zweite Gruppe *table1_Group2*, für die Sie im Dialogfeld *Gruppierungs- und Sortierungseigenschaften* unter *Gruppieren nach* aus dem Listenfeld den Ausdruck *=Fields!Department.Value* auswählen.
12. Ziehen Sie aus dem Toolfenster *Felder* das Feld *Name* in die mittlere Spalte der gerade erzeugten Gruppenzeile.
    Es erscheint der Ausdruck *=Fields!Department.Value* und in der Kopfzeile der Wert *Department*.
13. Ziehen Sie aus dem Toolfenster *Felder* das Feld *LastName* in die rechte Spalte der als *Detail* gekennzeichneten Zeile.
    Es erscheint der Ausdruck *=Fields!LastName.Value* und in der Kopfzeile der Wert *Last Name*.

14. Erzeugen Sie eine weitere Spalte rechts daneben, indem Sie mit der rechten Maustaste auf den Spaltenziehpunkt oberhalb von *Last Name* klicken und im Kontextmenü den Eintrag *Spalte rechts einfügen* wählen.
15. Ziehen Sie in die als *Detail* gekennzeichnete Zeile dieser neuen Spalte aus dem Toolfenster *Felder* das Feld *FirstName*.

Ihr Entwurf sollte nun in etwa so aussehen wie in Abbildung 11.1.

Group Name	Department	Last Name	First Name
=Fields!GroupName.Value			
	=Fields!Department.Value		
		=Fields!LastName.Value	=Fields!FirstName.Value
	Fußzeile		

Abbildung 11.1 Tabellenentwurf mit Gruppen in der Layout-Ansicht

Wenn Sie nun in die Vorschau-Ansicht wechseln, werden Ihnen nur die Datensätze angezeigt, die die Bedingungen des Abfragetextes erfüllen, d.h. nur die Mitarbeiter, die zur Abteilungsgruppe *Manufacturing* gehören, also die Mitarbeiter der Abteilungen *Production* und *Production Control*.

HINWEIS Um uns auf das Thema des Filterns zu konzentrieren, verzichten wir hier auf eine weitere gestalterische Bearbeitung des Berichts. Möglichkeiten der Berichtsgestaltung finden Sie in Kapitel 9 bzw. in Kapitel 14 beschrieben.

Das Filtern an der Quelle ist immer dann günstig, wenn für den Bericht immer schon feststeht, welche Daten angezeigt werden sollen, d.h. wenn es sich um einen statischen Bericht handelt. In einem solchen Fall wird die Datenquelle einmal abgefragt und eine schon gefilterte Menge an Daten geliefert, sodass der Netzwerkbetrieb so wenig wie möglich belastet wird. Das heißt aber nicht, dass das Filtern an der Datenquelle grundsätzlich die effizienteste Lösung darstellt, wie Sie in den folgenden Abschnitten dieses Kapitels noch sehen werden. Darüber hinaus werden Sie im folgenden Kapitel 12 Möglichkeiten kennen lernen, wie der Benutzer des Berichts mit Hilfe von Parametern selbst bestimmen kann, nach welchen Kriterien gefiltert werden soll. In diesem Zusammenhang erfahren Sie dann, wie abzuwägen ist, welche Filtertechnik am besten eingesetzt wird.

Filtern eines Datasets

Filter können aber auch auf ein geliefertes Dataset angewendet werden und beschränken dann die Daten, die dem Benutzer angezeigt werden, nachdem alle Daten aus dem Dataset abgerufen wurden. Da das Dataset vollständig abgerufen und erst dann auf dem Berichtsserver gefiltert wird, dauert die Ausführung des Berichts in der Regel länger, als wenn die Daten direkt an der Quelle, d.h. dem Datenbankserver, gefiltert werden.

Um ein Dataset zu filtern, gehen Sie am besten so vor:

1. Führen Sie die Schritte 1 bis 5 wie im vorhergehenden Abschnitt durch, und geben Sie dabei dem neuen Bericht z.B. den Namen **BerichtFilterDataset** und dem Dataset z.B. den Namen **DatasetFilterDataset**.

Filtern

2. Führen Sie die Schritte 7 bis 15 wie im vorhergehenden Abschnitt durch, sodass Ihr Entwurf wiederum so aussehen sollte wie in Abbildung 11.1.

   Wenn Sie nun in die Vorschau-Ansicht wechseln, werden Ihnen alle Datensätze angezeigt.

3. Wechseln Sie in die Daten-Ansicht, und klicken Sie in der Symbolleiste auf die Symbolschaltfläche *Ausgewähltes Dataset bearbeiten*.

4. Wechseln Sie im Dialogfeld *Dataset* zur Registerkarte *Filter*.

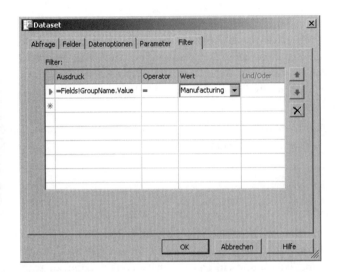

Abbildung 11.2 Filtern eines Datasets auf der Registerkarte *Filter* des Dialogfeldes *Dataset*

5. Wählen Sie unter *Ausdruck* den Ausdruck aus, den der Filter auswerten soll, hier also =**Fields!GroupName.Value**, unter *Operator* den Operator, den der Filter zum Vergleichen des ausgewerteten Feldes und jeweiligen Wertes verwenden soll, hier also das standardmäßig vorgegebene =-Zeichen, und geben Sie unter *Wert* den Ausdruck oder Wert ein, anhand dessen der Filter den Wert unter *Ausdruck* auswerten soll, hier also **Manufacturing**.

6. Bestätigen Sie Ihre Eingaben mit einem Klick auf die Schaltfläche *OK*.

   Wenn Sie nun in die Vorschau-Ansicht wechseln, werden Ihnen wie im vorhergehenden Abschnitt nur die Mitarbeiter angezeigt, die zur Abteilungsgruppe *Manufacturing* gehören, also die Mitarbeiter der Abteilungen *Production* und *Production Control*.

Sie sehen, dass das Ergebnis identisch ist. Allerdings haben Sie im vorhergehenden Abschnitt beim Filtern an der Quelle nur die letztlich angezeigten Daten abgerufen, während Sie nun zunächst alle Daten vom Datenbankserver abrufen, um Sie dann auf dem Berichtsserver zu filtern.

HINWEIS   Sie können den technischen Unterschied zwischen diesen beiden Filtermethoden z.B. sehen, wenn Sie in der Daten-Ansicht jeweils die Abfrage Ihres Datasets ausführen. Klicken Sie dazu jeweils in der Symbolleiste auf die Symbolschaltfläche *Ausführen*:

- Im ersten Fall (Filtern auf dem Datenbankserver) werden im Ergebnisbereich die Daten schon gefiltert angezeigt, so wie sie auch im Bericht erscheinen.

- Im zweiten Fall (Filtern des Datasets) werden im Ergebnisbereich zunächst alle Daten angezeigt, während sie erst im Bericht gefiltert erscheinen.

Es ist offensichtlich, dass die zweite Methode den Netzwerkbetrieb mehr belastet, und Sie werden sich fragen, wofür diese Technik dann eigentlich gut sein soll. Sie sollten dabei folgende Gesichtspunkte bedenken:

- Falls Ihr *Dataset* z.B. auf einer sehr komplexen Abfrage beruht, die über eine *Gespeicherte Prozedur*, die nicht verändert werden soll, ausgeführt wird, haben Sie trotzdem die Möglichkeit, noch einen oder mehrere Filter anzuwenden.

- Das Filtern des Datasets ist nützlich z.B. bei einem Berichtssnapshot. Ein Berichtssnapshot ist ein Bericht, der neben den Layoutinformationen ein Dataset enthält, das zu einem bestimmten Zeitpunkt abgerufen wird. Während für bedarfsgesteuerte Berichte aktuelle Abfrageergebnisse abgerufen werden, sobald sie ausgewählt werden, werden Berichtssnapshots nach einem Zeitplan verarbeitet und dann auf einem Berichtsserver gespeichert. Wenn ein Berichtssnapshot zur Anzeige ausgewählt wird, ruft der Berichtsserver den gespeicherten Bericht aus der Berichtsserver-Datenbank ab und zeigt die Daten und das Layout an, die zum Zeitpunkt der Erstellung des Snapshots für den Bericht aktuell waren. Berichtssnapshots werden in Kapitel 20 ausführlicher behandelt.

- Falls die benutzte *Datenquelle* die Verwendung von *Abfrageparametern* zum Filtern von Daten nicht unterstützt, sollten Sie Filter auf dem *Berichtsserver* verwenden. Darauf wird im folgenden Kapitel 12 genauer eingegangen werden.

Filtern eines Datenbereichs

Auch das Filtern eines Datenbereichs wie *Tabelle*, *Matrix*, *Liste* oder *Diagramm* findet auf dem Berichtsserver statt. Diese Möglichkeit des Filterns wird insbesondere dann interessant, wenn Ihr Bericht ein *Dataset* verwendet, auf das mehrere Datenbereiche (z.B. eine *Tabelle* und ein *Diagramm*) zugreifen, dabei aber unterschiedliche Daten darstellen sollen. Wir wollen Ihnen dies an einem Beispiel erläutern:

1. Erstellen Sie wieder wie in den beiden vorhergehenden Abschnitten einen neuen Bericht, dem Sie z.B. den Namen **BerichtFilterDatenbereich** geben, mit einem ungefilterten Dataset, dem Sie z.B. den Namen **DatasetFilterDatenbereich** zuweisen.

2. Erzeugen Sie in der Layout-Ansicht auf der Entwurfsoberfläche wie in den beiden vorhergehenden Abschnitten eine Tabelle mit den dort vorgenommenen Gruppierungen.

3. Klicken Sie mit der rechten Maustaste auf den Eckziehpunkt der Tabelle, und wählen Sie im Kontextmenü den Eintrag *Eigenschaften*.

4. Wechseln Sie im daraufhin geöffneten Dialogfeld *Tabelleneigenschaften* zur Registerkarte *Filter*, und wählen Sie analog zu Schritt 5 im vorherigen Abschnitt als Ausdruck in der Filterliste **=Fields!GroupName.Value**, als Operator das =-Zeichen, und geben Sie als Wert **Manufacturing** ein.

   Wenn Sie nun in die Vorschau-Ansicht wechseln, werden Ihnen wie in den beiden vorhergehenden Abschnitten nur die Mitarbeiter angezeigt, die zur Abteilungsgruppe *Manufacturing* gehören, also die Mitarbeiter der Abteilungen *Production* und *Production Control*.

5. Wechseln Sie wieder in die Layout-Ansicht, und platzieren Sie oberhalb der Tabelle ein einfaches Kreisdiagramm.

> **TIPP** In Kapitel 8 finden Sie eine schrittweise Anleitung zum Erstellen von Diagrammen. Vollziehen Sie einfach die dortige Schrittfolge nach, falls Ihnen die hier durchgeführten Angaben zur Diagrammerstellung nicht ausreichen.

6. Ziehen Sie aus dem Toolfenster *Felder* das Feld *GroupName* in den Bereich der *Kategorien (Kategorienfelder)* und das Feld *LastName* in den Bereich der *Werte (Datenfelder)*.

7. Öffnen Sie das Dialogfeld *Diagrammeigenschaften* mit der Registerkarte *Daten*, klicken Sie neben *Werte* auf die Schaltfläche *Bearbeiten*. Im daraufhin geöffneten Dialogfeld *Diagrammwert bearbeiten* wechseln Sie zur Registerkarte *Punktbezeichnungen* und aktivieren dort das Kontrollkästchen vor *Punktbezeichnungen anzeigen*. Schließen Sie danach beide Dialogfelder jeweils mit einem Klick auf die Schaltfläche *OK*.

Wenn Sie nun in die Vorschau-Ansicht wechseln, sehen Sie zum einen die gefilterte Tabelle, zum anderen das ungefilterte Kreisdiagramm mit den Zahlen aller Mitarbeiter der verschiedenen Abteilungsgruppen.

Wir haben in diesem Beispiel auf nur ein Dataset zurückgegriffen, das zwei verschiedene Datenbereiche mit Daten versorgt. Nachdem also das Dataset vollständig abgerufen und auf dem Berichtsserver abgespeichert worden war, wurden anschließend für die Tabelle die gespeicherten Daten gefiltert, während für das Kreisdiagramm die gespeicherten Daten nicht gefiltert abgerufen wurden. Um das gleiche Ergebnis bei Filterung an der Quelle zu erzielen, hätten wir dagegen auf zwei verschiedene Datasets zurückgreifen müssen.

Was Sie an diesem Beispiel sehen können, ist die Notwendigkeit, jeweils nach den Gegebenheiten vor Ort zu testen und zu entscheiden, ob es sinnvoller ist, z.B. einmal eine große Datenmenge oder mehrmals kleinere Datenmengen abzurufen.

Sortieren

Beim Sortieren von Daten bestimmen Sie:

1. welche Felder in welcher Reihenfolge für die Sortierung genommen werden sollen, z.B. ob zuerst nach Nachnamen, dann nach Vornamen usw. sortiert werden soll oder ob zuerst nach den Abteilungsgruppen, dann nach den Abteilungen und erst dann nach Nachnamen und Vornamen *(Sortierungsreihenfolge)* sortiert werden soll,
2. ob jeweils aufsteigend oder absteigend sortiert werden soll *(Sortierungsart)*,
3. ob ein bestimmtes Gebietsschema als Sortiergrundlage genommen werden soll und ob z.B. nach Groß-/ Kleinschreibung oder Akzent unterschieden werden soll *(Datenoptionen)*.

Im Gegensatz zum Filtern spielt es beim Sortieren für die Netzwerkbelastung kaum eine Rolle, ob die abzurufenden Daten schon auf dem Datenbankserver mit Hilfe der Abfrage des Datasets sortiert werden oder erst auf dem Berichtsserver durch die Angabe von Sortierkriterien im Bericht. Einerseits liegt es an der Verarbeitungsgeschwindigkeit und der tatsächlich aktuellen Belastung der Server, wo eine Sortierung vielleicht hätte stattfinden sollen (was aber erfahrungsgemäß nicht wirklich ins Gewicht fällt), andererseits bestimmen meist eher praktische Überlegungen, ob vor oder nach dem Abrufen der Daten sortiert werden sollte.

Sortieren auf dem Datenbankserver

Wenn Sie Ihr *Dataset* mit Hilfe einer Abfrage erstellen, haben Sie – wie in Kapitel 7 in der Abbildung 7.7 zu sehen ist – im *Rasterbereich* die Möglichkeit, dort die *Sortierungsart* und die *Sortierreihenfolge* festzulegen, oder Sie können im *SQL-Bereich* die ORDER BY-Klausel entsprechend anpassen. Die Sortierung findet dann auf dem Datenbankserver statt, d.h. Ihr Dataset liefert sortierte Daten. Sie können eine solche Sortierung aber jederzeit im Bericht noch Ihren Wünschen entsprechend verändern.

Sortieren im Bericht

Um die vom Dataset gelieferten Daten im Bericht zu sortieren, wählen Sie in der Layout-Ansicht den Datenbereich aus, für den eine Sortierung vorgenommen werden soll:

1. Klicken Sie z.B. auf die gewünschte Tabelle, sodass die Spalten- und Zeilenziehpunkte über und neben der Tabelle angezeigt werden.
2. Klicken Sie mit der rechten Maustaste auf den Eckziehpunkt, und wählen Sie dann im Kontextmenü den Eintrag *Eigenschaften*.

Abbildung 11.3 Die Registerkarte *Sortierung* des Dialogfelds *Tabelleneigenschaften*

3. Geben Sie im Dialogfeld *Tabelleneigenschaften* auf der Registerkarte *Sortierung* die Ausdrücke ein (oder wählen Sie sie aus), nach denen die Daten nacheinander sortiert werden sollen *(Sortierreihenfolge)*, und geben Sie die Sortierungsart (Richtung) für den jeweiligen Ausdruck ein.

Wie in Abbildung 11.3 zu sehen ist, können Sie danach immer noch die Sortierreihenfolge mit Hilfe der Pfeiltasten verändern oder einen Ausdruck wieder löschen.

Wenn in Ihrem Bericht eine Gruppe vorhanden der Sie eine Sortierung hinzufügen wollen, gehen Sie folgendermaßen vor:

1. Wählen Sie im Dialogfeld *Tabelleneigenschaften* auf der Registerkarte *Gruppen* die zu bearbeitende Gruppe aus und klicken dann auf die Schaltfläche *Bearbeiten*.
2. Geben Sie im daraufhin geöffneten Dialogfeld *Gruppierungs- und Sortierungseigenschaften* auf der Registerkarte *Sortierung* die Ausdrücke ein (oder wählen Sie sie aus), nach denen die Daten sortiert werden sollen (Sortierreihenfolge) und geben die Sortierungsart (Richtung) für den jeweiligen Ausdruck ein.

Interaktive Sortierung

Eine weitere Möglichkeit ist die interaktive Sortierung. Dabei kann der Betrachter des Berichts entscheiden, wie die Daten sortiert werden sollen. Die Sortierung erfolgt dabei zur Ausführungszeit des Berichts auf dem Berichtsserver. Dies hat den Vorteil, dass der Datenbankserver bei der Sortierung nicht mehr belastet wird.

1. Öffnen Sie dazu den Bericht, der eine Tabelle enthält, z.B. den Bericht *Test_Tabelle.rdl* aus Kapitel 8.

Sortieren

2. Klicken Sie in der Tabelle mit der rechten Maustaste in das Überschriftfeld der Spalte, die sortiert werden soll, z.B. die Spalte *Nachname*, und wählen Sie aus dem Kontextmenü den Eintrag *Eigenschaften*.
3. Aktivieren Sie im Dialogfeld *Textfeldeigenschaften* auf der Registerkarte *Interaktive Sortierung* das Kontrollkästchen *Diesem Textfeld einen interaktiven Sortiervorgang hinzufügen*.
4. Wählen Sie als *Sortierungsausdruck* das Feld aus, nach dem sortiert werden soll, hier also *=Fields!LastName.Value*, und bestätigen mit Klick auf *OK*.
5. Führen Sie die Schritte 2 bis 4 auch für die Spalte, die die Vornamen enthält, durch. Benutzen Sie dabei aber den *Sortierungsausdruck =Fields!FirstName.Value*.

Abbildung 11.4 Die Registerkarte *Interaktive Sortierung* des Dialogfelds *Textfeldeigenschaften*

6. Wechseln Sie nun zur Vorschau. Durch Klicks auf die Pfeilsymbole neben den Überschriften können Sie nun wahlweise nach Vor- oder Nachnamen sortieren und zwischen auf- und absteigender Reihenfolge wechseln. Dabei gibt die Pfeilrichtung die Sortierung an, wie Sie in Abbildung 11.5 sehen. Dort ist die Spalte *Nachname* unsortiert und die Spalte *Vorname* absteigend sortiert.

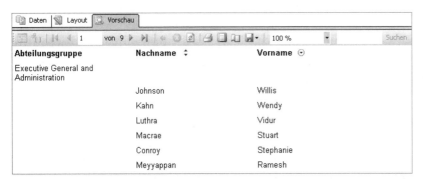

Abbildung 11.5 Die Tabelle aus dem Beispiel, absteigend nach Vornamen sortiert

Mit den Optionen *Datenbereich oder Gruppierung, der oder die sortiert werden soll* und *Sortierungsausdruck in diesem Bereich auswerten* können Sie den Wirkungsbereich der Sortierung einschränken oder ausweiten.

Dadurch können Sie z.B. Gruppierungen einzeln sortieren. Das können Sie an dem Bericht *BerichtFilterQuelle* aus diesem Kapitel ausprobieren:

1. Klicken Sie dort mit der rechten Maustaste in das Feld, das den Wert *=Fields!Department.Value* enthält, wählen Sie den Menüeintrag *Eigenschaften* aus, und aktivieren Sie die interaktive Sortierung wie oben beschrieben mit dem Sortierungsausdruck *=Fields!LastName.Value*.
2. Schließen Sie das Dialogfeld *Textfeldeigenschaften* aber noch nicht, sondern aktivieren Sie nun zusätzlich unter *Datenbereich oder Gruppierung, der oder die sortiert werden soll* die Option *Datenbereich oder Gruppierung auswählen* und wählen Sie dort den Wert *table1_Group2*.
3. Bestätigen Sie mit *OK* und wechseln Sie zur Vorschau. Hier können Sie nun die Abteilungen einzeln sortieren, indem Sie auf das Pfeilsymbol hinter dem Namen der gewünschten Abteilung klicken.

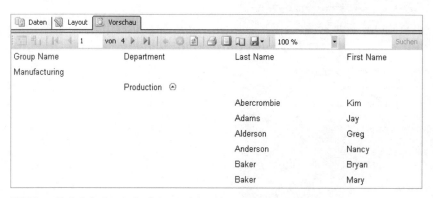

Abbildung 11.6 Aufsteigende Sortierung nach *Last Name* in der Gruppe *Production*

Datenoptionen

Ob ein bestimmtes Gebietsschema die Sortiergrundlage bildet und ob z.B. nach Groß-/Kleinschreibung oder Akzent unterschieden wird, können Sie ebenfalls entweder bereits auf der Datenbank selbst oder durch Bearbeitung Ihres Datasets entscheiden. Da es allerdings nicht empfehlswert wäre, für einen Bericht Änderungen dieser Einstellungen auf der Datenbank selbst vorzunehmen, bieten Ihnen die Microsoft SQL Server Reporting Services die Möglichkeit, solche Einstellungen im Dataset vorzunehmen.

Mit Hilfe der Registerkarte *Datenoptionen* des Dialogfeldes *Dataset* können Sie entgegen den Einstellungen der Datenquelle für das ausgewählte Dataset bestimmen, ob der von der Datenquelle hergeleitete Wert für die Sortierung bzw. eine bestimmte Unterscheidung genommen werden soll oder eine eigene Unterscheidung gesetzt wird. In Abbildung 11.7 sehen Sie, dass in der Standardeinstellung eines Datasets für alle Auswahlmöglichkeiten zunächst der Standardwert *Auto* (bzw. *Default* bei *Sortierung*) festgelegt ist, d.h. dass der von der Datenquelle hergeleitete Wert übernommen wird, wenn der Bericht ausgeführt wird. Falls der Wert nicht hergeleitet werden kann, wird bei Sortierung der Standardwert von der Gebietseinstellung des Berichtsservers hergeleitet bzw. bei den Unterscheidungen der Bericht so ausgeführt, als wäre in den Listenfeldern nicht *Auto*, sondern *False* ausgewählt. Wenn Sie sicher gehen wollen, wählen Sie in den Listenfeldern jeweils *True* oder *False* aus, um die Unterscheidung zu aktivieren bzw. zu deaktivieren.

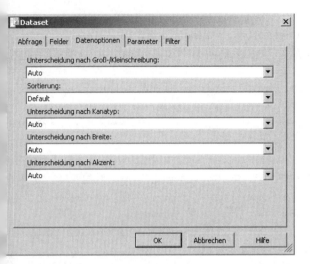

Abbildung 11.7 Definieren der Datenoptionen

> **HINWEIS** Die *Unterscheidung nach Kanatyp* betrifft die beiden japanischen Kanatypen *Hiragana* und *Katakana*.
> Die *Unterscheidung nach Breite* betrifft den Unterschied zwischen *halber Breite (Single-Byte, ASCII)* und *voller Breite (Double-Byte, Unicode)*.

Gruppieren

Die Daten in einem Datenbereich wie *Tabelle*, *Matrix* oder *Liste* können nach Feldern bzw. Ausdrücken gruppiert werden. Mit Gruppen in einer *Tabelle* können Sie die Daten in der Tabelle in logische Abschnitte unterteilen. Sie können auch Teilergebnisse und andere Ausdrücke zu den Gruppenkopfzeilen und Gruppenfußzeilen hinzufügen. Gruppen in einer *Matrix* werden als dynamische Spalten oder Zeilen angezeigt. Sie können Gruppen in andere Gruppen schachteln und Teilergebnisse hinzufügen. Mit *Listen* können Sie separate Gruppen in einem Bericht bereitstellen oder durch Platzieren innerhalb anderer Listen geschachtelte Gruppen erstellen. Während *Tabellen* und *Matrizen* mehrere Gruppierungsebenen innerhalb eines Datenbereichs bereitstellen, verfügen *Listen* nur über eine Gruppe. Wenn Sie geschachtelte Gruppen mit Listen erstellen möchten, platzieren Sie eine Liste in einer anderen Liste.

Gruppieren auf dem Datenbankserver

Nach einem Feld gruppieren heißt, dass alle Datensätze, die den gleichen Feldwert haben, zu einer Gruppe zusammengefasst werden. Wenn Sie in einem Abfragetext in SQL eine GROUP BY-Klausel benutzen, werden dort die Felder des SELECT-Statements angegeben, die bezüglich einer Aggregatfunktion, die nicht in die GROUP BY-Klausel eingebunden, aber im SELECT-Statement angegeben ist, zusammengefasst werden sollen. Auf diese Weise können Sie sich zum Beispiel anzeigen lassen, wie viele Mitarbeiter in einer Abteilung arbeiten:

1. Erstellen Sie einen leeren Bericht, wie im vorhergehenden Kapitel 10 gezeigt.
2. Weisen Sie dem Bericht z.B. den Namen **BerichtGruppieren** zu.

3. Geben Sie im geöffneten Dialogfeld *Dataset* auf der Registerkarte *Abfrage* dem neuen Dataset z.B. den Namen **GruppierenDatenbank**, wählen Sie die freigegebene Datenquelle *AdventureWorks (gemeinsam genutzt)* und als Befehlstyp *Text* aus, und schließen Sie das Dialogfeld mit einem Klick auf die Schaltfläche *OK*.
4. Wechseln Sie innerhalb der Daten-Ansicht in den Designer für grafische Abfragen, und fügen Sie dem Diagrammbereich die Sicht *vEmployeeDepartment* hinzu.
5. Markieren Sie die Spalten *Department und LastName,* und schreiben Sie im Rasterbereich in die Spalte *Alias* hinter *Department* **Abteilung** und hinter *LastName* **Mitarbeiter**.

   Wenn Sie nun in der Symbolleiste auf die Symbolschaltfläche *Ausführen* klicken, werden Ihnen alle Mitarbeiternachnamen in der Spalte *Mitarbeiter* angezeigt und in der davor stehenden Spalte *Abteilung* jeweils der zugehörige Abteilungsname.
6. Klicken Sie in der Symbolleiste auf die Symbolschaltfläche *GROUP BY verwenden*.

   Im Rasterbereich erscheint die Spalte *Gruppieren nach*, wobei dort sowohl für *Mitarbeiter (LastName)* als auch für *Abteilung (Department)* der Wert *Group By* eingetragen ist.
7. Wählen Sie für *LastName* in der Spalte *Gruppieren nach* im Listenfeld aus den Aggregatfunktionen die Aggregatfunktion *Count* aus.

   Wenn Sie nun in der Symbolleiste auf die Symbolschaltfläche *Ausführen* klicken, werden Ihnen in der Spalte *Abteilung* nur noch die (sechzehn) Abteilungsnamen und in der dahinter stehenden Spalte *Mitarbeiter* die jeweilige Mitarbeiteranzahl angezeigt.

Nachdem Sie diese Gruppierung im Dataset vorgenommen haben, können Sie in der Layout-Ansicht für Ihren Bericht eine Tabelle erstellen, um die vom Datenbankserver gruppiert gelieferten Daten zu präsentieren.

Gruppieren von Daten in einem Bericht

Sie haben selbstverständlich die Möglichkeit, eine solche Gruppierung auch im Bericht selbst vorzunehmen. Wir werden darauf gleich noch zurückkommen, wollen Ihnen aber zunächst zeigen, dass das Gruppieren von Daten in einem Bericht Ihnen (fast unbegrenzte) optische Gestaltungsmöglichkeiten bietet:

1. Erstellen Sie in der Daten-Ansicht ein neues Dataset, z.B. mit dem Namen **GruppierenBericht**, und führen Sie dann die Schritte 4 und 5 des vorhergehenden Abschnitts durch.

   Sie haben nun wieder ein Dataset, das Ihnen alle Mitarbeiternachnamen in der Spalte *Mitarbeiter* und in der davor stehenden Spalte *Abteilung* jeweils den zugehörigen Abteilungsnamen anzeigt.
2. Fügen Sie noch eine aufsteigende Sortierung nach dem Feld *Mitarbeiter* ein.
3. Wechseln Sie in die Layout-Ansicht, und erstellen Sie auf der Entwurfsoberfläche eine Tabelle.
4. Öffnen Sie das Toolfenster *Datasets*, und klicken Sie auf das +-Zeichen vor dem Dataset *GruppierenBericht*, bevor Sie das Feld *Mitarbeiter* in die rechte Spalte und das Feld *Abteilung* in die mittlere Spalte der Detailzeile ziehen.

   Wenn Sie nun in die Vorschau-Ansicht wechseln, sehen Sie in der hinteren Spalte die Mitarbeiter alphabetisch sortiert mit dem zugehörigen Abteilungsnamen in der Spalte davor.

> **ACHTUNG** Sie sehen, dass als Feldnamen nicht die ursprünglichen Namen aus der Datenbank, sondern die Alias-Bezeichnungen aus unserem Dataset angezeigt werden. Achten Sie immer darauf, dass Sie solche Alias-Bezeichnungen nicht nachträglich hinzufügen bzw. ändern, d.h. nachdem Sie Felder in einem Datenbereich platziert haben, weil in einem solchen Fall die Bezüge verloren gehen und dann neu gesetzt werden müssen.

5. Fügen Sie in der Layout-Ansicht Ihrer Tabelle eine Gruppe hinzu, indem Sie mit der rechten Maustaste auf den Zeilenziehpunkt neben der Zeile *Detail*, an dem Sie die Gruppe einfügen möchten, klicken und im Kontextmenü den Eintrag *Gruppe einfügen* wählen.
6. Im daraufhin geöffneten Dialogfeld *Gruppierungs- und Sortierungseigenschaften* geben Sie nun auf der Registerkarte *Allgemein* im Listenfeld unter *Gruppieren nach* den Ausdruck *=Fields!Abteilung.Value* ein oder wählen ihn aus.
7. Schließen Sie das Dialogfeld mit einem Klick auf die Schaltfläche *OK*.
8. Überprüfen Sie die Wirkung dieser Maßnahme, indem Sie in die Vorschau-Ansicht wechseln.

    Sie sehen die Mitarbeiter in einer anderer Reihenfolge als vorher. Zwar sind diese weiterhin alphabetisch sortiert, nun jedoch in gruppierter Reihenfolge nach der Abteilungszugehörigkeit.
9. Sie können diese Darstellung nun noch optisch verbessern, indem Sie in der Layout-Ansicht die Tabellenzelle *=Fields!Abteilung.Value* aus der Detailzeile in die darüber liegende Kopfzeile der Gruppe schieben, sodass jetzt in der Vorschau-Ansicht nur einmal der Abteilungsname angezeigt wird und darunter dann die Mitarbeiternamen in alphabetischer Reihenfolge.

Sie haben gesehen, dass mit Hilfe einer *Gruppierung im Bericht* die abgefragten Daten anders zusammengestellt werden können als bei einer *Gruppierung auf dem Datenbankserver* und Ihnen optische Gestaltungsmöglichkeiten hinsichtlich der abgefragten Daten geboten werden. Wir werden uns in Kapitel 14 noch ausführlicher mit diesen gestalterischen Möglichkeiten befassen, wollen aber nun wieder auf das zu Beginn dieses Abschnitts angesprochene Beispiel zurückkommen, wie Sie durch *Gruppieren im Bericht* die Anzahl der Mitarbeiter einer Abteilung anzeigen lassen können.

Wir gehen dabei vom gerade erstellten Bericht aus. Ihre Tabelle sollte in der Layout-Ansicht zurzeit etwa das Aussehen haben wie in Abbildung 11.8:

Abteilung	Mitarbeiter
=Fields!Abteilung.Value	
	=Fields!Mitarbeiter.Value
Fußzeile	

Abbildung 11.8 Tabelle mit einer Gruppe in der Layout-Ansicht

In der Tabelle gibt es momentan fünf Zeilen:

- **Kopfzeile der Tabelle:** Diese Zeile steht ganz zu Anfang Ihrer Tabelle. Wenn sich Ihr Bericht auf mehrere Seiten ausdehnt, kann es angebracht erscheinen, diese Zeile auf jeder weiteren Seite zu wiederholen. Markieren Sie dazu die Zeile, und ändern Sie im Eigenschaftenfenster den Wert von *RepeatOnNewPage* von *False* auf *True*.

Wenn Sie den Ziehpunkt mit der rechten Maustaste anklicken, können Sie im daraufhin geöffneten Kontextmenü (neben anderen Bearbeitungsmöglichkeiten) weitere Kopfzeilen (oberhalb oder unterhalb) einfügen bzw. bestimmen, ob die Kopfzeile (bzw. Fußzeile) angezeigt oder ausgeblendet werden soll.

- **table1_Group1 Kopfzeile**: Die Kopfzeile einer Gruppe wird beim Einfügen einer Gruppe gemeinsam mit der Zeile *table1-Group1 Fußzeile* in die Tabelle eingefügt. Wie Sie in Abbildung 11.9 sehen, haben Sie die Möglichkeit, anhand von sechs verschiedenen Kontrollkästchen zu bestimmen, ob bei einer Gruppe sowohl Kopf- als auch Fußzeile oder nur eine der beiden Zeilen angezeigt werden sollen, ob vor einer Kopfzeile bzw. hinter einer Fußzeile ein Seitenumbruch erfolgen soll, ob die Kopf- bzw. Fußzeile auf einer neuen Seite wiederholt werden sollen. Sie haben hier auch die Möglichkeit, eine Dokumentstrukturbezeichnung auszuwählen bzw. hinzufügen (siehe dazu Kapitel 9).

  Darüber hinaus können Sie hier auf eine übergeordnete Gruppe verweisen, was im Fall von rekursiven Hierarchien (worauf im folgenden Abschnitt noch genauer eingegangen wird) notwendig sein wird.

  Wenn Sie nach Erstellung einer Gruppe das Dialogfeld *Gruppierungs- und Sortierungseigenschaften* wieder öffnen möchten, klicken Sie mit der rechten Maustaste auf den Ziehpunkt vor der Zeile und wählen im daraufhin geöffneten Kontextmenü den Eintrag *Gruppe bearbeiten*.

Abbildung 11.9 Registerkarte *Allgemein* des Dialogfelds *Gruppierungs- und Sortierungseigenschaften*

- **Detail**: Die Detailzeile einer Tabelle (Tabellendetails) repräsentiert in der Layout-Ansicht den Bereich der eigentlichen Daten, wie sie im Bericht erscheinen sollen, abhängig von ggf. vorgenommenen Filterungen, Sortierungen und Gruppierungen.

- **table1_Group1 Fußzeile**: Entspricht dem, was oben unter *table1-Group1 Kopfzeile* ausgeführt wurde.

- **Fußzeile der Tabelle**: Verhält sich analog zu dem, was oben unter *Kopfzeile der Tabelle* ausgeführt wurde.

Um die Anzahl der Mitarbeiter für jede Abteilung anzuzeigen, müssen Sie wie schon beim Gruppieren auf dem Datenbankserver die Aggregatfunktion *Count* anwenden. Tragen Sie in die *Kopfzeile der Gruppe* (in der Spalte unter *Mitarbeiter*) den Ausdruck *=Count(Fields!Abteilung.Value)* ein.

Wenn Sie nun in die Vorschau-Ansicht wechseln, werden Ihnen neben dem Namen der Abteilung die Anzahl der zugehörigen Mitarbeiter angezeigt und darunter die Nachnamen der Mitarbeiter. Um die Anzeige auf die

Zahlen zu reduzieren, löschen Sie in der Layout-Ansicht die Detailzeile sowie alle leeren Zeilen, sodass Sie in der Vorschau-Ansicht nun eine Liste mit den Abteilungsnamen und der Anzahl der jeweiligen Mitarbeiter sehen.

Um die weitergehenden Möglichkeiten beim Gruppieren von Daten in einem Bericht ein wenig zu illustrieren, sollten Sie noch eine weitere Gruppe einfügen. Gehen Sie dazu folgendermaßen vor:

1. Wechseln Sie zunächst in die Daten-Ansicht, um der Abfrage ein weiteres Datenbankfeld hinzuzufügen: Vergewissern Sie sich, dass der Designer für grafische Abfragen aktiviert und als Dataset *Gruppieren-Bericht* ausgewählt ist, markieren Sie im Diagrammbereich bei der Sicht *vEmployeeDepartment* zusätzlich die Spalte *GroupName*, und schreiben Sie im Rasterbereich in die Spalte *Alias* hinter *GroupName* **Abteilungsgruppe**.

2. Wechseln Sie jetzt in die Vorschau-Ansicht, klicken Sie auf das Ziehfeld vor der Kopfzeile der Tabelle (nicht der Kopfzeile der schon vorhandenen Gruppe!), und wählen Sie im daraufhin geöffneten Kontextmenü den Eintrag *Gruppe einfügen*.

3. Wählen Sie im Dialogfeld *Gruppierungs- und Sortierungseigenschaften* auf der Registerkarte *Allgemein* aus dem Listenfeld unter *Ausdruck* den Eintrag *=Fields!Abteilungsgruppe.Value*, und entfernen Sie das Häkchen aus dem Kontrollkästchen vor *Gruppenfuß einschließen*.

   Schließen Sie das Dialogfeld mit einem Klick auf die Schaltfläche *OK*, sodass die neue Gruppe (nur mit Kopfzeile) als erste Gruppe erzeugt und die Kopfzeile der ursprünglich ersten Gruppe als zweite in die Zeile darunter verschoben wird.

4. Öffnen Sie das Toolfenster *Datasets*, und vergewissern Sie sich, dass im Listenfeld am oberen Rand das Dataset *GruppierenBericht* ausgewählt ist, bevor Sie das Feld *Abteilungsgruppe* in die linke Spalte der Kopfzeile der neu erzeugten, nun ersten Gruppe ziehen (vergewissern Sie sich, dass in der Tabellenzelle der Ausdruck *=Fields!Abteilungsgruppe.Value* steht – andernfalls ändern Sie ihn bitte dahingehend).

5. Ziehen Sie aus dem Toolfenster *Felder* das Feld *Mitarbeiter* in die dritte Spalte der Kopfzeile der neu erzeugten, nun ersten Gruppe, und ändern Sie den neu erzeugten Ausdruck in *=Count(Fields!Mitarbeiter.Value)*, sodass Ihre Tabelle nun etwa das Aussehen hat wie in Abbildung 11.10.

Abteilungsgruppe	Abteilung	Mitarbeiter
=Fields!Abteilungsgruppe.Value		=Count(Fields!Mitarbeiter.Value)
	=Fields!Abteilung.Value	=Count(Fields!Mitarbeiter.Value)

Abbildung 11.10 Tabelle mit zwei Gruppen in der Layout-Ansicht

ACHTUNG Bei der Arbeit mit mehreren Gruppen kann es geschehen, dass die Nummerierung, die auf den Ziehfeldern angezeigt wird und die auf die Abfolge der Gruppen bei der Darstellung des Berichts verweist, von der Nummerierung abweicht, die beim Erzeugen der Gruppen als Teil der Objektnamen automatisch zugewiesen wird. So hat in unserem Beispiel die Kopfzeile der zuerst erzeugten Gruppe den Namen *table1_Group1 Kopfzeile* behalten, auch wenn sie schließlich als zweite Gruppe dargestellt wird, während die Kopfzeile der danach erzeugten Gruppe den Namen *table1_Group2 Kopfzeile* zugewiesen bekam, auch wenn sie nun als erste Gruppe dargestellt wird. Wenn Sie dies als verwirrend empfinden, sollten Sie beim Erzeugen einer Gruppe den automatisch vorgeschlagenen Namen durch einen eigenen ersetzen.

Nach wenigen Änderungen in der Formatierung könnte Ihre Tabelle in der Vorschau-Ansicht dann etwa das Aussehen haben wie in Abbildung 11.11 (zur Gestaltung von Berichten können Sie sich in Kapitel 9 und in Kapitel 14 informieren).

Abteilungsgruppe	Abteilung	Mitarbeiter
Sales and Marketing		**27**
	Sales	18
	Marketing	9
Manufacturing		**185**
	Production	179
	Production Control	6
Quality Assurance		**11**
	Quality Assurance	6
	Document Control	5
Inventory Management		**18**
	Shipping and Receiving	6
	Purchasing	12
Executive General and Administration		**35**
	Information Services	10
	Facilities and Maintenance	7
	Finance	10
	Human Resources	6
	Executive	2
Research and Development		**14**
	Tool Design	4
	Engineering	6
	Research and Development	4

Abbildung 11.11 Tabelle mit zwei Gruppen in der Vorschau-Ansicht

Rekursive Hierarchien

Mit rekursiven Hierarchien können Sie über- bzw. untergeordnete Beziehungen darstellen. Schon immer gehörte eine solche Aufgabe zu den größten Herausforderungen bei der Berichterstellung, und wenn Sie möglicherweise versucht haben, dies mit Hilfe geeigneter Abfragen zu realisieren, werden Sie festgestellt haben, dass es zwar nicht unmöglich, aber doch recht kompliziert war. Die Beispieldatenbank *Adventure-Works* liefert uns in der Tabelle *Employee* ein schönes Beispiel, mit der wir Ihnen zeigen können, wie einfach sich diese Herausforderung mit den Reporting Services bewältigen lässt:

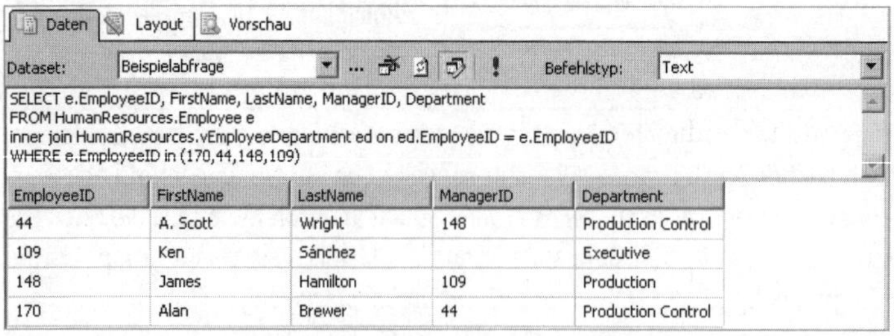

Abbildung 11.12 Beispielabfrage aus der Tabelle *Employee* und der Sicht *vEmployeeDepartment*

Die Tabelle *Employee* hat als Primärschlüssel *EmployeeID* und einen Fremdschlüssel *ManagerID*, der auf den tabelleneigenen Primärschlüssel *EmployeeID* Bezug nimmt. Auf diese Weise wird festgelegt, wer der direkte Vorgesetzte eines Mitarbeiters ist, d.h. wer an wen zu berichten hat: so berichtet z.B. der Mitarbeiter Alan Brewer (EmployeeID = 170) an A. Scott Wright (44), dieser an James Hamilton (148), dieser schließlich an Ken Sánchez (109), bei dem das Feld *ManagerID* <NULL> ist, d.h. dass er wohl der oberste Chef ist. Wir haben Ihnen dies in Abbildung 11.12 darzustellen versucht.

Wir wollen Ihnen nun zeigen, wie Sie diese Beziehungen in einem Bericht darstellen können:
1. Erstellen Sie einen neuen leeren Bericht, dem Sie z.B. den Namen **RekursiveHierarchie.rdl** geben.
2. Erstellen Sie in der Daten-Ansicht ein neues Dataset, dem Sie z.B. den Namen **RekursiveHierarchie** geben, und wählen Sie als Datenquelle die freigegebene Datenquelle *AdventureWorks (gemeinsam genutzt)* und als Befehlstyp *Text* aus.
3. Wechseln Sie in den Designer für grafische Abfragen, und fügen Sie dem Diagrammbereich die Tabelle *Employee* und die Sicht *vEmployeeDepartment* hinzu.
4. Markieren Sie in der Tabelle *Employee* die Felder *EmployeeID* und *ManagerID* sowie aus der Sicht *vEmployeeDepartment* die Felder *LastName* und *FirstName,* und fügen Sie im Rasterbereich den Feldern *LastName* und *FirstName* (in dieser Reihenfolge) eine aufsteigende Sortierung hinzu.
5. Wechseln Sie nun in die Layout-Ansicht, und erstellen Sie dort eine Tabelle.
6. Ziehen Sie aus dem Toolfenster *Datasets* das Feld *LastName* in die linke Spalte der Detailzeile, und verändern Sie den dort erzeugten Ausdruck in **=Fields!LastName.Value & ", " & Fields!FirstName.Value** (dadurch erzeugen Sie ein Feld, in dem *LastName* und *FirstName* gemeinsam – verbunden durch ein Komma mit nachfolgendem Leerschritt – angezeigt werden); ändern Sie auch den automatisch erzeugten Wert *Last Name* der darüber liegenden Kopfzeile in **Mitarbeitername**.
7. Klicken Sie mit der rechten Maustaste auf die linke obere Ecke der Tabelle und im daraufhin geöffneten Kontextmenü auf den Eintrag *Eigenschaften*.
8. Wechseln Sie im daraufhin geöffneten Dialogfeld *Tabelleneigenschaften* zur Registerkarte *Gruppen,* und klicken Sie dort auf die Schaltfläche *Detailgruppierung.*
9. Wählen Sie im daraufhin geöffneten Dialogfeld *Detailgruppierung* auf der Registerkarte *Allgemein* aus dem Listenfeld unter *Ausdruck* den Ausdruck *=Fields!EmployeeID.Value* und aus dem Listenfeld unter *Übergeordnete Gruppe* den Ausdruck *=Fields!ManagerID.Value* aus.
10. Schließen Sie nacheinander die Dialogfelder *Detailgruppierung* und *Tabelleneigenschaften* jeweils mit einem Klick auf die Schaltfläche *OK*.

Wenn Sie nun in die Vorschau-Ansicht wechseln, sind die Mitarbeiter zwar schon nach einer hierarchischen Ordnung aufgelistet, aber es fehlt noch eine entsprechende Formatierung, die dies auf den ersten Blick sichtbar macht. Wir werden dazu auf die *Level*-Funktion zurückgreifen, mit der Sie u.a. den Abstand (z.B. vom linken Rand) in Textfeldern bestimmen können, abhängig von der Hierarchie-Ebene, zu der ein bestimmtes Datenelement gehört.

11. Wechseln Sie also wieder in die Layout-Ansicht, markieren Sie das Feld in der Detailzeile, öffnen Sie das Toolfenster *Eigenschaften,* und ändern Sie den Standardwert *2pt* der Eigenschaft *Padding.Left* in den Ausdruck **=Level("table1_Details_Group") * 10 & "pt"**.

Wir wollen Ihnen kurz erklären, was dieser Ausdruck bedeutet:

- *"table1_Details_Group"* ist der Name unserer im obigen Schritt 9 vorgenommenen Detailgruppierung (merken Sie sich, dass eine als *rekursive Hierarchie* definierte Gruppe immer nur über einen einzigen Gruppenausdruck verfügen kann);
- *Level("table1_Details_Group")* gibt den Wert zurück, den eine Ebene in einer rekursiven Hierarchie hat (da die Level-Funktion eine so genannte nullbasierte Funktion ist, hat also die erste Ebene den Wert 0, die zweite Ebene den Wert 1, die dritte Ebene den Wert 2 usw.);
- *Level("table1_Details_Group") * 10* multipliziert den von der Level-Funktion zurückgegebenen Wert mit 10, sodass also als Abstand von linken Rand für die erste Ebene 0, für die zweite Ebene 10, für die dritte Ebene 20 usw. festgelegt werden;

- mit & *"pt"* verketten Sie schließlich den Zahlenwert mit der gewünschten Maßeinheit.
12. Mit Hilfe der *Level*-Funktion können Sie jetzt auch die Hierarchie-Ebene eines Mitarbeiters in einer zusätzlichen Spalte anzeigen lassen, indem Sie in die Kopfzeile der zweiten Spalte den Wert **Hierarchie-Ebene** und in die Detailzeile darunter den Wert =**Level("table1_Details_Group") + 1** eingeben.

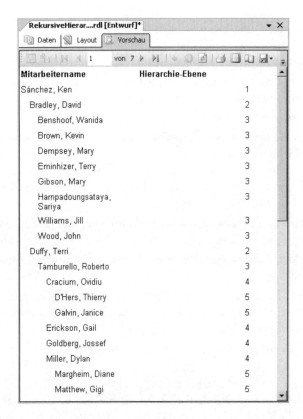

Abbildung 11.13 Bericht mit rekursiver Hierarchie

13. Nehmen Sie schließlich noch ein paar kleine Verbesserungen an der Tabelle vor, damit Ihr Bericht in etwa das Aussehen hat wie die Abbildung 11.13:
    - Markieren Sie das Textfeld mit dem Wert *Mitarbeitername*, und formatieren Sie es linksbündig und fett, und setzen Sie den Wert der Eigenschaft *Padding.Left* auf 0.
    - Markieren Sie das Textfeld mit dem Wert *Hierarchie-Ebene*, und formatieren Sie es rechtsbündig und fett.
    - Löschen Sie die dritte, leere Spalte sowie die leere Fußzeile.
    - Verändern Sie die Breite der beiden verbliebenen Spalten auf jeweils 5 cm und die Breite des Nachrichtentextes auf 10 cm.

    Wechseln Sie nun in die Vorschau-Ansicht, um das Ergebnis Ihrer Arbeit zu betrachten.

Die zu Beginn dieses Abschnitts in Abbildung 11.12 durch Zahlen repräsentierten übergeordneten bzw. untergeordneten Beziehungen lassen sich im Bericht mit rekursiver Hierarchie optisch sofort nachvollziehen. Unser Beispielmitarbeiter *Alan Brewer* gehört der Ebene 4 an, sein direkter Vorgesetzter *A. Scott Wright* der Ebene 3, dessen Vorgesetzter *James Hamilton* der Ebene 2, und darüber befindet sich nur noch *Ken Sánchez* als einziger Mitarbeiter der Ebene 1.

Kapitel 12

Parametrisierte Berichte

In diesem Kapitel:

Abfrageparameter	170
Berichtsparameter	172
Parameter in gespeicherten Prozeduren	177
Kaskadierende Parameter	178
Dynamische Abfrage	181
Mehrwertige Parameter	182
DateTimePicker-Steuerelement	183

In den beiden vorhergehenden Kapiteln dieses Buches ist häufiger der Begriff Parameter gefallen und für das vorliegende Kapitel Aufklärung darüber versprochen worden, wann und warum Sie Parameter für Ihre Berichte benötigen.

In der Praxis wird es sicherlich häufiger vorkommen, dass Sie einen Bericht vor seiner Bereitstellung einschränken müssen, wenn Sie beispielsweise die Erträge, die in verschiedenen Ländern, in verschiedenen Städten, von verschiedenen Firmen, mit verschiedenen Produkten, an verschiedenen Tagen usw. erzielt wurden, in einem Bericht darstellen und trotzdem grenzenlose Unübersichtlichkeit verhindern wollen. Wenn Sie dabei Filter einsetzen, wie wir sie im Kapitel 9 vorgestellt haben, müssen Sie schon bei der Berichterstellung wissen, nach welchen Kriterien der Bericht eingeschränkt werden soll. Mit Parametern hingegen können Sie dem Anwender die Möglichkeit geben, selbst die Auswahl dessen zu treffen, was er sehen möchte.

Wir haben dabei zunächst Abfrageparameter von Berichtsparametern zu unterscheiden bzw. ihr Zusammenspiel zu veranschaulichen. Beiden Parameter-Typen gemeinsam ist ihre filternde Wirkung, d.h. der bzw. die einer Abfrage, einer gespeicherten Prozedur bzw. einem Bericht übergegebenen Parameter filtern die Datenmenge auf eine gewünschte Auswahl hin. Wir wollen Ihnen in den folgenden Abschnitten schrittweise zeigen, wie Sie mit Hilfe von Parametern einen Bericht auf die Bedürfnisse und Notwendigkeiten zuschneiden können, die jeweils vor Ort vorliegen.

Abfrageparameter

Beginnen wir mit einer einfachen Abfrage:

1. Erstellen Sie einen neuen Bericht, indem Sie im Projektmappen-Explorer im Kontextmenü des Ordners *Berichte* den Menüpunkt *Neuen Bericht hinzufügen* anklicken.
2. Im Berichts-Assistent wählen Sie die freigegebene Datenquelle *AdventureWorks* und klicken Sie im darauf folgenden Dialogfeld auf die Schaltfläche *Abfrage-Generator*.
3. Im Abfrage-Generator erstellen Sie ein erstes Dataset für den Bericht. Klicken Sie dazu links oben auf die Schaltfläche *Standardmäßiger Abfrage-Designer*. Daraufhin wird Ihnen der eigentliche Generator präsentiert.
4. Klicken Sie mit der rechten Maustaste in das leere Feld und wählen Sie im Kontextmenü den Eintrag *Tabelle hinzufügen*. Die Ansicht *vEmployeeDepartment* lassen Sie daraufhin mit Hilfe der Schaltfläche *Hinzufügen* anzeigen.
5. Wählen Sie aus der Ansicht die Einträge *FirstName*, *Lastname*, *Department* und *GroupName*.
6. Schreiben Sie im Rasterbereich in die Spalte *Alias* hinter *GroupName* **Abteilungsgruppe**, hinter *Department* **Abteilung**, hinter *LastName* **Nachname** und hinter *FirstName* **Vorname**.
7. Um der Abfrage einen Parameter hinzuzufügen, schreiben Sie z.B. hinter *GroupName* in die Spalte *Kriterien* **=@Abteilungsgruppe**, sodass Ihre Daten-Ansicht etwa so aussieht wie in Abbildung 12.1.

Abfrageparameter

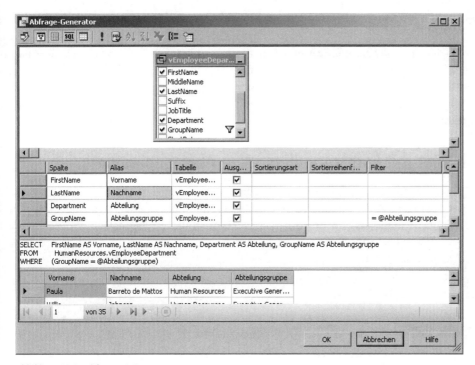

Abbildung 12.1 Abfrage mit Parameter

Der Abfrageparameter wird in die WHERE-Klausel des Abfragetextes eingefügt (wo Sie ihn natürlich auch manuell hätten eintragen können). Dem Namen eines Abfrageparameters geht also ein @-Zeichen voran, dem ein Buchstabe folgen muss. Die weiteren Zeichen sollten Buchstaben oder Zahlen sein, wobei es sich empfiehlt, möglichst einen aussagekräftigen Namen zu wählen.

Sobald Sie Ihre Abfrage ausführen, wird eine Eingabeaufforderung mit dem Namen des Abfrageparameters erscheinen, sodass Sie den Wert eingeben können, nach dem das Dataset anschließend gefiltert wird.

8. Klicken Sie im Abfrage-Generator auf die Schaltfläche *Ausführen*, geben Sie in der Eingabeaufforderung, d.h. in dem Dialogfeld *Abfrageparameter definieren*, als Wert für den Parameter *@Abteilungsgruppe* z.B. **Executive General and Administration** ein, und klicken Sie auf die Schaltfläche *OK* (die in dem Dialogfeld *Abfrageparameter definieren* eingegebenen Werte werden nur zum Ausführen der Abfrage im Abfrage-Generator verwendet; sie werden nicht im Bericht gespeichert).

Im Ergebnisbereich erscheinen – nach dem Parameterwert gefiltert – nur die Mitarbeiter der Abteilungen, die zur Abteilungsgruppe *Executive General and Administration* gehören.

9. Löschen Sie die Ergebnisse, indem Sie mit der rechten Maustaste in den Ergebnisbereich klicken, und im daraufhin geöffneten Kontextmenü den Eintrag *Ergebnisse löschen* auswählen.

10. Klicken Sie auf *Weiter* und schließen Sie den Berichts-Assistenten ab, indem Sie auf *Fertig stellen* klicken und dem Bericht im letzten Dialogfeld den Namen **Berichtsparameter Mit Abfrageparameter** zuweisen.

Berichtsparameter

Abfrageparameter, die Sie für ein Dataset festgelegt haben, erzeugen automatisch entsprechende Berichtsparameter, wenn Sie bei der Berichterstellung auf dieses Dataset zugreifen. Darüber hinaus gibt es auch die Möglichkeit, Berichtsparameter zu generieren, die auf keiner Abfrage beruhen. Wir werden Ihnen dies im Anschluss an den folgenden Abschnitt zeigen, wollen aber zunächst sehen, wie mit einem Abfrageparameter im Bericht weitergearbeitet wird.

Berichtsparameter mit korrespondierendem Abfrageparameter

Wie oben erwähnt, wird im Bericht automatisch ein Berichtsparameter erzeugt, wenn ein für den Bericht erzeugtes Dataset auf einer Abfrage beruht, die mit einem Abfrageparameter arbeitet. Wir wollen Ihnen dies zeigen, indem wir mit dem Dataset, das wir im vorhergehenden Abschnitt erzeugt haben, in unserem noch zu erstellenden Bericht weiterarbeiten:

1. Wechseln Sie in die Layout-Ansicht.
2. Rufen Sie nun den Menübefehl *Bericht/Berichtsparameter* auf, um das gleichnamige Dialogfeld zu öffnen (Abbildung 12.2).

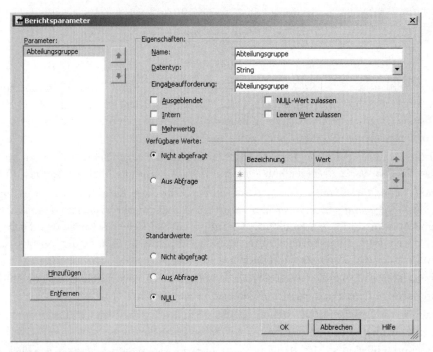

Abbildung 12.2 Das Dialogfeld *Berichtsparameter*

Sie sehen, dass automatisch ein Parameter vom Datentyp *String* mit dem Namen *Abteilungsgruppe* erzeugt wurde.

> **ACHTUNG** Der Datentyp eines Berichtsparameters ist standardmäßig *String*. Dies gilt auch für automatisch erzeugte Berichtsparameter. Wenn Sie eine Abfrage erstellt haben, die mit Hilfe eines Abfrageparameters die Daten z.B. in einem Zahlenfeld filtert, müssen Sie den Datentyp des automatisch erstellten Berichtsparameters in *Integer* (bei Ganzzahlen) bzw. *Float* (bei Fließkommazahlen) ändern.
>
> Achten Sie auch darauf, dass ein automatisch erstellter Berichtsparameter nicht entfernt bzw. umbenannt wird, wenn Sie den entsprechenden Abfrageparameter entfernen bzw. seinen Namen ändern.

Des Weiteren sehen Sie, dass automatisch auch eine Eingabeaufforderung mit dem Namen *Abteilungsgruppe* erzeugt wurde. Hier können Sie eine gewünschte Zeichenfolge eingeben, die durchaus vom Namen des Parameters abweichen kann.

3. Schließen Sie das Dialogfeld *Berichtsparameter*, indem Sie auf *OK* oder *Abbrechen* klicken, und wechseln Sie in die Vorschau-Ansicht.

   Sie sehen nun in etwa das, was der spätere Nutzer Ihres Berichts sehen wird: einen zunächst noch nicht ausgeführten Bericht, der darauf wartet, dass in das Textfeld *Abteilungsgruppe* der Wert eingegeben wird, nach dem gefiltert werden soll.

4. Geben Sie – wie weiter oben bei der Eingabeaufforderung des Abfrageparameters – z.B. **Executive General and Administration** ein, und klicken Sie auf die Schaltfläche *Bericht anzeigen*.

   Der Bericht wird nun in der gleichen Weise ausgeführt wie weiter oben nach der Eingabeaufforderung des Abfrageparameters.

Sie werden vermutlich einerseits zu schätzen wissen, dass Sie den Nutzern Ihres Berichts mit Hilfe von Berichtsparametern die Möglichkeit bieten können, selbst zu bestimmen, nach welchen Kriterien der Bericht gefiltert werden soll, andererseits es aber umständlich finden, dass das Filterkriterium eingetippt werden muss (was zum einen voraussetzen würde, dass der Nutzer immer genau wissen müsste, was einzugeben ist, und zum anderen natürlich immer die Gefahr von fehlerhaften Eingaben birgt).

Wenn Sie noch einmal einen Blick auf Abbildung 12.2 werfen, werden Sie sehen, dass Sie den Nutzern Ihres Berichts bessere Möglichkeiten bieten können. Unter *Verfügbare Werte* stehen die beiden Optionen *Nicht abgefragt* und *Aus Abfrage* zur Verfügung, mit denen Sie eine Liste von Werten definieren können, aus der die Nutzer den gewünschten Wert auswählen können:

- **Nicht abgefragt**: Wenn Sie eine nicht abgefragte (d.h. statische) Liste zur Auswahl stellen wollen, müssen Sie untereinander jeweils eine Bezeichnung und einen zugehörigen *Wert* eingeben, wobei der Wert das Kriterium wiedergibt, nach dem bei getroffener Auswahl gefiltert werden soll, die Bezeichnung (wenn gewünscht, vom Wert abweichend) das, was dem Nutzer zur Auswahl angeboten wird. Die Option *Nicht abgefragt* bietet sich an, wenn Sie dem Nutzer eine kurze (vielleicht sogar eingeschränkte) Auswahlliste zur Verfügung stellen wollen.

- **Aus Abfrage**: Bei der Angabe einer abgefragten Liste der verfügbaren Werte ruft der Berichtsserver bei der Ausführung einen Satz von Werten (und ggf. Bezeichnungen) von einem Dataset ab.

> **ACHTUNG** Es empfiehlt sich, ein gesondertes, einfaches Dataset für die Verwendung durch den Parameter zu erstellen, statt ein (vielleicht sehr komplexes) Dataset zu verwenden, das auch von Datenbereichen im Bericht verwendet wird, weil dies zu unerwarteten Ergebnissen in der Liste der verfügbaren Werte führen kann.

Wir wollen nun die zweite Option für unseren Bericht nutzen:

1. Wechseln Sie in die Daten-Ansicht, und erstellen Sie ein neues Dataset, z.B. mit dem Namen **ListeAbteilungsgruppen**, der freigegebenen Datenquelle *AdventureWorks* und dem Befehlstyp *Text*.
2. Erzeugen Sie eine Abfrage, die die Abteilungsgruppen in alphabetischer Reihenfolge abruft, z.B. mit der SQL-Anweisung:

```
SELECT DISTINCT GroupName AS Abteilungsgruppe FROM HumanResources.vEmployeeDepartment ORDER BY 1
```

HINWEIS Der Zusatz *DISTINCT* sorgt dafür, dass jeder Wert nur einmal angezeigt wird; *ORDER BY 1* bedeutet, dass nach der ersten (hier einzigen) Spalte sortiert werden soll.

3. Rufen Sie den Menübefehl *Bericht/Berichtsparameter* auf, und wählen Sie im daraufhin geöffneten Dialogfeld *Berichtsparameter* unter *Verfügbare Werte* die Option *Aus Abfrage*.
4. Wählen Sie wie in Abbildung 12.3 aus dem Listenfeld unter *Dataset* das gerade erstellte Dataset *ListeAbteilungsgruppen* (da das Dataset nur ein Feld liefert, erscheint in den Listenfeldern unter *Wertfeld* bzw. *Bezeichnungsfeld* automatisch *Abteilungsgruppe*).

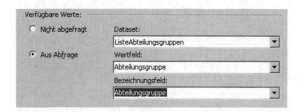

Abbildung 12.3 Verfügbare Werte – Aus Abfrage (Ausschnitt aus Dialogfeld *Berichtsparameter*)

5. Schließen Sie das Dialogfeld mit einem Klick auf die Schaltfläche *OK*, und wechseln Sie in die Vorschau-Ansicht.
   Im Bericht erscheint nun anstelle des Textfeldes ein Listenfeld *Abteilungsgruppe*, aus dem der Wert ausgewählt werden kann, nach dem bei der Berichtsausführung gefiltert werden soll.
   Wie Sie gesehen haben, wartet ein parametrisierter Bericht zunächst auf eine Eingabe bzw. Auswahl eines Wertes, ehe er ausgeführt wird. Sie können allerdings einen Standardwert für einen Parameter definieren, indem Sie im Dialogfeld *Berichtsparameter* unter *Standardwerte* statt der Option *NULL* (Keine) die Optionen *Nicht abgefragt* oder *Aus Abfrage* auswählen.
   - **Nicht abgefragt:** Sie können einen statischen Wert, z.B. **Executive General and Administration**, oder einen Ausdruck angeben.
   - **Aus Abfrage:** Wenn Sie einen abgefragten Standardwert verwenden wollen, müssen Sie das Dataset und das Feld angeben, aus dem der Standardwert abgerufen wird; falls die Abfrage mehrere Zeilen zurückgibt, wird der Feldwert der ersten Zeile des zurückgegebenen Datasets verwendet, in unserem Fall wäre dies der Wert *Executive General and Administration*.
6. Wechseln Sie in die Layout-Ansicht, rufen Sie den Menübefehl *Bericht/Berichtsparameter* auf (falls das Menü *Bericht* nicht verfügbar sein sollte, klicken Sie vorher einfach auf die Entwurfsoberfläche), wählen Sie unter *Standardwerte* die Option *Aus Abfrage* und dann aus dem Listenfeld unter *Dataset* den Eintrag *ListeAbteilungsgruppe* (sodass im Listenfeld unter *Wertfeld* der einzige Eintrag *Abteilungsgruppe* erscheint).
7. Wechseln Sie nun wieder in die Vorschau-Ansicht, um das Ergebnis dieser Maßnahme zu betrachten.

Im Listenfeld *Abteilungsgruppe* ist automatisch der Standardwert (hier *Executive General and Administration*) voreingestellt, sodass nicht mehr auf eine Auswahl des Nutzers gewartet, sondern der Bericht bereits mit dem Standardwert ausgeführt wurde. Der Nutzer kann jedoch weiterhin eine andere als die vorgegebene Auswahl treffen.

Der Bericht in seiner augenblicklichen Form wird Sie – was seine Gestaltung angeht – vermutlich nicht zufrieden stellen. Insbesondere die Tatsache, dass jeder Datensatz mit der Angabe der (immer gleichen) Abteilungsgruppe beginnt, verlangt geradezu nach einer Änderung des Layouts. Wir werden darauf in Kapitel 14 noch eingehen, wollen uns aber hier zunächst weiter mit Berichtsparametern beschäftigen.

Berichtsparameter ohne korrespondierende Abfrageparameter

Im vorhergehenden Kapitel 11 haben wir bei der Behandlung von Filtern erwähnt, dass das Filtern von Daten auf dem Berichtsserver insbesondere auch dann nützlich ist, wenn die Datenquelle die Verwendung von Abfrageparametern zum Filtern von Daten auf dem Datenbankserver nicht unterstützt, und Sie auf das vorliegende Kapitel verwiesen. Dies impliziert, dass ein Bericht mit Berichtsparametern arbeiten kann, die nicht auf Abfrageparametern basieren. In einem solchen Fall wird zwar von der Datenquelle immer erst die gesamte Datenmenge abgerufen und dann die Filterung auf dem Berichtsserver vorgenommen, aber Sie können dem Nutzer trotzdem eine Interaktion mit den Daten ermöglichen.

Wir wollen Ihnen dies an einem Beispiel analog zum Beispiel in den vorhergehenden Abschnitten zeigen:

1. Erstellen Sie einen neuen leeren Bericht, dem Sie z.B. den Namen **Berichtsparameter Ohne Abfrageparameter** geben, mit einem Dataset, dem Sie z.B. den Namen **DatasetBerichtsparameter** geben und das auf der folgenden Abfrage beruht (wenn Sie die Abfrage nicht im Abfrage-Generator erzeugen, sondern direkt eintippen, achten Sie bitte darauf, ein + anstelle eines & und einfache anstelle von doppelten Anführungszeichen zu benutzen):

```
SELECT GroupName AS Abteilungsgruppe, Department AS Abteilung, LastName + ', ' + FirstName AS Mitarbeitername FROM Department HumanResources.vEmployeeDepartment
```

2. Erstellen Sie ein weiteres Dataset (wie im vorherigen Abschnitt) z.B. mit dem Namen **ListeAbteilungsgruppen**, um dem Nutzer eine Auswahlliste mit allen Abteilungsgruppen zur Verfügung zu stellen:

```
SELECT DISTINCT GroupName AS Abteilungsgruppe FROM HumanResources.vEmployeeDepartment ORDER BY 1
```

3. Rufen Sie den Menübefehl *Bericht/Berichtsparameter* auf, klicken Sie im daraufhin geöffneten Dialogfeld *Berichtsparameter* auf die Schaltfläche *Hinzufügen*, und nehmen Sie folgende Einstellungen vor:
   - **Eigenschaften**: für *Name* und *Eingabeaufforderung* **Abteilungsgruppe** (der Datentyp *String* kann beibehalten werden);
   - **Verfügbare Werte**: Wählen Sie die Option *Aus Abfrage* und aus dem Listenfeld unter *Dataset* den Eintrag *ListeAbteilungsgruppen*, sodass in den Listenfeldern unter *Wertfeld* und *Bezeichnungsfeld* der (einzige) Eintrag *Abteilungsgruppe* erscheint;
   - **Standardwerte**: Wählen Sie die Option *Aus Abfrage* und aus dem Listenfeld unter *Dataset* den Eintrag *ListeAbteilungsgruppen*, sodass im Listenfeld unter *Wertfeld* der (einzige) Eintrag *Abteilungsgruppe* erscheint.

4. Wählen Sie in der Daten-Ansicht das initiale Dataset *DatasetBerichtsparameter* aus, und klicken Sie auf die Schaltfläche *Ausgewähltes Dataset bearbeiten*, um das Dialogfeld *Dataset* zu öffnen.
5. Wechseln Sie im daraufhin geöffneten Dialogfeld auf die Registerkarte *Filter*, wählen Sie aus dem Listenfeld unter *Ausdruck* den Eintrag *=Fields!Abteilungsgruppe.Value*, und klicken Sie im Listenfeld unter *Wert* auf den Eintrag *<Ausdruck>*.
6. Klicken Sie im daraufhin geöffneten Dialogfeld *Ausdruck bearbeiten* unter *Felder* auf das Baumelement *Parameter*, markieren Sie im Fenster rechts *Abteilungsgruppe*, und klicken Sie dann auf die Schaltfläche *Einfügen*, sodass rechts unter *Ausdruck* der folgende Ausdruck erscheint: *=Parameters!Abteilungsgruppe.Value*.
7. Schließen Sie nacheinander die beiden Dialogfelder jeweils mit einem Klick auf die Schaltfläche *OK*.

   Sie können sich an dieser Stelle das Ausführen der Abfrage sparen, denn wie Sie sich vielleicht noch aus dem vorhergehenden Kapitel 11 erinnern, haben Filtereinstellungen im Dataset (bzw. einer Tabelle) keine Auswirkung auf das Abfrageergebnis im Abfrage-Designer.
8. Wechseln Sie nun in die Layout-Ansicht, erstellen Sie dort eine Tabelle, und ziehen Sie nacheinander die Felder *Abteilungsgruppe*, *Abteilung* und *Mitarbeitername* in die erste, zweite und dritte Spalte der Detailzeile der Tabelle (achten Sie vor dem Platzieren der Felder darauf, dass die Felder Unterelemente des Datasets *DatasetBerichtsparameter* sind).
9. Wenn Sie nun in die Vorschau-Ansicht wechseln, werden Sie feststellen, dass der Bericht das gleiche Ergebnis liefert wie der Bericht im vorhergehenden Abschnitt.

HINWEIS Alternativ zum Schritt 4 können Sie den filternden Berichtsparameter anstatt im Dataset auch in der Tabelle einsetzen. Wechseln Sie dazu gleich nach Schritt 3 in die Layout-Ansicht, rufen Sie hier das Dialogfeld *Tabelleneigenschaften* auf, und gehen Sie dann weiter vor, wie ab Schritt 5 beschrieben.

Fassen wir das Ergebnis dieses Vergleichs zusammen:

- Im Bericht *Berichtsparameter Mit Abfrageparameter* des vorhergehenden Abschnitts arbeiteten wir mit einer Abfrage, die einen Abfrageparameter verwendete: Im Bericht wurde automatisch ein korrespondierender Berichtsparameter erzeugt, für den vor der Ausführung des Berichts ein Wert eingegeben werden muss (ob nun durch einen Standardwert oder durch Auswahl aus dem Listenfeld). Der Wert des Berichtsparameters wird mit der Abfrage an die Quelle geschickt, und die Daten werden an der Quelle (auf dem Datenbankserver) gefiltert, sodass immer nur ein gefiltertes Dataset abgerufen wird.
- Im Bericht *Berichtsparameter Ohne Abfrageparameter* dieses Abschnitts arbeiteten wir mit einer Abfrage zwar ohne Abfrageparameter, aber mit einem von der Abfrage unabhängigen Berichtsparameter, für den ebenfalls vor der Ausführung des Berichts ein Wert eingegeben werden muss (ob nun durch einen Standardwert oder durch Auswahl aus dem Listenfeld). Doch bereits vor der Eingabe eines Werts für den Berichtsparameter ist das gesamte Dataset ungefiltert an der Quelle abgerufen worden und liegt schon auf dem Berichtsserver vor, sodass die Filterung durch den Wert des Berichtsparameters erst dort vorgenommen wird.

Wir haben im vorhergehenden Kapitel 11 bereits die Vor- und Nachteile erörtert, die im Unterschied zwischen Filtern auf dem Datenbankserver und Filtern auf dem Berichtsserver bestehen. Wenn möglich, sollten Sie auf die erste Variante, d.h. den Einsatz von Abfrageparametern, zurückgreifen; die zweite Variante bietet sich aber an, wenn die Datenquelle die Verwendung von Abfrageparametern zum Filtern von Daten nicht unterstützt.

Berichtsparameter ohne korrespondierende Abfrageparameter können aber auch noch für andere als filternde Zwecke eingesetzt werden. In Kapitel 14 werden wir noch näher darauf eingehen.

Parameter in gespeicherten Prozeduren

Wir haben uns in Kapitel 10 ausführlich mit gespeicherten Prozeduren beschäftigt und die Vorteile hervorgehoben, die Datasets mit einer Gespeicherten Prozedur gegenüber Datasets mit einer Abfrage aus Tabellen oder Sichten haben. Wir wollen Ihnen deshalb an einem Beispiel analog zu den Beispielen der vorhergehenden Abschnitte zeigen, wie Sie gespeicherte Prozeduren mit Parametern für die Arbeit an einem Bericht einsetzen können:

1. Erstellen Sie einen neuen leeren Bericht, dem Sie z.B. den Namen **Berichtsparameter In Prozeduren** zuweisen.
2. Erstellen Sie in der Daten-Ansicht ein Dataset z.B. mit dem Namen **StoredProc**, und wählen Sie im Listenfeld unter *Befehlstyp* den Eintrag *StoredProcedure* aus.
3. Öffnen Sie das Toolfenster *Server-Explorer* (z.B. indem Sie den Menübefehl *Ansicht/Server-Explorer* aufrufen), und halten Sie es dauerhaft geöffnet, indem Sie auf das Pinn-Symbol *Automatisch im Hintergrund* klicken.
4. Klicken Sie im geöffneten Toolfenster mit der rechten Maustaste auf *Datenverbindungen* und fügen Sie eine Datenverbindung zur *AdventureWorks*-Datenbank hinzu..
5. Klicken Sie mit der rechten Maustaste auf *Gespeicherte Prozeduren*, und wählen Sie im daraufhin geöffneten Kontextmenü den Eintrag *Neue gespeicherte Prozedur hinzufügen*.

   Im Berichts-Designer öffnet sich ein Entwurfsfenster, in dem schon die grundsätzliche Syntax zum Erstellen einer neuen Prozedur vorgegeben ist. Per Rechtsklick auf den SELECT-Block können Sie auch mit Hilfe des Abfrage-Generators eine Abfrage zusammenstellen.
6. Ändern Sie die Syntax derart, dass sie dem entspricht, was Sie in Abbildung 12.4 sehen, um eine gespeicherte Prozedur mit dem Namen myParameterProc zu erstellen:

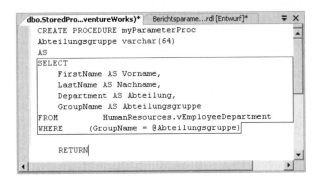

Abbildung 12.4 Erstellen einer gespeicherten Prozedur mit Parameter im Berichts-Designer

7. Speichern Sie die Prozedur, indem Sie auf das Speichersymbol in der *Standard*-Symbolleiste klicken.

   Die Prozedur ist nun in der Datenbank auf dem Datenbankserver gespeichert, sodass auf sie wie auf jede andere gespeicherte Prozedur zugegriffen werden kann, um Daten in einem Dataset zurückzugeben.
8. Schließen Sie das Entwurfsfenster, und wählen Sie in der Daten-Ansicht Ihres Berichts im Abfrage-Designer aus dem Listenfeld *Gespeicherte Prozedur* die gerade erstellte Prozedur *myParameterProc*.

Wenn Sie nun auf die Schaltfläche *Ausgewähltes Dataset bearbeiten* klicken, sehen Sie im daraufhin geöffneten Dialogfeld *Dataset* auf der Registerkarte *Abfrage*, dass als Abfragezeichenfolge der Name der Prozedur eingetragen ist, und auf der Registerkarte *Parameter*, dass automatisch der *Name* und *Wert* des aus der Prozedur stammenden Parameters hinzugefügt wurden.

9. Erstellen Sie nun noch wieder ein *Dataset* mit dem Namen **ListeAbteilungsgruppen**, um dem Nutzer eine Auswahlliste mit allen *Abteilungsgruppen* zur Verfügung zu stellen:

```
SELECT DISTINCT GroupName AS Abteilungsgruppe FROM HumnResources.vEmployeeDepartment ORDER BY 1
```

10. Rufen Sie jetzt den Menübefehl *Bericht/Berichtsparameter* auf.

    Sie sehen im daraufhin geöffneten Dialogfeld *Berichtsparameter*, dass der aus der Prozedur stammende Abfrageparameter automatisch einen korrespondierenden Berichtsparameter erzeugt hat.

11. Nehmen Sie noch folgende Einstellungen vor:
    - **Verfügbare Werte**: Wählen Sie die Option *Aus Abfrage* und aus dem Listenfeld unter *Dataset* den Eintrag *ListeAbteilungsgruppen*, sodass in den Listenfeldern unter *Wertfeld* und *Bezeichnungsfeld* der (einzige) Eintrag *Abteilungsgruppe* erscheint;
    - **Standardwerte**: Wählen Sie die Option *Aus Abfrage* und aus dem Listenfeld unter *Dataset* den Eintrag *ListeAbteilungsgruppen*, sodass im Listenfeld unter *Wertfeld* der (einzige) Eintrag *Abteilungsgruppe* erscheint.

12. Wechseln Sie in die Layout-Ansicht, erstellen Sie dort eine Tabelle, und ziehen Sie nacheinander die Felder *Abteilungsgruppe*, *Abteilung* und *Nachname* in die erste, zweite und dritte Spalte der Detailzeile der Tabelle. Ändern Sie in der dritten Spalte den Wert der Detailzeile in **Fields!Nachname.Value & ", " & Fields!Vorname.Value** sowie den Wert der Kopfzeile in **Mitarbeitername** (achten Sie vor dem Platzieren der Felder darauf, dass in der Feldliste *StoredProc* ausgewählt ist).

13. Wenn Sie nun in die Vorschau-Ansicht wechseln, werden Sie feststellen, dass der Bericht das gleiche Ergebnis liefert wie die Berichte in den vorhergehenden Abschnitten.

Kaskadierende Parameter

Sie werden sich vermutlich schon die Frage gestellt haben, ob und wie ein zweiter Parameter in einem Bericht eingesetzt werden kann. In unseren obigen Beispielen haben wir mit einem Parameter gearbeitet, mit dem der Nutzer die Abteilungsgruppe auswählen kann, sodass ihm die entsprechenden Abteilungen mit ihren Mitarbeitern angezeigt werden. Ein zweiter Parameter in unserem Bericht könnte sich also auf die Abteilungen beziehen, sodass schließlich nur noch die Mitarbeiter einer einzigen Abteilung angezeigt werden. Dies könnten wir natürlich auch erreichen, indem wir gleich als einzigen Parameter die Abteilungen zur Verfügung stellen. Wir wollen aber unseren Bericht so gestalten, dass durch die aufeinander folgende Auswahl nacheinander das Ergebnis eingeschränkt werden kann.

Vielleicht ahnen Sie schon, dass es dabei Schwierigkeiten geben könnte, aber wir beginnen mit der Erstellung unseres Berichts:

1. Erzeugen Sie einen Bericht z.B. mit dem Namen **Kaskadierende Parameter** und einem Dataset, das z.B. den Namen **DatasetMitarbeiter** hat und auf folgender Abfrage beruht, wie sie in Abbildung 12.5 zu sehen ist.

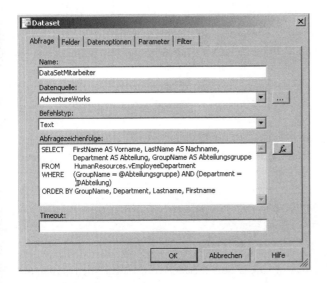

Abbildung 12.5 Dialogfeld *Dataset* mit Parameterabfrage

2. Erzeugen Sie nun zwei Datasets, z.B. mit den Namen **ListeAbteilungsgruppen** bzw. **ListeAbteilungen**, um dem Nutzer eine Auswahlliste mit allen Abteilungsgruppen und eine Auswahlliste mit allen Abteilungen zur Verfügung zu stellen:

```
SELECT DISTINCT GroupName AS Abteilungsgruppe FROM HumanResources.vEmployeeDepartment ORDER BY 1
```

bzw.

```
SELECT DISTINCT Department AS Abteilung FROM HumanResources.vEmployeeDepartment ORDER BY 1
```

3. Rufen Sie den Menübefehl *Bericht/Berichtsparameter* auf, und weisen Sie unter *Verfügbare Werte* mit der Option *Aus Abfrage* jedem der automatisch erzeugten Berichtsparameter das entsprechende Dataset (also *ListeAbteilungsgruppen* bzw. *ListeAbteilungen*) zu (wir verzichten an dieser Stelle auf die Zuweisung von Standardwerten und deaktivieren ggf. die Kontrollkästchen *Nullwerte zulassen* und *Leeren Wert zulassen*).

4. Erzeugen Sie eine dreispaltige Tabelle mit den Feldern wie in den vorherigen Abschnitten, und wechseln Sie dann in die Vorschau-Ansicht.

   Der Bericht wartet nun auf Ihre Auswahl (achten Sie darauf, dass Sie nicht nur im Listenfeld *Abteilungsgruppen*, sondern auch bereits im Listenfeld *Abteilungen* eine Auswahl treffen könnten).

5. Wählen Sie im Listenfeld *Abteilungsgruppe* wieder als Wert *Executive General and Administration*.

   Der Bericht wartet nun auf die nächste Auswahl (und zeigt nicht, wie wir vielleicht gehofft haben, alle Abteilungen der Abteilungsgruppe *Executive General and Administration* und deren Mitarbeiter an).

   Wenn Sie nun das Listenfeld *Abteilung* öffnen, werden Sie alle möglichen Abteilungen sehen (und nicht nur jene, die zur ausgewählten Abteilungsgruppe *Executive General and Administration* gehören), sodass es – wenn Sie sich nicht genau auskennen – letztlich vom Zufall abhängen wird, ob Sie eine Abteilung auswählen, die tatsächlich zur ausgewählten Abteilungsgruppe gehört.

   Wir müssen unsere Parameter also so definieren, dass die Liste der Werte für den zweiten Parameter von dem Wert abhängt, der in der Liste der Werte für den ersten Parameter ausgewählt wurde (in gleicher Weise könnte ein dritter Parameter von dem Wert abhängen, der in der Liste der Werte für den zweiten

Parameter ausgewählt wurde usw.). Eine solche Vorgehensweise, eine Liste von Parameterwerten basierend auf dem Wert eines anderen Parameters zu filtern, erzeugt einen zusammengehörigen Satz von Parametern, die als kaskadierende (oder auch abhängige oder hierarchische) Parameter bezeichnet werden.

Da demnach die Liste für den zweiten Parameter *Abteilung* vom ausgewählten Wert für den ersten Parameter *Abteilungsgruppen* abhängig ist, müssen wir die Abfrage für das Dataset *ListeAbteilungen* entsprechend anpassen.

6. Wechseln Sie in die Daten-Ansicht, wählen Sie das Dataset *ListeAbteilungen*, und erweitern Sie die bestehende Abfrage vor der *ORDER BY*-Klausel um den Zusatz **WHERE GroupName = @Abteilungsgruppe**, sodass die Abfrage folgendes Aussehen hat:

```
SELECT DISTINCT Department AS Abteilung FROM HumanResources.vEmployeeDepartment WHERE GroupName =
@Abteilungsgruppe ORDER BY 1
```

Wir bewirken auf diese Weise, dass zunächst dem Parameter *Abteilungsgruppe* ein Wert zugewiesen werden muss, ehe die Liste für den Parameter *Abteilung* (die ja nun auf den Wert des Parameters *Abteilungsgruppe* warten muss) erstellt wird, d.h. wir bringen die Parameter in eine hierarchische Reihenfolge, in der sie im Bericht angezeigt und in der die Parameterabfragen ausgeführt werden:

- Zuerst wird die parameterlose Abfrage des Datasets *ListeAbteilungsgruppen* ausgeführt, die den Wert für den Parameter *Abteilungsgruppe* liefert.
- Dann kann mit diesem Wert die Parameterabfrage des Datasets *ListeAbteilungen* ausgeführt werden, die den Wert für den Parameter *Abteilungen* liefert.
- Schließlich kann mit den beiden vorher gelieferten Werten die für den Bericht entscheidende Parameterabfrage des Datasets *DatasetMitarbeiter* ausgeführt werden, die den Bericht anzeigt.

7. Wechseln Sie in die Vorschau-Ansicht, um dies zu überprüfen.

Der Bericht wartet nun auf Ihre Auswahl der Abteilungsgruppe (aber im Unterschied zu unserem ersten Versuch ist das Listenfeld *Abteilungen* noch deaktiviert).

8. Wählen Sie im Listenfeld *Abteilungsgruppe* wieder als Wert *Executive General and Administration*.

Der Bericht wartet nun auf Ihre Auswahl der Abteilung (denn jetzt ist das Listenfeld *Abteilung* aktiviert).

Wenn Sie das Listenfeld *Abteilung* öffnen, werden Sie tatsächlich nur diejenigen Abteilungen sehen, die zur ausgewählten Abteilungsgruppe *Executive General and Administration* gehören.

9. Wählen Sie einen beliebigen Eintrag im Listenfeld *Abteilung* aus, z.B. *Executive*, und klicken Sie anschließend auf die Schaltfläche *Bericht anzeigen*.

Der Bericht zeigt nun die Daten an, die beide Filterbedingungen erfüllen.

Damit wäre unser Vorhaben fast erfüllt. Um auch noch die oben erwähnte Möglichkeit zu haben, nach Auswahl der Abteilungsgruppe alle zugehörigen Abteilungen mit ihren Mitarbeitern zu sehen, müssen wir weitere Änderungen vornehmen. Dazu benötigen wir eine so genannte dynamische Abfrage, die wir Ihnen im folgenden Abschnitt vorstellen.

Dynamische Abfrage

Wenn wir die *WHERE*-Klausel der Abfrage des Datasets *DatasetMitarbeiter* betrachten, sehen wir, dass für den Fall, dass alle Abteilungen angezeigt werden sollen, der zweite Teil (beginnend mit *AND*) wegfallen muss. Leider ist es aber in einer statischen Abfrage nicht möglich, die Struktur der Abfrage so zu ändern, dass je nach Lage entweder der erste Teil oder beide Teile der *WHERE*-Klauseln ausgeführt werden. Ein solcher Vorgang ist aber mit einer dynamischen Abfrage möglich.

Wir werden dazu die ursprüngliche Abfrage des Datasets *DatasetMitarbeiter* durch einen Ausdruck ersetzen, der bei seiner Ausführung eine Abfrage ergibt, die nur dann den zweiten Teil der *WHERE*-Klausel enthält, wenn eine bestimmte Abteilung ausgewählt wird.

Abbildung 12.6   Abfrage als Ausdruck im Designer für generische Abfragen

1. Wechseln Sie in die Daten-Ansicht und vergewissern Sie sich, dass Sie sich im Designer für generische Abfragen (und nicht im Designer für grafische Abfragen, um dessen – in diesem Fall – unerwünschte Korrekturen zu vermeiden) befinden. Wählen Sie im Listenfeld *Dataset auswählen* den Eintrag *Dataset-Mitarbeiter* aus, und ändern Sie die Abfrage in einen Ausdruck, wie Sie ihn in Abbildung 12.6 sehen.

HINWEIS   Vielleicht erschrecken Sie, wenn Sie die Vielzahl an verschiedenen Zeichen sehen, auf die aber leider nicht verzichtet werden kann. Geben Sie bitte den Ausdruck genau so ein, wie Sie ihn sehen. Erzeugen Sie den Ausdruck unbedingt im Designer für generische Abfragen, und geben Sie ihn als eine einzige Zeile ein, d.h. verzichten Sie auf manuelle Zeilenumbrüche (die macht der Designer für generische Abfragen für die Darstellung automatisch) und auf zusätzliche Leerzeichen. Falls die Ausführung Ihres Berichts später nicht funktioniert, könnte hier die Fehlerquelle zu finden sein.

Wir werden in Kapitel 25 ausführlich auf Ausdrücke eingehen, sodass wir hier darauf verzichten wollen, den aus verschiedenen Teilen zusammengesetzten Ausdruck in allen Einzelheiten zu erläutern. Deshalb nur so viel zur Erklärung: Der für unseren Zusammenhang entscheidende Teil beginnt mit der *IIf*-Funktion, die aus drei Teilen besteht:

- Der erste Teil prüft, ob *Parameters!Abteilung.Value = "<alle>"* ist (wir werden dazu gleich noch die Abfrage des Datasets *ListeAbteilung* so ändern, dass der Parameter den Wert *<alle>* aufweist, wenn keine bestimmte Abteilung ausgewählt wurde).
- Der zweite Teil erzeugt eine leere Zeichenfolge, d.h. "", für den Fall, dass die Prüfung im ersten Teil *Wahr* ergibt.
- Der dritte Teil erzeugt für den Fall, dass die Prüfung im ersten Teil nicht *Wahr* ergibt, den mit *AND* beginnenden zweiten Teil unserer *WHERE*-Klausel.

---

2. Ändern Sie im Designer für generische Abfragen die Abfrage des Datasets *ListeAbteilungen* wie folgt:

```
SELECT DISTINCT Department AS Abteilung, FROM HumanResources.vEmployeeDepartment WHERE GroupName = @Abteilungsgruppe UNION SELECT '<alle>' ORDER BY 1
```

Wir bewirken dadurch, dass die Liste eine zusätzliche Zeile aufweist, die die gewünschte unbestimmte Auswahl, nämlich *<alle>* als Wert bekommt.

3. Wechseln Sie in die Vorschau-Ansicht, und wählen Sie als Abteilungsgruppe z.B. wieder *Executive General and Adminstration*.

   Wenn Sie als Abteilung <alle> wählen, werden alle Abteilungen und Mitarbeiter der Abteilungsgruppe *Executive General and Adminstration* angezeigt. Wenn Sie eine bestimmte Abteilung auswählen, werden nur die Mitarbeiter dieser Abteilung angezeigt.

Mehrwertige Parameter

Ein in der Praxis sehr häufig vermisstes Feature ist nun erstmalig verfügbar: Mit mehrwertigen Parametern können Sie (abgesehen von der Wahl aller oder einzelner Werte) auch nur zwei oder drei Werte für einen Parameter herauspicken. Im vorherigen Beispiel wurden so nur die Mitarbeiter einer bestimmten Abteilung oder gleich aller Abteilungen zur Auswahl gestellt.

Außerdem können Sie Sichtbarkeitsebenen festlegen, die eine Aussage darüber treffen, wie der Bericht über Parameter gesteuert werden kann bzw. die Parameter für den Benutzer unsichtbar sind.

Die eben genannten Optionen sind unabhängig davon, ob die Parameter Berichts- oder Abfrageparameter sind. Im Folgenden probieren Sie die Option *Mehrwertig* aus.

1. Öffnen Sie den Beispielbericht *Berichtsparameter ohne Berichtsparameter*.
2. Wechseln Sie in die Layout-Ansicht. Über den Menübefehl *Bericht/Berichtsparameter* öffnen Sie das Dialogfeld *Berichtsparameter*. Wählen Sie den Parameter *Abteilung* aus.
3. Aktivieren Sie das Kontrollkästchen *Mehrwertig* (siehe Abbildung 12.7). Dadurch erlauben Sie die Mehrfachauswahl von Parametern.

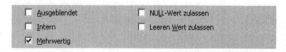

Abbildung 12.7 Parameterdefinition mit Hilfe der *Mehrwertig*-Option

4. Wechseln Sie in die Vorschau-Ansicht und klicken Sie auf die Kombinationsfeld-Liste des Parameters *Abteilungsgruppe*.
5. In Abbildung 12.8 sehen Sie das Ergebnis. Sie können nun nicht nur eine Abteilungsgruppe wählen, sondern mehrere oder sogar alle Abteilungsgruppen. Wenn Sie also für mehrere Abteilungsgruppen zuständig sind, können Sie alle Berichte in einem Bericht zusammenfassen.

Abbildung 12.8 Parameterauswahl nach Aktivierung der *Mehrwertig*-Option

Es gibt außerdem noch die Optionen *Intern* und *Ausgeblendet*. Damit können Sie die Sichtbarkeit der Parameter steuern, was in veröffentlichten Berichten zur Geltung kommt:

- Die Option *Ausgeblendet* erlaubt es, die Parameter unsichtbar zu halten. Über die Berichts-URL können Sie jedoch die Parameter ansprechen und den Bericht steuern.
- Die Option *Intern* versteckt die Berichtsparameter und stellt einen Parameter nur in der Berichtsdefinition zur Verfügung.

DateTimePicker-Steuerelement

Das folgende Beispiel soll verdeutlichen, wie angenehm die Berichtssteuerung mittels Datumsparametern sein kann und dass Reporting Services Ihnen die Arbeit mittels Steuerelementen vereinfacht.

Um einen Bericht mittels eines Datumsparameters steuern zu können, probieren Sie im Folgenden einen Beispielbericht aus, der in Abhängigkeit eines Datums steht:

1. Erstellen Sie einen neuen leeren Bericht namens **Berichtsparameter Datum**.
2. Auch dieser Bericht basiert auf der freigegebenen Datenquelle *AdventureWorks*. In der Daten-Ansicht erstellen Sie ein neues Dataset mit dem Namen **DataSetProdukte**.
3. Tragen Sie in das Textfeld *Abfragezeichenfolge* den Code aus Listing 12.1 ein, welcher aus dem View *vProductModelCatalogDescription* den Namen des Produktes, das Datum der letzten Änderung und die Garantiejahre gewinnt.

```
SELECT Name AS Produktname, ModifiedDate AS 'zuletzt geändert am', NoOfYears AS Garantiejahre
FROM Production.vProductModelCatalogDescription
WHERE (ModifiedDate > @zuletztGeändert)
```

Listing 12.1 SQL-Abfrage für das Dataset *DataSetProdukte*

Der Parameter @zuletztGeändert bewirkt dabei, dass alle Datensätze herausgefiltert werden, die als ModifiedDate-Wert einen kleineren Wert haben als im Parameter angegeben ist.

4. Öffnen Sie jetzt den Dialog *Berichtsparameter* über *Bericht/Berichtsparameter*. Der Parameter *zuletztGeändert* findet sich dort wieder. Ändern Sie den Datentyp von der Standardeinstellung *String* in *DateTime* und schreiben Sie in das Textfeld *Eingabeaufforderung* **geänderte Werte seit**.
5. Verlassen Sie das Dialogfeld über *OK* und wechseln Sie in die Layout-Ansicht.
6. Ziehen Sie mittels der *Toolbox* eine Tabelle auf den Bericht und füllen Sie die Detailfelder mit den Dataset-Feldern *Produktname*, *Garantiejahre* und *zuletzt geändert*.
7. Wechseln Sie zur *Vorschau*-Ansicht.
8. Klicken Sie auf das Kalendersymbol, um das *DateTimePicker*-Steuerelement zu öffnen, wie in Abbildung 12.9 zu sehen. Dieses Feature erlaubt Ihren Benutzern eine komfortable Auswahl eines Datums.

Abbildung 12.9 *DateTimePicker*-Steuerelement für die Auswahl eines Datumsparameters

9. Die Datenbank enthält für Ihr Beispiel etwas begrenzte Daten, sodass Sie vor den 20.11.2002 bzw. 01.06.2001 mittels des DateTimePickers springen müssen, um Ergebnisse zu erhalten.

Wie Sie eben erfahren haben, können Sie jetzt mit Parametern Ihre Berichte auf sehr verschiedene Weisen steuern. Im folgenden Kapitel lernen Sie die Bedeutung von Drilldown und Drillthrough in Berichten kennen.

Kapitel 13

Interaktiv: Drilldown/ Drillthrough

In diesem Kapitel:

Drilldown	186
Drillthrough	188
Hyperlinks und Lesezeichenlinks	191

Im vorhergehenden Kapitel 12 haben Sie mit Berichtsparametern ein Feature kennen gelernt, das den Nutzern die Möglichkeit gibt, interaktiv mit dem Bericht umzugehen, d.h. seine Darstellung und die darin enthaltenen Daten zu beeinflussen. In Kapitel 9 haben Sie gesehen, wie Sie eine Dokumentstruktur erstellen können, die als *interaktives* Inhaltsverzeichnis dient. Durch Klicken auf Elemente der Dokumentstruktur konnten Sie zu bestimmten Bereichen in einem Bericht springen.

Im vorliegenden Kapitel wollen wir Ihnen nun weitere interaktive Features vorstellen, mit denen der Nutzer Einfluss auf die Darstellung eines Berichts nehmen kann.

Drilldown

Drilldown ist eine Funktionalität, die es dem Nutzer erlaubt, tiefer in einen Bericht einzudringen, um sich zusätzliche Detailinformationen anzeigen zu lassen. Sie haben in Kapitel 6 bei der Erstellung Ihres ersten Berichts *Department_Employee_Address* mit Hilfe des Berichts-Assistenten die Möglichkeit gehabt, das Kontrollkästchen vor *Drilldown aktivieren* zu aktivieren.

> **TIPP** Um sich die Wirkung der Drilldown-Funktionalität zu vergegenwärtigen, öffnen Sie den in Kapitel 6 erstellten Bericht *Einfacher Drilldown-Bericht*. Indem Sie auf das +-Symbol (bzw. ---Symbol) klicken, können Sie Detailebenen des Berichts einblenden (bzw. ausblenden).

Wir wollen Ihnen an einem Beispiel zeigen, wie Sie einen Drilldown-Bericht ohne Berichts-Assistenten erzeugen können:

1. Erstellen Sie einen neuen leeren Bericht, dem Sie z.B. den Namen **Drilldown** geben, mit einem Dataset, dem Sie z.B. den Namen **DrilldownMitarbeiter** geben und das auf der folgenden Abfrage beruht:

```
SELECT GroupName AS Abteilungsgruppe, Department AS Abteilung, LastName + ', ' + FirstName AS
Mitarbeitername FROM Department HumanResources.vEmployeeDepartment ORDER BY 1, 2 ,3
```

2. Wechseln Sie in die Layout-Ansicht, erstellen Sie dort eine Tabelle, und ziehen Sie das Feld *Mitarbeitername* in die dritte Spalte der Detailzeile der Tabelle.
3. Erzeugen Sie eine Gruppe, indem Sie mit der rechten Maustaste auf den Ziehpunkt vor der Detailzeile klicken und im daraufhin geöffneten Kontextmenü den Eintrag *Gruppe einfügen* wählen.
4. Wählen Sie im daraufhin geöffneten Dialogfeld *Gruppierungs- und Sortierungseigenschaften* auf der Registerkarte *Allgemein* unter *Gruppieren nach* den Ausdruck *=Fields!Abteilungsgruppe.Value*, deaktivieren Sie das Kontrollkästchen vor *Gruppenfuß einschließen*, und schließen Sie das Dialogfeld mit einem Klick auf die Schaltfläche *OK*.
5. Erzeugen Sie in der gleichen Weise eine zweite Gruppe, wobei Sie unter *Gruppieren nach* den Ausdruck *=Fields!Abteilung.Value* wählen sowie unter *Übergeordnete Gruppe* den Ausdruck *=Fields!Abteilungsgruppe.Value*. Deaktivieren Sie das Kontrollkästchen vor *Gruppenfuß einschließen*, und schließen Sie das Dialogfeld mit einem Klick auf die Schaltfläche *OK*.
6. Entfernen Sie die überflüssige Fußzeile der Tabelle, und ziehen Sie anschließend das Feld *Abteilungsgruppe* in die erste Spalte der Kopfzeile der ersten Gruppe und das Feld *Abteilung* in die zweite Spalte der Kopfzeile der zweiten Gruppe.

7. Klicken Sie nun wieder mit der rechten Maustaste auf den Ziehpunkt vor der Detailzeile, und wählen Sie im daraufhin geöffneten Kontextmenü den Eintrag *Gruppe bearbeiten*, um das Dialogfeld *Gruppierungs- und Sortierungseigenschaften* zu öffnen.
8. Wählen Sie auf der Registerkarte *Allgemein* unter *Gruppieren nach* den Ausdruck *=Fields!Mitarbeitername.Value* sowie unter *Übergeordnete Gruppe* den Ausdruck *=Fields!Abteilung.Value*, und wechseln Sie dann zur Registerkarte *Sichtbarkeit*.
9. Wählen Sie unter *Ursprüngliche Sichtbarkeit* die Option *Ausgeblendet*, aktivieren Sie das Kontrollkästchen vor *Sichtbarkeit wird von einem anderen Berichtselement gesteuert*, wählen Sie im daraufhin aktivierten Listenfeld unter *Berichtselement* den Eintrag *Abteilung*, und schließen Sie das Dialogfeld mit einem Klick auf die Schaltfläche *OK*.

Abbildung 13.1 Drilldown aktivieren auf der Registerkarte *Sichtbarkeit*

10. Klicken Sie nun mit der rechten Maustaste auf den Ziehpunkt vor der Kopfzeile der zweiten Gruppe, wählen Sie im daraufhin geöffneten Kontextmenü den Eintrag *Gruppe bearbeiten*, um das Dialogfeld *Gruppierungs- und Sortierungseigenschaften* zu öffnen, und wechseln Sie auch dort zur Registerkarte *Sichtbarkeit*.
11. Wählen Sie wie in Abbildung 13.1 unter *Ursprüngliche Sichtbarkeit* die Option *Ausgeblendet*, aktivieren Sie das Kontrollkästchen vor *Sichtbarkeit wird von einem anderen Berichtselement ein-/ausgeschaltet*, wählen Sie im daraufhin aktivierten Listenfeld unter *Berichtselement* den Eintrag *Abteilungsgruppe*, und schließen Sie das Dialogfeld mit einem Klick auf die Schaltfläche *OK*.

ACHTUNG Je nach Vorgehensweise kann es geschehen, dass in einem Listenfeld ein dort erwarteter Eintrag nicht aufgeführt wird. Falls dies der Fall sein sollte, tippen Sie ihn einfach ein.

12. Wechseln Sie nun in die Vorschau-Ansicht, in der zunächst nur die Abteilungsgruppen sichtbar sind.
13. Klicken Sie auf das +-Zeichen z.B. vor *Quality Assurance*, sodass die zu dieser Abteilungsgruppe gehörigen Abteilungen sichtbar werden, und dann auf das +-Zeichen z.B. vor *Document Control*, um die zu dieser Abteilung gehörigen Mitarbeiter sichtbar zu machen.

Ihr Bericht sollte nun ungefähr der Abbildung 13.2 entsprechen.

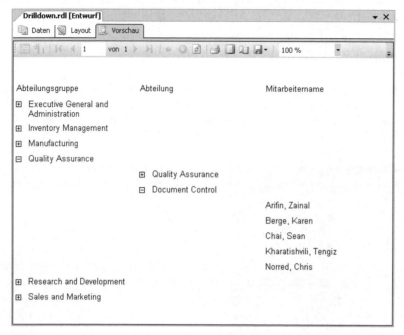

Abbildung 13.2 Drilldown-Bericht in der Vorschau-Ansicht

Wie Sie in Abbildung 13.1 sehen konnten, stehen Ihnen also zunächst drei Optionen zur Verfügung, mit denen Sie die *ursprüngliche Sichtbarkeit* steuern können:

- **Sichtbar:** Das Berichtselement (z.B. Textfeld bzw. bei einer Tabellengruppe – wie in unserem Beispiel – oder einer Matrixgruppe die Zeile oder auch Spalte) ist sichtbar, wenn der Bericht geladen wird.
- **Ausgeblendet:** Das Berichtselement ist ausgeblendet, wenn der Bericht geladen wird.
- **Ausdruck:** Die Sichtbarkeit des Berichtselements wird mit Hilfe eines entsprechenden Ausdrucks kontrolliert; dies könnte z.B. angewendet werden, wenn für eine bestimmte Abteilung die Mitarbeiternamen nicht angezeigt werden sollen.

Den Drilldown-Effekt erzeugen Sie dann, indem Sie das Kontrollkästchen *Sichtbarkeit wird von einem anderen Berichtselement ein-/ausgeschaltet* aktivieren und ein Berichtselement angeben, auf das der Nutzer zum Ein- oder Ausblenden des ausgewählten Elements klicken kann und das sich entweder in derselben Gruppe befindet wie das ein- bzw. auszublendende Element oder in einer anderen Gruppe oder einem anderen Element derselben Gruppierhierarchie.

Drillthrough

Während ein Drilldown-Bericht ein Bericht ist, in dem der Nutzer durch die Drilldown-Funktionalität zusätzliche Informationen ein- oder ausblenden kann, ist ein Drillthrough-Bericht eine Art Detailbericht, den der Nutzer öffnet, indem er auf einen Link in einem anderen Bericht klickt. Ein Drillthrough-Bericht enthält also in der Regel Details zu einem Element im ursprünglichen Zusammenfassungsbericht. Üblicherweise sollte der Drillthrough-Bericht Parameter enthalten, die vom Zusammenfassungsbericht an ihn übergeben werden (was nicht unbedingt sein muss, aber – wie Sie gleich sehen werden – überaus sinnvoll ist).

> **HINWEIS** Drillthrough-Links können nur zu Textfeldern und Bildern hinzugefügt werden.

Wir können den Bericht, den wir im vorhergehenden Abschnitt erstellt haben, als einen solchen Zusammenfassungsbericht auffassen, in den wir einen Link einbauen können, sodass durch einen Klick auf den Link der zusätzliche Detailbericht, d.h. der Drillthrough-Bericht, den wir in den folgenden Schritten erst noch erstellen müssen, geöffnet wird.

Wir erstellen also zunächst einen Drillthrough-Bericht, der Zusatzinformationen zu einem Mitarbeiter enthalten soll:

1. Erstellen Sie einen neuen leeren Bericht, dem Sie z.B. den Namen **Drillthrough_Detail** geben, mit einem Dataset, dem Sie z.B. den Namen **MitarbeiterDetails** geben und das auf der folgenden Abfrage beruht:

```
SELECT EmployeeID AS Nummer, LastName AS Nachname, FirstName AS Vorname, AddressLine1 AS Straße,
PostalCode AS PLZ, City AS Ort FROM HumanResources.vEmployee WHERE EmployeeID = @Mitarbeiter
```

Wir haben aus der Sicht *vEmployee* nur einige beispielhafte Informationen zu einem Mitarbeiter ausgewählt, um die Möglichkeiten, die Sie hier haben, Detailinformationen zu präsentieren, anzudeuten. In die *WHERE*-Klausel haben wir einen Abfrageparameter eingefügt, der – wie Sie im vorhergehenden Kapitel 12 gesehen haben – automatisch einen Berichtsparameter erzeugt, sodass nun eine Parameterabfrage vorliegt, der beim Aufruf ein Parameterwert übergeben werden muss.

2. Wechseln Sie in die Layout-Ansicht, und erzeugen Sie dort eine sechsspaltige Tabelle, in deren Detailzeile Sie nebeneinander alle Felder des Datasets platzieren.

Wir verzichten hier auf eine besondere Gestaltung des Berichts (sondern haben lediglich die Spaltenbreite auf 3 cm gesetzt). Mit der Gestaltung von Berichten werden wir uns noch einmal in Kapitel 14 befassen.

3. Rufen Sie den Menübefehl *Bericht/Berichtsparameter* auf, und ändern Sie im daraufhin geöffneten Dialogfeld *Berichtsparameter* für unseren Parameter *Mitarbeiter* den Wert im Listenfeld *Datentyp* in *Integer*.

Der parametrisierte Drillthrough-Bericht *Drillthrough_Detail* ist damit erstellt, sodass wir uns nun dem aufrufenden Bericht zuwenden können.

4. Erstellen Sie dazu einen neuen Bericht wie in den Schritten 1 bis 11 des vorhergehenden Abschnitts, und geben Sie dem Bericht z.B. den Namen **Drillthrough_Zusammenfassung** und dem Dataset z.B. den Namen **Mitarbeiterdaten**.

5. Ergänzen Sie das Dataset *Mitarbeiterdaten* noch um das Feld *EmployeeID*, das nicht für die Anzeige im Bericht benutzt werden wird, sondern zur Übergabe des entsprechenden Parameterwerts an den aufzurufenden parametrisierten Drillthrough-Bericht *Drillthrough_Details*. Wechseln Sie danach in die Layout-Ansicht.

6. Markieren Sie das Textfeld *Mitarbeitername* in der Detailzeile der Tabelle, öffnen Sie mit der rechten Maustaste das Kontextmenü, aus dem Sie den Eintrag *Eigenschaften* wählen, und wechseln Sie im daraufhin geöffneten Dialogfeld *Textfeldeigenschaften* zur Registerkarte *Navigation*.

7. Wählen Sie wie in Abbildung 13.3 unter *Hyperlinkaktion* die Option *Zu Bericht springen* und aus dem Listenfeld, das alle bisher erstellten Berichte des Projekts anzeigt, den in den Schritten 1 bis 4 erstellten Bericht *Drillthrough_Detail*.

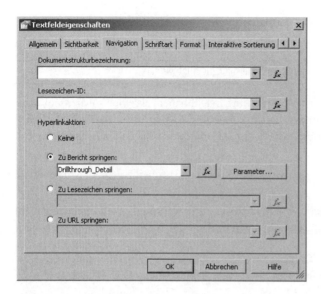

Abbildung 13.3 Erweiterte Textfeldeigenschaften mit der Registerkarte *Navigation*

8. Klicken Sie anschließend auf die Schaltfläche *Parameter*, um das Dialogfeld *Parameter* zu öffnen.
9. Hier können Sie nun wie in Abbildung 13.4 aus dem Listenfeld unter *Parametername* den (einzigen) Parameter *Mitarbeiter* des Berichts *Drillthrough_Detail* auswählen und aus dem Listenfeld unter *Parameterwert* den Ausdruck *=Fields!EmployeeID.Value* (ggf. wird der Ausdruck nicht aufgelistet, in dem Fall schreiben Sie ihn manuell hinein), um das Feld zu bestimmen, mit dem der aufrufende Zusammenfassungsbericht *Drillthrough_Zusammenfassung* den entsprechenden Parameterwert an den Drillthrough-Bericht *Drillthrough_Detail* übergibt.

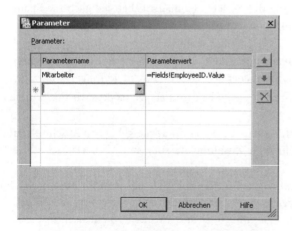

Abbildung 13.4 Das Dialogfeld *Parameter*

10. Schließen Sie beide Dialogfelder jeweils mit einem Klick auf die Schaltfläche *OK*, und wechseln Sie in die Vorschau-Ansicht.

Wenn Sie auf das +-Zeichen vor *Quality Assurance* und dann auf das +-Zeichen vor *Document Control* klicken, erhält Ihr Bericht das gleiche Aussehen wie in Abbildung 13.2. Fahren Sie nun aber mit dem Mauszeiger über die sichtbar gewordenen Mitarbeiternamen, verwandelt sich das Mauszeigersymbol in eine Hand, die signalisiert, dass sich hier ein Link befindet, auf den der Nutzer klicken kann, um zum Drillthrough-Bericht mit den entsprechenden Detaildaten durchzuschalten, z.B. wie in Abbildung 13.5

für die Mitarbeiterin *Berge, Karen*. Mit Hilfe der Schaltfläche *Zurück* kann der Nutzer wieder in den aufrufenden Zusammenfassungsbericht wechseln.

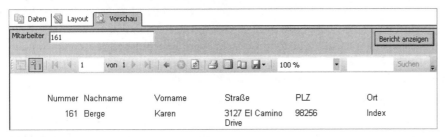

Abbildung 13.5 Parametrisierter Drillthrough-Bericht

TIPP   Wenn Sie ein Berichtselement als Link (z.B. zu einem Drillthrough-Bericht) setzen, ändert sich sein Aussehen nicht automatisch, sondern wird erst als *Link* erkennbar, wenn der Nutzer mit der Maus darüber fährt. Um die bei Links übliche Unterstreichung im Bericht zu erzielen, müssen Sie das Berichtselement (hier ein Textfeld) entsprechend formatieren.

Hyperlinks und Lesezeichenlinks

Wie Sie im vorhergehenden Abschnitt vielleicht schon bemerkt haben und in Abbildung 13.3 sehen können, haben Sie die Möglichkeit, dem Nutzer neben Drillthrough-Links (und der Dokumentstruktur, die wir in Kapitel 9 vorgestellt haben) noch andere *Links* zur Verfügung zu stellen:

- **Hyperlinks,** die zu Webseiten (oder anderen Berichten) führen,
- **Lesezeichenlinks,** die die Navigation durch einen langen Bericht ermöglichen.

Hyperlinks

Wenn Sie einem Berichtselement (d.h. also einem Textfeld oder einem Bild) einen Hyperlink hinzufügen, kann der Nutzer durch Klicken auf dieses Berichtselement zu einer Webseite springen: d.h. der Hyperlink kann der statische URL einer Webseite sein oder auch ein Ausdruck, der zum URL einer Webseite ausgewertet wird (wenn z.B. ein Feld in der Datenbank URLs enthält, sodass der Ausdruck dieses Feld einschließt, um eine dynamische Liste von Hyperlinks in dem Bericht zu erzeugen).

Um im Bericht einen Hyperlink zu erstellen, gehen Sie ähnlich vor wie in den anderen Beispielen dieses Kapitels:

1. Klicken Sie in der Layout-Ansicht mit der rechten Maustaste auf das Textfeld (oder Bild), zu dem Sie den Link hinzufügen möchten, und klicken Sie im daraufhin geöffneten Kontextmenü auf den Eintrag *Eigenschaften*.
2. Wechseln Sie im daraufhin geöffneten Dialogfeld *Textfeldeigenschaften* zur Registerkarte *Navigation* (siehe auch Abbildung 13.3).
3. Wählen Sie unter *Hyperlinkaktion* die Option *Zu URL springen*.
4. Geben Sie im Listenfeld nun einen URL oder einen Ausdruck ein, der zu einem URL ausgewertet werden kann.

Lesezeichenlinks

Ein Lesezeichenlink hat eine ähnliche Aufgabe wie die in Kapitel 9 vorgestellte Dokumentstruktur: Wenn der Nutzer auf den Link klickt, wechselt er in einen anderen Bereich oder auf eine andere Seite des Berichts. Anders als bei Drillthrough-Links oder Hyperlinks bleibt er wie bei der Dokumentstruktur innerhalb des Berichts; im Gegensatz zur Dokumentstruktur aber gibt es keine vom Bericht getrennte Zone, von der aus navigiert wird, sondern ein Lesezeichenlink ist im Bericht selbst zu platzieren. Wie bei Drillthrough-Links und Hyperlinks können Lesezeichenlinks nur Textfeldern oder Bildern hinzugefügt werden.

Wenn Sie in einem Bericht Lesezeichenlinks zur Verfügung stellen wollen, müssen Sie zunächst ein Lesezeichen für ein Berichtselement festlegen, d.h. das Ziel, zu dem der Nutzer springen kann. Anschließend fügen Sie einen Lesezeichenlink zu einem anderen Berichtselement hinzu, auf das der Nutzer klicken kann, um zu dem Ziel, dem Berichtselement mit dem Lesezeichen, zu springen.

Zunächst wird also ein Lesezeichen als Ziel des Lesezeichenlinks festgelegt:

1. Klicken Sie in der Layout-Ansicht mit der rechten Maustaste auf das Textfeld (oder Bild), für das das Lesezeichen festgelegt werden soll, und klicken Sie im daraufhin geöffneten Kontextmenü auf den Eintrag *Eigenschaften*.
2. Wechseln Sie im daraufhin geöffneten Dialogfeld *Textfeldeigenschaften* zur Registerkarte *Navigation* (siehe auch Abbildung 13.3).
3. Geben Sie im Listenfeld *Lesezeichen-ID* eine beliebige, aber im Bericht eindeutige Zeichenfolge ein (beginnend mit einem Gleichheitszeichen, wobei die dann folgenden Zeichen in Anführungszeichen eingeschlossen sind) oder einen Ausdruck, der zu einer Lesezeichen-ID ausgewertet wird (wenn die Lesezeichen-ID nicht eindeutig ist, führt der Link, der auf die Lesezeichen-ID verweist, zum ersten übereinstimmenden Lesezeichen).

Damit ist das Ziel definiert, sodass nun der Lesezeichenlink erstellt werden kann.

4. Klicken Sie in der Layout-Ansicht mit der rechten Maustaste auf das Textfeld (oder Bild), für das der Lesezeichenlink festgelegt werden soll, und klicken Sie im daraufhin geöffneten Kontextmenü auf den Eintrag *Eigenschaften*.
5. Wechseln Sie im daraufhin geöffneten Dialogfeld *Textfeldeigenschaften* zur Registerkarte *Navigation* (siehe auch Abbildung 13.3).
6. Geben Sie die eben gewählte *Lesezeichen-ID* (ohne Gleichheitszeichen und ohne Anführungszeichen) oder einen Ausdruck ein, der zu einer Lesezeichen-ID ausgewertet werden kann.

Wir werden im folgenden Kapitel 14 noch einmal die Möglichkeiten der interaktiven Gestaltung von Berichten genauer behandeln.

Kapitel 14

Gestaltung und Bereitstellung

In diesem Kapitel:

Kopfzeilen und Fußzeilen	194
Gestaltungsaspekte	196
Berichte testen und bereitstellen	199

In den vorhergehenden Kapiteln haben Sie die vielfältigen Möglichkeiten kennen gelernt, wie unter Zuhilfenahme des Berichts-Designers unterschiedliche Berichte entwickelt werden können. Nach der Erzeugung des Berichts, der Auswahl der Datenquelle und der Erstellung der Abfrage beginnen Sie bei der Platzierung von Datenbereichen bzw. Berichtselementen auf der Entwurfsoberfläche auch schon mit der Gestaltung des Berichts. Ob Sie nun einzelne Textfelder oder Seiten formatieren, eine Kopf- bzw. Fußzeile hinzufügen, Gruppierungen vornehmen oder interaktive Features wie Drilldown, Drillthrough, Parameter oder Hyperlinks zur Verfügung stellen – jeder Entwicklungsschritt ist auch schon Gestaltung, die vorhergehende wie nachfolgende Schritte beeinflusst und deshalb Planung voraussetzt, um nicht durch ein Zuviel an gut gemeinten Maßnahmen letztlich den Bericht so zu überladen, dass alles doch nur kontraproduktiv war.

Nicht alle der schon vorgestellten und nachfolgend noch gezeigten Möglichkeiten und Funktionalitäten müssen in einen einzigen Bericht gepresst werden. Vielmehr entscheidet die richtige Auswahl aus den zahlreichen Möglichkeiten, ob ein Bericht wirklich den Anforderungen entspricht, die ein Nutzer an ihn hat.

Gestaltung dient nicht dem Selbstzweck. Wenn es irgendwie möglich ist, sollten Sie deshalb die verschiedenen Nutzer Ihrer Berichte in die Entwicklungsarbeit mit einbeziehen, indem Sie sie Ihre Berichte anschauen und testen lassen. Hier können nicht nur Papierausdrucke hilfreich sein, sondern auch Tests unter Bedingungen, wie sie später im Produktionsbetrieb üblich sind. Fassen Sie frühzeitig die Möglichkeit ins Auge, Ihre Berichte auf einem Testberichtsserver bereitzustellen, um entsprechende Rückmeldungen der Nutzer für die weitere Gestaltung berücksichtigen zu können.

Kopfzeilen und Fußzeilen

Sie haben gesehen, dass es verschiedene Kopf- bzw. Fußzeilen zu unterscheiden gilt, die sowohl verschiedene Wirkungen als auch Nutzungsmöglichkeiten bei der Gestaltung bieten.

Kopf- und Fußzeile eines Berichts

Wir haben in Kapitel 9 die so genannte Seitenkopfzeile bzw. Seitenfußzeile ausführlich vorgestellt und dort bereits angemerkt, dass diese dazu genutzt werden können, um z.B. den Berichtsnamen und die Seitenzahl anzuzeigen. In der Praxis empfiehlt es sich häufig, die erste Seite von mehrseitigen Berichten anders zu gestalten als die nachfolgenden Seiten.

Sie können beispielsweise oberhalb des Datenbereichs (z.B. einer Tabelle oder Matrix) ein farblich gestaltetes Textfeld mit auffälliger Schriftgröße oder einem besonderen Schriftschnitt platzieren, das den Berichtsnamen (und vielleicht auch noch ein Logo) enthält. Dieses Textfeld wird bei der Anzeige des Berichts nur auf der ersten Seite erscheinen. In die Seitenkopfzeile setzen Sie dann in ein oder zwei Textfelder den Berichtsnamen und die Angabe der Seitenzahl (wie wir es in Kapitel 9 vorgestellt haben) und unterdrücken die Anzeige der Kopfzeile für die erste Seite. Sie können anstelle der Kopfzeile auch die Fußzeile mit dem Berichtsnamen und der Angabe der Seitenzahl ausstatten und unterdrücken dann die Anzeige der Fußzeile sowohl für die erste als auch die letzte Seite.

Dies ist natürlich nur ein Beispiel für die Gestaltung mehrseitiger Berichte mit Hilfe einer Kopf- bzw. Fußzeile. Erwägen Sie immer den Einsatz von Seitenkopfzeilen bzw. Seitenfußzeilen, aber bedenken Sie dabei, dass diese dem Nutzer eine Orientierung geben, nicht aber durch Überladung vom eigentlichen Bericht ablenken sollen.

Kopf- und Fußzeile einer Tabelle

Neben den Detailzeilen kann eine Tabelle noch eine Kopf- bzw. Fußzeile haben. Die Tabellenkopfzeile enthält die Spaltenüberschriften. Bei mehrseitigen Berichten wird es deshalb nötig sein, die Tabellenkopfzeile auf jeder Seite wiederholt anzeigen zu lassen. Sie bewirken dies, indem Sie den Wert der Layouteigenschaft *RepeatOnNewPage* von *False* auf *True* ändern, oder Sie aktivieren im Dialogfeld *Tabelleneigenschaften* auf der Registerkarte *Allgemein* das Kontrollkästchen *Kopfzeile auf jeder Seite wiederholen*. In analoger Weise können Sie die Tabellenfußzeile auf jeder Seite wiederholen lassen (unabhängig von der Einstellung, die Sie für die Tabellenkopfzeile wählen). Die Tabellenfußzeile wird in der Praxis sicherlich seltener benutzt und sollte, wenn sie wirklich nicht benötigt wird, entweder gelöscht werden oder kann bei mehrseitigen Berichten als leere Zeile dazu dienen, einen gleich bleibenden Abstand zum unteren Seitenrand (an dem z.B. die Seitenfußzeile angezeigt wird) zu erzeugen.

Die Tabellenkopfzeile kann wie die Tabellenfußzeile aus mehreren Zeilen bestehen. Klicken Sie mit der rechten Maustaste auf den Zeilenziehpunkt vor der Tabellenkopfzeile (bzw. der Tabellenfußzeile) und wählen Sie im daraufhin geöffneten Kontextmenü den Eintrag *Zeile oberhalb einfügen* oder den Eintrag *Zeile unterhalb einfügen*, um der Tabellenkopfzeile (bzw. der Tabellenfußzeile) eine weitere Zeile hinzuzufügen. Die Tabellenkopfzeile bildet wie die Tabellenfußzeile für sich eine logische Einheit, d.h. die Layouteigenschaft *RepeatOnNewPage* wird auf alle Einzelzeilen der Tabellenkopfzeile (bzw. der Tabellenfußzeile) einheitlich angewendet.

Kopf- und Fußzeile einer Gruppe

Die Gruppenkopfzeile und die Gruppenfußzeile sind die einzigen Bestandteile einer Gruppe. Wie Sie in den vorhergehenden Kapiteln gesehen haben, können Sie mit Gruppen in einer Tabelle die Daten in logische Abschnitte unterteilen. Darüber hinaus können der Gruppenkopfzeile und der Gruppenfußzeile auch mit Hilfe von Ausdrücken mit Aggregatfunktionen Teilergebnisse hinzugefügt werden, wie wir Ihnen ausführlich in Kapitel 11 gezeigt haben (vgl. dort die Abbildungen 11.7 und 11.8).

Auch bei der Gruppenkopfzeile (bzw. der Gruppenfußzeile – unabhängig von der Gruppenkopfzeile) haben Sie die Möglichkeit, durch Änderung des Werts der Layouteigenschaft *RepeatOnNewPage* von *False* auf *True* zu bewirken, dass diese bei mehrseitigen Berichten auf jeder Seite angezeigt wird. Alternativ können Sie diese Einstellung im Dialogfeld *Gruppierungs- und Sortierungseigenschaften* auf der Registerkarte *Allgemein* durch Aktivierung des Kontrollkästchens *Kopfzeile der Gruppe wiederholen* (bzw. *Fußzeile der Gruppe wiederholen*) vornehmen.

Auch die Gruppenkopfzeile kann wie die Gruppenfußzeile aus mehreren Zeilen bestehen. Klicken Sie mit der rechten Maustaste auf den Zeilenziehpunkt vor der Gruppenkopfzeile (bzw. der Gruppenfußzeile) und wählen Sie im daraufhin geöffneten Kontextmenü den Eintrag *Zeile oberhalb einfügen* oder den Eintrag *Zeile unterhalb einfügen*, um der Gruppenkopfzeile (bzw. der Gruppenfußzeile) eine weitere Zeile hinzuzufügen. Eine Gruppenkopfzeile bildet wie die zugehörige Gruppenfußzeile für sich eine logische Einheit, d.h. die Layouteigenschaft *RepeatOnNewPage* wird auf alle Einzelzeilen der Gruppenkopfzeile (bzw. der in dieser Hinsicht von Gruppenkopfzeile unabhängigen Gruppenfußzeile) einheitlich angewendet.

Da in Gruppenkopfzeilen bzw. Gruppenfußzeilen häufig nur eine Zelle gefüllt ist, manchmal aber gerade diese Zelle soviel Text beinhaltet, dass der Text bei der Darstellung wegen mangelnder Zellenbreite innerhalb der Zelle umgebrochen werden muss, stellt sich die Frage nach einer anderen Lösung als der Verbreiterung der gesamten Spalte, in der sich die Zelle befindet. Grundsätzlich (d.h. nicht nur in Gruppenkopfzeilen und

Gruppenfußzeilen, sondern auch in allen anderen Tabellenzeilen) können mehrere nebeneinander befindliche Zellen einer Zeile zu einer einzigen Zelle kombiniert werden (dies gilt nicht für untereinander befindliche Zellen einer Spalte!).

Eine Zusammenführung von Zellen erreichen Sie, indem Sie die zusammenzuführenden Zellen markieren, mit der rechten Maustaste auf die markierten Zellen klicken und im daraufhin geöffneten Kontextmenü den Eintrag *Zellen zusammenführen* wählen. Die zu einer einzigen Zelle zusammengeführten Zellen (so genannte spaltenüberspannende Zellen) können wieder in ihre ursprünglichen Einzelzellen aufgeteilt werden, indem Sie mit der rechten Maustaste auf die Zelle klicken und im daraufhin geöffneten Kontextmenü den Eintrag *Zellen teilen* wählen.

ACHTUNG Wenn Sie Zellen zusammenführen, bleiben nur die Daten der äußerst links stehenden Zelle erhalten. Falls in den anderen Zellen Daten enthalten sind, gehen diese unwiderruflich verloren (es sei denn, Sie machen den Vorgang z.B. mit Hilfe des Menübefehls *Bearbeiten/Rückgängig* oder der Tastenkombination Strg + Z sofort wieder rückgängig). Wenn Sie die zu einer einzigen Zelle zusammengeführten Zellen wieder in ihre ursprünglichen Einzelzellen aufteilen, werden die enthaltenen Daten in die äußerst links stehende Zelle zurückgeschrieben.

Gestaltungsaspekte

Wir haben bereits in den einleitenden Sätzen zu diesem Kapitel angemahnt, dass die vielfältigen Gestaltungsmöglichkeiten, die Ihnen im Berichts-Designer geboten werden, nicht dazu verführen sollten, alles nur irgendwie Erdenkliche in einem einzelnen Bericht unterzubringen, um einen Bericht besonders imposant erscheinen zu lassen. Umgekehrt werden oft genug auch Situationen entstehen, in denen Sie die verschiedenen Gestaltungsmöglichkeiten nutzen sollten, wenn es heißt, Probleme bei der Darstellung großer Datenmengen zu bewältigen.

Seitenlayout und Formatierung

In Kapitel 7 haben wir Ihnen den Unterschied und die Abhängigkeit zwischen den Eigenschaften des Nachrichtentextes, d.h. der Grundfläche, auf der Sie Ihren Bericht gestalten, und den Eigenschaften des Berichts, d.h. dem, was schließlich dem Nutzer präsentiert wird, erläutert (siehe dort die Abbildungen 7.4 und 7.5). Widmen Sie dieser Abhängigkeit schon frühzeitig große Aufmerksamkeit, damit Sie nicht einen Bericht entwerfen, der sich schließlich so präsentiert, dass der Nutzer nur mit Mühe (z.B. durch endloses Scrollen) alle Bereiche des Berichts betrachten kann bzw. dass der Papierausdruck des Berichts die Ränder abschneidet und dadurch mehr Seiten als geplant hervorgebracht werden. Um zeitraubende Nachbearbeitungen eines Berichts zu vermeiden, bedenken Sie also das in Kapitel 7 Gesagte, dass Sie z.B. zur Breite des Nachrichtentextes noch die Seitenränder addieren müssen, um festzustellen, ob Browserdarstellung und Papierausdruck in ein richtiges Verhältnis gebracht sind.

HINWEIS Gerade was die Darstellung der Berichtsseiten als Ganzes angeht, wird es in den meisten Fällen nicht reichen, nur die Vorschau-Ansicht des Berichts-Designers zu benutzen, um sich ein Bild von dem zu machen, was der Nutzer sehen wird. Sie werden am Ende dieses Kapitels noch Möglichkeiten kennen lernen, wie Sie einen Bericht auf einem Testberichtsserver bereitstellen und so testen können, wie Ihre Berichte später unter Produktionsbedingungen erscheinen werden.

Wenn Sie schon einmal mit Tabellen gearbeitet haben, kennen Sie die Probleme, die entstehen, wenn Sie eine größere Anzahl von Spalten platzieren müssen. Schnell ist die zur Verfügung stehende Seitenbreite ausgeschöpft. Nutzen Sie in solchen Situationen die verschiedenen Möglichkeiten zur Formatierung:

- *Seitenbreite:* Stellen Sie die Seiten ins Querformat, indem Sie Werte der *PageSize.Width*- und *PageSize.Height*-Eigenschaften vertauschen; reduzieren Sie die Werte der *Margin.Left*- und der *Margin.Right*-Eigenschaft des Berichts.
- *Spaltenbreite:* Reduzieren Sie die Werte der *Width*-Eigenschaft der Spalten; falls es gar nicht zu vermeiden ist, können Sie auch versuchen, durch Reduzierung der *Padding.Left*- und *Padding.Right*-Eigenschaft der Spalten (d.h. des linken und rechten inneren Abstands) Platz zu gewinnen..
- *Schriftgröße und Schriftart:* Reduzieren Sie die Werte der *FontSize*-Eigenschaft, um anschließend die Spaltenbreite weiter verringern zu können; testen Sie bei der *FontFamily*-Eigenschaft andere Schriftarten, die vielleicht weniger breit sind.
- *Zusammenführung von Zellen:* Nutzen Sie insbesondere bei Kopf- oder Fußzeilen von Gruppen die Möglichkeit, spaltenüberspannende Zellen zu bilden, wie wir sie weiter oben in diesem Kapitel beschrieben haben; fassen Sie – entweder schon bei der Abfrage oder beim Erstellen der Tabelle – logisch zusammengehörige Felder wie Nachname und Vorname in einem Feld zusammen, indem Sie z.B. einen Ausdruck bilden:

```
=Fields!Nachname.Value + ", " + Fields!Vorname.Value
```

- *Zusätzliche Zeilen:* Erwägen Sie ggf., bestimmte Informationen in Zeilen untereinander zu stellen, z.B. den Vornamen unter den Nachnamen oder die Straße unter Postleitzahl und Ort.

Solche Veränderungen gegenüber den standardmäßigen Werten verlangen dann umgekehrt die Hervorhebung und Abgrenzung von Daten. Sie haben in Kapitel 8 bei der Vorstellung der Berichtselemente und Datenbereiche schon zahlreiche Formatierungsmöglichkeiten kennen gelernt und ausprobieren können. Wir wollen Ihnen hier einige Hinweise geben, wie Sie sie am besten einsetzen können:

- *Schriftgrad, Schriftart, Schriftschnitt und Schriftbreite:* Setzen Sie Kopf- und Fußzeilen einer Tabelle oder einer Gruppe von den anderen Daten ab, indem Sie den Wert einer dieser Eigenschaften verändern: *FontSize, FontFamily, FontStyle, FontWeight*. Wählen Sie möglichst immer nur eine dieser Eigenschaften für eine Veränderung, denn dies sollte reichen, um z.B. eine Tabellenüberschrift gegenüber den anderen Daten hervorzuheben. Wenden Sie solche Formatierungen behutsam an, indem Sie das Ziel Ihrer Bemühungen im Auge behalten: Sie gestalten nicht die Titelseite einer Boulevardzeitung, sondern einen informativen, seriösen und möglichst übersichtlichen Bericht.
- *Rahmen und Farben:* Insbesondere bei einer Vielzahl von Spalten, bei denen Sie die oben genannten Maßnahmen angewendet haben, um sie auf der Seite platzieren zu können, helfen Rahmen und Farben, um Abgrenzung bzw. Zusammengehörigkeit darzustellen. Mit den Eigenschaften *BorderStyle, BorderWidth* und *BorderColor* können Sie Spalten voneinander abgrenzen, wobei Sie allerdings bedenken sollten, dass Sie mit der *BorderWidth*-Eigenschaft wieder eine (wenn auch geringe) Breitenvergrößerung in Kauf nehmen müssen und zudem die *Padding*-Eigenschaft Probleme bereiten könnte. Sie können direkt nebeneinander liegende Spalten auch abgrenzen, indem Sie zwischen zwei Hintergrundfarben *(BackgroundColor*-Eigenschaft) oder zwei Schriftfarben *(Color*-Eigenschaft) wechseln. Falls Sie zusätzliche Zeilen einfügen mussten, können Sie die Zusammengehörigkeit von Zellen durch Rahmenlinien verdeutli-

chen. Allerdings sollten Sie auch bei der Gestaltung mit Rahmen und Farben die Seriosität Ihres Vorhabens nicht vergessen.

Berücksichtigen Sie bei der Gestaltung die jeweilige Zielgruppe und deren Gebrauch Ihrer Berichte. So erforderlich eine reiche Ausgestaltung eines Berichts für Präsentationen manchmal sein mag, so unnötig, wenn nicht gar störend kann sie bei einem täglich auszudruckenden Bericht sein. Nichtsdestoweniger ist eine frühzeitige Auseinandersetzung mit Fragen des Layouts und der Formatierung unabdingbare Voraussetzung für eine zeitökonomische Entwicklung von guten Berichten. Wenn Sie noch wenig praktische Erfahrung im Gestalten von Berichten haben, probieren Sie möglichst viel aus: Nur Übung macht den Meister und führt zu einem größeren Erfahrungsschatz.

Interaktivität und Navigation

Wir haben Ihnen in den vorhergehenden Kapiteln einige Features und Funktionalitäten vorgestellt, die dem Nutzer die Möglichkeit einer Interaktion mit den Daten zur Verfügung stellen:

- In Kapitel 9 die Dokumentstruktur (als ein interaktives Inhaltsverzeichnis), die es dem Nutzer ermöglicht, durch Klicken auf Elemente der Dokumentstruktur zu bestimmten Bereichen innerhalb des Berichts zu springen, d.h. gezielt durch den Bericht zu navigieren.
- In Kapitel 12 Berichte mit Berichtsparametern, die es dem Nutzer ermöglichen, nach Eingabe eines Wertes in ein Textfeld oder nach Auswahl eines Wertes aus einem Listenfeld selbst zu bestimmen, welche Daten angezeigt werden sollen.
- In Kapitel 13:
  - die Drilldown-Funktionalität, die es dem Nutzer erlaubt, bestimmte Detailinformationen einzublenden oder auszublenden;
  - die Drillthrough-Links, die es dem Nutzer ermöglichen, aus einem Bericht heraus zu einem anderen Bericht auf dem Berichtsserver zu springen, um sich weitere Detailinformationen anzeigen zu lassen;
  - Hyperlinks, die es dem Nutzer erlauben, zu einer Website zu springen;
  - Lesezeichenlinks, die es dem Nutzer ermöglichen, innerhalb des Berichts in einen anderen Bereich oder auf eine andere Seite des Berichts zu springen, d.h. gezielt durch den Bericht zu navigieren.

Ähnlich reizvoll wie die Layout- und Formatierungsmöglichkeiten sind bei der Gestaltung von Berichten auch die interaktiven Features und Funktionalitäten. Verkneifen Sie es sich, Interaktivität nur deshalb zur Verfügung zu stellen, weil es die Möglichkeit gibt oder weil der Bericht dann ein bisschen mehr hermachen wird. Dem Nutzer Interaktivität zur Verfügung zu stellen kostet Zeit, und die sollten Sie im Zweifelsfalle für wichtigere Dinge nutzen:

- Fügen Sie möglichst nur mehrseitigen Berichten eine Dokumentstruktur hinzu. Insbesondere dann, wenn Sie nicht mit Seitenumbrüchen gearbeitet haben, ist die Dokumentstruktur ein sinnvolles Feature, das dem Nutzer eine optimale Navigationsmöglichkeit bietet. Da die Dokumentstruktur in der Browserdarstellung am linken Rand Platz benötigt, bietet sich für vielspaltige Berichte als alternative Navigationsmöglichkeit auch der Einsatz von (mit etwas mehr Aufwand zu implementierenden) Lesezeichenlinks an.
- Ein Bericht mit Berichtsparametern sollte dem Nutzer eine wirkliche Auswahlmöglichkeit bieten. Wenn bei der Nutzung des Berichts letztlich immer nur eine bestimmte Auswahl getroffen wird, weil die anderen Auswahlmöglichkeiten eher unwahrscheinlich, unbrauchbar oder uninteressant sind, sollten Sie besser Filter einsetzen, wie in Kapitel 11 beschrieben.

- Die Drilldown-Funktionalität, um z.B. die Möglichkeit des Ein- oder Ausblendens von Spalten bei einer Matrix zur Verfügung zu stellen, sollten Sie allein dann nutzen, wenn die auszublendende Spalte wirklich nur im Einzelfall interessante Detailinformationen liefert oder wenn die große Anzahl an Spalten dazu zwingt, wichtigere von weniger wichtigen Spalten zu unterscheiden. Drilldown für das Ein- oder Ausblenden von Zeilen ist immer dann nützlich, wenn es sich um mehrseitige Berichte handelt oder wenn die ein- und ausblendbaren Detailinformationen bei der Gesamtansicht des Berichts eher unwichtig bzw. störend sind.

- Drillthrough-Berichte machen eigentlich nur dann Sinn, wenn durch die Übergabe von Parametern jeweils unterschiedliche Details angezeigt werden. Wenn ein Klick auf einen Drillthrough-Link immer nur denselben Detailbericht öffnet, sollten Sie den Einsatz eines eingebetteten Berichts erwägen, wie in Kapitel 8 beschrieben. Drillthrough ist insbesondere auch dann interessant, wenn es nicht möglich ist, alle gewünschten Informationen in Spalten nebeneinander anzuordnen, bzw. wenn es darum geht, nicht immer notwendige Detailinformationen dem Nutzer für den Bedarfsfall trotzdem zur Verfügung zu stellen.

Nutzen Sie die interaktiven Features und Funktionalität intensiv, wenn sie für den Nutzer wirklich hilfreich sind. Ein inflationärer Einsatz dagegen kann für den Nutzer verwirrend wirken und entwertet den Bericht und damit Ihre Entwicklungsarbeit.

Berichte testen und bereitstellen

Während der Entwicklung von Berichten werden Sie immer wieder die Vorschau-Ansicht des Berichts-Designers nutzen, um die Ergebnisse Ihrer Entwicklungsarbeit zu überprüfen und zu sehen, wie schließlich der Nutzer einen Bericht in seinem Browser sehen wird. Wenn Sie die Berichte der bisherigen Kapitel erstellt haben, werden Sie diese Möglichkeit der Berichtsvorschau schon immer wieder genutzt haben.

Sobald Sie einen Bericht fertig gestellt haben (oder wenn Sie sich ein wirkliches Bild vom Gesamtaussehen eines Berichts machen müssen), können Sie ihn aber auch testen, indem Sie das Berichtsprojekt in der standardmäßigen Debugkonfiguration ausführen, um eine Vorschau des Berichts in einem separaten Vorschaufenster oder in einem Browserfenster anzuzeigen.

Es ist dringend zu empfehlen, dass Sie Ihre Berichte in einer Testumgebung testen, bevor Sie sie auf der Produktionsumgebung bereitstellen. Auch wenn dies nicht zwingend erforderlich ist, bekommen Sie dadurch die Gelegenheit, Testnutzer mit den Ergebnissen Ihrer Entwicklungsarbeit zu konfrontieren, um von ihnen Rückmeldungen zu erhalten und zu beobachten, wie sich Ihre Berichte wohl unter Produktionsbedingungen verhalten.

Wenn Sie bereit sind, Berichte Ihres Berichtsprojekts zu testen oder bereitzustellen, führen Sie das Berichtsprojekt aus, indem Sie entweder

- den Menübefehl *Debuggen/Starten* aufrufen oder
- in der *Standard*-Symbolleiste auf die Schaltfläche *Starten* klicken oder
- die Taste `F5` drücken.

Wie der Berichts-Designer das Berichtsprojekt schließlich ausführt, hängt dann von den Einstellungen auf den Eigenschaftenseiten des Berichtsprojekts und von den Einstellungen im Konfigurations-Manager ab.

Sie rufen zunächst die Eigenschaftenseiten des Projekts auf, indem Sie z.B. mit der rechten Maustaste im Projektmappen-Explorer auf das Berichtsprojekt klicken und im daraufhin geöffneten Kontextmenü den Eintrag *Eigenschaften* wählen (oder den Menübefehl *Projekt/<Projektname>-Eigenschaften* ausführen), sodass sich das Dialogfeld entsprechend der Abbildung 14.1 öffnet:

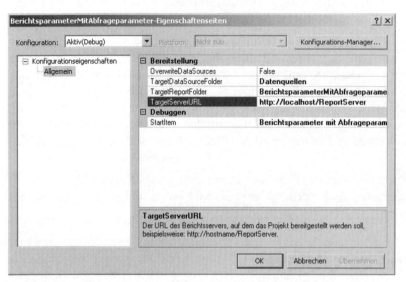

Abbildung 14.1   Einstellungen zur Bereitstellung auf den Projekt-Eigenschaftenseiten

Links oben im Listenfeld *Konfiguration* sehen Sie, dass als aktive Konfiguration standardmäßig *Debug* gewählt ist. Weitere standardmäßig zur Verfügung stehende Konfigurationen sind *DebugLocal* und *Production*. Sie können im Konfigurations-Manager, den Sie gleich noch kennen lernen werden, weitere Konfigurationen erstellen, sodass Sie die Möglichkeit haben, Einstellungen sowohl für verschiedene Testszenarien als auch schließlich für die Produktion vorzunehmen, um dann je nach von Ihnen aktivierter Konfiguration einen Bericht zu testen bzw. die Berichte des Berichtsprojekts zu publizieren, d.h. auf einem Berichtsserver bereitzustellen.

Auf der rechten Seite des Dialogfeldes können Sie unter *Bereitstellung* bzw. *Debuggen* mehrere Eigenschaften für die jeweils aktive Konfiguration des Berichtsprojekts festlegen:

- *OverwriteDataSource:* Der standardmäßige Wert *False* dieser Eigenschaft legt fest, dass bei Ausführung des Berichtsprojekts im Berichts-Designer die auf dem Berichtsserver vorhandenen Datenquelleninformationen nicht überschrieben werden sollen. Um die Datenquelleninformationen auf dem Server erneut zu publizieren, legen Sie den Wert auf *True* fest.

- *TargetDataSourceFolder:* Der Standardeintrag ist *Datenquellen* und gibt an, in welchem Ordner des Berichtsservers freigegebene Datenquellen veröffentlicht werden sollen.

- *TargetFolder:* Der Name des Bereitstellungsordners, in dem die publizierten Berichte gespeichert werden sollen. Standardmäßig entspricht er dem Namen des Berichtsprojekts.

- *TargetServerURL:* Der URL des Zielberichtsservers (hier der URL des lokalen Berichtsservers *http://localhost/ReportServer*). Vor dem Publizieren eines Berichts für Test- oder Produktionszwecke müssen Sie hier den gültigen URL des Test- bzw. Produktionsberichtsservers eingeben (und im Listenfeld *Konfiguration* den entsprechenden Eintrag auswählen).

- *StartItem:* Der Name des Berichts, der beim Start des Debuggens, d.h. wenn das Berichtsprojekt ausgeführt wird, entweder in einem separaten Vorschaufenster oder (bei gleichzeitiger Bereitstellung auf dem Berichtsserver) in einem Browserfenster angezeigt werden soll. Diese Angabe ist nur dann verzichtbar, wenn kein Debuggen, sondern nur die Bereitstellung der Berichte Ihres Berichtsprojekts auf einem Berichtsserver erfolgen soll.

Ob und wie bei jeder einzelnen Konfiguration jedes einzelnen Berichtsprojekts der Berichts-Designer das Berichtsprojekt und den Startbericht ausführt, wird im Konfigurations-Manager wie in Abbildung 14.2 festgelegt, den Sie öffnen, indem Sie auf die Schaltfläche *Konfigurations-Manager* klicken.

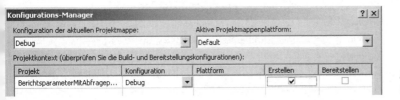

Abbildung 14.2 Einstellungen im Konfigurations-Manager

In Abhängigkeit davon, welche Einstellungen im Dialogfeld *Konfigurations-Manager* vorgenommen worden sind, werden Sie bei Ausführung des Berichtsprojekts im Berichts-Designer eine andere Wirkung erzielen:

- *Konfiguration der aktuellen Projektmappe:* Zeigt die aktive Konfiguration an. Wenn Sie hier vor dem Schließen des Dialogfelds eine andere Auswahl treffen, wirkt sich dies automatisch auf die Einstellung der aktiven Konfiguration auf den Eigenschaftenseiten aus. Wenn Sie eine zusätzliche Konfiguration erzeugen wollen, wählen Sie aus der Liste den Eintrag *<Neu>* aus, um im daraufhin geöffneten Dialogfeld *Neue Projektmappenkonfiguration* der neuen Konfiguration einen Namen zu geben und ggf. die Einstellungen einer vorhandenen Konfiguration zuzuweisen. Bei Auswahl des Listeneintrags *<Bearbeiten>* werden Ihnen im daraufhin geöffneten Dialogfeld *Projektmappenkonfiguration bearbeiten* alle vorhandenen Konfigurationen angezeigt, von denen Sie dann eine auszuwählende Konfiguration umbenennen oder auch entfernen können.

- *Aktive Projektmappenplattform:* Zeigt die verfügbaren Plattformen an, für die die Projektmappe erstellt werden soll. Zum Erstellen oder Ändern von Projektmappenplattformen wählen Sie *Neu* oder *Bearbeiten* aus der Dropdownliste.

- *Projekt:* Zeigt das jeweilige Projekt an. Wenn Ihre Projektmappe mehrere Projekte enthält (wenn Sie ein neues Projekt einer vorhandenen Projektmappe hinzugefügt haben), werden die Projekte in der Reihenfolge ihrer etwaigen Abhängigkeiten angezeigt.

- *Konfiguration:* Entspricht der im Listenfeld *Konfiguration der aktuellen Projektmappe* ausgewählten Konfiguration bzw. wirkt sich bei hier vorgenommener Änderung auf diese aus. Wenn Ihre Projektmappe mehrere Projekte enthält, können für die einzelnen Projekte unterschiedliche Konfigurationen ausgewählt werden.

- *Plattform:* Ist ein leeres Feld, es sei denn, der Zielberichtsserver enthält mehrere Umgebungen, so dass dann in einem Listenfeld die verschiedenen Plattformen ausgewählt werden können.

- *Erstellen:* Wenn ausgewählt, wird das Berichtsprojekt mit seinen Berichten erstellt, sodass es nach Fehlern durchsucht wird und etwaige Fehler im Fenster *Aufgabenliste* angezeigt werden. Wenn nicht ausgewählt, wird das Berichtsprojekt nicht erstellt, sodass etwaige Fehler nicht im Fenster *Aufgabenliste* angezeigt werden, sondern nur vom Berichtsserver oder in der Vorschau-Ansicht erkannt werden können.

- *Bereitstellen:* Wenn ausgewählt, wird das Berichtsprojekt mit seinen Berichten auf dem Berichtsserver bereitgestellt (wobei der Status der Bereitstellung im Fenster *Ausgabe* zu sehen ist) und nach Abschluss der Bereitstellung der auf den Eigenschaftenseiten des Berichtsprojekts unter *StartItem* angegebene Startbericht im Browserfenster angezeigt. Wenn nicht ausgewählt, werden die Berichte nicht publiziert, und der Berichts-Designer zeigt den Startbericht in einem separaten Vorschaufenster an.

HINWEIS Wenn Sie, wie wir es in Kapitel 6 getan haben, Ihr Projekt mit dem Berichtsprojekt-Assistenten erstellen, sodass anschließend die einzelnen Schrittfolgen des Berichts-Assistenten durchlaufen werden, müssen im vorletzten Schritt *Bereitstellungsspeicherort auswählen* des Berichts-Assistenten der Berichtsserver und der Bereitstellungsordner angegeben werden (siehe dort die Abbildung 6.1), und der gerade erstellte Bericht wird automatisch als Startbericht festgelegt.

Wenn Sie ein neues Berichtsprojekt ohne Assistenten erstellen, wählen Sie den Menübefehl *Datei/Neu/Projekt,* um das Dialogfeld *Neues Projekt* zu öffnen, und gehen Sie vor wie in den ersten drei Schritten des Abschnitts »Schneller Einstieg mit dem Berichts-Assistenten« in Kapitel 6 beschrieben (siehe dort die Abbildung 6.1). Wählen Sie allerdings als Vorlage *Berichtsserverprojekt,* sodass sich nicht anschließend der Berichts-Assistent öffnet, sondern auf diese Weise ein leeres Projekt erzeugt wird, dem Sie auf die übliche Weise Berichte hinzufügen können. Vor der Ausführung des Berichtsprojekts müssen Sie dann noch auf den Projekt-Eigenschaftenseiten die Einstellungen zum Bereitstellungsordner, zum Berichtsserver-URL und zum Startbericht vornehmen.

Teil C

Management von Berichten

In diesem Teil:

Kapitel 15	Übersicht über den Berichts-Manager	205
Kapitel 16	Sicherheit	239
Kapitel 17	Datenquellen	267
Kapitel 18	Berichtsausführung und Auftragsverwaltung	289
Kapitel 19	Exportformate	301
Kapitel 20	Snapshots, Verlauf, Zeitpläne	313

Kapitel 15

Übersicht über den Berichts-Manager

In diesem Kapitel:

Arbeiten mit dem Berichts-Manager	206
Suchen	220
Eigenschaftenseiten	221
Arbeiten mit dem HTML-Viewer	233

Nachdem Sie im Teil B dieses Buchs gelernt haben, Berichte zu erstellen, möchten Sie diese Ihren Anwendern zur Verfügung stellen. Dabei stellen sich einige Fragen:

- Wie kommen die Nutzer an ihre Berichte des Berichtsservers, welche die wichtigen Informationen aus z.B. Produktivdatenbanken enthalten?
- Welche Möglichkeiten bieten sich ihnen, die so aufbereiteten Daten in ihrer täglichen Arbeit einzusetzen?
- Wie kann man sicherstellen, dass die Informationen den richtigen Nutzer erreichen?
- Wie können die Berichte verwaltet werden?

Hier kommt der Berichts-Manager in Spiel. Dieser ist ein webbasiertes Zugriffs- und Verwaltungstool für Berichte, das in den Reporting Services enthalten ist.

Arbeiten mit dem Berichts-Manager

Mit dem Berichts-Manager können folgende Aufgaben ausgeführt werden:

- Anzeigen, Suchen und Abonnieren von Berichten
- Erstellen und Verwalten von Ordnern, verknüpften Berichten, Berichtsverläufen, Zeitplänen, Datenquellenverbindungen und Abonnements
- Festlegen von Berichtseigenschaften und -parametern
- Verwalten von Rollendefinitionen und -zuweisungen, die den Benutzerzugriff auf Berichte und Ordner steuern

Der Berichts-Manager stellt eine Benutzeroberfläche zur Verwaltung Ihrer Berichte bereit. Bei der Arbeit mit dieser Webanwendung greifen Sie auf die auf einem Berichtsserver gespeicherten Elemente zu, indem Sie durch die Ordnerhierarchie navigieren und auf Elemente klicken, die Sie anzeigen oder aktualisieren möchten.

Welche Aufgaben Sie im Berichts-Manager ausführen können, hängt von der Ihnen zugewiesenen Benutzerrolle ab. Wenn Ihnen eine Rolle mit vollen Berechtigungen zugewiesen wurde, z.B. Berichtsserveradministrator, haben Sie Zugriff auf sämtliche Menüs und Seiten. Wurde Ihnen hingegen eine Rolle zugewiesen, die nur die Berechtigung zum Anzeigen und Ausführen von Berichten umfasst, werden Ihnen ausschließlich die Menüs und Seiten angezeigt, die diese Aktivitäten unterstützen. Nähere Informationen zu Rollen und zur Sicherheit finden Sie in Kapitel 16.

Der Berichts-Manager wird bei der Ausführung von Setup auf demselben Computer wie der Berichtsserver installiert. Über die Konfigurationsdateien lässt sich aber auch ein anderer Zielserver eintragen (siehe Kapitel 5).

Starten des Berichts-Managers

Der Berichts-Manager wird über die Eingabe einer URL (Uniform Resource Locator) in die Adressleiste eines Webbrowsers gestartet, die Sie anschließend einfach zu Ihren Favoriten hinzufügen können. Standardmäßig lautet die URL *http://{Ihr Webservername}/reports*.

Arbeiten mit dem Berichts-Manager

Nun wird in Ihrem Browser die Oberfläche des Berichts-Managers wie in Abbildung 15.1 angezeigt. Unterschiede können entstehen, wenn Sie bereits Berichte eingebunden haben oder Sie nicht über volle Berechtigungen verfügen.

> **HINWEIS** Wenn im Berichts-Manager keine Berichte angezeigt werden, sondern der Hinweis ‚*Stamm' enthält keine Elemente...* erscheint, müssen Sie zuvor entweder eigene Berichte erstellen, wie in Teil B dieses Buchs beschrieben, oder die mitgelieferten Beispielberichte *AdventureWorks Sample Reports* installieren. Dies geschieht nicht etwa automatisch bei der Installation der Reporting Services, sondern muss manuell erfolgen. Eine Anleitung hierfür finden Sie in Kapitel 5.

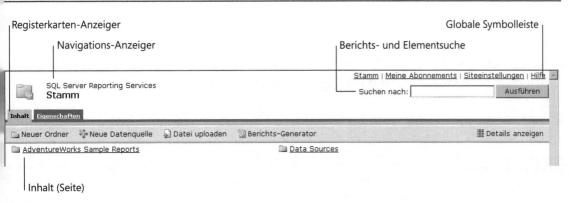

Abbildung 15.1   Startseite des Berichts-Managers

> **WICHTIG**   Um diesem Buchteil C weiterhin folgen und alle Beispiele durchführen zu können, ohne weitere Änderungen der Berechtigung vornehmen zu müssen, ist es empfehlenswert, dass Sie Mitglied der Rolle *Systemadministrator* des Berichtsservers sind. Falls Sie diese Berechtigung noch nicht haben, schauen Sie in Kapitel 16 nach oder wenden Sie sich an Ihren Berichtsserveradministrator.

Navigieren im Berichts-Manager

Die Navigation funktioniert ähnlich wie in Dateisystemen oder auf Websites. Um zu den Berichten zu gelangen, klicken Sie sich durch die Ordnerhierarchie.

Der Berichts-Manager enthält keine Strukturansicht, wie sie häufig bei Dateiverwaltungssystemen verwendet wird. Stattdessen wird oben auf der Seite der Navigations-Anzeiger mit dem Ordnerpfad als Linkzeile angezeigt. Die Ordnernamen sind alphabetisch geordnet, beginnend mit dem Stammordner *Stamm*. Beim Öffnen jedes weiteren Ordners wird der Ordnername zum Ordnerpfad oben auf der Seite hinzugefügt (siehe Abbildung 15.2). Wenn Sie einen Bericht öffnen, wird der Name des Berichts ebenfalls zum Ordnerpfad hinzugefügt.

Abbildung 15.2   Der Navigations-Anzeiger mit der Linkzeile

HINWEIS Es gibt Berichte, bei deren Ausführung Sie zur Eingabe Ihres Benutzernamens nebst dazugehörigem Kennwort aufgefordert werden. Mit diesen Anmeldeinformationen versucht der Berichtsserver auf die Datenquelle(n) des Berichts zuzugreifen.
Mehr Informationen zum Thema »Datenquellen« finden Sie in Kapitel 17, mehr zum Thema »Sicherheit« in Kapitel 16.

Es wird mittels der *Inhalt*-Seite, welche automatisch beim Ausführen des Berichts-Managers zu sehen ist, durch die Ordnerhierarchie navigiert. Auf dieser Seite wird der Inhalt eines Ordners angezeigt, es können Elemente zur Ansicht ausgewählt oder zu anderen Ordnern gewechselt werden. Standardmäßig wird nach dem Starten die *Inhalt*-Seite für den Stammordner *Stamm* angezeigt.

Verwenden Sie zum Navigieren in einer Ordnerhierarchie die folgenden Techniken:

- Zum Anzeigen des Inhalts eines Ordners klicken Sie auf der *Inhalt*-Seite auf den Namen oder das Ordnersymbol. Ordner können Berichte, Ressourcen, freigegebene Datenquellenelemente und andere Ordner enthalten.
- Zum Navigieren nach oben in der Ordnerhierarchie klicken Sie in der Linkleiste oben auf der Seite auf den Namen des Ordners, dessen Inhalt Sie anzeigen möchten.

HINWEIS Berichte werden von der Browsersitzung zwischengespeichert. Wenn Sie einen einmal geöffneten Bericht verlassen, können Sie in der Regel mit der *Zurück*-Schaltfläche des Browsers wieder zu diesem zurückkehren. Dies gilt auch, wenn Sie einen Benutzernamen und ein Kennwort zum Ausführen des Berichts eingeben mussten. Dies stellt ein – wenn auch recht überschaubares – Sicherheitsrisiko dar, denn ein gerenderter Bericht und somit auch die darin enthaltenen Daten liegen im Ordner der temporäreren Dateien des Browsers vor und werden erst beim Schließen des Browsers tatsächlich entfernt.

Symbole des Berichts-Managers

Mit der Tabelle 15.1 erhalten Sie einen Überblick über die Symbole, die im Berichts-Manager verwendet werden und welches Element sich dahinter verbirgt.

Symbol	Element	Aktion
	Bericht	Klicken Sie auf das Berichtssymbol oder den Berichtsnamen, um den Bericht zu öffnen. Mehr erfahren Sie im Abschnitt »Bericht rendern« weiter hinten in diesem Kapitel.
	Verknüpfter Bericht	Klicken Sie auf das Berichtssymbol oder den Berichtsnamen, um den verknüpften Bericht zu öffnen. Der Bericht wird in einem eigenen Fenster geöffnet. Mehr erfahren Sie im Abschnitt »Verknüpfte Berichte« weiter hinten in diesem Kapitel.
	Ordner	Klicken Sie auf das Ordnersymbol oder den Ordnernamen, um den Ordner zu öffnen. Mehr erfahren Sie weiter vorne in diesem Abschnitt.
	Abonnement	Klicken Sie auf ein Abonnementsymbol, um ein bestehendes Abonnement zu bearbeiten. Mehr über Abonnements erfahren Sie in Kapitel 23.
	Datengesteuertes Abonnement	Klicken Sie auf ein Symbol oder die Beschreibung für ein datengesteuertes Abonnement, um ein bestehendes Abonnement zu bearbeiten. Mehr über Abonnements erfahren Sie in Kapitel 23.

Tabelle 15.1 Symbole des Bericht-Managers

Arbeiten mit dem Berichts-Manager

Symbol	Element	Aktion
	Ressource	Klicken Sie auf das Ressourcensymbol oder den Ressourcennamen, um die Ressource in einem eigenen Fenster zu öffnen. Mehr erfahren Sie im Abschnitt »Der Umgang mit Ressourcen« weiter hinten in diesem Kapitel.
	Freigegebenes Datenquellenelement	Klicken Sie auf ein Symbol für eine freigegebene Datenquelle, um die Eigenschaftenseiten, die Berichtsliste und die Abonnementliste der Datenquelle zu öffnen. Mehr erfahren Sie im Abschnitt »Eigenschaftenseite *Allgemein* von Datenquellen« weiter hinten in diesem Kapitel sowie in Kapitel 17.
	Eigenschaftenseite	Klicken Sie auf das Eigenschaftensymbol, um zusätzliche Seiten für Element und Ordner zu öffnen, mit denen Eigenschaften eingestellt sowie die Sicherheit festgelegt werden kann. Mehr erfahren Sie im Abschnitt »Eigenschaftenseiten« weiter hinten in diesem Kapitel.
	Berichtsmodel	Klicken Sie auf das Berichtsmodelsymbol oder den Modelnamen, um für ein Berichtsmodel die Eigenschaften ändern zu können. Der Berichts-Generator verwendet Berichtsmodelle als Datenquellen. Mehr dazu erfahren Sie in Kapitel 21.

Tabelle 15.1 Symbole des Bericht-Managers *(Fortsetzung)*

Die *Inhalt*-Seite

Die *Inhalt*-Seite ermöglicht Ihnen, den Inhalt des aktuellen Ordners anzuzeigen, Elemente zur Ansicht auszuwählen oder zu anderen Ordnern zu wechseln. Sie wird geöffnet, wenn Sie einen Ordner auswählen und wenn Sie den Berichts-Manager starten.

Schauen Sie sich nun die einzelnen Bestandteile der *Inhalt*-Seite genauer an. Es werden nur die Elemente angezeigt, zu deren Anzeige Sie berechtigt sind. Die entsprechenden Berechtigungen vorausgesetzt, können Sie hier Elemente verschieben, löschen und hinzufügen. In Abbildung 15.3 sehen Sie die *Inhalt*-Seite des Ordners *AdventureWorks Sample Reports*.

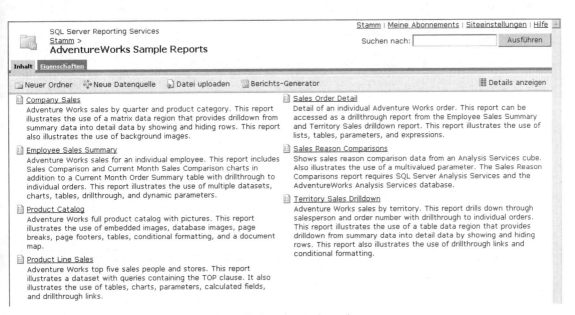

Abbildung 15.3 Mit der Inhalt-Seite können Sie Ordnerinhalte betrachten und verändern

Es bieten sich die Bearbeitungsmöglichkeiten von Ordnern und Elementen, wie in Tabelle 15.2 zu sehen.

Steuerelement	Beschreibung
Neuer Ordner	Klicken Sie auf *Neuer Ordner*, um die gleichnamige Seite zu öffnen. Auf dieser Seite können Sie einen Ordner unter dem aktuellen Ordner erstellen. Ein Ordnername kann Leerzeichen oder auch Sonderzeichen enthalten, jedoch keine reservierten Zeichen, die für die URL-Codierung verwendet werden (z.B. , ; ? : @ & = + , $ / * < > |). Mehr Informationen finden Sie im Abschnitt »Ordner erstellen«.
Neue Datenquelle	Klicken Sie auf *Neue Datenquelle*, um die gleichnamige Seite zu öffnen. Dort können Sie ein freigegebenes Datenquellenelement erstellen. Mehr Information zum Thema Datenquellen erhalten Sie im Abschnitt »Datenquellen anlegen« sowie in Kapitel 17.
Datei uploaden	Klicken Sie auf *Datei uploaden*, um die gleichnamige Seite zu öffnen. Dort können Sie eine Datei aus dem Dateisystem auf einen Berichtsserver kopieren. Sie können Dateien hochladen, um Berichte und Ressourcen hinzuzufügen (z.B. Diagramme, Dokumente oder anderen zusätzlichen Inhalt, der mit einem Bericht gespeichert werden soll). Hochgeladene Dateien werden in der Berichtsserver-Datenbank gespeichert und verwaltet. Mehr Informationen zum Thema finden Sie im Abschnitt »Bericht uploaden«. Zum Uploaden eines Berichts ist eine Datei mit der Erweiterung *.rdl* zu wählen. Mehr Informationen zum Thema RDL finden Sie in Kapitel 22.
Details anzeigen Details ausblenden	Klicken Sie auf *Details anzeigen*, um zusätzliche Informationen zu Elementen anzuzeigen und auf *Details ausblenden*, um diese wieder zu verstecken. In der Detailansicht können Sie mithilfe weiterer Schaltflächen Elemente im Ordner entfernen und verschieben. Außerdem können Sie in dieser Ansicht die Elemente eines Ordners nach den angezeigten Spalten auf- und absteigend sortieren. Klicken Sie dazu auf einen Spaltenkopf (z.B. *Geändert am* oder *Geändert von*), um die Sortierung nach dieser zu aktivieren. Der Pfeil rechts neben dem Spaltennamen zeigt dabei deren Reihenfolge an. Durch erneutes Klicken auf den Spaltenkopf können Sie die Reihenfolge der Sortierung umkehren.
X Löschen	Aktivieren Sie die Kontrollkästchen neben den zu löschenden Elementen und klicken Sie auf *Löschen*, um einen Ordner oder ein anderes Element zu entfernen. Beim Löschen eines Ordners werden alle darin enthaltenen Elemente gelöscht. **ACHTUNG** Vor dem Löschen eines Ordners sollten Sie unbedingt überprüfen, ob dieser Elemente enthält, auf die aus anderen Bereichen der Ordnerhierarchie verwiesen wird. Zu solchen Elementen zählen Berichtsdefinitionen, die verknüpfte Berichte oder Berichtsmodelle, freigegebene Datenquellen und Ressourcen unterstützen. Gleiches gilt für das Löschen eines Berichtes. Beim Löschen eines Berichts mit einem oder mehreren verknüpften Berichten, die auf diesen Bericht verweisen, werden die verknüpften Berichte nach dem Löschen des Berichts ungültig. Es ist nicht möglich, für einen Bericht festzustellen, ob andere Berichte mit ihm verknüpft sind, denn in einem Bericht werden keine Informationen zu verknüpften Berichten, die auf diesem Bericht basieren, gespeichert. Sie können jedoch die Eigenschaften eines verknüpften Berichts prüfen, um festzustellen, auf welchem Bericht er basiert. Mehr Informationen zum Thema verknüpfte Berichte finden Sie im Abschnitt »Verknüpfte Berichte«. Im Gegensatz dazu werden in freigegebenen Datenquellenelementen alle Berichte aufgeführt, die derzeit das Element verwenden. Auf diese Weise können Sie auf einfache Weise entscheiden, ob die Verbindungsinformationen verwendet werden. Mehr Informationen zum Thema Datenquellen finden Sie in Kapitel 17. Mehr Informationen zum Thema Löschen enthält der Abschnitt »Löschen eines Berichts oder Ordners«.

Tabelle 15.2 Befehle der Inhalt-Seite

Arbeiten mit dem Berichts-Manager

Steuerelement	Beschreibung
Verschieben	Aktivieren Sie das Kontrollkästchen neben den zu verschiebenden Elementen und klicken Sie auf *Verschieben*. Dadurch wird die Seite zum Verschieben von Elementen geöffnet, auf der Sie Ordner nach einem neuen Speicherort durchsuchen können.
	In der Ordnerhierarchie des Berichtsservers können Berichte, verknüpfte Berichte, Ressourcen, Ordner und freigegebene Datenquellen in andere Ordner verschoben werden. Beim Verschieben eines Elements bleiben alle zugehörigen Eigenschaften (einschließlich Sicherheitseinstellungen) erhalten. Außerdem werden auch alle in diesem Ordner enthaltenen Elemente verschoben.
	Mehr Informationen zum Thema Verschieben erhalten Sie im Abschnitt »Verschieben eines Berichts oder Ordners«.
Berichts-Generator	Klicken Sie auf *Berichts-Generator*, um den Microsoft Report Builder zu starten. Das ist eine eigene Anwendung, mit der ein Benutzer mit entsprechender Berechtigung eigene Berichte erzeugen kann. Mehr erfahren Sie in Kapitel 21.

Tabelle 15.2 Befehle der Inhalt-Seite *(Fortsetzung)*

Nachdem Sie nun einen Überblick über die Bedienelemente haben, lernen Sie den Berichts-Manager in den folgenden Abschnitten im Einsatz kennen.

Bericht rendern

Mit Hilfe des Berichts-Managers können Sie Berichte rendern und anzeigen. Gehen Sie hierzu folgendermaßen vor:

1. Navigieren Sie im Berichts-Manager zum Ordner, der den zu rendernden Bericht enthält, z.B. *Adventure-Works Sample Reports*.
2. Klicken Sie auf den Bericht, z.B. *Company Sales*. Während des Renderings des Berichts wird eine Animation angezeigt (Abbildung 15.4).

Abbildung 15.4 Diese Animation wird während des Renderings angezeigt

Nach dem erfolgreichen Rendering wird der Bericht angezeigt.

Wie Sie das Rendering interaktiv steuern können, erfahren Sie im Abschnitt »Arbeiten mit dem HTML-Viewer« weiter hinten in diesem Kapitel.

Ordner erstellen

Berichte werden in hierarchisch organisierten Ordnern gespeichert, die denen eines Dateisystems sehr ähnlich sind, aber unanhängig von diesem in der Datenbank des Berichtsservers gespeichert werden.

Um einen Ordner zu erstellen, gehen Sie folgendermaßen vor:

1. Starten Sie den *Berichts-Manager,* indem Sie in der Adresszeile des Browsers die URL **http://{Ihr Webservername}/Reports** eintippen.
2. Erzeugen Sie per Klick auf *Neuer Ordner* einen Ordner.
3. Tragen Sie im Textfeld *Name* den Namen des Ordners, z.B. **RS Berichte,** und im Textfeld *Beschreibung* eine kurze Erläuterung zu diesem ein (Abbildung 15.5).

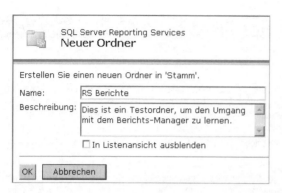

Abbildung 15.5 So erzeugen Sie einen neuen Ordner mit dem Namen *RS Berichte*

4. Bestätigen Sie mit *OK*. Der neue Ordner wird angelegt und auf der *Inhalt*-Seite angezeigt.
5. Klicken Sie auf den neuen Ordner, um diesen im Folgenden mit neuen Elementen zu füllen.

Datenquellen anlegen

Die Grundlage aller Berichte sind Datenquellen, aus denen die Informationen für die Darstellung im Bericht geladen werden. Diese können entweder in den Bericht integriert oder als eigenständiges Element auf dem Berichtsserver angelegt sein. Sie werden sich nun mit letzteren, den so genannten freigegebenen Datenquellen beschäftigen.

Eine detaillierte Erläuterung der Datenquellen und deren Einrichtung finden Sie in Kapitel 17.

Um eine neue Datenquelle für den Zugriff auf eine SQL Server-Datenbank einzurichten, gehen Sie folgendermaßen vor:

1. Navigieren Sie im Berichts-Manager zu dem Ordner, in dem die Datenquelle erzeugt werden soll, und klicken Sie auf *Neue Datenquelle*.
2. Tragen Sie *Name* und *Verbindungszeichenfolge* in den gleichnamigen Textfeldern ein und wählen Sie die Option *Integrierte Sicherheit von Windows* aus, wie in Abbildung 15.6 zu sehen.

ACHTUNG Die Verbindungszeichenfolge muss für *data source* den Namen der SQL Server-Instanz zwischen den Anführungszeichen enthalten, auf der die Beispieldatenbank *AdventureWorks* installiert ist.

3. Bestätigen Sie mit *OK*.

Die Datenquelle ist nun angelegt. Sie wird auf der *Inhalt*-Seite angezeigt und kann in Berichten verwendet werden.

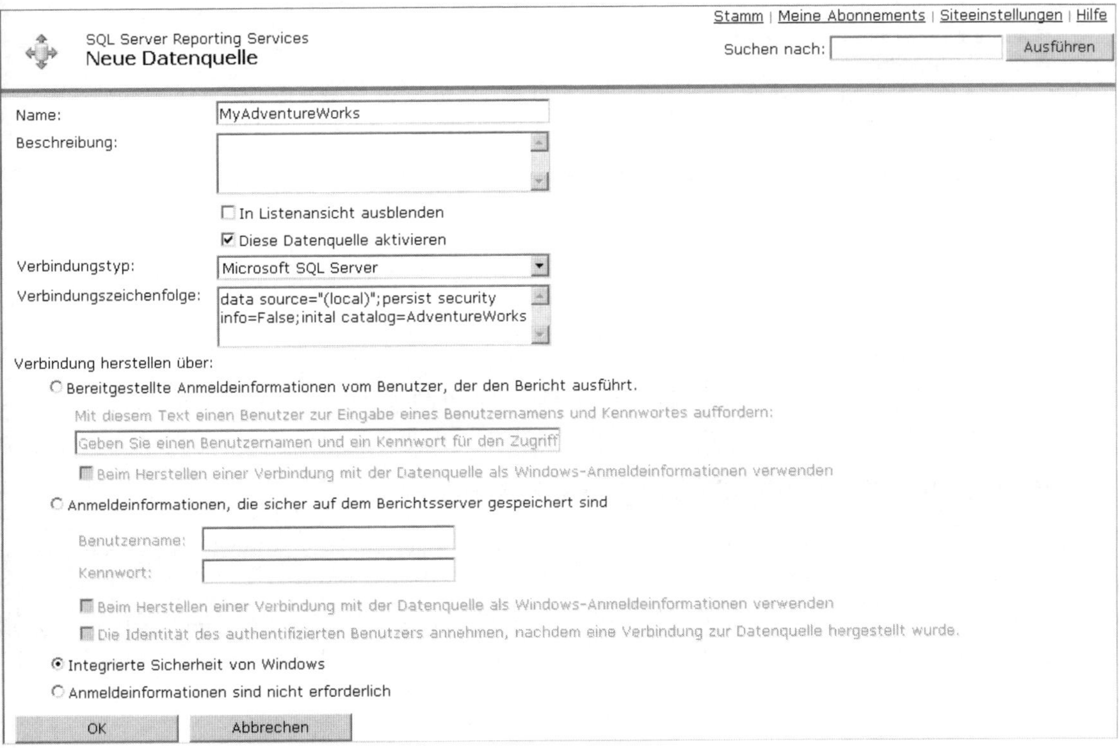

Arbeiten mit dem Berichts-Manager

[Screenshot: SQL Server Reporting Services – Neue Datenquelle]

Abbildung 15.6 Legen Sie auf der Seite *Neue Datenquelle* freigegebene Datenquellen an

Bericht uploaden

Um einen Bericht per Upload publizieren zu können, muss dieser fertig gestaltet im RDL-Format vorliegen.

Das mitgelieferte Werkzeug zum Erstellen von Berichtsdefinitionen im RDL-Format ist der Berichts-Designer, über den Sie in Teil B dieses Buchs mehr erfahren.

In dem folgenden Beispiel werden Sie eine fertige RDL-Datei aus den mitgelieferten *SampleReports* verwenden.

Um einen Bericht hochzuladen, gehen Sie wie folgt vor:

1. Navigieren Sie im Berichts-Manager zu dem Ordner, in dem der hochzuladende Bericht abgelegt werden soll, z.B. den im vorigen Abschnitt angelegten Ordner *RS Berichte*.
2. Klicken Sie auf *Datei uploaden*. Die gleichnamige Seite wird angezeigt (Abbildung 15.7).
3. Geben Sie nun den Dateinamen einschließlich des Dateipfades der hochzuladenden RDL-Datei ein, z.B. **C:\Programme\Microsoft SQL Server\90\Samples\Reporting Services\Report Samples\AdventureWorks Sample Reports\Company Sales.rdl.** Alternativ können Sie sich den Pfad zusammenklicken, indem Sie *Durchsuchen* wählen und in dem sich öffnenden Dialogfeld *Datei auswählen* den gewünschten Bericht markieren, z.B. *Company Sales*. Schließen Sie danach das Dialogfeld per Klick auf *Öffnen*.

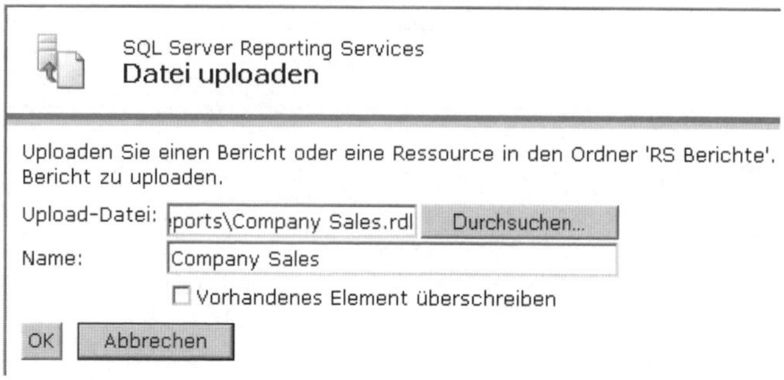

![Datei uploaden Dialog]

Abbildung 15.7 Mit Hilfe dieser Seite können Sie einen Bericht uploaden

4. Bestätigen Sie mit *OK*.

Der Bericht ist auf dem Berichtsserver gespeichert und auf der *Inhalt*-Seite des Ordners sichtbar.

Einem Bericht eine neue Datenquelle zuweisen

Sie können die Datenquelle eines Berichts nicht nur bei dessen Design festlegen, sondern auch nachträglich mit dem Berichts-Manager ändern.

Dies ist typischerweise dann notwendig, wenn die Datenquelle, auf der ein Bericht beruht, nicht gefunden wird. Dann kann dieser nicht angezeigt (gerendert) werden, und der Berichtsserver zeigt stattdessen eine Fehlermeldung an, wie in Abbildung 15.8 dargestellt. Beim Beispiel im vorigen Abschnitt ist dies der Fall.

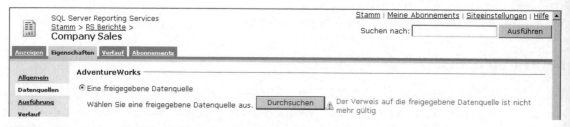

Abbildung 15.8 Meldung einer fehlenden freigegebenen Datenquelle

Um eine Datenquellen-Verknüpfung eines Berichts zu ändern, gehen Sie wie folgt vor:

1. Starten Sie den Berichts-Manager und öffnen Sie den Bericht, z.B. *Company Sales*, durch klicken auf dessen Namen.
2. Holen Sie die Registerkarte *Eigenschaften* in den Vordergrund (Abbildung 15.8).
3. Klicken Sie nun auf *Datenquellen*, um die Eigenschaftenseite für Datenquellen zu öffnen. Auf dieser Seite steht oben der Name der bisherigen Verbindung, z.B. *AdventureWorks*.
4. Klicken Sie auf *Durchsuchen*.
5. Wählen Sie aus der Ordnerhierarchie eine freigegebene Datenquelle aus (Abbildung 15.9), z.B. *MyAdventureWorks*, welche im Abschnitt »Datenquellen anlegen« weiter vorne in diesem Kapitel erzeugt wurde. Klicken Sie dazu jeweils auf das ⊞-Symbol vor einem Ordnernamen, z.B. *RS Berichte*, um dessen Unterordner anzuzeigen.

Arbeiten mit dem Berichts-Manager

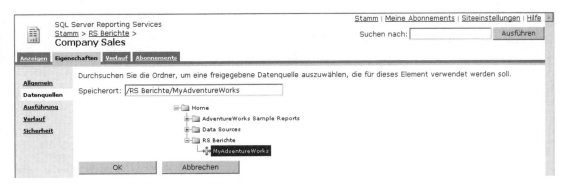

Abbildung 15.9 Wählen Sie hier eine neue Datenquelle für einen Bericht aus

6. Bestätigen Sie mit *OK*.
7. Jetzt müssen Sie auf der Seite ganz unten auf *Übernehmen* klicken, um die neue Datenquellen-Verknüpfung zu aktivieren. Bitte wundern Sie sich nicht! Sie bleiben auf der Eigenschaftenseite für Datenquellen und bekommen keine Bestätigung, ob Ihre Eingaben korrekt waren. Sollten Ihre Angaben fehlerhaft sein, erfahren Sie dies erst, wenn Sie sich den Bericht anzeigen lassen.
8. Aktivieren Sie die Registerkarte *Anzeigen*, und überprüfen Sie, ob der Bericht mit den Daten der soeben neu zugeordneten Datenquelle gerendert wird.

Damit steht der Bericht Ihren Nutzern mit der neuen Datenquelle zur Verfügung.

TIPP Sie können den Namen der Datenquelle eines Berichts auch direkt in dessen Berichtsdefinitionsdatei bzw. RDL-Datei (Report Definition Language) ändern. Dazu muss der Bericht als RDL-Datei vorliegen. Sie können diese z.B. vom Berichtsserver downloaden, wie im Abschnitt »Bericht downloaden« in diesem Kapitel beschrieben.

Wie Sie den Datenquellennamen in der RDL-Datei ändern können, erfahren Sie im Abschnitt »RDL-Datei bearbeiten« in diesem Kapitel.

Bericht downloaden

Berichtsdefinitionsdateien können zur weiteren Bearbeitung heruntergeladen werden. Das ist vor allem dann praktisch, wenn Sie kleinere Änderungen vornehmen wollen, ohne mit dem Berichts-Designer arbeiten zu wollen oder wenn Sie einen Bericht als leicht modifizierte Kopie eines anderen publizieren möchten, jedoch keinen Zugriff auf die Projektdateien des Berichts-Designers haben.

Sie werden im folgenden, über mehrere Abschnitte angelegten Beispiel einen Bericht downloaden, die Datenquelle ändern und die so modifizierte Berichtsdefinition als einen neuen Bericht uploaden.

Gehen Sie dazu folgendermaßen vor:

1. Öffnen Sie die Eigenschaftenseite *Allgemein* des betreffenden Berichts, wie im vorigen Abschnitt beschrieben.
2. Im Bereich *Berichtsdefinition* klicken Sie auf den Link *Bearbeiten*, um das Dialogfeld *Dateidownload* zu öffnen.

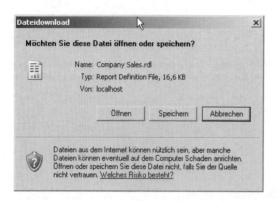

Abbildung 15.10 Das Dialogfeld *Dateidownload* erscheint beim Berichtsdownload im Internet Explorer[1]

3. Klicken Sie auf *Speichern* und sichern Sie mittels des Dialogfeldes *Speichern unter* die Datei *Company Sales.rdl* in einen Ordner im Dateisystem, z.B. *RS-Buch Dateien* in *Eigene Dateien*.
4. Nachdem der Download beendet ist, klicken Sie auf *Schließen*.

Sie haben nun eine RDL-Datei vorliegen, welche die Berichtsdefinition des heruntergeladenen Berichts ist, die mit einem Text- oder Code-Editor bearbeitet werden kann.

RDL-Datei bearbeiten

Berichtsdefinitionen werden in RDL verfasst, die als XML-Dialekt durchaus von Menschen lesbar ist. Daher haben Sie mit vergleichbar geringem Einarbeitungsaufwand die Möglichkeit, kleinere Änderungen von Hand, also direkt im RDL-Code vorzunehmen. Dies werden Sie im folgenden Beispiel tun.

Ein Bericht soll auf eine neue Datenquelle zeigen. Dazu wird der Name der Datenquelle in der entsprechenden Berichtsdefinitionsdatei geändert, z.B. die im vorigen Abschnitt heruntergeladene Berichtsdefinitionsdatei *Company Sales.rdl*.

1. Starten Sie einen Editor Ihrer Wahl. Sie können RDL-Dateien mit Visual Studio oder einem Code-Editor bearbeiten (siehe Kapitel 7). Für solch einfache Fälle reicht aber der zum Windows-System gehörende Editor, den Sie über *Start/Alle Programme/Zubehör/Editor* starten.
2. Öffnen Sie *Company Sales.rdl* im Editor und suchen nach *DataSource*. Am einfachsten geht das über die Suchfunktion des Editors, in der Regel mit `Strg`+`F` aufzurufen. Es müssen folgende Befehlszeilen gefunden werden:

```
<DataSources>
    <DataSource Name="AdventureWorks">
        <rd:DataSourceID>25d3314c-0d4f-49cc-9c22-10194e825490</rd:DataSourceID>
        <DataSourceReference>AdventureWorks</DataSourceReference>
    </DataSource>
</DataSources>>
...
<Query>
    <DataSourceName>AdventureWorks</DataSourceName>
```

---

[1] Das Dialogfeld sieht bei anderen Browsern anders aus. Ob es angezeigt wird, hängt von den Sicherheitseinstellungen des Browsers ab. Wie Sie den Datei-Download zulassen können, lesen Sie ggf. in dessen Dokumentation nach.

Ersetzen Sie den aktuellen Namen der Datenquelle, z.B. *AdventureWorks*, in jeder Zeile durch den Namen der neuen Datenquelle, z.B. *MyAdventureWorks*, die Sie im Abschnitt »Datenquellen anlegen« erzeugt haben.

3. Speichern Sie die geänderte Datei und schließen Sie den Editor.
4. Erzeugen Sie mit dieser RDL-Datei einen Bericht wie im Abschnitt »Bericht uploaden« in diesem Kapitel beschrieben.

Der bearbeitete und hochgeladene Bericht verweist nun auf eine andere Datenquelle des Berichtsservers. Sie können die Verknüpfung auf der Eigenschaftenseite *Datenquellen* überprüfen.

Löschen eines Berichts oder Ordners

Mit der Löschen-Funktion können Berichte und Ordner vom Berichtsserver entfernt werden.

ACHTUNG Es gibt keine Möglichkeit, gelöschte Elemente wiederherzustellen!

Bevor Sie nun in dem Beispiel einen Bericht löschen, ist es empfehlenswert, einen weiteren Bericht anzulegen:

1. Sofern Sie keinen Bericht haben, der gelöscht werden kann, erzeugen Sie einen solchen, z.B. mit dem Namen **LoeschMich**, wie im Abschnitt »Bericht uploaden« in diesem Kapitel beschrieben.
2. Navigieren Sie mit dem Berichts-Manager zu dem Ordner, der den zu löschenden Bericht enthält, z.B. *RS Berichte*.
3. Falls erforderlich, klicken Sie auf *Details anzeigen*, damit die *Löschen*-Schaltfläche angezeigt wird.
4. Aktivieren Sie das Kontrollkästchen vor dem gewünschten Bericht, z.B. *LoeschMich*, und klicken Sie auf *Löschen*.
5. Sie müssen das daraufhin angezeigte Dialogfeld mit *OK* bestätigen, um den Löschvorgang abzuschließen.

Der Bericht wird unwiderruflich vom Berichtserver gelöscht.

In anderen Fällen ist es erforderlich, Elemente an einen anderen Speicherort zu verschieben, was im nächsten Abschnitt erklärt wird.

Verschieben eines Berichts oder Ordners

Um die Übersicht zu behalten, ist es immer wieder notwendig, regelmäßig die Ordnerstrukturen anzupassen. Hierbei ist die Verschieben-Funktion sehr hilfreich.

Um einen Ordner zu verschieben, sind folgende Schritte sind erforderlich:

1. Starten Sie den Berichts-Manager und aktivieren Sie die Detailansicht, wie im vorigen Abschnitt beschrieben.
2. Navigieren Sie zu dem Ordner, der das zu verschiebende Element enthält,
3. Aktivieren Sie das Kontrollkästchen vor dem zu verschiebenden Element, z.B. dem Ordner *RS Berichte*, und klicken auf *Verschieben*.
4. Wählen Sie in der nun angezeigten Ordnerhierarchie (Abbildung 15.11) den Ordner aus, in den das zu verschiebende Element verschoben werden soll, z.B. *My Reports*.

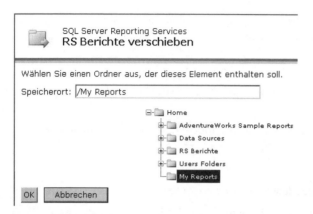

Abbildung 15.11 Wählen Sie hier den Ordner aus, in den das zuvor markierte Element verschoben werden soll

5. Bestätigen Sie mit *OK*.
6. Klicken Sie auf *Details ausblenden*, um zur Listenansicht zurückzukehren.

Das Element ist nun verschoben worden – in unserem Beispiel liegt also der Ordner *RS Berichte* nun unter *My Reports*.

Der Umgang mit Ressourcen

Eine Ressource ist ein externer Bestandteil eines Berichts, der in der Berichtsserver-Datenbank gespeichert wird.

Bei der Ressourcenverwaltung verhält sich der Berichtsserver ähnlich wie ein Webserver: er reicht Ressourcen direkt an den Browser durch. Sofern die betreffende Ressource einem MIME-Typen (Multipurpose Internet Mail Extension) zugeordnet ist, wird sie vom Browser, der den Bericht anzeigt, mit dargestellt. Falls eine Ressourcen-URL nicht aufgelöst werden kann, wird anstelle des Bildes oder Hyperlinks ein rotes »X« im Bericht angezeigt.

Folgende Ressourcen werden häufig in Berichten verwendet:

- Bilddateien, z.B. im JPEG-Format, die typischerweise Diagramme oder Grafiken enthalten.
- Microsoft Word- oder Excel-Dokumente, die weitere Berichtsinformationen bereitstellen.
- Textdateien, die von anderen Systemen generiert wurden.

Ressourcen werden typischerweise vom Berichts-Designer angelegt, z.B. wenn in einen Bericht ein Bild eingefügt wird. Dann steht in der Berichtsdefinition nur eine URL, die auf die Ressource verweist, die als eigenständiges Element auf dem Berichtsserver angelegt wird.

Ressourcen lassen sich aber auch mit dem Berichts-Manager uploaden, wie Sie im nächsten Abschnitt sehen werden.

Ressourcen uploaden

Um Ressourcen zur Berichtsserver-Datenbank hinzuzufügen, können Sie diese vom Dateisystem uploaden.

Ressourcen werden ganz ähnlich gehandhabt wie alle anderen Elemente: Sie können sie nicht nur umbenennen, löschen und in andere Ordner verschieben, sondern auch ihre Eigenschaften und Sicherheitseinstellungen festlegen.

Arbeiten mit dem Berichts-Manager

In Ihrer Firma werden ausführliche Produktbeschreibungen in Microsoft Word 2003 verarbeitet. Aktuelle Kalkulationen und Preise neuer Produkte, die noch nicht im Sortiment aufgenommen sind, werden in Microsoft Excel 2003-Tabellen gepflegt. Sie möchten diese Informationen für Ihre Mitarbeiter zur Verfügung stellen, ohne hierfür einen eigenen Webserver zu verwenden.

Gehen Sie wie folgt vor:

1. Öffnen Sie den Berichts-Manager und navigieren Sie zu dem Ordner, in den Sie die Ressourcen uploaden möchten, z.B. der Ordner *Informationen*, den Sie zuvor als Unterordner von *RS Berichte* angelegt haben.
2. Uploaden Sie die gewünschten Ressourcen, z.B.
   - die Bilddatei *Stonehenge.jpg* aus *C:\WINDOWS\Web\Wallpaper*,
   - das Word-Dokument *Prottpln.doc* aus *C:\Programme\Microsoft Office\OFFICE11\1031* und
   - die Excel-Datei *Prottpln.xls* aus *C:\Programme\Microsoft Office\OFFICE11\1031*,

   indem Sie jeweils auf *Datei uploaden* klicken, die gewünschte Datei auswählen und bestätigen. Das funktioniert analog zum Beispiel im Abschnitt »Bericht uploaden« weiter vorne in diesem Kapitel.

Abbildung 15.12 So werden im Berichts-Manager aus MIME-Typen Ressourcen

Sie haben nun verschiedene Ressourcen auf dem Berichtserver publiziert, um Ihren Mitarbeitern zusätzliche Informationen zur Verfügung zu stellen.

Ressourcen anzeigen

Da Ressourcen vom Berichtsserver ohne weitere Verarbeitung direkt an den Browser durchgereicht werden, hängt das Verhalten des Berichts-Managers bei der Anzeige von Ressourcen in erster Linie von den Einstellungen Ihres Browsers ab.

Eine Ressource wird genau wie andere Elemente geöffnet:

1. Öffnen Sie den Berichts-Manager und navigieren Sie zu dem Ordner, der die anzuzeigende Ressource enthält, z.B. zu dem im vorigen Abschnitt angelegten Ordner *Informationen*.
2. Klicken Sie auf den Link der Ressource, z.B. auf den des Word-Dokuments *Protpln.doc*.

   Je nach Sicherheitseinstellungen Ihres Browsers werden Sie vor dem Anzeigen evtl. gefragt, ob Sie die Ressource direkt öffnen oder erst auf Ihrem Dateisystem speichern möchten. Klicken Sie in diesem Fall auf *Öffnen*, um sich das Dokument direkt anschauen zu können.

Die Ressource wird angezeigt. Welche Darstellung sich Ihnen bietet, hängt vom MIME-Typ ab. Wenn Ihr Browser über formatspezifische Viewer verfügt, werden ggf. Elemente, z.B. Symbolleisten, für die Ressource mit angezeigt.

Suchen

Auf einem Berichtsserver kann nach den meisten Elementen anhand des Namens oder der Beschreibung gesucht werden.

Sie können suchen nach:

- publizierten Berichten,
- Ordnern,
- freigegebenen Datenquellen und
- Ressourcen,

nicht aber nach

- Zeitplänen,
- Besitzern,
- Rollenzuweisungen,
- bestimmten Snapshots im Berichtsverlauf und
- Abonnements.

Die Suche wird in der Berichtsserver-Datenbank ausgeführt, in der die Elemente bzw. Ordner gespeichert sind.

Nach Berichten und anderen Elementen suchen

Für die Suche können Sie entweder rechts oben auf der Seite *Stamm* das Textfeld *Suchen nach* verwenden oder die *Suchen*-Seite des Berichts-Managers nutzen.

Suchvorgänge beginnen in der Ordnerhierarchie im Knoten der obersten Ebene und werden in den untergeordneten Zweigen fortgesetzt.

ACHTUNG Nur Elemente und Berichte, die Sie anzeigen dürfen, werden in das Suchergebnis einbezogen. Falls Sie keine Zugriffsberechtigung für einen bestimmten Zweig haben, wird dieser übersprungen. Dies ist in Regel der Fall bei Ordnern vom Typ *My Reports* anderer Benutzer und bei anderen Ordnern, die nicht generell verfügbar sind.

Um anhand des Namens oder einer Beschreibung nach einem Element zu suchen, geben Sie die gesamte Suchzeichenfolge oder einen Teil davon an.

Bei Suchzeichenfolgen wird nicht nach Groß- und Kleinschreibung unterschieden.

Suchoperatoren wie z.B. Pluszeichen (+) oder Minuszeichen (–) zum Ein- oder Ausschließen von Suchkriterien sind nicht zulässig.

TIPP Die hier beschriebene Suchfunktion sucht nur nach Berichtsnamen und -beschreibungen; wenn Sie nach Text in einem Bericht suchen möchten, verwenden Sie die Suchmöglichkeit in der Berichtssymbolleiste oben in einem Bericht.

Nähere Informationen finden Sie in der Tabelle 15.7 weiter hinten in diesem Kapitel.

Eigenschaftenseiten

HINWEIS In benutzerdefinierten Anwendungen können zusätzliche Suchfunktionen vorhanden sein, die auf das Berichtsservermodul zugreifen.

Weitere Informationen zu programmierbaren Suchfunktionen, wie der *FindItems Method*, finden Sie in Kapitel 27.

Suchen Sie nun nach dem Bericht *Company Sales*, der zu den mitgelieferten Beispielberichten gehört und von dem Sie zusätzlich im Abschnitt »Bericht uploaden« weiter vorne in diesem Kapitel eine Kopie erzeugt haben:

1. Öffnen Sie den Berichts-Manager, geben Sie in *Suchen nach* **company** ein und klicken Sie auf *Ausführen*.
2. Die Elemente und Ordner, in denen der Suchbegriff enthalten ist, werden auf der *Suchen*-Seite angezeigt.
3. Sofern gewünscht, können Sie per Klick auf *Details anzeigen* zusätzlich die Ordner, in denen die Suchergebnisse enthalten sind, einsehen (Abbildung 15.13).

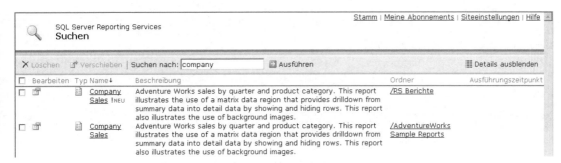

Abbildung 15.13 Darstellung der Suchen-Seite, nachdem nach *company* gesucht wurde

4. Klicken Sie auf ein Element in dem Suchergebnis, um es anzuzeigen.

Die Elemente auf der Seite mit den Suchergebnissen können Sie wie auf einer *Inhalt*-Seiten von Ordnern öffnen, bearbeiten, löschen oder verschieben.

Eigenschaftenseiten

Jedes Element und jeder Ordner hat Eigenschaften, die Sie mit dem Berichts-Manager anzeigen und verändern können.

Um zu den Eigenschaftenseiten eines Elements zu gelangen, gibt es zwei Wege. Der einfachere Weg ist folgender:

1. Öffnen Sie den Berichts-Manager und wechseln Sie in die Detailansicht, indem Sie auf *Details anzeigen* in der Berichtssymbolleiste ganz rechts klicken.
2. Klicken Sie in der Spalte *Bearbeiten* auf das -Symbol vor dem gewünschten Element. Sie gelangen auf dessen Eigenschaftenseiten.

Wollen Sie ohne die Detailansicht auskommen, gehen Sie folgendermaßen vor:

1. Öffnen Sie den Berichts-Manager und wählen Sie das entsprechende Element aus. Sofern es sich um einen Bericht handelt, wird dieser ausgeführt.
2. Wählen Sie die Registerkarte *Eigenschaften*. Sie gelangen ebenfalls zu den Eigenschaftenseiten.

Im unteren Bereich der Eigenschaftenseiten finden Sie die Schaltflächen aus Tabelle 15.3. Die Erklärungen der Tabelle gelten für alle Eigenschaftenseiten und werden in den folgenden Abschnitten nicht mehr explizit beschrieben.

Steuerelement	Beschreibung
Anwenden	Klicken Sie auf *Anwenden*, um Änderungen zu speichern.
	Sie erhalten keine Bestätigung, ob die Änderungen erfolgreich durchgeführt wurden. Dies können Sie nur feststellen, indem Sie auf die *Inhalt*-Seite des Elements oder Ordners wechseln und dort überprüfen, ob in der *Geändert am*-Spalte das aktuelle Datum und die aktuelle Uhrzeit angezeigt werden.
Löschen	Klicken Sie auf *Löschen*, um ein Element oder Ordner und seinen Inhalt zu entfernen.
	Weitere Informationen finden Sie im Abschnitt »Löschen eines Berichts oder Ordners« in diesem Kapitel.
Verschieben	Klicken Sie auf *Verschieben*, um ein Element oder Ordner zu verschieben.
	Weitere Informationen finden Sie im Abschnitt »Verschieben eines Berichts oder Ordners« in diesem Kapitel.

Tabelle 15.3 Schaltflächen der Eigenschaftenseiten

In den folgenden Abschnitten wird die *Allgemein*-Eigenschaftenseite für die verschiedenen Elemente erläutert.

HINWEIS Ordner mit besonderem Zweck wie z.B. *Stamm*, *My Reports* und *User Folders* können nicht umbenannt, gelöscht oder verschoben werden. Die Eigenschaftenseite *Allgemein* steht für diese Ordner nicht zur Verfügung.

Allerdings haben auch diese Ordner die Eigenschaftenseite *Sicherheit*, welche Sie durch Auswahl der Registerkarte *Eigenschaften* des geöffneten Ordners erreichen.

Nähere Informationen zum Thema »Ordnersicherheit« finden Sie in Kapitel 16.

Eigenschaftenseite *Allgemein* von Ordnern

Auf der Eigenschaftenseite *Allgemein* werden grundlegende Information zu einem Ordner angezeigt.

Um diese Seite anzuzeigen, navigieren Sie im Berichts-Manager zu dem gewünschten Ordner, z.B. *SampleReports*, und holen die Registerkarte *Eigenschaften* in den Vordergrund. Wie in Abbildung 15.14 zu sehen ist, erhalten Sie Informationen zum Benutzer, der den Ordner erstellt bzw. geändert hat, und deren Zeitpunkte der Erstellung bzw. Änderung.

Abbildung 15.14 Eigenschaftenseite *Allgemein* eines Ordners

Eigenschaftenseiten

Eine Erläuterung der weiteren Elemente dieser Seite finden Sie in der folgenden Tabelle. Die Beschreibung der Schaltflächen ist in Tabelle 15.3 weiter oben.

Feld	Beschreibung
Name	Name des Ordners. Der Name muss mindestens ein alphanumerisches Zeichen enthalten. Er kann auch Leerzeichen und Sonderzeichen enthalten. Folgende Zeichen können jedoch nicht für Namen verwendet werden: ; ? : @ & = + , $ / * < > | " /.
Beschreibung	Beschreibung des Ordnerinhalts. Diese Beschreibung wird auf der *Inhalt*-Seite angezeigt.
In Listenansicht ausblenden	Aktivieren oder deaktivieren Sie das Kontrollkästchen, um festzulegen, ob der Ordner in der Standardansicht angezeigt wird. Weitere Informationen erhalten Sie im Abschnitt »Einen Ordner aus der Listenansicht ausblenden« in diesem Kapitel.

Tabelle 15.4 Felder der Eigenschaftenseite *Allgemein* eines Ordners

Eigenschaftenseite *Sicherheit* von Ordnern

Auf der Eigenschaftenseite *Sicherheit* wird angezeigt, welche Benutzerrollen Zugriff auf den Ordner haben. Dort ist auch die Änderung dieser Einstellungen möglich.

Nähere Erläuterungen finden Sie in Kapitel 16.

Einen Ordner aus der Listenansicht ausblenden

Es können Ordner in der Listenansicht bzw. Standardansicht der *Inhalt*-Seite ausgeblendet werden. Ausgeblendete Ordner sind in der Listenansicht für keinen Benutzer sichtbar.

ACHTUNG In der Detailansicht, welche über die Schaltfläche *Details anzeigen* der Berichtssymbolleiste zu erreichen ist, bleibt auch ein ausgeblendeter Ordner immer sichtbar.

Allerdings steht nur Benutzern mit dem Recht, Elemente zu bearbeiten, die Schaltfläche *Details anzeigen* zur Verfügung.

TIPP Sie können in einem ausgeblendeten Ordner z.B. Berichte sammeln, die die Grundlage für verknüpfte Berichte sind. Diesen Ordner können Sie so in dem gleichen Projektpfad speichern.

Um einen Ordner auszublenden, gehen Sie wie folgt vor:

1. Navigieren Sie im Berichts-Manager zu dem Order, der ausgeblendet werden soll, z.B. *AdventureWorks Sample Reports*.
2. Wechseln Sie per Klick auf den Registerreiter *Eigenschaften* zu den allgemeinen Einstellungen dieses Ordners.
3. Aktivieren das Kontrollkästchen *In Listenansicht ausblenden*.
4. Klicken Sie auf *Anwenden*, um die Änderungen zu speichern.
5. Klicken Sie in der Linkzeile des Navigations-Anzeigers auf das dem Ordner übergeordnete Verzeichnis, also *Stamm*.
6. Sofern erforderlich, klicken Sie auf *Details ausblenden*, um in die Listenansicht zu wechseln.

Der ausgeblendete Ordner *AdventureWorks Sample Reports* wird nicht mehr angezeigt.

Stellen Sie sicher, dass der Ordner *AdventureWorks Sample Reports* wieder sichtbar geschaltet wird, damit er in weiteren Übungen normal zu sehen ist. Deaktivieren Sie dazu wieder das Kontrollkästchen *In Listenansicht ausblenden* für diesen Ordner.

Eigenschaftenseite *Allgemein* von Datenquellen

Auf der Eigenschaftenseite *Allgemein* können Sie die Eigenschaften eines freigegebenen Datenquellenelements anzeigen oder ändern.

Alle von Ihnen an den Eigenschaften vorgenommenen Änderungen gelten für alle Berichte, die auf dieses Element verweisen.

Nähere Informationen zu Datenquellen finden Sie in Kapitel 17.

Die Eigenschaftenseite *Sicherheit* einer Datenquelle wird in Kapitel 16 erläutert.

Eigenschaftenseite *Allgemein* von Berichten

Über die Eigenschaftenseite *Allgemein* von Berichten können Sie eine Berichtsdefinition umbenennen, löschen, verschieben oder ersetzen. Zudem ist mit dieser Seite das Erstellen eines verknüpften Berichts möglich.

Sie erhalten Informationen zum Benutzer, der den Bericht erstellt oder geändert hat, und den Zeitpunkt der Erstellung bzw. Änderung.

Um zur Eigenschaftenseite (Abbildung 15.15) zu gelangen, öffnen Sie einen Bericht, z.B. *Company Sales*, und holen die Registerkarte *Eigenschaften* in den Vordergrund. Falls die *Inhalt*-Seite in der Detailansicht geöffnet ist, können Sie alternativ auf das Symbol für Eigenschaften klicken.

Ist der ausgewählte Bericht unverknüpft, ist die Schaltfläche *Verknüpften Bericht erstellen* vorhanden, um die Seite *Neuer verknüpfter Bericht* zu öffnen.

Abbildung 15.15 Die Eigenschaftenseite *Allgemein* eines Berichts zeigt dessen grundlegende Informationen

Verknüpfte Berichte werden typischerweise erstellt, wenn Sie verschiedene Sicherheitseinstellungen oder Parameter für den Bericht verwenden möchten. Weitere Informationen zu verknüpften Berichten finden Sie im Abschnitt »Verknüpfte Berichte« in diesem Kapitel.

Die weiteren Eigenschaftenseiten *Datenquellen*, *Ausführung*, *Verlauf* und *Sicherheit* werden in eigenen Kapiteln im Teil C dieses Buchs erläutert.

Bereich *Eigenschaften*

In diesem Bereich der Seite können Sie den Namen und die Beschreibung des Berichts ändern.

Mit dem Kontrollkästchen *In Listenansicht ausblenden* wird das Anzeigen auf der Inhalt-Seite verändert.

Die Erläuterungen gelten analog zum Abschnitt »Einen Ordner aus der Listenansicht ausblenden« weiter vorne in diesem Kapitel, wobei sich die Aussagen anstatt auf Ordner dann auf Berichte beziehen.

Bereich *Berichtsdefinition*

Dieser Bereich ermöglicht Ihnen, die Berichtsdefinition auszutauschen, d.h. eine überarbeitete Berichtsdefinition kann über eine RDL-Datei ausgetauscht werden, ohne die anderen Einstellungen, wie z.B. Sicherheit oder Verlauf, erneut vornehmen zu müssen.

Die Darstellung in diesem Bereich hängt davon ab, ob der Bericht verknüpft ist oder nicht.

Handelt es sich um einen unverknüpften Bericht, stehen Ihnen die Links *Bearbeiten* und *Aktualisieren* zur Verfügung, mit denen Sie folgende Möglichkeiten haben:

- Klicken Sie auf *Bearbeiten*, um eine Kopie der Berichtsdefinition herunterzuladen.

HINWEIS In dem nach dem Klicken auf *Bearbeiten* erscheinenden Dialogfeld *Dateidownload* (siehe Abbildung 15.10 weiter oben) können Sie die Datei öffnen oder speichern.

Wenn Sie sich für *Öffnen* entscheiden, wird ein weiteres Browserfenster angezeigt, das die XML-Daten darstellt. Die so geöffnete Kopie ist mit der ursprünglichen Berichtsdefinition identisch, die auf dem Berichtsserver publiziert wurde. Sie kann nicht direkt gespeichert werden, d.h. es steht Ihnen im Menü *Datei* nur der Befehl *Speichern unter* zur Verfügung. Damit wird sichergestellt, dass Sie Änderungen nicht zufällig auf dem Berichtsserver speichern. Alle Eigenschaften, die für den Bericht nach dessen Publizierung festgelegt wurden (z.B. Parameter, Sicherheitseinstellungen, Einstellungen des Verlaufs und Datenquelleneigenschaften) sind nicht in der von Ihnen geöffneten Datei enthalten.

Entscheiden Sie sich für *Speichern*, können Sie die RDL-Datei einfach in einem Ordner im Dateisystem speichern. Änderungen, die Sie lokal an der Berichtsdefinition vornehmen, werden nicht auf dem Berichtsserver gespeichert. Sie können jedoch die Berichtsdefinition als neues Element auf den Berichtsserver uploaden. Schauen Sie sich dazu das Beispiel im Abschnitt »Bericht uploaden« in diesem Kapitel an.

- Klicken Sie auf *Aktualisieren*, um die Berichtsdefinition durch eine andere Definition aus einer RDL-Datei in einem freigegebenen Verzeichnis zu ersetzen.

ACHTUNG Wenn Sie eine Berichtsdefinition aktualisieren, müssen Sie ggf. die Einstellungen zur Datenquelle nach Abschluss der Aktualisierung zurücksetzen (siehe den Abschnitt »Einem Bericht eine neue Datenquelle zuweisen« in diesem Kapitel).

Falls es sich um einen verknüpften Bericht handelt, wird der vollständige Name und Pfad der Berichtsdefinition des verknüpften Berichts angegeben, wie in Abbildung 15.16 zu sehen ist.

- Sie können auf *Verknüpfung ändern* klicken, um eine andere Berichtsdefinition als Quelle der Verknüpfung auszuwählen.

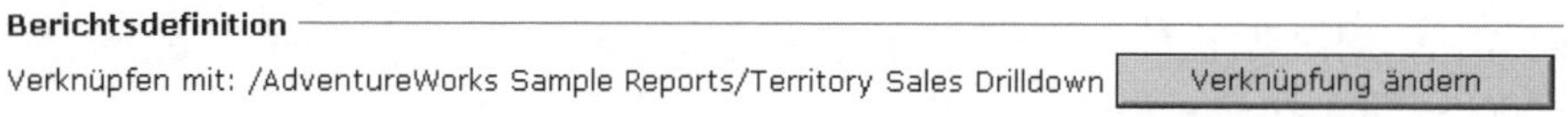

Berichtsdefinition
Verknüpfen mit: /AdventureWorks Sample Reports/Territory Sales Drilldown   [Verknüpfung ändern]

Abbildung 15.16 Berichtsdefinition der Eigenschaftenseite *Allgemein* eines verknüpften Berichts

Bereich *Schaltflächen*

Hier können Sie den Bericht *Anwenden*, *Löschen* oder *Verschieben*, wie in Tabelle 15.3 weiter oben beschrieben.

Des Weiteren können Sie einen *Verknüpften Bericht erstellen*, wie im folgenden Abschnitt beschrieben.

Verknüpfte Berichte

Verknüpfte Berichte funktionieren ganz ähnlich den Dateiverknüpfungen, die Sie aus Windows-Bertriebssystemen kennen: Sie sind ein Verweis auf einen Bericht.

Mit einem verknüpften Bericht haben Sie die Möglichkeit, verschiedene Sicherheitseinstellungen oder Parameterwerte für einen Bericht zusammenzufassen.

Wird der Stammbericht – also der Bericht, mit dem der verknüpfte Bericht verbunden ist – überarbeitet und publiziert, werden diese Änderungen ebenfalls in dem verknüpften Bericht angezeigt.

ACHTUNG Löschen Sie einen Stammbericht, haben alle mit ihm verknüpften Berichte keine Datengrundlage mehr.

Da für einen Stammbericht keine Informationen darüber abrufbar sind, welche bzw. wie viele Berichte mit diesem verknüpft sind, müssen Sie dieses selbst überprüfen. Dazu müssen Sie im Prinzip für alle verknüpften Berichte auf dem Berichtsserver die Eigenschaftenseite *Allgemein* kontrollieren.

Sie können sich die Arbeit erleichtern, wenn Sie von vornherein für alle verknüpften Berichte den Namen des Stammberichts in die Beschreibung mit einfließen lassen. Auch empfiehlt es sich, während der Arbeit eine gute Dokumentation anzulegen.

TIPP Um in einem verknüpften Bericht Änderungen des Stammberichts zu sehen, während dieser im Browser angezeigt wird, müssen Sie entweder das Browserfenster für den verknüpften Bericht mit [Strg]+[F5] aktualisieren oder auf das Aktualisierungssymbol in der Berichtssymbolleiste klicken.

Es soll ein verknüpfter Bericht in einem Ordner, z.B. *RS Berichte*, erzeugt werden. Dieser Bericht soll später einem Mitarbeiter der Getränkeabteilung zur Verfügung gestellt werden, damit er die Verkäufe in diesem Bereich verfolgen kann.

Gehen Sie dazu folgendermaßen vor:

1. Öffnen Sie im Berichts-Manager den Ordner *AdventureWorks Sample Reports*.
2. Sofern erforderlich klicken Sie auf *Details anzeigen*, um die Detailansicht zu aktivieren.
3. Klicken Sie in der Spalte *Bearbeiten* auf das Eigenschaftensymbol des Berichts *Employee Sales Summary*.
4. Klicken Sie auf *Verknüpften Bericht erstellen*.
5. Geben Sie für den *Namen* **Sales Summary für Shu Ito** sowie eine sinnvolle Beschreibung (Abbildung 15.17) ein.

6. Der Speicherort ist standardmäßig derselbe wie der des Stammberichts. Um einen anderen Ordner auszuwählen, klicken Sie auf *Speicherort ändern*.
7. Die angezeigte Seite entspricht der von Abbildung 15.11 weiter oben in diesem Kapitel. Wählen Sie *RS Berichte* als Ablage für den verknüpften Bericht aus und bestätigen mit *OK*, um zur Eigenschaftenseite *Allgemein* zurückzugelangen.

Abbildung 15.17 Erstellen Sie mit Hilfe dieser Seite einen verknüpften Bericht

8. Bestätigen Sie mit *OK*.
9. Der verknüpfte Bericht wird geöffnet. Sie können nun Änderungen an Sicherheitseinstellungen und Parameterwerten vornehmen.
10. Aktivieren Sie die Registerkarte *Eigenschaften* und wählen Sie anschließend die Eigenschaftenseite *Parameter*.
11. Aktivieren Sie das Kontrollkästchen *Besitzt Standardwert* für den Parameter *EmpID* und geben den Standardwert für die Abfrage des Berichts ein – in diesem Falle *281*.
12. Deaktivieren Sie ebenfalls *Eingabeaufforderung für Benutzer*, wodurch der *Parameter*-Abschnitt nicht mehr angezeigt wird. Nähere Information zur Eigenschaftenseite *Parameter* finden Sie im nächsten Abschnitt.
13. Klicken Sie auf *Anwenden*, um die Änderungen zu speichern.
14. Betrachten Sie den geänderten Bericht, indem Sie die Registerkarte *Anzeigen* in den Vordergrund holen.

Der Bericht *Sales Summary für Shu Ito* enthält – im Gegensatz zu seinem Stammbericht *Employee Sales Summary* – keine Eingabemöglichkeit für den Employee-Parameter. Er zeigt ausschließlich die Umsätze des Verkäufers *Shu Ito* für einen ausgewählten Monat an. Den Bericht *Sales Summary für Shu Ito* können Sie jetzt für die Überprüfung des Mitarbeiters verwenden.

Sollte es Änderungen im Stammbericht geben, profitieren die Benutzer des Berichts *Sales Summary für Shu Ito* ebenso, da beide Berichte verknüpft sind.

Eigenschaftenseite *Parameter* von Berichten

Mit der *Parameter*-Eigenschaftenseite sichten und ändern Sie Parametereinstellungen für einen parametrisierten Bericht (siehe Kapitel 12).

Mit Parametern können Sie zur Laufzeit z.B.

- verschiedene Produkte mit dem gleichen Bericht analysieren,
- Betrachtungszeiträume eingrenzen oder
- die Daten einzelner Mitarbeiter anzeigen.

Parameter dienen also typischerweise der Filterung von Daten und werden in der Berichtsdefinition deklariert, also bevor der Bericht publiziert wird.

Nach der Publizierung eines Berichts können Parametereigenschaftswerte geändert werden. Welche Werte geändert werden können, hängt von der Definition der Parameter im Bericht ab:

- Wenn eine Liste statischer Werte für einen Parameter definiert ist, können Sie einen anderen statischen Wert als Standardwert auswählen. Es können jedoch keine Werte hinzugefügt oder aus der Liste entfernt werden.
- Falls der Parameter auf einer Abfrage basiert, werden ebenso alle Aspekte dieser Abfrage – einschließlich des verwendeten Datasets, ob NULL-Werte oder leere Werte zugelassen sind und ob ein Standardwert bereitgestellt wird – im Bericht vor seiner Publizierung definiert.

Eine Beschreibung der Felder der Eigenschaftenseite *Parameter* finden Sie in der Tabelle 15.5.

Feld	Beschreibung
Parametername	Name des Parameters.
Datentyp	Datentyp des Parameters.
Besitzt Standardwert	Aktivieren Sie dieses Kontrollkästchen, wenn der Parameter einen Standardwert hat. Durch das Aktivieren werden die Optionen *Standardwert* und *NULL* ebenfalls aktiviert. Falls *Besitzt Standardwert* nicht aktiviert ist, müssen Benutzer einen Parameterwert für diesen Bericht angeben.
Standardwert	Standardwert für den Parameter. Um einen Standardwert angeben zu können, muss die Option *Besitzt Standardwert* aktiviert sein, während *NULL* nicht aktiviert sein darf. Ein Standardwert kann durch die Berichtsdefinition bereitgestellt werden. Ist *Standardwert* mit einem oder mehreren statischen Werten aufgefüllt, werden diese Werte mit dem Bericht erstellt. Hat *Standardwert* den Wert *Abfragebasiert*, wird der Parameterwert durch eine Abfrage ermittelt, die im Bericht definiert ist. Falls *Standardwert* einen Wert akzeptiert, können Sie eine Konstante oder Syntax eingeben, die für die mit dem Bericht verwendete Datenverarbeitungserweiterung gültig ist. Wenn die Abfragesprache der Datenverarbeitungserweiterung Platzhalterzeichen unterstützt, können Sie ein Platzhalterzeichen als Standardwert angeben. Wenn Sie angeben, dass dem Benutzer eine *Eingabeaufforderung* angezeigt wird, wird der *Standardwert* als Anfangswert verwendet, den Benutzer verwenden oder auch ändern können. Wenn keine *Eingabeaufforderung für den Benutzer* für den Parameterwert angezeigt wird, wird dieser Wert für alle Benutzer verwendet, die den Bericht ausführen.
NULL	Aktivieren Sie dieses Kontrollkästchen, um NULL als Standardwert anzugeben. Ein NULL-Wert bedeutet, dass der Bericht ausgeführt werden kann, auch wenn der Benutzer keinen Parameterwert bereitstellt. Falls in dieser Spalte kein Kontrollkästchen angezeigt wird, akzeptiert der Parameter keine NULL-Werte.

Tabelle 15.5 Felder der Eigenschaftenseite *Parameter* eines Berichts

Eigenschaftenseiten

Feld	Beschreibung
Eingabeaufforderung für den Benutzer	Aktivieren Sie dieses Kontrollkästchen, um ein Textfeld mit einer Eingabeaufforderung für einen Parameterwert anzuzeigen.
	Deaktivieren Sie dieses Kontrollkästchen, wenn Sie den Bericht im unbeaufsichtigten Modus ausführen möchten, wenn Sie denselben Parameterwert für alle Benutzer verwenden möchten oder wenn keine Benutzereingabe für den Wert erforderlich ist.
	Den unbeaufsichtigten Modus brauchen Sie, um Snapshots vom Berichtsverlauf (siehe Kapitel 20) oder der Berichtsausführung (siehe Kapitel 18) generieren zu können.
Text anzeigen	Textzeichenfolge, die neben dem Parametertextfeld angezeigt wird.
	Diese Zeichenfolge enthält eine Bezeichnung oder beschreibenden Text.
	Die Länge der Zeichenfolge ist nicht begrenzt. Längere Textzeichenfolgen werden innerhalb des vorhandenen Platzes umgebrochen.

Tabelle 15.5 Felder der Eigenschaftenseite *Parameter* eines Berichts *(Fortsetzung)*

Sie können den Start- oder Standardwert eines Parameters für Berichte mit Parameterabfrage ändern. Schauen Sie sich dafür das folgende Beispiel an.

Sie wollen den Bericht für die Umsatzzahlen Ihrer Vertriebsmitarbeiter anpassen. Der Bericht soll mit einem bestimmten Mitarbeiter, dessen Umsätze Sie im Auge behalten möchten, starten, damit Sie nicht jedes Mal diesen Parameter eingeben müssen.

1. Öffnen Sie im Berichts-Manager den Ordner *AdventureWorks Sample Reports* und wählen dort den Bericht *Employee Sales Summary* aus.
2. Um den Bericht anzeigen zu können, musste bisher der Parameter *Employee* ausgewählt werden. Um den Bericht nun ohne manuelle Parameterauswahl sofort mit einem bestimmten Mitarbeiter starten zu können, aktivieren Sie die Registerkarte *Eigenschaften* und klicken darin auf *Parameter* im linken Bereich der Seite (Abbildung 15.18).
3. Der Parameter, der den Mitarbeiter festlegt, heißt *EmpID*. Sie müssen also MitarbeiterIDs der Firma kennen, was für Sie als Angestellter im Personalbereich sicherlich kein Problem darstellt. Für das Beispiel soll die Mitarbeiterin *Jae Pak* zu Beginn angezeigt werden. Wie Sie wissen, hat Jae die MitarbeiterID **285**. Aktivieren Sie also das Kontrollkästchen *Besitzt Standardwert* für den Parameter *EmpID* und geben dann im Textfeld für den Standardwert die Zahl **285** ein.

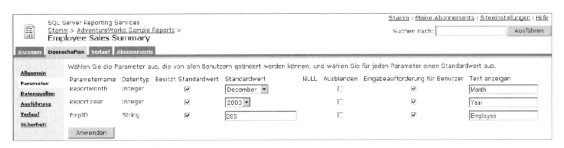

Abbildung 15.18 Eigenschaftenseite *Parameter* eines Berichts

4. Klicken Sie auf *Anwenden*, um die Änderung auf dem Berichtsserver zu speichern.
5. Aktivieren Sie die Registerkarte *Anzeigen*. Der Bericht sollte jetzt mit *Jae Pak* gestartet werden.

Der Bericht wird nun ohne vorherige Benutzereingabe sofort gerendert, da alle Parameter über einen Startwert verfügen.

Siteeinstellungen des Berichts-Managers

Mithilfe der Seite *Siteeinstellungen* können Sie globale Einstellungen für den Berichtsserver vornehmen und einige spezielle Features steuern.

Sie gelangen auf die Seite *Siteeinstellungen* (Abbildung 15.19), indem Sie im Berichts-Manager oben rechts auf den gleichnamigen Link klicken.

WICHTIG Um diese Seite anzeigen zu können, müssen Sie ein Administrator des Berichtsservers sein.

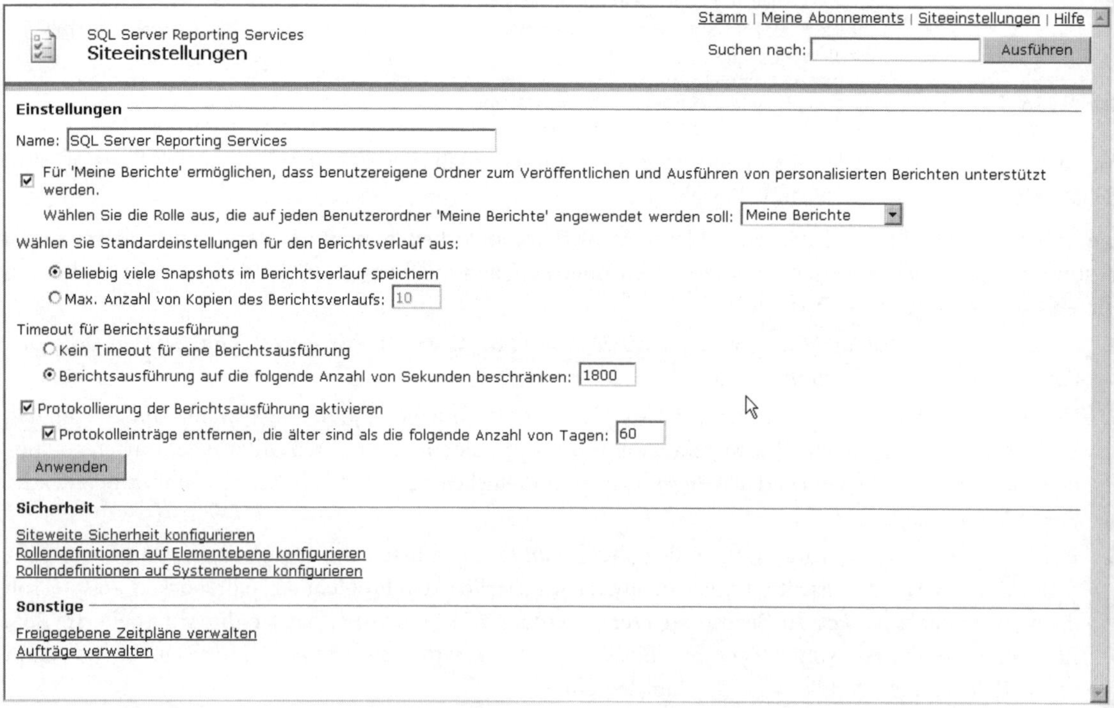

Abbildung 15.19 Nehmen Sie auf der Seite *Siteeinstellungen* die allgemeinen Einstellungen des Berichtsservers vor

Welche Einstellungen Sie hier im Einzelnen vornehmen können, erfahren Sie in den folgenden Abschnitten.

Bereich *Einstellungen*

In diesem Bereich können Sie die allgemeinen Einstellungen des Berichtsservers verändern. Dabei haben Sie die in Tabelle 15.6 erläuterten Möglichkeiten.

Feld	Beschreibung
Name	Titel, der im Berichts-Manager verwendet wird. Dieser Text wird oben links auf allen Seiten der Anwendung angezeigt. Mit dieser Einstellung haben Sie eine einfache Möglichkeit, Ihren Berichtsserver zu branden. Der Standardwert ist *SQL Server Reporting Services*.

Tabelle 15.6 Felder der Seite *Siteeinstellungen* im Bereich *Einstellungen*

Eigenschaftenseiten

Feld	Beschreibung
Einen Ordner 'Meine Berichte' für jeden Benutzer zulassen	Wählen Sie diese Option, wenn der Berichtsserver automatisch einen Ordner *Meine Berichte* für alle Benutzer erstellen soll, die sich am Berichtsserver anmelden. Wie Sie die *Meine Berichte*-Funktionalität sinnvoll einsetzen, erfahren Sie in Kapitel 24.
Die Rolle auswählen, die auf jeden Benutzer des Ordners 'Meine Berichte' angewandt werden soll	Wählen Sie die Rolle mit der Gruppe von Aufgaben aus, die ein Benutzer im Ordner *Meine Berichte* ausführen kann. Standardmäßig ist die Rolle *Meine Berichte* ausgewählt. Mit dieser Rolle können Benutzer den eigenen Ordner *Meine Berichte* verwalten, da sie für diesen Ordner umfassende Berechtigungen ähnlich denen eines Administrators haben. Sie dürfen u. a. Ordner und Berichte hinzufügen, löschen, umbenennen und verschieben. Klicken Sie auf *Rollendefinitionen auf Elementebene konfigurieren*, um die Aufgaben dieser Rolle anzuzeigen. Nähere Informationen zum Thema Sicherheit finden Sie in Kapitel 16.
Die Standardeinstellungen für den Berichtsverlauf	Standardwert für die Anzahl von Kopien, die im Berichtsverlauf gespeichert werden. Mithilfe eines Standardwertes werden Grenzwerte für den Berichtsverlauf eingerichtet. Diese Einstellungen können auf Berichtsebene geändert werden. Wenn Sie den Berichtsverlauf zu einem späteren Zeitpunkt einschränken und der vorhandene Berichtsverlauf den angegebenen Grenzwert übersteigt, verringert der Berichtsserver den vorhandenen Berichtsverlauf auf den neuen Grenzwert. Die ältesten Berichtssnapshots werden zuerst gelöscht. Falls der Berichtsverlauf leer ist oder unter dem Grenzwert liegt, werden neue Berichtssnapshots hinzugefügt. Ist der Grenzwert erreicht, wird der älteste Snapshot gelöscht, sobald ein neuer Berichtssnapshot hinzugefügt wird. Weitere Informationen zum Thema Snapshots finden Sie in Kapitel 20.
Timeout für Berichtsausführung	Timeoutwert für die Berichtsverarbeitung in Sekunden. Wenn Sie die Standardeinstellungen auswählen, wird die Timeout-Einstellung auf der Seite *Siteeinstellungen* für diesen Bericht verwendet. Dieser Wert gilt für die Berichtsverarbeitung auf einem Berichtsserver. Er hat keine Auswirkung auf die Datenverarbeitung auf dem Datenbankserver, der die Daten für den Bericht zur Verfügung stellt. Die Zählung für die Berichtsverarbeitung beginnt mit der Auswahl des Berichts und endet mit dem Öffnen des Berichts. Wenn Sie diesen Wert festlegen, müssen Sie genügend Zeit sowohl für die Daten- als auch für die Berichtsverarbeitung zur Verfügung stellen.
Protokollierung der Berichtsausführung aktivieren	Ist diese Option aktiviert, werden Ausführungsprotokolle generiert.
Protokolleinträge entfernen, die älter sind als die folgende Anzahl von Tagen	Ist diese Option aktiviert, werden Ausführungsprotokolle nach einer bestimmten Anzahl von Tagen entfernt.
Anwenden	Klicken Sie auf *Anwenden*, um die Änderungen auf dem Berichtsserver zu speichern. Sollten Sie die Seite *Siteeinstellungen* versehentlich ohne Speicherung verlassen, müssen die Einstellungen erneut durchgeführt werden.

Tabelle 15.6 Felder der Seite *Siteeinstellungen* im Bereich *Einstellungen (Fortsetzung)*

Um mit den Siteeinstellungen vertraut zu werden, stellen Sie den Namen des Berichts-Managers auf den Ihrer Firma um und beschränken die maximale Anzahl der Kopien eines Berichts in dessen Verlauf, damit der Speicheraufwand für viele Berichte in Ihrer Firma in einem überschaubaren Rahmen bleibt.

Gehen Sie folgendermaßen vor:

1. Im gestarteten Berichts-Manager klicken Sie auf der globalen Symbolleiste auf *Siteeinstellungen*, um die gleichnamige Seite zu öffnen.
2. Schreiben Sie für *Name* z.B. **Reporting Services der Firma AdventureWorks**, um den Namen, der für den Berichtsserver angezeigt wird, zu ändern.
3. Aktivieren Sie die Option *Max. Anzahl von Kopien des Berichtsverlaufs*, und tragen dort den Wert **30** ein, wodurch für jeden Berichtsverlauf maximal 30 Kopien angelegt werden können.
4. Klicken Sie auf *Anwenden*, um die Änderungen auf dem Berichtsserver zu speichern.
5. Sie werden nun darauf hingewiesen, dass für Berichte, die bereits mehr Kopien als die von Ihnen gewählte Anzahl haben, die ältesten gelöscht werden. Falls Sie sich nicht sicher sind, ob vielleicht für wichtige Berichte mehr Kopien als die gewählte Anzahl erhalten bleiben sollen, müssen Sie jetzt auf *Abbrechen* klicken. Andernfalls bestätigen Sie mit *OK*.

Nun wird auf jeder Seite oben links der Name Ihrer Firma angezeigt. Außerdem ist jetzt die maximale Anzahl der Kopien zu einem Bericht beschränkt.

> **ACHTUNG** Wenn Ihre Firma mit Berichten arbeitet, die eine Historie aufbauen, sollten Sie die maximale Anzahl von Kopien zu einem Bericht nicht generell in den Siteeinstellungen beschränken. Beschränken Sie in diesem Fall besser jeden einzelnen Bericht individuell.

Bereich *Sicherheit*

In diesem Bereich könne Sie verschiedene Sicherheitseinstellungen des Berichtsservers einsehen und ändern:

- *Siteweite Sicherheit konfigurieren*

    Klicken Sie auf diesen Link, um die Seite *Systemrollenzuweisungen* zu öffnen. Auf dieser Seite können Sie die mit vordefinierten Rollen verbundenen Aufgaben ändern oder benutzerdefinierte Rollen und Richtlinien erstellen.

- *Rollendefinitionen auf Elementebene konfigurieren*

    Klicken Sie auf diesen Link, um die Seite *Rollen auf Elementebene* zu öffnen. Auf dieser Seite können Sie die Rollendefinitionen anzeigen, die zum Sichern einzelner Elemente verwendet werden.

- *Rollendefinitionen auf Systemebene konfigurieren*

    Klicken Sie auf diesen Link, um die Seite *Systemrollen* zu öffnen. Auf dieser Seite können Sie die Rollendefinitionen anzeigen, in denen die Aufgaben angegeben werden, die in Systemrollenzuweisungen verwendet werden können.

Weiterführende Erläuterung zum Thema Sicherheit finden Sie in Kapitel 16.

Bereich *Andere*

Dieser Bereich umfasst Einstellungen zu zeitgesteuerten Abläufen und der Verwaltung von Aufträgen.

Es gibt folgende Optionen:

- *Freigegebene Zeitpläne verwalten*

    Klicken Sie auf diesen Link, um die Seite *Freigegebene Zeitpläne* zu öffnen, auf der Sie Zeitpläne vordefinieren, die Benutzer für ihre Berichte auswählen können.

    Weitere Informationen zum Thema Zeitpläne finden Sie in Kapitel 20.

- *Aufträge verwalten*
  Klicken Sie auf diesen Link, um die Seite *Aufträge verwalten* zu öffnen, auf der Sie ausgeführte Berichte und Abonnements anzeigen oder abbrechen können.

  Weitere Informationen zum Thema »Aufträge« finden Sie in Kapitel 18.

Nachdem Sie nun einen Überblick über den Umgang mit dem Berichts-Managers erhalten haben, soll der HTML-Viewer, der die Berichte darstellt, genauer unter die Lupe genommen werden.

Arbeiten mit dem HTML-Viewer

Der HTML-Viewer ist die Steuerzentrale für die browserbasierte Anzeige von Berichten. Wenn Sie jemals einen Bericht im Browser angezeigt haben, kennen Sie ihn bereits.

Der Viewer stellt ein Framework für das Anzeigen von Berichten in HTML zur Verfügung. Er enthält eine Berichtssymbolleiste, einen Parameterabschnitt, eine Dokumentenstruktur und einen Datenbereich.

HINWEIS Da die Beispiele der *AdventureWorks Sample Reports* keinen Bericht enthalten, an dem sich alle Features des HTML-Viewers demonstrieren lassen, wurde die Übersichtsdarstellung der Abbildung 15.20 aus den Beispielberichten *Product Line Sales* und *Product Catalog* »künstlich« zusammengesetzt und dient lediglich der schematischen Darstellung.

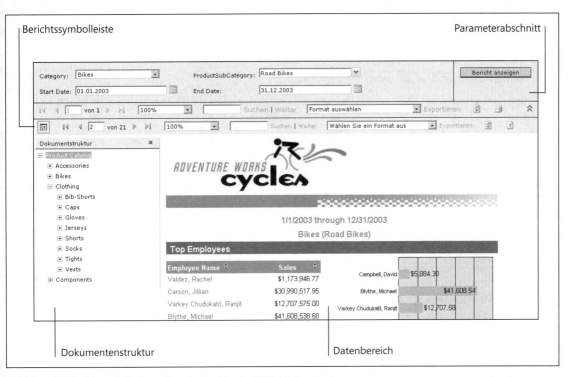

Abbildung 15.20 Schematische Darstellung der Bereiche des HTML-Viewers

WICHTIG   Wenn Sie mit einer deutschen Windowsumgebung arbeiten, sehen Sie für den Bericht *Product Catalog* aus den *AdventureWorks Sample Reports* keine Dokumentenstruktur, da dieser die Systemeinstellungen des Benutzers zur Lokalisierung verwendet. In einer deutschsprachigen Umgebung haben Sie den Language-Wert *de*, für den es in der Datenbank *AdventureWorks* keine Daten gibt.

Wie können Sie dennoch an die Daten gelangen?

- Verfügen Sie über eine Multilanguage-Installation, kann einfach auf englischsprachige Umgebung umgeschaltet werden, und das Problem ist gelöst.
- Sie können aber auch den englischen Sprachsatz im Internet Explorer nachinstallieren und diesen auf die erste Sprachposition setzen. Nachdem sie den Berichtsmanager neu gestartet haben, können sie den vollständigen *Product* Catalog-Bericht sehen. Leider haben sie in diesem Fall dann aber auch eine englische Berichts-Manager Oberfläche.
- Andernfalls müssen Sie eine Kopie des Berichts erstellen und den Language-Wert *en* (englisch) fest einstellen.

Entscheiden Sie sich für die letzte Variante, müssen Sie eine RDL-Datei des Berichts erzeugen. Wie eine RDL-Datei gespeichert bzw. verändert wird, können Sie im Abschnitt »Bericht downloaden« weiter vorne in diesem Kapitel nachlesen.

Gehen Sie folgendermaßen vor:

1. Speichern Sie den Bericht *Product Catalog* als RDL-Datei in einem Ordner, z.B. *RS Berichte*, und benennen die Datei in **Product Catalog (Englisch).rdl** um.
2. Öffnen Sie sie mit einem Editor-Programm.
3. Suchen Sie nach der Befehlszeile <Value>=Left(User!Language,2)</Value>, welche die Spracheinstellung des Benutzers in die Variable Language lädt.
4. Ersetzen Sie =Left(User!Language,2) durch **="en"**, da die Variable eine Zeichenfolge erwartet.
5. Speichern Sie die Änderungen und verlassen Sie den Editor.
6. Der geänderte Bericht muss jetzt noch auf den Berichtsserver hochgeladen werden. Speichern Sie den Bericht im Ordner *AdventureWorks Sample Reports*, wie im Abschnitt »Bericht uploaden« in diesem Kapitel näher erläutert.

Wenn Sie nun auf den neuen Bericht zugreifen, zeigt dieser einen mit Daten gefüllten Produktkatalog.

Die Berichtssymbolleiste enthält Funktionen zum Anzeigen und Bearbeiten von Berichten.

Die tatsächlich angezeigte Berichtssymbolleiste kann Unterschiede zur Abbildung aufweisen, da möglicherweise andere Berichtsfunktionen verwendet werden oder andere Rendering-Optionen verfügbar sind.

HINWEIS   Der Parameterabschnitt (siehe Kapitel 12) und die Dokumentenstruktur (siehe Kapitel 13) werden jeweils nur dann angezeigt, wenn Sie Berichte öffnen, deren Berichtsdefinition Parameter bzw. Dokumentstruktur-Informationen enthält.

Berichtssymbolleiste des HTML-Viewers

Die Berichtssymbolleiste wird im Browser oberhalb des Berichts angezeigt (siehe Abbildung 15.20 weiter oben) und ermöglicht dem Benutzer, wichtige Rendering-Funktionen interaktiv zu steuern.

TIPP   Wie Sie die Funktionen des HTML-Viewers per URL-Parameter steuern, erfahren Sie in Kapitel 26.

Die Tabelle 15.7 erläutert häufig verwendete Funktionen der Berichtssymbolleiste. Jede Funktion wird durch das Steuerelement identifiziert, das Sie für den Zugriff auf die entsprechende Funktion verwenden. Weitere Funktionen werden weiter unten diesem Thema erläutert.

Steuerelement	Beschreibung
	Ein- oder Ausblenden des Dokumentstrukturbereichs in einem Bericht. Eine Dokumentstruktur ist ein Steuerelement für die Berichtsnavigation, das mit dem Navigationsbereich auf einer Website vergleichbar ist: Sie können auf Elemente in der Dokumentstruktur klicken, um direkt zu einer bestimmten Gruppe, Seite oder zu einem eingebetteten Bericht zu wechseln.
⊲ ◁ 1 von 1 ▷ ▷⊳	Öffnen der ersten oder letzten Seite eines Berichts, Durchführen eines seitenweisen Bildlaufes durch einen Bericht und Öffnen einer bestimmten Seite in einem Bericht. Um eine bestimmte Seite anzuzeigen, geben Sie die Seitenzahl ein, und drücken Sie die ⏎-Taste.
100%	Vergrößern oder Verkleinern der Berichtsseite. Sie können die Größe der Anzeige prozentual ändern oder mithilfe von *Seitenbreite* die horizontale Länge eines Berichts im Browserfenster anpassen bzw. mithilfe von *Gesamte Seite* die vertikale Länge eines Berichts im Browserfenster anpassen. Die Option *Zoom* wird ab Microsoft Internet Explorer 5.5 und höher unterstützt.
Rachel Suchen | Weiter	Suchen nach Inhalt im Bericht durch das Eingeben eines oder mehrerer Wörter, nach denen Sie suchen möchten (die maximale Länge beträgt 256 Zeichen). Bei der Suche wird die Groß- und Kleinschreibung beachtet, und sie beginnt bei der aktuell ausgewählten Seite oder beim aktuell markierten Abschnitt. Nur sichtbarer Inhalt wird in Suchvorgänge eingeschlossen. Wenn Sie nach weiteren Vorkommen desselben Wertes suchen möchten, klicken Sie auf *Weiter*.
Format auswählen ▼ Exportieren	Klicken Sie auf *Exportieren*, um den Bericht im ausgewählten Format anzuzeigen. Welche Formate verfügbar sind, wird durch die auf dem Berichtsserver installierten Renderingerweiterungen festgelegt. Das TIFF-Format wird zum Drucken empfohlen. Nähere Informationen zum Thema Exportformate finden Sie in Kapitel 19.
	Aktualisieren des Berichts. Daten für Liveberichte werden aktualisiert. Zwischengespeicherte Berichte werden vom jeweiligen Speicherort neu geladen.
	Ausdrucken des Berichts.
☆ ☆	Ein- oder Ausblenden von Feldern mit Parameterwerten und der Schaltfläche *Bericht anzeigen* in einem Bericht mit Parametern.

Tabelle 15.7 Steuerelemente der Berichtssymbolleiste

Berichte mit Parametern

Abhängig vom Entwurf des Berichts kann dieser Eingabefelder enthalten, mit deren Hilfe Sie Parameterwerte auswählen oder eingeben, sich bei einer Datenquelle anmelden oder Berichtsinhalte filtern können.

Sofern der Berichtsentwurf eine der genannten Möglichkeiten vorsieht, wird der *Parameter*-Abschnitt anzeigt, wie in Abbildung 15.20 weiter oben dargestellt. Dieser kann folgende Felder beinhalten:

- Parameterfelder

  Mit Parametern werden Werte interaktiv vom Benutzer erfragt. Sie werden vor allem zum Filtern der im Bericht angezeigten Daten eingesetzt.

  Zu den häufig in Berichten verwendeten Parametern zählen Datumswerte, Namen und IDs.

  Nachdem Sie einen Parameter angegeben haben, klicken Sie zum Abrufen der Daten auf *Bericht anzeigen*.

  Der Autor eines Berichts definiert die für diesen Bericht gültigen Parameterwerte. Auch ein Berichtsadministrator kann Parameterwerte festlegen.

  Wenn Sie nicht wissen, welche Parameterwerte für einen Bericht gültig sind, wenden Sie sich an den Autor oder Administrator des Berichts.

- Anmeldeinformationsfelder

  Anmeldeinformationen sind Werte für Benutzernamen und Kennwort, mit denen die Authentifizierung an der Datenquelle erfolgt.

  Nachdem Sie Ihre Anmeldeinformationen angegeben haben, klicken Sie zum Abrufen der Daten auf *Bericht anzeigen*.

  Wenn für einen Bericht eine Anmeldung erforderlich ist, können die Daten, zu deren Anzeige Sie berechtigt sind, von den Daten abweichen, die ein anderer Benutzer sehen darf. Demnach können zwei Benutzer denselben Bericht ausführen und unterschiedliche Ergebnisse erhalten.

  Einige Berichte enthalten zudem verborgene Bereiche, die auf der Grundlage von Benutzeranmeldeinformationen oder einer im Bericht getroffenen Auswahl eingeblendet werden. Verborgene Bereiche im Bericht sind von Suchvorgängen ausgeschlossen, sodass andere Suchergebnisse angezeigt werden, wenn alle Teile des Berichts sichtbar sind.

  Weitere Information zum Thema Sicherheit finden Sie in Kapitel 16.

Schauen Sie sich das Arbeiten mit Parametern einmal in einem Beispiel an. Es soll in der Firma *Adventure Works* für die Produktlinien *Jersey* und *Vest* ein Vergleich der Verkäufe vorgenommen werden. Es steht Ihnen der Bericht *Product Line Sales* zur Verfügung, der in Standardeinstellung ein anderes Produkt anzeigt. Der Bericht ermöglicht Ihnen, Produkte aus den Gruppen *Category* und *Subcategory* zu filtern.

Gehen Sie dazu folgendermaßen vor:

1. Öffnen Sie im Berichts-Manager den Ordner *AdventureWorks Sample Reports* und wählen dort den Bericht *Product Line Sales* aus. Er wird gerendert und zeigt standardmäßig die Verkaufszahlen von *Road Bikes*.
2. Wählen Sie aus dem Listenfeld von *Category* den Eintrag *Clothing* aus. Der Parameterabschnitt wird aktualisiert, da *Subcategory* mit neuen Werten gefüllt werden muss.

HINWEIS Solange nicht alle Parameter angegeben sind, kann der Bericht nicht angezeigt werden. Sollten Sie dennoch per Klick auf *Bericht anzeigen* versuchen, diesen zu generieren, bekommen Sie innerhalb einer Meldung angezeigt, welche Parameterangaben noch fehlen.

3. Wählen Sie den Eintrag *Jersey* für *Subcategory* aus und klicken Sie auf *Bericht anzeigen*.
4. Da dieser Bericht die Verkaufszahlen nur einer Produktlinie darstellen kann, öffnen Sie ein neues Browserfenster, z.B. mit [Strg]+[N].
5. In dem neuen Browserfenster ist der Bericht wieder mit seiner Starteinstellung zu sehen. Führen Sie die Schritte 2 und 3 erneut durch, wobei Sie für *Subcategory* hier *Vest* wählen.

6. Vergleichen Sie nun die in den beiden Fenstern angezeigten Daten. Da diese Berichte umfangreicher sind, können Sie durch Klicken auf die Schaltfläche mit dem Doppelpfeil im rechten Teil der Berichtssymbolleiste und/oder des Parameterabschnitts mehr Platz für die eigentlichen Daten gewinnen.

Weitere Informationen zum Thema »Parameter« finden Sie in Kapitel 12.

Berichte mit Dokumentstruktur

Die Dokumentstruktur dient der strukturierten Darstellung der Daten und der komfortablen Navigation innerhalb eines Berichts. Sie ist an eine Ordnerhierarchie angelehnt (siehe Abbildung 15.21).

HINWEIS Eine Dokumentstruktur kann nur angezeigt werden, wenn sie im Entwurf des betreffenden Berichts angelegt wurde.

Die Dokumentstruktur wird links von einem Bericht angezeigt und über das ▣-Symbol in der Berichtssymbolleiste ein- und ausgeblendet.

Durch Klicken auf das Pluszeichen vor einem Eintrag innerhalb der Dokumentenstruktur wird die darunter liegende Ebene angezeigt. Je nach Berichtsentwurf wird entweder zu dem ausgewählten Eintrag ein weiterer Bericht im Datenbereich nachgeladen oder es wird zu einem Punkt innerhalb des aktuellen Berichts gesprungen.

Abbildung 15.21 Dokumentstruktur des Berichts *Product Catalog* mit englischer Spracheinstellung

Um die Frage zu klären, welche Produkte im Bereich *Jersey* im Sortiment vorhanden waren und zum Umsatz von 2003 beigetragen haben, gehen Sie folgendermaßen vor:

1. Öffnen Sie den Ordner *AdventureWorks Sample Reports* und wählen dort den Bericht *Product Catalog (Englisch)* aus, welchen Sie zu Beginn des Abschnitts »Arbeiten mit dem HTML-Viewer« erzeugt haben.
2. Klicken Sie in der Dokumentenstruktur auf *Clothing* und anschließend *Jersey*. Es wird jeweils die gewählte Position angezeigt.

Nachdem Sie in diesem Kapitel die Grundfunktionalitäten des Berichts-Managers kennen gelernt haben, werden Sie im folgenden Kapitel mit den Sicherheitsfunktionen – und damit einem der wichtigsten Features – vertraut gemacht werden.

Kapitel 16

Sicherheit

In diesem Kapitel:

Das Sicherheitsmodell von Reporting Services	240
Aufgaben und ihre Berechtigungen	241
Rollendefinitionen verstehen	244
Rollen zuweisen	255
Was bei der Sicherheit von Elementen zu beachten ist	261

Sicherheit ist für Serveranwendungen wie die Reporting Services, die in der Regel unternehmenswichtige Daten aufbereiten, ein zentrales Thema.

Mit dem Sicherheitsmodell von Reporting Services können Sie für Ihre Firma schnell ein Ergebnis für die Sicherheit ihrer Daten erreichen.

Wenn Sie ein feinkörniges Modell benötigen, bei dem für verschiedene Aufgaben präzise eingegrenzte Berechtigungen vergeben werden, können Sie flexibel individuell an die Bedürfnisse Ihres Unternehmens angepasste Sicherheitsmodelle erstellen, indem Sie so genannten Rollen und deren Zuweisungen eine projekt- und/oder personenbezogene Sicherheit erstellen.

Das Sicherheitsmodell von Reporting Services

Reporting Services verwendet ein rollenbasiertes Sicherheitsmodell, um den Zugriff auf Berichte, Ordner und sonstige Elemente, die von einem Berichtsserver verwaltet werden, zu steuern. Dieses Sicherheitsmodell ordnet einem Benutzer oder einer Gruppe eine bestimmte Rolle zu. Diese Rolle beschreibt, wie dieser Benutzer bzw. diese Gruppe auf einen bestimmten Bericht oder ein bestimmtes Element zugreifen soll.

Das Sicherheitsmodell setzt sich aus den folgenden Komponenten zusammen:

- Ein Benutzer- oder Gruppenkonto, das mit der Windows-Sicherheit oder einem anderen Authentifizierungsmechanismus authentifiziert werden kann.
- Rollendefinitionen, die Aktionen oder Vorgänge definieren. Beispiele für Rollendefinitionen sind *Systemadministrator*, *Inhalts-Manager* und *Verleger*.
- Sicherbare Elemente, für die Sie den Zugriff steuern möchten. Solche sicherbaren Elemente sind z.B. Ordner, Berichte, Ressourcen und freigegebene Datenquellen.

Reporting Services stellt ein Autorisierungsmodell bereit, enthält jedoch keine eigene Authentifizierungskomponente. Für das ordnungsgemäße Funktionieren der Autorisierung muss die zugrunde liegende Netzwerksicherheit in der Lage sein, die Benutzer und Gruppen zu authentifizieren, die auf den Berichtsserver zugreifen. In dieser Version wird die Authentifizierung vom Windows-Betriebssystem ausgeführt.

Die Idee hinter dem rollenbasierten Sicherheitsmodell wird im nachstehenden Abschnitt erläutert.

Grundlagen der rollenbasierten Sicherheit

Das rollenbasierte Sicherheitsmodell von Reporting Services ist vergleichbar mit den rollenbasierten Sicherheitsmodellen anderer Technologien. Grundgedanke ist, die Benutzerinteraktion mit einem System oder mit Ressourcen zu kategorisieren und den so gebildeten Richtlinien Benutzer- oder Gruppenkonten zuzuordnen. Es wird die Richtlinie, z.B. die *Systemadministrator*-Rolle, bei vielen rollenbasierten Modellen verwendet, um Benutzer mit Administratorprivilegien auf einem Server zuzuweisen.

Ein rollenbasiertes Sicherheitsmodell erteilt Endbenutzern über die Rollenmitgliedschaft den Zugriff auf bestimmte Vorgänge. Alle Benutzer, die Mitglieder einer Rolle sind, können die Vorgänge ausführen, die für die Rolle definiert sind.

Die rollenbasierte Sicherheit ist flexibel und skalierbar, insbesondere bei Verwendung mit Gruppenkonten. Sie können Gruppenkonten Rollendefinitionen zuordnen und somit ermöglichen, dass durch die Mitgliedschaft in diesen Gruppen automatisch auch Zugriffrechte als Berichtsbenutzer von Reporting Services entstehen, die in die Organisation eintreten, versetzt werden oder aus der Organisation ausscheiden.

Wie Reporting Services die rollenbasierte Sicherheit verwendet, beschreibt der kommende Abschnitt.

Konzept der rollenbasierten Sicherheit

Reporting Services bestimmt mithilfe der rollenbasierten Autorisierung und der Windows-Authentifizierung, wer Vorgänge ausführen und auf Objekte des Berichtsservers zugreifen darf. Beispiele für Rollen auf einem Berichtsserver sind *Inhalts-Manager*, *Verleger* und *Browser*.

Alle Benutzer interagieren mit einem Berichtsserver innerhalb des Kontextes einer Rolle. Ein Benutzer kann mehreren Rollen zugeordnet sein. Die von einer Rolle unterstützten Vorgänge bestimmen die Aktionen, die ein Benutzer ausführen kann.

Um vom Zeitpunkt der Installation an die Sicherheit Ihres Berichtsservers sicherzustellen, gibt es in Reporting Services die so genannte »Standardsicherheit«, welche vordefinierte Rollen bereitstellt, die integrierten Windows-Konten zugewiesen sind.

Die Standardsicherheit besteht aus Rollenzuweisungen, die lokalen Administratoren den Zugriff gewähren. Sie müssen zusätzliche Rollenzuweisungen erstellen, damit andere Benutzer- und Gruppenkonten Zugriff auf den Berichtsserver erhalten.

Die rollenbasierte Sicherheit bearbeiten Sie mit dem Berichts-Manager.

Die Rollen enthalten Aufgaben, über die Benutzer bzw. Administratoren Vorgänge ausführen dürfen. Diese Aufgaben werden im folgenden Abschnitt näher betrachtet.

Aufgaben und ihre Berechtigungen

In Reporting Services sind Aufgaben alle Aktionen, die ein Benutzer oder Administrator ausführen kann.

Diese Aufgaben sind vordefiniert und können nicht verändert werden. Es ist ebenfalls nicht möglich, benutzerdefinierte Aufgaben zu erstellen.

Jede Aufgabe besteht aus Berechtigungen, die ebenfalls vordefiniert sind. Beispielsweise umfasst die Aufgabe *Ordner verwalten* die Berechtigungen zum Erstellen und Löschen von Ordnern sowie zum Anzeigen und Aktualisieren der Ordnereigenschaften.

WICHTIG Benutzer interagieren nie direkt mit Berechtigungen. Vielmehr werden Benutzern Berechtigungen indirekt über die Aufgaben erteilt, die zu Rollendefinitionen gehören. Diese Berechtigungen ermöglichen den Zugriff auf bestimmte Berichtsserverfunktionen. Beispielsweise können Benutzer mit der Berechtigung zum Abonnieren von Berichten mithilfe von Abonnementseiten im Berichts-Manager Abonnements erstellen und verwalten. Benutzer ohne diese Berechtigung können Abonnementseiten nicht im Berichts-Manager anzeigen.

Eine Aufgabe muss einer Rolle zugewiesen werden, die in einer Sicherheitsrichtlinie – in Reporting Services sind das die Rollenzuweisungen – aktiv verwendet wird. Eine Aufgabe, die keiner Rolle zugewiesen ist, ist funktionslos, d.h. sie hat keine Auswirkung auf Benutzeraktionen oder die Sicherheit.

Wie Berechtigungen zu Aufgaben zusammengefasst sind, und wie Aufgaben zu Rollendefinitionen zusammengefasst sind, die für spezielle Rollenzuweisungen verwendet werden können. Dieses veranschaulicht die

Abbildung 16.1. Klickt ein Benutzer z.B. auf den Bericht *Company Sales*, wird in der Rollenzuweisung *Systembenutzer* überprüft, ob eine Rolle die Aufgabe *Berichte anzeigen* enthält und löst anschließend diesen Vorgang auf dem Berichtsserver aus.

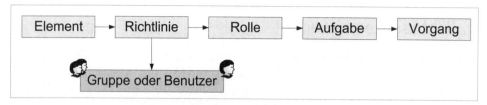

Abbildung 16.1 Schematischer Aufbau der rollenbasierten Sicherheit von Reporting Services

WICHTIG Es gibt zwei Kategorien von Aufgaben: Aufgaben auf »Elementebene« und »Systemebene«. In einer Rolle können nur Aufgaben aus einer dieser Kategorien vorhanden sein.

Aufgaben auf Elementebene werden zu Rollendefinitionen für das Arbeiten mit Objekten wie etwa Berichten oder Ordnern zusammengefasst.

Aufgaben auf Systemebene werden zu Rollendefinitionen für die Verwaltung der Berichtsserverseite zusammengefasst. So z.B. die Aufgaben *Aufträge verwalten* oder *Freigegebene Zeitpläne verwalten*, die für viele Berichte verwendet werden können.

In den folgenden Abschnitten werden die Aufgaben der beiden Ebenen beschrieben.

Aufgaben auf Elementebene

Eine Aufgabe auf Elementebene ist eine Auflistung von Berechtigungen für Berichte, Ordner, Ressourcen oder freigegebene Datenquellen.

HINWEIS Wenn Sie mit diesen Aufgaben programmgesteuert arbeiten, müssen Sie Methoden verwenden, die Aufgaben auf Elementebene unterstützen.

Weitere Informationen zu programmierbaren Funktionen, wie der *ListTasks* oder *ListRoles*-Methode, finden Sie in Kapitel 28.

In Tabelle 16.1 sind die Aufgaben auf Elementebene, die Berechtigungsarten für jede Aufgabe sowie die Elemente, für die diese Berechtigungsarten gelten, aufgeführt.

Aufgabe	Element	Berechtigung
Alle Abonnements verwalten	Bericht	Anzeigen von Eigenschaften; Erstellen, Anzeigen, Aktualisieren und Löschen von Abonnements
Berichte lesen	Bericht	Liest Berichtsdefinitionen
Berichte verwalten	Ordner	Erstellen, Ausführen und Löschen von Berichten
	Bericht	Anzeigen und Aktualisieren von Eigenschaften; Aktualisieren von Parametern; Anzeigen und Aktualisieren von Datenquellen; Anzeigen und Aktualisieren von Berichtsdefinitionen; Anzeigen und Aktualisieren von Richtlinien

Tabelle 16.1 Aufgaben auf Elementebene

Aufgabe	Element	Berechtigung
Berichtsverlauf verwalten	Bericht	Anzeigen von Eigenschaften; Erstellen, Auflisten und Löschen eines Berichtsverlaufs; Ausführen von Berichts-Snapshots; Lesen und Aktualisieren von Richtlinien
Datenquellen anzeigen	Datenquelle	Anzeigen von Inhalt; Lesen von Eigenschaften
Datenquellen verwalten	Ordner	Erstellen und Löschen von Datenquellen
	Datenquelle	Anzeigen und Aktualisieren von Eigenschaften; Aktualisieren von Inhalt
Einzelne Abonnements verwalten	Bericht	Anzeigen von Eigenschaften; Erstellen, Lesen, Aktualisieren und Löschen von Abonnements
Modelle anzeigen	Modell	Anzeigen von Modellen in der Ordnerhierarchie, Verwenden von Modellen als Datenquellen für einen Bericht und Ausführen von Abfragen für das Modell, um Daten abzurufen
Modelle verwalten	Modell	Erstellen, Anzeigen und Löschen von Modellen sowie Anzeigen und Ändern von Modelleigenschaften
Ordner anzeigen	Ordner	Anzeigen von Eigenschaften; Ausführen und Anzeigen von Berichten; Auflisten des Berichtsverlaufs
Ordner verwalten	Ordner	Erstellen und Löschen von Ordnern; Anzeigen und Aktualisieren von Eigenschaften
Ressourcen anzeigen	Ressource	Anzeigen von Inhalt; Anzeigen von Eigenschaften
Ressourcen verwalten	Ordner	Erstellen und Löschen von Ressourcen
	Ressource	Anzeigen und Aktualisieren von Eigenschaften; Aktualisieren von Inhalt
Sicherheit für einzelne Elemente festlegen	Bericht, Ressource, Datenquelle, Ordner	Anzeigen und Aktualisieren von Sicherheitsrichtlinien
Verknüpfte Berichte erstellen	Bericht	Erstellen von verknüpften Berichten; Anzeigen von Eigenschaften
Zeigt Berichte an	Bericht	Berichte und verknüpfte Berichte in der Ordnerhierarchie anzeigen sowie Berichtsverlaufs-Snapshots und Berichtseigenschaften anzeigen

Tabelle 16.1 Aufgaben auf Elementebene *(Fortsetzung)*

Im nächsten Abschnitt werden die Aufgaben der Systemebene genauer betrachtet.

Aufgaben auf Systemebene

Eine Aufgabe auf Systemebene ist eine Auflistung von Berechtigungen für Vorgänge, die die Administration des Berichtsservers betreffen.

HINWEIS Wenn Sie mit diesen Aufgaben programmgesteuert arbeiten, müssen Sie Methoden verwenden, die Aufgaben auf Systemebene unterstützen.

Weitere Informationen zu programmierbaren Funktionen, wie z.B. der *ListSystemTasks*- oder *ListSystemRoles*-Methode, finden Sie in Kapitel 28.

In der folgenden Tabelle 16.2 sind die Berechtigungsarten für jede Systemaufgabe aufgeführt.

Aufgabe	Berechtigungsarten
Aufträge verwalten	Anzeigen und Aktualisieren von Systemeigenschaften
Berichtsdefinitionen ausführen	Die Ausführung von der Berichtsdefinition starten, ohne diese auf dem Berichtsserver zu veröffentlichen
Berichtsservereigenschaften anzeigen	Anzeigen von Systemeigenschaften
Berichtsservereigenschaften verwalten	Anzeigen und Aktualisieren von Systemeigenschaften
Berichtsserversicherheit verwalten	Anzeigen und Aktualisieren von Systemsicherheitsrichtlinien
Ereignisse generieren	Generieren von Ereignissen
Freigegebene Zeitpläne anzeigen	Anzeigen von freigegebenen Zeitplänen
Freigegebene Zeitpläne verwalten	Erstellen von Zeitplänen
Rollen verwalten	Erstellen und Löschen von Rollen; Anzeigen und Aktualisieren von Rolleneigenschaften

Tabelle 16.2 Aufgaben auf Systemebene

Die in den letzten beiden Abschnitten aufgelisteten Aufgaben können für Rollendefinitionen verwendet werden, um Benutzern verschiedene Berechtigungen zuzuteilen bzw. Aktionen zu erlauben. Wie dies funktioniert, erfahren Sie im folgenden Abschnitt.

Rollendefinitionen verstehen

Eine Rollendefinition ist eine Auflistung von Aufgaben für eine bestimmte Funktion, beispielsweise Inhaltsverwaltung oder Systemadministration. Eine Rollendefinition lässt sich von der Idee her mit einer Auftragsbeschreibung vergleichen, die die Funktionen eines Mitarbeiters beschreibt.

Eine Rollendefinition steuert über eine Rollenzuweisung den Zugriff auf Berichte und sonstige Objekte auf einem Berichtsserver. Die Rollendefinition enthält die Aufgaben, die ein Benutzer ausführen kann. Sie stellt die Regeln bereit, mit denen der Berichtsserver die Sicherheit erzwingt.

Wenn ein Benutzer versucht, einen Vorgang auszuführen, wie z. B. das Erstellen eines neuen Ordners, wertet der Berichtsserver zuerst die Rollendefinition im Hinblick auf die zulässigen Aufgaben aus. Ist die Aufgabe in der Rollendefinition enthalten, wird die Anforderung ausgeführt, andernfalls abgewiesen.

Folgende Punkte sind für Rollendefinitionen zu beachten:

- Beim Erstellen muss mindestens eine Aufgabe zur Rollendefinition hinzugefügt werden.
- Pro Rolle können mehrere Benutzer und Gruppen zugewiesen werden.
- Eine Rolle hat nur dann eine Funktion, wenn diese in einer Rollenzuweisung verwendet wird. Genauere Informationen zu Rollenzuweisungen finden Sie im Abschnitt »Rollen zuweisen« in diesem Kapitel.

Rollendefinition einrichten

Um die Einstellungsseiten für Rollendefinitionen zu erreichen, müssen Sie die Siteeinstellungen-Seite des Berichts-Managers aufrufen. Klicken Sie dazu im geöffneten Berichts-Manager oben rechts auf *Siteeinstellungen* (Abbildung 16.2).

Rollendefinitionen verstehen

Abbildung 16.2 Über diese Seite können allgemeine Einstellungen des Berichtsservers vorgenommen werden

Die Standardsicherheit

Reporting Services wird mit der so genannten »Standardsicherheit« installiert, die während der Installation konfiguriert wird. Für die Standardsicherheit werden vordefinierte Rollenzuweisungen verwendet, die der integrierten Windows-Gruppe der lokalen Administratoren vordefinierte Berichtsserverrollen zuordnet.

Die vordefinierten Rollen beschreiben die unterstützten Vorgänge in der Ordnerhierarchie des Berichtsservers sowie das System insgesamt. Da integrierte Gruppenkonten der Windowsdomäne, wie z.B. Administratoren, nicht gelöscht werden können, sind auf jedem installierten Berichtsserver die Standardrollenzuweisungen aktiviert. Es ist aber möglich, die bei der Installation angelegten Rollendefinitionen zu ändern oder durch andere zu ersetzen.

Analog zu den Aufgaben werden Rollendefinitionen für die Elementebene bzw. Systemebene erstellt. Für beide Ebenen wurde mit der Installation von Reporting Services ein Satz von vordefinierten Rollendefinitionen erstellt.

Sie sollten Rollendefinitionen verwenden, um Berichtsfunktionen zusammenzufassen, die in Organisationen häufig gemeinsam verwendet werden.

Es gibt mehrere vordefinierte Rollen, die für die Verwaltung des Berichtsservers verwendet werden sowie eine vordefinierte Rolle für Endbenutzer, die Berichte anzeigen.

Diese vordefinierten Rollendefinitionen werden in den folgenden Abschnitten beschrieben.

Vordefinierte Rollendefinitionen der Elementebene

Die vordefinierten Rollendefinitionen der Elementebene bestehen aus vier Rollen, die alle wichtigen Aufgaben enthalten, die Benutzer benötigen, um mit dem Berichtsserver auf verschiedenen Ebenen der Ordnerhierarchie bzw. mit Elementen – z.B. Berichte oder Ressourcen – arbeiten zu können.

Die Übersichtsseite der Rollen der Elementebene erreichen Sie folgendermaßen:

1. Klicken Sie im geöffneten Berichts-Manager oben rechts auf *Siteeinstellungen* (Abbildung 16.2 weiter oben).
2. Im Bereich *Sicherheit* klicken Sie auf *Rollendefinitionen auf Elementebene konfigurieren*, um zur Übersichtsseite der Rollen dieser Ebene zu gelangen (Abbildung 16.3).

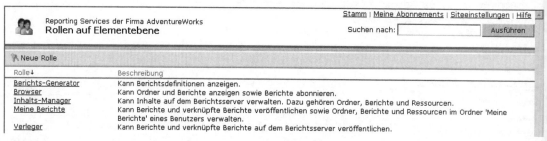

Abbildung 16.3 Bei Installation von Reporting Services vorhandene Rollen der Elementebene

Die Rollen für die Elementebene, die bei der Installation vorhanden sind, werden im folgenden Abschnitt erläutert.

Die *Browser*-Rolle

Die *Browser*-Rolle ist eine vordefinierte Rolle, mit der ein Benutzer Berichte anzeigen, diese jedoch nicht erstellen oder verwalten kann[1].

Diese Rolle ermöglicht grundlegende Funktionen für die konventionelle Verwendung eines Berichtsservers. Ohne die unten genannten Aufgaben zum Anzeigen der Elemente kann es sich für Benutzer als schwierig erweisen, einen Berichtsserver überhaupt zu verwenden.

Folgende Aufgaben sind in der *Browser*-Rolle enthalten:

- *Einzelne Abonnements verwalten*
- *Modelle anzeigen*
- *Ordner anzeigen*
- *Ressourcen anzeigen*
- *Zeigt Berichte an*

Wie jede Rolle können Sie die *Browser*-Rolle an Ihre speziellen Anforderungen anpassen.

Beispielsweise können Sie die Aufgabe *Einzelne Abonnements verwalten* entfernen, um keine Abonnements zu unterstützen. Oder Sie entfernen die Aufgabe *Ressourcen anzeigen*, wenn für Benutzer keine zusätzliche

---

[1] Da die vordefinierten Rollen geändert werden können, gilt diese Aussage nur, sofern nach der Installation von Reporting Services diese Rolle nicht bearbeitet wurde und die standardmäßigen Aufgaben vorhanden sind.

Dokumentation oder sonstigen Elemente, die in die Berichtsserver-Datenbank hochgeladen werden, angezeigt werden sollen.

Diese Rolle sollte mindestens die Aufgaben *Zeigt Berichte an* und *Ordner anzeigen* unterstützen, um die Anzeige von Berichten und die Ordnernavigation zu ermöglichen.

Sie sollten die Aufgabe *Ordner anzeigen* nur entfernen, wenn Sie die Ordnernavigation deaktivieren möchten. Entsprechend sollten Sie die Aufgabe *Zeigt Berichte an* nur entfernen, wenn für Benutzer keine Berichte angezeigt werden sollen. Für diese Änderungen ist eine benutzerdefinierte Rollendefinition erforderlich, die selektiv für eine bestimmte Benutzergruppe angewandt wird.

Die *Inhalts-Manager*-Rolle

Die *Inhalts-Manager*-Rolle ist eine vordefinierte Rolle, mit der ein Benutzer Berichte und Webinhalt verwalten, aber keine Berichte erstellen kann[1].

Ein Benutzer in der Inhalts-Manager-Rolle stellt Berichte bereit, verwaltet Datenquellenverbindungen und fällt Entscheidungen zur Verwendungsweise von Berichten.

Für alle Aufgaben auf Elementebene wird standardmäßig die *Inhalts-Manager*-Rollendefinition aktiviert und zugewiesen.

Folgende Aufgaben sind in der *Inhalts-Manager*-Rolle enthalten:

- *Alle Abonnements verwalten*
- *Berichte lesen*
- *Berichte verwalten*
- *Berichtsverlauf verwalten*
- *Datenquellen anzeigen*
- *Datenquellen verwalten*
- *Einzelne Abonnements verwalten*
- *Modelle anzeigen*
- *Modelle verwalten*
- *Ordner anzeigen*
- *Ordner verwalten*
- *Ressourcen anzeigen*
- *Ressourcen verwalten*
- *Sicherheit für einzelne Elemente festlegen*
- *Verknüpfte Berichte erstellen*
- *Zeigt Berichte an*

Diese Rolle ist für vertrauenswürdige Benutzer vorgesehen, die die allgemeine Verantwortung für das Verwalten und Warten des Berichtsserverinhalts tragen.

---

[1] Siehe Fußnote auf Seite 246

> **HINWEIS** Sie können zwar Aufgaben aus dieser Definition entfernen, aber dies ist weniger empfehlenswert, da dadurch möglicherweise nicht mehr eindeutig klar ist, was mit dieser Rollendefinition verwaltet werden kann.

Würden Sie beispielsweise die Aufgabe *Zeigt Berichte an* aus dieser Rollendefinition entfernen, mit der ein Inhalts-Manager Berichtsinhalte anzeigen kann, ist es für diesen nach Änderungen an Parametern und Einstellungen für Anmeldeinformationen nur schwerlich zu überprüfen, ob der Bericht noch ausgeführt werden kann.

Die *Inhalts-Manager*-Rolle wird üblicherweise für die Standardsicherheit verwendet.

Die *Meine Berichte*-Rolle

Die *Meine Berichte*-Rolle ist eine vordefinierte Rolle, die für Benutzer der »Meine Berichte«-Funktionalität vorgesehen ist. Zu dieser Rollendefinition gehören Aufgaben, die Benutzern Administratorrechte für die eigenen Ordner *Meine Berichte* gewähren.

Sie können andere Rollen für den Ordner *Meine Berichte* auswählen, aber es wird empfohlen, eine Rolle ausschließlich für die Sicherheit der Funktionalität »Meine Berichte« zu verwenden. Nähere Informationen zum Sichern des *Meine Berichte*-Ordners finden Sie im Abschnitt »Sicherheit von *Meine Berichte*« weiter hinten in diesem Kapitel.

Weitere Informationen zur »Meine Berichte«-Funktionalität finden Sie in Kapitel 23.

Folgende Aufgaben sind in der *Meine Berichte*-Rolle enthalten:

- *Berichte verwalten*
- *Berichtsverlauf verwalten*
- *Datenquellen anzeigen*
- *Datenquellen verwalten*
- *Einzelne Abonnements verwalten*
- *Ordner anzeigen*
- *Ordner verwalten*
- *Ressourcen anzeigen*
- *Ressourcen verwalten*
- *Verknüpfte Berichte erstellen*
- *Zeigt Berichte an*

Sie können diese Rolle an Ihre speziellen Anforderungen anpassen. Es ist jedoch zu empfehlen, die Aufgaben *Berichte verwalten* und *Ordner verwalten* beizubehalten, um eine grundlegende Inhaltsverwaltung zu ermöglichen. Darüber hinaus sollte diese Rolle alle anzeigebasierten Aufgaben unterstützen, damit Benutzer Ordnerinhalte anzeigen und die verwalteten Berichte ausführen können.

> **TIPP** Die Aufgabe *Sicherheit für einzelne Elemente festlegen* ist standardmäßig nicht Bestandteil der Rollendefinition. Sie können diese Aufgabe zur *Meine Berichte*-Rolle hinzufügen, damit die Benutzer Sicherheitseinstellungen für Unterordner und Berichte anpassen können, damit diese selbstständig in der Lage sind, anderen Benutzern Zugriff auf ihre eigenen Berichte zu erlauben.

Die *Verleger*-Rolle

Die *Verleger*-Rolle ist eine vordefinierte Rolle, mit der ein Benutzer Elemente auf dem Berichtsserver publizieren kann.

Sie wird nicht in der Standardsicherheit verwendet. Vorgesehen ist diese Rolle für Benutzer, die Berichte im Berichts-Designer erstellen und diese dann auf einem Berichtsserver publizieren.

Mehr Informationen zum Thema Publizieren von Berichten finden Sie in Kapitel 14.

Folgende Aufgaben sind in der Verleger-Rolle enthalten:

- *Berichte verwalten*
- *Datenquellen verwalten*
- *Modelle verwalten*
- *Ordner verwalten*
- *Ressourcen verwalten*
- *Verknüpfte Berichte erstellen*

> **TIPP** Sie können die *Verleger*-Rolle an Ihre speziellen Anforderungen anpassen.
> Beispielsweise können Sie die Aufgabe *Verknüpfte Berichte erstellen* entfernen, wenn die Benutzer nicht in der Lage sein sollen, verknüpfte Berichte zu erstellen und zu publizieren. Oder Sie fügen die Aufgabe *Ordner anzeigen* hinzu, damit die Benutzer in der Ordnerhierarchie navigieren können, um einen Speicherort für das neue Element auszuwählen.

> **WICHTIG** Wenn Sie diese Rolle an Ihre Bedürfnisse anpassen, beachten Sie, dass ein Benutzer, der mit dem Berichts-Designer Berichte publiziert, mindestens die Aufgabe *Berichte verwalten* benötigt, um einen Bericht zum Berichtsserver hinzufügen zu können.
> Falls der Benutzer Berichte publizieren muss, die freigegebene Datenquellen oder externe Dateien verwenden, sollten Sie auch die Aufgaben *Datenquellen verwalten* und *Ressourcen verwalten* einbeziehen.
> Wenn der Benutzer beim Publizieren auch einen Ordner erstellen können soll, müssen Sie auch die Aufgabe *Ordner verwalten* berücksichtigen.

Vordefinierte Rollendefinitionen der Systemebene

Die vordefinierten Rollendefinitionen der Systemebene bestehen aus zwei Rollen, die alle wichtigen Aufgaben enthalten, die Benutzer benötigen, um auf dem Berichtsserver allgemeine Einstellungen wie z.B. Berichtsservereigenschaften vornehmen oder berichtsserverweite Aufgaben wie z.B. Verwaltung freigegebener Zeitpläne durchführen zu können.

Die Übersichtsseite der Rollen der Systemebene erreichen Sie folgendermaßen:

1. Klicken Sie im geöffneten Berichts-Manager oben rechts auf *Siteeinstellungen* (Abbildung 16.2 weiter oben).
2. Im Bereich *Sicherheit* klicken Sie auf *Rollendefinitionen auf Systemebene konfigurieren*, um zur Übersichtsseite der Rollen dieser Ebene zu gelangen (Abbildung 16.4).

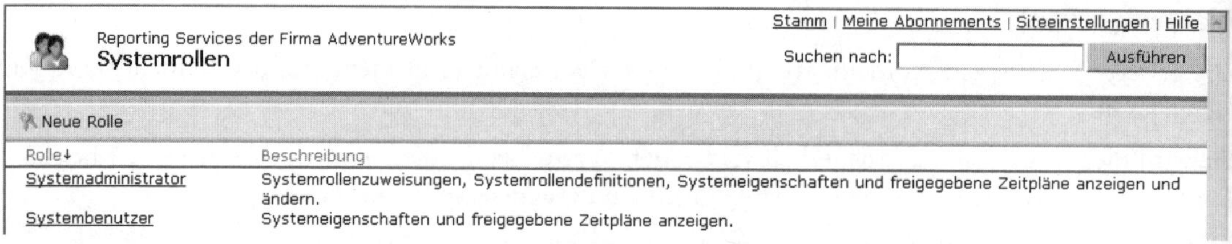

Rolle	Beschreibung
Systemadministrator	Systemrollenzuweisungen, Systemrollendefinitionen, Systemeigenschaften und freigegebene Zeitpläne anzeigen und ändern.
Systembenutzer	Systemeigenschaften und freigegebene Zeitpläne anzeigen.

Abbildung 16.4 Installation von Reporting Services vorhandene Rollen der Systemebene

Die Rollen für die Systemebene, die nach der Installation vorhanden sind, werden in den nachfolgenden Abschnitten beschrieben.

Die *Systemadministrator*-Rolle

Die *Systemadministrator*-Rolle ist eine vordefinierte Rolle, mit der ein Berichtsserveradministrator die allgemeine Verantwortung für einen Berichtsserver trägt, aber nicht notwendigerweise für die dort publizierten Inhalte.

Folgende Aufgaben sind in der *Systemadministrator*-Rolle enthalten:

- *Aufträge verwalten*
- *Berichtsdefinitionen ausführen*
- *Berichtsservereigenschaften verwalten*
- *Berichtsserversicherheit verwalten*
- *Freigegebene Zeitpläne verwalten*
- *Rollen verwalten*

Die *Systemadministrator*-Rolle wird für die Standardsicherheit verwendet.

Die *Systembenutzer*-Rolle

Die *Systembenutzer*-Rolle ist eine vordefinierte Rolle, mit der Benutzer grundlegende Informationen zum Berichtsserver anzeigen können.

Folgende Aufgaben sind in der *Systembenutzer*-Rollendefinition enthalten:

- *Berichtsdefinitionen ausführen*
- *Berichtsservereigenschaften anzeigen*
- *Freigegebene Zeitpläne anzeigen*

Mithilfe der *Systembenutzer*-Rolle kann die Standardsicherheit ergänzt werden. Sie können die Rolle in neuen Rollenzuweisungen verwenden, die den Berichtsserverzugriff auf Berichtsbenutzer erweitern.

Rollendefinitionen erstellen, ändern oder löschen

Es stehen Ihnen 25 Aufgaben zur Verfügung, mit denen Sie Rollen definieren können.

ACHTUNG Das Erstellen oder Ändern einer Rollendefinition erfordert eine sorgfältige Planung.

Es ist in der Regel nicht nötig, viele Rollendefinitionen anzulegen, um eine reibungslose, sichere und komfortable Arbeit auf dem Berichtserver zu gewähren.

Wenn Sie zu viele Rollen erstellen, erweist sich die Verwaltung der Rollen als schwierig. Beim Ändern einer vorhandenen Rolle wissen Sie eventuell nicht, wo die Rolle überall verwendet wird oder welche Auswirkung der Vorgang auf die Benutzer haben wird.

Verwenden Sie den Berichts-Manager zum Erstellen, Ändern und Löschen von Rollendefinitionen. Über die Seite *Siteeinstellungen* können Sie Rollendefinitionen auf System- und Elementebene erstellen. Darüber hinaus ist es möglich, Rollendefinitionen auf Elementebene beim Erstellen einer Rollenzuweisung festzulegen.

Über folgende Seiten des Berichtsservers können Sie Rollendefinitionen bearbeiten:

- Zum Erstellen, Ändern oder Löschen einer Rolle auf Elementebene verwenden Sie die Seite *Neue Rolle* (Abbildung 16.5 weiter unter) oder *Rolle bearbeiten* (Abbildung 16.6 weiter unten).
- Zum Erstellen, Ändern oder Löschen einer Rolle auf Systemebene verwenden Sie die Seite *Neue Systemrolle* oder *Systemrolle bearbeiten*.

Der folgende Abschnitt beschreibt Ihnen, wie Sie eine neue Rollendefinition erstellen.

Erstellen einer Rollendefinition

WICHTIG Zum Erstellen einer Rollendefinition benötigen Sie die entsprechende Berechtigung. Diese Berechtigungen haben standardmäßig Administratoren und Benutzer, die der *Inhalts-Manager*-Rolle zugewiesen sind, die die Aufgabe *Sicherheit für einzelne Elemente festlegen* enthält.

Folgendes ist bei der Erstellung einer Rollendefinition zu beachten:

- Für eine Rollendefinition ist ein eindeutiger Name erforderlich. Den Namen können Sie später nicht mehr ändern. Dieser Name kann aus bis zu 256 Zeichen bestehen, dabei sind Leerzeichen und Sonderzeichen zulässig.
- Eine gültige Rollendefinition muss mindestens eine Aufgabe enthalten.
- Eine Rollendefinition kann nicht einem bestimmten Ordner des Berichtsservers zugeordnet werden.
- Alle neuen Rollendefinitionen, die Sie erstellen, können anschließend für alle Rollenzuweisungen verwendet werden.

In Ihrer Firma möchten Sie den Datenbank-Administrator während der Einführung der Reporting Services in Ihrem Unternehmen mit in Ihre Strukturierung und Überprüfung der Datenzugriffe des Berichtsservers auf den SQL Server einbeziehen. Damit dieser Änderungen an den Datenzugriffen vornehmen und mit den Datenquellen verbundene Berichte auf ihre Funktionsfähigkeit testen kann, legen Sie dafür eine neue Rolle an.

So erstellen Sie eine Rollendefinition:

1. Klicken Sie im geöffneten Berichts-Manager in der globalen Symbolleiste auf *Siteeinstellungen* (Abbildung 16.2 weiter oben).
2. Klicken Sie im Bereich *Sicherheit* auf *Rollendefinitionen auf Elementebene konfigurieren* (Abbildung 16.3 weiter oben).
3. Klicken Sie auf *Neue Rolle*, um mit der Seite *Neue Rolle* die neue Rolle zu definieren (Abbildung 16.5).

Abbildung 16.5 Eine neue Rolle auf Elementebene wird angelegt

4. Geben Sie einen Namen, z.B. **Datenquellen Tester**, für die Rollendefinition ein.
5. Geben Sie eine Beschreibung für die Rollendefinition ein.

HINWEIS Benutzer, die diese Rollendefinition auswählen, sollten aufgrund der von Ihnen an dieser Stelle eingegebenen Informationen verstehen können, wofür die Rolle verwendet wird. Stellen Sie ausreichend Informationen zur Verfügung, so dass der Benutzer oder die Benutzerin nicht die Rollendefinition öffnen muss, um die Aufgabenliste anzuzeigen.

6. Wählen Sie die Aufgaben für die Rollendefinition aus, die nötig sind, um Datenquellen-Elemente überprüfen zu können. Aktivieren Sie dazu die Kontrollkästchen vor den Aufgaben *Zeigt Berichte an*, *Datenquellen anzeigen*, *Datenquellen verwalten*, *Modelle anzeigen*, *Modelle verwalten* und *Ordner anzeigen*.
7. Klicken Sie auf *OK*, um die neue Rollendefinition zu speichern.

Die Rollendefinition wird in der Berichtsserver-Datenbank gespeichert. Nach dem Speichern steht sie allen Benutzern zur Verfügung, die die Berechtigung zum Erstellen von Rollenzuweisungen haben, und kann von diesen Benutzern zugewiesen werden.

Wie Sie eine Rollendefinition ändern, wird Ihnen im nachstehenden Abschnitt geschildert.

Ändern einer Rollendefinition

Die im vorangegangenen Abschnitt erstellte Rollendefinition *Datenbank Tester* soll geändert werden, da von nun an der Datenbank-Administrator nicht nur den Zugriff auf die Datenquellen überprüfen soll, sondern auch den berichtsspezifischen Datenquellenzugriff.

Dazu muss er einen Zugriff auf die Eigenschaften von Berichten erhalten, d.h. die Aufgabe *Berichte verwalten* muss hinzugefügt werden.

So ändern Sie eine Rollendefinition:

1. Klicken Sie im geöffneten Berichts-Manager auf der globalen Symbolleiste auf *Siteeinstellungen* (Abbildung 16.2 weiter oben).
2. Klicken Sie im Bereich *Sicherheit* auf *Rollendefinitionen auf Elementebene konfigurieren*, um eine Rollendefinition auf Elementebene zu löschen (Abbildung 16.3 weiter oben).
3. Klicken Sie auf die Rollendefinition, z.B. *Datenbank Tester*, die Sie ändern möchten. Die Seite *Rolle bearbeiten* wird geöffnet (Abbildung 16.6).

Abbildung 16.6 Der Datenbank-Tester bekommt eine weitere Aufgabe zugeteilt

4. Aktivieren Sie das Kontrollkästchen *Berichte verwalten* aus der Aufgabenliste.
5. Klicken Sie auf *OK*, um die Änderungen zu speichern.

Die geänderte Rollendefinition wird in der Berichtsserver-Datenbank gespeichert. Die Änderungen wirken sich unmittelbar nach dem Speichern auf alle Rollenzuweisungen aus, die die Rollendefinition einschließen.

Wie Sie eine Rollendefinition löschen, erfahren Sie im folgenden Abschnitt.

Löschen einer Rollendefinition

Das Löschen von Rollendefinition – insbesondere, wenn diese verwendet werden – sollten Sie nur mir großer Umsicht vornehmen.

ACHTUNG Es ist nicht möglich, das Löschen von Rollendefinitionen rückgängig zu machen. Selbst wenn Sie eine zuvor gelöschte Rollendefinition mit demselben Namen und derselben Aufgabenliste erneut erstellen, werden Rollenzuweisungen, die diese Rollendefinition verwendeten, nicht der neuen Rollendefinition zugeordnet.

HINWEIS Es ist nicht möglich, die Rollendefinition, die für die Funktionalität »Meine Berichte« ausgewählt ist, zu löschen, solange diese Funktionalität aktiviert ist.

Zum Löschen der für »Meine Berichte« verwendeten Rollendefinition müssen Sie diese Funktionalität zunächst deaktivieren oder eine andere Rollendefinition dafür auswählen, die die Zugriffe auf »Meine Berichte« ermöglicht.

Weitere Informationen zur Funktionalität »Meine Berichte« finden Sie in Kapitel 24.

Eine Rollendefinition, die Bestandteil mindestens einer Rollenzuweisung ist, die die Sicherheit für einen Berichtsserver definiert, kann nicht gelöscht werden.

Für einen Berichtsserver ist mindestens eine Rollenzuweisung auf Elementebene und eine Rollenzuweisung auf Systemebene erforderlich.

Die Rollendefinition, die Sie in den vorigen Abschnitten zu Testzwecken für den Datenbank-Administrator eingerichtet haben, wird nun nicht mehr benötigt, da der Administrator andere Aufgaben zugeteilt bekommen hat und Sie genug Erfahrung im Umgang mit Datenquellen gesammelt haben.

So löschen Sie eine Rollendefinition:

1. Klicken Sie im geöffneten Berichts-Manager auf der globalen Symbolleiste auf *Siteeinstellungen* (Abbildung 16.2 weiter vorne in diesem Kapitel).
2. Klicken Sie im Bereich *Sicherheit* auf *Rollendefinitionen auf Elementebene konfigurieren* (Abbildung 16.3 weiter vorne in diesem Kapitel).
3. Klicken Sie auf den Namen der Rollendefinition, z.B. *Datenbank Tester*, die Sie löschen möchten. Die Seite *Rolle bearbeiten* (Abbildung 16.6 weiter oben) wird geöffnet.
4. Klicken Sie auf *Löschen*. Sie werden jetzt noch einmal daran erinnert, dass die mit dieser Rollendefinition verbundenen Rollenzuweisungen angepasst werden (Abbildung 16.7).

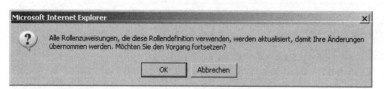

Abbildung 16.7 Vor dem Löschen einer Rollendefinition werden Sie daran erinnert, welche Auswirkungen das hat

5. Bestätigen Sie mit *OK*.

Die Rollendefinition ist jetzt vom Berichtsserver gelöscht, wie Sie der Liste der Rollen auf der Seite *Rollen auf Elementebene* entnehmen können.

Nachdem Sie nun den Umgang mit Rollendefinitionen kennen gelernt haben, müssen Sie den Benutzern von Reporting Services über Rollenzuweisungen Zugriffe auf die System- bzw. Elementebene freischalten. Wie Sie Rollenzuweisungen einsetzen wird im nachstehenden Abschnitt beschrieben.

Rollen zuweisen

Eine Rollenzuweisung ist eine Sicherheitsrichtlinie, welche Aufgaben über Rollendefinitionen enthält, die Benutzer oder Gruppen für bestimmte Elemente oder Zweige der Ordnerhierarchie des Berichtsservers ausführen können.

Sie können sich die Ordnerhierarchie räumlich als Zonen vorstellen, die in unterschiedlichem Maße gesichert und von verschiedenen Benutzern betreten werden können.

Um alle in Ihrem Unternehmen benötigten Möglichkeiten abzudecken, wie verschiedene Benutzer einen Ordner oder Bericht verwenden können, erstellen Sie mehrere Rollenzuweisungen, und zwar eine Rollenzuweisung pro Benutzer- oder Gruppenkonto.

ACHTUNG Falls viele Benutzer und Gruppen denselben Zugriff benötigen, müssen Sie für jeden Benutzer bzw. jede Gruppe eine separate Rollenzuweisung erstellen, selbst wenn die Aufgaben und Berechtigungen für alle Benutzer identisch sind.

TIPP Um die Wartbarkeit durch die Menge von Rollenzuweisungen für viele Benutzer und Gruppen mit denselben Zugriffen zu erleichtern, empfiehlt es sich, eine Gruppe in der Windows-Domäne anzulegen, dieser die benötigten Benutzer und Gruppen aus den einzelnen Rollenzuweisungen hinzuzufügen und anschließend den Zugriff auf den Berichtsserver nur noch über eine Rollenzuweisung zu verwalten.

Möchten Sie einzelnen Benutzern zusätzlich zu Ihren normalen Zugriffsrechten erweiterte Privilegien geben, z.B. um Verwaltungsaufgaben an diese zu delegieren, müssen Sie eine zusätzliche Rollenzuweisung für diese Benutzer mit Rollendefinitionen einrichten, die diesen erweiterten Zugriff ermöglichen.

Der Zugriff auf die Inhalte eines Berichtsservers wird durch Rollenzuweisungen gesteuert.

WICHTIG Der Berichtsserver benötigt mindestens eine Rollenzuweisung, die den Zugriff auf Elementebene gestattet, und eine weitere für den Zugriff auf Systemebene.
Alle Bestandteile der Ordnerhierarchie müssen mindestens mit einer Rollenzuweisung abgedeckt sein.

Es ist nicht möglich, ein nicht gesichertes Element oder System zu erstellen oder Einstellungen derart zu ändern, dass ein nicht gesichertes Element oder System entsteht. Nicht gesichert wäre ein Element oder System, wenn für dieses keine Rollenzuweisungen eingerichtet sind.

Da die Sicherheit auf Elementebene über Ordner in der Ordnerhierarchie vererbt wird, können Sie Rollenzuweisungen für Elemente, z.B. Berichte, innerhalb des Ordners löschen. Denn der Bericht übernimmt dann die Rollenzuweisungen des direkt übergeordneten Ordners.

Abbildung 16.8 veranschaulicht eine Rollenzuweisung, die einer Gruppe und einem Benutzer die *Verleger*-Rolle zuordnet, die den Zugriff auf Ordner B beschreibt.

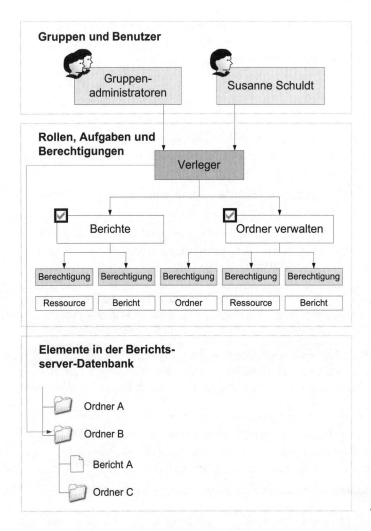

Abbildung 16.8   Beispiel einer Rollenzuweisung

Benutzer und Gruppen in Rollenzuweisungen

Bei den Benutzer- oder Gruppenkonten, die Sie in einer Rollenzuweisung angeben, handelt es sich um Microsoft Windows-Domänenkonten. Der Berichtsserver erstellt oder verwaltet zwar keine Benutzer und Gruppen aus einer Domäne, aber er verweist auf diese. Der Authentifizierungsvorgang erfolgt durch den Domänencontroller, also extern vom Berichtsserver.

Bei Rollenzuweisungen sollten Sie auf Folgendes achten:

- Rollenzuweisungen für ein bestimmtes Element dürfen nicht für dasselbe Benutzer- oder Gruppenkonto verwendet werden.

    Es ist also z.B. nicht möglich, zwei Rollenzuweisungen auf dasselbe Element zu erstellen, die das Benutzerkonto für »John Chen[1]« enthalten.

---

[1] Angestellter der Beispieldatenbank »AdventureWorks«.

- Ist ein Benutzerkonto zusätzlich Mitglied eines Gruppenkontos und sind für beide Konten Rollenzuweisungen vorhanden, stehen diesem Benutzer die Aufgaben beider Rollenzuweisungen zur Verfügung.

  Angenommen, der Benutzer »John Chen« ist ein Mitglied der Gruppe »Zweigstellen-Manager«, und es sind Rollenzuweisungen für »John Chen« und »Zweigstellen-Manager« vorhanden, so bestimmen in diesem Fall die für beide Rollenzuweisungen insgesamt ausgewählten Aufgaben, welche Zugriffsrechte John auf ein bestimmtes Element hat.

- Wenn Sie einer Gruppe, die bereits Teil einer Rollenzuweisung ist, einen Benutzer hinzufügen, müssen Sie Internetinformationsdienste (Internet Information Services oder IIS) zurücksetzen, damit die Rollenzuweisung für diesen Benutzer wirksam wird.

  Stellen Sie sich z.B. vor, Sie verfügen über eine vorhandene Gruppe »Vertriebs-Manager«, die über Berechtigungen zur Inhaltsverwaltung für den Ordner »Produktumsatz« verfügt. Nun fügen Sie der Gruppe »Vertriebs-Manager« das Benutzerkonto »John Chen« hinzu. Obwohl bereits eine Rollenzuweisung für »Vertriebs-Manager« vorhanden ist, erhält »John Chen« erst dann die Berechtigungen zur Inhaltsverwaltung für den Ordner »Produktumsatz«, wenn IIS zurückgesetzt wird.

Wie Sie die IIS zurücksetzen, erfahren Sie im Kasten.

Internetinformationsdienste (IIS) zurücksetzen

Immer, wenn Sie an zugewiesenen Rollen Veränderungen vornehmen oder *RSConfig.exe* auf einem Computer ausführen, auf dem bereits der Reporting Services-Webdienst ausgeführt wird, müssen Sie die IIS zurücksetzen, damit die Änderungen wirksam werden. Gehen Sie dazu folgendermaßen vor:

1. Öffnen Sie eine Eingabeaufforderung, z.B. indem Sie *Start/Ausführen* wählen, **cmd** in das Textfeld eingeben und mit *OK* bestätigen.
2. Geben Sie **iisreset** ein.
3. Drücken Sie die ⏎-Taste, um den Befehl auszuführen. Sie erhalten die in Abbildung 16.9 gezeigte Meldung.

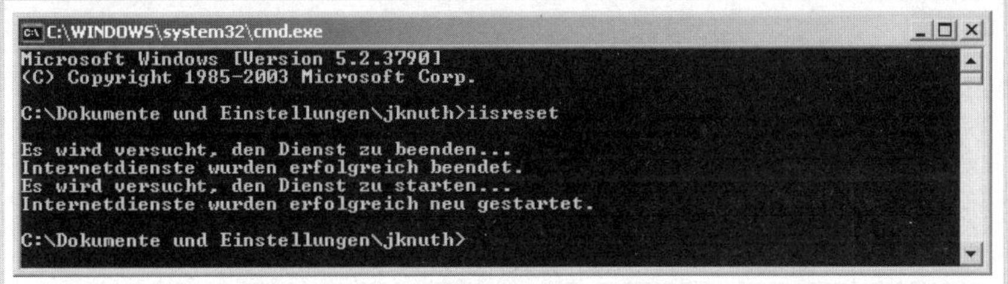

Abbildung 16.9 Zurücksetzen der IIS über die Windows-Eingabeaufforderung

4. Schließen Sie die Eingabeaufforderung wieder.

Sie haben nun IIS zurückgesetzt und die vorgenommenen Änderungen von Reporting Services sind damit aktiviert worden.

Mit der Installation von Reporting Services wurden einige Rollenzuweisungen vordefiniert. Diese werden im nachstehenden Abschnitt kurz beschrieben.

Vordefinierte Rollenzuweisungen

Standardmäßig sind im Berichtsserver vordefinierte Rollenzuweisungen implementiert, mit denen Administratoren Inhalte anzeigen und verwalten können.

ACHTUNG Die vordefinierten Rollenzuweisungen ermöglichen jedem Administrator mit der Zugriffsberechtigung für den Webserver, der den Berichtsserver hostet, den vollständigen Zugriff auf den Berichtsserver.

TIPP Wenn Sie mit den vordefinierten Rollendefinitionen nicht einverstanden sind, können Sie diese durch benutzerdefinierte Rollenzuweisungen ersetzen, die spezifische Benutzerkonten enthalten. Dann haben nur diese Benutzer Zugriff auf die Elemente, die durch die Rollenzuweisungen abgedeckt sind.

Die vorgefertigten Rollenzuweisungen bestehen aus der integrierten Windows-Gruppe »Administratoren«, Rollen und einem Sicherheitskontext.

Folgende vordefinierte Rollenzuweisungen sind standardmäßig eingerichtet:

- *Systemadministrator*: Das sicherbare Element ist das ganze System.
- *Inhalts-Manager*: Das sicherbare Element ist die gesamte Ordnerhierarchie, da die Rollenzuweisung vom *Stamm*-Ordner ausgeht.

WICHTIG Beachten Sie, dass mindestens zwei Rollenzuweisungen erforderlich sind, um einen umfassenden Zugriff auf einen Berichtsserver zu ermöglichen.

Rollenzuweisungen auf Systemebene unterstützen Vorgänge, die die Berichtsserversite insgesamt betreffen. Rollenzuweisungen auf Elementebene ermöglichen den Zugriff auf die Ordnerhierarchie.

Weitere Informationen zu den Sicherheitsebenen finden Sie im Abschnitt »Aufgaben und ihre Berechtigungen« in diesem Kapitel.

Sie müssen zusätzliche Rollenzuweisungen erstellen, um einen Berichtsserver für andere Benutzer zugänglich zu machen. Diese benutzerdefinierten Rollenzuweisungen sind Thema des folgenden Abschnitts.

Benutzerdefinierte Rollenzuweisung

Rollenzuweisungen steuern den gesamten Zugriff auf einen Berichtsserver. Sie sollten deshalb unbedingt wissen, wie dort Rollenzuweisungen erstellt und verwaltet werden, was Sie in diesem Abschnitt erfahren werden.

WICHTIG Beim Definieren von Rollenzuweisungen für Berichtsbenutzer sollten Sie mindestens zwei Rollenzuweisungen für die System- und Ordnerhierarchie definieren, um einen Standardzugriff und einen Zugriff für die Administratoren einzurichten.

Diese zwei Rollenzuweisungen werden bei der Installation nicht standardmäßig erzeugt.

Eine typische Konfiguration besteht darin, integrierte Windows-Konten wie etwa »Jeder« (ein Konto von Internetinformationsdienste) oder »Benutzer« (ein globales Domänenkonto) zu erstellen und dann diesen Konten Rollen zuzuweisen, die den schreibgeschützten Zugriff auf einen Berichtsserver ermöglichen.

Zusammen mit den zwei Rollenzuweisungen für Administratoren stellt diese Konfiguration ein Zugriffsmodell dar, das für viele Firmen ausreicht.

Rollen zuweisen

Überprüfen Sie, ob eins der beiden Domänenkonten »Jeder« oder »Benutzer«-vorhanden ist, ggf. erstellen Sie sich ein entsprechendes Konto. Die Informationen zum Anlegen von Domänenkonten finden Sie in der Onlinehilfe von Windows.

Für den Fall, dass Sie einer großen Benutzergruppe schnell den beschränkten Zugriff erteilen möchten, erstellen Sie diese Rollenzuweisungen folgendermaßen:

1. Im geöffneten Berichts-Manager klicken Sie auf *Siteeinstellungen* oben rechts, um die Seite von Abbildung 16.2 weiter oben anzuzeigen.
2. Klicken Sie auf *Siteweite Sicherheit konfigurieren*. Die Seite *Systemrollenzuweisungen* von Abbildung 16.10 wird angezeigt.

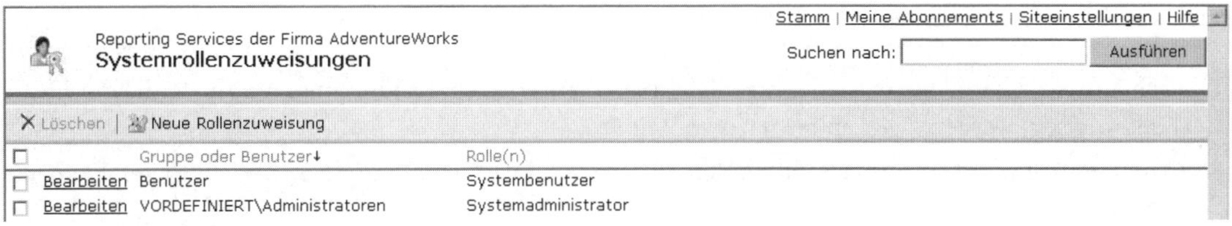

Abbildung 16.10 Vorhandene Rollenzuweisungen auf Systemebene

3. Klicken Sie auf *Neue Rollenzuweisung*, um die nötigen Angaben für eine neue Rollenzuweisung, wie in Abbildung 16.11 zu sehen, eingeben zu können.

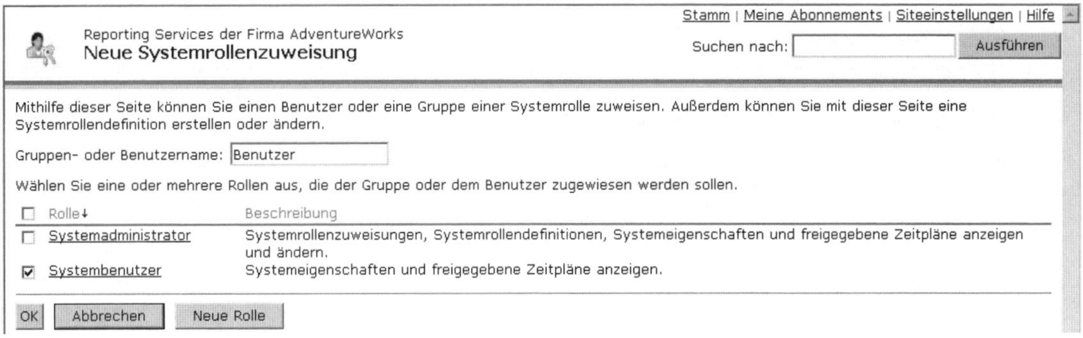

Abbildung 16.11 Eine Systemrollenzuweisung für das Windows Gruppenkonto »Benutzer« wird angelegt

4. Geben Sie im Textfeld *Gruppen- oder Benutzername* den Namen eines Gruppenkontos ein, für das Sie den Zugriff auf den Berichtsserver gewähren möchten. Für den Zugriff aller Benutzer geben Sie **Jeder** (ein integriertes IIS-Konto) oder **Benutzer** (ein integriertes Windows-Domänenkonto) ein.
5. Aktivieren Sie das Kontrollkästchen für die *Systembenutzer*-Rolle aus der Liste der vorhandenen Rollen.
6. Klicken Sie auf *OK*. Es wird nun überprüft, ob das Windows-Konto existiert und anschließend gelangen Sie wieder zur Seite *Systemrollenzuweisungen* (Abbildung 16.10 weiter oben).

HINWEIS Sollten Sie für eine Rollenzuweisung ein Benutzer- oder Gruppenkonto angeben, das nicht existiert, so erhalten Sie beim Versuch, diese zu speichern, die Fehlermeldung von Abbildung 16.12.

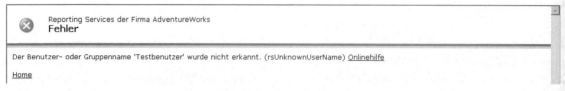

Abbildung 16.12 Es wurde versucht, für eine Rollenzuweisung den nicht existierenden »Testbenutzer« anzugeben

In diesem Fall wird die Rollenzuweisung nicht angelegt.

7. Nachdem Sie die Rollenzuweisung für die Systemebene angelegt haben, muss nun noch die der Elementebene angelegt werden. Klicken Sie dazu auf *Stamm*.
8. Aktivieren Sie die Registerkarte *Eigenschaften*, um zur Eigenschaftenseite *Sicherheit* dieses Elements zu gelangen.
9. Nun klicken Sie auf *Neue Rollenzuweisung*. Die Seite von Abbildung 16.13 wird angezeigt.

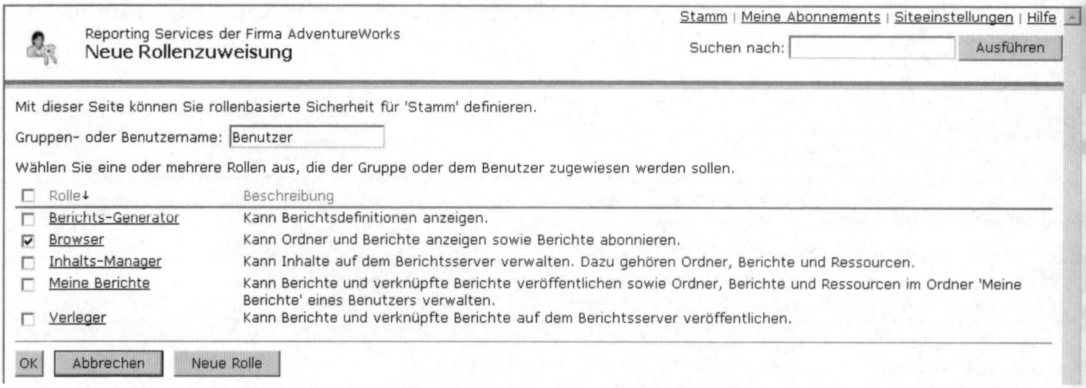

Abbildung 16.13 Eine Rollenzuweisung für das Windows-Gruppenkonto *Benutzer* wird angelegt

10. Geben Sie den Namen des in Schritt 4 angegebenen Gruppenkontos ein.
11. Aktivieren Sie das Kontrollkästchen für die *Browser*-Rolle aus der Liste der vorhandenen Rollen.
12. Klicken Sie auf *OK*. Sie gelangen wieder zur *Sicherheit*-Eigenschaftenseite von *Stamm* (Abbildung 16.14).

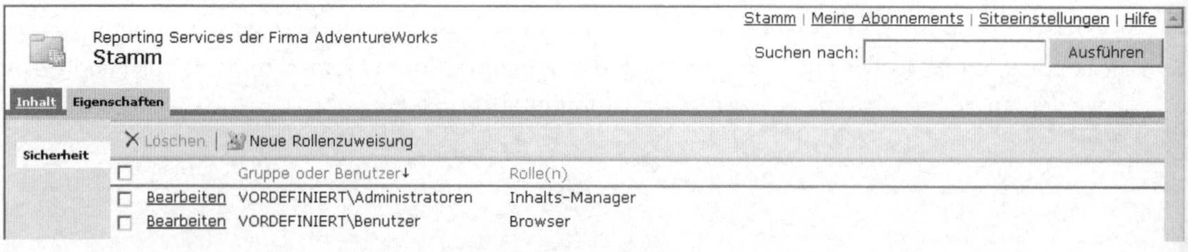

Abbildung 16.14 Vorhandene Rollenzuweisungen auf Elementebene für *Home*

Damit haben Sie zwei Rollenzuweisungen, die Benutzern den Zugriff auf einen Berichtsserver zum Anzeigen von Elementen gewähren, angelegt.

ACHTUNG Die integrierten Windows-Gruppen »Jeder« und »Benutzer« enthalten alle Benutzerkonten, die Zugriff auf Ihren Webserver haben oder in Ihrer Domäne definiert sind. Wenn Sie weniger Benutzern den schreibgeschützten Zugriff gewähren möchten, sollten Sie andere Benutzerkonten auswählen bzw. Gruppenkonten anlegen.

Erstellen Sie weitere Rollenzuweisungen, um zusätzliche Zugriffe zu unterstützen, z.B. sollten Berichtsautoren, die Berichte auf einem Berichtsserver publizieren, der *Verleger*-Rolle für die entsprechenden Ordner des Berichtsservers zugewiesen werden.

In der Regel beinhalten zusätzlich erstellte Rollenzuweisungen Ordner oder Berichte, die im Zusammenhang mit bestimmten Benutzern oder Gruppen diese zusätzlichen Zugriffe ermöglichen.

Angenommen, Ihr Vertriebsteam speichert seine Berichte in bestimmten Ordnern. Zur Unterstützung der Berichterstellungsaktivitäten dieser Gruppe sollten Sie Rollenzuweisungen zu diesen Ordnern hinzufügen, mit denen die Mitarbeiter im Vertriebsteam diese Ordner und deren Inhalte verwalten können.

Wenn Sie vertrauliche Berichte bereitstellen möchten, erstellen Sie Rollenzuweisungen, die Ihnen erlauben, diese Berichte sicher darzustellen und nur von autorisierten Benutzern angezeigt werden können.

Es müssen bei der Sicherung von Ordnern, Ressourcen, freigegebenen Datenquellen usw. verschiedene Aspekte beachtet werden. Welche das sind und wie Sie damit arbeiten, erläutert der folgende Abschnitt.

Was bei der Sicherheit von Elementen zu beachten ist

Die Sicherheit aller Elemente auf einem Berichtsserver ist eng an die richtigen Rollenzuweisungen gekoppelt. In diesem Abschnitt erfahren Sie mehr über das Sichern der Elemente Ordner, Bericht, Ressource und freigegebene Datenquelle.

Sicherheit von Ordnern

Die Ordnersicherheit ist die Grundlage für die Sicherung des gesamten Inhalts auf einem Berichtsserver. Da die Sicherheit in der Ordnerhierarchie weitervererbt wird, können Sie für große oder kleine Abschnitte der Ordnerhierarchie eine bestimmte Zugriffsart zulassen. Sie sollten Folgendes beachten, um einen sicheren Berichtsserver zu haben:

- Ordner mit einer hohen Sicherheit können zum Speichern vertraulicher Berichte oder als Testbereiche verwendet werden.

    Beispielsweise können Sie Berichte in einem Ordner testen, bevor Sie diese an den endgültigen Speicherort verschieben. Um den Zugriff zu steuern, können Sie eine Rollenzuweisung definieren, die nur Berichterstellern das Hinzufügen und Löschen von Elementen erlaubt, und eine zweite Rollenzuweisung, die Testern das Ausführen von Berichten, aber nicht das Hinzufügen oder Entfernen von Elementen erlaubt. Die Rollenzuweisungen werden explizit für Tester und Berichtsautoren definiert, weshalb keine anderen Benutzer (außer lokalen Systemadministratoren) Zugriff auf den Ordner haben.

- Ordner mit einer niedrigen Sicherheit können zum Speichern von Berichten verwendet werden, auf die der Zugriff problemlos möglich sein soll.

Beispielsweise kann ein Ordner zum Speichern eines Berichts mit Mitarbeiterkontaktinformationen, der wöchentlich anhand einer Mitarbeiterdatenbank generiert wird, oder eines Umsatzberichts, auf den alle Benutzer der Organisation Zugriff haben sollen, eingerichtet werden.

- Die Ordnersicherheit stellt die Grundlage der Sicherheit auf Elementebene dar, ausgehend vom Stammknoten der Ordnerhierarchie des Berichtsservers, dem *Stamm*-Ordner. Da die Sicherheit vererbt wird, empfiehlt es sich, eine restriktive Sicherheitsrichtlinie für den *Stamm*-Ordner festzulegen. Bei den vordefinierten Rollenzuweisungen in Reporting Services ist genau dies der Fall, weil sie den meisten Benutzern den schreibgeschützten Zugriff ermöglichen.

WICHTIG Die Rollenzuweisungen, die Sie für einen Ordner erstellen, können in stärkerem Maße als alle anderen Formen der Sicherheit auf Elementebene (z.B. das Sichern eines einzelnen Berichts oder einer einzelnen Ressource) weit reichende Konsequenzen haben. Die Rollenzuweisung für einen Ordner kann auf Elementen, die in diesem enthalten sind, angewendet werden. Diese Tatsache sollten Sie beim Definieren der Ordnersicherheit berücksichtigen.

Verwenden Sie beim Erstellen von Rollenzuweisungen für Ordner die in der Tabelle 16.3 aufgeführten Aufgaben.

Verwendete Aufgaben	Für den Zugriff der Benutzer auf folgende Elemente
Ordner anzeigen	Benutzer mit dieser Aufgabe können Ordnerelemente in der Ordnerhierarchie sehen und deren schreibgeschützte Eigenschaften, die Auskunft geben, wann der Ordner erstellt und geändert wurde. Die Benutzer können Elemente im Ordner nur anzeigen, wenn die Rollenzuweisungen auch die Aufgaben *Zeigt Berichte an*, *Ressourcen anzeigen* und/oder *Datenquellen anzeigen* enthalten.
Ordner verwalten	Mit dieser Aufgabe können Benutzer auf die Eigenschaftenseite *Allgemein*, die den Namen, eine Beschreibung und die Angaben zum Erstellen und Ändern enthält, zugreifen und deren Werte ändern. Außerdem können die Benutzer den Ordner an einen anderen Speicherort verschieben. Diese Aufgabe ermöglicht Benutzern das Hinzufügen neuer Ordner mittels der Seite *Neuer Ordner*. Informationen zum Arbeiten mit Ordnern erhalten Sie in Kapitel 15.
Berichte verwalten	Mittels dieser Aufgabe haben Benutzer Zugriff auf die Seite *Datei uploaden*, mit der sie Berichte, welche als RDL-Datei vorhanden sind, aus dem Dateisystem zu einem Ordner hinzufügen können. Informationen zum Hochladen einer RDL-Datei erhalten Sie in Kapitel 15. Was RDL ist und welche Möglichkeiten diese Sprache bietet, können Sie in Kapitel 21 nachlesen.
Datenquellen verwalten	Mittels dieser Aufgabe haben Benutzer Zugriff auf die Seite *Neue Datenquelle*, auf der sie neue, freigegebene Datenquellenelemente zu einem Ordner hinzufügen können. Weitere Information zum Arbeiten mit Datenquellen erhalten Sie in Kapitel 17.
Sicherheit für einzelne Elemente festlegen	Mittels dieser Aufgabe haben Benutzer Zugriff auf die Eigenschaftenseite *Sicherheit*. Benutzer, die diese Seite öffnen können, steuern, wie sie selbst und andere Benutzer auf den Ordner zugreifen. Diese Aufgabe muss zusammen mit *Ordner anzeigen* oder *Ordner verwalten* verwendet werden. Andernfalls zeigt sie keine Wirkung, weil der Benutzer das Element nicht auswählen kann.

Tabelle 16.3 Wichtige Aufgaben für Rollenzuweisungen für Ordner

Sicherheit von Berichten und Ressourcen

Die Sicherheit kann für einzelne Berichte und Ressourcen festgelegt werden, um die Zugriffsebene der Benutzer für diese Objekte zu steuern.

Standardmäßig können Benutzer Berichte erst dann ausführen bzw. Ressourcen erst dann anzeigen, nachdem Rollenzuweisungen erstellt wurden, die ihnen den Zugriff auf den Berichtsserver gewähren.

Benutzer, die Mitglieder der integrierten Gruppe Administratoren sind, können Berichte ausführen, Ressourcen anzeigen, Eigenschaften ändern und Elemente löschen.

Beachten Sie für die Sicherheit von Berichten und Ressourcen Folgendes:

- Es ist nicht zu empfehlen, die Sicherheit auf der Berichts- oder Ressourcen-Ebene festzulegen, da die Wartung auf dieser (niedrigsten) Ebene sehr aufwendig wird. Es reicht in den meisten Fällen aus, die Rollenzuweisungen des übergeordneten Ordners zu verwenden, die ohne weitere Administrationsarbeit sowieso ererbt werden.

- Ein typisches Sicherheitskonzept besteht darin, den Zugriff auf einen Ordner auf eine kleinere Benutzergruppe zu beschränken und allen oder einigen Benutzern zusätzliche Privilegien zur Verwaltung der darin enthaltenen Berichte zu gewähren.

  Dazu müssen Sie typischerweise mehrere Rollenzuweisungen erstellen. Angenommen, Sie möchten einen Bericht den Benutzern Anna und Fernando sowie Personalverwaltungs-Managern zur Verfügung stellen. Anna und Fernando müssen den Bericht verwalten können, aber die Personalverwaltungs-Manager müssen ihn nur ausführen können.

  Dazu erstellen Sie drei separate Rollenzuweisungen: je eine Rollenzuweisung, um Anna bzw. Fernando zu einem *Inhalts-Manager* des Berichts zu machen, sowie eine Rollenzuweisung zur Unterstützung schreibgeschützter Aufgaben für die Gruppe der Personalverwaltungs-Manager.

- Die Sicherheitseinstellungen eines Berichts oder einer Ressource bleiben dem Element selbst dann zugeordnet, wenn Sie es an einen neuen Speicherort verschieben.

  Wenn Sie z.B. einen Bericht, auf den nur wenige Personen Zugriff haben, verschieben, ist dieser Bericht auch weiterhin nur für diese Benutzer verfügbar, auch wenn Sie ihn in einen Ordner mit einer offeneren Sicherheitsrichtlinie verschieben.

WICHTIG Berichte mit vertraulichen Informationen sollten auf der Datenzugriffsebene gesichert werden. Benutzer müssen in diesem Fall Anmeldeinformationen bereitstellen, um auf die vertraulichen Daten zugreifen zu können.

Weitere Informationen zum Thema »Anmeldeinformationen für Datenquellen« finden Sie in Kapitel 17.

Sicherheit von Berichten für den globalen Zugriff

Das Standardsicherheitsmodell in Reporting Services basiert auf der Windows-Authentifizierung. Die Windows-Authentifizierung ist am besten für die Bereitstellung von Reporting Services in einem Intranetszenario geeignet. Wenn das Bereitstellungsmodell dagegen Internet- oder Extranetzugriff erfordert, müssen Sie die Windows-Authentifizierung möglicherweise durch ein benutzerdefiniertes Authentifizierungsschema ergänzen oder ersetzen, das mehr Steuerungsmöglichkeiten für Zugriffe externer Benutzer auf den Berichtsserver bietet.

In dieser Version von Reporting Services können Sie die standardmäßige Windows-Sicherheitserweiterung durch eine benutzerdefinierte Sicherheitserweiterung ergänzen oder ersetzen, die Sie erstellen und bereitstellen.

Für die benutzerdefinierte Sicherheit gelten folgende Anforderungen und Empfehlungen:

- Benutzerdefinierte Sicherheitserweiterungen werden in der Enterprise Edition von Reporting Services unterstützt. Die Standard Edition unterstützt benutzerdefinierte Sicherheit nicht.
- Benutzerdefinierte Sicherheit sollte ein Webformular zur Erfassung des Benutzernamens und des Kennwortes umfassen, die dann verarbeitet und gespeichert werden. Sie sollten SSL (Secure Sockets Layer) verwenden, um die sichere Übertragung dieser Informationen zu gewährleisten.
- Für die benutzerdefinierte Sicherheit müssen Sie den Webserver für die Verwendung des anonymen Zugriffs konfigurieren.

Wenn Sie die Unterstützung externer Benutzer ermöglichen möchten, ohne eine benutzerdefinierte Sicherheitserweiterung zu programmieren, können Sie die Windows-Authentifizierung oder Microsoft Active Directory verwenden.

Im Folgenden werden alternative Konzepte beschrieben, mit denen Sie dieses Szenario umsetzen können:

- Erstellen Sie ein Domänenbenutzerkonto, das nur schreibgeschützte Berechtigungen auf niedriger Ebene aufweist. Dieses Konto benötigt Zugriff auf den Computer, der den Berichtsserver hostet.
- Erstellen Sie Rollenzuweisungen, die das Benutzerkonto bestimmten Elementen in der Ordnerhierarchie des Berichtsservers zuordnen. Sie können den Zugriff auf schreibgeschützte Vorgänge beschränken, indem Sie die vordefinierte *Browser*-Rolle für die Rollenzuweisung auswählen.
- Konfigurieren Sie für Datenquellenverbindungen die integrierte Sicherheit von Windows NT, falls Sie unter Verwendung des Sicherheitskontextes des Benutzers auf eine Datenquelle zugreifen möchten. Alternativ können Sie gespeicherte Anmeldeinformationen verwenden, die ein anderes Benutzerkonto angeben. Diese Vorgehensweise ist sinnvoll, wenn Sie die externe Datenquelle mithilfe eines Kontos abfragen möchten, das sich von dem Konto unterscheidet, das den Zugriff auf den Berichtsserver ermöglicht.

Weitere Informationen zum Thema »Datenquellen und ihre Konfiguration« finden Sie in Kapitel 17.

Sicherheit freigegebener Datenquellenelemente

Sie können ein freigegebenes Datenquellenelement absichern, um den Zugriff darauf zu aktivieren bzw. zu deaktivieren.

Zum Festlegen der Sicherheit erstellen Sie eine Rollenzuweisung, die angibt, welches Benutzer- oder Gruppenkonto Zugriff auf die freigegebene Datenquelle hat. Benutzer mit Zugriff auf ein freigegebenes Datenquellenelement können dessen Namen, Beschreibung, Verbindungszeichenfolge oder Anmeldeinformationen ändern.

Ein Benutzer mit dem Mindestzugriffsrecht auf eine freigegebene Datenquelle (z.B. der Zugriff über die *Browser*-Rolle) kann die Liste der Berichte anzeigen, die die Datenquelle verwenden, vorausgesetzt der Benutzer hat auch die Berechtigung zum Anzeigen der Berichte selbst.

Ein Benutzer mit zusätzlichen Zugriffsrechten (z.B. über die *Inhalts-Manager*-Rolle) kann Eigenschaften für die freigegebene Datenquelle anzeigen und festlegen.

Beachten Sie beim Erstellen von Rollenzuweisungen für freigegebene Datenquellen die in Tabelle 16.4 aufgeführten Aufgaben.

Verwendete Aufgabe	Für den Zugriff der Benutzer auf folgende Elemente
Datenquellen anzeigen	Benutzer können mit dieser Aufgabe ein freigegebenes Datenquellenelement in der Ordnerhierarchie anzeigen. Ohne diese Aufgabe wissen diese möglicherweise nicht, dass eine Datenquelle verfügbar ist.
Datenquellen verwalten	Mittels dieser Aufgabe haben Benutzer Zugriff auf die Eigenschaftenseite *Allgemein*, die den Namen, die Beschreibung und die Verbindungsinformationen enthält. Mit dieser Aufgabe wird ein freigegebenes Datenquellenelement auch in der Ordnerhierarchie angezeigt. Wenn für Benutzer diese Aufgabe ausgewählt wird, brauchen diese die Aufgabe *Datenquellen anzeigen* nicht.
Sicherheit für einzelne Elemente festlegen	Mittels dieser Aufgabe haben Benutzer Zugriff auf die Eigenschaftenseite *Sicherheit*. Benutzer, die diese Seite öffnen können, steuern, wie sie und andere Benutzer auf die freigegebene Datenquelle zugreifen. Diese Aufgabe muss zusammen mit *Datenquellen anzeigen* oder *Datenquellen verwalten* verwendet werden. Andernfalls zeigt diese Aufgabe keine Wirkung, weil der Benutzer das Element nicht auswählen kann.

Tabelle 16.4 Wichtige Aufgaben für Rollenzuweisungen für freigegebene Datenquellen

Sicherheit von *Meine Berichte*

Meine Berichte stellt einen vom Benutzer verwalteten Arbeitsbereich zum Arbeiten mit Berichten bereit. Da der Ordner *Meine Berichte* jeweils nur von einem Benutzer verwendet wird, sind im Vergleich zu anderen Ordnern, die zur allgemeinen Verwendung dienen, für den *Meine Berichte*-Ordner weniger restriktive Berechtigungen erforderlich.

Benutzer, die nur die Berechtigung zum Anzeigen und Ausführen von Berichten haben, benötigen erweiterte Berechtigungen, um ihren Ordner *Meine Berichte* und den Inhalt, der ihnen gehört, zu verwalten. Reporting Services enthält für diesen Zweck standardmäßig eine Rollendefinition *Meine Berichte* sowie eine Rollenzuweisung mit selbigem Namen.

Die Rollenzuweisung für *Meine Berichte* enthält vorgefertigte Elemente und wird automatisch für jeden Benutzer erstellt, der einen Ordner *Meine Berichte* aktiviert. Die automatische Zuweisung der Sicherheit durch den Berichtsserver ist besonders hilfreich für Organisationen, die *Meine Berichte* auf breiter Basis verwenden, weil es nicht notwendig ist, dass Administratoren den Zugriff für jeden Benutzer aktivieren.

Eine Rollenzuweisung für *Meine Berichte* setzt sich aus folgenden Bestandteilen zusammen:

- Der *Meine Berichte*-Ordner des Benutzers, der im Ordner »Benutzerordner\{Benutzername}\Meine Berichte« gespeichert ist.
- Dem Benutzerkonto, das beim Aktivieren des Ordners *Meine Berichte* von Reporting Services ermittelt wird. Ein Ordner wird aktiviert, wenn ein Benutzer auf seinen Ordner *Meine Berichte* im Berichts-Manager klickt oder wenn ein Bericht per Berichts-Designer im *Meine Berichte*-Ordner publiziert wird.

  Dieser Ordner wird außerdem aktiviert, wenn ein Benutzer Informationen über den *Meine Abonnements*-Link anfordert.

- Die vordefinierte Definition der *Meine Berichte*-Rolle, die für alle Benutzer identisch ist. Sie umfasst Aufgaben, die die Inhaltsverwaltung eines *Meine Berichte*-Ordners ermöglichen.

  Sie können diese Rolle zwar für eine beliebige Sicherheitsrichtlinie auf Elementebene auswählen, aber davon ist abzuraten, um zu verhindern, dass Sie die Rolle für andere Ordneranforderungen anpassen.

Wenn Sie die *Meine Berichte*-Rolle nur für die Funktionalität von »Meine Berichte« reservieren, trägt dies dazu bei, dass die Benutzer einen einheitlichen Zugriff für ihre *Meine Berichte*-Ordner vorfinden.

Standardmäßig können nur Berichtsserveradministratoren die *Meine Berichte*-Rolle ändern. Diese können die Rolle anpassen, indem sie die darin enthaltenen Aufgaben ändern. Alternativ können Berichtsserveradministratoren diese Rolle durch eine andere ersetzen.

Möchten Sie mehr über die Funktionalität »Meine Berichte« erfahren und wissen, wie diese aktiviert bzw. deaktiviert werden kann, lesen Sie dies in Kapitel 24 nach.

Nachdem Sie nun vieles über das Sicherheitsmodell von Reporting Services erfahren haben, beschäftigt sich das folgende Kapitel mit den Datenquellen und deren Einstellungsmöglichkeiten.

Kapitel 17

Datenquellen

In diesem Kapitel:

Datenquellenvarianten	268
Eigenschaftenseiten für Datenquellen	269
Einstellungen von Datenquellen bearbeiten	278

Was nutzt Ihnen der schönste Bericht, wenn Sie keine Daten haben, um ihn mit Informationen zu füllen? Nicht viel! Daher benötigen Sie Datenquellenverbindungen.

Die Grundlage aller Berichte und Abonnements sind Datenquellen. Sie stellen die Verbindung zu Datenspeichern – typischerweise Server-Datenbanksystemen – dar. Datenquellen verarbeiten die Anmeldeinformationen der Benutzer bzw. reichen sie weiter, wodurch jeder nur den Zugriff auf Daten erhält, für die er eine Berechtigung besitzt.

Der Berichts-Manager dient zur Verwaltung dieser Datenverbindungen.

WICHTIG Die eigentlichen Daten sind in Datasets enthalten, die über Datenquellen befüllt werden.

Sowohl Datasets als auch Datenquellen werden mit dem Berichts-Designer erstellt, wozu Sie nähere Informationen in Kapitel 10 finden.

Datenquellenvarianten

Die Reporting Services bieten zwei Möglichkeiten, um die in Berichten und datengesteuerten Abonnements verwendeten Datenquellen zu definieren:

Berichtsspezifische Datenquellenverbindungen, die direkt in der Berichtsdefinition gespeichert sind, und freigegebene Datenquellenelemente, die am Berichtsserver als eigenständige Elemente vorgehalten werden. Beide sind ähnlich aufgebaut, weshalb sie, wie Sie in diesem Kapitel sehen werden, relativ einfach gegeneinander ausgetauscht werden können. Der Unterschied liegt in der Art und Weise, wie die Verbindungsdaten gespeichert und verwaltet werden.

Darüber hinaus gibt es eine weitere Art von Datenquelle, das so genannte Modell. Es dient dem Berichts-Generator als Datenquelle und verwendet eine freigegebene Datenquelle als Verbindung zu den Daten. Mehr Informationen zu Modellen und dem Berichts-Generator bekommen Sie in Kapitel 21.

HINWEIS Datenquellen enthalten keine Abfrageinformationen. Die Abfrageinformationen sind in Datasets enthalten, die mithilfe der Datenquellen eine Verbindung mit einer Datenbank herstellen.

Die Datenquellen sind im Grunde nur die Verbindung zur Datenquelle und müssten korrekterweise »Datenquellenverbindung« genannt werden.

Die Abfrageinformationen einer Datenquelle, z.B. ein SELECT-Zugriff auf eine Datenbanktabelle, kann nur im Berichts-Designer, nicht im Berichts-Manager erstellt werden.

Wie Sie die Datenquellen mit dem Berichts-Designer erstellen, wird Ihnen in Kapitel 10 erläutert.

Berichtsspezifische Datenquellen

Eine berichtsspezifische Datenquelle bettet die Beschreibung einer Datenquellenverbindung in die Berichtsdefinition ein. Daher kann eine Datenquelle von diesem Typ jeweils nur von einem Bericht verwendet werden.

Sie verwenden eine berichtsspezifische Datenquelle, wenn eine Verbindung nur für einen Bericht benötigt wird und Sie die Datenquelle nach ihrer Publizierung nicht separat verwalten möchten.

Die Verbindungsinformationen sind intern im Bericht oder Abonnement abgelegt – wenn Sie z.B. den XML-Code des Berichts betrachten, werden die Verbindungsinformationen dort angezeigt.

Nach der Publizierung des Berichts wird die Datenquelle als Teil der Eigenschaften für den Bericht verwaltet.

Wie Sie berichtsspezifische Datenquellen einrichten bzw. verwalten können, erfahren Sie im Abschnitt »Eigenschaftenseite für berichtsspezifische Datenquellen« weiter hinten, ein Beispiel dazu im Abschnitt »Eine berichtsspezifische Verbindung zur Datenquelle einrichten«, ebenfalls weiter hinten.

Freigegebene Datenquellen

Eine freigegebene Datenquelle ist ein eigenständiges Element, das eine Datenquellenverbindung beschreibt und Verbindungsinformationen für mehrere Berichte bereitstellt.

Eine freigegebene Datenquelle kann separat erstellt und verwaltet werden.

Das Symbol ❖ bezeichnet ein freigegebenes Datenquellenelement in der Ordnerhierarchie.

Sie können eine freigegebene Datenquelle in andere Ordner verschieben, sie umbenennen und die Sicherheit festlegen, wodurch Sie den Zugriff auf verschiedene Weise definieren können.

Freigegebene Datenquellen sind hilfreich, wenn sie mehrfach verwendet werden sollen. Dies gilt beispielsweise für Datenquellen, die eine Verbindung zu

- einem Produktionsserver zur Unterstützung von Geschäftsabläufen,
- einem häufig verwendeten Testserver oder
- einer Mitarbeiterdatenbank zur Unterstützung von datengesteuerten Abonnements

bereitstellen.

Die Anpassung an Änderungen, die an der Datenquelle vorzunehmen sind, wird durch die Verwendung einer freigegebenen Datenquelle vereinfacht. Wenn Sie z.B. die Datenbank verschieben, umbenennen oder den Anmeldenamen für die Datenbank ändern, müssen Sie die Verbindungszeichenfolge nicht in jedem Bericht, sondern nur einmalig in der freigegebenen Datenquelle ändern, damit alle Berichte und Abonnements, die diese Datenquelle verwenden, mit den neuen Verbindungsdaten arbeiten.

Darüber hinaus können Sie ein freigegebenes Datenquellenelement deaktivieren, um die Berichtsverarbeitung zu verhindern.

Welche Einstellungen Sie für freigegebene Datenquellen vornehmen können, wird im Abschnitt »Eigenschaftenseite *Allgemein* für freigegebene Datenquellen« weiter hinten erläutert.

Der folgende Abschnitt erläutert Ihnen die Eigenschaftenseiten der beiden Datenquellenvarianten.

Eigenschaftenseiten für Datenquellen

Die Eigenschaftenseiten für Datenquellen stellen im Wesentlichen zwei Bereiche von Einstellungsmöglichkeiten pro Verbindung zur Verfügung. Eine Verbindungsdefinition beginnt mit dem Namen der Verbindung. Im ersten Bereich, direkt darunter, können die Einstellungen der Datenquellenverbindung festgelegt werden. Die Anmeldeart wird im zweiten, unteren Bereich der Verbindungsdefinition festgelegt, welcher mit *Verbindung herstellen über* beginnt.

Im Folgenden werden diese Bereiche beschrieben.

Eigenschaftenseite für berichtsspezifische Datenquellen

Über die Eigenschaftenseite *Datenquellen* von Berichten können Sie definieren, wie eine Verbindung zu einer externen Datenquelle herstellt wird, also auch die ursprünglich mit dem Bericht publizierten Informationen zur Datenquellenverbindung außer Kraft setzen.

Um zur *Datenquellen*-Eigenschaftenseite eines Berichts zu gelangen, gehen Sie folgendermaßen vor:

1. Öffnen Sie einen Bericht im gestarteten Berichts-Manager, z.B. *Company Sales* aus dem Ordner *AdventureWorks Sample Reports*.
2. Wählen Sie die Registerkarte *Eigenschaften* aus.
3. Klicken Sie im linken Bereich auf *Datenquellen*, um zu deren Eigenschaften zu gelangen (Abbildung 17.1).

Abbildung 17.1 Einstellbare Eigenschaften einer berichtsspezifischen Datenquelle

Sofern mehrere Datenquellen für einen Bericht verwendet werden, hat jede Datenquelle einen eigenen Abschnitt auf der Eigenschaftenseite, wie Sie in Abbildung 17.10 weiter unten sehen können.

Sie können eine freigegebene Datenquelle zur Verwendung im Bericht angeben oder eine berichtsspezifische Datenquellenverbindung definieren, die nur in dem einen Bericht verwendet wird.

Erläuterungen zu den oberen beiden Optionen einer Datenquellenverbindung und deren Einstellungsmöglichkeiten sowie den Schaltflächen der Eigenschaftenseite *Datenquellen* finden Sie in der Tabelle 17.1.

Feld	Beschreibung
Option *Eine freigegebene Datenquelle*	Geben Sie eine freigegebene Datenquelle zur Verwendung im Bericht an.
	Wie Sie eine freigegebene Datenquelle erzeugen, erfahren Sie im Abschnitt »Freigegebene Datenquellen anlegen« weiter hinten in diesem Kapitel.
Durchsuchen	Klicken Sie auf *Durchsuchen*, um die Seite zum Auswählen der Datenquelle zu öffnen, mit deren Hilfe Sie eine freigegebene Datenquelle auswählen können.
	Ein Beispiel, das diese Schaltfläche verwendet, finden Sie im Abschnitt »Einen Bericht mit einer freigegebenen Datenquelle verbinden« weiter hinten in diesem Kapitel.
Option *Eine benutzerdefinierte Datenquelle*	Über diese Option können Sie eine berichtsspezifische Datenquelle einrichten.
	Geben Sie die Art des Verbindungsaufbaus zur Datenquelle an.
Kombinationsfeld *Verbindungstyp*	Wählen Sie eine Datenverarbeitungserweiterung aus, die Daten aus der Datenquelle holt.
	In der Liste werden alle registrierten Erweiterungen aufgeführt.
	Zur Standardinstallation des Berichtsservers gehören Datenverarbeitungserweiterungen für SQL Server, SQL Server Analysis Services, Oracle, OLE DB, ODBC und XML.
	Sofern am Berichtsserver Datenverarbeitungserweiterungen von Drittanbietern oder selbstentwickelte Erweiterungen installiert sind, werden diese ebenfalls in der Liste aufgeführt.
	Weitere Informationen zum Programmieren eigener Datenverarbeitungserweiterungen finden Sie in Kapitel 30.
Textfeld *Verbindungszeichenfolge*	Geben Sie die Verbindungszeichenfolge an, die vom Berichtsserver zum Herstellen der Verbindung zur Datenquelle verwendet wird.
	Inhalt und Syntax hängen vom jeweiligen Datenprovider ab. Weitere Informationen dazu finden Sie in Kapitel 10.
	Beispiele zu häufig verwendeten Verbindungszeichenfolgen finden Sie im Abschnitt »Beispiele für Verbindungszeichenfolgen« weiter hinten in diesem Kapitel.
	Das Beispiel im Abschnitt »Eine berichtsspezifische Verbindung zur Datenquelle einrichten« weiter hinten in diesem Kapitel nutzt eine Verbindungszeichenfolge für eine Datenquellenverbindung.
Anwenden	Klicken Sie auf *Anwenden*, um Änderungen zu speichern.
	Achtung, Sie erhalten keine Bestätigung, ob die Änderungen erfolgreich durchgeführt wurden. Dies können Sie nur feststellen, indem Sie auf die *Inhalt*-Seite des Ordners wechseln, in dem sich die Datenquelle befindet, und dort überprüfen, ob in der *Geändert am*-Spalte, welche nur in der Detailansicht zu sehen ist, das aktuelle Datum und die aktuelle Uhrzeit angezeigt werden.
	Wie Sie die Detailansicht aktivieren, wird in Kapitel 15 erklärt.

Tabelle 17.1 Einstellungsmöglichkeiten für berichtsspezifische Datenquellen

Erläuterungen zum Bereich *Verbindung herstellen über*, in dem Sie bestimmen, wie Anmeldeinformationen abgerufen werden, erhalten Sie im Abschnitt »Anmeldeinformationen für Datenquellen« weiter hinten in diesem Kapitel.

Eigenschaftenseite *Allgemein* für freigegebene Datenquellen

Auf der *Allgemein*-Eigenschaftenseite für freigegebene Datenquellen können Sie deren Verbindungsinformationen anzeigen und ändern.

Freigegebene Datenquellen unterscheiden sich nur in wenigen Punkten von berichtsspezifischen Datenquellen.

Kapitel 17: Datenquellen

Um zur *Allgemein*-Eigenschaftenseite einer Datenquelle zu gelangen, gehen Sie folgendermaßen vor:
1. Öffnen Sie eine Datenquelle im gestarteten Berichts-Manager, z.B. *AdventureWorks* aus dem Ordner *Data Sources*.
2. Wählen Sie die Registerkarte *Eigenschaften* aus.
3. Klicken Sie im linken Bereich auf *Allgemein*, um zu deren Eigenschaften zu gelangen (Abbildung 17.2).

Abbildung 17.2   Einstellbare Eigenschaften einer freigegebenen Datenquelle

Erläuterungen zu den oberen Elementen sowie den Schaltflächen dieser Seite finden Sie in der Tabelle 17.2.

Feld	Beschreibung
Textfeld *Name*	Geben Sie den Namen der Datenquelle ein oder ändern ihn.
Textfeld *Beschreibung*	Die Beschreibung der Datenquelle geben Sie hier ein. Sie wird auf der *Inhalt*-Seite angezeigt.
Kontrollkästchen *In Listenfeld ausblenden*	Aktivieren oder deaktivieren Sie das Kontrollkästchen, um festzulegen, ob die Datenquelle in der Standardansicht angezeigt wird. Weitere Informationen, wie Sie mit diesem Kontrollkästchen arbeiten, erhalten Sie in Kapitel 15.
Kontrollkästchen *Diese Datenquelle aktivieren*	Deaktivieren Sie das Kontrollkästchen, um den Datenquellenzugriff – typischerweise während Wartungsarbeiten am Datenbankserver – zu sperren. Aktivieren Sie das Kontrollkästchen, wenn die Datenquelle einsatzbereit ist.
Kombinationsfeld *Verbindungstyp*	Hier gilt die Beschreibung des gleichnamigen Feldes aus Tabelle 17.1 weiter oben.

Tabelle 17.2   Allgemeine Einstellungen für Datenquellen

Eigenschaftenseiten für Datenquellen

Feld	Beschreibung
Textfeld *Verbindungszeichenfolge*	Hier gilt die Beschreibung des gleichnamigen Feldes aus Tabelle 17.1 weiter oben. Das Beispiel zur Verbindungszeichenfolge finden Sie im Abschnitt »Freigegebene Datenquellen anlegen« weiter hinten in diesem Kapitel.
Anwenden	Hier gilt die Beschreibung des gleichnamigen Feldes aus Tabelle 17.1 weiter oben.
Verschieben	Klicken Sie auf *Verschieben*, um eine Datenquelle in einen anderen Ordner zu verschieben.
Modell generieren	Klicken Sie auf *Modell generieren*, um von der freigegebenen Datenquelle ein Modell zu erstellen, welches als Datengrundlage für den Berichts-Generator dient. Mehr zu diesem Thema finden Sie in Kapitel 21.
Löschen	Klicken Sie auf *Löschen*, um eine Datenquelle zu entfernen. Im Abschnitt »Löschen einer freigegebenen Datenquelle« weiter hinten in diesem Kapitel finden Sie ein Beispiel dazu.

Tabelle 17.2 Allgemeine Einstellungen für Datenquellen *(Fortsetzung)*

> **HINWEIS** Falls Sie eine freigegebene Datenquelle über *Name* umbenennen oder mittels *Verschieben* in einen anderen Speicherort in der Ordnerhierarchie des Berichtsservers verschieben, werden die Pfadangaben in allen Berichten oder Abonnements, die auf die freigegebene Datenquelle verweisen, automatisch entsprechend aktualisiert.

Erklärungen zum Bereich *Verbindung herstellen über*, der darüber bestimmt, wie Anmeldeinformationen abgerufen werden, erhalten Sie im Abschnitt »Anmeldeinformationen für Datenquellen« weiter hinten in diesem Kapitel.

Beispiele für Verbindungszeichenfolgen

Eine Verbindungszeichenfolge enthält die Informationen, die der Berichtsserver benötigt, um eine Verbindung zu einer Datenquelle aufbauen zu können. Sie ist neben den Anmeldeinformationen das zentrale Element des Verbindungsaufbaus. Die Syntax der Verbindungszeichenfolge hängt davon ab, welcher Provider für die Datenquelle verwendet wird.

Typische Verbindungszeichenfolgen zu weit verbreiteten Datenbankservertypen sind:

- SQL Server: Wählen Sie den Verbindungstyp *Microsoft SQL Server*. Eine Verbindungszeichenfolge für die *AdventureWorks*-Datenbank auf einer lokalen SQL Server-Standardinstanz sieht dann folgendermaßen aus:

```
data source=localhost;initial catalog=AdventureWorks
```

- Analysis Services: Wählen Sie den Verbindungstyp *OLE DB*. Eine Verbindungszeichenfolge für die *Adventure Works DW*-Datenbank auf einem lokalen Server mit Analysis Services sieht wie folgt aus:

```
Provider=MSOLAP.2;Data Source=localhost;Initial Catalog="Adventure Works DW"
```

- Oracle-Server: Wählen Sie den Verbindungstyp *Oracle*.

> **HINWEIS** Um eine Verbindung mit einer Oracle-Datenbank herstellen zu können, müssen auf dem Computer mit dem Berichts-Designer und auf dem Berichtsserver die Oracle-Clienttools installiert sein.

Eine Verbindungszeichenfolge für einen Oracle-Server mit dem Namen *myserver* sieht so aus:

```
Data Source=myserver
```

- XML kann ebenfalls als Datenquelle dienen. Dabei wird eine URL als Referenz zu einem Web Service oder XML-Dokument verwendet.

```
http://adventure-works.com/results.aspx
http://localhost/default.xml
```

Sie können mit *OLE DB* und *ODBC* auch Verbindungen mit anderen Datenquellen herstellen. Beispielsweise lässt sich eine Verbindung mit dem lokalen Active Directory herstellen, indem Sie den *OLE DB*-Verbindungstyp angeben und den »OLE DB Provider für Microsoft Directory Services« auswählen.

Weitere Informationen zu Verbindungszeichenfolgen finden Sie in Kapitel 10 sowie in der Onlinehilfe zum SQL Server 2005 bzw. Visual Studio 2005.

Ohne Informationen zur Anmeldung an Datenquellen können Berichte keine Daten erhalten, um diese aufzubereiten. Die Einstellungsmöglichkeiten für Anmeldeinformationen auf den Eigenschaftenseiten von berichtsspezifischen und freigegebenen Datenquellen sind identisch.

Der nächste Abschnitt befasst sich mit deren Einstellungsmöglichkeiten.

Anmeldeinformationen für Datenquellen

Um auf Datenquellen zugreifen zu können, müssen Sie sich in der Regel an diesen anmelden.

Reporting Services unterstützt hierfür verschiedene Anmeldearten, welche mittels einer Optionengruppe eingestellt werden, die in Tabelle 17.3 beschrieben ist.

Feld	Beschreibung
Option *Bereitgestellte Anmeldeinformationen vom Benutzer, der den Bericht ausführt*	Wählen Sie diese Option, damit jeder Benutzer einen Benutzernamen und ein Kennwort für den Zugriff auf die Datenquelle eingeben muss.
	Sie können den Text der Eingabeaufforderung definieren, in der die Benutzeranmeldeinformationen angefordert werden, indem Sie diesen in das Textfeld zu dieser Option eingeben.
	Aktivieren Sie das Kontrollkästchen *Beim Herstellen einer Verbindung mit der Datenquelle als Windows-Anmeldeinformationen verwenden*, wenn es sich bei den durch den Benutzer bereitgestellten Informationen um Anmeldeinformationen der Windows-Authentifizierung handelt.
	Lassen Sie dieses Kontrollkästchen deaktiviert, wenn Sie die Datenbankauthentifizierung (z.B. die SQL Server-Authentifizierung) verwenden.

Tabelle 17.3 Einstellungsmöglichkeiten der Anmeldeinformation für Datenquellen

Eigenschaftenseiten für Datenquellen

Feld	Beschreibung
Option *Anmeldeinformationen, die sicher im Berichtsserver gespeichert sind*	Wählen Sie diese Option aus, um einen Bericht unbeaufsichtigt ausführen zu können, was erforderlich ist z.B. für Berichte, deren Ausführung durch Zeitpläne oder durch Ereignisse initiiert wird. Geben Sie in den dazugehörigen Textfeldern einen Benutzernamen und ein Kennwort ein, die verschlüsselt in der Berichtsserver-Datenbank gespeichert werden sollen. Aktivieren Sie das Kontrollkästchen *Beim Herstellen einer Verbindung mit der Datenquelle als Windows-Anmeldeinformationen verwenden*, wenn es sich bei den Informationen um Anmeldeinformationen der Windows-Authentifizierung handelt. Lassen Sie dieses Kontrollkästchen deaktiviert, wenn Sie die Datenbankauthentifizierung (z.B. die SQL Server-Authentifizierung) verwenden. Aktivieren Sie das Kontrollkästchen *Die Identität des authentifizierten Benutzers annehmen, nachdem eine Verbindung zur Datenquelle hergestellt wurde*, um die Delegierung von Anmeldeinformationen zuzulassen. Dies ist jedoch nur dann möglich, wenn eine Datenquelle den Identitätswechsel unterstützt. In SQL Server-Datenbanken wird durch diese Option die SETUSER-Funktion festgelegt.
Option *Integrierte Sicherheit von Windows*	Wählen Sie diese Option, wenn die für den Zugriff auf die Datenquelle verwendeten Anmeldeinformationen mit denen übereinstimmen, die zum Anmelden an der Netzwerkdomäne verwendet werden. Die Windows-Authentifizierungsinformationen des angemeldeten Benutzers werden dann vom Berichtsserver automatisch zur Anmeldung an der Datenquelle verwendet. Das Verwenden dieser Option empfiehlt sich, wenn Kerberos[1] für die Domäne aktiviert ist oder wenn sich die Datenquelle auf demselben Computer wie der Berichtsserver befindet. Sofern Sie Kerberos in Ihrem Firmennetzwerk nicht aktiviert haben, können die Windows-Anmeldeinformationen maximal an einen anderen Computer weitergegeben werden. Muss die so erreichte Datenquelle mit weiteren Datenquellen auf anderen Computern eine oder mehrere Verbindungen öffnen, wird eine Fehlermeldung statt der erwarteten Daten zurückgegeben. Wie Sie Kerberos für Ihr Firmennetz aktivieren und nutzen, entnehmen Sie bitte den Knowledge Base-Seiten von Microsoft im Internet. Verwenden Sie diese Option nicht für unbeaufsichtigt ausgeführte Berichte bzw. Berichte, die für Abonnements genutzt werden. Der Berichtsserver initiiert das Ausführen von solchen Berichten, wodurch Ihre Anmeldeinformationen zum Zeitpunkt der Ausführung nicht vorhanden sind. Die Anmeldeinformationen des Berichtsservers, mit denen auf die Berichtsserver-Datenbank zugegriffen wird, können nicht für den Zugriff auf externe Datenquellen verwendet werden.
Option *Anmeldeinformationen sind nicht erforderlich*	Wählen Sie diese Option, wenn keine Anmeldeinformationen für den Zugriff auf die Datenquelle erforderlich sind. Beachten Sie, dass das Anwenden dieser Option zu einem Fehler führt, wenn für eine Datenquelle eine Benutzeranmeldung erforderlich ist. Sie sollten diese Option also nur auswählen, wenn für die Datenquellenverbindung keine Benutzeranmeldeinformationen erforderlich sind. Wenn Sie für eine Datenquelle keine Verwendung von Anmeldeinformationen konfigurieren, der Bericht, der diese Datenquelle verwendet, aber Abonnements, einen geplanten Berichtsverlauf oder die geplante Berichtsausführung unterstützen soll, müssen Sie zusätzliche Schritte ausführen. Andernfalls führt diese Art der Berichtsbenutzung ebenfalls zu einem Fehler. Für diese Fälle können Sie die Anmeldeinformationen in die Verbindungszeichenfolge übernehmen, was jedoch aus Sicherheitsgründen nicht zu empfehlen ist Sie können sich aber auch ein Konto mit geringfügigen Berechtigungen erstellen, das der Berichtsserver zum Ausführen des Berichts verwendet. Dieses Konto wird anstelle des Dienstkontos verwendet, unter dem der Berichtsserver normalerweise ausgeführt wird. Für Remoteserver-Verbindungen bei dieser Option müssen Sie solch ein Konto in jedem Fall einrichten. Weitere Informationen zu diesem Konto finden Sie im Abschnitt »Konfigurieren eines Kontos für die unbeaufsichtigte Berichtsverarbeitung« weiter hinten in diesem Kapitel.

Tabelle 17.3 Einstellungsmöglichkeiten der Anmeldeinformation für Datenquellen *(Fortsetzung)*

---

[1] Kerberos ist ein Netzwerk-Authentifizierungsprotokoll, das vom MIT (Massachusetts Institute of Technology) entwickelt wurde und zum Lieferumfang, nicht aber zur Standardinstallation der Windows-Betriebssysteme gehört. Es ist konzipiert, um Authentifizierungen für Client/Server-Anwendungen mittels der geheimen Schlüssel-Kryptografie durchzuführen.

ACHTUNG Falls die Verbindungszeichenfolge Anmeldeinformationen enthält, werden die über die in Tabelle 17.3 beschriebenen Felder festgelegten Einstellungen und Werte ignoriert.

Beachten Sie, dass die Angabe der Anmeldeinformationen in der Verbindungszeichenfolge ein Sicherheitsrisiko darstellt und somit wenig empfehlenswert ist, da die Werte allen Benutzern, die diese Seite besuchen, im Klartext angezeigt werden.

Wie Sie die Verbindungszeichenfolgen einrichten, erfahren Sie im Abschnitt »Einstellungen von Datenquellen bearbeiten« in diesem Kapitel.

Bewährte Methoden zum Authentifizieren von Server- und Datenquellenverbindungen

Reporting Services verwendet typischerweise die *Integrierte Sicherheit von Windows* zum Authentifizieren von Benutzern. In der Regel können bei einer Verbindung zwischen zwei Computern Windows-Anmeldeinformationen für eine Verbindung verwendet werden (d. h. sie können einmal an einen anderen Computer weitergeleitet werden).

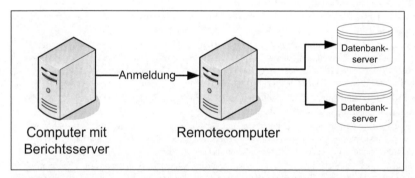

Abbildung 17.3 Für Datenbankanfragen über einen Remotecomputer ist zur Anmeldung eine besondere Strategie nötig

Falls Verbindungen zwischen Benutzern, einem Berichtsserver und externen Datenquellen zwei oder mehr Computerverbindungen erfordern, müssen Sie eine oder mehrere der folgenden Strategien verwenden, damit die Verbindungen erfolgreich hergestellt werden (Abbildung 17.3).

- Aktivieren Sie Kerberos, damit Anmeldeinformationen unbeschränkt an andere Computer delegiert werden können.

    Wie Sie Kerberos für Ihr Firmennetz aktivieren und nutzen, entnehmen Sie bitte den Knowledge Base-Seiten von Microsoft im Internet.

- Verwenden Sie die SQL Server-Authentifizierung, um eine Verbindung zwischen einem Berichtsserver und einer Berichtsserver-Datenbank herzustellen.

    Für Berichte, die Daten aus einer SQL Server-Datenbank abrufen, konfigurieren Sie für die Datenquelle des Berichts die Verwendung der SQL Server-Authentifizierung zum Anmelden bei SQL Server.

    Wie Sie die SQL Server-Authentifizierung nutzen, entnehmen Sie bitte der Online-Hilfe oder dem Handbuch zum SQL Server 2005.

- Verwenden Sie gespeicherte Anmeldeinformationen oder eine Aufforderung zur Eingabe von Anmeldeinformationen, um externe Datenquellen für Berichtsdaten abzufragen.

Ob zusätzliche Ausführungsmechanismen eines Berichts, wie Zeitpläne, Abonnements oder die Berichtsausführung, verfügbar sind, hängt davon ab, wie Sie die Anmeldeinformationen angeben. Für jeden Bericht, der z.B. gemäß einem Zeitplan ausgeführt wird, müssen gespeicherte Anmeldeinformationen verwendet werden.

WICHTIG Gespeicherte Anmeldeinformationen gelten für alle Benutzer, die auf einen Bericht zugreifen.
Wenn Sie also z.B. Ihren Benutzernamen und Ihr Kennwort als gespeicherte Anmeldeinformationen bereitstellen, verwenden alle Benutzer, die den Bericht ausführen, Ihre Anmeldeinformationen.

Konfigurieren eines Kontos für die unbeaufsichtigte Berichtsverarbeitung

Sofern Sie die Option *Anmeldeinformationen sind nicht erforderlich* der *Datenquellen*-Eigenschaftenseite verwenden möchten, müssen Sie ein spezielles Konto für die unbeaufsichtigte Berichtsverarbeitung konfigurieren, wenn

- die Unterstützung von Abonnements,
- die Generierung von geplanten Berichtsverläufen oder
- geplante Aktualisierungen eines Snapshots zur Berichtsausführung

ermöglicht werden sollen. Dieses Konto wird für spezielle Berichte verwendet, die keine Anmeldeinformationen verwenden, was bei den meisten Berichten in der Regel nicht der Fall ist.

WICHTIG Falls alle Ihre Berichte Anmeldeinformationen (gespeicherte Anmeldeinformationen, integrierte Windows-Sicherheit oder Eingabeaufforderung für Anmeldeinformationen) für den Zugriff auf eine Datenquelle verwenden, müssen Sie kein spezielles Konto für den Zugriff ohne Anmeldeinformationen konfigurieren.

Normalerweise verwenden Berichte, die die unbeaufsichtigte Berichtsverarbeitung unterstützen, gespeicherte Anmeldeinformationen, die als Datenquelleneigenschaften angegeben werden. Diese Anmeldeinformationen werden als verschlüsselte Werte in der Berichtsserver-Datenbank gespeichert. Bei den gespeicherten Anmeldeinformationen kann es sich um Windows-Anmeldeinformationen oder einen Datenbankserver-Benutzernamen handeln.

Diese gespeicherten Anmeldeinformationen verwendet der Berichtsserver, wenn ein Berichtsprozess durch z.B. einen Zeitplan oder ein Abonnement ausgelöst wird. Anhand der Anmeldeinformationen erfolgt dann der Zugriff auf die Datenquelle, welche die Daten für den Bericht bereitstellt.

Für Berichte, die keine Anmeldeinformationen verwenden, müssen Sie Kontoinformationen eingeben, mit denen der Berichtsserver eine Verbindung zum Computer herstellen kann, der die Remotedatenquelle[1] hostet (Abbildung 17.3 weiter oben).

Das Konto wird in der Datei *RSReportServer.config* angegeben. Da die Kontoinformationen verschlüsselt sind, müssen Sie mit dem Dienstprogramm *RSConfig* den Benutzernamen, das Kennwort und die Domäne festlegen. Erst wenn Sie dieses Konto angegeben haben, wird die Option *Anmeldeinformationen sind nicht erforderlich* für Berichte unterstützt.

Verwenden Sie das Argument -e von *RSConfig*, um das Konto anzugeben. Dadurch schreibt das Dienstprogramm die Kontoinformationen verschlüsselt in die Konfigurationsdatei. Sie müssen keinen Pfad zur Datei *RSReportServer.config* angeben.

---

[1] Eine Datenquelle, die nur mittels eines anderen Computers erreicht werden kann, der wiederum die Verbindung zur eigentlichen Datenquelle aufbaut.

Um ein Domänenkonto zu erstellen, das nur Zugriff auf Computer und Server hat, die Daten oder Dienste für einen Berichtsserver bereitstellen, gehen Sie folgendermaßen vor:

1. Öffnen Sie eine Eingabeaufforderung, indem Sie *Start/Ausführen* wählen, **cmd** in das Textfeld eingeben und *OK* klicken.
2. Geben Sie den folgenden Befehl zum Konfigurieren des Kontos ein:

```
rsconfig -e -m {Computername} -s {SqlServer-Name} -u {Domäne}/{Benutzername} -p {Kennwort}
```

HINWEIS   Sie können die Argumente -m und -s weglassen, wenn Sie eine lokale Berichtsserverinstanz konfigurieren.

3. Drücken Sie die ⏎-Taste, um den Befehl auszuführen. Sie erhalten die in Abbildung 17.4 gezeigte Meldung.

Abbildung 17.4   Einstellungen am Berichtsserver über die Windows-Eingabeaufforderung

4. Schließen Sie die Eingabeaufforderung wieder.

Sie haben nun ein Konto eingerichtet, welches Ihnen ermöglicht, für Berichte mit Datenquellen, die keine Anmeldeinformationen benötigen, unbeaufsichtigte Berichtsverarbeitungen durchzuführen.

Wie Sie die Einstellmöglichkeiten der Eigenschaftenseiten für berichtsspezifische bzw. freigegebene Datenquellen nutzen können, zeigt Ihnen der nächste Abschnitt.

Einstellungen von Datenquellen bearbeiten

Anhand von einigen Beispielen werden Ihnen in diesem Abschnitt die verschiedenen Möglichkeiten für Datenquellenverbindungen näher gebracht.

Eine berichtsspezifische Verbindung zur Datenquelle einrichten

Für einen Bericht soll eine berichtsspezifische Datenquelle eingerichtet werden. Dies ist sinnvoll, wenn ein Bericht einen Datenzugriff benötigt, der in keinem anderen Bericht wieder verwendet werden soll.

Um eine berichtsspezifische Datenquelle, die mit integrierter Windows-Sicherheit zugreift, einzurichten, gehen Sie folgendermaßen vor:

1. Öffnen Sie einen Bericht im gestarteten Berichts-Manager, z.B. *Company Sales* aus dem Ordner *AdventureWorks Sample Reports*.
2. Wählen Sie die Registerkarte *Eigenschaften* aus.
3. Klicken Sie im linken Bereich auf *Datenquellen*, um zu deren Eigenschaften zu gelangen.

Einstellungen von Datenquellen bearbeiten

4. Um eine berichtsspezifische Datenquellenverbindung einzurichten, wählen Sie die Option *Eine benutzerdefinierte Datenquelle*.
5. Stellen Sie den *Verbindungstyp* auf *Microsoft SQL Server*.
6. Geben Sie die Verbindungszeichenfolge an, die vom Berichtsserver zum Herstellen der Verbindung zur Datenquelle verwendet werden soll. Um zum Beispiel eine Verbindung zur SQL Server-Datenbank *AdventureWorks* herzustellen, geben Sie **data source={Name der SQL Server Instanz};initial catalog=AdventureWorks** ein.

HINWEIS Einen kurzen Überblick über typische Verbindungszeichenfolgen erhalten Sie im Abschnitt »Beispiele für Verbindungszeichenfolgen« weiter vorne in diesem Kapitel.

Eine genauere Erläuterung, welche Verbindungstypen es für den Berichtsserver gibt oder wie eine Verbindungszeichenfolge aufgebaut sein muss, erhalten Sie in Kapitel 10.

TIPP Sofern sich der Berichtsserver und der SQL Server auf dem gleichen Computer befinden, können Sie anstatt des Namens der SQL Server-Instanz auch **localhost** schreiben. Somit würde die vollständige Verbindungszeichenfolge **data source=localhost;initial catalog=AdventureWorks** lauten.

7. Wählen Sie die Option *Integrierte Sicherheit von Windows*.
8. Bestätigen Sie per Klick auf *Anwenden* Ihre Änderungen.

ACHTUNG Warten Sie nach dem Klicken von *Anwenden* unbedingt, bis die Änderungen übernommen wurden. Sollten Sie vorher auf eine andere Seite des Berichts-Managers wechseln, gehen Ihre Eingaben verloren und der vorherige Stand der Datenquellenverbindung bleibt erhalten.

Abbildung 17.5 Die Änderungen von Eigenschaften eines Berichts werden gespeichert

Sie müssen warten, bis die aktuelle Seite des Browsers erneut aufgebaut wurde und in der Statusleiste *Fertig* angezeigt wird. Während der Speicherung bzw. des erneuten Aufbaus zeigt die Statusleiste den Fortschritt an (Abbildung 17.5).

9. Holen Sie die Registerkarte *Anzeigen* in den Vordergrund, um zu testen, ob die Anzeige des Berichts wie gewohnt funktioniert, und damit sichergestellt ist, dass die Änderungen der Datenquellenverbindung keine Fehler verursachen.

ACHTUNG Wenn Sie alle Angaben für die Datenquellenverbindung korrekt eingepflegt haben und es dennoch zu Fehlern bei der Datenquellenverbindung kommt, liegt es häufig daran, dass der Bericht im unbeaufsichtigten Modus ausführbar sein muss.

In solchen Fällen empfiehlt es sich, den Bericht auf eine freigegebene Datenquelle zugreifen zu lassen. Innerhalb der freigegebenen Datenquelle ist die Anmeldeoption *Anmeldeinformationen, die sicher im Berichtsserver gespeichert sind* zu wählen und durch Angabe von Benutzerdaten in den dazugehörigen Textfeldern die Anmeldeinformationen auf dem Berichtsserver verschlüsselt zu speichern.

Der Bericht, z.B. *Company Sales*, wird ohne Unterschied zum Livebericht für den Benutzer angezeigt.

Anmeldeinformationen bei Berichtsausführung abfragen

Die Anmeldeinformationen erst bei der Ausführung eines Berichts abzufragen kann aus folgenden Gründen sinnvoll sein:

- Wenn sich die Zugriffrechte von Benutzern auf eine Datenquelle häufiger ändern und/oder Sie keinen direkten Zugriff auf den Datenbankserver haben. Welche Zugriffsrechte der jeweilige Nutzer dann wirklich hat, hängt davon ab, was der Administrator des Datenbankservers eingestellt hat.
- Auf einer Datenquelle, für die Sie keine Rechte besitzen, haben Sie nur einen Benutzer und das dazugehörige Kennwort zugeteilt bekommen. Diese Kennung können nun ausgewählte Mitarbeiter Ihrer Abteilung nutzen.
- Durch diese Anmeldeart wird den Benutzern die Sensibilität der Daten ebenfalls verdeutlicht.

Gehen Sie folgendermaßen vor, um diese Variante der Anmeldung einzurichten:

1. Öffnen Sie einen Bericht mit berichtsspezifischer Datenquellenverbindung im gestarteten Berichts-Manager, z.B. *Company Sales* aus dem Ordner *AdventureWorks Sample Reports* mit den im Abschnitt »Eine berichtsspezifische Verbindung zur Datenquelle einrichten« weiter vorne in diesem Kapitel vorgenommen Änderungen.
2. Wählen Sie die Registerkarte *Eigenschaften*.
3. Klicken Sie im linken Bereich auf *Datenquellen*, um zu deren Eigenschaften zu gelangen.
4. Wählen Sie für *Verbindung herstellen über* die Option *Bereitgestellte Anmeldeinformationen vom Benutzer, der den Bericht ausführt*.
5. In dem dazugehörigen Textfeld geben Sie eine Anweisung an den Benutzer ein, z.B. **Benutzername und Kennwort:**.
6. Aktivieren Sie das Kontrollkästchen *Beim Herstellen einer Verbindung mit der Datenquelle als Windows-Anmeldeinformationen verwenden*, damit die Anmeldeinformationen an die Datenquelle weitergereicht werden.
7. Bestätigen Sie Ihre Änderungen mit *Anwenden*. Damit ist die Konfiguration abgeschlossen.
8. Um die neue Konfiguration zu testen, wechseln Sie zur Registerkarte *Anzeigen*. Sie werden zur Eingabe der Anmeldeinformationen für die Datenquelle aufgefordert (Abbildung 17.6).

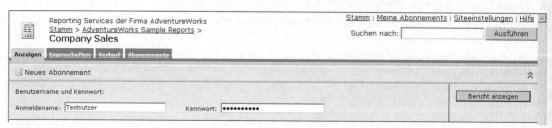

Abbildung 17.6 Bevor ein Bericht eingesehen werden kann, muss der Benutzer seine Anmeldeinformationen eingeben

9. Geben Sie den Benutzernamen sowie das Kennwort ein und klicken Sie auf *Bericht anzeigen*.

Freigegebene Datenquellen anlegen

Immer, wenn mehrere Berichte die gleichen Datenbankzugriffe verwenden, lohnt es sich, zu erwägen, diese auf eine freigegebene Datenquelle umzustellen, da dadurch die Wartbarkeit vereinfacht wird.

Für diese Umstellung muss eine freigegebene Datenquelle zur Verfügung stehen. Um eine solche Datenquellenverbindung für den Zugriff auf eine Datenbank einzurichten, wird die Seite *Neue Datenquelle* verwendet (Abbildung 17.7).

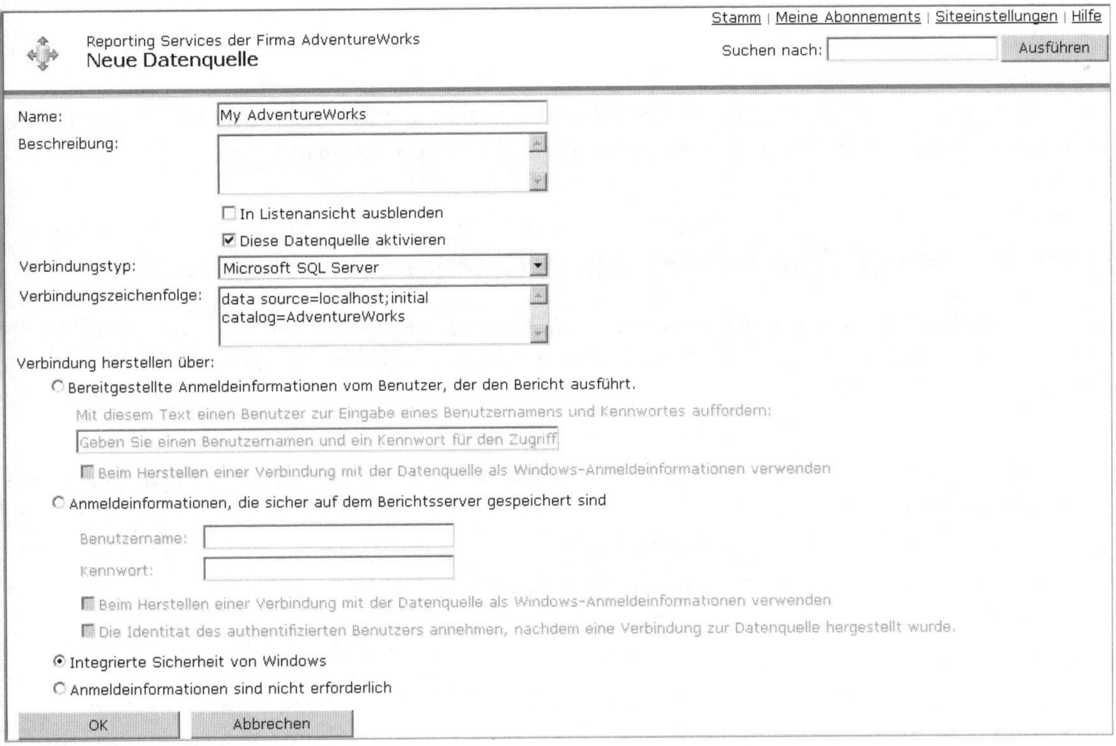

Abbildung 17.7 Eine freigegebene Datenquelle wird angelegt

Um eine freigegebenen Datenquelle einzurichten, gehen Sie folgendermaßen vor:

1. Navigieren Sie im Berichts-Manager zu dem Ordner, in dem die Datenquelle erzeugt werden soll, z.B. *Data Sources*, und klicken Sie auf *Neue Datenquelle*.
2. Tippen Sie im Textfeld *Name* den Eintrag **MyAdventureWorks** ein.
3. Stellen Sie den *Verbindungstyp* auf *Microsoft SQL Server*.
4. Tragen Sie im *Verbindungszeichenfolge*-Textfeld **data source=localhost;initial catalog=AdventureWorks** ein.
5. Wählen Sie die Option *Integrierte Sicherheit von Windows* aus.

HINWEIS Wenn Berichte dieser Datenquelle zugewiesen werden, die Abonnements, einen geplanten Berichtsverlauf oder die geplante Berichtsausführung unterstützen sollen, können Sie ein Konto mit stark eingeschränkten Berechtigungen erstellen, das der Berichtsserver zum Ausführen des Berichts verwendet. Dieses Konto wird anstelle des Dienstkontos verwendet, unter dem der Berichtsserver normalerweise ausgeführt wird.

Weitere Informationen zur Einrichtung eines solchen Kontos finden Sie im Abschnitt »Konfigurieren eines Kontos für die unbeaufsichtigte Berichtsverarbeitung« weiter vorne in diesem Kapitel.

6. Bestätigen Sie mit *OK*.

Die Datenquelle ist nun angelegt. Sie wird auf der *Inhalt*-Seite des Ordners angezeigt und kann in Berichten verwendet werden.

Der zweite Schritt der Eingangs beschriebenen Umstellung auf eine freigegebene Datenquelle ist das Verbinden der einzelnen Berichte mit dieser, was im folgenden Abschnitt beispielhaft für einen Bericht durchgeführt wird.

Einen Bericht mit einer freigegebenen Datenquelle verbinden

Um die Wartbarkeit des Datenzugriffs zu vereinfachen, möchten Sie die eingebetteten Datenquellen bestehender Berichte durch eine freigegebene Datenquelle ersetzen, die dieselben Informationen liefert, d.h. also zu derselben Datenbank verbindet.

Um diesen Ersetzungsvorgang für einen Bericht durchzuführen, gehen Sie folgendermaßen vor:

1. Öffnen Sie einen Bericht im gestarteten Berichts-Manager, z.B. *Company Sales* aus dem Ordner *AdventureWorks Sample Reports*.
2. Wählen Sie die Registerkarte *Eigenschaften*.
3. Klicken Sie im linken Bereich auf *Datenquellen*, um zu deren Eigenschaften zu gelangen.
4. Wählen Sie die Option *Eine freigegebene Datenquelle*.
5. Klicken Sie auf *Durchsuchen*.
6. Wählen Sie aus der Ordnerhierarchie eine freigegebene Datenquelle aus (Abbildung 17.8), z.B. *MyAdventureWorks*, welche im Abschnitt »Freigegebene Datenquellen anlegen« weiter vorne in diesem Kapitel erzeugt wurde. Klicken Sie jeweils auf ⊞ vor einem Ordnernamen, z.B. *Data Sources*, um dessen Unterordner anzuzeigen.
7. Bestätigen Sie mit *OK*.
8. Klicken Sie auf *Anwenden*, um die neue Datenquellenverknüpfung zu aktivieren.
9. Holen Sie die Registerkarte *Anzeigen* in den Vordergrund und überprüfen Sie, ob der Bericht mit den Daten der soeben neu zugeordneten Datenquelle gerendert wird, ohne dass ein Fehler gemeldet wird.

Damit steht der Bericht Ihren Nutzern mit der neuen Datenquelle zur Verfügung.

Einstellungen von Datenquellen bearbeiten

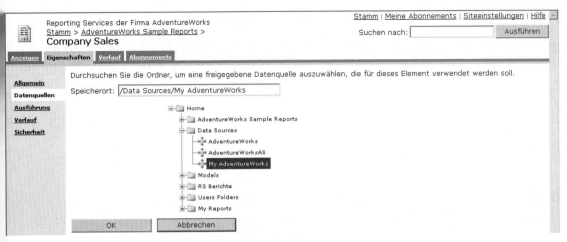

Abbildung 17.8 Wählen Sie hier eine neue Datenquelle für einen Bericht aus

Freigegebene Datenquellen deaktivieren

Sie können freigegebene Datenquellen – ohne sie endgültig zu löschen – vorübergehend außer Betrieb setzen, indem Sie diese deaktivieren. Dieses Feature wird typischerweise für Wartungsarbeiten am Datenbankserver verwendet.

Um eine freigegebene Datenquelle zu deaktivieren, gehen Sie folgendermaßen vor:

1. Öffnen Sie eine freigegebene Datenquelle im gestarteten Berichts-Manager, z.B. *MyAdventureWorks* aus dem Ordner *Data Sources*. Diese Datenquelle wurde im Abschnitt »Freigegebene Datenquellen anlegen« weiter vorne angelegt und im Abschnitt »Einen Bericht mit einer freigegebenen Datenquelle verbinden« ebenfalls weiter vorne in diesem Kapitel mit einem Bericht verbunden.
2. Deaktivieren Sie das Kontrollkästchen *Diese Datenquelle aktivieren*.
3. Bestätigen Sie per Klick auf *Anwenden* Ihre Änderungen.
4. Öffnen Sie nun testweise einen Bericht, der mit dieser Datenquelle verbunden ist, z.B. *Company Sales*. Sie erhalten nun – wie alle Nutzer von Berichten mit dieser Datenquelle – eine Fehlermeldung (Abbildung 17.9) und Sie können die Wartungsarbeiten in Ruhe vornehmen.

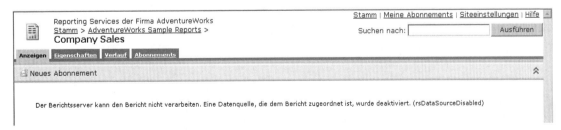

Abbildung 17.9 Ein Bericht greift auf eine deaktivierte Datenquelle zu

ACHTUNG Denken Sie daran, die Datenquelle wieder zu aktivieren, sonst funktionieren die mitgelieferten Beispiele nicht mehr!

Berichte mit mehren Datenquellen verwalten

Ein Bericht kann mehrere Datenquellenverbindungen enthalten. In diesem Fall wird die Auflistung der Eigenschaften für jede vom Bericht verwendete Datenquelle wiederholt (Abbildung 17.10). Die Verbindungen werden in der Reihenfolge aufgeführt, in der sie im Bericht definiert sind.

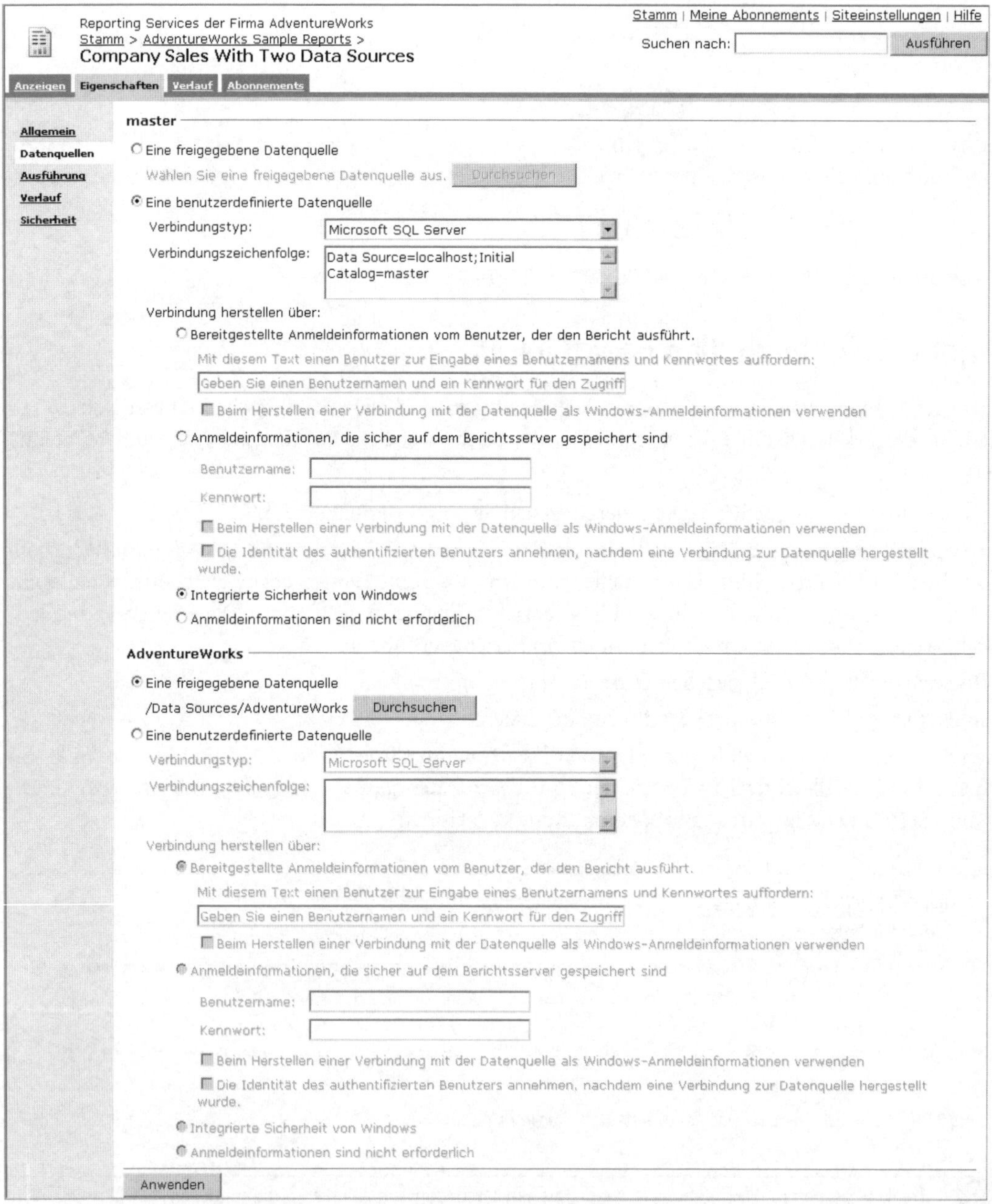

Abbildung 17.10 Datenquellen-Eigenschaften eines Berichts mit zwei Datenquellen

> **HINWEIS** Berichtsspezifische und freigegebene Datenquellen können gleichzeitig in demselben Bericht verwendet werden. Die Datenquellenverbindungen solcher Berichte werden genauso bearbeitet wie die von Berichten mit einer Datenquelle.

Wie Sie einen Bericht mit mehreren Datenquellen anlegen, wird im folgenden Abschnitt kurz erläutert.

Bericht mit mehreren Datenquellen anlegen

Der Berichtserver kann Berichte mit mehreren Datenquellen verarbeiten. Da bei den *AdventureWorks Sample Reports* kein solcher Bericht beigefügt ist, soll hier kurz erläutert werden, wie Sie einen Bericht mit mehreren Datenquellen erzeugen.

Als Grundlage wird ein Bericht aus den *AdventureWorks Sample Reports* verwendet, der um eine Datenquelle erweitert wird, damit dieser anschließend den Speicherort der Datenbank, aus der er seine Daten bezieht, mit anzeigen kann. Diese Information steht in der *master*-Datenbank, die auf jedem SQL Server 2005 vorhanden ist.

Um einen Beispielbericht mit mehreren Datenquellen anzulegen, gehen Sie folgendermaßen vor:

1. Öffnen Sie das mitgelieferte Beispielberichte-Projekt in Visual Studio, z.B. indem Sie *Start/Alle Programme/Microsoft SQL Server 2005/Documentation and Tutorials/Samples Directory* wählen und im Explorer-Fenster der Reihenfolge nach auf *Reporting Services\Report Samples\AdventureWorks Sample Reports* und dann auf *AdventureWorks Sample Reports.sln* doppelklicken.
2. Kopieren Sie im Explorer-Fenster die Datei *Company Sales.rdl* ins selbe Verzeichnis.
3. Benennen Sie die kopierte Datei in **Company Sales With Two Data Sources.rdl** um.
4. Fügen Sie den neu erzeugten Bericht dem *AdventureWorks Sample Reports*-Projekt hinzu, indem Sie wieder zu Visual Studio wechseln, den Menübefehl *Projekt/Vorhandenes Element hinzufügen* wählen und dort *Company Sales With Two Data Sources.rdl* per Doppelklick übernehmen.
5. Öffnen Sie den neuen Bericht, indem Sie im *Projektmappen-Explorer* auf *Company Sales With Two Data Sources.rdl* doppelklicken.
6. Wechseln Sie zur Registerkarte *Daten* und wählen Sie im *DataSet*-Kombinationsfeld <Neues Dataset...>. Das Dialogfeld *Dataset* wird geöffnet.
7. Tagen Sie unter *Name* **Adventureworks_Datenbank_Dateiname** ein und wählen Sie unter *Datenquelle* den Eintrag *Neue Datenquelle*. Das Dialogfeld *Datenquelle* wird geöffnet.
8. Tragen Sie unter *Name* **master** ein und klicken Sie auf *Bearbeiten*.
9. Wählen Sie unter *Servername* den Namen Ihres SQL Servers und unter *Wählen Sie einen Datenbanknamen aus, oder geben Sie ihn ein* den Eintrag **master** aus und schließen Sie mit *OK* ab.
10. Deaktivieren Sie die Kontrollkästchen *Verweis auf freigegebene Datenquelle verwenden* und *Einzelne Transaktion verwenden*.
11. Schließen Sie das Dialogfeld *Datenquelle* ebenfalls mit *OK*.
12. Tragen Sie unter *Abfragezeichenfolge* **SELECT filename FROM sysdatabases WHERE name = 'AdventureWorks'** ein und schließen Sie das Dialogfeld mit *OK*.
13. Wechseln Sie zur Registerkarte *Layout* und wählen Sie im *Felder*-Fenster *Adventureworks_Datenbank_Dateiname*. In der darunter liegenden Liste wird *filename* angezeigt.
14. Ziehen Sie *filename* in Ihren Bericht und platzieren Sie das Feld unter der Tabelle.
15. Wechseln Sie zur Registerkarte *Vorschau*. Sie sehen unter Ihrem Bericht den Dateinamen der Datenbankdatei, in der die *AdventureWorks*-Datenbank auf Ihrem Server abgelegt ist (Abbildung 17.11).

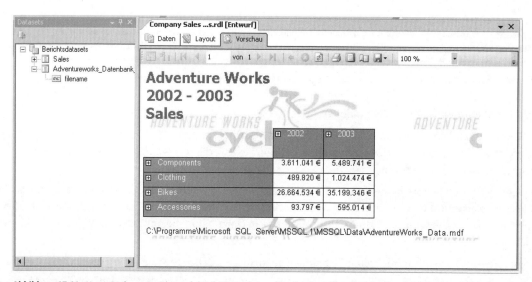

Abbildung 17.11 Unten in Ihrem Bericht wird das Feld aus der zweiten Datenquelle angezeigt, das den Datenbank-Dateinamen aus einer Tabelle aus der Master-Datenbank anzeigt

16. Damit der Bericht am Berichtsserver verfügbar ist und mit dem Berichts-Manager administriert werden kann, wählen Sie den Menübefehl *Erstellen/Projektmappe weitergeben*.
17. Ändern Sie nun den Datenquellenzugriff für die freigegebene Datenquelle *AdventureWorks*. Gehen Sie dabei vor wie im Abschnitt »Einen Bericht mit einer freigegebenen Datenquelle verbinden« weiter vorne.

HINWEIS Sofern Sie den Abschnitt »Freigegebene Datenquellen deaktivieren« weiter vorne bearbeitet haben, erhalten Sie die gleiche Fehlermeldung, wie in Abbildung 17.9 weiter vorne zu sehen. Aktivieren Sie die Datenquelle wieder und der Bericht sollte wie gewohnt angezeigt werden.

Löschen einer freigegebenen Datenquelle

Durch das Löschen einer freigegebenen Datenquelle werden alle Berichte und Abonnements, die diese verwenden, funktionsuntüchtig.

Um vor dem Löschen der Datenquelle alle Elemente zu identifizieren, die auf diese verweisen, schauen Sie sich die Inhalte der Seite *Berichte* bzw. *Abonnements* für die Datenquelle an. Auf diese Seiten können Sie beim Öffnen der Datenquelle zugreifen. Gehen Sie dazu folgendermaßen vor:

1. Öffnen Sie eine freigegebene Datenquelle im gestarteten Berichts-Manager, z.B. *MyAdventureWorks* aus dem Ordner *Data Sources*. Diese Datenquelle wurde im Abschnitt »Freigegebene Datenquellen anlegen« weiter vorne angelegt.

ACHTUNG Verwenden Sie für dieses Beispiel auf gar keinen Fall die *AdventureWorks*-Datenquelle, denn dies würde dazu führen, dass am Ende dieses Beispiels alle mitgelieferten Beispielberichte unbrauchbar sind!

2. Über die Registerkarten *Berichte* bzw. *Abonnements* können Sie die damit verbunden Elemente einsehen. Merken Sie sich diese Elemente.
3. Klicken Sie auf *Details anzeigen*, um den Speicherort der verbundenen Berichte und Abonnements sehen zu können.

Einstellungen von Datenquellen bearbeiten

> **TIPP** Am besten fertigen Sie von diesen Seiten Screenshots an, um sich die Merk- bzw. Schreibarbeit zu ersparen, da es nach dem Löschen keine Informationen darüber mehr gibt.

4. Klicken Sie auf *Löschen*, um die Datenquelle vom Berichtsserver zu entfernen.
5. Sie werden nun noch einmal gefragt, ob Sie die Datenquelle wirklich löschen möchten. Bestätigen Sie mit *OK*. Es wird automatisch die *Inhalt*-Seite des Ordners, in dem die Datenquelle gespeichert war, geöffnet.
6. Klicken Sie auf den Namen eines Berichts, z.B. *Company Sales*, der mit der gelöschten Datenquelle verbunden war. Sie erhalten die Fehlermeldung von Abbildung 17.12 angezeigt.

Abbildung 17.12 Der Bericht konnte nicht verarbeitet werden, da die verbundene Datenquelle fehlt

7. Wechseln Sie zur Registerkarte *Eigenschaften*.
8. Klicken Sie auf *Datenquellen*, um eine neue Datenquelle einrichten zu können. Sie erhalten die Fehlermeldung von Abbildung 17.13.

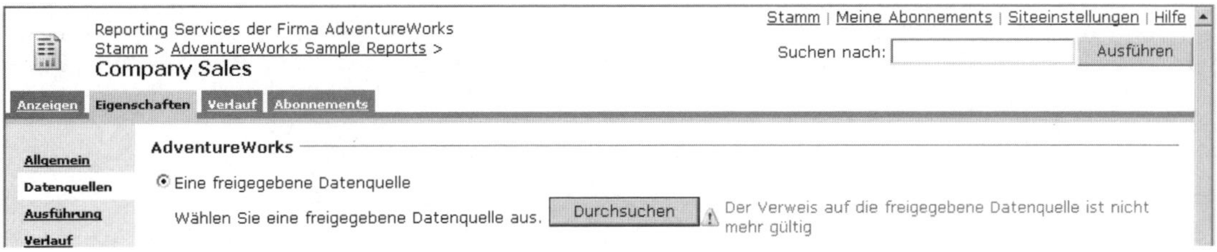

Abbildung 17.13 Die verbundene Datenquelle ist nicht mehr vorhanden

9. Richten Sie für jeden der zuvor notierten Berichte und Abonnements eine neue Datenquelle ein, wie im Abschnitt »Einen Bericht mit einer freigegebenen Datenquelle verbinden« in diesem Kapitel detaillierter beschrieben.

> **TIPP** Wenn eine Datenquelle mit vielen Elementen verbunden ist und diese weiterhin genutzt werden sollen, empfiehlt es sich, anders als in diesem Abschnitt beschrieben, die Datenquelle über den Berichts-Designer zu ändern und anschließend umzubenennen.

Informationen zum Einrichten einer freigegebenen Datenquelle mittels des Berichts-Designers finden Sie in Kapitel 10.

Nachdem Sie nun auf die verschiedenen Datenquellen zugreifen können, werden die weiterführenden Einsatzmöglichkeiten der Reporting Services, wie Berichtsausführung, Snapshots, Zeitpläne und Abonnements in den nächsten Kapiteln erläutert.

Den Anfang bilden dabei die Möglichkeiten der Berichtsausführung und das Verwalten von Aufträgen im folgenden Kapitel.

Kapitel 18

Berichtsausführung und Auftragsverwaltung

In diesem Kapitel:

Schritte der Berichtsausführung	290
Eigenschaftenseite zur Steuerung der Ausführung eines Berichts	291
Festlegen von Eigenschaften zur Berichtsausführung	295
Was sind Aufträge?	298
Aufträge verwalten	298

Nicht alle Berichte müssen unbedingt in dem Moment generiert werden, in dem sie von einem Benutzer geöffnet werden. Oft ist es von Vorteil, die Generierung von dem Öffnen eines Berichts abzukoppeln.

Denken Sie zum Beispiel an einen Monatsbericht, der dem gesamten Folgemonat als Entscheidungsgrundlage dient und daher immer wieder aufgerufen wird. Standardmäßig wird dieser bei jedem Öffnen komplett neu generiert, immer mit exakt demselben Ergebnis. Dieser Umstand führt zur der Überlegung, ob diese Ressourcenverschwendung eigentlich sein muss. Kann man den Bericht nicht einmal rendern und dann den Nutzern immer wieder zur Verfügung stellen? Mithilfe der richtigen Einstellungen der Berichtsausführung ist das möglich.

Aber auch wenn Berichte sehr umfangreich sind und die Benutzer unzumutbar lange auf die Fertigstellung warten müssen, kann es sinnvoll sein, Berichte vorab zu generieren, um so die Wartezeit des Benutzers beim Abruf auf ein Minimum zu reduzieren.

Wenn eine explizite Vorabgenerierung nicht in Frage kommt, weil die Berichte dann nicht aktuell genug wären, oder das Verfahren nicht flexibel genug ist, Sie aber trotzdem das Problem haben, dass regelmäßig die Performance einbricht, weil viele Benutzer zur selben Zeit Berichte abrufen, gibt es die Möglichkeit, Berichte nach deren Abruf eine festgelegte Zeitspanne vorzuhalten und beim nächsten Abruf nicht vollständig neu zu generieren, um Ihre Server zu entlasten und die Performance zu verbessern.

Aber auch, wenn Sie einmal in die Verlegenheit kommen sollten, die Verarbeitung von Berichten abbrechen zu müssen, erfahren Sie in diesem Kapitel mehr hierzu.

Schritte der Berichtsausführung

Betrachten Sie zunächst den normalen Ablauf bei der Ausführung eines Berichts.

Ein Bericht wird ausgeführt, wenn ein Benutzer oder der Berichtsserver auf einen Bericht zugreift. Während der Berichtsausführung verarbeitet der Berichtsserver den Bericht phasenweise, wie in Abbildung 18.1 dargestellt. Zu diesen Phasen gehören die Datenverarbeitung, die Berichtsverarbeitung und das Rendering.

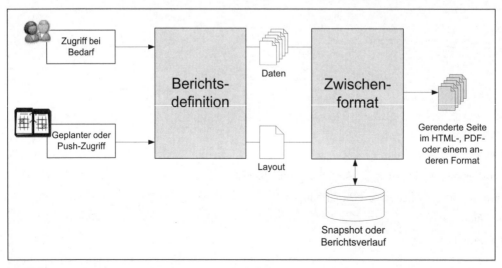

Abbildung 18.1 Ausführungsphasen bis zum Anzeigen eines Berichts

Am Anfang der Berichtsausführung steht eine publizierte Berichtsdefinition. Eine Berichtsdefinition enthält eine oder mehrere Abfragen, welche für die Datenverarbeitung verwendet werden. Während dieser Berichtsverarbeitungsphase werden Layoutinformationen sowie Codeverweise oder Ausdrücke bearbeitet.

Daten- und Berichtsverarbeitung kombinieren das entstandene Dataset mit Layoutinformation aus der Berichtsdefinition, um einen Bericht in einem Zwischenformat zu erstellen. Das Zwischenformat wird entweder für den schnellen Abruf gespeichert, z.B. als Snapshot, oder direkt an eine Renderingerweiterung, z.B. HTML-Viewer, weitergeleitet.

Der letzte Schritt ist dann die Konvertierung des Berichts in ein für den Benutzer darstellbares Format, das so genannte Rendering.

Nach Abschluss der Verarbeitung werden die Berichte als Laufzeitassembly kompiliert und auf dem Berichtsserver ausgeführt.

Der Berichtsserver kann das Zwischenformat auf verschiedene Weise verwenden:

- zur Zwischenspeicherung
- für Snapshots oder
- zur Speicherung im Berichtsverlauf.

Genauere Informationen zu Snapshots und Berichtsverlauf finden Sie in Kapitel 20.

Beim Zugriff auf einen Bericht bei Bedarf oder durch Push-Zugriff, z.B. mittels Abonnements, führt der Berichtsserver entweder

- eine vollständige Verarbeitung aus oder
- gibt einen Bericht im Zwischenformat zurück, der anschließend in einem bestimmten Format gerendert wird.

Die Einstellungen zur Berichtsausführung, die Sie im weiteren Verlauf des Kapitels kennen lernen werden, bestimmen den Ablauf. Falls z.B. ein Berichtsserver-Administrator angibt, dass ein Bericht aus dem Cache oder als Snapshot angezeigt werden soll, wird das Zwischenformat aus der Berichtsserver-Datenbank abgerufen und dann für die Anzeige gerendert. Andernfalls werden alle Verarbeitungsphasen ausgeführt.

Um Eigenschaften zur Berichtsausführung festzulegen, müssen Sie die Eigenschaftenseite *Ausführung* verwenden.

Eigenschaftenseite zur Steuerung der Ausführung eines Berichts

Mithilfe der Eigenschaftenseite *Ausführung* (siehe Abbildung 18.2 weiter hinten in diesem Kapitel) können Sie den Zeitpunkt der Berichtsverarbeitung bestimmen.

Sie können diese Optionen festlegen, um die Ausführung eines Berichts zu verkehrsschwächeren Zeiten zu planen. Wenn ein Bericht häufig verwendet wird, können Sie auch vorübergehend Kopien des Berichts zwischenspeichern, um Wartezeiten zu vermeiden, falls mehrere Benutzer innerhalb einer Zeitspanne, in der sich der Bericht normalerweise nicht ändert, auf denselben zugreifen.

WICHTIG Ausführungseigenschaften müssen für jeden Bericht separat festgelegt werden.

Um die Ausführungsoptionen eines Berichts festzulegen, gehen Sie folgendermaßen vor:

1. Starten Sie den Berichts-Manager, indem Sie in der Adresszeile des Browsers die URL **http://{Ihr Webservername}/reports** eingeben.
2. Öffnen Sie einen Bericht, z.B. *Product Catalog* aus dem Ordner *AdventureWorks Sample Reports*, durch Klicken auf dessen Namen.
3. Wechseln Sie zur Registerkarte *Eigenschaften*.
4. Um die Einstellungen zur Berichtsausführung zu bearbeiten, klicken Sie links auf *Ausführung* (Abbildung 18.2).

Abbildung 18.2 Ein Bericht für eine schnellere Ausführung muss nicht immer mit den neuesten Daten gerendert werden

Welche Einstellungsmöglichkeiten die *Ausführen*-Eigenschaftenseite bietet, erfahren Sie in den folgenden Abschnitten.

Die Option *Diesen Bericht immer mit den neuesten Daten ausführen*

Verwenden Sie die Option *Diesen Bericht immer mit den neuesten Daten ausführen* von der *Ausführen*-Eigenschaftenseite (siehe Abbildung 18.2 weiter vorne in diesem Kapitel), wenn der Bericht bei Bedarf oder bei Auswahl durch den Benutzer mit aktuellen Daten (und nicht aus einer Speicherung im Zwischenformat) ausgeführt werden soll.

Für das Rendern mit neuesten Daten können Sie sich zwischen folgenden Optionen entscheiden:

- Wählen Sie die Option *Keine temporären Kopien dieses Berichts zwischenspeichern* aus, wenn der Bericht immer mit den neuesten Daten ausgeführt werden soll. Jeder Benutzer, der den Bericht öffnet, löst eine Abfrage in der Datenquelle aus, in der die im Bericht verwendeten Daten enthalten sind. Mit dieser Option stellen Sie sicher, dass jeder Benutzer immer mit den aktuellsten Daten aus den Datenquellen versorgt wird.

- Wählen Sie die Option *Eine temporäre Kopie des Berichts zwischenspeichern* aus, um eine temporäre Kopie des Berichts im Zwischenspeicher zu platzieren, wenn der erste Benutzer den Bericht öffnet. Sobald weitere Benutzer den Bericht öffnen, kann dieser schneller angezeigt werden, da der Bericht aus dem Zwischenspeicher zurückgegeben wird und nicht erneut verarbeitet werden muss.

Zwischengespeicherte Berichte laufen nach einer bestimmten Zeit ab, die Sie folgendermaßen konfigurieren können:

- Sie geben die Anzahl von Minuten ein, nach der die temporäre Kopie des Berichts ungültig wird. Nachdem eine temporäre Kopie abgelaufen ist, wird sie aus dem Zwischenspeicher entfernt. Wenn der Bericht das nächste Mal geöffnet wird, verarbeitet der Berichtsserver diesen erneut und platziert ihn im Zwischenspeicher. Diese Einstellung empfiehlt sich, wenn ein Bericht zu verschiedenen Zeiten aufgerufen wird und die Daten nicht zeitkritisch sind, es aber passieren kann, dass er in der darauf folgenden Zeit mehrfach wieder verwendet wird. Ein Beispiel finden Sie im Abschnitt »Beispiel: Bedarfsgesteuerte Ausführung von Berichten aus dem Cache« weiter hinten in diesem Kapitel.

- Es kann aber auch ein Ablaufzeitplan mit einer anderen Angabe als Minuten für einen zwischengespeicherten Bericht verwendet werden. Um einen zwischengespeicherten Bericht am Ende des Tages ablaufen zu lassen, können Sie eine bestimmte Uhrzeit in der Nacht angeben, nach der die Kopie ungültig wird. Möchten Sie für mehr als einen Bericht die Zeit der Zwischenspeicherung festlegen und damit die Wartbarkeit erhöhen, so empfiehlt sich die Option.

Die Option *Diesen Bericht aus einem Berichtsausführungs-Snapshot rendern*

Verwenden Sie die *Diesen Bericht aus einem Berichtsausführungs-Snapshot rendern*-Option von der *Ausführen*-Eigenschaftenseite (Abbildung 18.2 weiter vorne), um den Bericht als Snapshot zu einer von Ihnen angegebenen Zeit – typischerweise in verkehrsschwächeren Zeiten – automatisch zu verarbeiten, damit Ihr Server beim eigentlichen Berichtsabruf durch den Benutzer entlastet wird und gleichzeitig der Abruf für den Benutzer schneller vonstatten geht.

Außerdem erreichen Sie mit dieser Option, dass die Benutzer in dem hier eingestellten Zeitintervall alle denselben Stand des betreffenden Berichts haben.

Anders als bei den im vorhergehenden Abschnitt beschriebenen zwischengespeicherten Kopien, die beim Öffnen des Berichts durch einen Benutzer erstellt werden, wird bei dieser Einstellung ein Snapshot erstellt und anschließend gemäß einem Zeitplan aktualisiert.

Snapshots haben kein Ablaufdatum, sondern können verwendet werden, bis sie durch neuere Versionen ersetzt werden.

Snapshots, die als Ergebnis von Berichtsausführungseinstellungen generiert werden, weisen dieselben Merkmale auf wie Snapshots zum Berichtsverlauf.

Sie unterscheiden sich darin, dass nur ein Snapshot zur Berichtsausführung und möglicherweise zahlreiche Snapshots zum Berichtsverlauf vorhanden sind.

Auf Snapshots zum Berichtsverlauf wird über die Seite *Verlauf* des Berichts zugegriffen. Auf dieser Seite sind zahlreiche Instanzen eines Berichts gespeichert, so wie sie zu unterschiedlichen Zeitpunkten generiert wurden.

Im Gegensatz hierzu erfolgt der Zugriff auf Snapshots zur Berichtsausführung über Ordner, so wie beim Zugriff auf Liveberichte. Benutzer erhalten also keinen Hinweis, dass es sich bei dem Bericht um einen Snapshot handelt, sondern bekommen den Bericht genau so angezeigt, als sei er auf Abruf generiert.

Um einen Bericht aus einem Ausführungssnapshots anzuzeigen, müssen Sie mindestens eines der folgenden Kontrollkästchen aktivieren:

- *Berichtsausführungs-Snapshots entsprechend diesem Zeitplan erstellen*, wenn Sie einen Ablaufzeitplan zur Generierung des Snapshots verwenden möchten. Ein Beispiel für diese Einstellung finden Sie im Abschnitt »Beispiel: Ausführen der Berichte von Snapshots« weiter hinten in diesem Kapitel.

- *Erstellen Sie einen Snapshot des Berichts, wenn Sie auf dieser Seite auf die Schaltfläche 'Anwenden' klicken*, um sofort einen Berichtssnapshot zu erstellen, wenn auf die Schaltfläche *Anwenden* auf derselben Seite geklickt wird. Dies ist nützlich, wenn der Bericht vor dem ersten Erreichen des Anfangsdatums des Zeitplans verfügbar sein soll.

Nähere Informationen zu den Themen Snapshots, Zeitpläne und Unterschiede zwischen berichtsspezifischen und freigegebenen Zeitplänen finden Sie in Kapitel 20.

Der Bereich *Timeout für Berichtsausführung*

Verwenden Sie die Optionen aus dem Bereich *Timeout für Berichtsausführung* von der *Ausführen*-Eigenschaftenseite (Abbildung 18.2 weiter vorne), um den Timeout, welcher für die Berichtsverarbeitung auf einem Berichtsserver gilt, festzulegen.

Die Zeitmessung für die Berichtsverarbeitung beginnt, wenn der Bericht ausgewählt wird, und endet beim Anzeigen des Berichts.

Der Berichtsserver unterstützt die folgenden zwei Typen von Timeoutwerten:

- Ein Abfragetimeoutwert gibt an, wie viele Sekunden der Berichtsserver auf eine Antwort von der Datenbank wartet. Dieser Wert wird für einen Bericht im Berichts-Designer definiert.

- Ein Timeoutwert für die Berichtsausführung gibt an, wie viele Sekunden diese Berichtsverarbeitung maximal dauern darf, bevor sie beendet wird. Sie können diesen Wert für jeden Bericht einzeln festlegen.

ACHTUNG Der Berichtsserver bricht, wenn der auf dieser Seite angegebene Timeoutwert überschritten wird, die Datenverarbeitung auf dem Datenbankserver, der die Daten für den Bericht zur Verfügung stellt, nicht ab – diese läuft also auch dann weiter, wenn die hier angegebene Zeit für die Berichtsverarbeitung abgelaufen ist.

Die meisten Timeoutfehler treten während der Abfrageverarbeitung auf. Verwenden Sie beim Auftreten von solchen Timeoutfehlern einen höheren Abfragetimeoutwert, welcher bei der Erstellung eines Datasets im Berichts-Assistenten eingestellt werden kann.

Sie können für den Timeout für die Berichtsausführung zwischen folgenden Optionen wählen:

- *Die Standardeinstellung verwenden*, um die Timeouteinstellung von der *Siteeinstellungen*-Seite für diesen Bericht zu verwenden. Dieser Wert ist standardmäßig auf 1.800 Sekunden (30 Minuten) festgelegt.

- *Keinen Timeout für eine Berichtsausführung*, sofern Sie den Bericht so lange in der Ausführung behalten möchten, bis die Daten vorhanden sind. Diese Option sollten Sie nur in Ausnahmefällen verwenden, bei denen es aufgrund von umfangreichen Analysen oder sehr langsamen Verbindungen zu Datenquellen zu vorher nicht kalkulierbaren Verarbeitungszeiten kommt. Ansonsten ist diese Option nicht zu empfehlen, da wohl kein Benutzer eine längere Zeit, z.B. mehr als 30 Minuten, auf das Anzeigen des Berichts warten wird.

- *Die Berichtsausführung auf so viele Sekunden beschränken*, um die Anzahl von Sekunden als Timeoutwert für die Verarbeitung dieses einen Berichts angeben zu können. Sie sollten diese Option verwenden, um einzelne Berichte mit kürzeren Timeoutwerten zu versehen – was für zeitrelevante Daten sinnvoll ist.

Passen Sie bei Bedarf den Timeoutwert für die Berichtsausführung so an, dass dieser Wert höher als der Abfragetimeoutwert ist. Dieser Zeitraum sollte so groß gewählt werden, dass sowohl die Abfrage- als auch die Berichtsverarbeitung abgeschlossen werden können.

Der Berichtsserver wertet ausgeführte Aufträge in Zeitabständen von 60 Sekunden aus, d.h. alle 60 Sekunden vergleicht der Berichtsserver die tatsächliche Verarbeitungszeit mit dem Timeoutwert für die Berichtsausführung. Falls die Verarbeitungszeit für einen Bericht den Timeoutwert für die Berichtsausführung übersteigt, wird die Berichtsverarbeitung angehalten und ein Fehler zurückgegeben.

HINWEIS Wenn ein Timeoutwert unter 60 Sekunden angegeben wird, wird der Bericht möglicherweise trotz Überschreitung der Timeoutzeit vollständig ausgeführt. Das ist dann der Fall, wenn die Verarbeitung während der Ruhezeit des Zyklus beginnt und endet. Während dieser Ruhezeit überprüft der Berichtsserver nicht, ob die ausgeführten Aufträge ihren Timeoutwert überschritten haben.

Wenn Sie z. B. einen Timeoutwert von 10 Sekunden für einen Bericht festlegen, dessen Ausführung 20 Sekunden dauert, wird der Bericht vollständig verarbeitet, falls die Berichtsausführung früh im 60 Sekunden-Zyklus beginnt. Somit führt ein Timeoutwert unter 60 Sekunden zu schwer vorhersagbaren Ergebnissen. Es empfiehlt sich, immer ein Vielfaches von 60 zu nehmen.

Festlegen von Eigenschaften zur Berichtsausführung

Ein Bericht kann bei Bedarf oder als Snapshot ausgeführt werden.

Standardmäßig werden Berichte bei Bedarf ausgeführt. Dabei fragt ein Bericht eine Datenquelle jedes Mal ab, wenn ein Benutzer den Bericht ausführt. Das Ergebnis sind so genannte bedarfsgesteuerte Berichte, die die aktuellsten Daten enthalten. Eine neue Instanz des Berichts wird für jeden Benutzer erstellt, der den Bericht öffnet oder anfordert. Jede neue Instanz enthält die Ergebnisse einer Abfrage.

Wenn also zum Beispiel zehn Benutzer gleichzeitig denselben Bericht öffnen, werden zehn Abfragen zur Verarbeitung an die Datenquelle gesendet, was insbesondere bei großen Abfragen wegen der suboptimalen Performance wenig wünschenswert ist.

In solchen Fällen wird es interessant, Berichte auf andere Weise auszuführen. Dazu stehen folgende Optionen zur Verfügung:

- Bedarfsgesteuerte Ausführung von Berichten aus dem Cache.

  Um die Leistung zu verbessern, können Sie angeben, dass ein Bericht (mit den in ihm enthaltenen Daten) vorübergehend zwischengespeichert wird, wenn ein Benutzer den Bericht ausführt. Die zwischengespeicherte Kopie ist dann später für andere Benutzer verfügbar, die auf denselben Bericht zugreifen.

  Wenn bei dieser Konfiguration zehn Benutzer den Bericht öffnen, bewirkt der Abruf des ersten Benutzers die Verarbeitung des Berichts. Der Bericht wird dann zwischengespeichert, und für die folgenden neun Benutzer wird der aus dem Cache abgerufene Bericht angezeigt.

- Ausführen von Berichten von Snapshots.

  Sie können die Verarbeitung von Berichten und Abfragen regulieren, indem Sie einen Bericht von einem Snapshot ausführen.

  Ein Snapshot ist ein im Zwischenformat gespeicherter Bericht. Sowohl die Daten als auch der Bericht werden zusammen in der Berichtsserver-Datenbank gespeichert, wenn der Snapshot generiert wird. Bei dieser Vorgehensweise ist der Abfrageprozess, der die Daten abruft, von dem Prozess getrennt, der den Bericht in einem darstellbaren Format anzeigt. Die abschließende Verarbeitung erfolgt, wenn ein Benutzer den Bericht anfordert.

WICHTIG Beim Aktualisieren eines Berichtssnapshots wird die vorherige Version ersetzt.

Wenn Sie im Gegensatz dazu alle Berichtssnapshots behalten möchten, legen Sie für die Berichtsverlaufeigenschaften fest, dass die Snapshots zur Berichtsausführung in den Berichtsverlauf kopiert werden.

Weitere Informationen zum Festlegen der Eigenschaften eines Berichtsverlaufs finden Sie in Kapitel 20.

Beispiel: Bedarfsgesteuerte Ausführung von Berichten aus dem Cache

Da der Produktkatalog häufig in Ihrer Firma verwendet wird, sich aber eher selten ändert, möchten Sie diesen nach einem Aufruf für 30 Minuten zwischengespeichert lassen.

Um diese Einstellung vorzunehmen, gehen Sie folgendermaßen vor:

1. Gehen Sie auf die *Ausführung*-Seite des Berichts *Product Catalog* aus den *AdventureWorks Sample Reports*. Falls erforderlich, ziehen Sie die Schrittfolge im Abschnitt »Eigenschaftenseite zur Steuerung der Ausführung eines Berichts« in diesem Kapitel zu Rate.
2. Wählen Sie die Option *Eine temporäre Kopie des Berichts zwischenspeichern. Diese Kopie soll nach der folgenden Anzahl von Minuten ablaufen* als Unteroption von *Diesen Bericht immer mit den neuesten Daten ausführen* aus.
3. Tragen Sie im zugehörigen Textfeld den Wert **30** ein.
4. Bestätigen Sie die Einstellungen mit *Anwenden*.
5. Aktivieren Sie die Registerkarte *Anzeigen*, um den Bericht das erste Mal anzuzeigen und dadurch die vollständige Berichtsverarbeitung und anschließendes Zwischenzuspeichern am Berichtsserver auszulösen.
6. Drücken Sie anschließend die Tastenkombination [Strg]+[F5] für eine Aktualisierung der Browseranzeige, die zu einer Neuabfrage des Berichts führt, der nun aber aus dem Cache gerendert wird. Daher sollte die Anzeige jetzt merklich schneller als im vorhergehenden Schritt erfolgen.

Beispiel: Ausführen der Berichte von Snapshots

Dass die Reporting Services in Ihrer Firma immer beliebter werden, freut Sie einerseits sehr, andererseits führt dies zunächst zu einer größeren Belastung Ihrer Server und Ihres Firmennetzes. Um diese Belastung zu minimieren, erwägen Sie, Snapshots einzusetzen.

Da die Verkaufsliste der Vertriebsgebiete relativ selten aktualisiert wird, beschließen Sie, den Bericht nur noch einmal am Tag erstellen zu lassen. Gehen Sie dazu folgendermaßen vor:

1. Öffnen Sie die *Ausführung*-Eigenschaftenseite für den Bericht *Territory Sales Drilldown* aus den *AdventureWorks Sample Reports*. Wie Sie diese Eigenschaftenseite erreichen, können Sie im Abschnitt »Eigenschaftenseite zur Steuerung der Ausführung eines Berichts« in diesem Kapitel nachlesen.
2. Aktivieren Sie das Kontrollkästchen *Berichtsausführungs-Snapshots entsprechend diesem Zeitplan erstellen* als Unteroption von *Diesen Bericht aus einem Berichtsausführungs-Snapshot rendern*.
3. Wählen Sie dort die Option *Freigegebener Zeitplan* und aus dem dazugehörigen Listenfeld **Tägliche Ausführung**. Der Zeitplan zur täglichen Ausführung wird z.B. einmal jeden Arbeitstag um 2:00 Uhr ausgeführt. Sollten Sie keinen entsprechenden freigegebenen Zeitplan zur Verfügung haben, können Sie auch einfach einen berichtsspezifischen Zeitplan mit den oben angegebenen Werten erstellen. Erklärungen zu beiden Zeitplanvarianten finden Sie in Kapitel 20.
4. Aktivieren Sie zusätzlich das Kontrollkästchen *Erstellen Sie einen Snapshot des Berichts, wenn Sie auf dieser Seite auf die Schaltfläche 'Anwenden' klicken*, damit sofort ein Snapshot erstellt wird. Es wird also ein Snapshot für den aktuellen Tag erzeugt und mittels des Zeitplans am Folgetag früh ausgewechselt.
5. Bestätigen Sie die Einstellungen mit einem Klick auf *Anwenden*.

Der Bericht wird jetzt von einem Snapshot aus gerendert. Da die Wartezeit für die Datenbankabfrage wegfällt, wird der Bericht schneller angezeigt.

Beispiel: Synchronisieren von Berichtsänderungen für einen gespeicherten Snapshot

Wenn Sie eine Berichtsdefinition oder die Eigenschaften eines publizierten Berichts ändern, werden diese Änderungen für einen Bericht, der aus einem Snapshot gerendert wird, erst nach dessen Aktualisierung durch einen Zeitplan dem Benutzer angezeigt. Das ist nicht immer wünschenswert.

> **ACHTUNG** Obwohl Sie die Berichtsdefinition geändert haben, wird der gespeicherte Snapshot mit der alten Definition nicht ungültig, solange er nicht abläuft bzw. erneuert wird. D.h. er ist weiterhin im Zugriff.

Angenommen, Sie haben den Bericht für die Verkaufsliste der Vertriebsgebiete des vorherigen Beispiels überarbeitet und auf dem Berichtsserver publiziert. Nun möchten Sie die Änderungen sofort zur Verfügung stellen, obwohl dieser durch einen Snapshot dargestellt und durch den Zeitplan erst am Folgetag wieder aktualisiert wird. Gehen Sie dazu folgendermaßen vor:

1. Öffnen Sie die *Ausführung*-Eigenschaftenseite für den Bericht *Territory Sales Drilldown* aus den *AdventureWorks Sample Reports*. Wie Sie diese Eigenschaftenseite erreichen, können Sie im Abschnitt »Eigenschaftenseite zur Steuerung der Ausführung eines Berichts« in diesem Kapitel nachlesen.
2. Aktivieren Sie das Kontrollkästchen *Erstellen Sie einen Snapshot des Berichts, wenn Sie auf dieser Seite auf die Schaltfläche 'Anwenden' klicken*, damit für den aktuellen Tag ebenfalls ein Snapshot vorhanden ist.
3. Bestätigen Sie die Einstellungen mit *Anwenden*.

Sie haben Ihren Nutzern nun ein Snapshot mit den Änderungen des überarbeiteten Berichts bereitgestellt.

In den nächsten Abschnitten werden Sie erfahren, wie Aufträge – typischerweise Berichte, die gerade gerendert werden – verwaltet oder abgebrochen werden können.

Was sind Aufträge?

Die Aufträge, die der Berichtsserver gerade bearbeitet, können Sie interaktiv verwalten. Ein Auftrag befindet sich in Bearbeitung, wenn einer der folgenden Prozesse ausgeführt wird: Abfrageausführung, Berichtsverarbeitung oder Rendern des Berichts.

Man unterscheidet zwischen Benutzer- und Systemaufträgen.

Ein Benutzerauftrag ist ein Auftrag, der von einem Benutzer gestartet wird. Zu Benutzeraufträgen zählen:

- bedarfsgesteuertes Zugreifen auf einen Bericht
- das Erstellen eines Snapshots zum Berichtsverlauf bei Bedarf
- das Erstellen eines nicht geplanten Snapshots zur Berichtsausführung
- ein in Bearbeitung befindliches Standardabonnement

Ein Systemauftrag ist ein Auftrag, der vom Berichtsserver gestartet wird. Zu Systemaufträgen zählen:

- geplante Snapshots zur Berichtsausführung
- geplante Snapshots zum Berichtsverlauf
- datengesteuerte Abonnements

HINWEIS Aufträge können auch programmgesteuert sowie durch ein Skript verwaltet werden. Informationen, wie Sie Methoden anwenden, finden Sie in Kapitel 28. Das Thema »Skriptbearbeitung« wird in Kapitel 29 behandelt.

Im folgenden Abschnitt wird beschrieben, wie Sie Aufträge verwalten.

Aufträge verwalten

Die Verwaltung von Aufträgen beschränkt sich auf deren Auflistung und die Möglichkeit, sie abzubrechen.

Die Seite *Aufträge verwalten*

Der Berichts-Manager stellt Ihnen die Seite *Aufträge verwalten* () zur Verfügung, mit der Sie Aufträge – also die Berichte und Standardabonnements, die auf dem Server oder in einer Berichtsserver-Webfarm aktuell verarbeitet werden – auflisten oder abbrechen können.

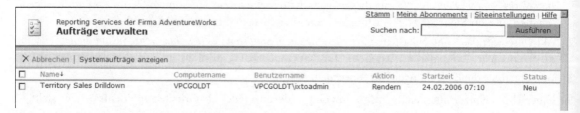

Abbildung 18.3 Liste der sich in Bearbeitung befindenden Berichte und Abonnements

Sie gelangen auf folgende Weise zur Seite *Aufträge verwalten*:

1. Im gestarteten Berichts-Manager klicken Sie auf *Siteeinstellungen* in der globalen Symbolleiste oben rechts.

2. Im Bereich *Sonstige* der Seite *Siteeinstellungen* klicken Sie auf *Aufträge verwalten*.

Die Aufträge werden in Listenform angezeigt. Die Informationen stehen in folgenden Spalten:

- *Typ:* Zeigt an, ob es sich bei dem Prozess um einen *Bericht* oder ein *Abonnement* handelt.
- *Name:* Zeigt den Berichtsnamen an. Abonnements werden durch ihre Beschreibung identifiziert.
- *Computername:* Zeigt den Namen des Computers an, auf dem der Prozess ausgeführt wird.
- *Benutzername:* Für Prozesse, die durch einen Benutzer initiiert wurden, zeigt diese Spalte den Namen des Benutzers an.
- *Aktion:* Für Berichte zeigt diese Spalte die ausgeführten Berichtsausführungsprozesse an:
  - *Rendern* kennzeichnet einen bei Bedarf ausgeführten Bericht.
  - *Snapshoterstellung* steht für einen vom System oder Benutzer initiierten Prozess eines Snapshots zur Berichtsausführung.
  - *Verlaufserstellung* zeigt eine geplante oder vom Benutzer initiierte Generierung des Berichtsverlaufs an.
- *Startzeit*: Zeigt den Zeitpunkt des Prozessstarts an.
- *Verarbeitet:* Für datengesteuerte Abonnements wird in dieser Spalte die Anzahl der Berichte angezeigt, die verarbeitet und übermittelt wurden.
- *Status:* Zeigt den Status des Auftrags an.

Der Pfeil neben einem der Spaltenköpfe zeigt Ihnen die derzeitige Sortierungsreihenfolge an. Sie können diese ändern, indem Sie auf einen der Spaltenköpfe klicken. Ein erneuter Klick auf den gleichen Spaltenkopf kehrt die Reihenfolge wieder um.

HINWEIS Es ist nicht möglich, datengesteuerte Abonnements aufzulisten oder abzubrechen.

ACHTUNG Ein Prozess muss mindestens 30 Sekunden lang ausgeführt werden, um auf der Seite *Aufträge verwalten* angezeigt zu werden.

WICHTIG Die Seite *Aufträge verwalten* wird nicht automatisch aktualisiert.

Daher müssen Sie, nachdem Sie die Seite geöffnet haben, im Browser auf die *Aktualisieren*-Schaltfläche (z.B. im Internet-Explorer auf das Symbol) aus der *Standard*-Symbolleiste Ihres Browsers klicken, um alle ausgeführten neuen Prozesse anzuzeigen.

Wenn Sie aktualisierte Informationen zu den Optionen *Status*, *Verarbeitet* und *Aktion* anzeigen möchten, müssen Sie ebenfalls auf die *Aktualisieren*-Schaltfläche klicken.

Die Symbolleiste dieser Seite stellt Ihnen Schaltflächen zur Verwaltung der Aufträge zur Verfügung (Tabelle 18.1).

Schaltfläche	Beschreibung
✕ Abbrechen	Aktivieren Sie das Kontrollkästchen neben den gewünschten Aufträgen, und klicken Sie auf *Abbrechen*, um die ausgewählten Aufträge anzuhalten.
Systemaufträge anzeigen Systemaufträge ausblenden	Klicken Sie auf *Systemaufträge anzeigen*, damit sowohl Systemaufträge als auch Benutzeraufträge aufgelistet werden. Klicken Sie auf *Systemaufträge ausblenden*, damit nur die Benutzeraufträge angezeigt werden.

Tabelle 18.1 Übersicht der Symbolleiste der Seite *Aufträge verwalten*

Abbrechen von Aufträgen

Aufträge, die sich in der Bearbeitung des Berichtsservers befinden, also gerendert bzw. für einen Snapshot zur Ausführung oder des Verlaufs erstellt werden, können abgebrochen werden.

Allerdings lassen sich nicht alle diese Aufträge wirksam abbrechen. So wird möglicherweise die Verarbeitung abgeschlossen, bevor der Vorgang zum Abbrechen ausgeführt ist. Das kann folgende Gründe haben:

- Der Browser zeigt Ihnen den Auftrag noch in einem abzubrechenden Bearbeitungsprozess – der Bericht ist aber längst mit der Verarbeitung fertig. Das kann aufgrund der fehlenden automatischen Aktualisierung der Auftragliste im Browser leicht passieren.
- Das Zeitintervall von 60 Sekunden für die Überprüfung des Verarbeitungsstandes eines Berichts auf dem Berichtsserver überschneidet sich mit dem durch Sie angestoßenen Abbruch. Sie würden also gerne die Bearbeitung beenden, müssen aber noch warten, bevor der Berichtsserver den Bericht abbrechen kann. In dieser Wartezeit wird der Bericht jedoch fertig gestellt.

ACHTUNG Sind Berichte in anderen Bearbeitungsphasen, z.B. der Datenbankabfrage auf einem anderen Server, können diese Aufträge nicht vom Berichtsserver abgebrochen werden.

Da die Verarbeitung auf der Datenbankseite in der Regel mehr Zeit in Anspruch nimmt als die auf dem Berichtsserver, ist es generell wahrscheinlicher, dass eine Abfrage auf dem Datenbankserver hängt und somit vom Berichtsserver nicht abgebrochen werden kann.

Es empfiehlt sich die Verwendung von Timeoutwerten, um Abfragen automatisch beenden zu lassen, deren Ausführung zu lange dauert.

Information zum Einstellen von Timeoutwerten finden Sie im Abschnitt »Der Bereich *Timeout für Berichtsausführung*« weiter vorne in diesem Kapitel.

Um einen Auftrag abzubrechen, z.B. weil dieser nicht in vertretbarer Zeit fertig gerendert wurde, gehen Sie folgendermaßen vor:

1. Im gestarteten Berichts-Manager klicken Sie auf *Siteeinstellungen* in der globalen Symbolleiste oben rechts.
2. Im Bereich *Andere* der Seite *Siteeinstellungen* klicken Sie auf *Aufträge verwalten*.
3. Sofern, wie in Abbildung 18.3 weiter vorne in diesem Kapitel zu sehen, Aufträge ausgeführt werden, können Sie die Berichtsausführung abbrechen, indem Sie das Kontrollkästchen vor dem Namen des Berichts aktivieren, z.B. *Territory Sales Drilldown*.
4. Sofern keine Aufträge ausgeführt wurden und die Liste leer war, starten Sie einen möglichst lange laufenden Bericht, aktualisieren die Ansicht im Browser mit der gleichnamigen Schaltfläche und wiederholen den vorigen Schritt.
5. Klicken Sie auf *Abbrechen*, um die Ausführung anzuhalten.

Nachdem Sie nun erfahren haben, wie Sie Berichte, die keiner aktuellen Datendarstellung im Moment des Öffnens bedürfen, zu weniger genutzten Serverzeiten in Snapshots ablegen oder häufig genutzte Berichte zwischenspeichern, beschäftigt sich das nächste Kapitel mit den Exportformaten zur Darstellung oder Weiterverarbeitung der generierten Daten.

Kapitel 19

Exportformate

In diesem Kapitel:

Berichte exportieren 302

Renderingerweiterungen 305

Die Exportfunktionalitäten gehören zu den wichtigsten Features von Reporting Services, ja, Sie geben oftmals den Ausschlag bei der Entscheidung für den Einsatz dieser Software.

Sicherlich haben Sie in Ihrer Karriere als Computeranwender schon des Öfteren versucht, Dateien von einer Anwendung in eine andere zu transferieren – und dabei wahrscheinlich in den seltensten Fällen auf Anhieb das gewünschte Ergebnis erzielt. Und manchmal waren Sie selbst nach längeren Bemühungen nicht zufrieden.

Wenn Sie Entwickler von Daten verarbeitenden Anwendungen sind, stellt sich dieses Problem für Sie noch mal verschärft – Sie werden wahrscheinlich regelmäßig viel Zeit damit verbringen, Dateiformatkonvertierungen zu implementieren.

Viele dieser Probleme lassen sich mit Reporting Services schon mit wenigen Klicks lösen: Sie können direkt in der normalen Berichtsanzeige zwischen einer Vielzahl verschiedener Exportformate wählen. Beim Export werden praktisch alle Formatierungen des Berichts übernommen – vorausgesetzt natürlich, diese werden vom Zielformat unterstützt.

Aber selbst wenn das Ergebnis des Exports nicht auf Anhieb Ihren Wünschen entspricht, können Sie das Ergebnis mit vielen Einstellungen anpassen.

Berichte exportieren

Reporting Services unterstützt zahlreiche Exportformate, um den Datenaustausch zu unterstützen und die Weiterverarbeitung in anderen Anwendungen zu ermöglichen. Für jedes Exportformat gibt es eine Renderingerweiterung, mit der der Berichtsserver die Daten- und Layoutinformationen transformieren kann. Jedes Exportformat ist einem Viewertyp zugewiesen. Ein Viewer ist eine Anwendung, mit der der Bericht dargestellt wird. Welcher Viewer für einen bestimmten Dateityp letztendlich zum Einsatz kommt, hängt von den Einstellungen ab, die für den lokalen Computer definiert sind.

WICHTIG Ein exportierter Bericht wird nur temporär gespeichert. Sobald Sie das Programm schließen, liegt der Bericht nicht mehr in dem ausgewählten Exportformat vor.

Sie möchten einen kleineren Bericht mit Excel weiterbearbeiten, da Sie für eine Präsentation noch weitere Kennzahlen hinzufügen müssen, die mittels Formeln berechnet werden.

Gehen Sie dazu folgendermaßen vor:

1. Starten Sie den Berichts-Manager, indem Sie in der Adresszeile des Browsers die URL *http://{Ihr Webservername}/reports* eingeben.
2. Öffnen Sie den Bericht, den Sie exportieren möchten, z.B. indem Sie auf *AdventureWorks Sample Reports* und dann auf *Company Sales* klicken.
3. Wählen Sie aus dem *Exportieren*-Listenfeld der Berichtssymbolleiste den Eintrag *Excel* als Exportformat aus (Abbildung 19.1).

Abbildung 19.1 Liste der vorhanden Exportformate eines Berichtsservers

4. Klicken Sie auf *Exportieren* neben dem Listenfeld. Es öffnet sich das Dialogfeld *Dateidownload* (Abbildung 19.2).

5. Sie können sich entscheiden, ob Sie den Bericht erst im Exportformat speichern möchten oder ihn gleich mit dem Viewer (in unserem Fall Excel) öffnen möchten. Klicken Sie auf *Öffnen*. Excel wird gestartet und der exportierte Bericht angezeigt.

Abbildung 19.2 Zum Exportieren wird die Dateidownload-Funktionalität des Browsers verwendet

6. In Excel können Sie die benötigten Ergänzungen einfügen und anschließend das Ergebnis speichern. Beispielsweise erhalten Sie das Ergebnis aus Abbildung 19.3, wenn Sie in der Spalte *N* die Formel zur prozentuellen Steigerung =1 – M20/H20 eingeben und in die drei Zellen darunter kopieren sowie die grafischen Formatierungen an die der bestehenden Tabelle anpassen, indem Sie die Spalte *M* markieren, in der *Standard*-Symbolleiste auf die Schaltfläche *Format übertragen* klicken und dann die Spalte *N* markieren.

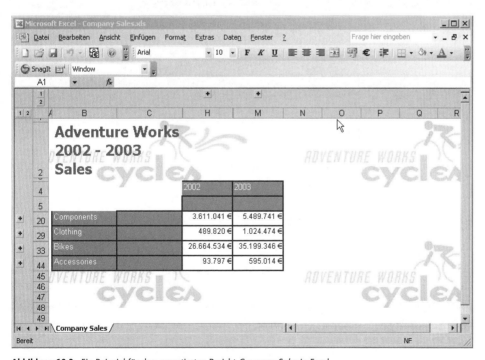

Abbildung 19.3 Ein Beispiel für den exportierten Bericht *Company Sales* in Excel

Nachdem Sie nun wissen, wie man einen einfachen Bericht exportiert, wird Ihnen im folgenden Abschnitt erläutert, welches Exportformat sich für welche Zwecke eignet.

Welches Exportformat soll ich wählen?

Jedes Format hat seine Vor- und Nachteile. Manche Formate sind für Viewer mit interaktiven Funktionen vorgesehen, mit denen Sie Berichtsdaten analysieren können. Andere Formate erstellen Berichte in Formaten, die für Exportvorgänge, die Paginierung oder die Druckausgabe optimal geeignet sind. In der Tabelle 19.1 finden Sie eine Übersicht über die Formate und Empfehlungen zu deren Verwendung.

Format	Beschreibung	Empfehlungen
Excel	Rendert einen Bericht im Microsoft Excel-Format.	Dieses Format ist hilfreich für Berichtsdaten, die Sie offline oder in Microsoft Excel bearbeiten möchten. Vermeiden Sie dieses Format für umfangreiche Berichte. Für die Anzeige dieses Formats ist Microsoft Excel 10 aus Office 2002 oder Microsoft Excel 11 aus Office 2003 erforderlich.
Webarchiv	Rendert einen Bericht im MHTML-Format.	Der Bericht wird in Internet Explorer geöffnet. Dieses Format generiert einen unabhängigen, portierbaren Bericht (Bilder sind in den Bericht eingebettet). Wählen Sie dieses Format aus, um Berichte offline anzuzeigen, oder für die Übermittlung per E-Mail.
Acrobat-Datei (PDF)	Öffnet einen Bericht mit Adobe Acrobat Reader.	Wählen Sie dieses Format für umfangreiche Berichte, paginierte Berichte sowie Berichte, die als Datei übermittelt werden.
Bild (TIFF)	Rendert einen Bericht in einem seitenbasierten Format.	Dieses Format wird zum Drucken empfohlen. Für umfangreiche Berichte wird von diesem Format abgeraten.
CSV	Rendert einen Bericht in einem trennzeichengetrennten Format.	Der Bericht wird in einem Viewer für Dateien im CSV-Format geöffnet. Bei diesem Format weisen die generierten Dateien die geringste Größe auf. Mit diesem Format werden Berichtsdaten vom Berichtsserver in andere Anwendungen oder auf andere Server kopiert.
XML	Rendert einen Bericht im XML-Format.	Der Bericht wird in einem Browser geöffnet. Mit diesem Format werden Berichtsdaten vom Berichtsserver in andere Anwendungen oder auf andere Server kopiert.

Tabelle 19.1 Standardmäßig vorhandene Exportformate von Reporting Services

HTML ist zwar nicht als Exportformat aufgeführt, wird jedoch für das anfängliche Rendern des Berichts verwendet.

Die Paginierung für Exportformate

Ein Bericht kann aus mehreren Seiten mit Daten bestehen, die durch Seitenumbrüche getrennt werden. Sie können Seitenumbrüche beim Design des Berichts am Anfang oder Ende eines Rechtecks, einer Tabelle, Matrix, Liste, Grafik oder Gruppe hinzufügen.

Es gibt zwei Arten von Renderingerweiterungen für Berichte aus mehreren Seiten. So stehen Exportformate zu Verfügung, die Berichte mit Seitenumbrüchen rendern, oder auch Formate, die zusätzlich auf Seitengröße rendern.

Berichte, die von Seitenumbrüchen unterstützenden Renderingerweiterungen gerendert wurden, weisen folgende Merkmale auf:

- am Anfang oder Ende eines designierten Berichtselements Seitenumbrüche, sofern der Bericht eine entsprechende Länge hat.
- automatische Seitenumbrüche, die auf der Seitengröße basieren.

Berichte, die von die Seitengröße unterstützenden Renderingerweiterungen gerendert werden, wenden

- auf der Seitengröße basierende Seitenumbrüche und
- Seitenumbrüche am Anfang oder Ende des Elements an.

Berichte, die von die Seitengröße nicht unterstützenden Renderingerweiterungen gerendert werden, zeigen alle Daten innerhalb des Elements oder der Gruppe auf einer einzelnen Seite an, wobei weiteren Elemente oder Gruppen auf nachfolgenden Seiten angezeigt werden.

Standardmäßig weisen Berichtselemente keine Seitenumbrüche auf. Um einen Seitenumbruch am Anfang oder am Ende eines Elements hinzuzufügen, müssen Sie die Eigenschaft *PageBreakAtEnd* oder *PageBreakAtStart* für das Element ändern. Diese Eigenschaften werden während der Designphase des Berichts eingerichtet. Nähere Informationen zu Formatierungen und dem Seitenmanagement finden Sie in Kapitel 9.

Die Paginierung wird nur für die Exportformate Acrobat (PDF), HTML und Bild unterstützt. Für Acrobat (PDF) basiert die Paginierung auf dem Papierformat.

Die HTML-Paginierung basiert nicht auf physikalischen Dimensionen. Die Seiten werden durch Seitenumbrüche getrennt, die Sie zu einem Bericht hinzufügen, aber die tatsächliche Länge kann von Seite zu Seite variieren. Ein Beispiel für die Paginierung im HTML-Format liefert der Bericht *Product Catalog* aus den *AdventureWorks Sample Reports*.

Im folgenden Abschnitt werden die einzelnen Renderingerweiterungen der Exportformate aus Tabelle 19.1 weiter oben erläutert.

Renderingerweiterungen

Der Berichtsserver transformiert Daten und Layoutinformationen in ein gerätespezifisches Format mithilfe von Renderingerweiterungen. Reporting Services umfasst standardmäßig sechs Renderingerweiterungen: HTML, Excel, Text, XML, Bild und PDF.

HINWEIS Entwickler können weitere Renderingerweiterungen erstellen, um Berichte in anderen Formaten zu generieren. Mehr Informationen zu diesem Thema finden Sie in Kapitel 30.

Wenn Sie mit Berichts-Designer einen Bericht erstellen, wird eine XML-Darstellung des Berichts, die so genannte Berichtsdefinition, erzeugt.

Die Berichtsdefinition verwendet die Berichtsdefinitionssprache RDL (Report Definition Language), ein XML-Schema, das speziell für Reporting Services entwickelt wurde. Dieses Schema enthält alle Elemente des Berichts, einschließlich Datenquelleninformationen, Layout und Berichtseigenschaften. Nähere Information zu RDL finden Sie in Kapitel 26.

Zusammen mit der Berichtsdefinition können Sie Ressourcen für den Bericht speichern. Bei diesen Ressourcen kann es sich um Bitmaps, Dokumente oder beliebige andere Dateitypen handeln.

Die so erstellte Definition wird in der Berichtsserver-Datenbank gespeichert, von wo sie von der Berichtsprozessorkomponente abgerufen und mit Daten kombiniert wird. Der Berichtsprozessor ruft dann eine Renderingerweiterung auf, die die Datei für ein bestimmtes Gerät rendert. Der resultierende Bericht kann je nach Renderingerweiterung unterschiedlich ausfallen. Beispielsweise wird die Ausgabe der Bild-Renderingerweiterung ganz anders aussehen als die Ausgabe der XML-Renderingerweiterung. Falls Berichte von mehreren Renderingerweiterungen verarbeitet werden sollen, müssen Sie dies beim Entwurf der Berichte berücksichtigen.

Die Renderererweiterungen benutzen die Geräteinformationseinstellungen, die von Reporting Services dazu verwendet werden, um Render-Parameter zu setzen. Die Render-Parameter werden vom Berichtsserver an die Renderingerweiterungen weitergegeben. Geräteinformationseinstellung sind optionale Render-Parameter und besitzen Standardwerte.

In den folgenden Abschnitten werden diese standardmäßig bereitgestellten Renderingerweiterungen beschrieben.

HTML-Renderingerweiterung

Wenn Sie über den Berichts-Manager einen Bericht vom Berichtsserver anfordern, wird der Bericht vom Berichtsserver mithilfe der HTML-Renderingerweiterung gerendert.

Ihr Browser verwendet für diese Renderingerweiterung HTML 4.0, sofern dieser diese Version unterstützt, ansonsten HTML 3.2.

Die HTML-Renderingerweiterung

- rendert einen Bericht in HTML 4.0 für Internet Explorer, Version 5.5 und 6, und für Netscape 7.1. Berichte für alle anderen Browser, einschließlich Pocket Internet Explorer und Netscape 4.78, werden in HTML 3.2 gerendert.
- unterstützt den Standard MHTML (MIME Encapsulation of Aggregate HTML Documents).
- kann diverse Geräteinformationseinstellungen für HTML-Berichte verarbeiten, z.B. Sichtbarkeit der Symbolleiste, Suchinformationen und Zoominformationen.
- erstellt eine HTML-Tabelle als Grundgerüst, in der die einzelnen Berichtselemente positioniert werden, damit das Layout des Berichts beibehalten wird. Nur falls die Berichtselementsätze nur ein Berichtselement enthalten, wird das Berichtselement ohne die Tabelle gerendert.

TIPP Sie können viele der Einstellungen der HTML-Renderingerweiterung über die URL-Parameter des HTML-Viewers steuern, über den Sie in Kapitel 26 mehr erfahren.

HINWEIS Überlappende Elemente werden von HTML nicht unterstützt. Falls sich ein Berichtselement mit einem anderen Element überlappt, werden die Elemente ohne Überlappung angeordnet. Dies kann dazu führen, dass Elemente auf der Seite an einer anderen Position als vorgesehen angezeigt werden.

In einigen Fällen überlappen sich Elemente in einem Designtool scheinbar nicht, obwohl dies tatsächlich der Fall ist.

Die Größen- und Positionseigenschaften für die Berichtselemente zeigen die tatsächliche Position der Berichtselemente. Zum Festlegen der Position von Elementen, die sich überlappen, werden von der Renderingerweiterung zuerst der Wert des Top-Elements für die Elemente, danach der Wert des *Left*-Elements und schließlich der Wert des *ZIndex*-Elements verwendet.

Excel-Renderingerweiterung

Die Excel-Renderingerweiterung rendert Berichte, die in Microsoft Excel XP oder höher angezeigt und wie jede normale Excel-Datei geändert werden können.

Durch diese Renderingerweiterung werden Dateien in MHTML erstellt, die den MIME-Typ *ms-excel* tragen und HTML-Metatags sowie Excel-spezifische XML-Dateninseln enthalten. Obwohl die Excel-Renderingerweiterung HTML rendert, ist der gerenderte Bericht für die Anzeige in Microsoft Excel und nicht in einem Browser gedacht.

Der Benutzer der Excel-Datei merkt von dieser Kodierung nichts, aus seiner Sicht ist die Datei nicht von anderen Excel-Dateien.

Ressourcen, wie z.B. Bilder, werden in den Bericht eingebettet.

Das Berichtsobjektmodell wird von dieser Erweiterung in eine Excel-Kalkulationstabelle übersetzt, wobei Excel-Formeln soweit wie möglich übernommen werden. Das Layout und das ursprüngliche Design des Berichts werden jedoch nicht vollständig in Excel übertragen. Daher müssen Sie bestimmte Gesichtspunkte berücksichtigen, wenn Sie einen Bericht für die Ausgabe in Excel entwerfen.

Die Excel-Renderingerweiterung

- erzeugt beim Export eines Berichts nach Excel für jede Seite des Berichts ein Arbeitsblatt. Die Anzahl der Arbeitsblätter pro Arbeitsmappe in Excel ist begrenzt. Bei Überschreiten des Limits wird ein Fehler generiert. Die Renderingerweiterung erstellt aus dem Bericht eine tabellarische Struktur mit geschachtelten Elementen.

- kann steuern, ob Formeln im Bericht in Excel-Formeln konvertiert werden oder ob die Formelgenerierung unterdrückt wird. Dies geschieht über die OmitFormulas-Geräteinformationseinstellung. Weitere Informationen zu OmitFormulas finden Sie in der Onlinehilfe.

> **TIPP** Wie Sie die Excel-Renderingerweiterung per URL-Zugriff steuern, erfahren Sie in Kapitel 26.

Der Excel-Renderingerweiterung stehen Elemente für den Datenbereich und allgemeine Berichtselemente zur Verfügung. Die folgenden Elemente werden für Datenbereiche verwendet:

- Diagramme werden als Bilder, nicht als Excel-Diagramme gerendert. Ein Diagramm wird auf die gleiche Weise gerendert wie ein Bildelement.

- Für Listenelemente wird nur der Inhalt angezeigt. Die Liste wird für jede Datenzeile oder Datengruppe in Excel gerendert. Elemente in der Liste werden relativ zu ihrer Position im Bericht auf dem Arbeitsblatt positioniert, was zu unvorhergesehenen Ergebnissen führen kann. Aus diesem Grund werden Listen in Berichten, die in Excel gerendert werden sollen, nicht empfohlen.

- Tabellen in Berichten werden in Excel als Zeilen und Spalten von Zellen gerendert. Seitenumbrüche bei Berichtselementen innerhalb einer Tabellenzelle werden ignoriert.

- Matrizen in Berichten werden in der Excel-Datei als Gruppe formatierter Zellen gerendert, ähnlich wie der Bericht in HTML. Matrixteilergebnisse werden nicht als Formeln gerendert, und die Matrix wird nicht als Excel-PivotTable gerendert. Für Gruppen werden beim Expandieren der Gruppe die Detailzeile und die Teilergebniszeile angezeigt. Dies unterscheidet sich von der Anzeige von Gruppen im HTML-Viewer. Im HTML-Viewer wird beim Expandieren von Gruppen die Teilergebniszeile ausgeblendet und die Detailzeile angezeigt. Als Beispiel für dieses Verhalten können Sie den Company Sales-Bericht im HTML-Viewer anzeigen und dann nach Excel exportieren.

HINWEIS In einen Tabellen- oder Matrixdatenbereich geschachtelte Datenbereiche werden nicht unterstützt. Wenn dieses Layout auftritt, wird in Excel ein Fehler angezeigt.

CSV-Renderingerweiterung

Die CSV-Renderingerweiterung (Comma-Separated Value) rendert Berichte zu reinen Textdateien ohne Formatierung, in denen die Daten durch Trennzeichen getrennt werden. Dabei werden Felder und Zeilen durch ein Trennzeichen getrennt, für das auch ein anderes Zeichen als ein Komma gewählt werden kann. Benutzer können diese Dateien mit einer Tabellenkalkulationsanwendung, z.B. Excel, oder einem anderen Programm, z.B. Notepad, zum Lesen von Textdateien öffnen.

Der exportierte Bericht wird zu einer CSV-Datei und gibt den MIME-Typ *text/plain* zurück. Die Dateien haben die MIME-Version 1.0.

Ein CSV-Bericht, der mit den Standardeinstellungen gerendert wurde, hat folgende Merkmale:

- Der erste Datensatz enthält Header für alle Spalten in dem Bericht.
- Alle Zeilen haben die gleiche Anzahl von Spalten.
- Das standardmäßige Feldtrennzeichen ist ein Komma (,).
- Die Trennzeichenfolge für Datensätze ist Wagenrücklauf, gefolgt von Zeilenvorschub (<cr><lf>).
- Als Textqualifizierer-Zeichenfolge dient das Anführungszeichen (").
- Falls der Text eine eingebettete Trennzeichenfolge oder Qualifiziererzeichenfolge enthält, wird der Text in den Textqualifizierer eingeschlossen, und die eingebetteten Qualifiziererzeichenfolgen werden verdoppelt.
- Formatierung und Layout werden ignoriert.

TIPP Wie Sie die CSV-Renderingerweiterung per URL-Zugriff steuern, erfahren Sie in Kapitel 26.

Beim Rendern eines Berichts führt die CSV-Renderingerweiterung eine Iteration durch das vom Berichtsprozessor erzeugte Renderingobjektmodell aus.

Die Berichtselemente werden von oben nach unten und dann von links nach rechts sortiert. Anschließend wird jedes Element in eine Spalte gerendert. Enthält der Bericht geschachtelte Datenelemente, wie Listen oder Tabellen, werden die übergeordneten Elemente in jedem Datensatz wiederholt.

Folgende Elemente können bei der Verarbeitung verwendet werden: *Textfeld*, *Tabelle*, *Matrix*, *Liste*, *Rechteck*, *Eingebetteter Bericht* und *Diagramm*.

Die Elemente *Seitenkopfzeilen*, *Seitenfußzeilen*, *Benutzerdefiniertes Element*, *Linie*, *Bild* und *ActiveX-Steuerelement* werden bei der Verarbeitung ignoriert.

XML-Renderingerweiterung

Die XML-Renderingerweiterung rendert Berichte in XML-Dateien. Das Schema der Bericht-XML-Ausgabe hängt vom jeweiligen Bericht ab und enthält nur Daten. Layoutinformationen werden von der XML-Renderingerweiterung nicht gerendert. Der von dieser Erweiterung erstellte XML-Code kann in eine Datenbank importiert, als XML-Datennachricht verwendet oder an eine benutzerdefinierte Anwendung gesendet werden.

Der von der XML-Renderingerweiterung generierte XML-Code ist UTF-8-codiert.

Für Berichte, die mit der XML-Renderingerweiterung gerendert werden, sollte Folgendes berücksichtigt werden:

- XML-Elemente und -Attribute werden in der Reihenfolge gerendert, in der sie in der Berichtsdefinition angezeigt werden.
- Die Paginierung wird ignoriert.
- Seitenkopfzeilen und Seitenfußzeilen, *Image*, *CustomReportItem* und *Line* werden ignoriert.
- Es können beim Rendern eines Berichts zahlreiche Geräteinformationseinstellungen verarbeitet werden, z.B. eine auf die XML-Ausgabe anzuwendende Transformation (XSLT), die Codierung für das XML-Dokument und die Dateierweiterung des XML-Dokuments.

In der folgenden Tabelle 19.2 wird beschrieben, wie Berichtselemente gerendert werden.

Element	Renderingverhalten
Bericht	Wird als Element der obersten Ebene des XML-Dokuments gerendert.
Datenbereiche	Werden als Element innerhalb des Elements für den Container gerendert.
Gruppen und Detailabschnitte	Jede Instanz wird als Element innerhalb des Elements für den Container gerendert.
Textfeld	Wird als Attribut oder Element innerhalb des Containers gerendert.
Rechteck	Wird als Element innerhalb des Containers gerendert.
Matrixspaltengruppen	Werden als Elemente innerhalb von Zeilengruppen gerendert.

Tabelle 19.2 Berichtselemente der XML-Renderingerweiterung

TIPP Von der XML-Renderingerweiterung erstellte XML-Dateien können mithilfe von XSL-Transformationen (XSLT) in beinahe jedes Format transformiert werden. Mit dieser Funktion können Daten in Formaten erstellt werden, die von den vorhandenen Renderingerweiterungen nicht unterstützt werden. Bevor Sie eine eigene Renderingerweiterung erstellen, sollten Sie das Verwenden der XML-Renderingerweiterung mit XSLT in Betracht ziehen.

Bild-Renderingerweiterung

Die Bild-Renderingerweiterung rendert Berichte in Bitmaps oder Metadateien. Die Erweiterung kann Berichte in den Formaten BMP, EMF, GIF, JPEG, PNG, TIFF und WMF rendern. Standardmäßig wird das Bild in TIFF gerendert, das mit dem standardmäßigen Image Viewer des Betriebssystems, z.B. Windows Bild- und Faxanzeige, angezeigt werden kann.

Für das TIFF-Format lautet der Dateiname des primären Datenstromes *{Berichtsname}.tif*. Für alle anderen Formate, die als Einzelseite pro Datei gerendert werden, lautet der Dateiname *{Berichtsname}_{Seite}.{Erweiterung}*, wobei *{Erweiterung}* für die Dateierweiterung des ausgewählten Dateiformats steht.

TIPP Das von dieser Erweiterung gerenderte Bild ist optimal geeignet, um es vom Viewer aus an einen Drucker zu senden.

Durch Verwenden der Bild-Renderingerweiterung zum Rendern des Berichts wird sichergestellt, dass der Bericht auf jedem Client gleich dargestellt wird. Im Gegensatz dazu kann z.B. die Darstellung eines in HTML gerenderten Berichts in Abhängigkeit von der vom Benutzer verwendeten Browserversion, den Browsereinstellungen des Benutzers und den verfügbaren Schriftarten variieren.

HINWEIS Das pixelorientierte Format, das diese Erweiterung liefert, macht es zur optimalen Vorstufe für die Entwicklung eigener Erweiterungen. Ein Beispiel hierfür finden Sie in Kapitel 30.

Für Berichte, die mit der Bild-Renderingerweiterung gerendert werden, sollte Folgendes berücksichtigt werden:

- Da der Bericht auf dem Server gerendert wird, müssen alle im Bericht verwendeten Schriftarten auf dem Server installiert sein.
- Falls sich zwei Elemente überlappen, bestimmt der Wert des *ZIndex*-Elements in der Berichtsdefinition für diese Elemente, wie die Elemente gerendert werden. Das Element mit dem höheren *ZIndex*-Wert wird über dem Element mit dem niedrigeren *ZIndex*-Wert gerendert.
- Beim Rendern eines Berichts können zahlreiche Geräteinformationseinstellungen verarbeitet werden, z.B. die zu rendernden Seiten, Seitenbreite und -höhe sowie die Bildauflösung.

PDF-Renderingerweiterung

Die PDF-Renderingerweiterung rendert Berichte in PDF-Dateien, die mit Adobe Acrobat angezeigt werden können.

HINWEIS Die PDF-Renderingerweiterung arbeitet ohne Fremdsoftware, d.h. zum Erzeugen der PDF-Dateien benötigen Sie keine weitere Software, also auch keine von Adobe. Lediglich auf dem Rechner, der die PDF-Datei anzeigen soll, benötigen Sie einen PDF-Viewer wie z.B. den kostenlos vom Hersteller Adobe erhältlichen Adobe Reader.

Die PDF-Renderingerweiterung

- basiert im Wesentlichen auf der Bild-Renderingerweiterung.
- erstellt Dateien mit der Erweiterung PDF. Diese Dateien haben das Format PDF 1.3, das mit Adobe Acrobat 4 oder höher kompatibel ist.
- rendert die Dokumentstruktur als PDF-Lesezeichen.
- rendert Hyperlinks. Wenn ein Benutzer auf einen Hyperlink klickt, werden die verknüpften Seiten im Browser geöffnet.

- rendert Bilder. Falls ein Bild im Bericht ursprünglich im JPEG-Format gespeichert war, enthält die gerenderte PDF-Datei dieses Bild im JPEG-Format. Bilder, die ursprünglich in anderen Formaten gespeichert waren, werden im PNG-Format gerendert.
- kann zahlreiche Geräteinformationseinstellungen für Berichte verarbeiten, z.B. die zu rendernden Seiten, Seitenbreite und -höhe sowie PDF-Auflösung.

TIPP Wie Sie die PDF-Renderingerweiterung per URL-Zugriff steuern, erfahren Sie in Kapitel 26.

Weitere Renderingerweiterungen

Die modular aufgebaute Architektur von Reporting Services unterstützt die Erweiterung für weitere Renderingformate. Es ist eine API verfügbar, mit der Sie Erweiterungen entwickeln, installieren und verwalten können, welche von vielen Komponenten von Reporting Services verwendet werden können. Sie können private und freigegebene Komponenten mittels des Microsoft .NET Frameworks erzeugen und deren Funktionalität Reporting Services hinzufügen. Wie Sie eine eigene Erweiterung entwickeln, erfahren Sie in Kapitel 30.

Weitere Informationen zu den Renderingerweiterungen sowie eine detaillierte Auflistung der vorhandenen RDL-Elemente für die verschiedenen Exportformate finden Sie in der Onlinehilfe.

Weitere Informationen zum Umgang mit RDL finden Sie in Kapitel 22.

Das nächste Kapitel veranschaulicht Ihnen die Möglichkeiten von Reporting Services zum Aufbau eines Verlaufs für Berichte. Außerdem wird gezeigt, wie Sie diese Historie mittels Zeitplänen, die die Intervalle festlegen, wann ein Bericht gespeichert wird, aufbauen können.

Kapitel 20

Snapshots, Verlauf, Zeitpläne

In diesem Kapitel:

Was ist ein Snapshot?	314
Eigenschaftenseite für den Verlauf von Berichten	315
Einen Berichtsverlauf einrichten	318
Arbeiten mit dem Berichtsverlauf	320
Freigegebene Zeitpläne einsetzen	323

Die meisten Berichte werden zu dem Zeitpunkt gerendert, zu dem sie geöffnet werden, d.h. die Daten werden direkt aus den Produktivdatenbanken geholt und aufbereitet und sind somit immer aktuell, benötigen jedoch bei jedem Aufruf eine gewisse Aufbereitungszeit, die bei komplexen Berichten sehr lang werden kann. Außerdem werden bei jedem Abruf des Berichts unter Umständen erhebliche Serverressourcen verbraucht.

Im Interesse einer schnelleren Verfügbarkeit der Berichte und der Schonung von Serverressourcen kann es sinnvoll sein, gewisse Abstriche bei der Aktualität der Berichte zu machen und diese als fertig gerenderte Berichte, so genannte Snapshots, vorzuhalten.

Manchmal ist es sogar ausdrücklich erwünscht, auf ältere Berichtsversionen zurückzugreifen, etwa im Zusammenhang mit Jahresabschlüssen.

Wenn mehrere Snapshots zu einem Bericht vorgehalten werden sollen, geschieht dies im Berichtsverlauf.

Wenn mehrere zeitplangesteuerte Ereignisse – wie z.B. die Erstellung von Snapshots – synchron erfolgen und vor allem gemeinsam verwaltet werden sollen, bietet sich die Arbeit mit freigegebenen Zeitplänen an.

In diesem Kapitel wird erklärt, wie Sie eine Kopie eines Berichts in Form eines Snapshots anlegen, Verläufe für Berichte erzeugen, und diese Verläufe an freigegebene Zeitpläne koppeln.

Was ist ein Snapshot?

Berichtssnapshots sind Instanzen eines Berichts mit Layoutinformationen und Daten aus einer externen Quelle zu bestimmten Zeitpunkten.

Während für bedarfsgesteuerte Berichte aktuelle Abfrageergebnisse abgerufen werden, wenn Sie diese auswählen, werden Berichtssnapshots nach einem Zeitplan verarbeitet und dann auf dem Berichtsserver im Berichtsverlauf gespeichert. Jeder Snapshot erfasst dabei den Zustand eines Berichts zu dem Zeitpunkt, als der Snapshot erstellt wurde. Falls Sie das Layout eines Berichts ändern oder dessen Datenquelle modifizieren, bleiben die Snapshots unberührt in der gespeicherten Version im Berichtsverlauf erhalten.

Berichtssnapshots werden in keinem speziellen Renderingformat gespeichert. Stattdessen werden sie erst dann in einem endgültigen Anzeigeformat (wie HTML) gerendert, wenn sie von einem Benutzer oder einer Anwendung angefordert werden. Durch dieses Verfahren wird ein Snapshot portabel. Der Bericht kann jeweils im richtigen Format für das aufrufende Gerät oder den aufrufenden Browser gerendert werden.

Berichtssnapshots dienen zwei Zwecken:

- Zum Festhalten des Verlaufs eines Berichts: Durch Erstellen einer Folge von Berichtssnapshots können Sie einen Verlauf eines Berichts erstellen, der die Änderung der Daten über die Zeit aufzeigt. Für den Berichtsverlauf sind Berichtssnapshots deshalb optimal geeignet, weil sie die wesentlichen Elemente eines Berichts (Abfrageergebnisse und Layout) enthalten.

TIPP Um die Änderungen der Daten über einen Berichtssnapshot festhalten zu können, ist es meist erforderlich, dem Bericht einen Parameter mitzugeben, über den sich z.B. eine Zeitperiode einstellen lässt.

Wie Sie Berichten Parameter für solche Zwecke mitliefern, wird in Kapitel 12 erläutert. Mehr zum Thema »Arbeiten mit Parameterberichten« finden Sie in Kapitel 15.

- Zur Steuerung der Berichtsverarbeitung, sodass die Verarbeitung nur zu vordefinierten Zeitpunkten erfolgt: Dies ist sinnvoll für umfangreiche Berichte, deren Verarbeitung viel Zeit in Anspruch nimmt, oder um stabile Ergebnisse für mehrere Benutzer bereitzustellen, die mit identischen Daten arbeiten sollen.

> **TIPP** Bei veränderlichen Daten kann ein bedarfsgesteuerter Bericht von einer Minute zur nächsten unterschiedliche Ergebnisse liefern. Dagegen können Sie mit einem Berichtssnapshot gültige Vergleiche mit anderen Berichten oder Analysetools ausführen, die Daten desselben Zeitpunktes enthalten.
>
> Nähere Informationen, welche Berichte bei der Ausführung angezeigt werden, finden Sie in Kapitel 18.

Eigenschaftenseite für den Verlauf von Berichten

Das Hinzufügen von Berichtssnapshots zum Berichtsverlauf können Sie mit der Eigenschaftenseite *Verlauf* planen.

Auf dieser Seite kann ebenfalls die Anzahl dieser Snapshots begrenzt werden, die im Berichtsverlauf zu speichern sind.

Die Tabelle 20.1 bietet Ihnen Erklärungen der einzelnen Felder dieser Seite.

Feld	Beschreibung
Berichtsverlauf kann manuell erstellt werden	Aktivieren Sie dieses Kontrollkästchen, um das Hinzufügen von Snapshots auf Ad-hoc-Basis zum Berichtsverlauf zu erlauben.
	Wenn Sie dieses Kontrollkästchen aktivieren und anschließend auf die Schaltfläche *Anwenden* klicken, wird die Schaltfläche *Neuer Snapshot* auf der Seite *Verlauf* angezeigt.
Alle Berichtsausführungs-Snapshots im Verlauf speichern	Aktivieren Sie dieses Kontrollkästchen, um jeden Berichtsnapshot, der auf der Grundlage der Ausführungseigenschaften dieses Berichts generiert wird, in dessen Berichtsverlauf zu kopieren.
	Sie können Berichtsausführungseigenschaften festlegen, um einen Bericht aus einem generierten Snapshot auszuführen.
	Wenn Sie diese Eigenschaft für den Berichtsverlauf festlegen, können Sie einen Datensatz mit allen im Laufe der Zeit generierten Berichtssnapshots speichern, indem Sie die Kopien der Berichtssnapshots im Berichtsverlauf platzieren.
	Wie Sie Ausführungseigenschaften einrichten, erfahren Sie in Kapitel 18.
Folgenden Zeitplan verwenden, um Snapshots dem Berichtsverlauf hinzuzufügen	Aktivieren Sie dieses Kontrollkästchen, um Snapshots auf der Basis eines Zeitplans zum Berichtsverlauf hinzuzufügen.
	Sie können einen nur für diesen Zweck verwendeten Zeitplan erstellen oder einen vordefinierten freigegebenen Zeitplan auswählen, sofern ein Zeitplan mit den gewünschten Informationen auf dem Berichtsserver verfügbar ist. Entscheiden Sie sich für einen berichtsspezifischen Zeitplan, finden Sie ein Beispiel im Abschnitt »Einen Berichtsverlauf einrichten« in diesem Kapitel. Ansonsten lesen Sie im Abschnitt »Einen freigegebenen Zeitplan einem Bericht zuweisen« weiter hinten in diesem Kapitel nach.

Tabelle 20.1 Felder der Eigenschaftenseite *Verlauf*

Feld	Beschreibung
Wählen Sie die maximale Anzahl von Snapshots im Verlauf aus	Wählen Sie eine der Optionen aus, um die Anzahl von Berichten zu steuern, die im Berichtsverlauf gespeichert werden.
	Für jeden Berichtsverlauf kann eine der folgenden drei Einstellungen festgelegt werden.
	Wählen Sie die Option *Standardeinstellung verwenden* aus, um die Standardeinstellung zu übernehmen.
	Der Berichtsserveradministrator steuert eine Mastereinstellung für die Speicherung des Berichtsverlaufs.
	Bei Auswahl dieser Option wird die Anzahl von gespeicherten Snapshots durch diese Mastereinstellung ermittelt.
	Die Option *Beliebig viele Snapshots im Berichtsverlauf speichern* wählen Sie aus, um alle Snapshots zum Berichtsverlauf zu speichern. Sie müssen die Snapshots manuell löschen, um die Größe des Berichtsverlaufs zu verringern.
	Mit der Option *Max. Anzahl von Kopien des Berichtsverlaufs* können Sie eine bestimmte Anzahl von Snapshots speichern. Wenn der Grenzwert erreicht ist, werden ältere Kopien aus dem Berichtsverlauf entfernt, um Platz für neue Kopien zu erhalten.
Anwenden	Per Klick auf die Schaltfläche *Anwenden* speichern Sie die vorgenommen Änderungen für diesen Bericht auf dem Berichtsserver.
	Sollten Sie die Eigenschaftenseite *Verlauf* ohne eine Speicherung verlassen, gehen Ihre Änderungen ebenso verloren wie ein eventuell konfigurierter Zeitplan.

Tabelle 20.1 Felder der Eigenschaftenseite *Verlauf (Fortsetzung)*

Der berichtsspezifische Zeitplan

Berichtsspezifische Zeitpläne werden im Kontext eines bestimmten Berichts, Abonnements oder eines bestimmten Vorgangs für die Berichtsausführung definiert, um den Ablaufzeitpunkt des Caches oder Snapshot-Aktualisierungen zu bestimmen.

Entscheiden Sie sich für einen berichtsspezifischen Zeitplan, muss dieser eingerichtet werden. Dies geschieht auf der Seite *Zeitplan bearbeiten*, welche Sie durch Klicken auf *Konfigurieren* auf der Eigenschaftenseite *Verlauf* eines Berichts erreichen.

ACHTUNG Zeitpläne können nur für Berichte erstellt werden, die unbeaufsichtigt ausgeführt werden können.

Für das Ausführen eines Berichts im unbeaufsichtigten Modus müssen Anmeldeinformationen in der Berichtsserver-Datenbank gespeichert sein.

Weitere Informationen zum Umgang mit der Anmeldung finden Sie in Kapitel 16.

WICHTIG Handelt es sich um einen parametrisierten Bericht, muss dieser für alle Parameter Standardwerte enthalten. Informationen zur Einrichtung dieser Standardwerte finden Sie in Kapitel 12 oder in Kapitel 15.

TIPP Nicht alle erdenklichen Möglichkeiten der zeitlich gesteuerten Ausführung eines Zeitplans können mit einem einzelnen Zeitplan unterstützt werden. So ist es z.B. nicht möglich, mit nur einem Zeitplan Snapshots eines Berichts in einem Dreiwochen-Rhythmus und zusätzlich alle vier Monate erstellen zu lassen. Sollten Sie solche Kombination benötigen, müssen Sie freigegebene Zeitpläne einsetzen.

Weitere Informationen finden Sie im Abschnitt »Freigegebene Zeitpläne einsetzen« weiter hinten in diesem Kapitel.

Eigenschaftenseite für den Verlauf von Berichten

Die Verarbeitung von Zeitplänen basiert auf der Ortszeit des Berichtsservers, auf dem der Bericht gehostet und verarbeitet wird.

Auf der Seite *Zeitplan bearbeiten* werden die Struktur und die Dauer des Zeitplans eingerichtet (Abbildung 20.1).

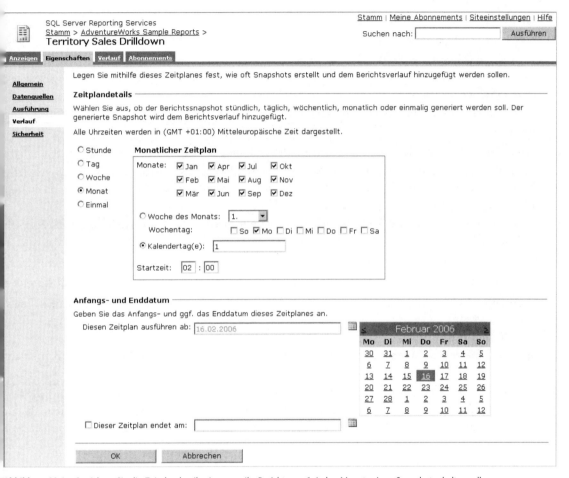

Abbildung 20.1 So richten Sie die Zeitplandetails ein, wenn Ihr Bericht zum 1. jeden Monats einen Snapshot erhalten soll

Bereich *Zeitplandetails*

Wählen Sie Optionen aus, um den Zeitpunkt und die Häufigkeit der Berichtsausführung zu bestimmen.

Diese Optionen werden durch zwei voneinander abhängige Kategorien eingerichtet. Mit der ersten Kategorie, auch Hauptkategorie genannt, stellen Sie die Häufigkeit – *stündlich, täglich, wöchentlich* usw. – ein. Die Optionen, die in der zweiten Kategorie zur Auswahl stehen, hängen von der ersten Auswahl ab:

- Wählen Sie die Option *Stunde* für die erste Kategorie aus, um einen Zeitplan mit stündlicher Ausführung zu definieren. Im Bereich *Anfangs- und Enddatum* können Sie für die zweite Kategorie dann den Tag angeben, an dem der Zeitplan ausgeführt werden soll.

- Wählen Sie die Option *Tag* aus, um einen Zeitplan zu definieren, der an den von Ihnen angegebenen Tagen zu einer bestimmten Uhrzeit (Stunde und Minute) ausgeführt wird. Für die Angabe der Tage stehen die folgenden Möglichkeiten zur Verfügung:
    - *An den folgenden Tagen*
    - *An jedem Wochentag*
    - *Nach so vielen Tagen wiederholen*

    Wenn eine Option ausgewählt ist, stehen die anderen nicht zur Verfügung, auch wenn es so aussieht, als seien die anderen Unteroptionen ebenfalls ausgewählt.

- Wählen Sie die Option *Woche* aus, um einen Zeitplan zu definieren, der zu der von Ihnen angegebenen Uhrzeit (Stunde und Minute) wöchentlich ausgeführt wird.

    Der Zeitabstand kann vollständige Wochen betragen (z.B. alle zwei Wochen) oder Tage innerhalb einer Woche.

- Wählen Sie die Option *Monat* aus, um einen Zeitplan mit monatlicher Ausführung zu definieren.

    Innerhalb eines Monats können Sie einen Tag auf der Grundlage eines Musters auswählen (z.B. den letzten Sonntag jeden Monats) oder spezifische Kalenderdaten angeben, z.B. *1.* und *15.*, um den ersten und fünfzehnten Tag jeden Monats anzugeben.

    Mithilfe von Semikolons und Bindestrichen können Sie mehrere Tage und Bereiche angeben (Beispiel: *1;5;7-12;21*).

- Wählen Sie die Option *Einmal* aus, um einen Zeitplan mit einer einmaligen Ausführung zu definieren.

    Im Bereich *Anfangs- und Enddatum* können Sie den Tag angeben, an dem der Zeitplan ausgeführt werden soll. Dieser Zeitplan läuft unmittelbar nach seiner Verarbeitung ab.

Bereich *Anfangs- und Enddatum*

Geben Sie das Anfangsdatum für den Beginn der Gültigkeit des Zeitplans und das Enddatum für den Ablauf des Zeitplans an.

Zeitpläne laufen ohne Benachrichtigung ab. Nach dem Enddatum können sie nicht mehr ausgeführt werden. Abgelaufene Zeitpläne werden nicht automatisch gelöscht, sondern müssen manuell entfernt werden. Wenn Sie einen abgelaufenen Zeitplan fortsetzen möchten, reicht es daher aus, das Enddatum entsprechend zu ändern.

Wie Sie einen Berichtsverlauf einrichten, erfahren Sie im nächsten Abschnitt.

Einen Berichtsverlauf einrichten

Sie wollen die Änderungen der Daten eines Berichts im Auge behalten. Es interessiert Sie z.B., wie sich die Verkäufe Ihrer Waren in den jeweiligen Verkaufsgebieten in den letzten Monaten entwickelt haben.

Dafür soll es möglich sein, den Verlauf der Daten eines Berichts für vorher festgelegte Zeitpunkte in der Vergangenheit anzeigen zu können. Hierfür ist die Verwendung von zeitplangesteuerten Snapshots ideal.

Um diese einzurichten, gehen Sie folgendermaßen vor:

1. Starten Sie den Berichts-Manager, indem Sie in der Adresszeile des Browsers die URL *http://{Ihr Webservername}/reports* eingeben.

2. Öffnen Sie den Bericht, von dem Snapshots erstellt werden sollen, z.B. *Territory Sales Drilldown* aus dem Ordner *AdventureWorks Sample Reports*, durch Klicken auf dessen Namen. Wie Sie mit Berichten arbeiten, wird in Kapitel 15 erklärt.
3. Wechseln Sie zu den Eigenschaften des Berichts, indem Sie die Registerkarte *Eigenschaften* in den Vordergrund holen.
4. Um einen Ablauf für eine Historie anzulegen, klicken Sie auf *Verlauf* (Abbildung 20.2).

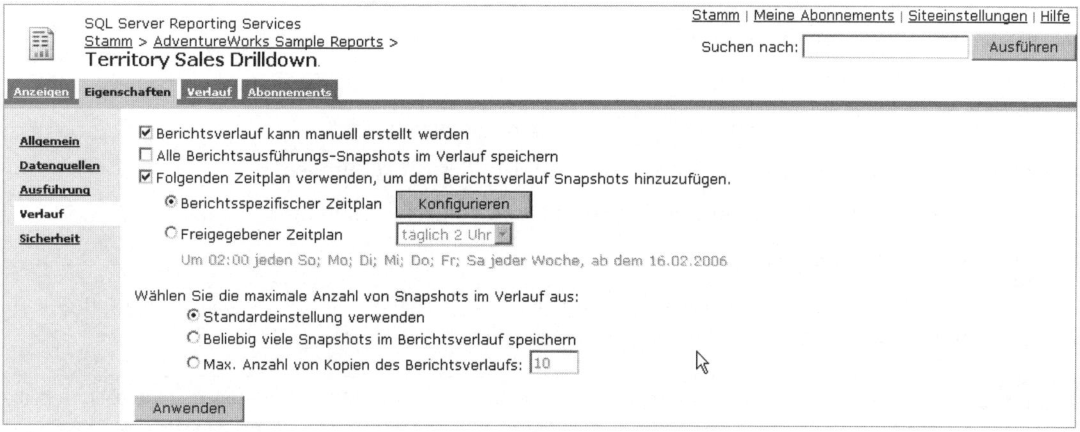

Abbildung 20.2 Über die Eigenschaftenseite *Verlauf* werden Verläufe für einen Bericht eingerichtet

5. Aktivieren Sie das Kontrollkästchen *Folgenden Zeitplan verwenden, um dem Berichtsverlauf Snapshots hinzuzufügen* und wählen die Option *Berichtsspezifischer Zeitplan* aus.
6. Klicken Sie auf *Konfigurieren*, um einen Zeitplan im Detail festzulegen (siehe Abbildung 20.1 weiter oben).
7. Wählen Sie im Bereich *Zeitplandetails* aus der ersten Kategorie die Option *Monat* aus.
8. In der zweiten Kategorie, rechts davon, wählen Sie die Option *Kalendertag(e)* und tragen den Wert 1 ein. Lassen Sie alle Monate ausgewählt. Die Startzeit soll **02:00** Uhr betragen.
9. Im Bereich *Anfangs- und Enddatum* geben Sie ein Startdatum ein, z.B. den **16.02.2006**. Da Sie dieses nicht direkt im Textfeld erledigen können, müssen Sie rechts davon auf das Kalendersymbol klicken. Im Monatsanzeiger wählen Sie jetzt ein Datum aus.
10. Bestätigen Sie mit *OK*, um den Zeitplan zum Bericht einzurichten.

WICHTIG	**Die Reporting Services verwenden den SQL Server-Agent als Zeitplanungsmodul.**

Ohne den SQL Server-Agent auszuführen, können Sie keine geplante Operation erstellen. Sollten Sie also im abschließend nachfolgenden Schritt 11 eine Fehlermeldung erhalten, dann liegt dies mit hoher Wahrscheinlichkeit daran, dass der SQL Server-Agent nicht gestartet ist. Holen Sie dies nach, indem Sie *Start/Alle Programme/Microsoft SQL Server 2005/Konfigurationstools/ SQL Server Configuration Manager* wählen und in dem Dialogfeld in der Liste *SQL Server 2005 Dienste* die Auswahl *SQL Server Agent (MSSQLSERVER)* treffen und mit rechter Maustaste im folgenden Kontextmenü auf *Starten* klicken.

Wenn Sie diesen Vorgang nicht nach jedem Systemstart wiederholen möchten, sollten Sie die Eigenschaften des Dienstes SQL Server-Agent öffnen, indem Sie mit der rechten Maustaste im Kontextmenü diesmal auf *Eigenschaften* klicken. Im folgenden Dialogfeld *Eigenschaften von SQL Server-Agent (MSSQLSERVER)* wählen Sie oben den Registerreiter *Dienst* aus und stellen anschließend als Startmodus *Automatisch* ein. Bestätigen Sie Ihre Eingabe mit *Übernehmen* und schließen das Dialogfeld.

Sobald in der Spalte *Status* der Eintrag *Wird ausgeführt* angezeigt wird, können Sie das Fenster schließen.

11. Klicken Sie auf *Anwenden*, um die neuen oder geänderten Verlaufsdaten zu speichern.
12. Sie haben einen monatlichen Verlauf für einen Bericht eingerichtet. Die Snapshots finden Sie, sobald der eingestellte Zeitpunkt mindestens einmal erreicht wurde, im Berichtsverlauf. Dieser soll nun betrachtet werden.

Arbeiten mit dem Berichtsverlauf

Der Berichtsverlauf enthält die Auflistung der erstellten Snapshots eines Berichts.

Im Berichtsverlauf werden Snapshots aus folgenden Bereichen gesammelt:

- Kopien, die durch einen berichtsspezifischen Zeitplan entstehen
- Kopien aus einem freigegebenen Zeitplan, der mit dem Bericht verbunden ist
- Kopien, die durch die Berichtsausführung erstellt wurden (siehe Kapitel 18)
- Manuell erstellte Snapshots

Jeder Benutzer mit Zugriff auf einen Bericht kann sich den Berichtsverlauf für diesen Bericht anzeigen lassen. Diese Berechtigungen werden von der Aufgabe *Berichte anzeigen* bereitgestellt.

> **WICHTIG** Der Berichtsverlauf ist nicht für Berichte mit vertraulichen oder persönlichen Daten vorgesehen. Aus diesem Grund kann der Berichtsverlauf nur jene Berichte enthalten, die die Abfrage einer Datenquelle mithilfe eines einzigen Satzes von Anmeldeinformationen durchführt, die für alle Benutzer verfügbar sind, die einen Bericht ausführen. D.h. also nur für Berichte, die entweder gespeicherte Anmeldeinformationen oder Anmeldeinformationen für die unbeaufsichtigte Berichtsausführung verwenden.

Nähere Information zur Anmeldung an Datenquellen finden Sie in Kapitel 17, mehr zu Sicherheit und Benutzerrollen in Kapitel 16.

Der Berichtsverlauf ist eine Erweiterung des Berichts. Beim Verschieben eines Berichts wird auch der Berichtsverlauf verschoben.

Wenn Sie einen Bericht ändern oder dessen Datenquelle löschen, bleibt der vorhandene Berichtsverlauf erhalten.

Der Berichtsverlauf besteht aus Berichtssnapshots, die Instanzen eines Berichts mit Layoutinformationen und Daten aus einer externen Quelle zu bestimmten Zeitpunkten darstellen. Jeder Snapshot im Berichtsverlauf erfasst den Zustand eines Berichts zu dem Zeitpunkt, als der Snapshot erstellt wurde. Falls Sie das Layout ändern oder die Datenquelle löschen, bleiben die Snapshots im Berichtsverlauf erhalten.

Möchten Sie zügig sehen, wie sich ein Verlauf aufbaut, müssen Sie zu Testzwecken ein kurzes Intervall für den Zeitplan wählen. Wiederholen Sie die Schritte 1 bis 11 des Beispiels aus Abschnitt »Einen Berichtsverlauf einrichten« weiter vorne in diesem Kapitel. Verwenden Sie einen anderen Bericht, z.B. *Company Sales*. Ändern Sie jedoch die folgenden Punkte ab:

- Wählen Sie auf Seite *Zeitplan bearbeiten* aus der ersten Kategorie *Stunde*. Tragen Sie in der zweiten Kategorie für *Den Zeitplan ausführen alle:* eine Minutenzahl ein, z.B. **00:10**. Setzen Sie die *Startzeit* auf Ihre aktuelle Uhrzeit.
- Das Anfangsdatum zeigt automatisch auf den aktuellen Tag und kann somit bleiben.
- Auf der Eigenschaftenseite *Verlauf* wählen Sie die Option *Max. Anzahl von Kopien des Berichtsverlaufs* und tragen den Wert **20** für die Begrenzung ein, wodurch immer nur 20 Kopien eines Berichts im Verlauf

gespeichert werden. Dabei wird die älteste Kopie gelöscht, wenn eine neue gespeichert wird und die Begrenzung erreicht ist. Sobald Sie auf *Anwenden* klicken, erscheint der Hinweis aus Abbildung 20.3. Bestätigen Sie diesen mit *OK*.

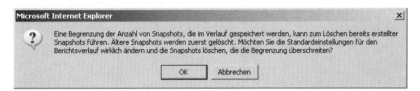

Abbildung 20.3 Damit Sie nicht versehentlich ältere Snapshots Ihrer Berichte löschen, erhalten Sie vorab bei der Begrenzung des Verlaufs einen Hinweis angezeigt

Nach einiger Zeit haben sich genug Kopien im Berichtsverlauf gesammelt. Wie Sie diese Kopien verwalten können, wird im nächsten Abschnitt erläutert.

Die Berichtsverlauf-Seite

Mithilfe der Seite *Berichtsverlauf* können Sie die im Laufe der Zeit generierten und gespeicherten Berichtssnapshots anzeigen.

Die Verlaufseigenschaften eines Berichts bestimmen die Art und Weise, in der der Berichtsverlauf erstellt werden kann.

Der Berichtsverlauf wird immer im Kontext des Berichts angezeigt, aus dem er stammt. Es ist nicht möglich, den Verlauf aller Berichte zentral anzuzeigen.

Die Snapshots werden in einer Liste angezeigt (Abbildung 20.4). Die Spalte *Wann ausgeführt* enthält den Zeitstempel. Sie zeigt das Datum und die Uhrzeit der Erstellung an. Die Spalte *Größe* zeigt den Speicherbedarf der Berichtsdefinition und der Daten im Bericht an, welcher in der Berichtsserver-Datenbank verwendet wird. Die Größe des dargestellten Berichts einschließlich der Formatierung ist tatsächlich höher. Die in Klammern angegebene Gesamtgröße enthält die Summe der Größe aller Snapshots im Berichtsverlauf des aktuellen Berichts.

Der Pfeil neben einem der Spaltenköpfe *Wann ausgeführt* oder *Größe* zeigt ihnen die derzeitige Sortierungsreihenfolge an. Sie können diese ändern, indem Sie auf einen der beiden Spaltenköpfe klicken. Ein nochmaliges Klicken auf denselben Spaltenkopf dreht die Reihenfolge um.

Klicken Sie auf den Zeitstempel eines Snapshots im Berichtsverlauf, um diesen anzuzeigen. Die im Berichtsverlauf angezeigten Snapshots unterscheiden sich nur durch das Datum und die Uhrzeit ihrer Erstellung. Es gibt keinen grafischen Hinweis, ob ein Snapshot als Folge eines Zeitplanes oder durch einen manuellen Vorgang generiert wurde.

	SQL Server Reporting Services	Stamm	Meine Abonnements	Siteeinstellungen	Hilfe
	Stamm > AdventureWorks Sample Reports > **Company Sales**	Suchen nach: [ ] Ausführen

Anzeigen | **Eigenschaften** | **Verlauf** | **Abonnements**

✗ Löschen | 🗎 Neuer Snapshot

☐	Ausführungszeitpunkt↓	Größe (gesamt: 417 KB)
☐	16.02.2006 12:02:58	23 KB
☐	20.02.2006 11:13:04	21 KB
☐	20.02.2006 11:13:36	21 KB
☐	20.02.2006 11:14:08	21 KB
☐	20.02.2006 11:14:36	21 KB
☐	20.02.2006 11:15:09	21 KB
☐	20.02.2006 11:15:49	21 KB
☐	20.02.2006 11:15:52	21 KB
☐	20.02.2006 11:16:10	21 KB
☐	20.02.2006 11:17:01	21 KB
☐	20.02.2006 11:18:01	21 KB
☐	20.02.2006 11:19:02	21 KB
☐	20.02.2006 11:20:03	21 KB
☐	20.02.2006 11:21:04	21 KB
☐	20.02.2006 11:22:04	21 KB
☐	20.02.2006 11:23:05	21 KB
☐	20.02.2006 11:24:06	21 KB
☐	20.02.2006 11:25:07	21 KB
☐	20.02.2006 11:26:07	21 KB
☐	20.02.2006 11:27:08	21 KB

Abbildung 20.4 Darstellung der Berichtsverlauf-Seite für einen Bericht

Die Symbolleiste des Berichtsverlaufs stellt Ihnen zwei Schaltflächen zur Verfügung (Tabelle 20.2).

Schaltfläche	Beschreibung
✗ Löschen	Aktivieren Sie das Kontrollkästchen neben den zu löschenden Snapshots, bevor Sie auf *Löschen* klicken.
🗎 Neuer Snapshot	Klicken Sie auf *Neuer Snapshot*, um einen Snapshot zum Berichtsverlauf hinzuzufügen.
	HINWEIS Diese Schaltfläche *Neuer Snapshot* ist nur verfügbar, wenn Sie auf der Eigenschaftenseite *Verlauf* des Berichts die Option *Berichtsverlauf kann manuell erstellt werden* ausgewählt haben.
	Nähere Informationen finden Sie im Abschnitt »Eigenschaftenseite für den Verlauf von Berichten« weiter vorne in diesem Kapitel.

Tabelle 20.2 Übersicht der Schaltflächen der Symbolleiste des Berichtsverlaufs

Löschen von Snapshots

Zum Ende eines Geschäftsjahres soll der Verlauf eines Berichts aufgeräumt werden, d.h. die nicht mehr benötigten Snapshots müssen gelöscht werden. Außerdem soll ein Snapshot zum aktuellen Stand der Daten erzeugt werden.

Gehen Sie hierzu folgendermaßen vor:

1. Wählen Sie im Berichts-Manager einen Bericht mit ausgefülltem Berichtsverlauf aus, z.B. den in den vorigen Abschnitten mit einem Berichtsverlauf versehenen *Company Sales* aus *AdventureWorks Sample Reports*.
2. Holen Sie die Registerkarte *Verlauf* in den Vordergrund.

3. Aktivieren Sie das Kontrollkästchen vor den Snapshots, die nicht mehr benötigt werden.
4. Klicken Sie auf *Löschen*, um die ausgewählten Snapshots aus dem Verlauf zu entfernen.
5. Bevor der Snapshot endgültig gelöscht wird, werden Sie gefragt, ob Sie dies wirklich tun möchten. Bestätigen Sie mit *OK*.

ACHTUNG Einmal gelöschte Snapshots eines Berichts können nicht wieder hergestellt werden.

6. Sie erstellen den Jahresabschluss, indem Sie einen manuellen Snapshot erzeugen. Klicken Sie dazu auf *Neuer Snapshot*.

Sie haben nun den Verlauf eines Berichts aufgeräumt und den Jahresabschluss mit einem manuellen Snapshot durchgeführt.

Für das nächste Jahr nehmen Sie sich vor, die Berichte noch mehr zu strukturieren und die Verläufe durch gemeinsame Zeitpläne zu steuern. Der Jahresabschluss für mehrere Berichte soll von nun an ebenfalls automatisch zum richtigen Termin erzeugt werden. Wie das geht, erfahren Sie im nächsten Abschnitt.

Freigegebene Zeitpläne einsetzen

Freigegebene Zeitpläne funktionieren im Wesentlichen genauso wie die berichtsspezifischen Zeitpläne, die Sie in den vorangegangenen Abschnitten kennen gelernt haben, können aber im Gegensatz zu diesen in mehreren Berichten verwendet werden. Dies erleichtert die Administration, da Änderungen an Zeitplänen nur noch in den freigegebenen Zeitplänen und nicht mehr an jedem einzelnen Bericht vorgenommen werden müssen.

Zeitpläne, ob freigegeben oder berichtsspezifisch, werden verwendet, um Snapshots von Berichten in deren Verlauf zu speichern.

WICHTIG Freigegebene Zeitpläne können nicht nur für Snapshots verwendet werden, sondern überall dort, wo berichtsspezifische Zeitpläne angegeben werden können, z.B. auch Abonnements.
Was Abonnements sind und wie Sie sie erstellen, finden Sie in Kapitel 23 beschrieben.

Freigegebene Zeitpläne sind Elemente auf Systemebene, weshalb im Gegensatz zu einem berichtsspezifischen Zeitplan zum Erstellen eines freigegebenen Zeitplanes Berechtigungen auf Systemebene erforderlich sind. Deshalb erstellt normalerweise ein Berichtsserveradministrator oder Inhalts-Manager die freigegebenen Zeitpläne, die auf dem Server verfügbar sind. Im Gegensatz hierzu können berichtsspezifische Zeitpläne von einzelnen Benutzern erstellt werden.

Freigegebene Zeitpläne können zentral verwaltet, unterbrochen und fortgesetzt werden. Einen berichtsspezifischen Zeitplan müssen Sie dagegen manuell bearbeiten, um zu verhindern, dass er ausgeführt wird.

Erstellen Sie einen berichtsspezifischen Zeitplan, wenn ein freigegebener Zeitplan nicht die benötigte Häufigkeits- oder Wiederholungsoption bereitstellt.

Freigegebene Zeitpläne verwalten

Ein freigegebener Zeitplan ist ein von Ihnen erstellter, benannter Zeitplan, den Sie getrennt von Berichten, Abonnements und anderen Prozessen verwalten, die Zeitplaninformationen verwenden. Benutzer können die von Ihnen bereitgestellten Zeitpläne verwenden, um diese für z.B. die Einrichtung eines Berichtsverlaufs zu nutzen.

Verwenden Sie die Seite *Freigegebene Zeitpläne* im Berichts-Manager zum Verwalten freigegebener Zeitpläne (Abbildung 20.5). Auf dieser Seite können Sie alle freigegebenen Zeitpläne anzeigen, die für den Server definiert sind, Zeitpläne anhalten und fortsetzen sowie Zeitpläne zum Ändern oder Löschen auswählen. Außerdem können neue Zeitpläne hinzugefügt werden.

ACHTUNG Einen Zeitplan können Sie jederzeit erstellen oder ändern. Wenn jedoch ein Zeitplan vor Abschluss Ihrer Änderungen ausgeführt wird, wird die vorherige Version des Zeitplanes verwendet. Der geänderte Zeitplan wird erst nach dem Speichern wirksam.

Wenn Sie also einen freigegebenen Zeitplan ändern, sollten Sie ihn anhalten, bevor Sie Änderungen daran vornehmen. Die Änderungen werden wirksam, sobald Sie den Zeitplan fortsetzen. Ein Beispiel dazu finden Sie in Abschnitt »Einen Zeitplan anhalten bzw. fortsetzen« in diesem Kapitel.

Durch Analysieren der Werte in den Feldern *Letzte Ausführung*, *Nächste Ausführung* und *Status* auf der Seite *Freigegebene Zeitpläne* können Sie feststellen, ob ein freigegebener Zeitplan derzeit verwendet wird. Wenn ein Zeitplan nicht mehr ausgeführt wird, weil er abgelaufen ist, wird das Ablaufdatum im Feld *Status* angezeigt.

	SQL Server Reporting Services **Freigegebene Zeitpläne**			Stamm | Meine Abonnements | Siteeinstellungen | Hilfe Suchen nach:		Ausführen
✕ Löschen || Anhalten ▶ Fortsetzen | 🗐 Neuer Zeitplan						
☐ Name	Zeitplan↓		Ersteller	Letzte Ausführung	Nächste Ausführung	Status
☐ monatliche Ausführung	Um 06:00 an den Tagen 1 jedes Monats, ab dem 20.02.2006		VPCGOLDT\ixtoadmin	Nie	01.03.2006 06:00	
☑ kuriose Ausführung	Um 15:55 am zweite Mo; Do; Sa im Feb; Mär; Apr; Jun; Jul; Okt; Nov, ab dem 20.02.2006 und bis zum 08.04.2006		VPCGOLDT\ixtoadmin	Nie	09.03.2006 15:55	

Abbildung 20.5 Ein Zeitplan wurde ausgewählt, um ihn anzuhalten

Die Symbolleiste der Seite *Freigegebene Zeitpläne* stellt Ihnen Schaltflächen zur Bearbeitung der Zeitpläne zur Verfügung (Tabelle 20.3). Aktivieren Sie das Kontrollkästchen neben den gewünschten freigegebenen Zeitplänen, um diese zu löschen, anzuhalten oder fortzusetzen.

Schaltfläche	Beschreibung
✕ Löschen	Klicken Sie auf *Löschen*, um einen freigegebenen Zeitplan zu löschen.
	Wenn Sie einen freigegebenen Zeitplan löschen, der verwendet wird, werden alle Verweise darauf durch berichtsspezifische Zeitpläne ersetzt, die eine Kopie des gelöschten Zeitplans darstellen.
|| Anhalten	Klicken Sie auf *Anhalten*, um das Ausführen eines freigegebenen Zeitplans vorübergehend zu unterbrechen.
	Durch das Anhalten eines Zeitplans wird die Ausführung aller verbundenen Abonnements und anderen geplanten Prozesse, die von ihm gesteuert werden, ebenfalls verhindert.
	Bereits gestartete Vorgänge, die auf diesem Zeitplan basieren, können dadurch nicht gestoppt werden.

Tabelle 20.3 Übersicht der Symbolleiste der Seite *Freigegebene Zeitpläne*

Schaltfläche	Beschreibung
Fortsetzen	Klicken Sie auf *Fortsetzen*, um einen freigegebenen Zeitplan fortzusetzen. Versäumte Prozesse, deren Ausführung geplant war, während der Zeitplan angehalten wurde, werden nicht fortgesetzt.
Neuer Zeitplan	Klicken Sie auf *Neuer Zeitplan*, um die Seite *Zeitplanung* zu öffnen. Auf der daraufhin angezeigten Seite können Sie Angaben zur Häufigkeit machen. Lesen Sie dazu den Abschnitt »Beispiel: Freigegebenen Zeitplan erstellen« weiter hinten in diesem Kapitel.

Tabelle 20.3 Übersicht der Symbolleiste der Seite *Freigegebene Zeitpläne (Fortsetzung)*

Die Zeitpläne werden in Listenform angezeigt. Die Informationen stehen in folgenden Spalten:

- *Name*
  Der Name des freigegebenen Zeitplans, durch den später die Auswahl auf den jeweiligen Eigenschaftenseiten der Berichte stattfindet.

- *Zeitplan*
  Zeigt die freigegebenen Zeitpläne an, die aktuell definiert sind. Klicken Sie auf einen freigegebenen Zeitplan, um die Informationen zur Häufigkeit anzuzeigen oder zu bearbeiten.

- *Ersteller*
  Zeigt den Benutzer an, der den freigegebenen Zeitplan erstellt hat.

- *Letzte Ausführung* und *Nächste Ausführung*
  Zeigt den Zeitpunkt an, zu dem der freigegebene Zeitplan zuletzt ausgeführt wurde und wann er das nächste Mal ausgeführt wird.

- *Status*
  Zeigt an, ob ein freigegebener Zeitplan angehalten oder aktiv ist.

Der Pfeil neben einem der Spaltenköpfe zeigt Ihnen die derzeitige Sortierungsreihenfolge an. Sie können diese ändern, indem Sie auf einen der Spaltenköpfe klicken. Ein nochmaliges Klicken auf denselben Spaltenkopf kehrt die Reihenfolge um.

Beispiel: Freigegebenen Zeitplan erstellen

Inzwischen haben sich bei Ihnen viele Berichte angesammelt, für die im Rahmen des Jahresabschlusses Snapshots erstellt werden müssen. Da sich der Jahresabschluss aber oftmals etwas nach vorne oder hinten verschiebt, verlieren Sie sicherlich schnell die Lust daran, jedes Mal etliche berichtsspezifische Zeitpläne einzeln zu ändern und beschließen, einen freigegebenen Zeitplan zu erstellen, der den Zeitpunkt des Jahresabschlusses für alle Berichte zentral festlegt, damit Sie bei allen zukünftigen Jahresabschluss-Verschiebungen nur noch einen einzigen Zeitplan ändern müssen.

Führen Sie dazu folgende Schritte aus.

1. Klicken Sie auf der globalen Symbolleiste des Bericht-Managers auf *Siteeinstellungen*.
2. Klicken Sie auf *Freigegebene Zeitpläne verwalten* im Bereich *Sonstige* unten auf der Seite.
3. Öffnen Sie durch Klicken auf *Neuer Zeitplan* die Seite *Zeitplan*, mit der Pläne erstellt bzw. bearbeitet werden können (Abbildung 20.6).

HINWEIS Die Seite *Zeitplan* ist fast identisch mit der für die Erstellung und Bearbeitung von berichtsspezifischen Zeitplänen. Wenn Sie die Abbildung 20.1 weiter oben mit Abbildung 20.6 vergleichen, werden Sie erkennen, dass dem freigegebenen Zeitplan zusätzlich ein Name zugewiesen werden muss.

Eine detaillierte Beschreibung, wie Sie einen Zeitplan einrichten, finden Sie im Abschnitt »Einen Berichtsverlauf einrichten« weiter vorne in diesem Kapitel.

4. Weisen Sie dem Zeitplan den Namen **Jahresabschluss** zu.
5. Im Bereich *Zeitplandetails* wählen Sie für die erste Kategorie *Monat*.
6. In der zweiten Kategorie deaktivieren Sie die Kontrollkästchen aller Monate mit Ausnahme von *Okt*.
7. Wählen Sie die Option *Kalendertag(e)* und tragen dort den Wert **1** ein.
8. Die *Startzeit* setzen Sie auf **00:30** Uhr, da z.B. um 0:00 Uhr ein Systemabgleich aller Filialen erfolgt und daher keine Buchungen falsch abgerechnet werden.
9. Im Bereich *Anfangs- und Enddatum* wählen Sie für *Diesen Zeitplan ausführen ab:* den **20.02.2006**. Öffnen Sie dazu den Datumswechsler per Klick auf das -Symbol.

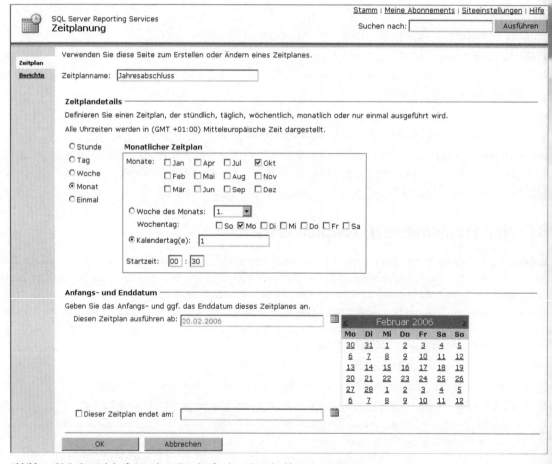

Abbildung 20.6 So wird der freigegebene Zeitplan für den Jahresabschluss eingerichtet

> **ACHTUNG** Nachdem Sie aus dem Datumswechsler ein Datum ausgewählt haben, warten Sie, bis das neue Datum im Textfeld neben *Diesen Zeitplan ausführen ab* eingetragen ist, bevor Sie die Änderungen des Zeitplans per Klick auf *OK* abschließen. Ein vorheriges Anklicken von *OK* übernimmt die Änderungen nicht!

10. Bestätigen Sie die Erstellung des Zeitplans mit einem Klick auf *OK*.

Es wird nun wieder die Liste der freigegebenen Zeitpläne angezeigt, in der nun der neue Zeitplan *Jahresabschluss* enthalten ist.

Einen freigegebenen Zeitplan einem Bericht zuweisen

Ohne einen angebunden Bericht nutzt Ihnen der schönste Zeitplan nichts. Daher soll ein freigegebener Zeitplan einem Bericht zugewiesen werden:

1. Für das Beispiel aus dem Abschnitt »Einen Berichtsverlauf einrichten« weiter vorne in diesem Kapitel führen Sie die Schritte 1 bis 5 aus. Wählen Sie einen anderen Bericht, z.B. *Product Line Sales*.
2. Aktivieren Sie das Kontrollkästchen *Folgenden Zeitplan verwenden, um dem Berichtsverlauf Snapshots hinzuzufügen*, sofern es nicht schon aktiviert ist.
3. Wählen Sie die Option *Freigegebener Zeitplan*.
4. Aus dem Listenfeld wählen Sie einen Zeitplan aus, z.B. *Jahresabschluss*. Die Ausführungsdaten des ausgewählten Zeitplans werden auf der Seite angezeigt. Vergewissern Sie sich, dass Sie den Bericht mit dem richtigen Zeitplan verbunden haben.
5. Klicken Sie auf *Anwenden*, damit die Verknüpfung zum freigegebenen Zeitplan im Berichtsverlauf gespeichert wird.

Es werden von nun an Snapshots für den Bericht *Product Line Sales* erzeugt. Wann und in welchen Intervallen diese Snapshots generiert werden, steuert der freigegebene Zeitplan *Jahresabschluss*.

Welche Berichte sind einem Zeitplan zugewiesen?

Jeder freigegebene Zeitplan verfügt über die Seite *Berichte*, auf der alle Berichte aufgeführt sind, die diesen Zeitplan verwenden.

1. Klicken Sie im Berichts-Manager in der globalen Symbolleiste oben rechts auf *Siteeinstellungen*.
2. Um die Liste der Zeitpläne zu öffnen, klicken Sie im Bereich *Sonstige* auf *Freigegebene Zeitpläne verwalten*.
3. Wählen Sie aus der Liste einen Zeitplan aus, z.B. *Jahresabschluss*, und klicken auf dessen Namen.
4. Im linken Bereich der Seite für den Zeitplan können Sie zwischen *Zeitplan* und *Berichte* wählen. Klicken Sie auf *Berichte*, um die Berichte zu sehen, die mit dem Zeitplan verbunden sind.
5. Möchten Sie einen Bericht bearbeiten oder die Verbindung zu diesem aufheben, können Sie auf *Details anzeigen* klicken und anschließend auf das -Symbol, das nun in der Liste vor dem Namen des Berichts zu finden ist.

    Wie Sie einen Bericht erstellen und bearbeiten, erfahren Sie in Teil A dieses Buchs. Welche Eigenschaften Sie bei einem Bericht über den Berichts-Manager einstellen können, wird in Kapitel 15 erläutert.

Sie haben sich nun für einen freigegebenen Zeitplan informiert, welche Berichte mit diesem verbunden sind.

Einen Zeitplan anhalten bzw. fortsetzen

In diesem Abschnitt werden Sie einen Zeitplan anhalten, um daran Änderungen vorzunehmen. Sobald die Arbeit erledigt ist, soll der Zeitplan fortgesetzt werden.

ACHTUNG Ein Zeitplan wird typischerweise angehalten und fortgesetzt, um zu verhindern, dass während der Durchführung von Änderungen die vorherige Version des Zeitplans verwendet wird. Die Ausführung freigegebener Zeitpläne findet nämlich unabhängig von der Bearbeitung statt.

Abbildung 20.7 Die Liste der freigegebenen Zeitpläne meldet in der Spalte *Status*, welcher *angehalten* wurde.

Ihr Chef möchte den Jahresabschluss einen Tag vorverlegen, d.h. die Daten sollen anstatt am 1.1. bereits zum 31.12. abgeschlossen werden. Dazu müssen Sie den Zeitplan ändern, und da beim Jahresabschluss nun wirklich nichts schief gehen darf, halten Sie den Zeitplan während der Änderung an.

Gehen Sie dazu folgendermaßen vor:

1. Klicken Sie im gestarteten Berichts-Manager in der globalen Symbolleiste oben rechts auf *Siteeinstellungen*.
2. Um die Liste der Zeitpläne zu öffnen, klicken Sie im Bereich *Sonstige* auf *Freigegebene Zeitpläne verwalten*.
3. Aktivieren Sie das Kontrollkästchen vor dem Namen eines Zeitplans, z.B. *Jahresabschluss*, wodurch die Schaltflächen der Zeitplan-Symbolleiste aktiv werden.
4. Klicken Sie auf *Anhalten*, um die Ausführung des Zeitplans zu unterbrechen. Die Felder *Nächste Ausführung* und *Status* zeigen Ihnen an, dass der Zeitplan angehalten wurde (Abbildung 20.7).
5. Klicken Sie auf den Namen des Zeitplans *Jahresabschluss*, um die nötigen Änderungen vorzunehmen.
6. Ändern Sie aus dem Bereich *Zeitplandetails* in der zweiten Kategorie die Angaben auf den **01.01**. Deaktivieren Sie *Okt* für das Feld *Monate* und aktivieren dafür *Jan*. Bei der Option *Kalendertag(e)* tragen Sie den Wert **1** ein. Die Startzeit setzen Sie auf **00:00** (Abbildung 20.8).

HINWEIS Sie müssen den 01.01. 00:00 wählen, da es nicht möglich ist, eine Startzeit von 24:00 einzustellen.

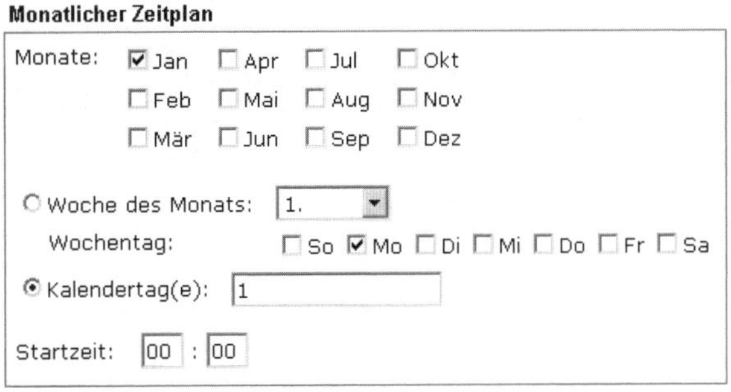

Monatlicher Zeitplan

Monate:	☑ Jan	☐ Apr	☐ Jul	☐ Okt
	☐ Feb	☐ Mai	☐ Aug	☐ Nov
	☐ Mär	☐ Jun	☐ Sep	☐ Dez

○ Woche des Monats: 1.
Wochentag: ☐ So ☑ Mo ☐ Di ☐ Mi ☐ Do ☐ Fr ☐ Sa

◉ Kalendertag(e): 1
Startzeit: 00 : 00

Abbildung 20.8 Auswahl der zweiten Kategorie eines Zeitplans, sobald *Monat* für die erste Kategorie gewählt wurde

7. Sie müssen im Bereich *Anfangs- und Enddatum* das Startdatum ändern. Legen Sie für *Diesen Zeitplan ausführen ab* das Datum so fest, dass der Zeitplan erst zum Ende des nächsten Jahres ausgeführt wird. Demzufolge muss das Anfangdatum mindestens einen Tag nach dem 1.1. des nächsten Jahres gesetzt werden.

   Sie können das Datum per Klick auf das ▦-Symbol im Datumswechsler ändern.

8. Bestätigen Sie die Änderungen mit *OK*.

9. Jetzt müssen Sie den Zeitplan wieder starten. Aktivieren Sie dazu erneut das Kontrollkästchen vor dem Zeitplannamen *Jahresabschluss*, und klicken Sie auf *Fortsetzen* (Abbildung 20.7).

Die Spalte *Zeitplan* in der Liste der freigegebenen Zeitpläne zeigt Ihnen die neuen Ausführungszeiten. Wann der Zeitplan das nächste Mal startet, sehen Sie in der Spalte *Nächste Ausführung*.

Mit diesem Kapitel haben Sie mit den Zeitplänen ein wichtiges Werkzeug für die Steuerung der zeitlichen Abläufe im Berichtsserver kennen gelernt. Außerdem wird durch den Einsatz freigegebener Zeitpläne der Verwaltungsaufwand erheblich verringert.

Damit haben Sie bereits einige Möglichkeiten der Steuerung kennen gelernt – noch weit flexiblere Varianten hierfür werden Ihnen im folgenden Teil D dieses Buchs vorgestellt, der auf die Programmierbarkeit der Reporting Services eingeht.

Teil D

Fortgeschrittene Arbeit mit Berichten

In diesem Teil:

Kapitel 21	Berichts-Generator	333
Kapitel 22	RDL (Report Definition Language)	347
Kapitel 23	Berichte automatisch verteilen: Abonnements	369
Kapitel 24	»Meine Berichte«-Funktionalität	393
Kapitel 25	Ausdrücke	401

Kapitel 21

Berichts-Generator

In diesem Kapitel:

Allgemeines	334
Entwerfen eines Berichtsmodells	334
Starten des Berichts-Generators	341
Die Arbeit mit dem Berichts-Generator	342

Allgemeines

Der Berichts-Generator ist ein Tool, um Ad-hoc-Berichte zu generieren. Er ist vollständig in SQL Server 2005 Reporting Services integriert und eine Komponente dessen. Mitarbeiter einer Firma, die auf Informationen einer Datenbank zugreifen müssen, können mit dem Berichts-Generator schnell Berichte zusammenstellen, ohne spezielle Kenntnisse einer Programmiersprache, einer Datenbank oder einer Entwicklungsumgebung haben zu müssen. Vorher muss lediglich ein Berichtsmodell auf dem Server existieren. Um allerdings dieses Berichtsmodell zu entwerfen, sind spezielle Kenntnisse notwendig. Jedoch erfolgt ein solcher Modellentwurf nur einmal. In einem Berichtsmodell wird der grundsätzliche Zugriff auf die Datenbank beschrieben. Mit dieser Beschreibung arbeiten die Nutzer des Berichts-Generators dann regelmäßig.

Entwerfen eines Berichtsmodells

Um Berichtsmodelle zu definieren, zu bearbeiten und zu veröffentlichen, verwenden Sie das Tool *Modelldesigner*.

Anlegen eines neuen Berichtsmodellprojekts

Im Folgenden wird demonstriert, wie ein Berichtsmodell angelegt wird:

1. Starten Sie zunächst das Business Intelligence Development Studio, indem Sie im Startmenü auf *Alle Programme/Microsoft SQL Server 2005/SQL Server Business Intelligence Development Studio* klicken.
2. Rufen Sie den Menübefehl *Datei/Neu/Projekt* auf.
3. Im daraufhin angezeigten Dialogfeld *Neues Projekt* wählen Sie den Projekttyp *Business Intelligence-Projekte* und als Vorlage *Berichtsmodellprojekt* aus (Abbildung 21.1). Geben Sie einen geeigneten Namen und Speicherport an, und klicken Sie anschließend auf *OK*.

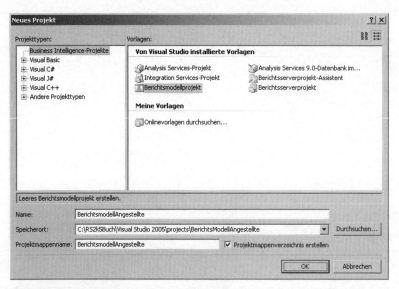

Abbildung 21.1 Erstellen Sie ein neues Berichtsmodellprojekt

Datenquelle definieren

Als Nächstes müssen Sie eine Datenquelle definieren. Gehen Sie dazu wie folgt vor:
1. Klicken Sie im Projektmappen-Explorer mit der rechten Maustaste auf *Datenquellen*.
2. Im sich öffnenden Kontextmenü klicken Sie auf *neue Datenquelle hinzufügen*, um den Datenquellen-Assistenten zu öffnen. Falls die *Willkommen*-Seite erscheint, klicken Sie auf *Weiter*.
3. Die Seite *Wählen Sie aus, wie die Verbindung definiert werden soll* wird angezeigt (Abbildung 21.2). Wählen Sie die Option *Eine Datenquelle basierend auf einer vorhandenen oder neuen Verbindung erstellen* aus.
4. Markieren Sie unter *Datenverbindungen* den Eintrag *LocalHost.AdventureWorks*.
5. Klicken Sie anschließend auf *Weiter*.
6. Zum Schluss legen Sie den Datenquellennamen **Adventure Works** fest.
7. Klicken Sie auf *Fertig stellen*.

Abbildung 21.2 Wählen Sie die Datenquelle basierend auf der vorhandenen Verbindung *LocalHost.AdventureWorks* aus

HINWEIS Falls die Datenquelle *LocalHost.AdventureWorks* im Listenfeld *Datenverbindungen* noch nicht vorhanden sein sollte, legen Sie diese folgendermaßen an:
1. Klicken Sie rechts unter *Datenverbindungseigenschaften* auf *Neu*.
2. Im Dialogfeld *Verbindungsmanager* geben Sie unter *Servername* den Namen Ihres Servers ein, oder wie in unserem Beispiel **LocalHost**.
3. Wählen Sie als Datenbank *AdventureWorks* aus.
4. Bestätigen Sie Ihre Angaben mit *OK*.

Damit ist die Datenquelle fertig definiert.

Abbildung 21.3 Festlegen des Datenquellennamens

Datenquellensicht definieren

Als nächsten Schritt definieren Sie eine Datenquellensicht:

1. Klicken Sie hierzu im Projektmappen-Explorer mit der rechten Maustaste auf *Datenquellensichten*.
2. Im sich öffnenden Kontextmenü klicken Sie auf *neue Datenquellensicht hinzufügen*, um den Datenquellensicht-Assistenten zu öffnen. Klicken Sie, falls die *Willkommen*-Seite erscheint, auf *Weiter*.
3. Wählen Sie die relationale Datenquelle *Adventure Works* aus (siehe Abbildung 21.4).
4. Klicken Sie anschließend auf *Weiter*.

Abbildung 21.4 Auswählen der Datenquelle

5. Wählen Sie jetzt das Objekt *HumanResources.vEmployee* aus dem Listenfeld links unter *Verfügbare Objekte* aus.

Entwerfen eines Berichtsmodells

6. Verschieben Sie das Objekt in das rechte Listenfeld *Eingeschlossene Objekte* (siehe Abbildung 21.5), indem Sie darauf doppelklicken.

> **TIPP** Um das Objekt *HumanResources.vEmployee* im Listenfeld schneller zu finden, können Sie den Filter verwenden. Tragen Sie einfach in das Feld *Filter* das Wort *Employee* ein und klicken Sie auf das Symbol rechts daneben.

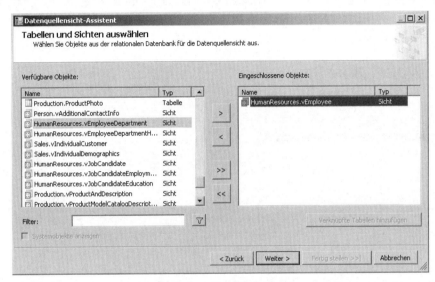

Abbildung 21.5 Auswählen der Objekte für die Datenquellensicht

7. Zum Schluss geben Sie einen geeigneten Namen für die Datenquellensicht an, wie in Abbildung 21.6 zu sehen.

8. Klicken Sie anschließend auf *Fertig stellen*.

Damit ist die Datenquellensicht für Angestellte definiert.

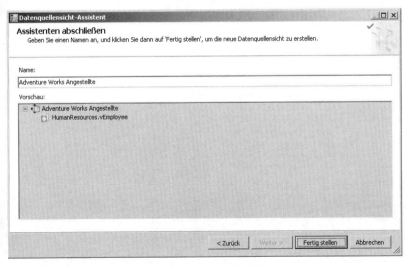

Abbildung 21.6 Festlegen des Namens für die Datenquellensicht

Berichtsmodell definieren

Jetzt definieren Sie das Berichtsmodell, welches später für den Berichts-Generator als Grundlage dient:

1. Klicken Sie hierzu im Projektmappen-Explorer mit der rechten Maustaste auf *Berichtsmodelle*.
2. Im sich öffnenden Kontextmenü klicken Sie auf *Neues Berichtsmodell hinzufügen*, um den Berichtsmodell-Assistenten zu öffnen. Klicken Sie, falls die *Willkommen*-Seite erscheint, auf *Weiter*.
3. Wählen Sie die Datenquellensicht aus, die Sie eben erstellt haben.
4. Klicken Sie anschließend auf *Weiter*.

Abbildung 21.7 Auswählen der Datenquellensicht

5. Auf der nächsten Seite (siehe Abbildung 21.8) wählen Sie die Regeln zur Berichtsmodellgenerierung aus. Lassen Sie alle Standardwerte eingestellt, und bestätigen Sie mit *Weiter*.

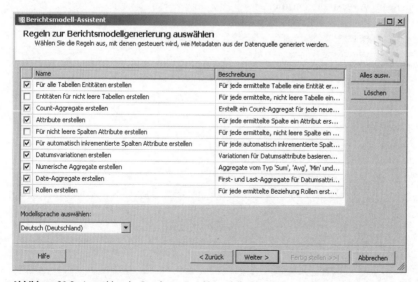

Abbildung 21.8 Auswählen der Regeln zur Berichtsmodellgenerierung

Entwerfen eines Berichtsmodells

6. Auf der nächsten Seite (siehe Abbildung 21.9) überprüfen Sie, ob die Option *Modellstatistiken vor Generierung aktualisieren* aktiviert ist, und klicken Sie auf *Weiter*.

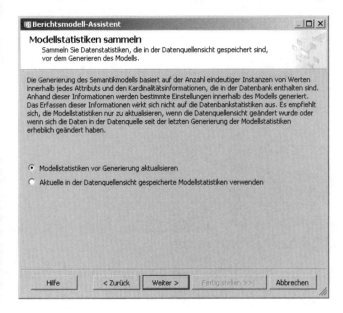

Abbildung 21.9 Modellstatistiken sammeln

7. Auf der letzten Seite (siehe Abbildung 21.10) legen Sie einen geeigneten Namen für Ihr Berichtsmodell fest.
8. Klicken Sie anschließend auf *Ausführen*.

Abbildung 21.10 Festlegen des Namens für das Berichtsmodell

9. Das Berichtsmodell wird nun angelegt. Klicken Sie auf *Fertig stellen*, um den Berichtsmodell-Assistenten abzuschließen.

Abbildung 21.11 Abschließen des Berichtsmodell-Assistenten

10. Damit ist das Berichtsmodell vollständig definiert. Das Veröffentlichen auf dem Berichtsserver wird im nächsten Abschnitt beschrieben.

Veröffentlichen des Berichtsmodells auf dem Berichtsserver

Jetzt müssen Sie Ihr Berichtsmodell noch auf dem Berichtsserver veröffentlichen:

1. Klicken Sie hierzu im Projektmappen-Explorer mit der rechten Maustaste auf Ihr Berichtsmodellprojekt.
2. Im sich öffnenden Kontextmenü klicken Sie auf *Bereitstellen* (Abbildung 21.12).

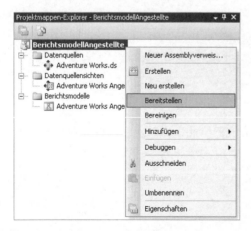

Abbildung 21.12 Bereitstellen des Berichtsmodells

Jetzt ist das Berichtsmodell veröffentlich und kann im Berichts-Generator verwendet werden.

Starten des Berichts-Generators

Es gibt zwei Möglichkeiten, den Berichts-Generator zu starten: entweder mit Hilfe des Berichts-Managers oder durch Eingabe einer URL.

Starten mit Hilfe des Berichts-Managers

Starten Sie den Berichts-Generator folgendermaßen:

1. Geben Sie in die Adresszeile Ihres Browsers die URL **http://<Ihr Webservername>/reports** ein, um den Berichts-Manager zu starten.
2. Klicken Sie mit der Maus auf *Berichts-Generator*, um den Berichts-Generator zu starten (siehe Abbildung 21.13).

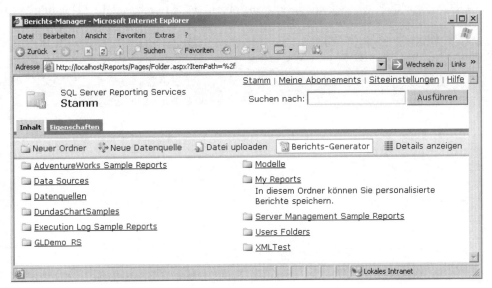

Abbildung 21.13 Klicken Sie auf die Schaltfläche *Berichts-Generator*, um diesen zu starten

Starten durch Eingabe einer URL

Alternativ können Sie den Berichts-Generator auch starten, indem Sie in die Adresszeile Ihres Browsers die URL

http://<Ihr Webservername>/reportserver/reportbuilder/reportbuilder.application

oder die URL

http://<Ihr Webservername>/reportserver/reportbuilder/reportbuilderlocalintranet.application

eingeben. Er startet dann sofort.

Die Arbeit mit dem Berichts-Generator

In unserem Beispiel wollen wir eine Telefonliste aller Mitarbeiter der Firma *Adventure Works* erstellen, deren Nachname mit den Buchstaben A bis D beginnt:

1. Nachdem Sie den Berichts-Generator gestartet haben, erscheint eine leere Oberfläche. Rechts im Fenster *Neu* wählen Sie die Datenquelle *Adventure Works Angestellte* aus, die Sie mit dem Modelldesigner erstellt haben.
2. Sie haben drei Möglichkeiten, um das Layout Ihres Berichts zu gestalten:
   - Tabelle
   - Matrix
   - Diagramm

   Für unser Beispiel wählen Sie die Option *Tabelle* aus.
3. Klicken Sie auf *OK*. Anschließend erscheint die Entwurfsoberfläche entsprechend der Abbildung 21.14.

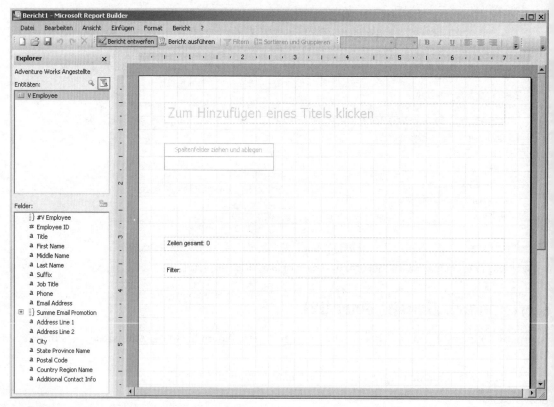

Abbildung 21.14 Der Entwurf eines Berichts im Berichts-Generator

Das Bearbeiten von Objekten im Entwurfsbereich

Jetzt werden wir unseren Bericht entwerfen:

1. Fügen Sie im Entwurfsbereich den Titel **Telefonliste A-D** hinzu.
2. Anschließend können Sie Spalten hinzufügen, indem Sie links im Explorer-Bereich im Listenfeld *Felder* auf *Last Name*, *First Name* und *Phone* doppelklicken.
3. Ändern Sie die Spaltennamen, indem Sie im Entwurfsbereich erst auf den Tabellenkopf klicken, dann auf die Spalte *Last Name* und anschließend noch einmal auf *Last Name*, um dann den neuen Spaltennamen **Nachname** einzugeben.
4. Wiederholen Sie dies für alle Spalten.

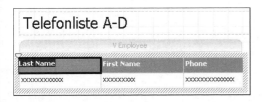

Abbildung 21.15 Ändern der Spaltennamen

> **TIPP** Sie können alle Objekte im Entwurfsfenster formatieren. Es lassen sich Farben, Formen, Schriftarten etc. nach Ihren Wünschen oder der Corporate Identity Ihres Unternehmens anpassen. Klicken Sie hierzu mit der rechten Maustaste auf das zu formatierende Objekt und wählen im Kontextmenü den Eintrag *Format* (Abbildung 21.16).

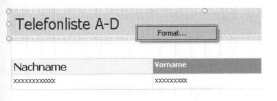

Abbildung 21.16 Formatieren eines Objektes

Das Filtern von Datensätzen

In unserem Beispiel wollen wir alle Mitarbeiter anzeigen, deren Nachname mit den Buchstaben A bis D beginnt. Wir müssen hierzu einen Filter einsetzen:

1. Klicken Sie in der Berichtssymbolleiste auf das Symbol *Filtern*. Es öffnet sich das Fenster *Daten filtern*.
2. Doppelklicken Sie links im Listenfeld unter *Felder* auf *Last Name*.
3. Jetzt klicken Sie mit der rechten Maustaste auf *in dieser Liste*.
4. Wählen Sie im sich öffnenden Kontextmenü den Eintrag *Größer als oder gleich* aus (siehe Abbildung 21.17).
5. Tragen Sie als Wert rechts daneben den Buchstaben *A* ein. So bekommen Sie beim Generieren des Berichts alle Datensätze geliefert, deren Feld *Last Name* mit dem Buchstaben A oder eines nächst größeren Buchstaben im Alphabet beginnt.

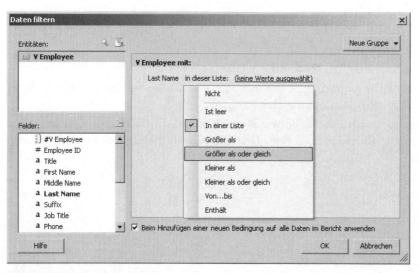

Abbildung 21.17 Einrichten eines Filters

6. Eine weitere Bedingung ist in unserem Beispiel aber, dass zusätzlich nur Einträge geliefert werden sollen, deren Nachname mit den Buchstaben bis *D* beginnt. Das heißt, wir müssen alle Einträge suchen, die kleiner als der Buchstabe *E* sind. Dazu doppelklicken Sie erneut links im Listenfeld auf das Feld *Last Name*, um eine weitere Bedingung zu definieren.
7. Klicken Sie wiederum mit der rechten Maustaste auf *in dieser Liste*.
8. Wählen Sie den Eintrag *Kleiner als,* und tragen Sie im Feld rechts daneben den Buchstaben *E* ein.
9. Bestätigen Sie Ihren Filter mit *OK*.

Ausführen des Berichts

Um den Bericht auszuführen, klicken Sie oben in der Berichtssymbolleiste auf *Bericht ausführen*.

Der Bericht wird generiert und entsprechend der Abbildung 21.18 angezeigt.

Sie können den Bericht jetzt auf dem Server abspeichern oder in verschiedene Formate exportieren. Klicken Sie hierzu auf das Diskettensymbol (siehe Abbildung 21.19). Eine genauere Beschreibung der Exportformate finden Sie in Kapitel 19.

Die Arbeit mit dem Berichts-Generator

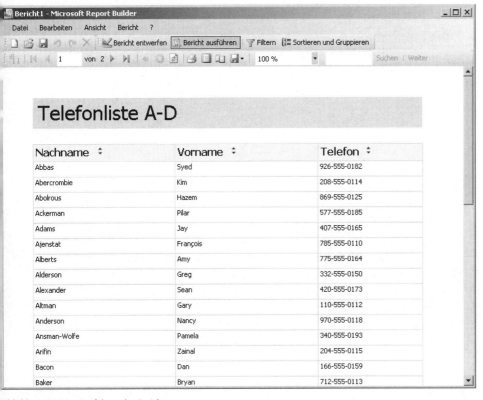

Abbildung 21.18 Ausführen des Berichts

Abbildung 21.19 Exportieren des Berichts in verschiedene Formate

Damit ist unser Beispielbericht generiert und Sie können ihn, nachdem Sie ihn auf dem Server abgespeichert haben, immer wieder im Report-Manager aufrufen. Der Berichts-Generator bietet Ihnen viele Möglichkeiten, Berichte einfach zu generieren. Im nächsten Kapitel lernen Sie die Report Definition Language (kurz RDL) kennen, um Berichtsdefinitionen zu verfassen.

Kapitel 22

RDL (Report Definition Language)

In diesem Kapitel:

Was ist RDL?	348
RDL verstehen am Beispiel	349

Was ist RDL?

In der Berichtsdefinition ist festgelegt, welche Daten der Berichtsserver auf welche Art anzeigen soll. Diese ist in einer eigenen Sprache verfasst, der so genannten Report Definition Language (RDL), einem XML-Dialekt.

Während Sie einen Bericht in vorherigen Kapiteln im Berichts-Designer in Visual Studio erstellt haben, hat Visual Studio eine Berichtsdefinition in Form einer RDL-Datei generiert, die Sie sich in jedem normalen Text- (oder besser noch: XML-)Editor ansehen und – mit ein klein wenig Know-how – auch verstehen können. Diese RDL-Datei ist alles, was vom Berichts-Designer an den Berichtsserver weitergegeben wird, mit anderen Worten: Wenn Sie RDL lesen können, sind Sie sozusagen in der Lage, jedes in einer Berichtsdefinition verborgene Geheimnis aufzudecken.

Um sich mit RDL vertraut zu machen, werden Sie in diesem Kapitel nicht nur Berichtsdefinitionen auseinander nehmen, sondern auch selbst welche zusammensetzen: Sie werden lernen, ohne den Berichts-Assistenten dynamisch Berichtsdefinitionen zu generieren.

Es ist nicht Ziel dieses Kapitel, Sie mit langen Listen aller verfügbaren RDL-Elemente zu langweilen – solche finden Sie, wenn Sie diese wirklich benötigen, in der Online-Hilfe. Stattdessen wollen wir Ihnen anhand der wirklich wichtigen Tags ein Verständnis für RDL und dessen Struktur vermitteln.

Was ist XML?

Als zunehmend klarer wurde, dass HTML den Ansprüchen immer weniger gerecht werden würde, begannen im Jahre 1997 Microsoft, IBM, Sun und später auch Netscape, eine neue Sprache für Webapplikationen zu entwickeln: die »eXtensible Markup Language« (XML).

Wie der Name impliziert, lässt sich XML durch Tags erweitern, die Daten strukturieren. So ergeben sich viele XML-Dialekte, jeder für eine spezielle Einsatzmöglichkeit. Einer davon ist die in diesem Kapitel beschriebene Report Definition Language (RDL).

Die Tags sind RDL-spezifisch, aber die Anwendung ist wie von HTML gewohnt: Es gibt ein öffnenden Tag (z.B. »<Report>«) und einen dazugehörigen schließenden Tag (z.B. »</Report>«). Tags können geschachtelt werden, wodurch sich eine hierarchische Struktur ergibt.

XML-Tags sind case-sensitiv, d.h. Groß- und Kleinschreibung müssen mit der Definition übereinstimmen.

Ein erster Blick auf eine Berichtsdefinition in RDL

Damit Sie eine Vorstellung von RDL bekommen, werfen Sie einen Blick auf eine fertige Berichtsdefinition. Gehen Sie dazu folgendermaßen vor:
1. Öffnen Sie einen Texteditor, z.B. indem Sie *Start/Programme/Zubehör/Editor* wählen.
2. Öffnen Sie die *Company Sales.rdl*-Datei, die die Berichtsdefinition des mitgelieferten »Company Sales«-Beispiels (Abbildung 22.1) enthält, und die Sie bei standardmäßiger Installation im Ordner *C:\Programme\Microsoft SQL Server\90\Samples\Reporting Services\Report Samples\AdventureWorks Sample Reports* finden.

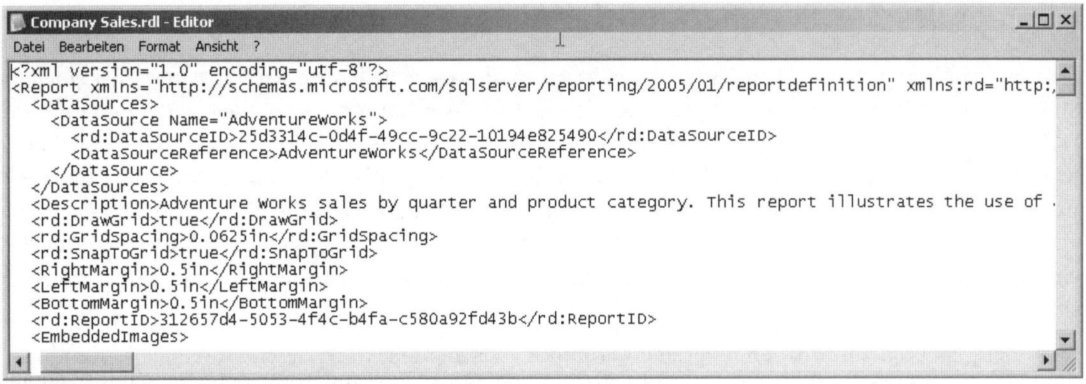

```
<?xml version="1.0" encoding="utf-8"?>
<Report xmlns="http://schemas.microsoft.com/sqlserver/reporting/2005/01/reportdefinition" xmlns:rd="http:,
  <DataSources>
    <DataSource Name="AdventureWorks">
      <rd:DataSourceID>25d3314c-0d4f-49cc-9c22-10194e825490</rd:DataSourceID>
      <DataSourceReference>AdventureWorks</DataSourceReference>
    </DataSource>
  </DataSources>
  <Description>Adventure Works sales by quarter and product category. This report illustrates the use of
  <rd:DrawGrid>true</rd:DrawGrid>
  <rd:GridSpacing>0.0625in</rd:GridSpacing>
  <rd:SnapToGrid>true</rd:SnapToGrid>
  <RightMargin>0.5in</RightMargin>
  <LeftMargin>0.5in</LeftMargin>
  <BottomMargin>0.5in</BottomMargin>
  <rd:ReportID>312657d4-5053-4f4c-b4fa-c580a92fd43b</rd:ReportID>
  <EmbeddedImages>
```

Abbildung 22.1   Ansicht der RDL-Datei von *Company Sales*

Sie sehen in der Definition des Berichts, welche Elemente benutzt werden und wie sie ineinander verschachtelt sind.

> **TIPP**   Um eine Berichtsdefinition in RDL einzusehen oder zu ändern, benötigen Sie weder Projektdateien noch überhaupt den Berichts-Designer oder Visual Studio.
>
> Sie können die Berichtsdefinition einfach mit dem Berichtsmanager herunter- und auch wieder hochladen, was Sie in Kapitel 15 detailliert beschrieben finden.

In den folgenden Abschnitten werden Sie eine Anwendung bauen, die eine Berichtsdefinition erstellt. So werden Sie genauer verstehen, wie RDL-Dokumente aufgebaut sind und welche Auswirkung die Verwendung einzelner RDL-Elemente hat.

RDL verstehen am Beispiel

Stellen Sie sich folgendes Szenario vor: Sie müssen regelmäßig viele einfache Tabellenberichte vom Typ »uninspirierte Listen, die nur Controller glücklich machen« erstellen. Daher geht ein signifikanter Teil Ihrer Arbeitszeit mit der relativ stupiden Arbeit drauf, sehr ähnliche Berichte zu gestalten und bereitzustellen. Da fragen sich natürlich: Muss das so sein, kann man das nicht automatisieren?

Schnell finden Sie heraus: Das geht, und es ist gar nicht mal so schwierig! Sie müssen sich nur ein paar Grundkenntnisse in RDL aneignen, eine RDL-Datei programmgesteuert erzeugen und an den Berichtsserver weitergeben – und genau dabei hilft Ihnen dieses Kapitel.

Sie werden eine Anwendung bauen, die aus einer interaktiv vom Benutzer eingegebenen SQL-Abfrage mit einem Klick einen fertigen Tabellenbericht erstellt und publiziert.

Entlang dieses Programmierbeispiels werden Sie Schritt für Schritt die grundlegende Struktur einer typischen Berichtsdefinition kennen lernen – so ist dieses Beispiel auch dann für Sie interessant, wenn Sie keinen Berichtgenerator benötigen.

Konzept des Berichtgenerator-Beispiels

Da Sie die Berichtsdefinition auf Basis der Felder einer Abfrage erstellen wollen, muss zunächst eine gültige SQL-Anweisung vom Benutzer eingegeben werden, die die Daten aus der Datenquelle – in unserem Falle ein SQL-Server – holt. Auf Grundlage der Struktur dieser Daten zimmert Ihre Anwendung dann eine Berichtsdefinition in zwei Hauptschritten: Zunächst wird der Berichtskopf zusammengesetzt, wobei die Spaltennamen als Überschrift der Tabellenspalten verwendet werden, und dann die eigentlichen Tabellenspalten, eine für jedes Feld, das die Abfrage liefert. Ausgenommen sind nur die rowguid-Felder, da diese aufgrund ihrer eher geringen Bedeutung für den nicht-maschinellen Leser üblicherweise nicht Bestandteil von Berichten sind.

Außerdem benötigt Ihre Anwendung eine Verbindungszeichenfolge, mit deren Hilfe eine Verbindung zur Datenquelle hergestellt wird, sowie – da die Berichtsdefinition zunächst lokal abgelegt wird, um eine eventuelle spätere Nachbearbeitung zu vereinfachen – einen lokalen Pfad, des Weiteren einen Namen und ein Verzeichnis am Berichtsserver. Alle diese Angaben werden vom Anwender in der von Ihnen im Folgenden zu erstellenden Benutzeroberfläche jeweils in einem Textfeld-Steuerelement eingegeben.

TIPP Dieses Beispiel wurde zweiteilig angelegt, damit Sie die beiden Teile besser separat nutzen können, also entweder nur eine Berichtsdefinition erstellen oder nur einen Bericht auf einem Berichtsserver veröffentlichen.

Die Funktionalitäten der beiden Beispielteile könnten auch in einem Arbeitsgang erledigt werden, und dabei könnte man auch auf das in diesem Beispiel vorgenommene lokale Speichern der RDL-Datei vollständig verzichten. Dazu müssen nur ein paar Zeilen Code geändert werden.

Noch einfacher ist es, die zwei Schaltflächen *RDL erstellen* und *Bericht weitergeben* zu einer Schaltfläche zusammenzufassen. Hierzu müssen Sie nur am Ende der btnRdlErstellen_Click-Methode aus Listing 22.3 den Methodenaufruf btnWeitergeben_Click(sender, e) hinzufügen. Dann wird beim Klick auf die Schaltfläche *RDL erstellen* der Bericht erzeugt und ohne weitere Interaktion mit dem Benutzer an den Berichtsserver weitergegeben.

Die Schaltfläche *Bericht weitergeben* ist dadurch überflüssig und kann gelöscht werden.

Erstellen eines neuen Projektes

Sie benötigen als Erstes ein neues Projekt, das Sie folgendermaßen erstellen:

1. Starten Sie Visual Studio und öffnen Sie das Dialogfeld *Neues Projekt* (Abbildung 22.2) indem Sie den Menübefehl *Datei/Neu/Projekt* aufrufen.

RDL verstehen am Beispiel

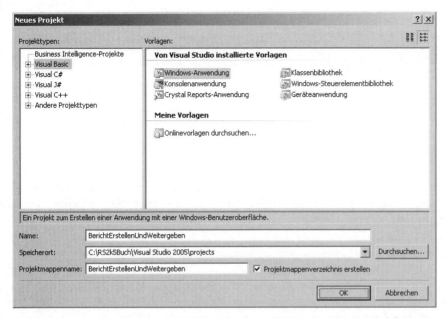

Abbildung 22.2 Erzeugen Sie ein neues Projekt zum Erstellen und Weitergeben einer Berichtsdefinition

2. Wählen Sie unter *Projekttypen* den Eintrag *Visual Basic* und unter *Vorlagen* das Symbol *Windows-Anwendung*, geben Sie Ihrem Projekt den *Namen* **BerichtRdlErstellenUndWeitergeben**, wählen Sie einen geeigneten *Speicherort* und klicken Sie auf *OK*. Das Projekt wird nun angelegt. Dabei wird ein Formular mit dem Namen *Form1* erzeugt und in der Entwurfsansicht angezeigt (Abbildung 22.3).

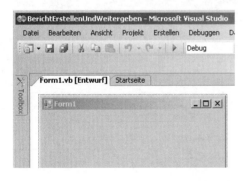

Abbildung 22.3 Das neue Windows-Formular in der Entwurfsansicht

3. Um die Benutzeroberfläche zu gestalten wie in Abbildung 22.4, ziehen Sie aus der *Toolbox* folgende Steuerelemente auf *Form1*: fünf Label-Steuerelemente, fünf Textfeld-Steuerelemente und zwei Schaltflächen.

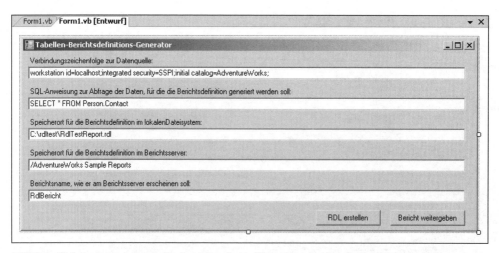

Abbildung 22.4 Benutzerschnittstelle des *BerichtErstellenUndWeitergeben*-Projekts, die Sie in Visual Studio bauen

4. Ändern Sie die *Name*- und *Text*-Eigenschaften Ihrer Steuerelemente wie in Tabelle 22.1 beschrieben. Fett formatierte Eingaben sind für das Funktionieren des Beispiels erforderlich, alle anderen erhöhen Übersichtlichkeit, Wartbarkeit und Usability.

Steuerelement	Neuer Name	Neuer Text
Fenster *Form1*	frmBenutzeroberflaeche	Tabellen-Berichtsdefinitions-Generator
Label *Label1*	lblSqlVerbindung	Verbindungszeichenfolge zur Datenquelle
Label *Label2*	lblSqlAnweisung	SQL-Anweisung zur Abfrage der Daten, für die die Berichtsdefinition generiert werden soll
Label *Label3*	lblRdlSpeicherort	Speicherort für die Berichtsdefinition im lokalen Dateisystem
Label *Label4*	lblServerSpeicherort	Speicherort für die Berichtsdefinition im Berichtsserver
Label *Label5*	lblBerichtname	Berichtsname, wie er am Berichtsserver erscheinen soll
Textfeld *Textbox1*	**tbxSqlVerbindung**	workstation id=localhost;integrated security=SSPI;initial catalog=AdventureWorks;
Textfeld *Textbox2*	**tbxSqlAnweisung**	SELECT * FROM Person.Contact
Textfeld *Textbox3*	**tbxRdlSpeicherort**	C:\rdltest\RdlTestReport.rdl
Textfeld *Textbox4*	**tbxServerSpeicherort**	/AdventureWorks Sample Reports
Textfeld *Textbox5*	**tbxBerichtname**	RdlBericht
Schaltfläche *Button1*	**btnRdlErstellen**	RDL erstellen
Schaltfläche *Button2*	**btnWeitergeben**	Bericht weitergeben

Tabelle 22.1 Ändern Sie die Eigenschaftswerte der Steuerelemente des *BerichtErstellenUndWeitergeben*-Projekts

5. Damit Ihre Anwendung mit Ihrem Berichtsserver zusammenarbeiten kann, muss sie wissen, wo sich der Berichtsserver befindet, und dafür benötigt sie einen Webverweis auf denselben. Rufen Sie den Menü-

RDL verstehen am Beispiel

befehl *Projekt/Webverweise hinzufügen* auf, wodurch das Dialogfeld *Webverweis hinzufügen* angezeigt wird (Abbildung 22.5).

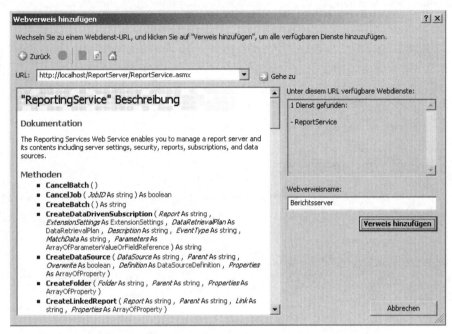

Abbildung 22.5 Fügen Sie Ihrer Anwendung einen Webverweis auf Ihren Berichtsserver hinzu

6. Geben Sie als *URL* **http://<Ihr Berichtsserver>/ReportServer/ReportService.asmx** ein oder stellen Sie per Mausklicks die URL Ihres Berichtsservers mit Hilfe des Fensters unter der *URL*-Zeile zusammen.
7. Tragen Sie als *Webverweisnamen* **Berichtsserver** ein und klicken Sie auf die Schaltfläche *Verweis hinzufügen*.

Start der Projektimplementierung

Nachdem Sie das Skelett Ihrer Anwendung erstellt haben, können Sie nun beginnen, den Code zu Ihrer Anwendung hinzuzufügen, der die Berichtsdefinition erstellt. Gehen Sie dazu folgendermaßen vor:
1. Wechseln Sie in die Codeansicht des Formulars, indem Sie den Menübefehl *Ansicht/Code* aufrufen.
2. Fügen Sie den Code aus Listing 22.1 ganz oben im Codefenster ein.
   Die Imports referenzieren die verwendeten Namespaces.

```
' Namespaces importieren, um den Code übersichtlicher zu gestalten
Imports System.IO
Imports System.Web.Services.Protocols
Imports System.Data.SqlClient

' die Referenz zum Berichtsserver importieren
Imports BerichtRdlErstellenUndWeitergeben.Berichtsserver
```

Listing 22.1 Fügen Sie diesen Code, der die verwendeten Namespaces angibt, ganz oben in Ihren Code ein

3. Als Nächstes fügen Sie den Code aus Listing 22.2 in Ihrer Klasse hinter die Zeile ein, die mit Inherits beginnt. Diese finden Sie hinter der Zeile, die mit Public Class beginnt.

Die globalen Variablen und Konstanten, die im weiteren Programmverlauf benötigt werden, werden deklariert und instanziiert.

```
' globale Variablen und Konstanten
Dim _sRdl As String
Dim _ds As New DataSet
Dim _sDataSourceName As String = "meineDatenquelle"
Dim _sqlDataAdapter As SqlDataAdapter = New SqlDataAdapter
```

Listing 22.2 Globale Variablen und Konstanten, die im nachfolgenden Code genutzt werden

Teil 1: Berichtsdefinition generieren

Damit die Generierung der Berichtsdefinition bei einem Klick auf die Schaltfläche *RDL Erstellen* gestartet wird, werden Sie nun eine Methode dafür schreiben. Fügen Sie dazu den Code aus Listing 22.3 in Ihre Klasse frmBenutzeroberflaeche ein:

```
Private Sub btnRdlErstellen_Click(ByVal sender As System.Object, ByVal e As _
      System.EventArgs) Handles btnRdlErstellen.Click
   generiereBerichtsdefinition()
End Sub 'btnRdlErstellen_Click

Private Sub generiereBerichtsdefinition()
   ' RDL-String erstellen, der mit Hilfe der Methode writeFile() in
   ' eine Datei geschrieben wird
   Windows.Forms.Cursor.Current = Cursors.WaitCursor

   ' Daten holen
   getData()
```

Listing 22.3 *btnRdlErstellen_Click*-Methode und Beginn der *generiereBerichtsdefinition*-Methode:

Die Methode btnRdlErstellen_Click ruft generiereBerichtsdefinition auf, die die Berichtsdefinition als Zeichenkette in der _sRDL-Variablen zusammensetzt. Dazu werden zunächst mittels der Methode getData, die weiter unten beschrieben wird, die Daten vom Server geholt.

Dokumentkopf und Datenquellen

Jeder Bericht beginnt mit einem Dokumentkopf, der auf das XML-Schema verweist, gefolgt von der Definition der Datenquellen.

Setzen Sie dies für Ihr Projekt um und fügen Sie den Code aus Listing 22.4 direkt hinter dem zuvor geschriebenen Code ein.

```
   ' _sRdl ist der String, der den RDL-Code enthält. Er beginnt mit einem
   ' Standardkopf und wird dynamisch in Abhängigkeit von den Daten,
   ' für die die Berichtsdefinition generiert wird, zusammengefügt.
   ' Datenquelle festlegen Tabellen- und Header-Definition öffnen
   _sRdl = "<?xml version=""1.0"" encoding=""utf-8""?>" + _
```

Listing 22.4 *generiereBerichtsdefinition*-Methode: Definition von Dokumentkopf und Datenquelle

RDL verstehen am Beispiel

```
"<Report xmlns= ""http://schemas.microsoft.com/sqlserver/reporting" + _
"/2005/01/reportdefinition"" xmlns:rd=""http://schemas.microsoft" + _
".com/SQLServer/reporting/reportdesigner"">" + _
  "<DataSources>" + _
    "<DataSource Name=""" + _sDataSourceName + """>" + _
      "<ConnectionProperties>" + _
        "<DataProvider>SQL</DataProvider>" + _
        "<ConnectString>" + tbxSqlVerbindung.Text + _
        "</ConnectString>" + _
        "<IntegratedSecurity>true</IntegratedSecurity>" + _
      "</ConnectionProperties>" + _
    "</DataSource>" + _
  "</DataSources>"
```

Listing 22.4 *generiereBerichtsdefinition*-Methode: Definition von Dokumentkopf und Datenquelle *(Fortsetzung)*

Dort wird in den ersten Zeilen mit Hilfe des Verweises auf das XML-Schema festgelegt, dass der vorliegende XML-Text eine Berichtsdefinition ist. <Report> öffnet die eigentliche Berichtsdefinition.

Anschließend wird zwischen den Tags <DataSources> und </DataSources> angegeben, welche Datenquellen benutzt werden sollen. Die Tabelle 22.2 zeigt untergeordnete Elemente des DataSource-Elements, die Sie festlegen können.

Für weitere Informationen zum Umgang mit Datenquellen sei auf Kapitel 17 verwiesen.

Element	Bedeutung	Beispiel
DataSource	Beschreibt eine Datenquelle im Bericht	Siehe Listing 22.4
ConnectionProperties	Enthält Verbindungsinformationen der Datenquelle wie Verbindungszeichenkette und Datenprovider	Siehe Listing 22.4; Dort wird die Verbindung mit den Tags <Dataprovider> (setzt die Datenverarbeitungserweiterung), <ConnectString> (Verbindungzeichenfolge zur Datenquelle) und <IntegratedSecurity> (gibt an, ob die Datenquelle zum Verbinden integrierte Sicherheit verwendet) definiert.
DataSourceReference	Enthält den Pfad zu einer freigegebenen Datenquelle. Darf nicht zusammen mit ConnectionProperties verwendet werden.	< DataSourceReference> Northwind </DataSourceReference> Referenziert die freigegebene Datenquelle Northwind, die sich in demselben Pfad wie der Bericht befindet
Transaction	Entscheidet, ob die Datasets, die die Datenquelle nutzen, in einer einzelnen Transaktion laufen	<Transaction> true <Transaction> Datensätze werden in einer einzelnen Transaktion übertragen

Tabelle 22.2 Das *DataSource*-Element und seine untergeordneten Elemente

Datenquellen werden verwendet von Datenabfragen, die am Ende der Berichtsdefinition im Datasets-Element definiert werden, welches weiter unten erklärt wird.

Body-, ReportItems- und Table-Element

Nach der Datenquelle wird im Body-Element das eigentliche Berichtslayout definiert, das dann wiederum von ReportItems-Elementen in Regionen unterteilt wird. Hier enthält es eine mit dem Table-Element definierte Tabelle.

Um das Berichtslayout zu beginnen, gehen Sie folgendermaßen vor:

Fügen Sie den Inhalt von Listing 22.5 Ihrem Code hinzu.

```
_sRdl = _sRdl + _
        "<Body>" + _
        "<ReportItems>" + _
        "<Table Name=""table1"">" + _
        "<Style />"
```

Listing 22.5 *generiereBerichtsdefinition*-Methode: Öffnen der Tabellendefinition

Einige wichtige, dem Body-Element untergeordneten Elemente sind in Tabelle 22.3 erläutert. Die Elemente sind in der Reihenfolge ihrer Hierarchie aufgeführt.

> **HINWEIS** Es gibt neben dem im Beispiel verwendeten tabellarischen Berichtstyp auch den Matrix-Berichtstyp. Dieser wird mit dem Tag <Matrix> geöffnet und enthält sehr ähnliche Elemente wie die Tabelle.

Element	Bedeutung	Beispiel
Body	Enthält die Bestandteile der Berichtsdefinition, die für das Layout des Berichts relevant sind	Listing 22.5
ReportItems	Enthält die Berichtselemente, welche die Inhalte einer Berichtsregion beschreiben	Listing 22.5
Table	Definiert eine Tabelle, die im Bericht enthalten ist	Listing 22.5
Style	Enthält Informationen über die Formatierung des Elements	Listing 22.5 und Tabelle 22.5

Tabelle 22.3 Berichtselemente, die die Berichtsdefinition eröffnen

Header-, TableRows- und TableCells-Element

Das Header-Element spezifiziert den Tabellenkopf eines Berichts. Ihm ist das TableRows-Element untergeordnet, das die Zeilen des Tabellenkopfes enthält, die sich wiederum aus einem TableCells-Element zusammensetzen und innerhalb der untergeordneten TableCell-Elemente die Spaltenüberschriften definiert.

In der Tabelle 22.4 finden Sie das Header-Element nebst seinen untergeordneten Elementen erläutert.

Element	Bedeutung	Beispiel
Header	Definiert die Kopf-Zeile für eine Tabelle	Listing 22.5
TableRows	Enthält eine geordnete Liste von Tabellenzeilen	Listing 22.5
TableRow	Definiert eine Zeile in einer Tabelle	Listing 22.5
Height	Definiert die Höhe des Elements	Listing 22.5
TableCells	Definiert einen Satz von Zellen in einer Tabelle	Listing 22.5

Tabelle 22.4 Wichtige Unterelemente des *Header*-Elements

Definieren Sie jetzt für den in Ihrem Projekt generierten Bericht die einzelnen Zellen des Header-Elements, indem Sie den Code aus Listing 22.6 Ihrer Methode hinzufügen.

```vb
        _sRdl = _sRdl + _
                    "<Header>" + _
                        "<TableRows>" + _
                            "<TableRow>" + _
                                "<Height>0.48552cm</Height>" + _
                                "<TableCells>" + Chr(10)
        Dim column As DataColumn
        Dim i As Int16

        ' Spaltenüberschrift zusammensetzen
        For Each column In _ds.Tables(0).Columns
            ' Alle Spalten (außer der rowguid-Spalte, die in Berichten sehr unschön
            ' aussieht) werden in den Bericht übernommen
            If Not column.ColumnName = "rowguid" Then
                _sRdl = _sRdl + _
                            "<TableCell>" + _
                                "<ReportItems>" + _
                                    "<Textbox Name=""textbox" + i.ToString + """>" + _
                                        "<Style>" + _
                                            "<FontWeight>900</FontWeight>" + _
                                            "<BorderStyle>" + _
                                                "<Default>Solid</Default>" + _
                                            "</BorderStyle>" + _
                                        "</Style>" + _
                                        "<Value>" + column.ColumnName + "</Value>" + _
                                    "</Textbox>" + _
                                "</ReportItems>" + _
                            "</TableCell>" + Chr(10)
            End If
            i = i + 1
        Next
        'Header abschließen
        _sRdl = _sRdl + _
                            "</TableCells>" + _
                        "</TableRow>" + _
                    "</TableRows>" + _
                "</Header>"
```

Listing 22.6 *generiereBerichtsdefinition*-Methode: Zellendefinition des *Header*-Elements

In diesem Codeabschnitt werden die einzelnen Zellen des Header-Elements definiert. Jede Zelle – das betrifft auch das weiter unten behandelte Details-Element – benötigt einen eindeutigen Namen. Dazu wird die Laufvariable i als ganze Zahl deklariert, welche in jeder Schleife, in der Zellen definiert werden, mitläuft, um ihnen Namen im Format »Textbox« und dem aktuellen Wert von i zu geben. Der Name wird im Unterelement Value vom Textbox-Element angegeben.

Zuletzt wird das Header-Element durch Schließen der offenen Tags vervollständigt.

Das Style-Element

Sehr vielfältig sind die Definitionsmöglichkeiten innerhalb des Style-Elements, mit denen Sie das Erscheinungsbild von Elementen festlegen, also z.B. deren Farbe.

Im vorigen Abschnitt haben Sie dieses Element für Textbox-Elemente angewendet, es lassen sich damit aber praktisch alle layoutrelevanten Elemente formatieren, beispielsweise Matrix-, Table- und Line-Elemente.

Sie finden eine Beschreibung der wichtigsten Style untergeordneten Elemente, mit denen Sie das Erscheinungsbild im Detail bestimmen können, in Tabelle 22.5.

Element	Bedeutung	Beispiel

BorderColor	Spezifiziert die Rahmenfarbe des Elements	`<BorderColor>`
		`<Default>#808080</Default>`
		`</BorderColor>`

BorderStyle	Spezifiziert den Rahmenstil des Elements	Siehe Listing 22.6

BackgroundColor	Spezifiziert die Hintergrundfarbe des Elements	`<BackgroundColor>`
		`#808080`
		`</BackgroundColor>`
		Das Element erhält die Hintergrundfarbe grau

BackgroundImage	Enthält Informationen über das Hintergrundbild des Elements	`<BackgroundImage>`
		`SampleImages/Berichtbild.jpg`
		`</BackgroundImage>`
		Macht das im Unterverzeichnis *SampleImage* abgelegte Bild *Berichtbild.jpg* zum Hintergrundbild

FontStyle	Spezifiziert den Schriftstil des Elements	`<FontStyle>`
		`Italic`
		`</FontStyle>`
		Setzt die Schriftart auf kursiv

FontSize	Bestimmt die Schriftgröße des Elements in Punkten	`<FontSize>`
		`8pt`
		`</FontSize>`
		Setzt die Schriftgröße auf 8 Punkt

FontWeight	Bestimmt die Dicke der Schrift in dem Element	Siehe Listing 22.6

TextAlign	Beschreibt die horizontale Textausrichtung des Elements	`<TextAlign>`
		`Right`
		`</TextAlign>`
		Setzt die Textausrichtung auf rechtsbündig

Language	Bestimmt die primäre Textsprache des Elements	`<Language>`
		`en-us`
		`</Language>`
		Setzt die primäre Sprache des Textes im Element auf amerikanisches Englisch

Color	Setzt die Vordergrundfarbe (meist Schriftfarbe) des Elements	`<Color>`
		`aqua`
		`</Color>`
		Setzt die Vordergrundfarbe auf aqua

Tabelle 22.5 Die wichtigsten untergeordneten Elemente des *Style*-Elements

Das Details-Element

Das Details-Element definiert die Zellen in dem Bereich, der für jeden Datensatz wiederholt wird. In einer Tabelle ist dies also der Bereich unter den Spaltennamen, den Sie nun generieren, indem Sie den Code aus Listing 22.7 hinter dem zuletzt hinzugefügten Code einfügen:

```
_sRdl = _sRdl + _
                "<Details>" + _
                    "<TableRows>" + _
                        "<TableRow>" + _
                            "<Height>0.48552cm</Height>" + _
                            "<TableCells>"

' Tabellenzellen zusammensetzen
For Each column In _ds.Tables(0).Columns
    ' Alle Spalten (außer der rowguid-Spalte, die in Berichten sehr unschön
    ' aussieht) werden in den Bericht übernommen
    If Not column.ColumnName = "rowguid" Then
        _sRdl = _sRdl + _
                "<TableCell>" + _
                    "<ReportItems>" + _
                        "<Textbox Name=""textbox" + i.ToString + """>" + _
                            "<Style>" + _
                                "<BorderStyle>" + _
                                    "<Default>Solid</Default>" + _
                                "</BorderStyle>" + _
                            "</Style>" + _
                            "<Value>=Fields!" + _
                            column.ColumnName + ".Value</Value>" + _
                        "</Textbox>" + _
                    "</ReportItems>" + _
                "</TableCell>" + Chr(10)
    End If
    i = i + 1
Next

'Details abschließen und Tabellenspaltenlayout einleiten
_sRdl = _sRdl + _
                            "</TableCells>" + _
                        "</TableRow>" + _
                    "</TableRows>" + _
                "</Details>"
```

Listing 22.7 *generiereBerichtsdefinition*-Methode: Definition der Zellen im *Details*-Element

Der Code definiert die einzelnen Zellen im Details-Element. Äquivalent zum Header-Element wird das Details-Element geöffnet. Auch in diesem Element definieren Sie Spalten und einzelne Zellen.

Es werden wie zuvor schon im Header-Element fortlaufend unter Zuhilfenahme der Laufvariable i den einzelnen Zellen Namen zugewiesen. Der Zellenrahmen wird mit dem Tag <BorderStyle> als durchgehende Linie definiert.

Zwischen den Tags <Value> und </Value> wird bestimmt, was in den Zellen angezeigt werden soll. In diesem Falle also die Werte, die der in der Schleife gerade bearbeiteten Spalte aus der Datenquelle zugeordnet sind.

Zuletzt wird das Details-Element geschlossen.

TableColumns-Element: Spalteneigenschaften bestimmen

Das öffnende Tag <TableColumns> leitet den nächsten Codeabschnitt ein, in dem jeweils mit einem Unterelement TableColumn die Breite jeder Tabellenspalte näher definiert wird.

Fügen Sie den nächsten Codeabschnitt aus Listing 22.8 an Ihre generiereBerichtsdefinition-Methode an:

```
_sRdl = _sRdl + _
            "<TableColumns>" + Chr(10)

' Spaltenlayout definieren
For Each column In _ds.Tables(0).Columns
    ' Alle Spalten (außer der rowguid-Spalte, die in Berichten sehr unschön
    ' aussieht) werden in den Bericht übernommen
    If Not column.ColumnName = "rowguid" Then
        _sRdl = _sRdl + _
                    "<TableColumn>" + _
                        "<Width>4.00cm</Width>" + _
                    "</TableColumn>" + Chr(10)
    End If
Next

' Spaltenlayout abschließen
_sRdl = _sRdl + _
            "</TableColumns>" + _
        "</Table>" + _
      "</ReportItems>" + _
      "<Style />" + _
      "<Height>1cm</Height>" + _
    "</Body>" + _
    "<Width>16cm</Width>"
```

Listing 22.8 *generiereBerichtsdefinition*-Methode: Spalteneigenschaftendefinition und Öffnen der Datenfelderdefinition

TIPP Sie können außerdem innerhalb der TableColumn-Tags die Sichtbarkeit definieren, indem Sie das Visibility-Tag benutzen. So beeinflussen Sie zum Beispiel, ob die Spalte von Anfang an sichtbar sein soll oder nicht.

Im unteren Teil schließen Sie die Definition für die Tabelle.

HINWEIS Sie können die Formatierung des Berichtes innerhalb des vorgegebenen Style-Tags näher bestimmen. Welche Möglichkeiten Sie dazu haben, finden Sie in der Tabelle 22.5 weiter oben.

Zuletzt schließen Sie das Body-Element.

Datenfelder mit Dataset-, Field- und Datafield-Elementen definieren

Mit dem Dataset-Element stellen Sie die Verbindung her zwischen dem Bericht und den Daten, die er darstellen soll.

Ergänzen Sie Ihre generiereBerichtsdefinition-Methode mit dem Code aus Listing 22.9:

```
        _sRdl = _sRdl + _
                "<DataSets>" + _
                    "<DataSet Name=""DataSet1"">" + _
                        "<Fields>" + Chr(10)
        ' Zuweisung von Namen und Datentypen den Spaltenfeldern aus dem Dataset
        For Each column In _ds.Tables(0).Columns
            ' Alle Spalten (außer rowguid-Spalten, die in Berichten sehr unschön
            ' aussehen) in den Bericht übernehmen
            If Not column.ColumnName = "rowguid" Then
                _sRdl = _sRdl + _
                        "<Field Name=""" + column.ColumnName + """>" + _
                            "<DataField>" + column.ColumnName + "</DataField>" + _
                            "<rd:TypeName>" + column.DataType.ToString + _
                            "</rd:TypeName>" + _
                        "</Field>" + Chr(10)
            End If
        Next
        _sRdl = _sRdl + _
                        "</Fields>"
```

Listing 22.9 *generiereBerichtsdefinition*-Methode Datenfelder definieren

Zunächst öffnen Sie das Dataset-Element, das ein Dataset im Bericht definiert, innerhalb der Tags <Datasets>, das mehrere Dataset-Elemente enthalten kann.

Dann weisen Sie die Namen der Spalten aus Ihrem Dataset, welchen Sie mit Hilfe der unten genauer erklärten Methode getData erhalten haben, den einzelnen Feldern zu.

Außerdem ermitteln Sie die verschiedenen Datentypen aus dem Dataset, um sie den Feldern mittels des <rd:TypeName>-Tags zuzuordnen, damit es nicht zu Typkonflikten zwischen den Berichtfeldern und den Daten kommt. Wenn Sie beispielsweise Daten im String-Format haben und die Felder im Bericht vom Typ Integer definiert wären, dann würden Fehler zurückgegeben.

Query-Element und Abschluss der Berichtsdefinition

Damit der Berichtsserver überhaupt Daten zur Anzeige in Ihrem Bericht aus der Datenquelle beschaffen kann, müssen Sie mit Hilfe der Tags <Query> und <CommandText> einen Abfragetext definieren, der von der Datenquelle ausgewertet wird – in unserem Fall also eine SQL-Abfrage.

Den Abschluss des Codes Ihrer generiereBerichtsdefinition-Methode finden Sie im folgenden Listing 22.10:

```
        ' Name der Datenquelle und SQL-Anweisung übergeben und
        ' Berichtsdefinition abschließen
        _sRdl = _sRdl + _
                        "<Query>" + _
                            "<DataSourceName>" + _sDataSourceName + "</DataSourceName>" + _
                            "<CommandText>" + tbxSqlAnweisung.Text + "</CommandText>" + _
                        "</Query>" + _
                    "</DataSet>" + _
                "</DataSets>" + _
                "<rd:SnapToGrid>true</rd:SnapToGrid>" + _
            "</Report>"

        ' den String _sRdl in eine rdl-Datei schreiben
        writeFile()
```

Listing 22.10 *generiereBerichtsdefinition*-Methode: Berichtsdefinition schließen und RDL-Zeichenkette speichern

```
        Windows.Forms.Cursor.Current = Cursors.Default
    End Sub 'generiereBerichtsdefinition
```
Listing 22.10 *generiereBerichtsdefinition*-Methode: Berichtsdefinition schließen und RDL-Zeichenkette speichern *(Fortsetzung)*

In dem Code wird zunächst der in der Variable _sDataSourceName festgelegte Datenquellenname angegeben.

Sie haben bereits am Anfang der generiereBerichtsdefinition-Methode in Listing 22.4 definiert, wo die Datenquelle liegt, nun geben Sie zwischen den Tags <CommandText> und </CommandText> die SQL-Anweisung, die darauf ausgeführt werden soll, an. Diese wurde vom Anwender in das entsprechende Feld der Benutzeroberfläche eingegeben.

Anschließend wird die Hilfsfunktion writeFile aufgerufen, welche weiter unten erklärt wird.

getData- und writeFile-Hilfsfunktion

Zum Abschluss des ersten Teils des Projekts fehlen noch die beiden Hilfsfunktionen getData. und writeFile.

Daten lesen mit der getData-Methode

Um die Berichtsdefinition an die Daten, die sie darstellen soll, anzupassen, müssen die Daten zunächst gelesen werden, was Sie in diesem Abschnitt implementieren werden.

Die Methode getData finden Sie im folgenden Listing 22.11, welche Sie direkt nach der Methode generiereBerichtsdefinition anfügen:

```
    Private Sub getData()
        ' Hilfsfunktion
        ' mit Hilfe der SQL-Anweisung Daten aus der Datenquelle holen

        Dim sqlSelectCommand As New SqlCommand
        Dim sqlConnection As New SqlConnection

        Try
            ' sqlVerbindung initialisieren und Daten in ein Dataset laden
            sqlSelectCommand.CommandText = tbxSqlAnweisung.Text
            sqlConnection.ConnectionString = tbxSqlVerbindung.Text
            sqlSelectCommand.Connection = sqlConnection
            _sqlDataAdapter.SelectCommand = sqlSelectCommand
            _sqlDataAdapter.Fill(_ds)
        Catch e As SqlException
            'im Fehlerfall die Fehlermeldung anzeigen
            MessageBox.Show(e.Message)
        End Try
    End Sub 'getData
```
Listing 22.11 Die Hilfsfunktion *getData*, die Daten aus der Datenquelle holt

Die Methode getData erstellt anhand der übergebenen SQL-Anweisung ein Dataset, das der aufrufenden Methode sozusagen als Blaupause für die Erstellung der Berichtsdefinition dient.

Die SQL-Anweisung und Datenquellenverbindungszeichenfolge werden vom Anwender über die Benutzerschnittstelle jeweils in einem Textfeld-Steuerelement vorgegeben.

Berichtsdefinition schreiben

Die von Ihrer Anwendung erstellte Berichtsdefinition soll durch eine Hilfsfunktion in eine lokale RDL-Datei geschrieben werden. Fügen Sie dazu die Methode writeFile aus Listing 22.12 unterhalb der Methode getData Ihrem Code hinzu.

Diese schreibt die Zeichenfolge, die die Berichtsdefinition enthält, in eine Datei, deren Dateiname und Pfad vom Benutzer in der Benutzeroberfläche festgelegt wurde.

```
Private Sub writeFile()
    ' Hilfsfunktion
    ' den in der Methode generiereBerichtsdefinition zusammengeführten
    ' String in eine rdl-Datei schreiben
    Dim stream As StreamWriter = New StreamWriter(tbxRdlSpeicherort.Text)
    stream.Write(_sRdl)
    stream.Close()
    MessageBox.Show("Datei " + tbxRdlSpeicherort.Text + " geschrieben.")
End Sub 'writeFile
```

Listing 22.12 Die Hilfsfunktion *writeFile* schreibt die Berichtsdefinition in eine RDL-Datei

Sofern gewünscht, können Sie das Programm jetzt schon ausführen, um die bis hierhin implementierte Funktionalität zu testen:

1. Führen Sie die Anwendung aus, indem Sie *Debuggen/Debuggen starten* wählen. Es erscheint Ihre Benutzoberfläche, wie in Abbildung 22.7 weiter unten zu sehen.
2. Klicken Sie auf die Schaltfläche *RDL erstellen*. Nach kurzer Zeit erscheint das Meldungsfeld (Abbildung 22.8 weiter unten). Die Datei ist erfolgreich geschrieben worden.
3. Sofern gewünscht, öffnen Sie die im in der Benutzeroberfläche eingegebenen Ort abgelegte Datei in einem Texteditor.

> **HINWEIS** Sie können die Berichtsdefinition, die Ihre Anwendung erstellt hat, manuell auf den Berichtsserver hochladen. Wie dies funktioniert, ist in Kapitel 15 nachzulesen.

Wenn Sie ausschließlich daran interessiert sind, Berichtsdefinitionen zu erstellen, so können Sie auf den zweiten Teil verzichten.

Möchten Sie jedoch dem Berichtsserver Ihre Berichtsdefinition programmgesteuert zur Verfügung stellen, so vervollständigen Sie das Beispiel mit Hilfe des nächsten Abschnitts.

Teil 2: Berichtsdefinition an Berichtsserver weitergeben

Bisher steht die Berichtsdefinition nur in einer RDL-Datei im lokalen Dateisystem. Bevor der Berichtsserver daraus einen Bericht erstellen kann, müssen Sie diese Berichtsdefinition an den Berichtsserver weitergeben. Dies könnten Sie manuell über den Berichts-Manager tun, aber da Sie es sich für die Zukunft einfach machen wollen, erweitern Sie Ihre Anwendung so, dass sie diese Aufgabe übernimmt.

Fügen Sie Ihrem Code eine neue Methode hinzu, die Sie im folgenden Listing 22.13 finden:

```
Private Sub btnWeitergeben_Click(ByVal sender As System.Object, ByVal e As _
    System.EventArgs) Handles btnWeitergeben.Click
    ' im lokalen Dateisystem abgelegte Berichtsdefinition
    ' an Berichtsserver weitergeben
    Windows.Forms.Cursor.Current = Cursors.WaitCursor
    Dim rs As New ReportingService
    rs.Credentials = System.Net.CredentialCache.DefaultCredentials

    'Initialisieren der Parameter für die Methode zum Weitergeben
    Dim definition As [Byte]() = Nothing
    Dim warnings As Warning() = Nothing
    Dim name As String = tbxBerichtname.Text

    Try
        ' die RDL-Datei aus lokalem Dateisystem einlesen
        Dim stream As FileStream = File.OpenRead(tbxRdlSpeicherort.Text)
        definition = New [Byte](stream.Length) {}
        stream.Read(definition, 0, CInt(stream.Length))
        stream.Close()

    ' Ausgeben einer Fehlermeldung, wenn Datei lesen fehlschlägt
    Catch eIO As IOException
        Console.WriteLine(eIO.Message)
    End Try
```

Listing 22.13 *btnWeitergeben_Click*-Methode zum Weitergeben an den Berichtsserver

Die Methode btnWeitergeben_Click wird beim Klicken der Schaltfläche *Bericht weitergeben* ausgeführt. Zu Beginn werden lokale Variablen definiert, die später im Text verwendet werden, insbesondere wie der Bericht im Berichtsserver heißen soll. Letzteres wird vom Benutzer in der Benutzeroberfläche eingegeben.

Dann wird die von Ihrer Anwendung erstellte RDL-Datei aus der lokal gespeicherten Datei gelesen und in einem Bytearray zwischengespeichert.

Die CreateReport-Methode des Berichtsservers

Sie müssen nun die CreateReport-Methode des Berichtsservers aufrufen, die einen Bericht mit der übergebenen Berichtsdefinition veröffentlicht. Fügen Sie dazu der Methode btnWeitergeben_Click den Code aus dem folgenden Listing 22.14 hinzu:

```
    Try
        ' Berichtsgenerierung aus Berichtsdefinition, Rückgabe und Speichern
        ' eventueller Warnungen und Fehler
        warnings = rs.CreateReport(name, tbxServerSpeicherort.Text, True, _
            definition, Nothing)

        ' bei Erfolg Meldung ausgeben
        MessageBox.Show("Bericht wurde erfolgreich weitergegeben.")

    Catch eSOAP As SoapException
        ' falls Weitergabe fehlschlägt, Fehlermeldung ausgegeben
        MessageBox.Show("Bericht konnte nicht weitergegeben werden: " + eSOAP. _
            Detail.InnerXml.ToString())
        Windows.Forms.Cursor.Current = Cursors.Default
    Catch exc As Exception
```

Listing 22.14 *btnWeitergeben_Click*-Methode: *CreateReport*-Aufruf und Abfangen von Fehlern

RDL verstehen am Beispiel

```
            MessageBox.Show(exc.Message)
        End Try

        Windows.Forms.Cursor.Current = Cursors.Default
    End Sub 'btnWeitergeben_Click
```

Listing 22.14 *btnWeitergeben_Click*-Methode: *CreateReport*-Aufruf und Abfangen von Fehlern *(Fortsetzung)*

In der Tabelle 22.6 finden Sie die Parameter der CreateReport-Methode.

Parameter	Datentyp	Beschreibung
Report	String	Bestimmt den Namen des Berichts, wie er im Berichtsserver erscheinen soll
Parent	String	Setzt den vollen Pfad, in welchen Ordner im Berichtsserver der neue Bericht erscheinen soll
Overwrite	Bool	Gibt an, ob ein Bericht mit dem selben Namen im gleichen Ordner überschrieben werden soll
Definition	Byte[]	Die Berichtsdefinition in RDL als Bytearray, die an den Berichtsserver weitergegeben werden soll
Properties	Property[]	Ein Array von Eigenschaftsobjekten, das die Eigenschaften und Werte enthält, die gesetzt werden sollen

Tabelle 22.6 Parameter der *CreateReport*-Methode

> **TIPP** Weitere Informationen zur Integration des Berichtsservers in Ihre Anwendungen finden Sie in Kapitel 28.

Sie zeigen ein Meldungsfenster an, das entweder den Erfolg meldet, oder, falls die Berichtsdefinition fehlerhaft ist oder andere Probleme auftreten, die eine Weitergabe verhindern, diese anzeigt.

Sehr hilfreich ist im letzteren Fall die SoapException. Diese spezifiziert sehr genau, was in der Berichtsdefinition nicht korrekt ist. So können Sie relativ zügig Fehler aufdecken und diese berichtigen.

Wie ein Meldungsfenster mit einer Fehlerrückgabe durch die SoapException aussieht, wenn die Berichtsdefinition ungültig ist, zeigt die Abbildung 22.6.

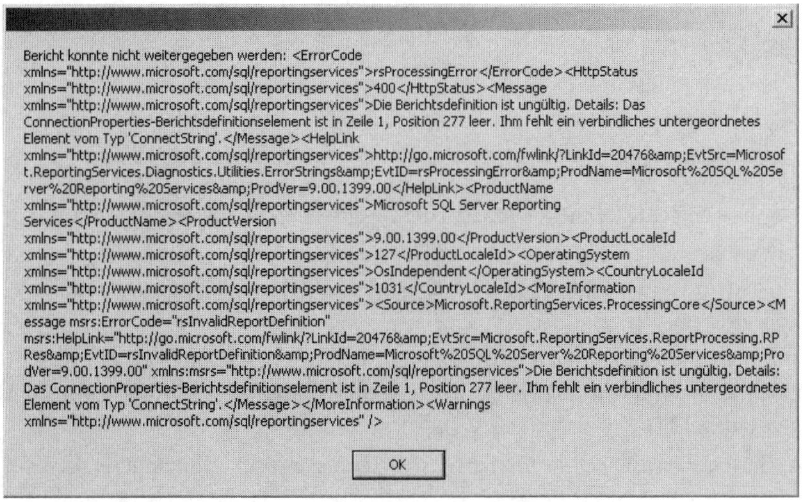

Abbildung 22.6 Detaillierte Fehlermeldung des Berichtsservers im XML-Format

Diese Fehlermeldung erhalten Sie, wenn Sie im Beispielcode in Listing 22.4 die Einträge zwischen den Tags <ConnectionProperties> und </ConnectionProperties> entfernen. Die Meldung sagt im Wesentlichen aus, dass das Element ConnectionProperties nicht ausreichend definiert ist und gibt dabei an, in welcher Zeile sich der Fehler in der Definition befindet.

Berichtsgenerator-Beispiel ausführen

Nachdem Sie nun den gesamten Code des Beispiels zusammengestellt haben, können Sie das Programm ausführen:

1. Starten Sie Ihre Anwendung, indem Sie *Debuggen/Starten* klicken. Die Benutzeroberfläche öffnet sich, wie in Abbildung 22.7 zu sehen.

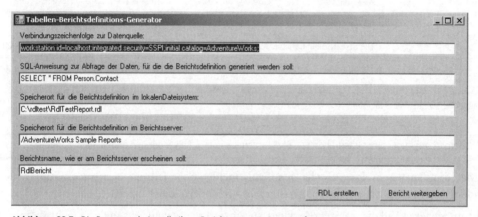

Abbildung 22.7 Die Benutzerschnittstelle Ihres *Berichtsgenerators* zur Laufzeit

2. Sofern gewünscht, ändern Sie die voreingestellten Standardwerte.
3. Klicken Sie *RDL erstellen*. Die Berichtsdefinition wird erstellt, lokal abgelegt und die Erfolgmeldung für die RDL-Datei-Erstellung wird angezeigt (Abbildung 22.8).

Abbildung 22.8 Meldungsfenster nach erfolgreichem Schreiben einer RDL-Datei

4. Klicken Sie *Bericht weitergeben*. Die Berichtsdefinition wird an den Berichtsserver weitergegeben.

    Nach kurzer Zeit erscheint ein Meldungsfenster, dass der Bericht weitergegeben wurde. Sollten jedoch Fehler auftreten oder die Berichtsdefinition ungültig sein, so erscheint ein Meldungsfenster mit dem Fehler, wie z.B. in Abbildung 22.6 weiter oben gezeigt.
5. Starten Sie den Berichts-Manager und klicken Sie sich bis zu dem Ordner durch, in dem Sie Ihren Bericht veröffentlicht haben, z.B. im Ordner *SampleReports*. Detailliertere Informationen zur Arbeit mit dem Berichts-Manager finden Sie in Kapitel 15.
6. Mit einem Klick auf den generierten Bericht, z.B. *RdlBericht,* wird dieser gerendert und angezeigt (siehe Abbildung 22.9).

RDL verstehen am Beispiel

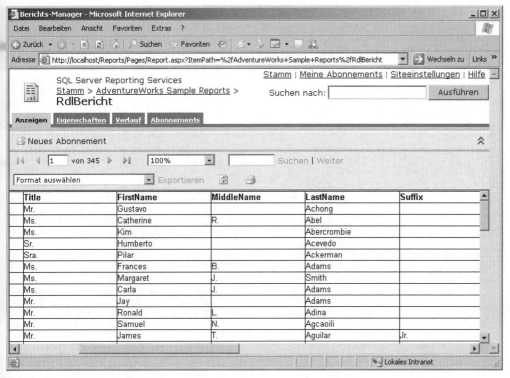

Abbildung 22.9 Die von Ihrem Berichts-Generator erzeugte Berichtsdefinition, gerendert im Berichts-Manager

Im nächsten Kapitel erfahren Sie, wie Sie Abonnements im Berichtsserver erstellen und verwalten.

Kapitel 23

Berichte automatisch verteilen: Abonnements

In diesem Kapitel:

Wozu Abonnements? Grundsätzliche Überlegungen	370
Was leisten Abonnements? Einsatzszenarien	371
Eines für alle: Erstellen eines Standardabonnements	372
Individuell für jeden Benutzer: Erstellen datengesteuerter Abonnements	376

Abonnements sind sicherlich eines der interessantesten Features der SQL Server 2005 Reporting Services. Sie ermöglichen es Ihnen, Berichte automatisch zu einem bestimmten Zeitpunkt oder als Reaktion auf ein Ereignis erstellen und verteilen zu lassen.

Wozu Abonnements? Grundsätzliche Überlegungen

Bisher haben wir bedarfsgesteuerte Berichte betrachtet, also solche, bei denen der Benutzer aktiv das Erzeugen seines Berichtes anstoßen und auf das Ergebnis warten musste. Das ist zwar eine sehr flexible und einfach zu administrierende Methode, aber es gibt viele Szenarien, in denen dieses Verfahren problematisch ist.

Sie sollten Abonnements einsetzen, wenn Sie in Ihrem Projekt Folgendes beobachten:

- Ihre Anwender beklagen sich, dass die Erstellung der Berichte zu lange dauert.
- Andere Anwender beschweren sich, dass immer dann, wenn Ihre Berichte abgerufen werden, ihre Anwendung langsamer wird.
- Ihre Anwender bemängeln, dass Berichte zu umfangreich sind, um sie im Browser vernünftig handhaben zu können.
- Ihre Berichte werden kaum genutzt, weil Ihre Anwender keine Zeit finden, Berichte abzurufen.

Diese Anwender können Sie ein bisschen glücklicher machen, wenn Sie ihnen Abonnements zur Verfügung stellen, denn diese entkoppeln den Vorgang der Berichtsanforderung von der Berichtserstellung und -auslieferung.

Wie funktioniert das? Vergleichen wir unsere Berichte mit einer altbekannten Form der Publikation, einer Zeitung zum Beispiel. Dann ist das, was wir bisher betrachtet haben – bedarfsgesteuerte Berichte – nichts anderes, als wenn jeder Zeitungsleser in die Redaktion geht, dort sagt, welche Themen er sich wünscht, wartet, bis seine Artikel geschrieben und gedruckt sind, um dann die fertige Zeitung mit nach Hause zu nehmen!

Das klingt nicht nur absurd, dieses Verfahren hat ganz konkret folgende Nachteile:

- Es wäre viel zu unbequem für die Leser.
- Es führt zur Überlastung der Redaktion.

Für dieses Zeitungs-Szenario kennen Sie die Lösung, es heißt »Abonnement«: Natürlich liegt die Zeitung jeden Morgen im Briefkasten jedes Zeitungslesers! Und warum sollten es Ihre Anwender schlechter haben als Millionen von Zeitungsabonnenten in der Welt? Auch Ihre Anwender können Berichte abonnieren, sodass diese pünktlich zum gewünschten Zeitpunkt im Briefkasten landen – der bei uns »E-Mail-Postfach« oder »Dateifreigabe« heißt.

HINWEIS Die Auslieferung in E-Mail-Postfächer und auf Dateifreigaben sind keineswegs die einzigen Möglichkeiten – auch für die Abonnementsauslieferung ist eine Programmierschnittstelle vorhanden.

Sie können also mit ein bisschen Programmierarbeit jede erdenkliche Form der Auslieferung umsetzen – selbst die in den Hausbriefkasten, sofern dieser per Programm ansteuerbar ist.

Nähere Informationen finden Sie in Kapitel 30.

Wenn Sie bei obiger kleiner Aufzählung der Nachteile der persönlichen Zeitungsabholung »Leser« durch »Ihre Anwender« und »Redaktion« durch »Ihre Server« ersetzen, haben Sie eine Liste der Nachteile der bedarfsgesteuerten Berichte, denn diese

- sind unbequem für Ihre Anwender, insbesondere, wenn sie häufig dieselben Berichte abrufen müssen und/oder diese lange Zeit zur Erstellung brauchen;
- führen leicht zur Überlastung Ihrer Server, insbesondere, wenn
  - diese bereits mit anderen Aufgaben stark belastet sind,
  - viele Anwender gleichzeitig große Berichte abrufen.

Damit haben wir die Ursachen für die Probleme, die wir zu Beginn dieses Kapitels aufgelistet haben, ermittelt.

Nachdem Sie nun eine Vorstellung davon haben, was Abonnements im Allgemeinen leisten können, wollen wir im Folgenden ein wenig detaillierter die möglichen Anwendungsfelder von Berichtsabonnements betrachten.

Was leisten Abonnements? Einsatzszenarien

Mit Berichtsabonnements können Sie die folgenden Szenarien abbilden:
- Automatisches Verteilen von Berichten an Benutzer in Ihrer Organisation per E-Mail oder Dateifreigabe:
  - Sie oder Ihre Anwender legen fest, wer wann welche Berichte auf welchem Weg und in welchem Format erhalten soll.
  - Die Abonnentenliste muss nicht fest vorgegeben sein, sondern kann bei der Abonnementsverteilung dynamisch ermittelt werden, typischerweise durch eine Abfrage auf eine Datenbanktabelle.
  - Typische Beispiele sind das Verteilen der aktuellen Telefonliste, der Top Ten der besten Verkäufer oder der Quartalszahlen an die Abteilungsleiter.
- Offload-Berichtsverteilung:
  - Ihre Benutzer können auswählen, welche Berichte sie verwenden und wann sie diese erhalten möchten – und müssen so nicht mehr auf die Ausführung warten.
  - Auf diesem Weg lässt sich auch der Server entlasten, da die Berichtserstellung in lastarme Zeiten verlegt werden kann.
  - Typische Anwendungsfälle sind lang laufende Abfragen, umfangreiche Berichte und große Mengen von Anwendern, die zur selben Zeit Daten abrufen müssen, sowie überlastete Server.
- Offlineanzeige von Berichten:
  - Berichte werden im PDF- oder Webarchivformat abonniert, wenn entweder die betreffenden Anwender zeitweise nicht mit dem Berichtsserver verbunden sind, oder wenn die Archivierung eines Berichts wichtig ist.
  - Typische Anwendungen sind Kennzahlenberichte für Vertriebsmitarbeiter, die diese ohne Anbindung an das Firmennetzwerk zur Verfügung haben müssen, oder Buchhaltungsdaten, für die der Gesetzgeber eine Archivierung vorschreibt.
- Erstellen von Sicherungskopien von Berichten mit Hilfe einer Dateifreigabe:
  - Berichte, die Sie sichern müssen, können auf einer Dateifreigabe abgelegt werden, von der in regelmäßigen Abständen eine Sicherungskopie angefertigt wird.

- Ablegen großer Berichte direkt im gewünschten Format ohne Umweg über den Browser:
  - Für die Arbeit mit größeren Berichten sind Desktopanwendungen wie z.B. Microsoft Excel besser geeignet als ein Browser. Mit der Hilfe von Abonnements lassen sich die Berichte direkt im gewünschten Format auf einer Dateifreigabe ablegen – ohne Umweg über den Browser.
- Anpassen der Berichtsausgabe für einzelne Benutzer, ohne dass die Benutzer diese Anpassungen bei jedem Abruf erneut vornehmen müssen:
  - Mit datengesteuerten Abonnements können Sie die Berichtsausgabe, Übermittlungsoptionen und Berichtsparametereinstellungen zur Laufzeit anpassen.
  - Das Abonnement ruft zur Laufzeit mit Hilfe einer SQL-Abfrage Eingabewerte aus einer Datenquelle ab.

Wenn eines der aufgelisteten Szenarien Ähnlichkeiten mit Ihren Anforderungen hat, sollten Sie versuchen, diese mit Hilfe der Anleitungen in den folgenden Abschnitten umzusetzen.

Eines für alle: Erstellen eines Standardabonnements

Zunächst werden Sie ein einfaches Standardabonnement auf einer Dateifreigabe erstellen. Ein solches reicht vollkommen aus, wenn alle Anwender jeweils auf denselben, stets auf dem neuesten Stand gehaltenen Bericht zugreifen sollen, der in einem zentralen Ordner abgelegt ist. Ein typisches Beispiel hierfür sind unternehmensweite Telefonlisten oder – wie in unserem Beispiel – ein Überblick über die Verkäufe des Unternehmens:

1. Starten Sie den Berichts-Manager, indem Sie in der Adresszeile des Browsers die URL *http://<Ihr Webservername>/reports* eingeben.
2. Wählen Sie einen Ordner aus, z.B. *AdventureWorks Sample Reports*.

HINWEIS Wenn im Berichts-Manager keine Berichte angezeigt werden, sondern der Hinweis *'Stamm' enthält keine Elemente* erscheint, müssen Sie zuvor entweder eigene Berichte erstellen, wie in Teil B geschrieben oder die mitgelieferten Beispielberichte *AdventureWorks Sample Reports* installieren – dies geschieht nicht etwa automatisch bei der Installation der Reporting Services, sondern muss manuell erfolgen. Eine Anleitung hierfür finden Sie in Kapitel 5.

3. Wählen Sie den Bericht aus, für den Sie ein Abonnement erstellen möchten, z.B. *Company Sales*.
4. Holen Sie die Registerkarte *Abonnements* in den Vordergrund.
5. Klicken Sie auf die Schaltfläche *Neues Abonnement*. Sie gelangen auf die Seite *Optionen für die Berichtsübermittlung/Abonnementsverwaltung* (siehe Abbildung 23.2, wobei die Anzeige in Abhängigkeit von den auf Ihrem Rechner installierten Erweiterungen abweichen kann).

ACHTUNG Sie können Abonnements nur für Berichte erstellen, die unbeaufsichtigt ausgeführt werden dürfen, d.h. Berichte, die gespeicherte oder keine Anmeldeinformationen verwenden. Diese Einschränkung ist kein fehlendes Feature, sondern konzeptionell bedingt, denn Sie verwenden Abonnements ja genau dann, wenn Sie Berichte *ohne* Benutzerinteraktion verteilen möchten. Zum Zeitpunkt der Ausführung des Berichts gibt es also keinen Benutzer, und daher können Sie nicht auf dessen Anmeldeinformationen zurückgreifen!

Sollte der von Ihnen ausgewählte Bericht nicht unbeaufsichtigt ausgeführt werden dürfen, erhalten Sie an dieser Stelle die Fehlermeldung angezeigt (siehe Abbildung 23.1).

Sollten Sie diese Fehlermeldung erhalten, versuchen Sie, die Anmeldeinformationen so abzuändern, dass der Bericht unbeaufsichtigt ausgeführt werden kann.

Eines für alle: Erstellen eines Standardabonnements

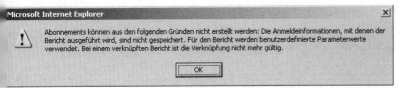

Abbildung 23.1 Fehlermeldung, die darauf hindeutet, dass Bericht nicht unbeaufsichtigt ausgeführt werden darf

Für die mitgelieferten Beispielberichte können Sie dies auf die Schnelle erreichen, indem Sie den Link *AdventureWorks Sample Reports* wählen, dort auf *Company Sales* klicken und unter *Eigenschaften* auf *Datenquellen* klicken und unter *Eine benutzerdefinierte Datenquelle* die Option *Anmeldeinformationen, die sicher auf dem Berichtsserver gespeichert sind* selektieren und die SQL-Server-Benutzerkennung eingeben, z.B. als Benutzername **sa** nebst zugehörigem Kennwort.

Diese zugegebenermaßen sehr rustikale Konfiguration ist nur für die Arbeit mit Beispieldaten auf einem abgeschotteten Entwicklungsserver vertretbar! Wie Sie Datenquellen und andere sicherheitsrelevante Einstellungen praxistauglich vornehmen, erfahren Sie in Kapitel 17.

6. Wählen Sie im Listenfeld *Übermittelt von* den Eintrag *Berichtsserver-Dateifreigabe* aus. Es erscheint die Eingabemaske, die Sie in Abbildung 23.2 sehen.

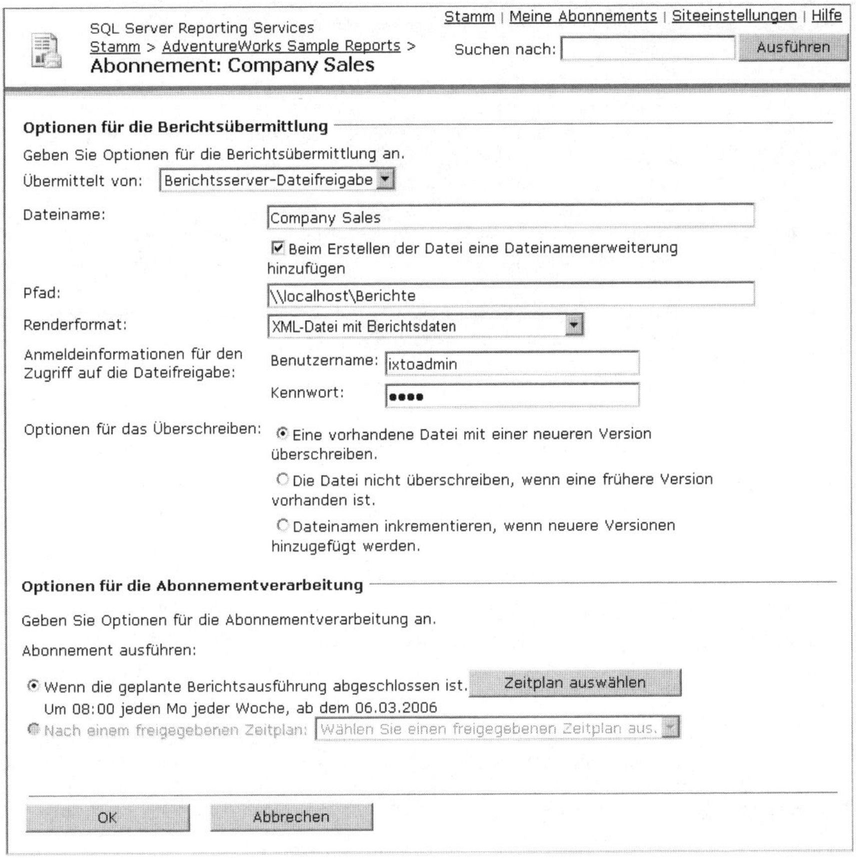

Abbildung 23.2 Konfigurieren Sie hier Ihr Standardabonnement auf einer Berichtsserver-Dateifreigabe

7. Sofern gewünscht, ändern Sie den Eintrag neben *Dateiname*. Dies ist der Name, unter dem Ihr Bericht abgespeichert wird.
8. Geben Sie unter *Pfad* den Ort der Dateifreigabe an, auf dem Ihr Bericht gespeichert werden soll.

HINWEIS Sie müssen an dieser Stelle zwingend die UNC-Schreibweise verwenden, also z.B. *\\<Ihr Rechnername>\<Ihre Freigabe>*. Lokale Pfade können nicht direkt angegeben werden, sondern nur über den Umweg einer Dateifreigabe auf derselben Maschine, also »z.B. *\\localhost\c$\temp* anstelle von *C:\Temp*.

9. Wählen Sie im Listenfeld *Renderformat* nach Belieben ein Format aus, in dem der Bericht gerendert werden soll. Nähere Informationen zu Renderformaten finden Sie in Kapitel 19.
10. Tragen Sie in *Benutzername* und *Kennwort* die Anmeldeinformationen für den Zugriff auf die Dateifreigabe ein.
11. Wählen Sie nach Belieben eine *Option für das Überschreiben* aus, wie in Tabelle 23.1 beschrieben.

Option	Auswirkung
Eine vorhandene Datei mit einer neueren Version überschreiben	Es ist immer nur die letzte Version des Berichts verfügbar, das Ergebnis von vorhergehenden Ausführungen bleibt nicht erhalten. Die am häufigsten verwendete Option.
Die Datei nicht überschreiben, wenn eine frühere Version vorhanden ist.	Der neue Bericht wird nicht gespeichert, sofern noch eine alte Version auf der Dateifreigabe vorhanden ist. Dies macht nur dann Sinn, wenn es z.B. in einer anderen Anwendung eine Weiterverarbeitung des erzeugten Berichts gibt, an deren Ende der Bericht gelöscht wird. Diese Option ist auch dann nur sinnvoll, wenn es wichtiger ist, jeden Bericht zu verarbeiten, als die neueste Version des Berichts zu haben. Eine eher selten verwendete Option.
Dateinamen inkrementieren, wenn neuere Versionen hinzugefügt werden.	Falls es auf der Dateifreigabe bereits einen Bericht mit diesem Namen gibt, wird eine »1« an den Dateinamen der neuen Berichtsdatei angehängt, wenn auch dieser Name bereits vergeben ist, eine »2« usw. Verwenden Sie diese Option, wenn es wichtig ist, dass Berichte von vorhergehenden Abonnementsdurchläufen erhalten bleiben.

Tabelle 23.1 Optionen für den Umgang mit Berichten, die bei früheren Abonnementsausführungen generiert wurden

12. Für die Zeitplanung stehen Ihnen die in Tabelle 23.2 aufgeführten Optionen zur Verfügung. Sofern gewünscht, ändern Sie den Zeitplan, indem Sie auf die Schaltfläche *Zeitplan auswählen* klicken und in der daraufhin angezeigten Seite *Zeitplan* (siehe Abbildung 23.3) die gewünschten Ausführungszeiten eintragen und mit *OK* bestätigen.

Option	Erklärung
Wenn die geplante Berichtsausführung abgeschlossen ist	Das Abonnement wird nach dem Zeitplan ausgeführt, der an dieser Stelle ausgewiesen ist
Nach einem freigegebenen Zeitplan	Das Abonnement wird nach einem Zeitplan ausgeführt, der freigegeben ist und damit auch an anderer Stelle verwendet werden kann. Weitere Informationen erhalten Sie in Kapitel 20.

Tabelle 23.2 Wählen Sie hier, ob Ihr Berichtsabonnement nach einem eigenen oder einem freigegeben Zeitplan ausgeführt werden soll

Eines für alle: Erstellen eines Standardabonnements

Abbildung 23.3 Tragen Sie hier ein, wann Ihr Abonnement ausgeführt werden soll

13. Mit *OK* gelangen Sie wieder zur Registerkarte *Abonnements*, auf der nun das soeben eingepflegte Abonnement angezeigt wird.

ACHTUNG Sollten Sie in Schritt 13 eine Fehlermeldung erhalten, liegt dies mit hoher Wahrscheinlichkeit daran, dass der SQL Server Agent, der für die Verwaltung der Zeitpläne zuständig ist, nicht gestartet ist. Holen Sie dies nach, indem Sie im Startmenü die Befehlsfolge *Alle Programme/Microsoft SQL Server 2005/Konfigurationstools/SQL Server Configuration Manager* wählen und in dem Dialogfeld in der Liste *SQL Server 2005 Dienste* die Auswahl *SQL Server Agent (MSSQLSERVER)* treffen und mit rechter Maustaste im folgenden Kontextmenü auf *Starten* klicken.

Wenn Sie diesen Vorgang nicht nach jedem Systemstart wiederholen möchten, sollten Sie die Eigenschaften des Dienstes SQL Server-Agent öffnen, indem Sie mit der rechten Maustaste im Kontextmenü diesmal auf *Eigenschaften* klicken. Im folgenden Dialogfeld *Eigenschaften von SQL Server-Agent (MSSQLSERVER)* wählen Sie oben den Registerreiter *Dienst* aus und stellen anschließend als Startmodus *Automatisch* ein. Bestätigen Sie Ihre Eingabe mit *Übernehmen* und schließen das Dialogfeld.

Sobald in der Spalte *Status* der Eintrag *Wird ausgeführt* angezeigt wird, können Sie das Fenster schließen.

14. Warten Sie, bis die Systemzeit des Servers die Uhrzeit erreicht hat, für die Sie die Berichtsausführung in Schritt 12 konfiguriert haben. Aktualisieren Sie nun so lange die Ansicht durch wiederholtes Drücken der F5 -Taste im Internet Explorer, bis die Spalte *Zuletzt ausgeführt* mit Datum und Uhrzeit ausgefüllt ist.
15. Öffnen Sie mit der Tastenkombination ⊞ + E den Windows-Explorer und navigieren Sie zu jener Dateifreigabe, die Sie in Schritt 8 zur Ablage des Berichts konfiguriert haben. Vergewissern Sie sich, dass der Bericht unter dem in Schritt 7 eingepflegten Dateinamen in dem in Schritt 9 konfigurierten Format vorliegt.

Damit haben Sie Ihr erstes Standardabonnement erfolgreich erstellt.

Sie können Ihr Abonnement jederzeit ändern, indem Sie die Schritte 1 bis 4 wiederholen, in der Zeile des betreffenden Abonnements den Link *Bearbeiten* anklicken und dann bei Schritt 6 fortfahren.

Der in diesem Abschnitt verwendete Abonnementstyp ist vergleichsweise statisch. Sehr bald werden Sie und Ihre Anwender mehr Flexibilität und Individualität wünschen, die Sie mit einem datengesteuerten Abonnement leicht erreichen können.

Individuell für jeden Benutzer: Erstellen datengesteuerter Abonnements

Immer wenn es darum geht, individuelle Berichte zu erstellen, die für jeden Benutzer anders aussehen, benötigen Sie ein datengesteuertes Abonnement. Dieses wird mit Daten aus einer Datenbank-Tabelle gespeist – jeder Datensatz ergibt einen Bericht. Sie können so die Berichtsparameter setzen und die Auslieferung steuern, und zwar nicht nur für die Ablage in einem individuellen Ordner, sondern auch für die Auslieferung per E-Mail. Durch die offene Übermittlungsschnittstelle ist es darüber hinaus möglich, Übermittlungserweiterungen von Drittherstellern zu beziehen oder sogar selbst zu programmieren. Nähere Informationen hierzu finden Sie in Kapitel 30.

Stellen Sie sich zum Beispiel vor, Sie möchten Ihre Vertriebsmitarbeiter täglich individuell über deren persönliche Verkaufszahlen informieren. Diese Aufgabe lässt sich mit Standardabonnements, wie wir sie im vorigen Abschnitt kennen gelernt haben, nur mit hohem Aufwand lösen, denn Sie müssten für jeden Vertriebsmitarbeiter ein eigenes Standardabonnement erstellen. Sehr viel einfacher geht es mit Hilfe eines datengesteuerten Abonnements: Mit einem solchen können Sie denselben Bericht mehrfach, aber mit jeweils unterschiedlichen Parametern und mit individuellen Zustellungszielen ausführen.

Zunächst werden Sie die Berichte auf einer Freigabe ablegen, im zweiten Beispiel per E-Mail zustellen.

Regelmäßig frisch im Basisordner: Datengesteuerter Bericht auf Dateifreigabe

In diesem Beispiel werden Sie ein Abonnement erstellen, das pro Ausführung mehrere Berichte generiert und auf einer Dateifreigabe ablegt. Gesteuert wird es über eine SQL-Abfrage. Für jede Zeile, die diese Abfrage liefert, wird pro Abonnementdurchlauf ein Bericht erzeugt. Parameter und Zielordner des jeweiligen Berichts werden über die Spalten der Abfrage festgelegt.

Konkret werden Sie ein datengesteuertes Abonnement erstellen, das jedem Vertriebsmitarbeiter seinen aktuellen Vertriebsbericht in seinem Basisordner hinterlegt.

Individuell für jeden Benutzer: Erstellen datengesteuerter Abonnements

Als Bericht werden Sie den *Employee Sales Summary* aus den mitgelieferten *AdventureWorks Sample Reports* verwenden. Die Berichtsparameter, mit denen Sie dafür sorgen, dass jeder Vertriebsmitarbeiter nur seine eigenen Verkaufszahlen sieht sowie den Pfad zu seinem Basisordner, werden Sie über eine kleine SQL-Abfrage ermitteln, die auf der mitgelieferten Beispieldatenbank *AdventureWorks Sample Reports* ausgeführt wird.

1. Wählen Sie im Berichts-Manager den Bericht *Employee Sales Summary* und holen Sie die Registerkarte *Abonnements* in den Vordergrund, wie im vorigen Abschnitt in Schritt 1 bis 4 beschrieben.
2. Klicken Sie auf *Neues datengesteuertes Abonnement*. Sie gelangen auf in Abbildung 23.4 abgebildete Seite *Schritt 1*, in der Sie die ersten Grundeinstellungen vornehmen.

Abbildung 23.4   Wählen Sie in Schritt 1 den Namen und die steuernde Datenquelle aus

3. Geben Sie im Textfeld *Beschreibung* **Individuelle Verkaufszahlen für jeden Vertriebsmitarbeiter in dessen Basisordner** ein. Dies ist der Name, mit dem das Abonnement im Berichts-Manager angezeigt werden wird.
4. Mit der Auswahl im Listenfeld *Angeben, wie Empfänger benachrichtigt werden* treffen Sie die zentrale Entscheidung, welche der in Tabelle 23.3 näher erläuterten Übermittlungserweiterungen verwendet werden soll. Wählen Sie hier *Berichtsserver-Dateifreigabe*.

Auswahl	Erklärung
Berichtsserver-Dateifreigabe	Legt die erzeugten Berichte auf einer Dateifreigabe ab. Diese Arbeit mit dieser Übermittlungserweiterung wird in diesem Abschnitt detailliert beschrieben.
Berichtsserver-E-Mail	Versendet die erzeugten Berichte per E-Mail. Diese Übermittlungserweiterung wird im folgenden Abschnitt detailliert beschrieben.

Tabelle 23.3   Wählen Sie hier aus, wie die Berichte übermittelt werden sollen

Auswahl	Erklärung
NULL-Übermittlungsanbieter	Verarbeitet die generierten Berichte nicht weiter. Diese Einstellung ist für Testzwecke vorgesehen.
{Namen von Selbstprogrammierte Übermittlungserweiterungen} bzw. {Namen von Übermittlungserweiterungen von Drittherstellern}	Sofern Sie eigene Übermittlungserweiterungen implementiert haben, wie in Kapitel 30 beschrieben, oder von Drittherstellen solche hinzugekauft haben, werden diese hier angezeigt.

Tabelle 23.3 Wählen Sie hier aus, wie die Berichte übermittelt werden sollen *(Fortsetzung)*

5. Da Sie die Daten für die Abonnementszustellung aus derselben Datenbank wie die Berichtsdaten holen werden, können Sie unter *Geben Sie eine Datenquelle mit Empfängerinformation an* die Option *Geben Sie eine freigegebene Datenquelle an* wählen.

> **TIPP** Alternativ können Sie in Schritt 5 auch *Nur für dieses Abonnement angeben* wählen, wodurch Sie mit *Weiter* zu Seite *Schritt 2* gelangen, die aussieht wie in Abbildung 23.5. Geben Sie dort die Verbindungsinformationen zu einer anderen Datenquelle an (nähere Informationen hierzu finden Sie in Kapitel 17), und fahren Sie dann mit Schritt 7 fort.

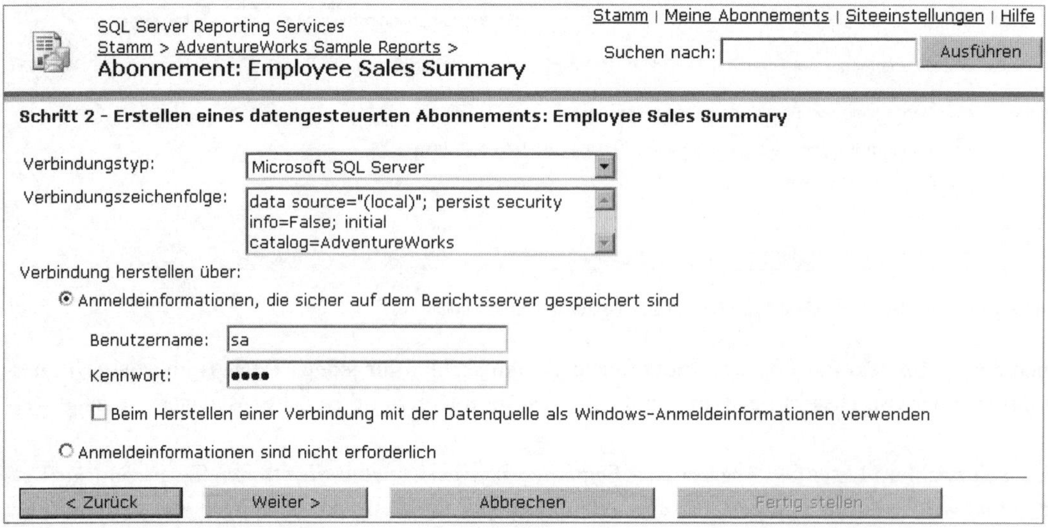

Abbildung 23.5 Konfigurieren Sie hier eine abonnementseigene Datenquelle

6. Mit *Weiter* gelangen Sie auf die Seite *Schritt 2* (siehe Abbildung 23.6). Trage Sie dort entweder per Tastatur oder durch Klicken auf die Strukturansicht in *Speicherort* **/SampleReports/AdventureWorks** ein.

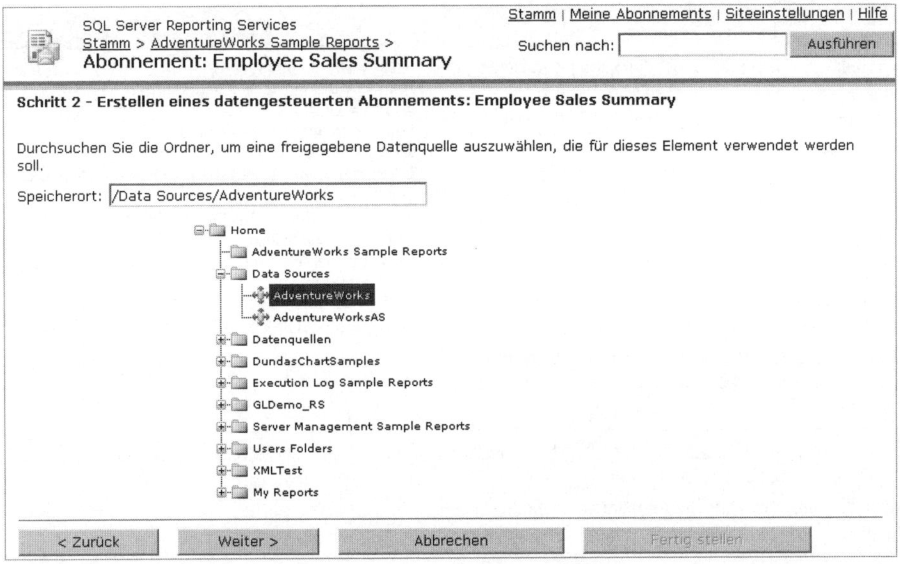

Individuell für jeden Benutzer: Erstellen datengesteuerter Abonnements

Abbildung 23.6 Konfigurieren Sie Ihr Abonnement auf die Verwendung einer freigegebenen Datenquelle

7. Mit *Weiter* gelangen Sie auf die Seite *Schritt 3* (siehe Abbildung 23.7), wo Sie die Datenbankabfrage spezifizieren, wie in Tabelle 23.4 erläutert. Tragen Sie die in der Spalte *Beispiel* angegebenen Werte ein.

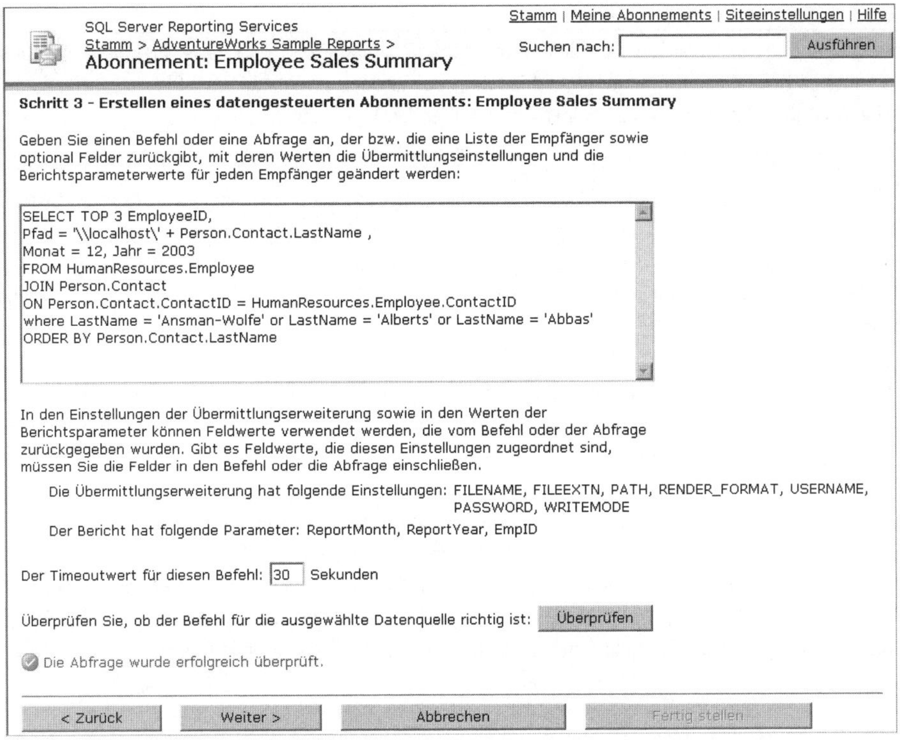

Abbildung 23.7 Konfigurieren Sie hier die SQL-Abfrage, mit der Ihr Abonnement gesteuert wird

Feld	Erklärung	Im Beispiel
Geben Sie einen Befehl oder eine Abfrage an	SQL-Abfrage, mit der die Felder zurückgegeben werden, die für jeden Empfänger abweichend sind. Typischerweise sind dies Empfängerdaten, Zielpfade, Dateinamen und Parameterwerte.	SELECT TOP 3 EmployeeID, Pfad = '\\localhost\' + Person.Contact.LastName , Monat = 12, Jahr = 2003 FROM HumanResources.Employee JOIN Person.Contact ON Person.Contact.ContactID = HumanResources.Employee.ContactID where LastName = 'Ansman-Wolfe' or LastName = 'Alberts' or LastName = 'Abbas' ORDER BY Person.Contact.LastName
Die Übermittlungserweiterung hat folgende Einstellungen	Hier werden die Felder, denen Sie die mit der Abfrage Werte zuweisen können, angezeigt. Die Auflistung ist abhängig von der Übermittlungserweiterung – in unserem Beispiel finden Sie hier die Einstellungen der Berichtsserver-Dateifreigabe aufgelistet.	FILENAME, FILEEXTN, PATH, RENDER_FORMAT, USERNAME, PASSWORD, WRITEMODE (nicht änderbar)
Der Bericht hat folgende Parameter	Die Parameter des zuvor ausgewählten Berichts, in unserem Beispiel die von *Employee Sales Summary*. Mehr Informationen zum Thema »Parameter« finden Sie in Kapitel 12.	ReportMonth, ReportYear, EmpID (hier nicht änderbar)
Der Timeoutwert für diesen Befehl	Zeit (in Sekunden), die die Reporting Services auf eine Antwort der Datenbank warten. Sollte Ihre SQL-Abfrage sehr viele Daten zurückgeben und/oder sehr lang laufen, sollten Sie diesen Wert erhöhen.	30 (Standardwert)

Tabelle 23.4 Felder der Seite *Schritt 3*: Spezifikation der abonnementsteuernden Abfrage

HINWEIS Mit der SQL-Abfrage in Tabelle 23.4 werden aus der Mitarbeiter-Tabelle drei spezielle Mitarbeiter mit Ihrer ID, die wir als Parameter für unseren Bericht benötigen, sowie der Pfad Ihres Basisordners ermittelt. Dieser Pfad ist eine Freigabe auf Ihrem Rechner, deren Name identisch ist mit dem Nachnamen des betreffenden Mitarbeiters.

Die Beschränkung auf die ersten drei Mitarbeiter erfolgt nur, um das Beispiel zu vereinfachen und kann durch Weglassen von TOP 3 aufgehoben werden.

Die Spalten *Monat* und *Jahr* sollten in der Praxis selbstverständlich vom aktuellen Tagesdatum abgeleitet werden, etwa mit ..., Monat = month(getdate()), Jahr = year(getdate()) FROM ..., um den Monat und das Jahr des aktuellen Tagesdatums zu verwenden. In diesem Beispiel wurde hierauf verzichtet, da es durch das zuvor erforderliche Einfügen von Verkaufsdaten zum Tagesdatum unnötig kompliziert geworden wäre.

8. Nach einem Klick auf *Überprüfen* sollte unterhalb dieser Schaltfläche die Meldung *Die Abfrage wurde erfolgreich überprüft* angezeigt werden. Andernfalls sollten Sie insbesondere überprüfen, ob Sie im vorigen Schritt die SQL-Abfrage korrekt eingegeben haben.

TIPP Optional können Sie, um Ergebnisse von SQL-Abfragen wie der in Tabelle 23.4 vorab einzusehen und ggf. zu korrigieren, diese in die Zwischenablage kopieren, das SQL Server Management Studio über *Start/Alle Programme/Microsoft SQL Server 2005/SQL Server Management Studio* starten, mit *Verbinden* die Verbindung herstellen, im Objekt-Explorer die Datenbank *AdventureWorks* auswählen, eine neues Abfragefenster mit [Alt]+[N] öffnen und dort die SQL-Abfrage aus der Zwischenablage einfügen und mit [Strg]+[E] ausführen. Dann erhalten Sie das in Abbildung 23.8 gezeigte Ergebnis.

Individuell für jeden Benutzer: Erstellen datengesteuerter Abonnements

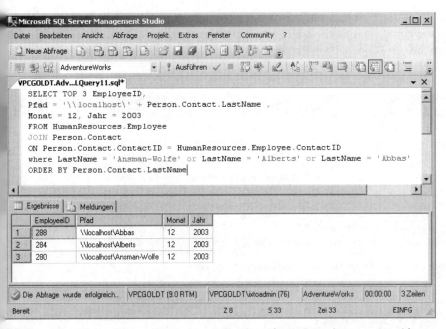

Abbildung 23.8 Mit dem SQL Server Management Studio überprüfen Sie die Ergebnisse von SQL-Abfragen

9. Um die Basisordner unserer Vertriebsmitarbeiter zu simulieren, richten Sie mit Hilfe des Windows-Explorers in einem beliebigen Ordner drei Unterordner mit den Namen der ersten drei Mitarbeiter ein, die Sie unter demselben Namen mit Schreibberechtigung freigeben. Einen Vorschlag finden Sie im folgenden Tipp.

TIPP Zur Einrichtung der Freigabe legen Sie mit Hilfe des Windows-Explorers nacheinander die in Tabelle 23.5 gezeigten Ordner an und wählen jeweils aus deren Kontextmenü den Eintrag *Freigabe und Sicherheit*. Im Eigenschaftenfenster wählen Sie auf der Registerkarte *Freigabe* die Option *Diesen Ordner freigeben*, achten darauf, dass unter *Freigabename* der jeweilige Ordnername steht, klicken auf die Schaltfläche *Berechtigungen* und wählen für den Benutzer, mit dessen Rechten die Reporting Services auf die Freigabe zugreifen sollen, die Schreibberechtigung aus.

Anzulegende Ordner	Freigeben als
C:\Basisordner\Abbas	Abbas
C:\Basisordner\Alberts	Alberts
C:\Basisordner\Ansman-Wolfe	Ansman-Wolfe

Tabelle 23.5 Mit diesen Ordnern und Freigaben simulieren Sie die Basisordner Ihrer Vertriebsmitarbeiter

So lange Sie auf einem abgeschotteten Entwicklungsrechner ausschließlich mit Beispieldaten arbeiten, ist es vertretbar, dem Benutzer *Jeder* – und damit allen Nutzern – Schreibberechtigung zu geben. In einer Produktivumgebung ist jedoch unbedingt ein ausgefeilteres Active Directory-Sicherheitskonzept erforderlich, das Sie mit Ihrem Administrator ausarbeiten oder mit Hilfe entsprechender Fachliteratur entwickeln sollten.

10. Mit *Weiter* gelangen Sie zu der in Abbildung 23.9 dargestellten Seite *Schritt 4*, auf der Sie festlegen, mit welchen Feldern aus der zuvor eingegebenem SQL-Abfrage Sie was steuern wollen, wobei Sie für jedes Steuerfeld einzeln entscheiden können, ob es für alle Berichte gleich oder aus der Abfrage befüllt werden soll, wie in Tabelle 23.6 erläutert. Tragen Sie die in Tabelle 23.7 rechts angegebenen Werte ein.

Option	Erklärung
Geben Sie einen statischen Wert an	Für alle Berichte wird derselbe Wert, den Sie im jeweils dahinter stehenden Textfeld eintragen, verwendet. Verwenden Sie diese Option, wenn Sie den betreffenden Wert innerhalb eines Abonnements nicht variieren wollen.
Rufen Sie einen Wert aus der Datenbank ab	Für jeden Bericht wird der Wert aus der steuernden Datenbankabfrage verwendet, den Sie in der jeweils dahinter stehenden Liste auswählen. Diese enthält alle Felder, die die im vorhergehenden Schritt eingegebene SQL-Abfrage zurückgibt. Verwenden Sie diese Option, wenn der betreffende Wert nicht in jedem Bericht des Abonnements identisch sein soll.
Kein Wert	Das betreffende Feld bleibt unausgefüllt. Diese Option wird nur dort angeboten, wo ein unausgefüllter Wert zugelassen ist.

Tabelle 23.6 Diese Optionen stehen Ihnen für die Steuerung Ihres Abonnements zur Auswahl

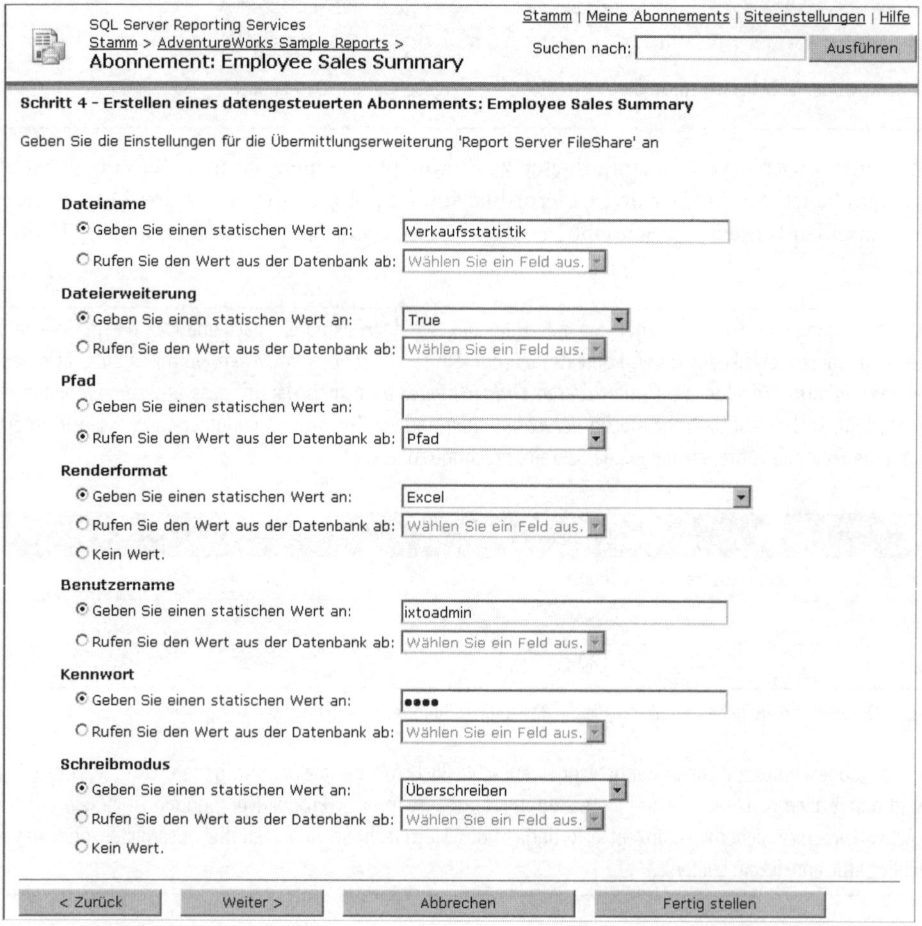

Abbildung 23.9 Hier ordnen Sie die steuernden Felder eines datengesteuerten Berichts zu

Feld	Erklärung	Eintrag für Beispiel
Dateiname	Dateiname, unter dem der Bericht abgelegt werden soll. Sie sollten entweder hier oder im *Dateinamen* ein Feld aus der Datenbank verwenden – denn wenn beide Werte statisch sind, werden alle Dateien von der jeweils nächsten überschrieben und nur die zuletzt generierte bleibt erhalten.	Wählen Sie die Option für den statischen Wert und geben Sie **Verkaufsstatistik** ein
Datei-erweiterung	Mit *True* wird die zum *Renderformat* gehörende Dateierweiterung angehängt, mit *False* unterbleibt dies. Wählen Sie *False*, wenn der *Dateiname* bereits eine Dateierweiterung enthält.	Option *Statischer Wert*, Auswahl *True*
Pfad	UNC-Pfad, unter dem der Bericht abgelegt werden soll	Option *Aus Datenbank*, Auswahl *Pfad*
Renderformat	Format, in dem der Bericht gerendert werden soll. Weitere Informationen zu Renderformaten erhalten Sie in Kapitel 19.	Option *Statischer Wert*, Auswahl *Excel*
Benutzername	Benutzernamen für Zugriff auf unter *Pfad* angegebene Freigabe	Option *Statischer Wert*, Eingabe *{Benutzername für Zugriff auf Ihre Freigabe}*
Kennwort	Kennwort für Zugriff auf unter *Pfad* angegebene Freigabe	Option *Statischer Wert*, Eingabe **{Kennwort für Zugriff auf Ihre Freigabe}**
Schreibmodus	Gibt an, wie mit bei Namenskonflikten mit bereits vorliegenden Berichten verfahren werden soll (Details siehe Tabelle 23.1)	Option *Statischer Wert*, Auswahl *Überschreiben*

Tabelle 23.7 Felder in Schritt 5, mit denen Sie Ihren datengesteuerten Bericht auf eine Dateifreigabe steuern

11. Wechseln Sie mit *Weiter* zu *Schritt 5* (siehe Abbildung 23.10), wo Sie die Parameter des Berichts ähnlich der vorhergehenden Seite zuordnen. Dabei haben Sie jeweils die in Tabelle 23.8 gezeigten Optionen, die Sie wie in Tabelle 23.9 eingegeben.

Abbildung 23.10 Ordnen Sie in Schritt 5 die Parameter Ihres Berichts den Feldern der steuernden Abfrage zu

Option	Erklärung
Geben Sie einen statischen Wert an	Im zugehörigen Feld wird ein Wert eingetragen, der für alle Berichte verwendet wird
Rufen Sie den Wert aus der Datenbank ab	Im dazugehörigen Listenfeld werden alle Spalten der zuvor eingegebenen SQL-Abfrage angeboten. Verwenden Sie diese Option, um den Parameterwert dynamisch für jeden Bericht individuell einzustellen.
Standardwert	Es wird für alle Berichte der im Berichtsentwurf für den Parameter angegebene Standardwert verwendet. Diese Option wird nur für Parameter angeboten, für die im Berichtsentwurf ein Standardwert angegeben wurde. Weitere Information zum Thema »Standardwerte« finden Sie in Kapitel 12.

Tabelle 23.8 Zuordnungsoptionen eines datengesteuerten Berichts

Parameter	Erklärung	Eintrag für Beispiel
Month	Monat, für den der Vertriebsbericht erstellt werden soll	Option *Aus Datenbank*, Auswahl *Monat*
Year	Jahr, für den der Vertriebsbericht erstellt werden soll	Option *Aus Datenbank*, Auswahl *Jahr*
Employee	ID des Mitarbeiters, für den der Vertriebsbericht erstellt werden soll.	Option *Aus Datenbank*, Auswahl *EmployeeID*

Tabelle 23.9 Nehmen Sie in Schritt 5 diese Einstellungen für die Parameter des Berichts vor

12. Wechseln Sie mit *Weiter* zu *Schritt 6*, wo Sie mit Hilfe der Optionen in Tabelle 23.10 entscheiden, wann das Abonnement ausgeführt werden soll.

Option	Erklärung
Wenn die Berichtsdaten auf dem Berichtsserver aktualisiert werden	Das Abonnement wird ausgeführt, wenn ein Berichtssnapshot mit einer neueren Version aktualisiert wird. Der zum Aktualisieren des Berichtssnapshots verwendete Zeitplan bestimmt, wann das Abonnement ausgeführt wird. Diese Option ist nur für Snapshots verfügbar, die bereits einem Aktualisierungszeitplan zugeordnet sind. Weitere Informationen zum Thema Snapshots finden Sie in Kapitel 20.
Nach einem Zeitplan, der für dieses Abonnement erstellt wurde	Das Abonnement wird nach dem Zeitplan ausgeführt, der an dieser Stelle ausgewiesen ist. Zum Ändern klicken Sie *Einen Zeitplan auswählen*, um auf der weiter oben in Abbildung 23.3 gezeigten Seite den gewünschten Zeitplan einzupflegen. Weitere Informationen zum Thema »Zeitpläne« erhalten Sie in Kapitel 20.
Nach einem freigegebenen Zeitplan	Das Abonnement wird nach einem Zeitplan ausgeführt, der freigegeben und damit auch an anderer Stelle verwendet werden kann. Weitere Informationen zum Thema »freigegebene Zeitpläne« erhalten Sie in Kapitel 20.

Tabelle 23.10 Wählen Sie unter diesen Optionen, wann das Abonnement ausgeführt werden soll

13. Klicken Sie auf *Fertig stellen*, überprüfen Sie die Ausführung des Berichts wie im vorigen Abschnitt in Schritt 13 bis 15 beschrieben und stellen Sie über die *Status*-Spalte fest, ob das Beispiel erfolgreich absolviert wurde (siehe Abbildung 23.11).

Individuell für jeden Benutzer: Erstellen datengesteuerter Abonnements   **385**

SQL Server Reporting Services	Home | Meine Abonnements | Siteeinstellungen | Hilfe
Home > SampleReports > **Employee Sales Summary**	Suchen nach: [_____] [Ausführen]

Anzeigen | **Eigenschaften** | **Verlauf** | **Abonnements**

✗ Löschen | 🗐 Neues Abonnement   🗐 Neues datengesteuertes Abonnement

		Beschreibung↓	Trigger	Zuletzt ausgeführt	Status
☐	Bearbeiten	Individuelle Verkaufszahlen für jeden Vertriebler in dessen Heimatverzeichnis	TimedSubscription	11.07.2004 18:35	Done: 3 processed of 3 total; 0 errors.

Abbildung 23.11 So sieht es aus, wenn Sie das Beispiel erfolgreich absolviert haben

4. Überprüfen Sie mit Hilfe des Windows-Explorers, ob in den drei Ordnern, die Sie für diesen Zweck angelegt haben, jeweils der für den Vertriebsmitarbeiter individuell erstellte Bericht im zuvor gewählten Renderformat vorliegt.

TIPP Wenn Sie anstelle der Erfolgs- eine Fehlermeldung erhalten, werden Ihnen im Berichts-Manager, wie in Abbildung 23.12 zu sehen ist, über die Anzahl der Fehler hinaus leider oftmals keine Informationen über die aufgetauchten Probleme angezeigt.

SQL Server Reporting Services	Stamm | Meine Abonnements | Siteeinstellungen | Hilfe
Stamm > AdventureWorks Sample Reports > **Employee Sales Summary**	Suchen nach: [_____] [Ausführen]

Anzeigen | **Eigenschaften** | **Verlauf** | **Abonnements**

✗ Löschen | 🗐 Neues Abonnement   🗐 Neues datengesteuertes Abonnement

		Beschreibung	Trigger	Letzte Ausführung	Status
☐	Bearbeiten	Individuelle Verkaufszahlen für jeden Vertriebsmitarbeiter in dessen Basisordner	TimedSubscription	07.03.2006 12:58	Fertig: 3 von insgesamt 3 verarbeitet; 2 Fehler.

Abbildung 23.12 Bei Fehlern zeigt der Berichts-Manager oft leider nicht mehr an, als hier in der *Status*-Spalte zu sehen ist

Um dem Problem auf den Grund zu gehen, gehen Sie wie folgt vor:

- Öffnen Sie mit einem Texteditor wie z.B. Notepad die jeweils aktuellste *ReportServerService{Datum und Uhrzeit}*-Datei im Reportserver-Log-Ordner. Dieser findet sich bei der Standardinstallation unter *C:\Programme\Microsoft SQL Server\MSSQL.3\Reporting Services\LogFiles*.
- Suchen Sie die Zeilen, die die Zeit betreffen, für die Sie die Abonnementsausführung konfiguriert hatten – wenn Sie die Log-Datei zeitnah zum Auftreten des Fehlers öffnen, finden Sie diese ganz am Ende der Datei.

Wenn Sie beispielsweise ungültige Anmeldedaten für den Zugriff auf die Dateifreigabe angegeben haben, finden Sie dort den Fehler

```
ReportingServicesService!library!c88!07/11/2004-17:42:40:: Status: Fehler beim Schreiben der Datei
Verkaufsstatistik.xls : Anmeldefehler: unbekannter Name oder falsches Kennwort
```

Es gibt auch Fälle, in denen kein Fortschritt zu erkennen ist und in der *Status*-Spalte ungewöhnlich lange nur *Verarbeitung* angezeigt wird. Auch dann ist es sinnvoll, einen Blick in das Fehlerprotokoll zu werfen, wo Sie in den meisten Fällen bereits hilfreiche Informationen finden – denn viele Vorgänge haben nicht nur lange Timeout-Zeiten, sondern werden darüber hinaus bei einem Fehlschlag auch mehrfach wiederholt, bevor sie mit einem Fehler abgebrochen werden.

Damit haben sie es geschafft, Ihr erstes datengesteuertes Abonnement einzurichten. Herzlichen Glückwunsch!

Vielleicht haben Sie nun bald den Wunsch, die individuellen Berichte nicht mehr nur vergleichsweise passiv zu hinterlegen und zu hoffen, dass die Adressaten ihn sich auch wirklich anschauen, sondern Ihren Anwendern aktiv zuzustellen? Wie das geht, erfahren Sie im folgenden Abschnitt.

Wenn der Prophet nicht zum Berg kommt: Abonnements per E-Mail

Nun haben Sie mit viel Mühe und der Anleitung im vorhergehenden Abschnitt dafür gesorgt, dass Ihre Vertriebsmitarbeiter täglich die gewünschten Daten in ihrem Basisordner vorfinden – aber die Vertriebsmitarbeiter sind noch immer nicht zufrieden, denn dieser Berufsstand ist bekanntlich viel auf Reisen. Vom Hotelzimmer mag es möglich sein, über ein virtuelles privates Netzwerk (VPN) oder per DFÜ-Einwahl via Modem bzw. Mobilfunk auf Ihr Firmennetzwerk und dort auf deren Basisordner zuzugreifen – der Fernzugriff auf den Basisordner aber

- ist aufwändig zu konfigurieren,
- ist gerade für Nicht-Techniker nicht immer einfach in der Anwendung und
- funktioniert nicht durch jede Firewall hindurch.

Daher bietet es sich an, mit E-Mail eine Technologie einzusetzen, die

- heutzutage praktisch jeder Arbeitnehmer beherrscht,
- mit fast allen Netzwerktechnologien transportiert werden kann,
- die meisten Firewalls problemlos passiert.

Kurz gesagt: Lassen Sie die Reporting Services Ihre Berichte einfach automatisch per E-Mail verschicken!

Das ist gar nicht aufwändiger als die Ablage im Basisordner:

Installation eines SMTP-Servers

Sie können zwar für alle Beispiele dieses Buches auch Ihr eigenes E-Mail-Postfach verwenden, aber wenn Sie keine Lust haben, sich dieses mit den Abonnements sozusagen selbst voll zu spammen, können Sie Ihren eigenen SMTP-Server verwenden.

Zum Lieferumfang von Windows 2000 und Windows 2003 gehört ein einfacher SMTP-Server zum Verschicken von E-Mails. Um zu überprüfen, ob dieser installiert ist und ihn ggf. nachzuinstallieren, gehen Sie wie folgt vor:

1. Wählen Sie *Start/Systemsteuerung/Software* und klicken dort auf *Windows-Komponenten hinzufügen/ entfernen*.
2. Nur für Windows 2003: Markieren Sie in der *Komponenten*-Liste den Eintrag *Anwendungsserver* und klicken Sie auf *Details*, wodurch sich ein Dialogfeld öffnet.
3. Wählen Sie *Internetinformationsdienste (IIS)* und klicken Sie auf *Details*, wodurch sich ein weiteres Dialogfeld öffnet.
4. Wählen Sie in der Liste *Unterkomponenten von "Internetinformationsdienste (IIS)"* die Komponente *SMTP-Dienst* aus.
5. Schließen Sie alle Dialogfelder mit *OK* bzw. *Weiter*.

Nun können Sie mit einem beliebigen SMTP-fähigen Mail-Client – wie zum Beispiel dem im Lieferumfang von Windows 2000 und Windows Server 2003 enthaltenen Outlook Express – Mails an Adressen vom Format *{beliebiger Name}@{Ihr Rechnername}* verschicken. Ohne weitere Konfiguration funktioniert das aufgrund der Standard-Sicherheitseinstellungen nur lokal, d.h. der Mail-Client muss auf derselben Maschine ausgeführt werden wie der SMTP-Server.

Die empfangenen Mails werden standardmäßig im Ordner *C:\Inetpub\mailroot\Drop* abgelegt, und zwar pro Mail eine Datei im EML-Format, welches z.B. mit Outlook Express geöffnet werden kann.

Damit haben Sie SMTP-technisch alles, was Sie zur erfolgreichen Durchführung der Beispiele dieses Buches benötigen.

Sollten Sie dennoch weitergehenden Ehrgeiz bei der Konfiguration des SMTP-Dienstes entwickeln, geben Sie in *Start/Ausführen* **inetmgr** ein, und klicken Sie dann auf *OK*. In der MMC-Konsole *Internetinformationsdienste-Manager* finden Sie im Pfad *Internetinformationsdienste/{Ihr Rechnername} (lokaler Computer)/Virtueller Standardserver für SMTP* umfangreiche Einstellungsmöglichkeiten.

Selbstverständlich können Sie den SMTP-Server jederzeit wieder deinstallieren, indem Sie exakt die oben geschilderten Abläufe wiederholen, mit dem einzigen Unterschied, dass Sie das Kontrollkästchen neben *SMTP-Dienst* wieder deaktivieren.

Wenn Sie ihn nicht gleich deinstallieren wollen, aber aus Sicherheitsgründen oder zur Schonung der Systemressourcen nicht mehr ausführen möchten, genügt es, den Dienst zu deaktivieren, indem Sie unter *Start/Ausführen* **services.msc** eingeben, *OK* klicken, im *Dienste*-Fenster in der *Name*-Spalte den *Simple Mail Transfer Protocol (SMTP)*-Dienst markieren, dann rechts auf den Link *Beenden* klicken, um den Dienst für die aktuelle Sitzung zu beenden. Um dann den Start für alle folgenden Sitzungen bis auf weiteres verhindern, wählen Sie im Kontextmenü des *SMTP*-Dienstes den Eintrag *Eigenschaften* und setzen die Einstellung *Starttyp* von *automatisch* auf *deaktiviert*. Gegenüber der Deinstallation hat die Deaktivierung natürlich den Vorteil, dass sie jederzeit schnell wieder rückgängig gemacht werden kann.

1. Beginnen Sie die Einrichtung eines neuen datengesteuerten Abonnements unter dem Namen **Individuelle Verkaufszahlen für jeden Vertriebsmitarbeiter per E-Mail** analog Schritt 1 bis 3 im vorigen Abschnitt.
2. Treffen Sie in *Angeben, wie Empfänger benachrichtigt werden soll* die Auswahl *Berichtsserver-E-Mail*. Sollte dieser Listeneintrag nicht vorhanden sein, verfahren Sie wie im folgenden Kasten »So konfigurieren Sie die Berichtsserver-E-Mail« beschrieben.

So konfigurieren Sie die Berichtsserver-E-Mail

Wenn der Eintrag *Berichtsserver-E-Mail* im Listenfeld von *Schritt 2* fehlt, wurde bei der Installation der Reporting Services kein SMTP-Server angegeben.

Dies ist kein Beinbruch, denn die fehlenden Einstellungen können recht schnell nachgerüstet werden. Dazu müssen Sie die XML-Datei *RSReportServer.config*, die bei einer Standardinstallation unter *C:\Programme\Microsoft SQL Server\MSSQL\Reporting Services\ReportServer* zu finden ist, mit einem Texteditor oder MS Visual Studio öffnen und dort im Abschnitt *<RSEmailDPConfiguration>* folgende Eintragungen vornehmen:

Tags, zwischen denen der Eintrag gemacht werden muss	Erklärung	Im Beispiel
<SMTPServer> </SMTPServer>	Name des SMTP-Servers, über den die Reporting Services die Mails verschicken sollen	{Name Ihres SMTP-Servers} Sofern Sie einen lokalen SMTP-Server installiert haben wie im gleichnamigen Kasten beschrieben, so tragen Sie hier den Namen Ihres Rechners ein.
<From> </From>	Absender-E-Mail-Adresse, mit der die Reporting Services E-Mails versenden	{Ihre E-Mail-Adresse}

Tabelle 23.11 Konfigurationseinstellungen in *RSReportServer.config* für den E-Mail-Versand

Damit die Einstellungen wirksam werden, müssen Sie die Reporting Services neu starten, indem Sie unter *Start/Ausführen* **services.msc** eingeben, *OK* klicken und im *Dienste*-Fenster in der *Name*-Spalte den *SQL Server Reporting Services (MSSQLSERVER)*-Dienst markieren, dann links den *Neu starten*-Link (Windows Server 2003) bzw. erst den *Beenden*- und anschließend den *Starten*-Link (Windows 2000) anklicken.

3. Richten Sie Datenquelle und SQL-Abfrage ein, wie in Schritt 5 bis 8 im vorigen Abschnitt beschrieben, aber mit der leicht veränderten SQL-Abfrage aus Tabelle 23.12, die anstelle eines UNC-Pfads nun eine E-Mail-Adresse sowie einen kurzen Mailtext zurückgibt.

Feld	Erklärung	Im Beispiel
Geben Sie einen Befehl oder eine Abfrage an	Siehe Tabelle 23.12	SELECT TOP 3 EmployeeID , MailText = 'Hallo ' + Person.Contact.FirstName + ' ' + Person.Contact.LastName + ', hier der aktuelle Vertriebsbericht' , EmailAdresse = Person.Contact.FirstName + '.' + Person.Contact.LastName + '@{Ihr Rechnername}' , Monat = 12, Jahr = 2003 FROM HumanResources.Employee JOIN Person.Contact ON Person.Contact.ContactID = HumanResources.Employee.ContactID where LastName = 'Ansman-Wolfe' or LastName = 'Alberts' or LastName = 'Abbas' ORDER BY Person.Contact.LastName
Die Übermittlungserweiterung hat folgende Einstellungen	Siehe Tabelle 23.12	TO, CC, BCC, ReplyTo, IncludeReport, RenderFormat, Priority, Subject, Comment, IncludeLink (nicht änderbar)
Der Bericht hat folgende Parameter	Siehe Tabelle 23.12	Siehe Tabelle 23.12
Der Timeoutwert für diesen Befehl	Siehe Tabelle 23.12	Siehe Tabelle 23.12

Tabelle 23.12 Felder der Seite *Schritt 3*: Spezifikation der abonnementsteuernden Abfrage für eine Verteilung per E-Mail

Individuell für jeden Benutzer: Erstellen datengesteuerter Abonnements

> **HINWEIS** Wenn kein SMTP-Server auf Ihrem lokalen Rechner installiert ist und Sie auch keinen solchen nach der Anleitung im Kasten »Installation eines SMTP-Servers« installieren möchten, können Sie dieses Beispiel so abwandeln, dass alle E-Mails über Ihr eigenes Mail-Postfach an Sie selbst gesendet werden, indem Sie in der SQL-Abfrage in Tabelle 23.12 Ihre E-Mail-Adresse eintragen, sodass diese lautet:
>
> ```
> SELECT TOP 3 EmployeeID
> , MailText = 'Hallo ' + Person.Contact.FirstName + ' ' + Person.Contact.LastName + ', hier der aktuelle Vertriebsbericht'
> , EmailAdresse = '{Ihre E-Mail-Adresse}'
> , Monat = 12, Jahr = 2003
> FROM HumanResources.Employee
> JOIN Person.Contact
> ON Person.Contact.ContactID = HumanResources.Employee.ContactID
> where LastName = 'Ansman-Wolfe' or LastName = 'Alberts' or LastName = 'Abbas'
> ORDER BY Person.Contact.LastName
> ```
>
> Dadurch erhalten Sie bei jeder Abonnementsausführung drei E-Mails; dieses Ergebnis ist zwar weniger spektakulär, aber durchaus praktikabel!

4. Wechseln Sie mit *Weiter* zur Seite *Schritt 4*, wo Sie die Felder für den E-Mail-Versand ausfüllen wie in Tabelle 23.13 angegeben.

Feld	Erklärung	Im Beispiel
An	E-Mail-Adresse, an die die Mail mit dem Bericht gesendet wird	Option *Rufen Sie den Wert aus der Datenbank ab*, Auswahl *EmailAdresse*
Cc	E-Mail-Adresse, an die die Mail in Kopie gesendet wird	Option *Kein Wert*
Bcc	E-Mail-Adresse, an die die Mail in Blindkopie gesendet wird	Option *Kein Wert*
Antwort an	E-Mail-Adresse, an die die Antwort gehen soll, wenn der Empfänger antwortet	Option *Kein Wert*
Bericht einschließen	*True*: der Bericht wird als Anhang der Mail hinzugefügt. *False*: der Bericht wird nicht mitgesendet.	Option *Geben Sie einen statischen Wert an*, Auswahl *True* (Standardwert)
Renderformat	Renderformat des Berichts. Mehr Informationen zu diesem Thema finden Sie in Kapitel 19.	Option *Geben Sie einen statischen Wert an*, Auswahl *Webarchiv*
Priorität	Priorität, mit der die Mail versendet wird. Zur Auswahl stehen die aus dem täglichen E-Mail-Verkehr hinlänglich bekannten *Hoch*, *Normal* und *Niedrig*.	Option *Geben Sie einen statischen Wert an*, Auswahl *Normal* (Standardwert)
Betreff	Betreffzeile der Mail. Sie können im Text die Variablen »@ReportName« und »@ExecutionTime« verwenden, die bei der Ausführung durch den Namen des Berichts bzw. die Uhrzeit, zu der der Bericht ausgeführt wurde, ersetzt werden.	Option *Geben Sie einen statischen Wert an*, Eingabe **Ihr individueller '@ReportName' -Bericht, Stand @ExecutionTime**
Kommentar	Text der Mail	Option *Rufen Sie den Wert aus der Datenbank ab*, Auswahl *MailText*

Tabelle 23.13 Felder in Schritt 4, mit denen die Zuordnung der Felder für E-Mail-Verteilung erfolgt

Feld	Erklärung	Im Beispiel
Verknüpfung einschließen	*True*: Ein Link zum Bericht wird in die Mail eingefügt. *False*: Es wird kein Link zum Bericht eingefügt. Das Hinzufügen von Links ist vor allem dann sinnvoll, wenn die Mails klein gehalten werden sollen oder müssen. Es bringt aber den Nachteil mit sich, dass der Server beim Aufruf des Links belastet wird.	Option *Geben Sie einen statischen Wert an*, Auswahl *True*

Tabelle 23.13 Felder in Schritt 4, mit denen die Zuordnung der Felder für E-Mail-Verteilung erfolgt *(Fortsetzung)*

5. Ordnen Sie die Parameter zu, erstellen Sie einen Zeitplan und warten Sie die erste Ausführung ab, wie im vorigen Abschnitt unter Schritt 11 bis 12 geschildert.
6. Wechseln Sie nun in den Mail-Ordner des SMTP-Dienstes – in der Standardinstallation *C:\Inetpub\mailroot\Drop* – und öffnen Sie nacheinander die drei Mails, die, jeweils an einen anderen Vertriebsmitarbeiter adressiert, so aussehen sollten wie in Abbildung 23.13.

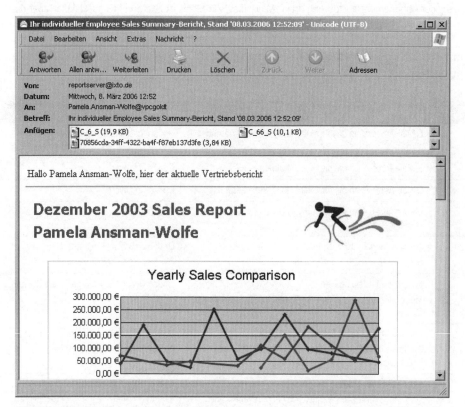

Abbildung 23.13 Von Reporting Services per Abonnement automatisch verschickte Mail mit individualisiertem Bericht

Damit haben Sie es geschafft, Ihre Berichte per E-Mail versenden zu lassen, Gratulation!

| TIPP | Wenn Sie die Mails in Outlook Express öffnen und |

- Sie vermissen einige Anhänge, und Outlook Express zeigt stattdessen die Meldung in Abbildung 23.14, oder

Abbildung 23.14 Outlook Express mag unsere Anhänge nicht anzeigen

- Outlook Express zeigt Ihnen nur eine weitestgehend unformatierte Textnachricht mit HTML-Anhängen, wo Sie eine ansehnliche HTML-Ansicht erwarten,

dann

1. schließen Sie die betreffende Mail,
2. öffnen Sie Outlook Express über *Start/Alle Programme/Outlook Express*,
3. rufen Sie den Menübefehl *Extras/Optionen* auf und
4. um alle Anhänge anzuzeigen, wechseln Sie zur Registerkarte *Sicherheit* und deaktivieren die Option *Speichern und Öffnen von Anlagen, die möglicherweise einen Virus enthalten könnten, nicht zulassen*,
5. um die HTML-Mail-Anzeige zuzulassen, wechseln Sie zur Registerkarte *Lesen* und klicken die Option *Alle Nachrichten als Nur-Text lesen* aus.

Wenn Sie anschließend die betreffende Mail erneut öffnen, sehen Sie diese in HTML-Ansicht und können auf alle Anhänge zugreifen – entgegen der Behauptung von OE wurden Letztere nämlich nicht etwa entfernt, sondern nur versteckt.

Damit haben Sie es geschafft, neuen Komfort in die Verteilung der Berichte zu bringen, indem Sie durch die Nutzung von Abonnements viele Anwender individuell versorgen.

Es gibt aber Anwender, die sich ein noch größeres Maß an Eigenständigkeit im Umgang mit Berichten wünschen, ohne dass Sie diesen gleich einen vollen Zugriff auf die Reporting Services gestatten möchten oder dürfen – für diesen Typ Anwender werden Sie im nächsten Kapitel ein interessantes Werkzeug kennen lernen.

Kapitel 24

»Meine Berichte«-Funktionalität

In diesem Kapitel:

Wieso Administration vertikal teilen?	394
»Meine Berichte« verwalten	394
Arbeiten mit »Meine Berichte«	396
Verknüpfung zu einem bestehenden Bericht erstellen	399

In den vorangegangenen Kapiteln haben Sie erfahren, die Reporting Services komfortabel zu administrieren. Einen Haken aber hatte die Sache bisher: Sie konnten die Administration nur horizontal aufteilen. Sobald Sie jemanden auf die Stufe des Administrators gehoben hatten, konnte dieser immer gleich *alle* Berichte administrieren – nach dem Prinzip »Ganz oder gar nicht«.

In diesem Kapitel zeigen wir Ihnen, wie Sie durch vertikale Teilung mit der »Meine Berichte«-Funktionalität dafür sorgen, dass jeder Anwender seine eigenen Berichte selbst administrieren kann, ohne sich mit anderen Anwendern ins Gehege zu kommen.

Wieso Administration vertikal teilen?

Die Teilung der Arbeit unter gleichberechtigten Administratoren funktioniert in einem kleinen Unternehmen vielleicht ganz gut, aber wenn Sie sich viele Administratoren die Arbeit teilen, kann es leicht zu Konflikten kommen, die ja meist nicht durch böse Absicht, sondern Missverständnisse (»Ach, den Bericht wolltest Du in einer halben Stunde dem Chef präsentieren? Ich dachte, das hättest Du schon letzte Woche gemacht, jetzt hab ich den just gestern beim Aufräumen gelöscht, tut mir echt leid…«) entstehen.

Um solchen unangenehmen Situationen vorzubeugen, haben Sie sich vielleicht schon eine vertikale Rechteverteilung gewünscht: Jeder ist für bestimmte Berichte – nämlich seine eigenen – zuständig. Und so heißt die Funktionalität, die Sie in diesem Kapitel kennen lernen werden, »Meine Berichte«.

Damit umgehen Sie gleichzeitig das Problem, dass Ihr Arbeitsaufwand überhand nimmt, weil Sie als Administrator bei jeder Kleinigkeit tätig werden müssen. Sobald die Anwender Rechte für ihre eigenen Berichte haben, können Sie auf die Frage »Kannst Du mir mal eben diesen Bericht einspielen?« gelassen antworten: »Das kannst Du doch allein!«.

Die »Meine Berichte«-Funktionalität ähnelt jener von *Eigene Dateien*-Ordnern, die Sie aus den Windows-Betriebssystemen kennen. Es wird für jeden Benutzer ein Ordner auf dem Berichtsserver bereitgestellt, auf dem dieser seine persönlichen Berichte ablegen und bearbeiten kann.

»Meine Berichte« verwalten

Nach der Installation der Reporting Services ist *Meine Berichte* standardmäßig deaktiviert.

»Meine Berichte«-Funktionalität aktivieren

Sie müssen als ein Benutzer in der Systemadministrator-Rolle angemeldet sein, um *Meine Berichte* aktivieren zu können.

Beachten Sie bitte, dass Sie *Meine Berichte* nur für alle Benutzer aktivieren oder deaktivieren können – es ist leider nicht möglich, diese Funktionalität nur für einzelne Benutzer zur Verfügung zu stellen.

So aktivieren Sie *Meine Berichte*:

1. Öffnen Sie den Berichts-Manager als ein Benutzer in der Systemadministrator-Rolle und klicken Sie rechts oben auf den Link *Siteeinstellungen*, wodurch Sie auf die gleichnamige Seite aus Abbildung 24.1 gelangen.

»Meine Berichte« verwalten

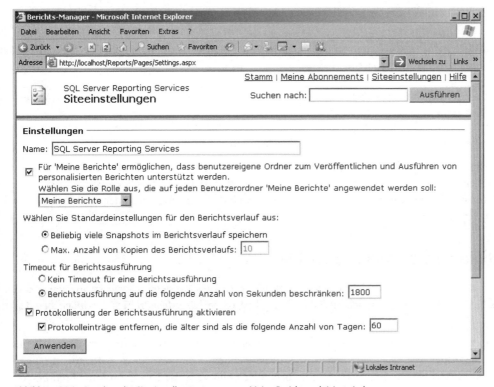

Abbildung 24.1 So sehen die *Siteeinstellungen* aus, wenn »Meine Berichte« aktiviert sind

2. Hier aktivieren Sie das Kontrollkästchen *Für 'Meine Berichte' ermöglichen*, ...
3. Entscheiden Sie, welche der in Tabelle 24.1 erläuterten Berechtigungen Sie den Benutzern geben. Detailliertere Informationen zum Thema »Berechtigungen« finden Sie in Kapitel 16.

ACHTUNG Beachten Sie, dass die hier gewählte Berechtigung für alle Benutzer, jeweils für deren individuellen *My Reports*-Ordner gilt.

Option	Beschreibung
Browser	Benutzer in dieser Rolle können grundlegende Aufgaben ausführen wie z.B. Berichte anzeigen, diese jedoch nicht bearbeiten oder verwalten.
Inhalts-Manager	Benutzer in dieser Rolle dürfen Berichte und Datenquellen verwalten, sowie auf persönliche Ordner zugreifen, jedoch keine Berichte erstellen oder Server verwalten.
Verleger	Benutzer in dieser Rolle dürfen – zusätzlich zu den Berechtigungen der Inhalts-Manager – Berichte erstellen. Diese Rolle ist mindestens erforderlich, um mit dem Berichts-Designer Berichte zu publizieren.
Meine Berichte	Benutzer in dieser Rolle sind Administrator, beschränkt auf ihren *My Reports*-Ordner. Dies ist die empfohlene Rolle.

Tabelle 24.1 Berechtigungen, die Sie für den *My Reports*-Ordner vergeben können

4. Klicken Sie auf *Anwenden*. Nun sind *Meine Berichte* für alle Benutzer aktiv.

5. Klicken Sie auf *Stamm*. Dort ist nun Ihr eigener *My Reports*-Ordner sowie der Ordner *Users Folders* zu sehen.
6. Öffnen Sie den Ordner *Users Folders* und wählen Sie einen Benutzer aus. Sie finden dort nun auch einen Link auf dessen Ordner *My Reports*.

> **HINWEIS** Der Verzeichnisname *My Reports* wird auch in der deutschen Version der Reporting Services als Verzeichnisname für die »Meine Berichte«-Funktionalität verwendet.

Nun hat jeder Benutzer seinen eigenen *My Reports*-Ordner, auf den nur er Zugriff hat.

Nur Mitglieder der Systemadministrator-Rolle können auf alle *My Reports*-Ordner zugreifen: Im *Stamm*-Verzeichnis sehen diese nun einen neuen Ordner *Users Folders*, in dem sich für jeden Benutzer der »Meine Berichte«-Funktionalität ein Ordner mit dem Namen *{Domäne} {Username}* befindet, und in diesem wiederum der *My Reports*-Ordner des betreffenden Benutzers.

So deaktivieren Sie »Meine Berichte«

Falls Sie die Funktion wieder deaktivieren möchten, funktioniert dies fast genauso wie im vorigen Abschnitt beschrieben. Sie müssen dort nur in Schritt 2 das Kontrollkästchen *Für 'Meine Berichte' ermöglichen* deaktivieren.

Bitte beachten Sie, dass Sie mit dem Deaktivieren dieser Funktion lediglich die Möglichkeit der Benutzer abschalten, den Ordner *My Reports* zu sehen und zu verwenden. Eventuell von den Benutzern angelegte Unterordner und Berichte sind jedoch weiterhin vorhanden. Alle Verweise darauf funktionieren noch, d.h. die Benutzer können zwar keine neuen Berichte mehr hinzufügen, aber wer den vollständigen Pfad kennt, kann weiterhin darauf zugreifen.

Um dies zu vermeiden, können Sie alle Berichte in »Meine Berichte« manuell löschen.

Wenn Ihnen das manuelle Löschen zu aufwändig ist oder Sie die Berichte erhalten wollen, können Sie den Zugriff darauf verweigern, indem Sie der Rolle *Meine Berichte* alle Aufgaben entfernen. Nähere Informationen zum Thema »rollenbasierte Sicherheit« finden Sie in Kapitel 16.

Arbeiten mit »Meine Berichte«

Sobald die »Meine Berichte«-Funktionalität aktiviert wurde, kann jeder Benutzer des Berichtsservers über seinen eigenen *My Reports*-Ordner verfügen. In diesem kann er ähnlich arbeiten als hätte er einen eigenen Berichtsserver zur Verfügung und dort die Rechte, die der Administrator für *Meine Berichte* bei deren Aktivierung vorgegeben hat. Sofern der Administrator der Empfehlung gefolgt ist und die Rolle *Meine Berichte* zugelassen hat, bedeutet dies, jeder Benutzer ist auf seinem *My Reports*-Ordner sein eigener Administrator. Er kann dort zum Beispiel Berichte mit dem Berichts-Designer publizieren oder im Berichtsmanager uploaden.

Arbeiten mit dem Berichts-Manager

Benutzer, die in der *Browser*-Rolle für das *Stamm*-Verzeichnis sind (siehe den folgenden Tipp), können wie gewohnt mit dem Berichts-Manager arbeiten – ihr *My Reports*-Ordner wird als Unterverzeichnis von *Stamm* angezeigt.

Anwender, die außer *My Reports* keinen weiteren Rollen zugeordnet sind, können sich nicht vom *Stamm*-Ordner aus durchklicken, da ihnen *Stamm* vollständig leer angezeigt wird. Sie müssen für ihren Zugriff auf den Berichts-Manager die URL **http://<Ihr Berichtsserver>/Reports/Pages/Folder.aspx?ItemPath=%2fMy+Reports** verwenden.

Egal, wie Sie Ihren *My Reports*-Ordner erreichen – Sie können dort arbeiten wie in Teil C dieses Buchs beschrieben.

TIPP Um Ihren Benutzern eine komfortablere Nutzung der »Meine-Berichte«-Funktionalität zu ermöglichen, können Sie diese der *Browser*-Rolle auf dem *Stamm*-Verzeichnis zuordnen.

Beachten Sie aber, dass dieser Schritt ein potentielles Sicherheitsrisiko darstellt, da er automatisch zur Folge hat, dass der Benutzer auf alle Berichte zugreifen kann, sofern nicht weitere Sicherheitsvorkehrungen – wie z.B. Konfiguration der Sicherheit für jedes Verzeichnis in *Stamm* - getroffen werden.

Um den Zugang zum *Stamm*-Verzeichnis für einen Benutzer einzurichten, gehen Sie folgendermaßen vor:

1. Öffnen Sie den Berichts-Manager als ein Benutzer in der Systemadministrator-Rolle und klicken Sie auf *Stamm*. Aktivieren Sie dort die Registerkarte *Eigenschaften* und klicken dann links auf *Sicherheit*. Eine Liste der Active Directory Gruppen- und Benutzernamen, die bereits einer Rolle zugeordnet sind, wird angezeigt.
2. Sofern der betreffende Benutzer (bzw. eine der Gruppen, in der er Mitglied ist) nicht aufgeführt ist, klicken Sie auf *Neue Rollenzuweisung*.
3. Geben Sie den Active Directory Gruppen- oder Benutzernamen des betreffenden Benutzers ein und markieren Sie auf das Kontrollkästchen *Browser* (oder ein Kontrollkästchen für eine andere Rolle) und ordnen Sie den Benutzer mit *OK* zu.

Nun kann der Benutzer direkt über die URL **http://<Ihr Servername>/Reports** den Berichts-Manager starten und sieht dort unter *Stamm* seinen *My Reports*-Ordner.

Auch der URL-Zugriff kann nun über **http://<Ihr Servername>/Reportserver** erfolgen, wo es ebenfalls einen Link auf *My Reports* gibt.

Berichte zum *My Reports*-Ordner hinzufügen

Einer der großen Vorteile der »Meine-Berichte«-Funktionalität ist, dass Anwender ihre eigenen Berichte publizieren können, was auf folgenden Wegen passieren kann:

- Erstellen einer Verknüpfung zu einem existierenden Bericht
- Eine Berichtsdefinitionsdatei (RDL) uploaden
- Erstellen und Publizieren eigener Berichte

Dies passiert im Wesentlichen wie gewohnt und wird im Folgenden erläutert.

Berichte mit dem Berichts-Designer erstellen

Die Arbeit mit dem Berichts-Designer funktioniert wie gewohnt, solange Sie darauf achten, nur in Ihren *My Reports*-Ordner bzw. dessen Unterordner zu publizieren. Andernfalls erhalten Sie ggf. einen Berechtigungsfehler gemeldet.

Um den *My Reports*-Ordner als Zielordner für die Weitergabe im Berichts-Designer festzulegen, gehen Sie folgendermaßen vor:

1. Erstellen Sie einen Bericht im Berichts-Designer in Visual Studio, z.B. wie in Kapitel 6 beschrieben, aber geben Sie diesen noch nicht an den Berichtsserver weiter.
2. Stellen Sie sicher, dass kein Bericht geöffnet ist und rufen Sie den Menübefehl *Projekt/Eigenschaften* auf. Das *Eigenschaftenseiten*-Dialogfeld wird angezeigt, wie in Abbildung 24.2 zu sehen.

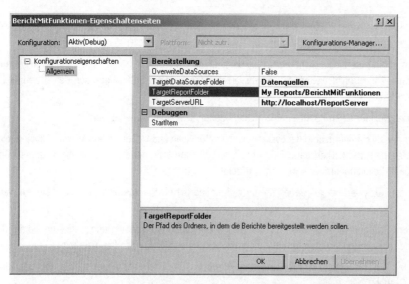

Abbildung 24.2 Im *Eigenschaftenseiten*-Dialogfeld legen Sie den *My Reports*-Ordner als Publikationsziel fest

3. Stellen Sie sicher, dass links die Kategorie *Konfigurationseigenschaften/Allgemein* gewählt ist, ergänzen Sie im Feld *TargetReportFolder* ggf. das führende **My Reports/** und bestätigen Sie mit *OK*.
4. Geben Sie den Bericht wie gewohnt weiter, z.B. indem Sie *Erstellen/BerichtMitFunktionen bereitstellen* wählen.

Der Bericht steht nun zur Verwendung bereit.

Eine Berichtsdefinitionsdatei (RDL) uploaden

Wenn Ihnen ein Bericht bereits als RDL-Datei vorliegt, können Sie mit dem RDL-Upload den Bericht unkompliziert in Ihren *My Reports*-Ordner übernehmen, ohne mit Visual Studio oder einer anderen Berichts-Design-Umgebung arbeiten zu müssen.

So gehen Sie vor, um eine RDL-Datei mit dem Berichts-Manager zu publizieren:

1. Öffnen Sie den Berichts-Manager, indem Sie mit Ihrem Browser die URL **http://<Ihr Berichtsserver>/Reports/Pages/Folder.aspx?ItemPath=%2fMy+Reports** aufrufen.

2. Sofern gewünscht, klicken Sie sich zu jenem Unterordner durch, in dem Sie den Bericht erstellen möchten.
3. Klicken Sie auf *Datei uploaden*.
4. Geben Sie im Textfeld *Upload-Datei* den Dateipfad ein oder klicken Sie auf *Durchsuchen* und navigieren Sie durch das Dateisystem zur RDL-Datei des Berichts.
5. Geben Sie einen sinnvollen Namen ein, unter dem der Bericht angezeigt werden soll.
6. Bestätigen Sie mit *OK*.

Der Bericht steht nun in Ihrem *My Reports*-Ordner zur Benutzung bereit.

Weitere Informationen zum Thema »RDL-Upoad« finden Sie in Kapitel 15 und mehr über RDL-Dateien erfahren Sie in Kapitel 22.

My Reports-Ordner per URL-Zugriff nutzen

Wenn Sie selbst Ihre Berichte per URL-Zugriff nutzen möchten, funktioniert dies über **http://<Ihr Berichtsserver>/Reportserver?%2fMy+Reports**.

Sollen andere Benutzer darauf zugreifen, lautet die URL **http://<Ihr Berichtsserver>/Reportserver?%2f Users+Folders%2f<Ihre Domäne>+<Ihr Benutzername>%2fMy+Reports**.

Da es ja gerade der Sinn der »Meine Berichte«-Funktionalität ist, die einzelnen Benutzer voneinander abzuschotten, funktioniert letzterer Link nur für Systemadministratoren bzw. solche Nutzer, denen die Berechtigung für diesen Ordner explizit erteilt wurde. Allen anderen wird ein Berechtigungsfehler angezeigt.

Verknüpfung zu einem bestehenden Bericht erstellen

Die Arbeit mit der Ordnerhierarchie kann leicht unübersichtlich und umständlich werden. Hier kann die Arbeit mit verknüpften Berichten viele Vorteile bringen:

- Sie können vorhandene Berichte einbinden, ohne diese mehrfach uploaden zu müssen.
- Spätere Veränderungen im Original-Bericht wirken sich automatisch auf die verknüpften Berichte im Ordner *My Reports* aus – denn in Letzterem steht nur ein Verweis.
- Durch die Zusammenstellung von verknüpften Berichten können Sie sich Ihr eigenes kleines Portal bauen: Durch die Verknüpfungen in Ihrem *My Reports*-Ordner sind alle Berichte, auf die Sie häufig zugreifen müssen, an einer Stelle konzentriert, unabhängig davon, wo die Original-Berichte abgelegt sind. Dadurch gewinnen Sie Überblick und sparen die Zeit, die Sie sonst zum Navigieren zu diesen Berichten benötigen würden.

So erstellen Sie eine Verknüpfung:

1. Öffnen Sie im Berichts-Manager den Bericht, von dem Sie eine Verknüpfung erstellen möchten.
2. Wählen Sie die Registerkarte *Eigenschaften* aus.
3. Klicken Sie auf *Verknüpften Bericht erstellen*, um die Seite aus Abbildung 24.3 anzuzeigen.

Abbildung 24.3 So erstellen Sie einen verknüpften Bericht

4. Geben Sie einen sinnvollen Namen und eine Beschreibung für die Anzeige des verknüpften Berichts ein.
5. Klicken Sie auf *Speicherort ändern,* um die Seite aus Abbildung 24.4 anzuzeigen.

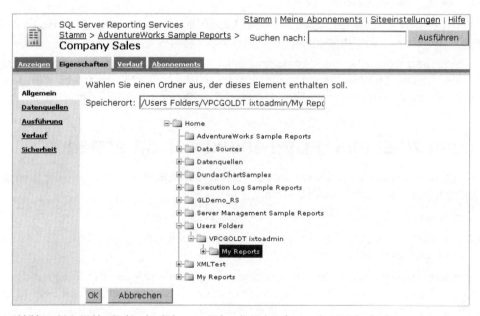

Abbildung 24.4 Wählen Sie hier den Ordner aus, in dem die Verknüpfung zu dem Bericht abgelegt werden soll

6. Wählen Sie in der angezeigten Verzeichnis-Struktur den Ordner *My Reports* oder, falls vorhanden, einen Unterordner aus.
7. Bestätigen Sie mit *OK.*

Die neu erstellte Verknüpfung ist jetzt unter *My Reports* zu finden und kann wie ein normaler Bericht verwendet werden.

Im nächsten Kapitel erfahren Sie, wie Sie beim Erstellen von Berichten Ausdrücke (z.B. lif oder VB-Funktionen) sinnvoll einsetzen können.

Kapitel 25

Ausdrücke

In diesem Kapitel:

Verwenden von allgemeinen Ausdrücken	402
Eigene Funktionen erstellen: Das Code-Element	410
Volle Flexibilität: Arbeiten mit Assemblies	412

Wie Sie in Teil B dieses Buchs erfahren haben, bieten die Berichte eine Vielzahl von Möglichkeiten. Es gibt aber Fälle, in denen Sie noch mehr Flexibilität brauchen, die Sie mit Funktionen erreichen können.

Wenn Sie schon einmal mit Microsoft Excel-Formeln gearbeitet haben, werden Sie sich bei den Reporting Services-Ausdrücken sofort zu Hause fühlen, denn nicht nur der Syntax ist mit dem einleitenden »=« ähnlich, auch viele Funktionen sind identisch. Einziger Wermutstropfen: Die Reporting Services verwenden selbst in der deutschen Version englischsprachige Funktionsnamen. Aber daran haben Sie sich schnell gewöhnt.

Auch diejenigen unter Ihnen, die jetzt vielleicht sagen: »Alle Funktionen hab ich in SQL Ruck-Zuck implementiert«, werden in diesem Kapitel sehen, dass sich vieles mit Ausdrücken eleganter und einfacher lösen lässt.

Auch die Programmierer unter Ihnen werden die Ausdrücke schätzen, denn ein Großteil der Funktionen ist identisch mit .NET-Funktionen, da sie aus deren Namespaces stammen.

In diesem Kapitel werden Sie nicht nur die mitgelieferten Aggregat-, Datums- und Entscheidungsfunktionen kennen lernen, sondern auch eigene Funktion programmieren und sogar ganze Klassen in Form von .NET-Assemblies einbinden.

Verwenden von allgemeinen Ausdrücken

In diesem Abschnitt werden Sie lernen, mit Ausdrücken umzugehen und dabei die eingebauten Funktionen zu nutzen.

Bevor Sie sich in dieses Thema stürzen, werden Sie auf die Schnelle einen einfachen Vertriebsbericht erstellen, der Ihnen als Grundlage zum Erproben der Beispiele dieses Kapitels dient.

Ihr Beispiel: Verkaufsbericht nach Vertriebsmitarbeiter und Jahren

Um Ausdrücke verwenden zu können, bauen Sie mit Hilfe dieses Abschnitts zunächst ein Grundgerüst, das Sie in den folgenden Abschnitten nach und nach mit Funktionen erweitern werden.

Ihr Chef bittet Sie, einen Verkaufsbericht zu erstellen, der die Umsätze nach Vertriebsmitarbeiter und nach Jahren auflistet.

Gehen Sie dazu folgendermaßen vor und schlagen Sie dabei, sofern Sie ausführlichere Darstellungen zum Erstellen von Berichten wünschen, ggf. in Kapitel 6 nach.

1. Starten Sie Visual Studio und rufen Sie den Menübefehl *Datei/Neu/Projekt* auf, um ein neues Projekt zu erstellen.
2. Wählen Sie unter *Business Intelligence-Projekte* den *Berichtsserverprojekt-Assistent*, nennen Sie Ihr Projekt **BerichtMitFunktionen** und klicken Sie auf *OK*.
3. Klicken Sie auf *Bearbeiten* und wählen Sie als *Datenquelle* den Server, der die Beispieldatenbank enthält, entscheiden sich für *Integrierte Sicherheit* und *AdventureWorks* als *Datenquelle*.
4. Mit *Weiter* und *Bearbeiten* gelangen Sie zum Dialogfeld *Abfrage entwerfen*. Fügen Sie die SQL-Abfrage aus Listing 25.1 ein. Im Abfrage-Generator, den Sie über die Schaltfläche *Abfrage-Generator* erreichen, sieht das Ergebnis wie in Abbildung 25.1 aus.

Verwenden von allgemeinen Ausdrücken

```sql
SELECT HumanResources.vEmployee.FirstName AS Vorname,
       HumanResources.vEmployee.LastName AS Nachname,
       Purchasing.PurchaseOrderHeader.TotalDue AS Summe,
       YEAR(Purchasing.PurchaseOrderHeader.OrderDate) AS Jahr
FROM Purchasing.PurchaseOrderHeader INNER JOIN
     HumanResources.vEmployee ON Purchasing.PurchaseOrderHeader.EmployeeID =
     HumanResources.vEmployee.EmployeeID
WHERE YEAR(Purchasing.PurchaseOrderHeader.OrderDate) = 2004
```

Listing 25.1 SQL-Abfrage für den Abfrageentwurf

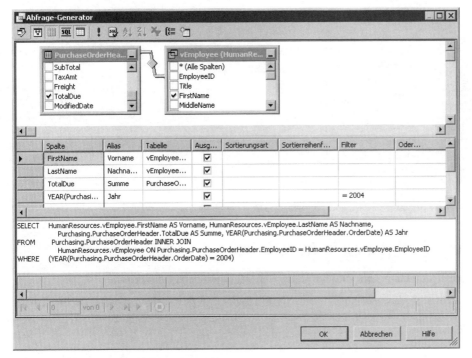

Abbildung 25.1 So konfigurieren Sie Ihre SQL-Abfrage

5. Mit *OK* und *Weiter* gelangen Sie zu der Auswahl des Berichtstyps. Wählen Sie die *Matrix*.
6. Im nächsten Dialogfeld verteilen Sie die Spalten der Abfrage auf die Felder der Matrix: *Vorname* und *Nachname* kommen in die Zeilen, *Jahr* in die Spalten und *Summe* in die Details. Klicken Sie *Weiter* und wählen Sie nach Belieben einen Matrixstil, bestimmen den Bereitstellungsspeicherort, benennen den Bericht mit **Bericht mit Funktionen** und schließen Sie die Erstellung des Berichts mit *Fertig stellen* ab.
7. Nun steht Ihr Bericht als Grundgerüst. Die Abbildung 25.2 zeigt die Vorschau, die Sie mit einem Klick auf den gleichnamigen Registerreiter erhalten. Sie können nun für jeden Vertriebsmitarbeiter die jährlichen Umsätze sehen.
8. Um den Bericht nicht nur in der Vorschau, sondern auch vom Berichtsserver starten zu können, müssen Sie den Zielserver angeben. Rufen Sie dazu den Menübefehl *Projekt/BerichtMitFunktionen-Eigenschaften* auf und tragen im Feld *TargetServerURL* die URL Ihres Berichtsservers – standardmäßig **http://localhost/ReportServer** – ein.

Sobald Sie den Bericht mit *Erstellen/BerichtMitFunktionen bereitstellen* ausgeführt haben, steht er auf Ihrem Berichtsserver zur Verfügung, von dem Sie ihn mit Ihrem Browser abrufen können, standardmäßig unter der URL *http://localhost/reportserver?/BerichtMitFunktionen/Bericht Mit Funktionen*.

Abbildung 25.2 Das Grundgerüst Ihres Berichtes ist fertig

Verwenden von Funktionen in Ausdrücken

Jetzt stoßen Sie zum eigentlichen Kern dieses Kapitels vor, der Nutzung von Funktionen.

Ihr Chef nörgelt an Ihrem Vertriebsbericht, wie Sie ihn mit Hilfe des vorigen Abschnitts implementiert haben, herum: dieser sei nicht übersichtlich genug, man könne nicht auf den ersten Blick erkennen, welcher Vertriebsmitarbeiter sein Umsatzziel erreicht habe und welcher nicht.

Um diesem Mangel abzuhelfen, werden Sie eine visuelle Leseunterstützung einrichten, indem Sie die Zellen einfärben, die Werte enthalten, die kleiner als das Umsatzziel sind. Um dies zu erreichen, gehen Sie folgendermaßen vor:

1. Öffnen Sie den im vorigen Abschnitt erstellten *Bericht Mit Funktionen* in Visual Studio und stellen Sie sicher, dass die Registerkarte *Layout* im Vordergrund ist.
2. Klicken Sie in die Zelle, welche mit *=Sum* beginnt und die Zellen für die Detaildaten repräsentiert. Die Eigenschaften für diese Zelle werden im gleichnamigen Fenster angezeigt (Abbildung 25.3). Navigieren Sie zu *BackgroundColor*, die die Hintergrundfarbe der Zellen bestimmt, und klicken Sie dort hinein.
3. Das Umsatzziel, das Ihr Chef vorgegeben hat, ist 3.700.000, und jeder Umsatzwert, der darunter liegt, soll rot ausgewiesen werden. Dafür bietet sich die Iif-Funktion an, die in Abhängigkeit vom Wahrheitswert des ersten den zweiten oder dritten Parameter zurückgibt. Löschen Sie aus der *BackgroundColor*-Eigenschaft den Eintrag *Transparent* und schreiben dafür **=Iif(Sum(Fields!Summe.Value) <3700000, "RED", "TRANSPARENT")**. Dadurch wird bei einem Wert unter 3.700.000 die Hintergrundfarbe Rot und andernfalls Transparent gesetzt.

Verwenden von allgemeinen Ausdrücken

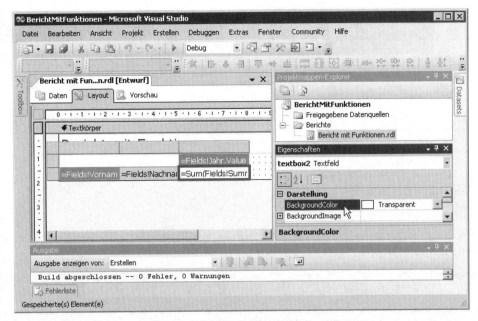

Abbildung 25.3 Ändern Sie hier die *Eigenschaften* eines Berichtselements

Die Aggregatfunktionen

Aggregatfunktionen fassen Daten zusammen. Wie Sie im Beispiel in diesem Abschnitt sehen, wird mit der Sum-Funktion eine Summe aller Werte im *Summe*-Feld berechnet.

Aggregatfunktionen können in Ausdrücken für jedes beliebige Berichtselement verwendet werden. Die Tabelle 25.1 zeigt die Aggregatfunktionen der Reporting Services, die Sie in Ausdrücken verwenden können.

Funktion	Beschreibung
Avg	Mittelwert aller von NULL verschiedenen Werte
Count	Anzahl der Werte
CountDistinct	Anzahl der unterschiedlichen Werte
CountRows	Anzahl der Zeilen
First	Erster Wert
Last	Letzter Wert
Max	Maximalwert
Min	Minimalwert
StDev	Standardabweichung aller von NULL verschiedenen Werte
StDevP	Standardabweichung der Gesamtheit aller von NULL verschiedenen Werte

Tabelle 25.1 Aggregatfunktionen der Reporting Services

Funktion	Beschreibung
Sum	Summe der Werte
Var	Varianz aller von NULL verschiedenen Werte
VarP	Varianz der Gesamtheit aller von NULL verschiedenen Werte
RowNumber	Laufende Zählung aller Zeilen im angegebenen Bereich
RunningValue	Laufendes Aggregat unter Verwendung einer angegebenen Funktion
Aggregate	Benutzerdefiniertes Aggregat des gemäß der Definition durch den Datenprovider

Tabelle 25.1 Aggregatfunktionen der Reporting Services *(Fortsetzung)*

4. Wechseln Sie nun zur Vorschau, indem Sie auf den gleichnamigen Registerreiter klicken. Nun sehen Sie das Ergebnis Ihrer Mühen (Abbildung 25.4).

Durch Ihre Visualisierung gewinnt Ihr Chef nun in Sekundenbruchteilen den gewünschten Überblick über Gewinner und Verlierer der letzten Jahre!

TIPP Genau so, wie Sie in diesem Beispiel die *BackgroundColor*-Eigenschaft gesetzt haben, können Sie beinahe alle Berichtselement-Eigenschaften setzen. Eine vollständige Aufzählung wäre ermüdend und wenig erhellend, zumal Sie eine solche in der Reporting Services-Onlinehilfe finden. In der Praxis markieren Sie am besten das gewünschte Berichtselement in der Entwurfsansicht und gehen im Eigenschaftenfenster dessen Eigenschaften durch, bis Sie die gewünschte gefunden haben. Wann immer Sie nicht direkt aus dem Namen auf die Funktionsweise schließen können oder aus anderen Gründen nähere Informationen zu einer Eigenschaft wünschen, suchen Sie den Namen in der Reporting Services-Onlinehilfe.

Abbildung 25.4 Mit diesem Bericht erkennen Sie auf einen Blick, welcher Vertriebsmitarbeiter die Umsatzziele erreicht

Verwenden von allgemeinen Ausdrücken

> **TIPP** Nicht nur die Eigenschaften der Berichtselemente, sondern sogar die Abfrage-Anweisung selbst können Sie durch einen Ausdruck ersetzen! Dies macht vor allem Sinn im Zusammenspiel mit Parametern; so ist es beispielsweise möglich, Teile der SQL-Abfrage durch Parameter zu ersetzen und sich so einen kleinen SQL-Abfrage-Generator zu bauen.
> Um den Abfrage-Kommandotext mit einem Ausdruck zu bestimmen, holen Sie die Registerkarte *Daten* in den Vordergrund und klicken auf die Schaltfläche [...], um das *DataSet*-Dialogfeld zu öffnen, wo Sie auf der Registerkarte *Abfrage* im Feld *Abfragezeichenfolge* die SQL-Abfrage zum Ausdruck ergänzen, indem Sie ihr »="« voranstellen und sie mit »"« abschließen. Nun können Sie die SQL-Abfrage nach Belieben mit Zeichenfolgefunktionen bearbeiten.
> Zwar sind nun die meisten Funktionalitäten auf der Registerkarte *Daten* deaktiviert, aber alles andere funktioniert, wie Sie es von einer statischen – also ohne Ausdruck entstandenen – SQL-Abfrage gewohnt sind.

Globale Auflistungen und der Ausdruckseditor

Mit globalen Auflistungen ist das Zugreifen auf Berichtselemente möglich.

Globale Auflistungen werden unterstrukturiert in Auflistungselemente:

- Fields: Sie haben im vorherigen Abschnitt bereits die Fields-Auflistung in Ihrem Ausdruck verwendet, um auf die Felder des aktuellen Datensatzes zuzugreifen.
- Globals: In Kapitel 9 erfahren Sie genau, was globale Auflistungen leisten können.

> **TIPP** In Ausdrücken haben Sie oft mit globalen Auflistungen zu tun, die Sie über ein nützliches Werkzeug – *Ausdruck bearbeiten* – in Ihre Ausdrücke einfügen können.

Fügen Sie Ihrem Bericht die aktuelle Seitenzahl hinzu:

1. Öffnen Sie den zuvor erstellten *Bericht mit Funktionen* in Visual Studio, blenden Sie über *Bericht/Seitenfuß* die Fußzeile ein und ziehen Sie mit Hilfe der Toolbox ein neues Textfeld auf die Fläche der Fußzeile.
2. Im Kontextmenü des Textfeldes klicken Sie auf *Ausdruck*, wodurch sich ein Ausdruckseditor öffnet, wie in Abbildung 25.5 zu sehen. Dort öffnen Sie den Knoten *Global*, wählen *PageNumber* aus und klicken auf *Einfügen*.

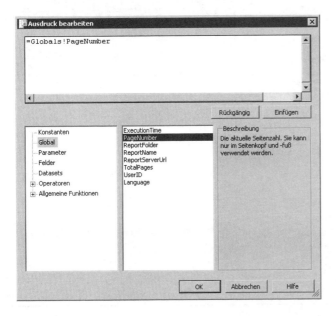

Abbildung 25.5 Sie können globale Auflistungen über das Dialogfeld *Ausdruck bearbeiten* einfügen

Mit *OK* übernehmen Sie den Eintrag. In Ihrem Feld steht jetzt =Globals!PageNumber. Um das Ergebnis dieser Funktion zu sehen, holen Sie die Registerkarte *Vorschau* in den Vordergrund. In der Fußzeile Ihres Berichtes erscheint die zugehörige Seitenzahl.

Mehr zum Ausdrucks-Editor lesen Sie im Kasten.

Der Ausdrucks-Editor

Seit der Vorgängerversion SQL Server 2000 Reporting Services hat sich für den Ausdrucks-Editor viel getan.

Sie können aus vielen Eigenschaften des Berichts (z.B. Seitenzahl), Operatoren (Vergleichsfunktionen) oder Allgemeine Funktionen (z.B. Konvertierungen) wählen und sich so Ihren Ausdruck zusammenklicken. Sollten Sie beispielsweise nicht die Visual Basic Konvertierungsfunktion für Währungen auswendig kennen, finden Sie diese im Ast *Allgemeine Funktionen/Text*.

Es gibt weitere neue Features, die Sie in der Vorgängerversion bestimmt vermisst haben. Das in modernen Programmierumgebungen übliche IntelliSense und sofortige Erkennen von ungültigen Ausdrücken finden Sie ab sofort auch im Ausdrucks-Editor wieder.

In Abbildung 25.6 sehen Sie zum Beispiel die verschiedenen Funktionen, die Sie auf den Ausdruck =Fields!Vorname anwenden können. Gleichzeitig deutet die rote Unterstreichung an, dass der Ausdruck unvollständig bzw. ungültig ist.

Ein Vorteil gegenüber der Bearbeitung direkt im Eigenschaften-Feld, den schon die Vorgängerversion bot, ist außerdem der Platz für die Ausdrucksbearbeitung. Sollten Sie sich jemals durch ein kleines Textfeld mit einem langen Ausdruck gequält haben, werden Sie für diesen positiven Nebeneffekt des Ausdrucks-Editors dankbar sein.

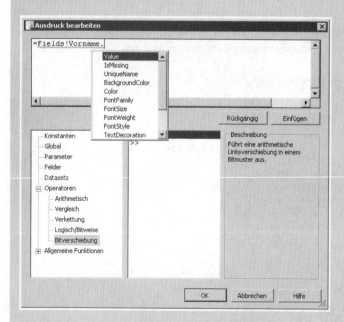

Abbildung 25.6 IntelliSense des Ausdrucks-Editors

Mit Hilfe des Ausdrucks-Editors genießen Sie annähernd den Komfort, den Sie aus Programmierumgebungen gewohnt sind. Es ist also fast immer zu empfehlen, den Ausdrucks-Editor zu verwenden.

Verwenden von allgemeinen Ausdrücken

- Parameters: Die Auflistung der Berichtsparameter ist ausführlich im Kapitel 12 beschrieben.
- ReportItems: Diese Auflistung enthält alle Textfelder in einem Bericht. Erzeugen Sie in der Fußzeile Ihres Berichtes ein neues Textfeld (siehe den folgenden Tipp), fügen Sie den Code =**Sum(ReportItems!Textbox2.value)** ein. Dieser berechnet die Zwischensumme über das Textbox2-Feld pro Seite.
- User: Diese Auflistung enthält nur zwei Elemente, zum ersten Language, welche die Sprach-ID des Benutzers, der den Bericht ausführt, enthält und zum zweiten UserID, welche die Benutzer-ID dieses Benutzers auflistet. Sie können in die Kopfzeile des Berichtes ein Textfeld mit dem Code =**User.Userid** erstellen. Im Bericht wird Ihnen daraufhin der Domain- und Nutzername in Form von *Domain\Benutzername* dargestellt.

> **TIPP** Ihr Chef wird einen Bericht mit einer Verknüpfung mehrerer globaler Auflistungen in einem Ausdruck optisch viel ansprechender finden: Tragen Sie =**Globals.ReportName & " vom " & Format(Globals.ExecutionTime, "d") & ", Seite " & Globals.PageNumber & " von " & Globals.TotalPages** in Ihr Textfeld in der Fußzeile ein, um eine wie in Abbildung 25.7 dargestellte typische Fußzeile zu erzeugen, die den Namen des Berichts, die Zeit seiner Ausführung, die aktuelle Seite und die Gesamtzahl der Seiten ausweist.

Abbildung 25.7 Mittels globaler Auflistungen wird eine typische Berichtfußzeile generiert

Erweiterte Möglichkeiten: .NET-Funktionen

In den vorangegangenen Abschnitten dieses Kapitels haben Sie einige Beispiele von Berichtsserver-spezifischen Funktionen kennen gelernt. Damit ist aber keineswegs das Ende der Fahnenstange erreicht, denn wie Sie bereits an vielen Stellen gesehen haben, sind die Reporting Services ein offenes System. Das heißt in diesem Zusammenhang: offen in Richtung .NET. Sie können in den Reporting Services-Ausdrücken alle Funktionen aus den Namespaces

- Microsoft.VisualBasic
- System.Convert
- System.Math

anwenden. In diesen Namespaces gibt es mehrere hundert Funktionen, die vollständig aufzulisten wenig erhellend wäre, zumal eine Funktionsliste problemlos über die Visual Basic-Onlinehilfe unter dem Stichwort des jeweiligen Namespaces abrufbar ist.

Hier ein Überblick, welche Themenfelder Sie mit Funktionen aus diesen Namespaces abdecken:

- **Datumsfunktionen:** Mit der Now-Funktion können Sie, wie die Abbildung 25.8 zeigt, das Tagesdatum und die aktuelle Uhrzeit anzeigen. Sie erhalten dieses Ergebnis, indem Sie in der Entwurfsansicht Ihres Beispielberichts =**Now()** in das Feld links oben eintragen.

Abbildung 25.8 Jetzt weiß Ihr Chef sofort, von welchem Tag der Bericht stammt

- **Entscheidungsfunktionen:** Ein typisches Beispiel ist die Iif-Funktion, die Sie im Abschnitt »Verwenden von Funktionen in Ausdrücken« weiter oben in diesem Kapitel verwendet haben.
- **Zeichenfolgefunktionen:** Mit der Left-Funktion können Sie beispielsweise erreichen, dass nur noch der erste Buchstabe der Vornamen der Mitarbeiter angezeigt wird, indem Sie in die linke Zelle, die den Vornamen enthält, =Left(Fields!Vorname.Value, 1) & "." schreiben.

Um eine Funktion für ein spezielles Problem zu finden, durchsuchen Sie die Onlinehilfe von Visual Studio oder der Dokumentation zu den .NET Framework-Bibliotheksklassen. Sollten Ihnen Funktionen gänzlich fehlen, dann hilft Ihnen der nächste Abschnitt weiter.

Eigene Funktionen erstellen: Das Code-Element

Wenn Sie eine ganz bestimmte Funktion benötigen, die es standardmäßig in den Reporting Services nicht gibt, können Sie diese in der Visual Basic-Syntax verfassen und direkt über das Code-Element einfügen.

Ihr Chef träumt vom Handel mit dem Altair-System und bittet Sie, als ersten Schritt zur Umsetzung seiner Vision, in Ihrem Vertriebsbericht eine Spalte einzurichten, in dem die Werte in Altair-Dollar umgerechnet ausgewiesen werden.

Das heißt für Sie, Sie müssen einen Währungsrechner für die fiktive Währung Altair-Dollar implementieren, von dem Sie – der Einfachheit halber und weil sich Ihr Chef außerstande sieht, das Gegenteil zu beweisen – annehmen, er sei an den Euro gebunden und immer genau die Hälfte wert. Sie benötigen also eine Funktion, die einen Wert des Typs Double erhält, diesen halbiert und dann zurückgibt.

Um diese Aufgabe mit Hilfe einer eingebetteten Funktion und dem Code-Element zu realisieren, gehen Sie wie folgt vor:

1. Öffnen Sie den zuvor erstellten *Bericht Mit Funktionen* in Visual Studio.
2. Um zur Code-Eingabe zu gelangen, stellen Sie sicher, dass die Registerkarte *Layout* Ihres Berichtes aktiviert ist, wählen *Bericht/Berichtseigenschaften* und holen im nun geöffneten *Berichtseigenschaften*-Dialogfeld die Registerkarte *Code* in den Vordergrund, wie in Abbildung 25.9 zu sehen ist. Hier nun können Sie Visual Basic-Code einfügen und sich so eigene Funktionen schreiben.
3. Geben Sie den Code aus Abbildung 25.9 in das Code-Fenster ein und schließen Sie es mit *OK*.

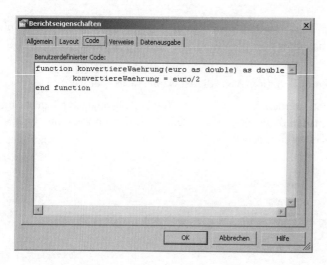

Abbildung 25.9 Codefenster mit selbst geschriebenem Visual Basic-Code

Eigene Funktionen erstellen: Das Code-Element

4. Um Platz für die Anwendung Ihrer neuen Funktion zu schaffen, klicken Sie mit der rechten Maustaste in die Zelle rechts unten (in der Sie im vorangegangenen Beispiel die Hintergrundfarbe bestimmt haben) und wählen *Spalte hinzufügen*.
5. In die Überschrift der neu eingefügten Spalte tragen Sie **Altair-Dollar** ein.
6. In der Zelle unter der neuen Spaltenüberschrift fügen Sie =**code.konvertiereWaehrung(Sum(Fields! Summe.Value))** ein. Die Summenfunktion entspricht genau der Funktion aus der Zelle links daneben, und die Funktion konvertiereWaehrung wird auf deren Ergebnis angewandt. Mit dem vorangestellten code signalisieren Sie den Reporting Services, dass sie die selbst geschriebenen Funktionen des Code-Elements verwenden sollen.
7. Wählen Sie die Registerkarte *Vorschau*, um die Ergebnisse Ihrer Funktion zu begutachten. Wie Sie in Abbildung 25.11 sehen, zeigen die Werte in der Spalte *Altair-Dollar* genau die Hälfte der jeweils daneben angezeigten Summen. Die roten Markierungen wurden aus der *Summe*-Spalte übernommen.

> **HINWEIS** Falls Sie – etwa durch Vertippen – fehlerhafte Ausdrücke eintragen, wird die Fehlermeldung (anders als Sie es von den meisten anderen Programmen und Entwicklungsumgebungen gewohnt sind!) nicht direkt beim Verlassen der Feldes angezeigt, sondern erst dann, wenn Sie den Bericht ausführen. Falls Sie beispielsweise in der obigen Funktion das »F« von »Fields« vergessen haben, erhalten Sie die Vorschau aus Abbildung 25.10.

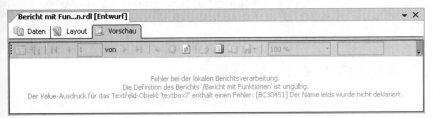

Abbildung 25.10 Der Fehler befindet sich sehr wahrscheinlich in einem Ihrer Ausdrücke

In diesem Fall überprüfen Sie Ihren Ausdruck unter Berücksichtigung der Aufgabenliste, korrigieren den Fehler und führen den Bericht erneut aus.

Nachdem Sie nun gelernt haben, eigene Funktionen zu schreiben, fallen Ihnen sicherlich noch viele Anwendungen für das Code-Element ein. Sobald Ihnen diese Möglichkeiten nicht mehr ausreichen, hilft Ihnen der nächste Abschnitt weiter.

Abbildung 25.11 Berichtvorschau mit Summenfunktions- bzw. Währungsfunktionsergebnissen

Volle Flexibilität: Arbeiten mit Assemblies

Wenn Sie häufig eigene Funktionen mit Hilfe des Code-Elements umsetzen, wie im vorangegangenen Abschnitt beschrieben, sollten Sie erwägen, auch .NET-Assemblies zu verwenden. Dabei handelt es sich um .NET-Klassenbibliotheken, die in einer *.dll*-Datei abgelegt werden.

Angenommen, Sie möchten in mehreren Ihrer Berichte dieselben selbstgeschriebenen Funktionen verwenden. Wenn Sie hierfür das Code-Element verwenden, können Sie dieses Ziel zwar erreichen, nur müssen Sie in jedem Bericht erneut denselben Code einfügen. Das ist unkomfortabel und macht den Code schwer wartbar. Besser ist es, Sie verwenden eine Assembly, die Sie nur einmal implementieren müssen, um sie dann in allen Berichten verwenden zu können.

Über diese administrativen Vorteile hinaus können Sie bei der Entwicklung von Assemblies auf den Funktionsumfang einer vollwertigen Entwicklungsumgebung von .NET zugreifen und sich damit – verglichen mit den Möglichkeiten des Code-Elements – neue Dimensionen der Entwicklung erschließen.

Implementierung einer Assembly

Sie werden im Folgenden eine Assembly programmieren und in Ihrem Bericht einsetzen.

Ihrem Chef ist eingefallen, dass er in dem Vertriebsbericht gerne sehen möchte, wie viel Provision er seinen Vertriebsmitarbeitern gezahlt hat. Da er gleichzeitig großen Wert darauf legt, (wie er das nennt) »ungestört mit seinen Zahlen spielen« zu können, Sie es aber für übertrieben halten, für diesen einen Wert eine eigene Datenbanktabelle anzulegen und dazu noch einen Client für die Eingabe zu programmieren, legen Sie eine XML-Datei an, aus der der Provisionssatz bei der Erstellung des Berichts mit einer Funktion aus einer Assembly ausgelesen wird. Um Letztere zu erstellen, gehen Sie wie folgt vor:

Volle Flexibilität: Arbeiten mit Assemblies

HINWEIS Mit Hilfe des standardisierten XML-Dateiformats tauschen viele Anwendungen ohne Probleme über Systemgrenzen hinweg strukturiert Informationen aus, die sonst Kommunikationsschwierigkeiten hätten. Sie können mit Visual Studio und .NET sehr komfortabel XML-Dateien erstellen, auslesen und manipulieren. Diese Funktionen sind ideal geeignet, um externe Daten, die z.B. von einer anderen Abteilung Ihres Unternehmens als XML-Datei abgelegt wurden, im eigenen Bericht zu verwenden.

Da das Handling von XML-Dateien einfacher als das von Datenbanktabellen ist, ist es – insbesondere bei kleinen Datenmengen, die schnell und unkompliziert geändert werden müssen – oft effektiver, mit XML-Dateien zu arbeiten.

1. Erstellen Sie zunächst die XML-Datei, die Sie auslesen wollen. Starten Sie dazu einen Texteditor, z.B. über *Start/Alle Programme/Zubehör/Editor* und fügen Sie den Code aus Listing 25.2 ein.
2. Speichern Sie die Datei unter **C:\Provision.xml**. und schließen Sie den Editor.

ACHTUNG Falls Sie die Datei *Provision.xml* nicht unter *C:* speichern möchten oder können, denken Sie daran, auch die Verweise in Listing 25.3 und Listing 25.5 an den neuen Speicherort anzupassen.

```
<?xml version='1.0' ?>
<Provision>
    <SiriusCyberneticCorporation>0,03</SiriusCyberneticCorporation>
</Provision>
```

Listing 25.2 XML-Code für die Datei *Provision.xml*

3. Beginnen Sie die Erstellung der Assembly, indem Sie Visual Studio starten und mit *Datei/Neu/Projekt* ein neues Projekt erstellen.
4. Wählen Sie *Visual Basic* als Projekttyp, *Klassenbibliothek* als Vorlage, nennen Sie diese **XmlLesenAssembly** (Abbildung 25.12) und bestätigen Sie mit *OK*.

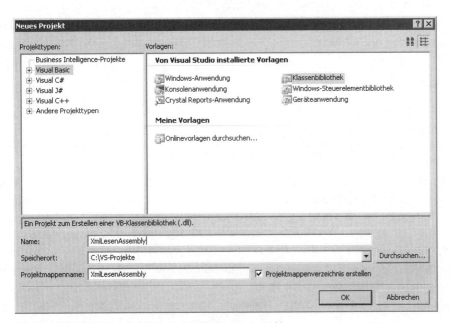

Abbildung 25.12 Erstellen Sie hier Ihr Projekt für die neue Assembly

5. Den beim Erzeugen des Projekts automatisch erstellten Klassenrumpf benennen Sie im Projektmappen-Explorer von *Class1.vb* in **XmlLesen.vb** um und fügen den Code aus Listing 25.3 in die Klasse ein. Dieser enthält eine Funktion, die zuerst die Datei-Zugriffsberechtigung für die zuvor erstellte XML-Datei setzt, diese ausliest und den so ermittelten Provisionswert zurückgibt.

```
Imports System.Security.Permissions
Imports System.Xml

Public Class XmlLesen
    Public Shared Function ProvisionAusXmlLesen() As Double
        'liest die Datei Provision.xml aus
        Dim permission As FileIOPermission = New FileIOPermission( _
            FileIOPermissionAccess.Read, "C:\Provision.xml")
        Dim dWert As Double
        Try
            'Zugriffsrechte setzen
            permission.Assert()
            'XML-Datei auslesen
            Dim xmlDoc As XmlDocument = New XmlDocument
            xmlDoc.Load("C:\Provision.xml")
            dWert = Convert.ToDouble(xmlDoc.DocumentElement.ChildNodes. _
                Item(0).InnerText)
        Catch e As Exception
        End Try
        ProvisionAusXmlLesen = dWert
    End Function
End Class
```

Listing 25.3 Code der *XmlLesen*-Klasse

6. Mit *Erstellen/XmlLesenAssembly erstellen* erzeugen Sie die Assembly, die im *bin*-Unterverzeichnis Ihres Visual Studio-Projektordners als *XmlLesenAssembly.dll* abgelegt wird.

Damit ist Ihre Assembly fertig und kann eingesetzt werden, sobald sie im Berichtsserver bereitgestellt wurde, was Sie im nächsten Abschnitt lernen werden.

Bereitstellung einer Assembly

Damit Sie die Funktionen Ihrer im vorigen Abschnitt erstellten Assembly in Berichten verwenden können, müssen die Berichtsserver-Konfigurationsdateien so angepasst werden, dass die Reporting Services Ihren Code akzeptieren und den Zugriff auf Ihre *Provision.xml*-Datei erlauben. Dazu müssen Sie folgende Änderungen vornehmen:

1. Kopieren Sie Ihre *XmlLesenAssembly.dll*-Assembly in die Verzeichnisse des Report Servers. Sie finden Ihre Assembly im *bin*-Unterordner Ihres Projektes, also standardmäßig unter *C:\Dokumente und Einstellungen\<Benutzername>\Eigene Dateien\Visual Studio 2005\projects\\<Projektname>\bin*. Die Zielverzeichnisse sind standardmäßig *C:\Programme\Microsoft SQL Server\MSSQL.3\Reporting Services\ReportServer\bin* und *C:\Programme\Microsoft Visual Studio 8\Common7\IDE\PrivateAssemblies*.
2. Öffnen Sie die *rssrvpolicy.config*, die sich standardmäßig in dem Ordner *C:\Programme\Microsoft SQL Server\MSSQL\Reporting Services\ReportServer* befindet.
3. Fügen Sie den Code aus Listing 25.4 hinter dem </CodeGroup>-Tag des letzten öffnenden <CodeGroup>-Tags hinzu.

Volle Flexibilität: Arbeiten mit Assemblies

ACHTUNG Wenn Sie den Berichtsserver nicht im Standardpfad installiert haben, müssen Sie die betreffenden Pfade in den Listings entsprechend anpassen.

```xml
<CodeGroup class="UnionCodeGroup"
    version="1"
    PermissionSetName="XmlProvisionBerechtigungsSatz"
    Name="XmlLesenCodeGruppe"
    Description="XmlCodeGruppe zur Erteilung der Zugriffsberechtigung der
        XmlLesenAssembly">
    <IMembershipCondition class="UrlMembershipCondition"
        version="1"
        Url="C:\Programme\Microsoft SQL Server\MSSQL.3\Reporting
            Services\ReportServer\bin\XmlLesenAssembly.dll"
    />
</CodeGroup>
```

Listing 25.4 Erweitern Sie die *rssrvpolicy.config* im Abschnitt *<CodeGroup>*

4. Fügen Sie den Code aus Listing 25.5 hinter das <NamedPermissionSets>-Tag ein.

```xml
<PermissionSet class="NamedPermissionSet"
        version="1"
        Name="XmlProvisionBerechtigungsSatz"
        Description="Berechtigung für Lesezugriff auf die Provision.xml-Datei.">
    <IPermission class="FileIOPermission"
        version="1"
        Read="C:\Provision.xml"
    />
    <IPermission class="SecurityPermission"
        version="1"
        Flags="Execution, Assertion"
    />
</PermissionSet>
```

Listing 25.5 Fügen Sie diesen Code im Abschnitt *<NamedPermissionSets>* in die *rssrvpolicy.config* ein

5. Führen Sie die Schritte 2 bis 4 noch einmal mit der Datei *rspreviewpolicy.config* aus. Dann haben Sie die Berechtigungen nicht nur für den Berichtsserver selbst, sondern auch für die Entwicklungsumgebung gesetzt. Das ist notwendig, um Berichte mit Hilfe der *XmlLesenAssembly* überhaupt entwerfen zu können.

HINWEIS Für die *URL*-Eigenschaft im *CodeGroup*-Element brauchen Sie nicht denselben Pfad in der *rssrvpolicy.config* und *rspreviewpolicy.config* anzugeben. Es ist besonders bei getrennten Maschinen, der Entwicklungs- bzw. Produktivumgebung sinnvoll, um Konflikte zu vermeiden. In diesem Beispiel haben Sie die *XmlLesenAssembly.dll* in die *bin*-Ordner des Servers und der Entwicklungsumgebung kopiert, so dass Sie diese beiden Pfade benutzen können. Für das Beispiel würde aber auch der identische Pfad genügen.

6. Nachdem Sie gespeichert haben, starten Sie den Report Server-Dienst neu, indem Sie *Start/Ausführen* wählen, im *Ausführen*-Dialogfeld **services.msc** eingeben und mit *OK* bestätigen, um im *Dienste*-Dialogfeld auf dem Eintrag *SQL Server Reporting Services* im Kontextmenü *Neu starten* wählen.

Jetzt akzeptiert der Report Server Ihre neue Assembly und erlaubt dieser das Lesen Ihrer XML-Datei. Sie müssen im Bericht auf Ihre Assembly verweisen, damit Sie ihre Funktionalität nutzen können. Wie problemlos das funktioniert, erklärt Ihnen der nächste Absatz.

Verweisen auf eine Assembly in einem Bericht

Nachdem der Report Server weiß, dass es eine neue Assembly gibt, können Sie im Bericht auf diese verweisen, um die neue Funktion zu nutzen. Gehen Sie dazu folgendermaßen vor:

1. Öffnen Sie den zuvor erstellten *Bericht Mit Funktionen* in Visual Studio.
2. Um eine Referenz auf die Assembly zu setzen, aktivieren Sie die Registerkarte *Layout* und rufen den Menübefehl *Bericht/Berichtseigenschaften* auf. In den Berichtseigenschaften holen Sie die Registerkarte *Verweise* in den Vordergrund. Die Verweisschaltfläche ... öffnet das Dialogfeld *Verweis hinzufügen*.
3. Da Ihre *XmlLesenAssembly.dll* nicht aufgeführt ist, klicken Sie auf *Durchsuchen*, wechseln Sie in *C:\Programme\Microsoft Visual Studio 8\Common7\IDE\PrivateAssemblies*, wählen Sie dort *XmlLesenAssembly.dll* aus und klicken auf *OK*, um in die Ansicht aus Abbildung 25.13 zu gelangen. Schließen Sie diese mit *OK*.

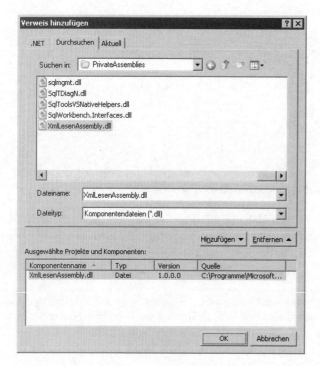

Abbildung 25.13 Setzen Sie hier einen Verweis auf die selbst erstellte Assembly, die Sie im Bericht nutzen möchten

Die Funktionen Ihrer Klasse können Sie nun in Ihrem Bericht verwenden.

Nutzung der Assembly-Funktion im Bericht

Um nun endlich die in den vorigen Abschnitten erstellte und referenzierte Funktion anzuwenden, gehen Sie folgendermaßen vor:

1. Nach dem Einfügen des Verweises im vorigen Abschnitt erzeugen Sie in der Layout-Ansicht per Klick mit der rechten Maustaste auf der rechten Spalte und Auswahl von *Spalte hinzufügen* eine neue Spalte in der Tabelle.
2. Als Spaltenüberschrift tippen Sie **Provision** ein.
3. Der Syntax, um auf Ihre Funktion zuzugreifen, ist {Assemblyname}.{Klassenname}.{Funktionsname}. Um in der neuen Spalte die Provision auszulesen und mit dem Umsatz zu multiplizieren, tragen Sie dort =Sum(Fields!Summe.Value)*XmlLesenAssembly.XmlLesen.ProvisionAusXmlLesen() ein, wie in Abbildung 25.14 zu sehen.

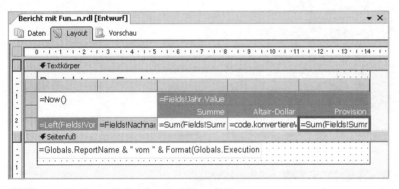

Abbildung 25.14 Tragen Sie hier Ihren Funktionscode ein

4. Sobald Sie die Registerkarte *Vorschau* aktivieren, wird aus der XML-Datei der Provisionswert ausgelesen und mit dem Zellenwert der Summe multipliziert. In diesem Beispiel erhalten Sie jeweils 3 % der Summenwerte, wie in Ihrer *Provision.xml*-Datei angegeben.
5. Da für die Anzeige im Vorschaufenster nicht alle Berechnungen überprüft werden, sollten Sie nun unbedingt mit `F5` den Bericht starten. Daraufhin wird dieser in einem Fenster simuliert, wie Sie Ihn Abbildung 25.16 sehen.

ACHTUNG Falls Sie bei der Anzeige Ihres Berichts in Schritt 5 in der neuen Spalte nur Nullen sehen, so wie in Abbildung 25.15 gezeigt, überprüfen Sie, ob Ihre Berechtigungen in der Konfigurationsdatei *rssrvpolicy.config* richtig gesetzt sind, wie im Abschnitt »Bereitstellung einer Assembly« in diesem Kapitel beschrieben

Die Berichts-*Vorschau* nimmt auf Rechte wenig Rücksicht, was dazu führt, dass Sie Berechtigungsprobleme erst dann bemerken, wenn Sie den Bericht im Browserfenster anzeigen. Achten Sie darauf, dass die Rechte nicht nur im Berichts-Designer (die ausführende Vorschau, welche Sie mit der Schaltfläche *Debuggen starten* erhalten), sondern auch auf dem Berichtsserver selbst gesetzt werden müssen, sobald Sie ihn bereitstellen.

Obwohl es kompliziert klingt, ist diese Trennung von Test- und Produktivumgebung auch in Bezug auf Sicherheit sinnvoll.

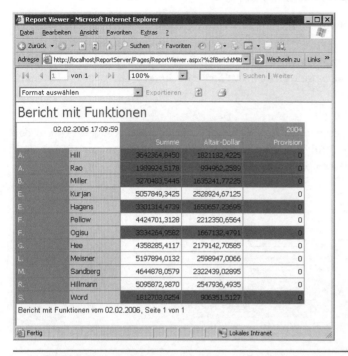

Abbildung 25.15 Der Berichtsserver liefert ein falsches Ergebnis: Sind Ihre Rechte richtig gesetzt?

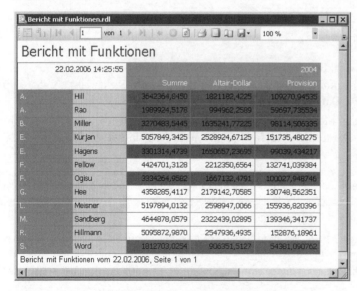

Abbildung 25.16 Ergebnis der *XmlLesen*-Funktion, verknüpft mit der Summenfunktion

6. Klicken Sie mit der rechten Maustaste auf den Bericht und klicken Sie im Kontextmenü auf *Bereitstellen*, was bewirkt, dass der Bericht an den Zielserver weitergegeben wird.

Sie haben in diesem Kapitel erfahren, wie Ausdrücke in Reporting Services verwendet werden. Sie wissen jetzt, wie man eigene Funktionen schreiben und verwenden und sogar in Form von Assemblies mehreren Berichten zur Verfügung stellen kann.

Teil E

Programmierung

In diesem Teil:

Kapitel 26	Einführung in Programmierung und URL-Zugriff	421
Kapitel 27	.NET-Webdienste	433
Kapitel 28	Reporting Services als Webdienst einbinden	443
Kapitel 29	Aufgaben automatisieren mit Reporting Services-Skriptdateien	455
Kapitel 30	Erweiterungsschnittstellen	463

Kapitel 26

Einführung in Programmierung und URL-Zugriff

In diesem Kapitel:

Programmiermöglichkeiten im Überblick	422
Die URL-Zugriffsfunktion	423
Portal-Integration	431

Mussten Sie sich in den vorangegangenen Teilen mit den nicht immer komfortablen Benutzeroberflächen begnügen, die zum Lieferumfang der Reporting Services gehören, werden Sie in diesem Teil die Möglichkeiten kennen lernen, alles frei nach Ihren Wünschen zu gestalten, will heißen: Die Reporting Services steuern, programmieren und in eigene Anwendungen integrieren.

Insbesondere wenn Sie bereits viele Jahre Microsoft-Produkte programmieren, werden Sie positiv überrascht sein: bei den Reporting Services wurde nicht die Hauptenergie des Entwicklerteams auf die Schaffung bunter Oberflächen für Marketingpräsentationen konzentriert, sondern der Schwerpunkt auf die Gestaltung einer klaren, übersichtlichen Struktur und von Objektmodellen verlegt, die einfach und mit überschaubarem Einarbeitungsaufwand zu programmieren sind.

Dies zeigt einmal mehr, dass es sich bei den Reporting Services nicht um ein Gimmick handelt, das schnell wieder in der Versenkung verschwinden könnte – mit einem Wort: Es lohnt es sich für Sie als Entwickler, sich hier einzuarbeiten!

Die meisten Anwendungsentwickler sind gebrannte Kinder: Ein Großteil der Anwender legt größten Wert darauf (wie es einer unserer Ex-Bundeskanzler einst so hübsch ausdrückte) »was hinten rauskommt«, und das heißt für diese leider oftmals: das Reporting. Dieses war oftmals eine sehr aufwändige Programmierung, die viele Mannmonate in Anspruch nehmen konnte.

Natürlich wäre es unseriös, hier zu behaupten »Damit ist jetzt Schluss«, aber das Autorenteam kann aus eigener Erfahrung sagen und hat vergleichbare Stimmen von Vortragsteilnehmern häufig gehört: Durch den Einsatz der Reporting Services reduziert sich der Entwicklungsaufwand im Reporting auf einen Bruchteil.

Programmiermöglichkeiten im Überblick

Die Reporting Services sind durch ihre Flexibilität für viele Integrationskonzepte geeignet. Die Möglichkeiten der Programmierung sind in Abbildung 26.1 visualisiert und jeweils durch das Symbol ⚡ gekennzeichnet.

Im Einzelnen stehen Ihnen folgende Möglichkeiten zur Verfügung:

- Zugriff über die Webdienst-Schnittstelle via SOAP API auf die volle Funktionalität der Reporting Services von Ihren eigenen Anwendungen aus, z.B. über die .NET-Sprachen.

  Über Webdienste erfahren Sie in Kapitel 26 mehr, zur Webdienst-Schnittstelle der Reporting Services in Kapitel 27.

- Die Arbeit mit RSS-Skriptdateien bietet – da ebenfalls auf die SOAP API aufsetzend – annähernd denselben Funktionsumfang wie die Webdienst-Schnittstelle, erfordert aber keine Entwicklungsumgebung, da das *rs.exe*-Dienstprogramm Textdateien ausführt.

  Skriptdateien werden in Visual Basic 2005 verfasst.

  Skriptdateien eignen sich zum Automatisieren administrativer Aufgaben und als Zielformat von Code-Generatoren.

  Mehr über die Arbeit mit Skriptdateien erfahren Sie in Kapitel 28.

- Innerhalb von Berichten können Sie mit Visual Basic-Funktionen arbeiten, mit dem Code-Objekt Code in Berichte einbetten und auf Funktionen eigener .NET-Assemblies zugreifen.

  Mehr über die Arbeit mit Funktionen und Code in Berichten erfahren Sie in Kapitel 24.

- Wenn Sie die Berichtsdefinitionen dynamisch zur Laufzeit Ihrer Anwendung in RDL generieren, werden Ihre Berichte strukturell dynamisch.

  Mehr über RDL und deren Generierung können Sie in Kapitel 21 nachlesen.

Die URL-Zugriffsfunktion

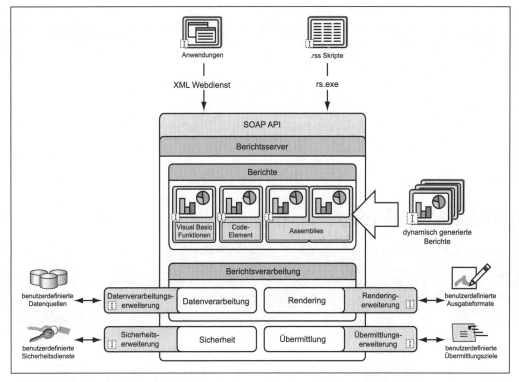

Abbildung 26.1 Zur Programmierung der Reporting Services stehen Ihnen viele Schnittstellen zur Verfügung

- Tief in die Berichtsverarbeitung können Sie Ihre Anwendungen einklinken, wenn Sie die Reporting Services Erweiterungsschnittstellen nutzen.

  Wie Sie Erweiterungen programmieren, erfahren Sie in Kapitel 29.

- Die URL-Zugriffsfunktion können Sie nutzen zum Anzeigen der Berichte im Intra- oder Internet.

Sie werden im folgenden Abschnitt erfahren, wie Sie URL-Zugriffsfunktion nutzen können, um Elemente vom Berichtsserver abzurufen.

Die URL-Zugriffsfunktion

Über die URL-Zugriffsfunktion ist es möglich, sich Ordnerinhalte anzusehen, sich durch die Ordnerstruktur des Berichtsservers zu klicken, interaktiv Berichte zu rendern und auf andere Elemente zuzugreifen.

Wenn Sie jemals mit dem Berichts-Manager gearbeitet haben, kennen Sie die URL-Zugriffsfunktion eigentlich schon – überall dort, wo der Berichts-Manager gerenderte Berichte anzeigt, nutzt dieser die URL-Zugriffsfunktion.

Die URL-Zugriffsfunktion wird vollständig über Parameter in der URL gesteuert.

Der Syntax für die URL lautet:

```
http://{Ihr Berichtsserver}/ReportServer?[/{Pfad}]&{Präfix}:{Param}={Wert}[&{Präfix}: Param=Wert]...n]
```

Dabei haben die Platzhalter folgende Bedeutung:

- {Ihr Berichtsserver}: Name Ihres Berichtsservers. Wenn Sie auf einen Berichtsserver auf demselben Computer zugreifen, können Sie hier localhost verwenden.
- ?: Leitet Pfad- und Parameter-Teil ein.
- [/{Pfad}]: Der volle Pfadname des Elements, auf das zugegriffen werden soll.
- &: Trennt Parameter-Namens-/Wertpaare.
- {Präfix}: Optional. Ein Parameter-Präfix, das einen spezifischen Prozess adressiert, der im Berichtsserver läuft. Ein Parameter ohne Präfix wird als Berichtsparameter interpretiert.
- {Param}: Name des Parameters.
- {Wert}: Wert des verwendeten Parameters.

Browsen durch die Berichtsserver-Ordnerstruktur

Die URL-Zugriffsfunktion bietet grundlegende Browse-Funktionalitäten.

HINWEIS Verwechseln Sie die URL-Zugriffsfunktion, die Sie unter http://<Ihr Berichtsserver>/Reportserver ansteuern, nicht mit dem Berichts-Manager, der unter der URL http://<Ihr Berichtsserver>/Reports zu erreichen ist!

Die URL-Zugriffsfunktion ist eine native Schnittstelle der Reporting Services, die nur den Abruf von Berichtsserver-Elementen sowie grundlegende Browse-Funktionalitäten durch die Berichtsserver-Verzeichnisstruktur unterstützt, während der Berichts-Manager eine in ASP.NET implementierte, vollwertige Berichtsserver-Managementoberfläche darstellt.

Darüber hinaus nutzt der Berichts-Manager die URL-Zugriffsfunktion für die Darstellung von Berichtsserver-Elementen.

Mehr über den Berichts-Manager erfahren Sie in Teil C dieses Buchs.

Um die URL-Zugriffsfunktion zum Browsen durch die am Berichtsserver gespeicherten Elemente zu verwenden, gehen Sie folgendermaßen vor:

1. Starten Sie Ihren Browser und navigieren Sie zu der URL *http://<Ihr Berichtsserver>/ReportServer*. Die Elemente im Home-Verzeichnis Ihres Berichtsservers werden angezeigt (Abbildung 26.2).

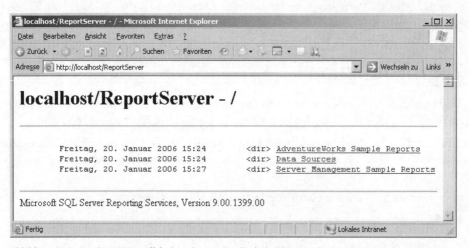

Abbildung 26.2 Mit der URL-Zugriffsfunktion können Sie durch die Elemente des Berichtsservers browsen

Die URL-Zugriffsfunktion

WICHTIG Um, wie in diesem Beispiel, auf ein Element mit der URL-Zugriffsfunktion zugreifen zu können, brauchen Sie die entsprechenden Berechtigungen, z.B. die *Browser*-Rolle auf dem Home-Verzeichnis. Fehlt Ihnen diese Berechtigung, erhalten Sie einen Zugriffsfehler angezeigt (Abbildung 26.3).

Abbildung 26.3 So meldet sich der Berichtsserver, wenn Ihnen die Berechtigung für das angeforderte Element fehlt

Mehr Informationen zum Thema »Sicherheit« finden Sie in Kapitel 16.

Da die Berechtigungen für jedes Element einzeln festgelegt werden können, muss diese Meldung nicht bedeuten, dass Sie gar nicht mit der URL-Zugriffsfunktion arbeiten können. Unter Umständen reicht es, über ein anderes Verzeichnis einzusteigen.

Wie Sie das anzuzeigende Element direkt in der URL festlegen, erfahren Sie im Abschnitt »URL-Parameter« weiter hinten in diesem Kapitel.

2. Um in ein Verzeichnis zu wechseln, klicken Sie auf dessen Namen, z.B. *SampleReports*. Der Inhalt des Verzeichnisses wird angezeigt.

3. Um einen Bericht zu rendern, klicken Sie auf dessen Namen, z.B. *Company Sales*. Der Bericht wird angezeigt, wie aus dem Berichts-Manager gewohnt – nur eben ohne dessen Funktionselemente (Abbildung 26.4).

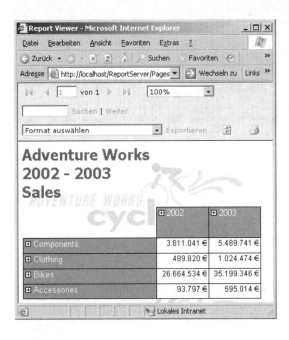

Abbildung 26.4 So wird ein Bericht im URL-Zugriff angezeigt: ohne das Drumherum des Berichts-Managers

Sie haben nun gelernt, wie Sie sich mit Hilfe der URL-Zugriffsfunktion interaktiv durch die Ordnerstruktur klicken können.

TIPP Vielleicht ist Ihnen aufgefallen, dass sich die URL bei jedem Klick ändert. Grund hierfür ist, dass die Informationen in URL-Parametern übergeben werden. Das bietet Ihnen die Möglichkeit, die URL für den Zugriff auf ein Element sehr schnell zusammenzustellen, indem Sie sich einfach zu diesem durchklicken und dann die URL direkt aus dem Browser übernehmen.

Wie die Arbeit mit Parametern genau funktioniert, erfahren Sie im nächsten Abschnitt.

URL-Parameter

Um ohne Benutzerinteraktion direkt auf die Elemente des Berichtsserver zugreifen zu können, müssen Sie die Parameter der URL-Zugriffsfunktion verwenden.

Fast alle Parameter benötigen jeweils ein Präfix, wobei in einer URL mehrere Präfixe vorkommen dürfen. Die vom Berichtsserver unterstützten Präfixe sind in Tabelle 26.1 aufgeführt.

Präfix	Beschreibung
(ohne)	Ein Parameter ohne Präfix wird als Berichtsparameter interpretiert
rc:	Versorgt die Renderingerweiterung mit gerätespezifischen Einstellungen, wie im Abschnitt »Renderingerweiterungen steuern« weiter hinten beschrieben. Dieses Präfix steuert auch den HTML-Viewer, wie im Abschnitt »Steuerung des HTML-Viewers« weiter hinten beschrieben.
rs:	Versorgt den Berichtsserver mit spezifischen Parametern, wie im Abschnitt »Kommandos an den Berichtsserver« weiter hinten beschrieben
dsu: , dsp:	Spezifiziert Benutzernamen bzw. Kennwort, mit dem auf die Datenquelle zugegriffen wird, wie im Abschnitt »Anmeldung an der Datenquelle« weiter hinten beschrieben

Tabelle 26.1 Diese Präfixe müssen Sie verwenden, um die URL-Parameter näher zu spezifizieren

Wie Sie die Parameter nutzen, erfahren Sie im nächsten Abschnitt.

HINWEIS Gemäß den URL-Encodierungsstandards werden Leerzeichen in URLs ersetzt durch »%20«, im Parameterbereich werden sie ersetzt durch »+« und ein Semikolon wird ersetzt durch »%3A«.

Browser führen diese Ersetzungen bei der URL-Encodierung normalerweise automatisch durch, d.h. nachdem Sie die Eingabe der URL abgeschlossen haben, ändert sich die URL ohne Ihr Zutun entsprechend. Sie müssen sich also weder darum kümmern noch sollten Sie sich von diesem Automatismus irritieren lassen.

Berichtsparameter

Parameter ohne Präfix werden als Berichtsparameter interpretiert. Beispiele finden Sie in Tabelle 26.2.

URL	Ergebnis
http://<Ihr Berichtsserver>/ReportServer?/AdventureWorks Sample Reports/Sales Order Detail&SalesOrderNumber=SO50332	Rendert den Bericht *Sales Order Detail* mit dem Berichtsparameter *SalesOrderNumber=SO50332*, d.h. es wird die Bestellung mit der Bestellnummer SO50332 angezeigt
http://<Ihr Berichtsserver>/ReportServer?/AdventureWorks Sample Reports/Employee Sales Summary&EmpID=290&ReportMonth=10&ReportYear=2003	Rendert den Bericht *Employee Sales Summary* mit den Parametern *EmpID=290*, *ReportMonth=10* und *ReportYear=2003*, d.h. es wird der Verkaufsbericht für den Mitarbeiter Tsvi Reiter, der die Personalnummer 290 hat, für Oktober 2003 angezeigt

Tabelle 26.2 An diesen Beispielen sehen Sie, wie Sie Berichtsparameter übergeben können

ACHTUNG Berichtsparameternamen sind, im Gegensatz z.B. zu Ordner- und Berichtsnamen, case-sensitiv, d.h. die Groß- und Kleinschreibung wird berücksichtigt.

Wenn Sie also im obigen Beispiel **salesordernumber** statt **SalesOrderNumber** eintippen, erhalten Sie die in Abbildung 26.5 dargestellte Fehlermeldung.

Abbildung 26.5 So reagiert der Berichtsserver, wenn die Groß-/Kleinschreibung für Parameternamen nicht stimmt

Kommandos an den Berichtsserver

Parameter, die direkt den Berichtsserver adressieren, werden mit dem Präfix rs: (für »Report Server«) eingeleitet.

Eine Auflistung dieser Parameter finden Sie in Tabelle 26.3, einige Anwendungsbeispiele in Tabelle 26.4.

Parameter	Wozu?
Command	Anweisung an den Berichtsserver. Es gibt vier verschiedene Anweisungen: GetDataSourceContents: Zeigt die Eigenschaften der freigegebenen Datenquelle, auf die der Parameter angewendet wird, im XML-Format. GetResourceContents: Rendert eine Ressource und gibt sie in einer HTML-Seite aus. Die Verwendung dieses Wertes hat die gleiche Auswirkung wie der direkte Aufruf der GetResourceContents-Methode des Reporting Services Web Services. ListChildren: Zeigt die untergeordneten Elemente des Ordners, auf den der Parameter angewendet wird. Die Anzeige erfolgt in einer generischen Symbol-Navigationsseite, wie sie z.B. in Abbildung 26.2 zu sehen ist. Die Verwendung dieses Wertes hat die gleiche Auswirkung wie der direkte Aufruf der ListChildren-Methode des Reporting Services Web Services, über die Sie in Kapitel 27 mehr erfahren. Render: Rendert den gewählten Bericht. Die Verwendung dieses Wertes hat die gleiche Auswirkung wie der direkte Aufruf der Render-Methode des Reporting Services Web Services, über die Sie in Kapitel 27 mehr erfahren.
ParameterLanguage	Gibt einen Sprachparameter weiter, der unabhängig von der Browsersprache ist. Standardsprache ist die Browsersprache. Gültig sind auch Werte wie »en-us« oder »de-de«.
Format	Spezifiziert das Format, in dem der Bericht gerendert werden soll, z.B. »HTML4.0«, »IMAGE«, »EXCEL«, »PDF«, »XML«, »NULL«. Mehr Informationen über Exportformate finden Sie in Kapitel 19.
Snapshot	Rendert einen Bericht basierend auf einem Snapshot aus dem Berichtsverlauf. Mehr Informationen über Snapshots finden Sie in Kapitel 20.

Tabelle 26.3 Parameter, die mit dem Präfix *rs* direkt den Berichtsserver adressieren

URL	Ergebnis
http://<Ihr Berichtsserver>/ReportServer?/Data Sources/AdventureWorks&rs:Command=GetDataSourceContents	Zeigt die Eigenschaften der *AdventureWorks*-Datenquelle im XML-Format
http://<Ihr Berichtsserver>/ReportServer?/AdventureWorks Sample Reports&rs:Command=ListChildren	Zeigt den Inhalt des Ordners *SampleReports* als Navigationsseite
http://<Ihr Berichtsserver>/ReportServer?/AdventureWorks Sample Reports/Company Sales&rs:Command=Render	Rendert den »Company Sales«-Bericht
http://<Ihr Berichtsserver>/ReportServer?/AdventureWorks Sample Reports/Company Sales&rs:Format=EXCEL	Rendert den Bericht *Company Sales* als Excel-Datei

Tabelle 26.4 An diesen Beispielen sehen Sie, wie Sie den Berichtsserver steuern können

Steuerung des HTML-Viewers

Der HTML-Viewer wird durch Parameter gesteuert, die durch das Präfix rc: eingeleitet werden. Diese sind in der Tabelle 26.5 erläutert. Einige Beispiele finden Sie in der Tabelle 26.6.

Mehr Informationen zum Thema »HTML-Viewer« enthält das Kapitel 15.

Die URL-Zugriffsfunktion

Parameter	Wozu?
Toolbar	Zeigt oder versteckt die Berichtssymbolleiste. Wenn der Wert des Parameters auf False gesetzt ist, sind alle weiteren Optionen – abgesehen von der Dokumentstruktur – zum Beeinflussen des Berichtes abgeschaltet. Ist der Parameter True, wird die Berichtssymbolleiste zum Rendern der unterstützten Formate angezeigt. Standardwert ist True.
Parameters	True zeigt und False versteckt die Parameter des Berichtes in der Berichtssymbolleiste. Standardwert ist True.
DocMap	True zeigt und False versteckt die Dokumentstruktur des Berichtes. Standardwert ist True. Wenn der Bericht keine Dokumentstruktur enthält, ist dieser Parameter ohne Wirkung.
DocMapID	Legt die Dokumentstruktur-ID fest, zu der der Bericht navigieren soll.
Zoom	Bestimmt den Berichtszoomwert mit einem ganzzahligen Prozentwert oder einer Zeichenfolge. Standardzeichenfolgen sind z.B. *Page Width* und *Whole Page*. Dieser hat nur dann eine Auswirkung, wenn der Bericht im Internet Explorer, Version 5.0 oder höher, angezeigt wird. Standardwert ist 100.
Section	Legt die Seitenzahl des anzuzeigenden Berichts fest. Wenn der Wert größer als die Anzahl der Seiten des Berichtes ist, wird die letzte Seite angezeigt. Bei einem Wert kleiner als 1 wird die erste Seite angezeigt. Standardwert ist 1.
FindString	Gibt den zu findenden Text an. Standardwert ist eine leere Zeichenfolge.
StartFind	Seitenzahl, an der mit der Suche begonnen werden soll. Standartwert ist die aktuelle Seitenzahl. Benutzen Sie diesen Parameter zusammen mit der EndFind-Einstellung.
EndFind	Seitenzahl, an der die Suche beendet werden soll. Standardwert ist die aktuelle Seitenzahl. Benutzen Sie diesen Parameter in Verbindung mit der StartFind-Einstellung.
FallbackPage	Legt die Seitenzahl fest, die angezeigt wird, wenn eine Suche oder eine Dokumentstrukturauswahl fehlschlägt. Standardwert ist die aktuelle Seite.
GetImage	Holt das Symbol für die HTML-Viewer-Benutzeroberfläche
Icon	Holt das Symbol einer einzelnen Renderingerweiterung
Stylesheet	Legt ein Stylesheet fest, das im HTML-Viewer angewendet wird

Tabelle 26.5 Parameter für URL-Zugriff, die den HTML-Viewer ansprechen

URL	Ergebnis
http://<Ihr Berichtsserver>/ReportServer?/AdventureWorks Sample Reports/Company Sales&rc:Toolbar=false	Zeigt den Bericht *Company Sales* ohne Berichtssymbolleiste
http://<Ihr Berichtsserver>/ReportServer?/AdventureWorks Sample Reports/Sales Order Detail&rc:Parameters=false	Zeigt den Bericht *Sales Order Detail* ohne die Parametereingabemöglichkeit in der Berichtssymbolleiste
http://<Ihr Berichtsserver>/ReportServer?/AdventureWorks Sample Reports/Company Sales&rc:Zoom=Whole Page	Zeigt den Bericht *Company Sales* auf das Browserfenster angepasst an.
http://<Ihr Berichtsserver>/ReportServer?/AdventureWorks Sample Reports/Company Sales&rc:Zoom=200	Zeigt den Bericht *Company Sales* auf 200% vergrößert an

Tabelle 26.6 An diesen Beispielen sehen Sie, wie Sie den HTML-Viewer steuern können

Renderingerweiterungen steuern

Mit dem Parameter-Präfix rc: adressieren Sie direkt die Renderingerweiterung. Jede Renderingerweiterung unterstützt spezifische Parameter, die Sie aus der zugehörigen Dokumentation – für die mitgelieferten Erweiterungen also der Onlinehilfe – entnehmen.

In Tabelle 26.7 sind einige Beispiele für die mitgelieferten Renderingerweiterungen aufgeführt.

Der mit demselben Parameter-Präfix rc: adressierbare HTML-Viewer wird im Abschnitt »Steuerung des HTML-Viewers« weiter vorne in diesem Kapitel behandelt.

URL	Ergebnis
http://<Ihr Berichtsserver>/ReportServer?/ AdventureWorks Sample Reports/ Company Sales&rs:Format=IMAGE&rc:OutputFormat=JPEG	Rendert den Bericht *Company Sales* als Bild im JPEG-Format
http://<Ihr Berichtsserver>/ReportServer?/ AdventureWorks Sample Reports/ Company Sales&rs:Format=PDF&rc:MarginLeft=10cm	Rendert den Bericht *Company Sales* als PDF-Datei mit einem linken Rand von 10 cm
http://<Ihr Berichtsserver>/ReportServer?/ AdventureWorks Sample Reports/ Company Sales&rs:Format=CSV&rc:FieldDelimiter=;	Rendert den Bericht *Company Sales* als CSV-Datei mit einem Semikolon als Feldtrennzeichen
http://<Ihr Berichtsserver>/ReportServer?/ AdventureWorks Sample Reports/ Company Sales&rs:Format=XML&rc:Indented=true	Rendert den Bericht *Company Sales* als eingerückte XML-Datei

Tabelle 26.7 Diese Beispiel-URLs demonstrieren Ihnen, wie Sie Renderingerweiterungen steuern können

Anmeldung an der Datenquelle

Mit den Parameter-Präfixen dsu: und dsp: legen Sie den Benutzernamen und das Kennwort für die Anmeldung an der Datenquelle fest.

Gehen Sie folgendermaßen vor:

1. Überprüfen Sie, ob die Datenquelle darauf konfiguriert ist, Anmeldeinformationen anzufordern, indem Sie die Datenquelle, z.B. *AdventureWorks* im Ordner *Data Sources*, entweder
   - in Visual Studio öffnen und auf der Registerkarte *Anmeldeinformationen* die Option *Anmeldeinformationen anfordern* wählen oder
   - im Berichts-Manager öffnen und unter *Verbindung herstellen* die Option *Die Anmeldeinformationen, die der Benutzer bereitgestellt hat, der den Bericht ausführt* wählen.
2. Browsen Sie zur URL des Berichts, der diese Datenquelle verwendet, z.B. http://{Ihr Berichtsserver}/ReportServer?/AdventureWorks Sample Reports/Company Sales&dsu:AdventureWorks={Benutzername}&dsp:AdventureWorks={Kennwort}, wobei der Benutzer, der durch {Benutzername}und {Kennwort} ausgewiesen wird, natürlich die Berechtigung auf der Datenquelle haben muss, die für das Auslesen der Berichtsdaten erforderlich ist.

Der Bericht *Company Sales* wird gerendert, wobei sich der Berichtsserver an der *AdventureWorks*-Datenquelle mit dem Benutznamen {Benutzername}und dem Kennwort {Kennwort} anmeldet.

WICHTIG Wenn Sie die Einstellungen der zentralen *AdventureWorks Sample Reports*-Datenquelle *AdventureWorks* bei der Durchführung dieses Beispiels geändert haben, vergessen Sie nicht, diese nach Abschluss des Beispiels wieder zurückzustellen, damit die Beispielberichte wieder wie gewohnt funktionieren!

> **ACHTUNG** Bitte bedenken Sie, dass URLs im HTTP-Protokoll unverschlüsselt über das Netz übertragen werden. Wenn Sie also den Benutzernamen und das Kennwort mit einer dsu:/dsp:-Kombination als URL-Parameter übergeben, werden diese folglich auch unverschlüsselt übertragen.
>
> Dies stellt ein Sicherheitsrisiko dar, das Sie im Internet eher nicht und im Intranet nur nach reiflicher Überlegung eingehen sollten.

Portal-Integration

Die URL-Zugriffsfunktion ist ideal für die Integration in beliebige Websites, Webanwendungen, Portale und Informationssysteme geeignet, falls diese Webtechnologien unterstützen.

Hierfür müssen Sie in der Regel nicht viel mehr tun, als sich mit Hilfe der vorangegangene Abschnitte URLs für jeden Bericht, der aufgenommen werden soll, zusammenzustellen und mit der Zielanwendung zu verlinken.

Um sich auf die Kernfunktionalität, also die Reporting Services, zu konzentrieren, werden Sie im Folgenden von der kleinstmöglichen Portal-Konfiguration ausgehen. Das heißt konkret, Sie werden sich ein Portal mit Hilfe zweier kleiner HTML-Dateien bauen.

Zur Implementierung Ihres eigenen kleinen Mini-Portals gehen Sie folgendermaßen vor:

1. Erstellen Sie in Ihrem lokalen Dateisystem einen Ordner namens **RSMiniportal**.
2. Starten Sie den Texteditor Ihrer Wahl, z.B. über *Start/Alle Programme/Zubehör/Editor*.
3. Legen Sie eine neue Datei an, geben Sie den HTML-Code aus Listing 26.1 ein und speichern Sie diese unter dem Namen **Home.html**.

   In dem Code wird ein Frameset für die Navigationsliste und den Berichtsanzeigebereich definiert.

```html
<HTML>
    <HEAD>
        <TITLE>Reporting Services Miniportal</TITLE>
    </HEAD>
    <Frameset cols="23%,77%">
        <Frame name="links" src="Navigationsleiste.html">
        <Frame name="rechts">
    </Frameset>
</HTML>
```

Listing 26.1 HTML-Code Ihrer *Home.html*, der die Einstiegsseite Ihres Portals definiert

4. Erstellen Sie ebenso und im selben Ordner mit dem Code aus Listing 26.2 die Datei **Navigationsleiste.html**.

   Dort wird ein Link auf den Bericht *Company Sales* angeboten, in dem mit &rc:toolbar=false das Parameter zum Ausblenden der Berichtssymbolleiste gesetzt ist, sowie ein Link auf den Bericht *Employee Sales Summary*, bei dem zusätzlich noch die Berichtsparameter so gesetzt werden, dass die Daten für den Mitarbeiter Lynn Tsoflias für den Oktober 2004 angezeigt werden.

> **WICHTIG** Der HTML-Code setzt voraus, dass Ihr Berichtsserver lokal läuft. Sollte dies nicht der Fall sein, ersetzen Sie jeweils *localhost* durch den Namen Ihres Berichtsservers.

> **TIPP** Falls Sie andere Berichte verlinken möchten, ändern Sie entsprechend die URL im *href*-Attribut und den Namen zwischen den *A*-Tags.

```
<HTML>
    <HEAD>
        <TITLE>Berichte:</TITLE>
    </HEAD>
    <BODY>
        <h2>Willkommen im Reporting Services Miniportal!</h2><br>
        <h3>Wählen Sie einen Bericht:</h3><br>
        <A target="rechts"
            href="http://localhost/reportserver/?/AdventureWorks Sample Reports/
                Company Sales&rc:toolbar=false">
            Gesamtumsatz
        </A><br>
        <A target="rechts"
            href="http://localhost/ReportServer?/AdventureWorks Sample Reports/
                Employee Sales Summary&EmpID=290&ReportMonth=10&ReportYear=2004
                &rc:toolbar=false">
            Umsatz Lynn Tsoflias Oktober 2004
        </A>
    </BODY>
</HTML>
```

Listing 26.2 Im HTML-Code der *Navigationsleiste.html*-Datei wird auf zwei Berichte verlinkt

5. Öffnen Sie *Home.html* mit einem Browser und wählen Sie die Links in der Navigationsleiste. Es wird jeweils der betreffende Bericht angezeigt, wie in Abbildung 26.6 zu sehen.

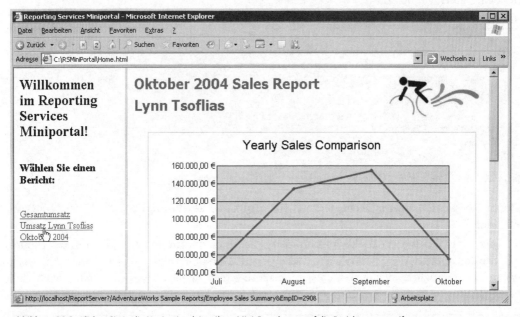

Abbildung 26.6 Klicken Sie in die Navigationsleiste Ihres Mini-Portals, um auf die Berichte zuzugreifen

Nachdem Sie nun einen ersten Einblick in die Steuerung der Reporting Services gewonnen haben, werden Sie im nächsten Kapitel mehr über Webdienste erfahren, um im übernächsten Kapitel über die Reporting Services Webservice die volle Kontrolle über alle Funktionen des Berichtsservers zu erlangen.

Kapitel 27

.NET-Webdienste

In diesem Kapitel:

Erstellen eines Webdienstes 434

Einbinden in eine Anwendung: Erstellen eines Webdienstclients 438

Wenn es nicht stimmt, ist es gut erfunden: Die Legende besagt, dass in einer großen Softwarefirma, in der viele Mitarbeiter auch als Buchautoren tätig waren, unter Letzteren folgender Wettbewerb herrschte: Noch vor dem ersten Morgenkaffee wurden im Netz die tagesaktuellen Bestsellerlisten befragt, welcher der schreibenden Kollegen aktuell am weitesten oben stehe.

Einer der Beteiligten empfand diese manuelle Vorgehensweise als seinem Berufsstand höchst unwürdig und schrieb ein kleines Programm, das diese Daten aus dem Netz abrief, daraus eine firmeninterne Bestsellerliste extrahierte und an seine Kollegen verteilte.

Diese waren zwar begeistert, dennoch machte dieses Programm seinem Schöpfer viel Kummer, denn der Internet-Buchhändler, der die Bestsellerlisten zur Verfügung stellte, dachte gar nicht daran, diese fortan im selben Format zur Verfügung zu stellen, sondern tat ständig so ärgerliche Dinge wie »Design ändern« und »Werbebanner austauschen«, was das Programm, das die wichtigen Informationen an einer mehr oder weniger festen Position im HTML-Quelltext erwartete, regelmäßig aus dem Takt brachte.

Der Zielkonflikt war schnell erkannt: Die Bestsellerliste war für den menschlichen, nicht für den maschinellen Adressaten konzipiert – und Ersterer erwartet Abwechslung, für Letzteren sollten Veränderungen möglichst vermieden werden. Die Lösung lag in der Erfindung des Webdienstes, der die Vorteile des Internets nutzt bzw. übernimmt und seine Nachteile vermeidet: Mit einem Webdienst lassen sich Informationen frei und grenzenlos austauschen, aber in einem festgelegten, klar definierten und damit auch über Systemgrenzen hinweg verstandenen Format.

Auch die Reporting Services arbeiten als Webdienst. Bevor Sie jedoch in Kapitel 28 lernen, die Reporting Services über die Webdienst-Schnittstelle zu steuern, werden Sie in diesem Kapitel einen eigenen Webdienst entwickeln.

Erstellen eines Webdienstes

Sie haben Ihrem Chef zwar im Kapitel 25 einen einfachen Altair-Dollar-Währungsrechner programmiert, aber dass Sie dabei eine feste Bindung an den Euro angenommen hatten, gefällt ihm nun nicht mehr – er will mehr Dynamik, und damit nicht genug: Kosmopolit, der er ist, will er jederzeit von jedem Ort der Welt den aktuellen Kurs abrufen können, damit er immer genau weiß, was sein Euro zur Stunde in Altair-Dollar wert ist. Auch ist es ihm wichtig, dass dieser Währungsrechner von allen anderen Anwendungen zugreifbar ist, also ausdrücklich auch solchen, die nicht auf Windows-Plattformen und schon gar nicht auf .NET basieren.

Sofort erkennen Sie: Für dieses Problem ist ein Webdienst die ideale Lösung, und Sie machen sich an die Arbeit:

1. Starten Sie Visual Studio und öffnen Sie mit *Datei/Neu/Website* das Dialogfeld *Neue Website*.
2. Wählen Sie, wie in Abbildung 27.1 zu sehen, als *Vorlage ASP.NET-Webdienst*. Wählen Sie aus der Dropdownliste hinter *Speicherort HTTP* und als zugehörigem Pfad **http://localhost/Waehrungsrechner-Webdienst**. Da Sie in diesem Beispiel *Visual Basic* als Sprache verwenden, belassen Sie die entsprechende Auswahl und klicken auf *OK*.

Erstellen eines Webdienstes

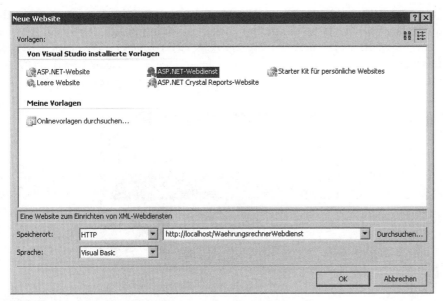

Abbildung 27.1 Beginnen Sie mit dem Erstellen Ihres Webdienstes

3. Beim Erstellen des Projekts generiert Visual Studio automatisch einen Webdienst mit dem fantasielosen Namen *Service.asmx*. Benennen Sie den im *Projektmappen-Explorer* befindlichen *Service.asmx* mit *Umbenennen* in dessen Kontextmenü in **Waehrungsrechner.asmx** um.

4. In der Codeansicht ändern Sie den Klassennamen, indem Sie Public Class Service durch Public Class **WaehrungsrechnerKlasse** ersetzen.

5. Öffnen Sie die Datei *Waehrungsrechner.asmx* aus dem *Projektmappen-Explorer*, in der eine Zeile Code steht, und benennen Sie die Eigenschaft des Tags Class von *Service* in **WaehrungsrechnerKlasse** um. Schließen Sie die Datei wieder und kehren Sie zur Codeansicht der Datei *Service.vb* zurück.

6. Hinter dem automatisch generierten Beispielcode (der eine HelloWorld-Funktion beinhaltet, die Sie ignorieren oder löschen können) fügen Sie den Code aus Listing 27.1 ein. In diesem erzeugt die Funktion ermittleKurs dynamisch einen Umrechnungskurs. Da Ihr Chef auf Ihre Frage nach einem Modell für die Kursemulation nur mit der Forderung nach »etwas Fantasie« reagiert, knüpfen Sie den Kurs kurzerhand an die Sekunden der Systemzeit. Die Funktion konvertiereWaehrung rechnet Euro in Abhängigkeit der ermittleKurs-Funktion in die fiktive Währung Altair-Dollar um. Dabei legt das Tag <WebMethod()> vor einer Public-Funktion fest, dass die Funktion als Teil des Webdienstes offen gelegt wird.

```
Private Function ermittleKurs() As Double
    Dim iSekunden As Int16
    iSekunden = System.DateTime.Now.Second()
    ermittleKurs = iSekunden + 1
End Function

<WebMethod()> _
Public Function konvertiereWaehrung(ByVal euro As Double)
    konvertiereWaehrung = euro / ermittleKurs()
End Function
```

Listing 27.1 Die Funktionen Ihres neuen Webdienstes

7. Um den Webdienst bereitzustellen und zu testen, wählen Sie *Debuggen/Debuggen Starten*. Visual Studio stellt zunächst den Webdienst bereit, startet diesen und kommuniziert mit ihm, indem es ein Browserfenster öffnet und auf dessen URL *http://localhost/WaehrungsrechnerWebdienst/Waehrungsrechner.asmx* zugreift. Ihr Webdienst liefert eine Liste aller von ihm angebotenen *Vorgänge*. Wie in Abbildung 27.2 zu sehen, handelt es sich dabei in diesem Fall um genau eine Funktion, nämlich Ihre *konvertiereWaehrung*.

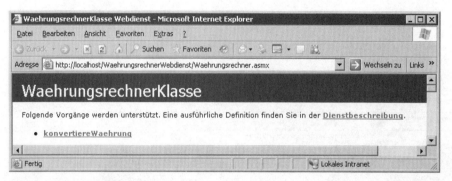

Abbildung 27.2 Ihr Webdienst meldet die von ihm unterstützen Vorgänge, sobald Sie ihn ohne Parameter aufrufen

8. Klicken Sie auf *konvertiereWaehrung*, um in die in Abbildung 27.3 gezeigte Ansicht zu gelangen. Im Absatz *Testen* tragen Sie unter *Wert* 15 ein.

ACHTUNG Die in diesem Beispiel verwendete Testen-Funktionalität steht nur dann zu Verfügung, wenn Sie lokal arbeiten. Wenn Sie Ihren Webdienst von einem anderen Rechner testen möchten, sollten Sie dazu einen Client verwenden, zum Beispiel den im folgenden Abschnitt beschriebenen.

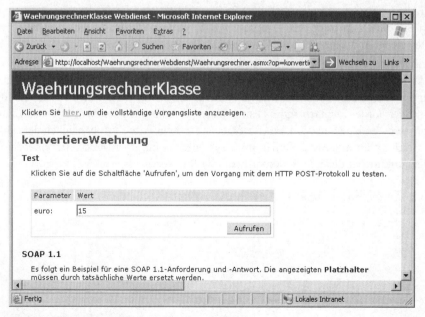

Abbildung 27.3 Testen Sie hier die Funktion Ihres Webdienstes

Erstellen eines Webdienstes

HINWEIS Wenn Sie als Parameter für die konvertiereWaehrung-Funktion eine ungültige Eingabe machen, z.B. einen Buchstaben statt einer Zahl eingeben, erhalten Sie eine Systemfehlermeldung.

Ihre Funktion sollte in der Praxis solche Fehler abfangen, damit Fehleingaben für den Benutzer auf Grund von falschen Datentypen oder Ähnlichem keine Unannehmlichkeiten zur Folge haben.

Informationen zum Abfangen von Fehlern finden Sie in der Dokumentation zu den .NET Framework-Bibliotheksklassen.

9. Ein Klick auf *Aufrufen* führt den *konvertiereWaehrung*-Vorgang Ihres Webdienstes aus und zeigt das von diesem im XML-Format zurückgelieferte Ergebnis in einem neuen Browser-Fenster (Abbildung 27.4).

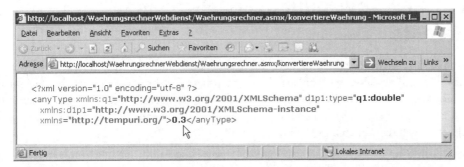

Abbildung 27.4 Ergebnis Ihres Testens mittels http-POST-Methode

Zugreifen auf Ihren Webdienst mit http-POST, SOAP und WSDL

Im Testfenster in Abbildung 27.3 wird in der unteren Hälfte das Format einer SOAP- und einer http-POST-Anfrage angezeigt. Die http-POST-Anfrage ist kürzer und für unseren einfachen Webdienst ausreichend, da die ausgetauschten Daten nicht sehr komplex sind und das Testen lokal stattfindet.

Im folgenden Abschnitt werden Sie die Kommunikation zwischen Client und Webdienst mittels des SOAP (Simple Object Access Protocol) abwickeln, welches es erlaubt, strukturierte und typisierte Informationen über das Internet mittels XML-basierten Standards auszutauschen. Auf diesem Wege versteht sich Ihr Webdienst auch mit Anwendungen, die nicht das .NET Framework oder noch nicht einmal eine Windows-Plattform einsetzen.

Um herauszufinden, was ein Webdienst leistet, kann eine Anwendung eine Dienstbeschreibung abrufen. Die hierfür verwendete standardisierte Beschreibungssprache ist die Web Services Description Language (WSDL). Diese definiert das Format der SOAP-Nachrichten, die Ihr Webdienst versteht und zurückliefert. Rufen Sie Ihren Webdienst mit dem Parameter WSDL auf (indem Sie entweder **http://localhost/ WaehrungsrechnerWebdienst/Waehrungsrechner.asmx?WSDL** aufrufen oder alternativ oben nach Schritt 7 auf den Link *Dienstbeschreibung* klicken), um die WSDL-Beschreibung Ihres Webdienstes zu sehen und so einen Eindruck von diesem XML-Dialekt zu erhalten.

Mit Hilfe der WSDL-Beschreibung ist eine Client-Anwendung in der Lage, erfolgreich mit dem Webdienst zu kommunizieren. Ein Client für Ihren Webdienst zum Beispiel legt seine Anfrage für die konvertiereWaehrung-Funktion in den so genannten »SOAP-Umschlag«, der vom Webdienst geöffnet und die Anfrage daraus gelesen wird. Die Antwort Ihres Webdienstes verpackt dieser analog in einen SOAP-Umschlag und schickt sie an den Client zurück.

> Das möglicherweise Schönste an diesem Procedere aber ist, dass Sie sich, so lange Sie mit Visual Studio arbeiten, eigentlich gar nicht darum zu kümmern brauchen, denn wie Sie im folgenden Abschnitt sehen werden, läuft die in diesem Kasten beschriebene Kommunikation völlig transparent, und Sie können einen Webdienst wie eine ganz normale Klasse verwenden!

Nachdem Sie nun dem Webdienst sozusagen unter die Motorhaube geguckt haben, werden wie Sie im folgenden Abschnitt lernen, Ihre konvertiereWaehrung-Funktion in einer Anwendung zu nutzen.

Einbinden in eine Anwendung: Erstellen eines Webdienstclients

Ihr Chef wirkt wenig enthusiastisch, als Sie ihm stolz Ihren Webdienst vorführen und nuschelt etwas von »kryptischem Code«. Obwohl er dabei die Wohlstrukturiertheit dieses Codes verkennt, müssen Sie ehrlicherweise zugeben: Ein klein wenig mehr Komfort kann er schon erwarten! Also bauen Sie einen Client für den Webdienst, in dem der Benutzer Werte eingibt, die der Client an den Webdienst weitergibt, der daraus ein Ergebnis berechnet und an den Client zurückgibt.

Sie fügen dazu Ihrer Projektmappe eine einfache Windows-Anwendung hinzu, die auf Knopfdruck einen Geldbetrag als Wert fordert und diesen nach dem aktuellen Kurs umgerechnet zurückgibt:

1. Sofern noch nicht geschehen, stoppen Sie Ihren Webdienst über *Debuggen/Debuggen beenden*.
2. Um dem Projektmappen-Explorer ein weiteres Projekt hinzuzufügen, klicken Sie auf *Datei/Hinzufügen/ Neues Projekt*.
3. Wählen Sie aus den Projekttypen *Visual Basic-Projekte* die Projektvorlage *Windows-Anwendung* aus und nennen Sie diese **Webdienstclient**. Klicken Sie auf *OK*.
4. Das Projekt wird angelegt und der *Entwurf* von *Form1* angezeigt. Dies ist das automatisch generierte erste Windows Form Ihrer Anwendung. Stellen Sie sicher, dass sich im Toolbox-Fenster die Registerkarte *Windows Forms* im Vordergrund befindet und ziehen Sie von dort eine Befehlsschaltfläche (Button) auf Ihre Windows-Form.
5. Um die Befehlsschaltfläche sinnvoll zu beschriften, stellen Sie sicher, dass diese markiert ist und tragen Sie im Eigenschaftenfenster in die *Text*-Eigenschaft **Webdienstclient ausführen** ein, wie in Abbildung 27.5 zu sehen.
6. Damit Sie den Webdienst nutzen können, benötigen Sie einen Verweis auf denselben. Klicken Sie dazu im Kontextmenü des Webdienstclient-Projektes auf *Webverweis hinzufügen*.
7. Es erscheint das Dialogfeld *Webverweis hinzufügen*, mit dessen Hilfe Sie nach Webdiensten suchen oder dessen URL direkt eingeben können. Somit können Sie, egal wo Sie sich auf der Welt befinden, diesen Webdienst benutzen. Eher zufällig läuft Ihr Beispiel lokal, daher wählen Sie *Webdienste auf dem lokalen Computer*, klicken nachfolgend auf *Waehrungsrechner* und tragen als *Webverweisname* **WaehrungsrechnerWebdienst** ein (Abbildung 27.6).

Einbinden in eine Anwendung: Erstellen eines Webdienstclients

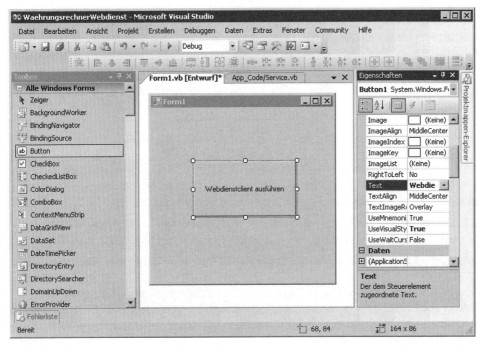

Abbildung 27.5 Erstellen Sie einen Client für Ihren Webdienst

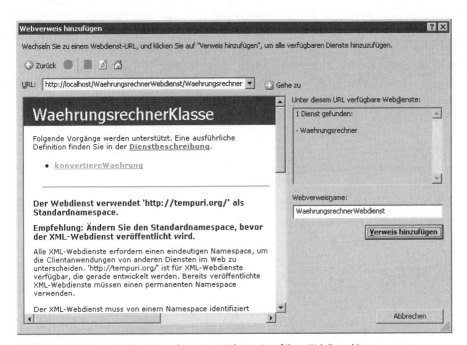

Abbildung 27.6 Fügen Sie Ihrer Anwendung einen Webverweis auf Ihren Webdienst hinzu

TIPP Ein Webdienst wird in der Praxis sicherlich eher über das Netzwerk als lokal verwendet. Damit Sie den hier erstellten Client innerhalb Ihres Netzwerkes oder gar über das Internet nutzen können, sollten Sie beim Hinzufügen des Webverweises im URL-Feld den Eintrag »localhost« durch den Namen Ihres Servers ersetzen.

Dann können Sie den Client von jedem Rechner aus nutzen, der eine Netzwerkverbindung zu Ihrem Webdienst-Server hat – dazu müssen Sie nichts weiter tun, als die in diesem Beispiel erzeugte Exe-Datei auf dem betreffenden Rechner zu kopieren und dort auszuführen!

8. Ein Klick auf *Verweis hinzufügen* erzeugt einen Verweis auf Ihren Webdienstclient.

HINWEIS Mit dem Hinzufügen des Webverweises erstellt Visual Studio automatisch eine Proxyklasse, die alle Informationen in XML-Elementen überträgt und diese mit Hilfe von SOAP über ein Netzwerk sendet. Sie finden die Definition dieser Klasse in der Datei *References.vb*, die in einem Unterverzeichnis Ihres Projektverzeichnisses liegt.

Diese Proxyklasse arbeitet völlig transparent, d.h. aus der Perspektive Ihrer Anwendung ist sie unsichtbar insofern, als dass sie den Webdienst so repräsentiert, dass Ihre Anwendung damit arbeiten kann, als handele es sich um eine lokale Klasse.

Wie diese von der Proxyklasse abgewickelte Kommunikation funktioniert, erfahren Sie im Kasten weiter oben in diesem Kapitel.

9. Mit einem Doppelklick auf die Schaltfläche *Webdienstclient ausführen* gelangen Sie in den Code-Editor, wo Sie den Code aus Listing 27.2 in die Methode Button1_Click einfügen. Dort wird Ihr Webdienst (bzw. dessen Proxyklasse) instanziert, ein Euro-Betrag vom Benutzer erfragt, mit Hilfe Ihres Webdienstes in Altair-Dollar umgerechnet und angezeigt.

```
Dim wd As New WaehrungsrechnerWebdienst.WaehrungsrechnerKlasse
Dim dEuro As Double = InputBox("Geben Sie den Betrag in Euro an:", _
    "Waehrungsrechner")
Dim dAltair As Double = wd.konvertiereWaehrung(dEuro)
MessageBox.Show(String.Format("{0:C} entsprechen {1:0.00}", dEuro, _
    dAltair) + " Altair-Dollar", "Ergebnis Ihrer Währungsumrechnung")
```

Listing 27.2 Code zum Aufruf Ihres Webdiensts

10. Um dafür zu sorgen, dass Ihr Client (und nicht mehr der Webdienst) beim Ausführen des Projekts gestartet wird, klicken Sie im Kontextmenü des *Webdienstclient*-Projektes auf *Als Startprojekt festlegen*.
11. Starten Sie Ihren Client, indem Sie *Debuggen/Starten* wählen. Ihr Formular wird als eigenständige Anwendung angezeigt.
12. Klicken Sie auf die Schaltfläche *Webdienstclient ausführen*, geben Sie eine Zahl in die darauf folgende Eingabeaufforderung des Dialogfeldes ein, klicken auf *OK* et voilà: Sie erhalten ein Meldungsfeld mit dem Ergebnis wie in Abbildung 27.7 zu erkennen.

Abbildung 27.7 Dieses (von der Systemzeit abhängige) Ergebnis wurde mit Ihrem Webdienst berechnet

Sie haben erfolgreich einen Webdienst mit zugehörigem Webdienstclient erstellt. Sofern Sie beim Einfügen des Webverweises den vollen Rechnernamen (und nicht nur »localhost«) verwendet haben, können Sie den Client von jedem beliebigen anderen Rechner aus nutzen. Einzige Voraussetzung ist eine Netzwerkverbindung, die –

Einbinden in eine Anwendung: Erstellen eines Webdienstclients

wie der Name »Webdienst« schon vermuten lässt – durchaus auch über das Internet laufen kann. Und damit ist Ihr Chef sogar schon auf den Tag vorbereitet, an dem es eine Internetverbindung zum Altair-System gibt!

Einen Webdienst aus dem Internet nutzen: Täglich ein frisches Dilbert-Comic

Wenn Sie einen Webdienst nutzen möchten, der tatsächlich im Internet steht, und sich dabei noch ein wenig Spaß am Rande gönnen wollen, probieren Sie den Dilbert-Webdienst aus!

Hierzu erstellen Sie, analog zu dem in diesem Abschnitt weiter oben beschriebenen Vorgehen, als Dilbert-Client ein neues Windows-Anwendung-Projekt mit einem Webverweis auf *http://www.esynaps.com/Web-Services/DailyDilbert.asmx*, dem Sie den Webverweisnamen **Dilbert** geben. Wechseln Sie per Doppelklick auf das leere *Form1* in die Codeansicht, ergänzen Sie den Form1_Load-Code wie in Listing 27.3 und starten Sie das Projekt mit F5, um ein Fenster mit dem aktuellen Comic zu erhalten (Abbildung 27.8). Wiederholen Sie dies ggf. täglich.

```
Private Sub Form1_Load(ByVal sender As System.Object, ByVal e As System.EventArgs) _
        Handles MyBase.Load
    ' Dilbert-Webdienst instanziieren
    Dim dilbertWS As New Dilbert.DailyDilbert
    ' image-Daten vom Webdienst holen
    Dim imageData As Byte() = dilbertWS.DailyDilbertImage()
    ' Stream auf Basis der image-Daten erzeugen
    Dim stream As System.IO.MemoryStream = New System.IO.MemoryStream(imageData)
    ' Bitmap auf Basis der Streams erzeugen und Stream schließen
    Dim bmp As Bitmap = New Bitmap(stream)
    stream.Close()
    ' -- Picturebox erzeugen, mit unserer Bitmap füllen und unserem Form hinzufügen
    Dim box As PictureBox = New PictureBox
    box.Image = bmp
    box.Height = bmp.Height
    box.Width = bmp.Width
    Me.Controls.Add(box)
    ' -- Größe des Forms an die Picturebox anpassen
    Me.Height = bmp.Height
    Me.Width = bmp.Width
    Me.Text = "Daily Dilbert Comic"
End Sub
```

Listing 27.3 Mit diesem Code können Sie den täglichen Dilbert-Comic-Webdienst abrufen

Abbildung 27.8 Der Dilbert-Webservice liefert täglich ein neues Dilbert-Comic

Nachdem Sie nun die Vorteile von Webdiensten schätzen gelernt haben, wird es Sie sicherlich freuen, dass auch die Reporting Services in ihrer vollen Funktionalität als Webdienst ansprechbar sind – worüber Sie im folgenden Kapitel mehr erfahren.

Kapitel 28
Reporting Services als Webdienst einbinden

In diesem Kapitel:

Die Methoden — 444

Bericht aus Anwendung rendern — 449

Die volle Funktionalität der Reporting Services lässt sich über deren Webdienst-Schnittstelle nutzen, den so genannten Reporting Services Web Service. Über diesen können Ihre Anwendungen also z.B. Berichte anzeigen, administrieren und erstellen, aber auch Benutzer anlegen, Berechtigungen erteilen usw. Eine gute Demonstration der Möglichkeiten ist der Berichts-Manager, der ebenfalls über diese Schnittstelle arbeitet.

Damit ist eine einfache Integration in neue oder vorhandene Anwendungen möglich – einzige Voraussetzung hierfür ist eine Webdienst-Unterstützung, die Bestandteil praktisch aller modernen Entwicklungsumgebungen (keineswegs nur auf Windows-Plattformen) ist.

Die API, deren SOAP-Endpunkte als Webdienst zur Verfügung stehen, ist auch Grundlage für die Verarbeitung der Skriptdateien, die Sie in Kapitel 29 kennen lernen werden. Daher sind die Methoden von Webdienst und Skriptdateien nahezu identisch.

Im vorherigen Kapitel 27 haben Sie selbst einen .NET-Webdienst implementiert und in einer eigens entwickelten Anwendung genutzt. Im Folgenden werden Sie die Webdienstschnittstelle der Reporting Services für sich einbinden.

Die Methoden

Da Sie über die Webdienst-Schnittstelle auf die volle Funktionalität der Reporting Services zugreifen können, ist die Liste der Methoden, die in diesem Abschnitt vorgestellt werden, sehr umfangreich: Die Liste stellt im Grunde eine Beschreibung des gesamten Berichtsservers dar.

Die Webdienst-Schnittstelle der Reporting Services bietet zwei Endpunkte an. Zum einen den Managementendpunkt (Management Endpoint) und zum anderen den Ausführungsendpunkt (Execution Endpoint).

Der Managementendpunkt erlaubt es Entwicklern, Objekte eines Berichtsservers programmatisch zu administrieren. Die zugehörigen Methoden sind in der Klasse namens *ReportingService2005* gekapselt.

Der Ausführungsendpunkt enthält Klassen und Methoden, die es ermöglichen, das Ausführen und Rendern von Berichten einfach zu kontrollieren. Diese Methoden sind in der Klasse *ReportExecutionService* gekapselt.

Des Weiteren steht der Webservice der Vorgängerversion zur Verfügung, die eine Umprogrammierung von Skripts, Anwendungen oder Ähnliches, die für die alte Version des Berichtsservers geschrieben wurden, unnötig macht. Die Klasse *ReportingService* kapselt auch in der jetzigen Version die Methoden für Ihre vorangegangenen Berichtsserverprogrammierungen.

Die exakte Beschreibung der Funktionsweise jeder einzelnen Methode würde den Rahmen dieses Buches sprengen. Daher sind im Folgenden die Methoden nur kurz umrissen. Für ein näheres Verständnis der zugrunde liegenden Funktionalität sollten Sie das Kapitel, auf das jeweils verwiesen wird, zu Rate ziehen, für genauere Informationen zur Verwendung die Onlinehilfe zu der jeweiligen Methode.

Methoden für Rendering und Ausführung

Mit den Methoden aus Tabelle 28.1 können Sie Berichtsausführung, -rendering und -caching steuern.

Mehr Informationen zum Thema »Ausführung« erhalten Sie in Kapitel 18, mehr zum Thema Berichtsserver-Optionen in Kapitel 15.

Die Methoden

Methode	Beschreibung
FlushCache	Entfernt einen einzelnen Bericht aus dem Cache
GetCacheOptions	Gibt die Cachekonfiguration eines Berichts zurück sowie die Einstellung, wann die im Cache gespeicherte Kopie des Berichts abläuft
GetExecutionOptions	Gibt die Ausführungsoptionen und die damit zusammenhängenden Einstellungen für einen einzelnen Bericht zurück
GetRenderResource	Gibt den Inhalt einer Ressource zurück
Render	Führt den angegebenen Bericht aus und rendert ihn in einem eingestellten Format
RenderStream	Gibt einen Stream von einem gerenderten Bericht zurück
SetCacheOptions	Konfiguriert das Caching für einen Bericht und bestimmt, wann eine Berichtkopie im Cache abläuft
SetExecutionOptions	Legt die Ausführungsoptionen und -eigenschaften für einen Bericht fest
UpdateReportExecutionSnapshot	Erstellt einen Snapshot von einem Bericht

Tabelle 28.1 Mit diesen Methoden können Sie rendern und ausführen sowie die zugehörigen Optionen einstellen

Methoden für Berichtsparameter

Mit den Methoden aus Tabelle 28.2 können Sie Berichtsparameter setzen und auslesen.

Mehr zum Thema »Berichtsparameter« finden Sie in Kapitel 12.

Methode	Beschreibung
GetReportParameters	Gibt die Parameter eines Berichts zurück
SetReportParameters	Setzt die Parameterwerte für den spezifizierten Bericht

Tabelle 28.2 Über diese Methoden arbeiten Sie mit Berichtsparametern

Methoden für Datenquellen und Verbindungen

Mit Hilfe der Methoden aus Tabelle 28.3 arbeiten Sie mit Datenquellen, Verbindungen und den zugehörigen Anmeldeinformationen.

Mehr Informationen zum Thema »Datenquellen« finden Sie in Kapitel 17.

Methode	Beschreibung
CreateDataSource	Erstellt eine neue Datenquelle in der Berichtsserverdatenbank
DisableDataSource	Deaktiviert eine Datenquelle
EnableDataSource	Aktiviert eine Datenquelle
GetDataSourceContents	Gibt die Inhalte einer Datenquelle zurück

Tabelle 28.3 Mit diesen Methoden verwalten Sie Datenquellen und Verbindungen

Methode	Beschreibung
GetReportDataSourcePrompts	Gibt den Text, mit dem der Benutzer zur Eingabe einer Authentifizierung aufgefordert wird, für jede Datenquelle zurück, die im Bericht verwendet wird
GetReportDataSources	Gibt die Eigenschaften der im Bericht verwendeten Datenquellen zurück
ListDependentItems	Gibt eine Liste aller Elemente zurück, die mit einem bestimmten Element der Berichtsserverdatenbank verknüpft sind
SetDataSourceContents	Legt die Inhalte einer Datenquelle fest
SetReportDataSources	Legt die Eigenschaften der im Bericht verwendeten Datenquellen fest

Tabelle 28.3 Mit diesen Methoden verwalten Sie Datenquellen und Verbindungen *(Fortsetzung)*

Methoden für Abonnements

Mit den Methoden aus Tabelle 28.4 arbeiten Sie mit Abonnements.

Mehr Informationen zum Thema »Abonnements« finden Sie in Kapitel 22.

Methode	Funktion
CreateDataDrivenSubscription	Erstellt ein datengesteuertes Abonnement für den spezifizierten Bericht
GetDataDrivenSubscriptionProperties	Gibt die Eigenschaften eines datengesteuerten Abonnements zurück
CreateSubscription	Fügt ein Abonnement zur Berichtsserverdatenbank hinzu
DeleteSubscription	Entfernt ein Abonnement aus der Berichtsserverdatenbank
GetSubscriptionProperties	Gibt die Eigenschaften eines Abonnements zurück
ListSubscriptions	Gibt die Liste der Abonnements zurück
PrepareQuery	Gibt ein Dataset zurück, das die Felder enthält, die von der Abonnementabfrage eines datengesteuerten Abonnements abgerufen wurden
SetDataDrivenSubscriptionProperties	Legt die Eigenschaftswerte eines datengesteuerten Abonnements fest
SetSubscriptionProperties	Legt die Eigenschaftswerte eines Abonnements fest

Tabelle 28.4 Mit diesen Methoden verwalten Sie Abonnements und Bereitstellung

Methoden für Berechtigungen, Rollen und Richtlinien

Über die Methoden aus Tabelle 28.5 können Sie mit Aufgaben, Rollen und Richtlinien arbeiten.

Mehr Informationen zum Thema »Sicherheit« finden Sie in Kapitel 16.

Methode	Beschreibung
CreateRole	Fügt der Berichtsserverdatenbank eine neue Rolle hinzu
DeleteRole	Entfernt eine Rolle aus der Berichtsserverdatenbank

Tabelle 28.5 Mit diesen Methoden bearbeiten Sie Aufgaben, Rollen und Richtlinien

Methode	Beschreibung
GetPermissions	Gibt die Benutzerrechte zurück, die einem bestimmten Element in der Berichtsserverdatenbank zugeordnet sind
GetPolicies	Gibt die Richtlinien zurück, die einem bestimmten Element in der Berichtsserverdatenbank zugeordnet sind
GetRoleProperties	Gibt Metadateneigenschaften einer Rolle und eine Auflistung der zugeordneten Aufgaben zurück
GetSystemPermissions	Gibt die Systemrechte des Benutzers zurück
GetSystemPolicies	Gibt die Systemrichtlinien einschließlich Gruppen und Rollen, denen sie zugeordnet sind, zurück
InheritParentSecurity	Löscht die Richtlinien, welche einem bestimmten Element in der Berichtsserverdatenbank zugeordnet sind und setzt die Sicherheitsrichtlinien auf die des ihm übergeordneten Elements fest
ListRoles	Gibt Namen und Beschreibungen der Rollen zurück, die vom Berichtsserver verwaltet werden
ListSecureMethods	Gibt eine Liste von Simple Object Access Protocol (SOAP)-Methoden zurück, welche bei Aufruf eine sichere Verbindung benötigen. Die *SecureConnectionLevel*-Einstellung wird vom Berichtsserver genutzt, um festzulegen, welche Methoden zurückgegeben werden.
ListTasks	Gibt Namen und Beschreibungen von Aufgaben zurück, welche vom Berichtsserver verwaltet werden
SetPolicies	Legt die Richtlinien fest, die einem bestimmten Element in der Berichtsserverdatenbank zugeordnet sind
SetRoleProperties	Legt Metadateneigenschaften einer Rolle fest und ordnet einer Rolle einen Satz Aufgaben zu
SetSystemPolicies	Legt die Systemrichtlinien fest, die Gruppen und ihre zugeordneten Rollen definieren

Tabelle 28.5 Mit diesen Methoden bearbeiten Sie Aufgaben, Rollen und Richtlinien *(Fortsetzung)*

Methoden für den Berichtsverlauf und Snapshots

Mit den Methoden aus Tabelle 28.6 können Sie den Berichtsverlauf und Snapshots bearbeiten. Mehr Informationen zu diesen Themen finden Sie in Kapitel 20.

Methode	Beschreibung
CreateReportHistorySnapshot	Generiert einen Snapshot vom übergebenen Bericht
DeleteReportHistorySnapshot	Entfernt einen Snapshot vom übergebenen Bericht
GetReportHistoryLimit	Gibt das Snapshot-Limit des spezifizierten Berichtes zurück
GetReportHistoryOptions	Gibt die Snapshot-Einstellungen eines Berichts zurück
ListReportHistory	Gibt die Liste der Snapshots des Verlaufs eines Berichts zurück
SetReportHistoryLimit	Legt fest, wie viele Snapshots eines Berichtes der Berichtsserver aufbewahrt, bevor er sie aus der Berichtsserverdatenbank löscht
SetReportHistoryOptions	Legt die Eigenschaft eines Berichtes fest, die angibt, wann ein Snapshot erstellt wird

Tabelle 28.6 Mit diesen Methoden verwalten Sie den Berichtsverlauf und Snapshots

Methoden zur Verwaltung des Berichtsserver-Namespace

Mit den Methoden aus Tabelle 28.7 verwalten Sie den Berichtsserver-Namespace, also Berichte, Ordner und Ressourcen.

Mehr zu diesen Themen finden Sie in Kapitel 15.

Methode	Funktion
CancelBatch	Bricht eine Stapelverarbeitung ab, die von einem Aufruf der CreateBatch-Methode initiiert wurde
CancelJob	Bricht die Ausführung einer Aufgabe ab
CreateBatch	Erstellt eine Stapelverarbeitung, die mehrere Methoden innerhalb einer Transaktion ausführt
CreateFolder	Fügt der Berichtsserverdatenbank einen Ordner hinzu
CreateReport	Fügt der Berichtsserverdatenbank einen neuen Bericht hinzu
CreateResource	Fügt der Berichtsserverdatenbank eine neue Ressource hinzu
DeleteItem	Entfernt ein Element aus der Berichtsserverdatenbank
ExecuteBatch	Führt alle Methoden, die zu einer Stapelverarbeitung gehören, in einer einzigen Transaktion aus
FindItems	Gibt die Elemente zurück, die mit den in einer Berichtsserverdatenbanksuche spezifizierten Suchkriterien übereinstimmen
FireEvent	Löst ein Ereignis basierend auf den gegebenen Parametern aus
GetItemType	Gibt den Typ eines Elementes in der Berichtsserverdatenbank zurück, wenn das Element existiert
GetProperties	Gibt die Werte einer oder mehrerer Eigenschaften eines Elementes in der Berichtsserverdatenbank zurück
GetReportDefinition	Gibt die Berichtsdefinition eines Berichts zurück
GetResourceContents	Gibt die Inhalte der spezifizierten Ressource zurück
GetSystemProperties	Gibt eine oder mehrere Systemeigenschaften zurück
ListChildren	Gibt die Liste der Berichtsserverelemente zurück, die unter einem spezifizierten Element angeordnet sind
ListEvents	Gibt die Liste der vom Berichtsserver unterstützten Ereignisse zurück
ListJobs	Gibt die Liste der Aufgaben zurück, die auf dem Berichtsserver ausgeführt werden
ListExtensions	Gibt die Liste der Erweiterungen zurück, die für den übergebenen Erweiterungstyp konfiguriert sind
MoveItem	Verschiebt ein Element oder benennt es um
SetProperties	Legt eine oder mehrere Eigenschaften eines Elementes in der Berichtsserverdatenbank fest
SetReportDefinition	Legt die Berichtsdefinition für einen Bericht in der Berichtsserverdatenbank fest
SetResourceContents	Legt den Inhalt einer Ressource fest
SetSystemProperties	Legt eine oder mehrere Systemeigenschaften fest
ValidateExtensionSettings	Prüft Erweiterungseinstellungen auf Gültigkeit

Tabelle 28.7 Mit diesen Methoden verwalten Sie den Berichtsserver-Namespace

Methoden für freigegebene Zeitpläne

Mit den Methoden aus Tabelle 28.8 verwalten Sie freigegebene Zeitpläne.

Mehr Informationen zum Thema freigegebene Zeitpläne erhalten Sie in Kapitel 20.

Methode	Beschreibung
CreateSchedule	Erstellt einen neuen freigegebenen Zeitplan
DeleteSchedule	Löscht den freigegebenen Zeitplan mit der übergebenen Zeitplan-ID
GetScheduleProperties	Gibt die Werte von Eigenschaften eines freigegebenen Zeitplans zurück
ListScheduledReports	Gibt die Liste der Berichte zurück, die mit einem freigegebenen Zeitplan verbunden sind
ListSchedules	Gibt die Liste aller freigegebenen Zeitpläne zurück
PauseSchedule	Hält die Ausführung des übergebenen Zeitplans an
ResumeSchedule	Setzt den freigegebenen Zeitplan fort, der vorher angehalten wurde
SetScheduleProperties	Legt die Eigenschaftswerte eines freigegebenen Zeitplans fest

Tabelle 28.8 Mit diesen Methoden verwalten Sie freigegebene Zeitpläne

Methoden für verknüpfte Berichte

Mit den Methoden aus Tabelle 28.9 können Sie verknüpfte Berichte erzeugen und managen.

Mehr Informationen zum Thema verknüpfte Berichte finden Sie in Kapitel 15.

Methode	Beschreibung
CreateLinkedReport	Fügt einen neuen verknüpften Bericht zur Berichtsserverdatenbank hinzu
GetReportLink	Gibt den Namen des Berichts zurück, der für die Berichtsdefinition des verknüpften Berichtes benutzt wird
ListDependentItems	Gibt die Liste von Berichten zurück, die mit einem bestimmten Bericht verknüpft sind
SetReportLink	Legt den Bericht fest, der für die Berichtsdefinition eines verknüpften Berichtes benutzt wird

Tabelle 28.9 Über diese Methoden arbeiten Sie mit verknüpften Berichten

Bericht aus Anwendung rendern

In praktisch jeder Anwendung, die Sie programmieren, werden Sie einen Bericht rendern wollen, denn schließlich handelt es sich dabei um die Kernfunktionalität der Reporting Services.

Selbstverständlich möchten Sie Ihren Anwendern dabei ersparen, dass diese mit irgendeiner Benutzeroberfläche der Reporting Services konfrontiert sind, mit anderen Worten: Sie möchten, dass die Funktionalitäten der Reporting Services vom Anwender als Bestandteil Ihrer Anwendung wahrgenommen werden.

Um eine Windows-Anwendung zu schreiben, die per Mausklick einen Bericht rendert, gehen Sie folgendermaßen vor:

1. Starten Sie Visual Studio und öffnen Sie über den Menübefehl *Datei/Neu/Projekt* das Dialogfeld *Neues Projekt*.
2. Wählen Sie, wie in Abbildung 28.1 zu sehen, *Visual Basic* als Projekttyp und *Windows-Anwendung* als *Vorlage* sowie einen geeigneten *Speicherort*, geben Sie als *Namen* **BerichtRendern** ein und legen Sie das Projekt mit *OK* an.

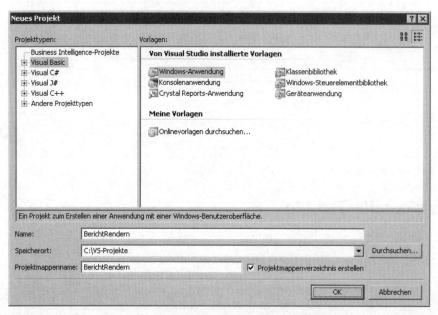

Abbildung 28.1 Legen Sie hier Ihr *BerichtRendern*-Projekt als neue Visual Basic-Windows-Anwendung an

3. Um mit Ihrem Berichtsserver arbeiten zu können, müssen Sie einen Webverweis auf diesen setzen. Rufen Sie dazu den Menübefehl *Projekt/Webverweis hinzufügen* auf, um das gleichnamige Dialogfeld zu öffnen (Abbildung 28.2).
4. Tragen Sie entweder direkt als URL **http://localhost/ReportServer/ReportExecution2005.asmx** ein oder klicken Sie sich diesen Eintrag über den Link *Webdienste auf dem lokalen Computer* zusammen, um auf den Ausführungsendpunkt des Berichtsserverwebdienstes zu verweisen.
5. Tragen Sie als *Webverweisnamen* **MeinBerichtsserver** ein und klicken Sie auf *Verweis hinzufügen*.

Bericht aus Anwendung rendern

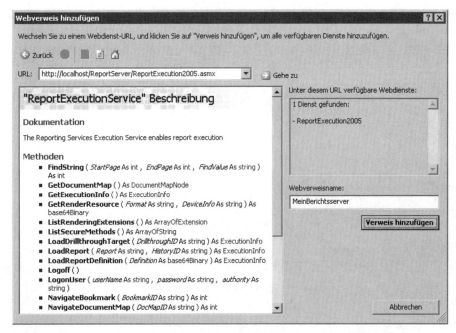

Abbildung 28.2 Fügen Sie hier einen Verweis auf Ihren Berichtsserver hinzu, um diesen zu steuern

6. Bestücken Sie Ihre Form mit Steuerelementen wie in Abbildung 28.3 zu sehen, indem Sie aus der *Toolbox* zwei *Label*-Steuerelemente, zwei *Textfeld*-Steuerelemente und eine Schaltfläche auf *Form1* ziehen.

Abbildung 28.3 Gestalten Sie so die Benutzeroberfläche für Ihre *BerichtRendern*-Anwendung

7. Setzen Sie die *Eigenschaften* Ihrer Steuerelemente, wie in Tabelle 28.10 angegeben. Wichtig für das Funktionieren der Anwendung sind die fett gedruckten Einträge, alle anderen sind optional, erhöhen aber die Wartbarkeit, die Verständlichkeit und den Komfort der Anwendung.

Name	Neuer Name	Text-Eigenschaft
Form1	frmBerichtAlsExcelRendern	Bericht als Excel-Datei rendern
Label1	lbBerichtsname	Berichtsname (mit Pfad):
Label2	lblAusgabedateiname	Ausgabedateiname:
TextBox1	**txtBerichtsName**	/SampleReports/Company Sales
TextBox2	**txtAusgabedateiname**	C:\Company Sales.xls
Button1	**btnRender**	Bericht rendern

Tabelle 28.10 Setzen Sie so die Eigenschaften der Steuerelemente Ihrer *Bericht als Excel-Datei rendern*-Anwendung

8. Um den Code in der Code-Ansicht einzugeben, doppelklicken Sie auf die Schaltfläche *Bericht rendern* und geben Sie den Code aus Listing 28.1 ein. Dort wird der Berichtsserver instanziiert, der Bericht gerendert und der Stream, der von der Render-Methode zurückgegeben wird, als Datei geschrieben. Beachten Sie, dass das eigentliche Rendern mit einem einzigen Methodenaufruf erledigt ist!

```
Private Sub btnRender_Click(ByVal sender As System.Object, _
    ByVal e As System.EventArgs) Handles btnRender.Click
    ' während des Renderns Sanduhr anzeigen
    Windows.Forms.Cursor.Current = Cursors.WaitCursor

    ' Berichtsserver instanziieren
    Dim rs As New MeinBerichtsserver.ReportExecutionService
    ' Instanz für Ausführungseigenschaften
    Dim execInfo As New MeinBerichtsserver.ExecutionInfo
    ' Standardberechtigungen einstellen
    rs.Credentials = System.Net.CredentialCache.DefaultCredentials

    ' Den Bericht in die Ausführungseigenschaften laden
    execInfo = rs.LoadReport(txtBerichtsName.Text, Nothing)

    ' Bytearray zur Zwischenspeicherung des gerenderten Berichts
    Dim results() As [Byte]

    ' Bericht rendern
    results = rs.Render("EXCEL" _
        , "", "", "", "", Nothing, Nothing)

    ' Datei für Excel-File erzeugen und als Stream öffnen
    Dim stream As System.IO.FileStream = _
        System.IO.File.OpenWrite(txtAusgabedateiname.Text)
    ' Datei schreiben und schließen
    stream.Write(results, 0, results.Length)
    stream.Close()

    ' Sanduhr ausblenden
    Windows.Forms.Cursor.Current = Cursors.Default
End Sub
```

Listing 28.1 Mit diesem Code rendern Sie den Bericht als Excel-Datei

9. Starten Sie über den Menübefehl *Debuggen/Starten* Ihr neues Programm, das sich wie in Abbildung 28.4 melden sollte.

Abbildung 28.4 *Bericht als Excel-Datei rendern*-Anwendung zur Laufzeit

10. Sofern gewünscht, ändern Sie die Einträge in *Berichtsname* und *Ausgabedateiname*.
11. Klicken Sie auf die Schaltfläche *Bericht rendern*. Warten Sie, bis der Bericht fertig gerendert ist. Dies erkennen Sie daran, dass anstelle der Sanduhr wieder der normale Mauszeiger zu sehen ist.
12. Starten Sie den Windows-Explorer und öffnen Sie die zuvor unter *Ausgabedateiname* angegebene Datei per Doppelklick, wodurch diese in Excel geöffnet wird und aussehen sollte wie in Abbildung 28.5.

Bericht aus Anwendung rendern

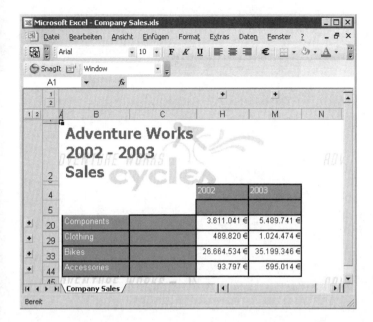

Abbildung 28.5 So sieht die von Ihrer Anwendung per Mausklick gerenderte Excel-Datei aus

Sie haben gesehen, wie Sie mit einem einzigen Methodenaufruf eine vollständige Render-Funktionalität implementieren können, mit deren Programmierung »von Hand« Sie leicht Wochen oder gar Monate verbringen könnten.

Beachten Sie bitte, dass das Programmieren der Reporting Services in Visual Basic 2005 zwar sehr bequem, dessen Einsatz aber keineswegs Bedingung ist. Sie können Reporting Services von jeder Umgebung, die in der Lage ist, auf Webdienste zuzugreifen, genauso einfach steuern!

Nachdem Sie in diesem Kapitel gelernt haben, wie Sie die Reporting Services von Anwendungen aus steuern, werden Sie im folgenden Kapitel sehen, wie Sie diese Steuerung mit nahezu identischem Funktionsumfang über einfache Skripts durchführen können.

Kapitel 29

Aufgaben automatisieren mit Reporting Services-Skriptdateien

In diesem Kapitel:

Skript erstellen	456
Skript ausführen	456
Beispiel: Berichtsliste ausgeben und Bericht rendern	457
Skripts komfortabel entwickeln und debuggen	460

Vielleicht haben Sie sich beim Studieren des letzten Kapitels gedacht: »Alles schön und gut, aber der ganze Umstand mit der Entwicklungsumgebung und dem Webservice, der lohnt sich insbesondere für kleinere Aufgaben wohl eher nicht. Kann man die Reporting Services nicht einfach skripten?«, dann ist die gute Nachricht dieses Kapitels: Man kann!

Mit Skriptdateien können Sie als Entwickler oder Administrator sich wiederholende Aufgaben auf dem Berichtsserver automatisiert ausführen lassen. Skriptdateien werden in Visual Basic geschrieben und in einer einfachen, unkompilierten Textdatei mit der Dateinamenerweiterung *.rss* (Reporting Services Script) gespeichert. Die Ausführung geschieht mittels des Dienstprogramms *rs.exe*. Mit anderen Worten: Sie müssen nur wenig neu lernen – die Arbeit mit Skriptdateien funktioniert fast genauso wie die Arbeit mit der Webdienst-Schnittstelle, nur ohne den Overhead einer Entwicklungsumgebung!

Skript erstellen

Reporting Services-Skriptdateien werden in der Visual Basic-Sprache verfasst und sind vom Projekttyp her der Konsolenanwendung am nächsten. Sie haben mit diesem insbesondere die folgenden Merkmale gemein:

- Den Einsprungpunkt bildet Sub Main.
- Ausgaben an die Konsole geschehen über die Console.Writeln-Methode.
- Benutzereingaben erfolgen über die Console.Readln()-Funktion.

Sie bringen folgende Besonderheiten mit:

- Ein Skript wird nicht umschlossen von einem Module {Modulname}/End Module-Konstrukt.
- Über das vordefinierte rs-Objekt können Sie auf alle Methoden und Funktionen der Reporting Services zugreifen. Diese sind in Kapitel 28 aufgelistet und erläutert.

Skriptdateien werden als normale Textdatei der Endung *.rss* gespeichert und können direkt ausgeführt werden, wie im folgenden Abschnitt beschrieben.

TIPP Da Skriptdateien als Textdateien abgelegt werden, lassen sie sich leicht programmgesteuert erzeugen und sind somit ideal als Zielplattform von Code-Generatoren geeignet.

Skript ausführen

Durch das Ausführen von Skriptdateien können Sie auf den Berichtsserver auf dem lokalen oder auf einem Remotecomputer zugreifen.

Für die Ausführung Ihres Skripts müssen die folgenden Bedingungen erfüllt sein:

- Sie benötigen die Berechtigung zum Ausführen des Dienstprogramms *rs.exe* auf dem Computer, auf dem das Skript ausgeführt wird. Dort müssen die Reporting Services mit der Option *Verwaltungstools* installiert sein. Diese Option ist Bestandteil der Standardinstallation.
- Sie müssen auf dem Server mit der Berichtsserverinstanz, die mit Ihrem Skript angesprochen wird, lokaler Administrator sein.
- Sie benötigen Zugriff auf den Berichtsserver, auf den Sie mit dem Skript zugreifen. Weitere Informationen zu Berechtigungen und Benutzerrollen finden Sie in Kapitel 16.

Ein Skript wird gestartet, indem Sie in der Eingabeaufforderung den Befehl rs mit Argumenten aus der Tabelle 29.1 eingeben.

Argument	Erklärung
-?	Zeigt die Syntax der Argumente an
-i {RSS-Datei}	Erforderlich. Gibt an, welche RSS-Datei ausgeführt werden soll. Muss ein vollständiger Pfad sein.
-s {serverURL}	Erforderlich. Gibt den Server und das virtuelle Verzeichnis an, das mit dem Skript angesprochen werden soll.
-u {Benutzername}	Gibt den zum Anmelden am Server zu verwendenden Benutzer an. Syntax: *{Domäne}\{Benutzername}*. Nur anwendbar, wenn Sie als lokaler Administrator angemeldet sind.
-p {Kennwort}	Gibt das zum Anmelden am Server zu verwendende Kennwort an. Nur anwendbar, wenn Sie als lokaler Administrator angemeldet sind.
-e {Endpunkt}	Gibt den SOAP-Endpunkt für die Ausführung des Skripts an. Verwendbar sind *Exec2005*, *Mgmt2005* und *Mgmt2000*. Standard ist *Mgmt2005*. Der Wert *Mgmt2000* ist veraltet und bietet den Endpunkt der Vorgängerversion an, sodass Sie Ihre alten Skripts nicht extra umschreiben müssen.
-l {Timeout}	Gibt die Anzahl von Sekunden an, bis ein Timeout für die Verbindung ausgelöst wird. Standardwert ist 8 Sekunden. Bei einem Eintrag von 0 ist das Zeitlimit auf unendlich gesetzt.
-b	Gibt an, dass die Skriptdatei als Batch ausgeführt wird. Falls ein Befehl fehlschlägt, wird ein Rollback ausgeführt.
-v {globale Variablen}	Setzt globale Variablen für das Skript. Beispiel: *i=0* setzt die Variable *i* auf 0 und ermöglicht deren Verwendung im Skript
-t	Fügt Ablaufverfolgungsinformationen für alle während der Ausführung auftretenden Fehler hinzu

Tabelle 29.1 Argumente des *rs.exe*-Dienstprogrammes

Nachdem Sie nun einen Überblick über die Möglichkeiten von *.rss*-Skriptdateien haben, ist es Zeit, das Neugelernte anhand eines Beispiels zu erproben, das Sie im nächsten Abschnitt finden.

Beispiel: Berichtsliste ausgeben und Bericht rendern

Sie möchten die Liste aller am Berichtsserver verfügbaren Berichte anzeigen, aus der der Benutzer interaktiv einen auswählt, der dann als PDF gerendert wird.

Gehen Sie dazu folgendermaßen vor:

1. Erstellen Sie einen Ordner unter *C:* namens **RssSkript**.
2. Starten Sie einen Texteditor Ihrer Wahl, z.B. Notepad über *Start/Alle Programme/Zubehör/Editor*, und fügen Sie den Code aus Listing 29.1 ein, der eine Liste aller Elemente des Berichtsservers holt und die Elemente des Typs *Bericht* ausgibt.

```vb
Sub Main()
    rs.Credentials = System.Net.CredentialCache.DefaultCredentials

    Console.WriteLine()
    Console.WriteLine("Berichtsliste:")

    ' rekursiv Liste aller Elemente des Berichtsservers holen
    Dim items() As CatalogItem
    items = rs.ListChildren("/", True)

    ' über alle Elemente iterieren
    Dim item As CatalogItem
    For Each item In items
        ' nur anzeigen, wenn vom Typ Bericht
        If item.Type = ItemTypeEnum.Report Then
            Console.WriteLine(item.Path)
        End If
    Next item
    Console.WriteLine()
End Sub
```

Listing 29.1 Dieses Skript zeigt eine Liste aller Berichte eines Berichtsservers

3. Speichern Sie das Skript unter dem Dateinamen **liste.rss**.
4. Erstellen Sie auf gleichem Wege eine Datei namens **render.rss**, die den Code aus Listing 29.2 enthält. Dabei werden *Berichts-* und *Ausgabedateiname* erfragt, über renderBericht der Bericht gerendert und schließlich eine Erfolgsmeldung ausgegeben. Die Methode renderBericht rendert den Bericht als PDF und speichert ihn.

```vb
Public Sub Main()
    rs.Credentials = System.Net.CredentialCache.DefaultCredentials
    ' Einsprungpunkt bei der Skriptausführung

    Dim sBerichtsname As String
    Dim sAusgabeDateiname As String

    ' Default-Berechtigung (optional f. Skript, wichtig f. evtl. Debugging in VS)
    rs.Credentials = System.Net.CredentialCache.DefaultCredentials

    ' Benutzereingaben durchführen
    Console.Write("Bericht zum Rendern als PDF: ")
    sBerichtsname = Console.ReadLine()
    Console.Write("Ausgabepfad und -dateiname gerenderter Bericht: ")
    sAusgabeDateiname = Console.ReadLine()
    Console.WriteLine()

    'Bericht rendern & Erfolg melden
    renderBericht(sBerichtsname, sAusgabeDateiname)
    Console.WriteLine("'" & sBerichtsname & "' erfolgreich gerendert und unter '" _
        & sAusgabeDateiname & "'gespeichert.")
    Console.WriteLine()
End Sub

Private Sub renderBericht(ByVal sBerichtsname As String, _
        ByVal sAusgabeDateiname As String)
```

Listing 29.2 Das Skript rendert einen interaktiv ausgewählten Bericht als PDF-Datei

Beispiel: Berichtsliste ausgeben und Bericht rendern

```
        ' rendert Bericht sBerichtsname in PDF-Datei mit Namen sAusgabeDateiname

        'Dim execInfo As New MeinBerichtsserver.ExecutionInfo
        'execInfo.ReportPath = sBerichtsname
        rs.LoadReport(sBerichtsname, Nothing)

        ' Bericht als PDF rendern und Ergebnis in Bytearray aufnehmen
        Dim results() As [Byte]
        results = rs.Render("PDF", "", "", "", Nothing, Nothing)

        ' Bytearray via stream-Objekt in Datei speichern
        Dim stream As System.io.FileStream _
            = System.IO.File.OpenWrite(sAusgabeDateiname)
        stream.Write(results, 0, results.Length)
        stream.Close()
    End Sub
```

Listing 29.2 Das Skript rendert einen interaktiv ausgewählten Bericht als PDF-Datei *(Fortsetzung)*

5. Damit Sie die Skripts nicht umständlich starten müssen, erstellen Sie eine Stapelverarbeitungsdatei mit einem Editor Ihrer Wahl. Dazu fügen Sie in die Datei die Befehle des Listing 29.3 ein und benennen sie mit **rss-batch.bat**.
   - Der erste Befehl startet das Skript, welches die Liste ausgibt, auf dem lokalen Berichtsserver und nutzt dabei den SOAP-Endpunkt für Administration *Mgmt2005*.
   - Der zweite Befehl startet das Renderskript. Die Funktionalität für das Rendern wird in dem SOAP-Endpunkt für die Ausführung *Exec2005* bereitgestellt.
   - Der Befehl *pause* gestattet Ihnen, nach dem direkten Start der Stapelverarbeitungsdatei die Ausgaben vor dem Schließen des Befehlsfensters zu lesen.

```
@echo off
@echo Liste der Berichte anzeigen

rs -i c:\RssSkript\liste.rss -s http://localhost/reportserver -e Mgmt2005

@echo *****************************************
@echo Bericht rendern
rs -i c:\RssSkript\render.rss -s http://localhost/reportserver -e Exec2005

pause
```

Listing 29.3 Steuern der Skripts in einer Stapelverarbeitungsdatei

6. Starten Sie die Stapelverarbeitungsdatei *rss-batch.bat* mit einem Doppelklick.
7. Beim Start zeigt das Skript eine Liste der auf dem Berichtsserver verfügbaren Berichte an (siehe Abbildung 29.1).

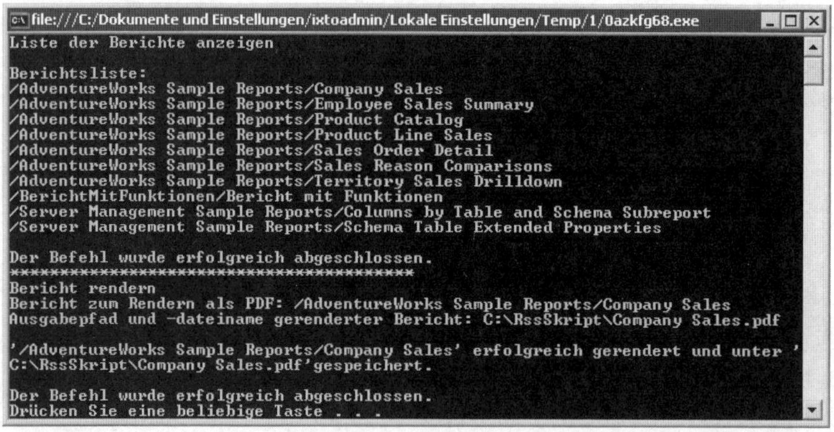

Abbildung 29.1 Ihr Skript zeigt die Liste aller Berichte und rendert einen interaktiv ausgewählten Bericht als PDF-Datei

8. Geben Sie den Namen eines beliebigen Berichts aus der Liste ein, z. B. /AdventureWorks Sample Reports/Company Sales, und drücken Sie die ⏎-Taste.
9. Geben Sie den Namen ein, unter dem das PDF gespeichert werden soll, z.B. C:\RssSkript\Company Sales.pdf, und schließen Sie mit der ⏎-Taste ab. Der Bericht wird gerendert und eine Erfolgsmeldung ausgegeben.
10. Navigieren Sie mit dem Windows-Explorer zu der erzeugten PDF-Datei. Sofern auf Ihrem Rechner der Adobe Reader installiert ist, doppelklicken Sie auf die Datei, um diese zu öffnen und sich von der Korrektheit des Ergebnisses zu überzeugen.

Wie Sie soeben gesehen haben, kann man Skriptdateien ganz ohne Entwicklungsumgebung erzeugen und ausführen. Spätestens wenn Sie Skriptdateien entwickeln, die über ein paar Zeilen hinausgehen, werden Sie jedoch die Annehmlichkeiten einer Entwicklungsumgebung vermissen und sollten den folgenden Abschnitt lesen.

Skripts komfortabel entwickeln und debuggen

Zwar werden die Skriptdateien als normale Textdateien gespeichert, aber eine Kompilierung findet dennoch statt – ohne Ihr Zutun, automatisch zur Laufzeit, durch den Visual Basic 2005-Compiler. Dieser ist Bestandteil des .NET Frameworks.

Von der Arbeit des Visual Basic 2005-Compilers merken Sie normalerweise nichts, es sei denn, Ihr Skript ist fehlerhaft. Denn dann zeigt sich dessen Existenz von seiner unangenehmsten Seite, wie in Abbildung 29.2 zu sehen.

Wenn Sie mit solch kryptischen Fehlermeldungen nichts anfangen können und beim Debugging etwas mehr Komfort erwarten, als es ein einfacher Texteditor nebst Kommandozeilencompiler bietet, empfiehlt sich als Entwicklungsumgebung Visual Studio.

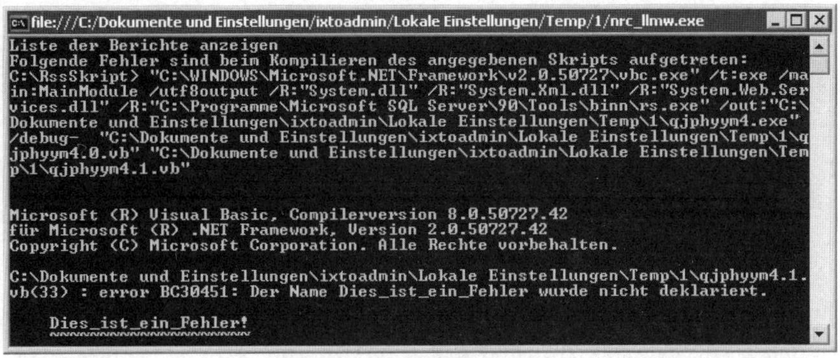

Skripts komfortabel entwickeln und debuggen

Abbildung 29.2 Unkomfortables Debugging: So werden Fehler in Skriptdateien bei deren Ausführung gemeldet

Um mit Visual Studio Skriptdateien zu entwickeln und zu debuggen, gehen Sie folgendermaßen vor:

1. Um ein neues Konsolenanwendungs-Projekt zu erstellen, starten Sie Visual Studio, rufen den Menübefehl *Datei/Neu/Projekt* auf, wählen im angezeigten Dialogfeld als Projekttyp *Visual Basic-Projekt*, als Vorlage *Konsolenanwendung* und bestätigen mit *OK*.
2. Fügen Sie einen Webverweis auf Ihren Berichtsserver hinzu, indem Sie den Menübefehl *Projekt/Webverweis hinzufügen* aufrufen, dort als *URL* http://<Ihr Berichtsserver>/ReportServer/ReportService 2005.asmx für die Administrationsmethoden bzw. http://<Ihr Berichtsserver>/ReportServer/ReportExecution2005.asmx für die Verwaltungsmethoden angeben und mit dem *Webverweisnamen* MeinBerichtsserver den *Webverweis hinzufügen*. Dabei ist nur ein Webverweis zu empfehlen, weil das RS-Dienstprogramm nur auf einen SOAP-Endpunkt gleichzeitig zugreift.
3. Ergänzen Sie Ihren Code mit den fett gedruckten Zeilen aus Listing 29.4. Dabei haben die fett gedruckten Zeilen folgende Funktion:

   - Zeile 1: Sorgt dafür, dass Sie im Konsolprojekt auf die Objekte des Berichtsservers ohne Präfix zugreifen können, wie es in Skriptdateien der Fall ist. Die Zeile darf nicht in die RSS-Datei aufgenommen werden. Ihren Stammnamespace können Sie über *Projekt/Eigenschaften* herausfinden. Standardmäßig ist er identisch mit dem Namen Ihres Projekts.
   - Zeile 2: Dient dazu, den Berichtsserver zu instanziieren, was in Skriptdateien nicht erforderlich ist. Die Zeile darf nicht in die RSS-Datei aufgenommen werden. Verwenden Sie ReportExecutionService statt ReportingService2005, wenn Sie die Ausführungsmethoden anstatt der Verwaltungsmethoden des Berichtsservers nutzen möchten.
   - Zeile 3: Setzt die Standard-Berechtigungen, was in Skriptdateien nicht erforderlich ist. Kann in die RSS-Datei aufgenommen werden.

```
Imports {Ihr Stammnamespace}.MeinBerichtsserver

Module Module1
    Private rs As New MeinBerichtsserver.ReportingService2005

    Public Sub Main()
        ' Default-Berechtigung (optional im Skript, wichtig für evtl. Debugging in VS )
        rs.Credentials = System.Net.CredentialCache.DefaultCredentials
```

Listing 29.4 Durch Einfügen des fett gedruckten Codes in Ihr Konsolenprojekt machen Sie es skriptdebugtauglich

4. Entwickeln und debuggen Sie Ihr Skript.
5. Markieren Sie den Code ab der Zeile Public Sub Main() bis vor End Module und kopieren Sie die Markierung über die Zwischenablage in eine neue Textdatei in Ihrem Texteditor.
6. Speichern Sie die Textdatei mit der Endung *.rss* und führen Sie diese aus, wie in den vorhergehenden Abschnitten beschrieben.

Nun wissen Sie, wie Sie mit nur wenig Mehraufwand den vollen Komfort einer vollwertigen Entwicklungsumgebung nutzen können.

In diesem Kapitel haben Sie erfahren, wie Sie Skriptdateien als eine einfach zu handhabende Form der Programmierung insbesondere für kleinere Aufgaben des Administrator- und Entwickleralltags nutzen können.

Im nächsten Kapitel lernen Sie, wie Sie die Erweiterungsschnittstellen der Reporting Services benutzen können.

Kapitel 30

Erweiterungsschnittstellen

In diesem Kapitel:

Die Erweiterungstypen	464
Einführung in Datenverarbeitungserweiterungen	465
Implementierung einer Datenverarbeitungserweiterung	466
Bereitstellung einer Datenverarbeitungserweiterung	482
Verwendung einer Datenverarbeitungserweiterung in einem Bericht	485
Debugging von Erweiterungs-Code	490
Entfernen einer Erweiterung	492

Wie Sie bereits in vorhergehenden Kapiteln erfahren haben, sind die Reporting Services in vielerlei Hinsicht offen gestaltet. Das begann mit der XML-basierten Report Definition Language (RDL, Kapitel 22) und dem Zugriff auf die Reporting Services über die Webdienst-Schnittstelle von eigenen Anwendungen aus (Kapitel 28) bis hin zur Automatisierung von Aufgaben mit Reporting Services-Skriptdateien (Kapitel 29).

Wie Sie in diesem Kapitel sehen werden, geht die Offenheit noch weiter: Mit den Erweiterungsschnittstellen können Sie Ihre Anwendungen sehr eng mit den Reporting Services verzahnen und so die Reporting Services direkt beliefern und umgekehrt.

Die Erweiterungstypen

Folgende Erweiterungstypen stehen Ihnen zur Verfügung:

- **Datenverarbeitungserweiterungen**: Wenn Sie Daten darstellen wollen, die sich über keine der mitgelieferten Datenverarbeitungserweiterungen abfragen lassen, können Sie Ihre eigenen Datenverarbeitungserweiterungen programmieren. Diese liefern eine Datenquelle, deren Daten von den Reporting Services aufbereitet werden, ganz genau so, als kämen sie aus einer Datenbank.

    In diesem Kapitel werden Sie diese Schnittstelle anhand einer einfachen Beispiel-Datenverarbeitungserweiterung, die eine XML-Datei ausliest, kennen lernen.

- **Übermittlungserweiterungen**: Wenn Sie Daten an ein Gerät übermitteln wollen oder in einem Format ausgeben möchten, das nicht von den Reporting Services unterstützt wird, sollten Sie eine Übermittlungserweiterung programmieren.

- **Sicherheitserweiterungen**: Wenn Sie in Ihrem Unternehmen eine eigene, von Active Directory, SQL Server und Reporting Services unabhängige oder über dieses hinausgehende Sicherheitsstruktur einsetzen oder eine solche speziell für Ihre Berichte implementieren möchten, sollten Sie diese Schnittstelle nutzen. Dann wird, wann immer in den Reporting Services sicherheitsrelevante Dinge geschehen, Ihre Erweiterung befragt.

    Bei der Implementierung von Sicherheitserweiterungen sollten Sie extrem sorgfältig vorgehen, da das Design von Authentifizierungsmechanismen sehr komplex ist und bei unsachgemäßer Programmierung zu ernsthaften Sicherheitslücken führen kann. Konkret könnte dies bedeuten, dass Benutzern nicht nur Berichte zugänglich werden, die nicht für ihre Augen bestimmt sind, sondern sogar, dass sie Kennwörter fremder Benutzer ausspionieren können.

- **Renderingerweiterungen**: Wenn Sie Ihre Berichte in einem eigenen, von den mitgelieferten Erweiterungen nicht unterstützten (Datei-)Format ausgeben möchten, können Sie Ihre eigene Renderingerweiterung implementieren. Dies ist keine leichte Aufgabe, da eine solche Erweiterung alle denkbaren Kombinationen von Berichtselementen unterstützen muss und das Objektmodell mit hunderten Elementen entsprechend umfangreich ist. Sie sollten daher zunächst prüfen, ob sich das von Ihnen gewünschte Format nicht auch aus einem von einer mitgelieferten Renderingerweiterung unterstützten Format ableiten und über eine Übermittlungserweiterung ausgeben lässt.

Einführung in Datenverarbeitungserweiterungen

Datenübermittlungserweiterungen liefern den Reporting Services die in den Berichten darzustellenden Daten. Einmal am Report Server installiert, unterscheiden sich die selbst programmierten Erweiterungen durch nichts von den mitgelieferten Datenverarbeitungserweiterungen, d.h. für den Anwender ist eine Datenverarbeitungserweiterung vollkommen transparent, für ihn sieht es genauso aus, als kämen die von der Erweiterung gelieferten Daten z.B. von einem Datenbankserver.

Datenverarbeitungserweiterungen sind architektonisch über weite Strecken identisch mit den .NET-Datenquellen.

Die Entwicklung einer eigenen Datenübermittlungserweiterung ist sinnvoll, wenn Sie entweder:

- Daten aus einer Datenbank vor dem Rendern aufbereiten wollen oder
- Daten mit den Reporting Services aufbereiten möchten, die von den mitgelieferten Datenübermittlungserweiterungen nicht unterstützt werden.

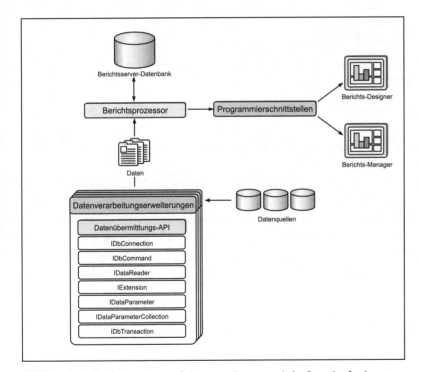

Abbildung 30.1 So arbeiten Datenverarbeitungserweiterungen mit den Reporting Services zusammen

In der Abbildung 30.1 sehen Sie, wie Datenübermittlungserweiterungen mit den Reporting Services zusammenarbeiten: Sie bilden sowohl für den Berichts-Designer als auch den Berichts-Manager die Schnittstelle zu den im Bericht darzustellenden Daten. Wie Sie dort ebenfalls erkennen können, ist für diese Interaktion mit der Datenübermittlungs-API eine eigene Schnittstelle (die Datenübermittlungs-API) vorgesehen, die Sie implementieren müssen, wie im folgenden Abschnitt gezeigt wird.

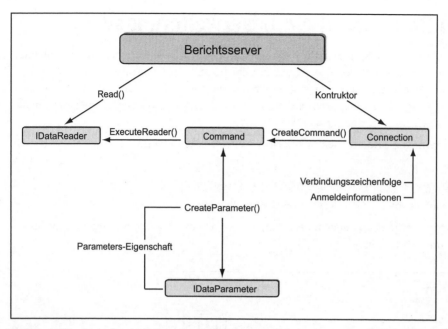

Abbildung 30.2 Prozessfluss in der Datenübermittlungserweiterung

Wie die Abbildung 30.2 zeigt, läuft der Prozessfluss zwischen den Reporting Services und einer Datenverarbeitungserweiterung folgendermaßen ab:

1. Der Berichtsserver erzeugt ein Connection-Objekt und übergibt dabei die *Verbindungszeichenfolge* und die zum Bericht gehörenden *Anmeldeinformationen*.
2. Mit dem Kommandotext des Berichts wird ein Command-Objekt erzeugt. Dabei kann die Datenübermittlungserweiterung den Kommandotext analysieren und ggf. Parameter für das Command-Objekt erzeugen.
3. Nachdem das Command-Objekt und eventuelle Parameter abgearbeitet sind, wird ein DataReader-Objekt erzeugt. Dieses gibt ein Resultset zurück, das der Berichtsserver im Berichtslayout rendert.

Nachdem Sie sich nun einen Überblick über die Arbeitsweise einer Datenübermittlungserweiterung haben, können Sie mit deren Implementierung beginnen.

Implementierung einer Datenverarbeitungserweiterung

In diesem Beispiel erfahren Sie, wie sich eine eigene Datenverarbeitungserweiterung in Visual Basic 2005 programmieren lässt.

Da Sie hier nicht das Programmieren komplexer Anwendungen, sondern die Schnittstellen der Datenverarbeitungserweiterung kennen lernen sollen, ist das Beispiel sehr einfach gehalten: Ihre Erweiterung liest den Inhalt einer XML-Datei aus, die eine Tabelle enthält. Der für diese Funktionalität erforderliche Programmtext umfasst nur wenige Zeilen, die Sie in den nachfolgenden Abschnitten finden – alles andere ist Code, den Sie für die Implementierung Ihrer eigenen Erweiterung weitestgehend übernehmen können.

> **TIPP** Sie können die nachfolgende Beschreibung auch sehr gut zum Verständnis des zum Lieferumfang der Reporting Services gehörenden *FsiDataExtension*-Beispiels nutzen, das sich bezüglich der für Ihr Verständnis wichtigen Schnittstelle-Implementierungs-Funktionen nur wenig von dem hier vorgestellten Beispiel unterscheidet. *FsiDataExtension* liefert den Inhalt einer Dateifreigabe, deren UNC-Pfadname als Abfragetext erwartet wird.
>
> Dazu werden die .NET Framework-Bibliotheksklassen DirectoryInfo und FileSystemInfo verwendet, um den Inhalt einer beliebigen gültigen Netzwerk-Dateifreigabe abzufragen.
>
> Das Beispiel *FSIDataExtension* finden Sie standardmäßig im Ordner *C:\Programme\Microsoft SQL Server\90\Samples\Reporting Services\Extension Samples\FsiDataExtension Sample*.
>
> Da die Beispiele nicht zum Standardinstallationsumfang gehören, ist es möglich, dass Sie den *Samples*-Ordner nicht finden können. Dies ist kein größeres Problem, denn die Beispiele lassen sich jederzeit problemlos nachinstallieren, wie in Kapitel 5 beschrieben.

Jede Datenübermittlungserweiterung muss folgende Funktionalitäten implementieren:

- Öffnen einer Verbindung zur Datenquelle.
- Analysieren der Abfrage und Zurückgeben einer Liste von Feldnamen für das Resultset.
- Ausführen einer Abfrage auf der Datenquelle und Zurückgeben eines Rowsets.
- Übergeben eines Parameters an die Abfrage.
- Iterieren durch die Zeilen der Abfrage und Zurückgeben der Daten.

Sie können Ihre Datenübermittlungserweiterung leistungsfähiger machen, indem Sie folgende Funktionalitäten implementieren:

- Eine Abfrage analysieren und eine Liste der Parameter zurückgeben, die in der Abfrage verwendet werden.
- Eine Abfrage analysieren und eine Liste der Felder zurückgeben, nach denen die Abfrage gruppiert ist.
- Eine Abfrage analysieren und eine Liste der Felder zurückgeben, nach denen die Abfrage sortiert ist.
- Einen Benutzernamen und ein Kennwort für die Verbindung bereitstellen, das ein von der Verbindungszeichenfolge unabhängiges Verbinden ermöglicht.
- Iterieren durch die Zeilen und dabei Metadaten zu den Daten zurückgeben.
- Daten am Server aggregieren.

> **TIPP** Funktionalitäten, die Sie nicht benötigen, sollten Sie zunächst vollständig weglassen. Sofern dies nicht zugelassen ist – in diesem Falle beschwert sich Visual Studio – sollten Sie leere Methoden bzw. Eigenschaften implementieren, was man als »No-Operation-Implementierung« bezeichnet. Wo dies nicht möglich ist, weil die Clients eine bestimmte Funktionalität erwarten, erzeugen Sie eine NotSupportedException. Alle drei Varianten werden Sie im folgenden Beispiel verwenden.

Beginnen Sie mit der Implementierung

Bevor Sie mit der eigentlichen Programmierung beginnen, erzeugen Sie eine XML-Datei, die Ihre Erweiterung auslesen wird, und legen ein Visual Studio-Programmierprojekt an.

Erstellen der Datenquellen-XML-Datei

Die Beispiel-XML-Datei, mit der Sie im Folgenden arbeiten, enthält einen Ausschnitt aus einer Buchladen-Datenbank. Um diese zu erstellen, gehen Sie folgendermaßen vor:

1. Starten Sie einen Texteditor (z.B. *Start/Alle Programme/Zubehör/Editor*), erstellen Sie eine neue Datei und fügen Sie den Code aus Listing 30.1 ein.

```xml
<?xml version="1.0" ?>
<!-- Diese Datei ist ein Ausschnitt aus einer Buchladen-Datenbank-->
<Buchladen>
    <Buch>
        <Titel>Das Märchen von Gockel, Hinkel und Gackeleia</Titel>
        <Autor>Clemens Brentano</Autor>
        <Preis>16.70</Preis>
    </Buch>
    <Buch>
        <Titel>Hampels Fluchten</Titel>
        <Autor>Michael Kumpfmüller</Autor>
        <Preis>9.90</Preis>
    </Buch>
    <Buch>
        <Titel>Die offene Gesellschaft und ihre Feinde</Titel>
        <Autor>Karl Popper</Autor>
        <Preis>89.00</Preis>
    </Buch>
</Buchladen>
```

Listing 30.1 Code der Datei *BuchDaten.xml*

2. Speichern Sie den Code unter **C:\XMLTest\BuchDaten.xml**.
3. Da Sie für die Anwendung der Datenverarbeitungserweiterung eine XML-Schema-Datei mit der Endung *.xsd* benötigen, öffnen Sie die eben erstellte Datei *BuchDaten.xml* mit Visual Studio.
4. Wählen Sie *XML/Schema erstellen*. Die Datei *Buchdaten.xsd* wird erzeugt. Speichern Sie diese anschließend unter *C:\XMLTest\Buchdaten.xsd* ab.

Im Folgenden fahren Sie mit der eigentlichen Implementierung der Datenverarbeitungserweiterung fort.

Erstellen des Projekts *XMLDatenverarbeitungsErweiterung*

Für die Implementierung unseres Beispiels *XMLDatenverarbeitungsErweiterung* müssen Sie zunächst ein neues Projekt anlegen und Referenzen auf die Schnittstellen der Reporting Services setzen.

Gehen Sie dazu folgendermaßen vor:

1. Starten Sie Visual Studio 2005 und erstellen Sie über *Datei/Neu/Projekt* ein neues Projekt, wobei Sie als Projekttyp *Visual Basic-Projekte* und als Vorlage *Klassenbibliothek* wählen (siehe Abbildung 30.3).
2. Geben Sie **XMLDatenverarbeitungsErweiterung** als *Namen* ein, wählen Sie einen geeigneten Speicherort aus und erzeugen Sie das Projekt mit einem Klick auf *OK*.

Implementierung einer Datenverarbeitungserweiterung

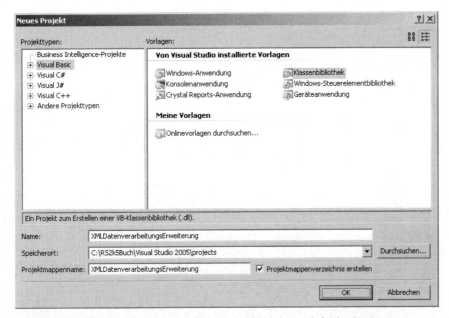

Abbildung 30.3 Erstellen Sie hier ein Visual Basic-Klassenbibliotheks-Projekt für Ihre Erweiterung

3. Für jede Datenverarbeitungserweiterung sollten Sie einen Namespace verwenden, den Sie frei wählen können, der aber eindeutig sein sollte. Am besten verwenden Sie dabei den Namen Ihrer Firma und Ihrer Datenverarbeitungserweiterung als Namensbestandteil. Öffnen Sie hierzu über den Menübefehl *Projekt/ XMLDatenverarbeitungsErweiterung-Eigenschaften* das in Abbildung 30.4 dargestellte Fenster und tragen Sie für *Assemblyname* und *Stammnamespace* jeweils **ixto.Beispiele.ReportingServices.XMLDatenverarbeitungsErweiterung** ein, wobei »ixto« für Ihren Firmennamen steht.

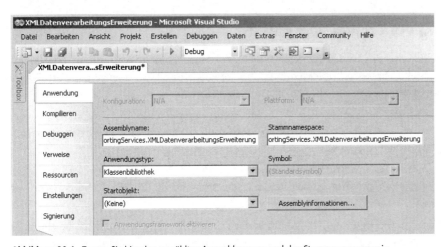

Abbildung 30.4 Tragen Sie hier den gewählten Assemblynamen und den Stammnamespace ein

4. Um mit den Schnittstellen der Reporting Services arbeiten zu können, müssen Sie Ihrem Projekt einen Verweis hierauf hinzufügen. Wählen Sie hierfür im *Projektmappen-Explorer* das *XMLDatenverarbeitungs-*

Erweiterung-Projekt und in dessen Kontextmenü den Eintrag *Verweis hinzufügen*, wodurch sich das gleichnamige Dialogfeld öffnet (siehe Abbildung 30.5).

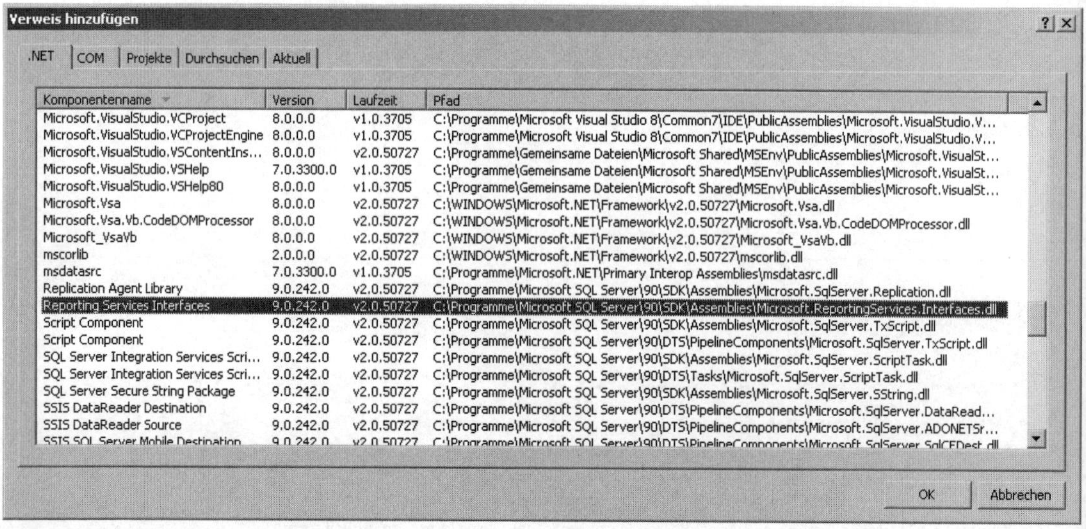

Abbildung 30.5 Fügen Sie über *Durchsuchen* den Verweis auf *Microsoft.ReportingServices.Interfaces.dll* hinzu

5. Klicken Sie auf *Durchsuchen* und wählen Sie die Datei *Microsoft.ReportingServices.Interfaces.dll* aus. Standardmäßig finden Sie diese im Ordner *C:\Programme\Microsoft SQL Server\90\SDK\Assemblies*.
6. Bestätigen Sie mit *OK*. Die Referenz wird Ihrem Projekt hinzugefügt.

Damit haben Sie die Vorbereitungen abgeschlossen und können mit der Implementierung der ersten Klasse beginnen.

Implementierung der *Connection*-Klasse

Der Startpunkt für Ihre Erweiterung ist das Connection-Objekt, das eine Datenbankverbindung oder eine vergleichbare Ressource darstellt. Um es zu implementieren, müssen Sie eine Klasse erzeugen, die die IDbConnection- und optional die IDbConnectionExtension-Schnittstelle implementiert.

In Ihrer Connection-Klasse sollten Sie sicherstellen, dass eine Verbindung erzeugt und geöffnet ist, bevor ein Kommando ausgeführt wird. Dabei ist es zur Schonung der Ressourcen ratsam, die Clients dazu zu zwingen, die Verbindung explizit zu öffnen und zu schließen.

Die Verbindungseigenschaften der angeforderten Verbindung werden als Verbindungszeichenfolge geliefert. Sie sollten sich bei Ihrer Implementierung unbedingt an das gebräuchliche, in OLE DB definierte Name/Wert-Paar-System halten.

IDbConnection erbt von IExtension, was es Ihnen ermöglicht, in der Datei *RSReportServer.config* gespeicherte Konfigurationsdaten zu verwenden.

> **TIPP** Da diese Klasse im Gegensatz zu den anderen zur Datenverarbeitungserweiterung gehörigen Klassen nicht mit der Verbindung aus dem Speicher entfernt wird, sondern so lange im Speicher verbleibt wie der Berichtsserver, können Sie hier verbindungsübergreifende Funktionen ablegen.

Implementierung einer Datenverarbeitungserweiterung

Beginnen Sie mit der Implementierung, indem Sie die Klasse *Class1.vb* in **XmlConnection.vb** umbenennen und den Code aus Listing 30.2 übernehmen.

Dort werden in den Imports-Befehlen zunächst die benötigten Schnittstellen importiert, dann wird Ihre Connection-Klasse zur Implementierung der IDbConnection-Schnittstelle erklärt und die privaten Variablen, die zum Halten des Status benötigt werden, werden deklariert.

> **HINWEIS** Dieses Beispiel enthält sehr wenig »echten« Code. Einen Großteil bilden so genannte Stubs, also Stümpfe von Schnittstellen-Methoden und -Eigenschaften. Diese müssen Sie keinesfalls abtippen, Sie werden von Visual Studio automatisch erzeugt, und zwar genau dann, wenn Sie die Zeile Implements IDbConnection mit der ⏎-Taste abschließen.
> Tatsächlich einzugeben sind also jeweils nur sehr wenige Codezeilen!

```vb
Option Strict On
Option Explicit On

Imports System
Imports Microsoft.ReportingServices.DataProcessing
Imports Microsoft.ReportingServices.Interfaces

Public Class XmlConnection
        Implements IDbConnection
    ' vom Benutzer übergebene Verbindungszeichenfolge
    Private _sVerbindungszeichenfolge As String
    ' Status der Verbindung, standardmäßig geschlossen
    Private _state As System.Data.ConnectionState = System.Data.ConnectionState.Closed
```

Listing 30.2 Beginnen Sie die Implementierung der *Connection*-Klasse

Implementieren Sie nun die erforderlichen Eigenschaften.

Da Sie für Ihr Beispiel keine echte Verbindung verwenden, sondern die XML-Datei erst öffnen, wenn die Daten gelesen werden, findet in dieser Klasse kein Processing statt.

Wie in Listing 30.3 zu sehen ist, wird dabei die Verbindungszeichenfolge ohne weitere Verarbeitung in einer privaten Variable gespeichert bzw. daraus ausgelesen, und auch für den ConnectionTimeout-Eigenschaft wählen Sie die einfachste mögliche Umsetzung: Sie geben 0 zurück, was »Kein Timeout« heißt, also eine unendliche Wartezeit bedeutet.

Mit der öffentlichen Eigenschaft State geben Sie den Verbindungsstatus nach außen. Dies ist die Umsetzung der weiter oben in diesem Beispiel formulierten Empfehlung, darauf zu achten, dass die Clients auch wirklich die Verbindung öffnen und schließen. Sie werden dies im Abschnitt »Implementierung einer *Command*-Klasse« weiter hinten in diesem Kapitel mit Hilfe der State-Eigenschaft überprüfen.

```vb
    '---- Implementierung der erforderlichen Eigenschaften

    Public Property ConnectionString() As String _
            Implements IDbConnection.ConnectionString
        Get
            ' Zurückgeben, was der Benutzer abgelegt hat.
            Return _sVerbindungszeichenfolge
        End Get
        Set(ByVal Value As String)
```

Listing 30.3 Implementierung der erforderlichen Eigenschaften der *Connection*-Klasse

```
            _sVerbindungszeichenfolge = Value
        End Set
    End Property

    Public ReadOnly Property ConnectionTimeout() As Integer _
            Implements IDbConnection.ConnectionTimeout
        Get
            ' Gibt den Verbindungs-Timeout zurück.
            ' 0 steht für eine unendliche Timeout-Zeit
            Return 0
        End Get
    End Property

    Public ReadOnly Property State() As System.Data.ConnectionState
        Get
            Return _state
        End Get
    End Property
```

Listing 30.3 Implementierung der erforderlichen Eigenschaften der *Connection*-Klasse *(Fortsetzung)*

Implementieren Sie dann die erforderlichen Methoden, wie in Listing 30.4 zu sehen ist.

Da Sie keine Transaktionen unterstützen, Sie aber einen Client, der eine solche erwartet, nicht einfach ins Leere laufen lassen sollten, erzeugen Sie in der BeginTransaction-Methode eine Ausnahme (Exception).

In der Open- sowie in der Close-Methode setzen Sie Ihre Strategie, den Client zum ordentlichen Öffnen und Schließen zu zwingen, fort, indem Sie sich den Verbindungsstatus merken.

Mit der CreateCommand-Methode schließlich erzeugen Sie das Command-Objekt, wie weiter oben in der Prozessflussgrafik in Abbildung 30.2 versprochen wurde.

LocalizedName sollte den Namen der Erweiterung in der durch die aktuelle Systemkultur vorgegebenen Sprache zurückgeben; in diesem Beispiel beschränken Sie sich auf den internationalen Namen.

> **HINWEIS** Auf die Möglichkeit, mit der SetConfiguration-Methode Einstellungen aus der *RSReportServer.config* zu lesen, verzichten Sie in diesem Beispiel.

```
    '---- Implementierung der erforderlichen Methoden

    Public Function BeginTransaction() As IDbTransaction _
            Implements IDbConnection.BeginTransaction
        '-- Beginnt eine lokale Transaktion.
        '-- Transaktionen werden in diesem Beispiel nicht unterstützt.
        Throw New NotSupportedException
    End Function 'BeginTransaction

    Public Sub Open() Implements IDbConnection.Open
        '-- Öffnet die Verbindung und merkt sich den Status in interner Variablen.
        '-- In dieser Implementierung ohne echte Funktionalität
        _state = System.Data.ConnectionState.Open
        Return
    End Sub 'Open

    Public Sub Close() Implements IDbConnection.Close
        '-- Schließt die Verbindung und merkt sich den Status in interner Variablen.
```

Listing 30.4 Implementierung der erforderlichen Methoden der *Connection*-Klasse

Implementierung einer Datenverarbeitungserweiterung

```vb
            '-- In dieser Implementierung ohne echte Funktionalität
            _state = System.Data.ConnectionState.Closed
            Return
        End Sub 'Close

        Public Function CreateCommand() As IDbCommand _
                Implements IDbConnection.CreateCommand
            '-- Gibt eine neue Instanz eines Command-Objekts zurück
            Return New XmlCommand(Me)
        End Function 'CreateCommand

        Public ReadOnly Property LocalizedName() As String _
                Implements IExtension.LocalizedName
            ' -- Gibt den lokalisierten Namen des Objekts zurück
            Get
                Return "XML-Datenverarbeitungserweiterung"
            End Get
        End Property

        Public Sub SetConfiguration(ByVal configuration As String) _
                Implements IExtension.SetConfiguration
            ' Kann dazu verwendet werden, Konfigurationsdaten aus Datei zu lesen
        End Sub

        Public Sub Dispose() Implements IDbConnection.Dispose
        End Sub 'Dispose
End Class 'XmlConnection
```

Listing 30.4 Implementierung der erforderlichen Methoden der *Connection*-Klasse *(Fortsetzung)*

TIPP Weil Ihre Datenverarbeitungserweiterung mit Anmeldeinformationen arbeitet, müssen Sie hier die IDbConnectionExtension mit implementieren, indem Sie in Listing 30.4 oben die Zeile

```vb
Public Class XmlConnection Implements IDbConnection
```

ergänzen zu

```vb
Public Class XmlConnection Implements IDbConnection, IdbConnectionExtension
```

und dann die Integrated-, Username-, und Password- Eigenschaft implementieren, indem Sie das Listing 30.5 der Klasse XmlConnection hinzufügen.

```vb
Private m_integratedSecurity As Boolean = False

Private m_impersonate As String
Private m_username As String
Private m_password As String

'---- Implementierung der erforderlichen Eigenschaften

Property IntegratedSecurity() As Boolean _
Implements IDbConnectionExtension.IntegratedSecurity
    Get
```

Listing 30.5 Implementierung der erforderlichen Eigenschaften und Attribute für die *IDbConnectionExtension*

```
            Return m_integratedSecurity
        End Get
        Set(ByVal value As Boolean)
            m_integratedSecurity = value
        End Set
    End Property

    WriteOnly Property UserName() As String _
    Implements IDbConnectionExtension.UserName
        Set(ByVal value As String)
            m_username = value
        End Set
    End Property

    WriteOnly Property Password() As String Implements _
    IDbConnectionExtension.Password
        Set(ByVal value As String)
            m_password = value
        End Set
    End Property

    WriteOnly Property Impersonate() As String Implements _
    IDbConnectionExtension.Impersonate
        Set(ByVal value As String)
            m_impersonate = value
        End Set
    End Property
```

Listing 30.5 Implementierung der erforderlichen Eigenschaften und Attribute für die *IDbConnectionExtension (Fortsetzung)*

Dadurch werden im Berichts-Designer im Dialogfeld *Datenquellen* das Kontrollkästchen *Integrierte Sicherheit* sowie die Felder *Benutzname* und *Kennwort* aktiviert. Dann kann der Berichts-Designer Anmeldeinformation für Datenquellen, die Authentifizierung unterstützen, speichern und auslesen.

Die Anmeldeinformationen werden für die Verwendung im Vorschaumodus sicher gespeichert.

Damit ist die Implementierung Ihrer Connection-Klasse abgeschlossen und Sie können sich der Command-Klasse zuwenden.

Implementierung einer *Command*-Klasse

Die Command-Klasse formuliert eine Anfrage und gibt sie an die Datenquelle weiter.

Der Kommandotext kann eine beliebige Syntax verwenden, wobei SQL und XML die gebräuchlichsten sind.

Die Ergebnisse werden, sofern vorhanden, von der ExecuteReader-Methode als DataReader-Objekt zurückgegeben. Dieses muss Typ- und Namensinformationen für Felder und Spalten des Resultsets enthalten.

Um eine Command-Klasse zu erzeugen, müssen Sie die IDbCommand-Schnittstelle implementieren. Gehen Sie dazu folgendermaßen vor:

1. Rufen Sie den Menübefehl *Projekt/Klasse hinzufügen* auf, tragen Sie im geöffneten Dialogfeld (siehe Abbildung 30.6) **XmlCommand.vb** als *Namen* ein und legen Sie die neue Klasse per Klick auf *Hinzufügen* an.

Implementierung einer Datenverarbeitungserweiterung

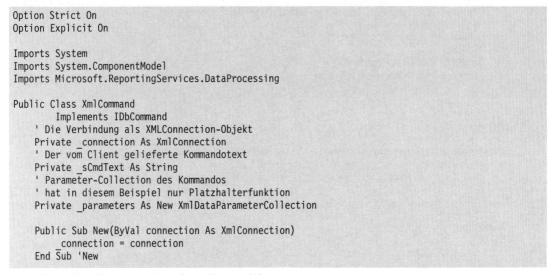

Abbildung 30.6 So legen Sie die Klasse *XmlCommand* an

2. Beginnen Sie die Implementierung der Klasse wie in Listing 30.6 dargestellt.

   Zunächst werden die internen Variablen deklariert, wobei besonders _connection interessant ist, die vom zuvor implementierten Typ XmlConnection ist. Deren Instanzierung erfolgt im New-Konstruktor weiter unten.

```
Option Strict On
Option Explicit On

Imports System
Imports System.ComponentModel
Imports Microsoft.ReportingServices.DataProcessing

Public Class XmlCommand
        Implements IDbCommand
    ' Die Verbindung als XMLConnection-Objekt
    Private _connection As XmlConnection
    ' Der vom Client gelieferte Kommandotext
    Private _sCmdText As String
    ' Parameter-Collection des Kommandos
    ' hat in diesem Beispiel nur Platzhalterfunktion
    Private _parameters As New XmlDataParameterCollection

    Public Sub New(ByVal connection As XmlConnection)
        _connection = connection
    End Sub 'New
```

Listing 30.6 Anfang der Implementierung der *XmlCommand*-Klasse

3. Implementieren Sie dann die erforderlichen Eigenschaften, wie in Listing 30.7 gezeigt.

   Dabei ist CommandText schlicht für die Speicherung des Kommandotextes zuständig, beim CommandTimeout tun Sie dasselbe wie zuvor in ConnectionTimeout: indem Sie 0 zurückgeben, setzen Sie ihn auf unendlich.

Auch beim CommandType machen Sie es sich einfach: Sie unterstützen nur den Kommandotyp *Text*, und sollte ein Benutzer versuchen, ihn auf einen anderen Wert zu setzen, lösen Sie eine Ausnahme aus.

Parameters und XmlParameters sind lediglich Platzhalter, und bei der Anforderung einer Transaktion lösen wir, wie zuvor schon in der Connection-Klasse, in Transaction einen Fehler aus.

```
'---- Implementierung der erforderlichen Eigenschaften

Public Property CommandText() As String Implements IDbCommand.CommandText
    ' -- Verwaltet den Kommandotext in privater Variablen
    Get
        Return _sCmdText
    End Get
    Set(ByVal Value As String)
        _sCmdText = Value
    End Set
End Property

Public Property CommandTimeout() As Integer Implements IDbCommand.CommandTimeout
    ' -- Gibt Kommando-Timeout zurück
    ' -- 0 steht für eine unendliche Timeout-Zeit
    Get
        Return 0
    End Get
    Set(ByVal Value As Integer)
    End Set
End Property

Public Property CommandType() As CommandType Implements IDbCommand.CommandType
    ' -- Gibt den Typ des Kommandos zurück
    ' -- In diesem Beispiel wird nur CommandType.Text unterstützt
    Get
        Return CommandType.Text
    End Get
    Set(ByVal Value As CommandType)
        If Value <> CommandType.Text Then
            Throw New NotSupportedException
        End If
    End Set
End Property

Public ReadOnly Property XmlParameters() As XmlDataParameterCollection
    ' -- Gibt die XmlParameter-Collection zurück
    ' -- In diesem Beispiel haben die Parameter nur Platzhalterfunktion
    Get
        Return _parameters
    End Get
End Property

Public ReadOnly Property Parameters() As IDataParameterCollection _
        Implements IDbCommand.Parameters
    ' -- Gibt die XmlParameter-Collection zurück
    ' -- In diesem Beispiel haben die Parameter nur Platzhalterfunktion
    Get
        Return _parameters
    End Get
End Property
```

Listing 30.7 Implementierung der erforderlichen Eigenschaften der *XmlCommand*-Klasse

```vbnet
        Public Property Transaction() As IDbTransaction Implements _
            IDbCommand.Transaction
            '-- In diesem Beispiel werden keine Transaktionen unterstützt.
            Get
                Throw New NotSupportedException
            End Get
            Set(ByVal Value As IDbTransaction)
                Throw New NotSupportedException
            End Set
        End Property
```

Listing 30.7 Implementierung der erforderlichen Eigenschaften der *XmlCommand*-Klasse *(Fortsetzung)*

4. Als Nächstes implementieren Sie die erforderlichen Methoden, wie in Listing 30.8 zu sehen.

Ein Abbrechen wird nicht unterstützt, daher wird in Cancel ein Fehler ausgelöst.

Parameter haben zwar in Ihrem Beispiel keine Funktionalität, aber in CreateParameter wird ordentlich ein Platzhalter-Objekt zurückgegeben.

Das erste Mal in diesem Beispiel, dass Sie ein klein wenig »echte Programmierarbeit« leisten, ist Execute-Reader. Dort wird überprüft, ob es eine gültige und offene Verbindung gibt, und wenn ja, ein neues XmlDatareader-Objekt (dessen Implementierung Sie im Abschnitt »Implementierung einer *DataReader*-Klasse« weiter hinten in diesem Kapitel vornehmen werden) über die liesXmlDataDocument-Methode mit Daten gefüllt und zurückgegeben.

```vbnet
        '---- Implementierung der erforderlichen Methoden
        Public Sub Cancel() Implements IDbCommand.Cancel
            '-- In diesem Beispiel wird das Abbrechen nicht unterstützt.
            Throw New NotSupportedException
        End Sub 'Cancel

        Public Function CreateParameter() As IDataParameter _
                Implements IDbCommand.CreateParameter
            Return CType(New XmlDataParameter, IDataParameter)
        End Function 'CreateParameter

        Public Overloads Function ExecuteReader(ByVal behavior As CommandBehavior) _
                As IDataReader Implements IDbCommand.ExecuteReader
            '-- Holt die Daten aus der Datenquelle und gibt ein DataReader-Objekt
            '-- zurück, über das der Benutzer die Ergebnisse abfragen kann.
            '-- In diesem Beispiel ist die CommandBehavior-Einstellung wirkungslos.
            ' Überprüfen, ob es eine gültige und offene Verbindung gibt
            If _connection Is Nothing _
                    OrElse _connection.State <> System.Data.ConnectionState.Open Then
                Throw New InvalidOperationException("Verbindung muss gültig & " & _
                                                    "offen sein!")
            End If
            ' Kommando ausführen
            Dim reader As New XmlDataReader(_sCmdText)
            reader.liesXmlDataDocument(_sCmdText)
            Return reader
        End Function 'ExecuteReader

        Public Sub Dispose() Implements IDbCommand.Dispose
        End Sub 'Dispose
End Class 'XmlCommand
```

Listing 30.8 Implementierung der erforderlichen Methoden der *XmlCommand*-Klasse

> **TIPP** Wenn Sie dem Benutzer im Vorschaumodus des Berichts-Designers die Möglichkeit geben wollen, dass er die Abfrageparameter im *Dataset*-Dialogfeld auf der Registerkarte *Parameter* eingeben kann, müssen Sie die optionale IDbCommand-Analysis-Schnittstelle in Ihrer Command-Klasse implementieren.
>
> Diese nur vom Berichts-Designer verwendete Schnittstelle ermöglicht es, eine Abfrage zu analysieren und eine Liste mit deren Parametern zurückzugeben.

Damit haben Sie die XmlCommand-Klasse erfolgreich implementiert, und Sie können sich der Implementierung der DataReader-Klasse zuwenden.

Implementierung einer *DataReader*-Klasse

Das DataReader-Objekt ermöglicht dem Berichtsserver, die Daten aus der Datenquelle auszulesen, und zwar in Form eines Nur-Lesen-Datenstroms, auf dem nur eine Vorwärtsbewegung erlaubt ist (read-only, forward-only stream) – aus Ihrer Perspektive also die bequemste Art, denn Sie müssen nur einen minimalen Funktionsumfang implementieren.

Die Ergebnisse werden beim Ausführen der Abfrage zurückgegeben und im Netzwerkpuffer zwischengespeichert, bis sie über die Read-Methode der DataReader-Klasse abgerufen werden.

Um eine DataReader-Klasse zu programmieren, implementieren Sie die IDataReader- und optional die IDataReaderExtension-Schnittstelle.

Wie in Abbildung 30.2 weiter oben zu erkennen ist, erzeugt der Berichtsserver ein DataReader-Objekt, nachdem er eine Instanz der Command-Klasse erzeugt und deren ExecuteReader-Methode aufgerufen hat, um Zeilen aus der Datenquelle zu lesen.

Die DataReader-Implementierung muss grundsätzlich zwei Dinge leisten:

- Einen nur vorwärts lesbaren Zugriff auf die Ergebnisse der Ausführung des Kommandotextes ermöglichen sowie
- den Zugriff auf Spaltentypen, -namen, und -werte in jeder Zeile zulassen.

Der Berichtsserver verwendet die Read-Methode, um die jeweils nächste Zeile aus der Abfrage zu holen.

Der Berichts-Designer verwendet Ihr DataReader-Objekt, um über dessen GetName-, GetValue-, GetFieldType-, und GetOrdinal-Methoden sowohl eine Feldliste als auch Schema-Informationen zu ermitteln.

Um Ihr DataReader-Objekt zu implementieren, gehen Sie folgendermaßen vor:

1. Erzeugen Sie analog zum vorhergehenden Abschnitt eine neue Klasse mit dem Namen **XmlDataReader.vb** und beginnen Sie mit deren Implementierung, wie in Listing 30.9 zu sehen.

    Da Sie in dieser Klasse nun endlich das eigentliche Auslesen der Daten – also den Zugriff auf die XML-Datei – programmieren, müssen Sie die für die XML-Verarbeitung benötigten Namespace-Namen per Imports importieren.

```
Option Strict On
Option Explicit On

Imports System
Imports System.Collections
```

Listing 30.9 Beginn der *IDataReader*-Implementierung der *XmlDataReader*-Klasse

Implementierung einer Datenverarbeitungserweiterung

```
Imports Microsoft.ReportingServices.DataProcessing
Imports System.IO
Imports System.Xml

Public Class XmlDataReader
    Implements IDataReader

    ' Die aus dem XML-File eingelesene Tabelle
    Private _DataTable As DataTable
    ' unsere Connection
    Private _connection As XmlConnection = Nothing
    ' Unsere aktuelle Zeile
    Friend _iAktuelleZeile As Integer

    '---- Um zu verhindern, dass die Benutzer DataReader-Objekte direkt erzeugen,
    '---- wird der Konstruktor mit "friend" als intern deklariert
    Friend Sub New(ByVal cmdText As String)

    End Sub 'New
```

Listing 30.9 Beginn der *IDataReader*-Implementierung der *XmlDataReader*-Klasse *(Fortsetzung)*

2. Implementieren Sie die Eigenschaften von IDataReader, wie in Listing 30.10 dargestellt.

Dabei sorgt die Read-Methode dafür, dass der nächste Datensatz bereitgestellt wird.

Mit FieldCount informieren sich die Reporting Services über die Anzahl der Spalten, mit GetName über den Namen der Spalte, deren Index übergeben wird, mit GetFieldType über deren Typ und schließlich mit GetValue über deren Inhalt. GetOrdinal ermittelt umgekehrt zu einem gegebenen Spaltennamen deren Index.

```
    '---- Methoden und Eigenschaften von IDataReader

    Public Function Read() As Boolean Implements IDataReader.Read
        ' -- Geht zur nächsten Zeile
        If (_DataTable Is Nothing) Then
            Return False ' Wenn es keine Datentabelle gibt, ist read ein Misserfolg
        Else
            '
            _iAktuelleZeile += 1
            Return _iAktuelleZeile < _DataTable.Rows.Count
        End If
    End Function 'Read

    Public ReadOnly Property FieldCount() As Integer _
            Implements IDataReader.FieldCount
        ' Gibt die Anzahl der Spalten zurück
        Get
            Return _DataTable.Columns.Count
        End Get
    End Property

    Public Function GetName(ByVal i As Integer) As String _
            Implements IDataReader.GetName
        ' Gibt den Namen der i-ten Spalte zurück
        Return _DataTable.Columns(i).ColumnName.ToString
    End Function 'GetName

    Public Function GetFieldType(ByVal i As Integer) As Type _
```

Listing 30.10 Implementierung der Methoden und Eigenschaften von *IDataReader* in der *XmlDataReader*-Klasse

```
            Implements IDataReader.GetFieldType
            ' Gibt den Typ der i-ten Spalte zurück
            Return _DataTable.Columns(i).DataType
        End Function 'GetFieldType

        Public Function GetValue(ByVal i As Integer) As [Object] _
            Implements IDataReader.GetValue
            ' Gibt den Value der i-ten Spalte der aktuellen Zeile zurück
            Return _DataTable.Rows(_iAktuelleZeile).ItemArray(i)
        End Function 'GetValue

        Public Function GetOrdinal(ByVal name As String) As Integer _
            Implements IDataReader.GetOrdinal
            ' Ermittelt den Ordinalwert der Spalte
            ' Gibt -1 für "nicht gefunden" zurück
            Return _DataTable.Columns(name).Ordinal
        End Function 'GetOrdinal
```

Listing 30.10 Implementierung der Methoden und Eigenschaften von *IDataReader* in der *XmlDataReader*-Klasse *(Fortsetzung)*

3. Nun kommen wir zum eigentlichen Lesen des XML-Dokuments. Implementieren Sie hierzu liesXmlDataDocument (Listing 30.11).

Dort wird über einen StreamReader ein XML-DataObject gelesen, dessen Dateiname im Kommandotext (CommandText) erwartet wird. Die dort enthaltene Tabelle wird in der privaten Variable _DataTable abgelegt, aus der sie von den im vorhergehenden Listing implementierten Funktionen ausgelesen wird.

```
        '---- Implementierung der spezifischen Methode

        Friend Sub liesXmlDataDocument(ByVal cmdText As String)
            Dim XmlDataDoc As New XmlDataDocument
            ' -- Schema einlesen
            Dim reader As StreamReader = Nothing
            Try
                reader = New StreamReader(cmdText & ".xsd")
                ' Schemadatei wird gelesen
                XmlDataDoc.DataSet.ReadXmlSchema(reader)
                ' Jetzt lesen wir die Daten
                XmlDataDoc.Load(cmdText & ".xml")
            Catch e As Exception
                Throw New InvalidOperationException("Fehler: " & e.ToString())
            Finally
                If Not reader Is Nothing Then
                    reader.Close()
                End If

            End Try
            ' Uns interessiert nur die erste Tabelle
            _DataTable = XmlDataDoc.DataSet.Tables(0)
            _iAktuelleZeile = -1
        End Sub 'liesXmlDataDocument

        Public Sub Dispose() Implements IDataReader.Dispose
        End Sub 'Dispose

End Class 'XmlDataReader
```

Listing 30.11 Implementierung der spezifischen Methoden in der *XmlDataReader*-Klasse

4. Abschließend erzeugen Sie noch die No-Operation-Implementierungen der Klassen *XmlDataParameter.vb* und *XmlDataParameterCollection.vb* wie in Listing 30.12 bzw. in Listing 30.13 dargestellt.

```
Option Strict On
Option Explicit On

Imports System
Imports Microsoft.ReportingServices.DataProcessing

Public Class XmlDataParameter
    Implements IDataParameter

    Public Property ParameterName() As String Implements _
            IDataParameter.ParameterName
        Get

        End Get
        Set(ByVal Value As String)

        End Set
    End Property

    Public Property Value() As Object Implements IDataParameter.Value
        Get

        End Get
        Set(ByVal Value As Object)

        End Set
    End Property
End Class
```

Listing 30.12 No-Operation-Implementierung der *XmlDataParameter*-Klasse

```
Option Strict On
Option Explicit On

Imports System
Imports Microsoft.ReportingServices.DataProcessing
Imports System.Collections
Imports System.Globalization

Public Class XmlDataParameterCollection
    Inherits ArrayList
    Implements IDataParameterCollection

    Public Function Add1(ByVal parameter As IDataParameter) As Integer Implements _
            IDataParameterCollection.Add

    End Function
End Class
```

Listing 30.13 No-Operation-Implementierung der *XmlDataParameterCollection*-Klasse

5. Damit ist Ihre Datenverarbeitungserweiterung fertig und Sie können sie über den Menübefehl *Erstellen/XMLDatenverarbeitungsErweiterung erstellen* kompilieren. Während dieses Prozesses laufen im Ausgabe-

fenster diverse Informationen durch, die mit der Zeile ========== *Build: 1 erfolgreich oder aktuell, Fehler bei 0, 0 übersprungen* ========== abgeschlossen sind.

In dem Verzeichnis, in dem Ihr Projekt abgelegt ist, gibt es nun ein Unterverzeichnis *bin\Debug*, in dem die Assembly als *ixto.Beispiele.ReportingServices.XMLDatenverarbeitungsErweiterung.dll* abgelegt ist. Wie Sie diese nun bereitstellen und verwenden können, erfahren Sie in den folgenden Abschnitten.

Bereitstellung einer Datenverarbeitungserweiterung

Nachdem Sie die *ixto.Beispiele.ReportingServices.XMLDatenverarbeitungsErweiterung.dll* erstellt haben, wie in den vorgehenden Abschnitten beschrieben, können Sie diese auf Ihrem Berichtsserver und in Ihrem Berichts-Designer bereitstellen.

Gehen Sie dazu folgendermaßen vor:

1. Kopieren Sie die Assembly *ixto.Beispiele.ReportingServices.XMLDatenverarbeitungsErweiterung.dll*, die im *bin\Debug*-Unterordner des *XMLDatenverarbeitungsErweiterung*-Beispielverzeichnisses erzeugt wurde, in den Berichtsservererweiterungen-Ordner, den Sie standardmäßig unter *C:\Programme\Microsoft SQL Server\MSSQL.3\Reporting Services\ReportServer\bin* finden.

2. Kopieren Sie die Assembly auch in den Berichts-Designer-Erweiterungen-Ordner, den Sie standardmäßig unter *C:\Programme\Microsoft Visual Studio 8\Common7\IDE\PrivateAssemblies* finden.

> **ACHTUNG** Erstellen Sie **unbedingt** von jeder .*config*-Datei, die Sie in den folgenden Schritten ändern, zuvor eine Sicherheitskopie.

Sie sollten diese Aufforderung ernst nehmen, denn es handelt sich hier nicht um »die übliche Warnung, die nur von Feiglingen beachtet wird«. Vielmehr reagieren die Reporting Services mitunter sehr empfindlich auf Fehler in den Konfigurationsdateien, und so kann es tatsächlich sehr schnell passieren, dass durch eine Fehlkonfiguration dieser Dateien die Reporting Services überhaupt nicht mehr funktionieren – und wenn Sie dann keine Sicherung der .*config*-Dateien zum Wiederherstellen haben, bleibt Ihnen nur eine komplette Neuinstallation der Reporting Services.

3. Um die Erweiterung für Berichtsserver und Berichts-Designer verfügbar zu machen, öffnen Sie nach vorheriger Sicherung die Datei *RSReportServer.config* sowie die Datei *RSReportDesigner.config*, die Sie standardmäßig im Ordner *C:\Programme\Microsoft SQL Server\MSSQL.3\Reporting Services\ReportServer* bzw. *C:\Programme\Microsoft Visual Studio 8\Common7\IDE\PrivateAssemblies* finden, und fügen Sie jeweils im Abschnitt *Data* den Eintrag aus Listing 30.14 hinzu.

```
<Extension Name = "XMLBuch"
Type="ixto.Beispiele.ReportingServices.XMLDatenverarbeitungsErweiterung.XmlConnection,ixto.Beispiele.
ReportingServices.XMLDatenverarbeitungsErweiterung"/>
```

Listing 30.14 Fügen Sie diese Zeilen den Dateien *RSReportServer.config* und *RSReportDesigner.config* hinzu

> **TIPP** Um zu verhindern, dass Sie durch eine fehlerhafte XML-Struktur eine Konfigurationsdatei zerstören, sollten Sie diese in Visual Studio öffnen und anschließend den Menübefehl *Ansicht/Datenraster* aufrufen. Falls die Datei keine korrekte XML-Struktur enthält, finden Sie dort eine Angabe zur präzisen Position des Fehlers, wie beispielhaft in Abbildung 30.7 dargestellt. Falls die Datei jedoch eine korrekte XML-Struktur enthält, wird das Datenraster wie in Abbildung 30.8 angezeigt.

Bereitstellung einer Datenverarbeitungserweiterung

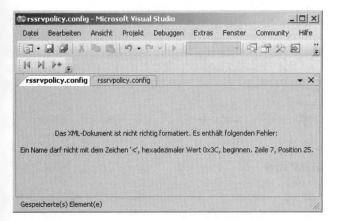

Abbildung 30.7 So informiert Sie Visual Studio, falls Ihre Konfigurationsdatei keine korrekte XML-Struktur enthält

Bedenken Sie aber, dass Visual Studio nur die Korrektheit der XML-Struktur, nicht aber den Inhalt der Konfigurationsdatei überprüfen kann.

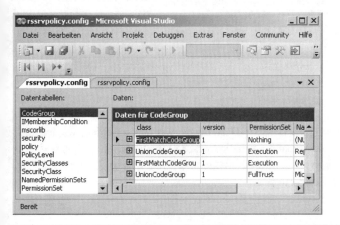

Abbildung 30.8 Falls Ihre Konfigurationsdatei eine korrekte XML-Struktur enthält, wird das Datenraster angezeigt

4. Aktivieren Sie durch Einfügen der Zeilen aus Listing 30.15 in die Datei *RSReportDesigner.config* unter *Designer* den Designer für generische Abfragen für Ihre Datenverarbeitungserweiterung.

```
<Extension Name="XMLBuch"
Type="Microsoft.ReportDesigner.Design.GenericQueryDesigner,Microsoft.ReportingServices.Designer"/>
```

Listing 30.15 Fügen Sie diese Zeilen der Datei *RSReportDesigner.config* hinzu

5. Datenverarbeitungserweiterungen benötigen die volle Vertrauenswürdigkeit. Diese erteilen Sie, indem Sie die Codegruppeninformationen aus Listing 30.16 zur Richtlinienkonfigurationsdatei für den Berichtsserver (*RSSrvPolicy.config*) hinzufügen, die Sie standardmäßig unter *C:\Programme\Microsoft SQL Server\MSSQL.3\Reporting Services\ReportServer* finden. Die Platzierung ist hier etwas komplizierter, da bereits mehrere verschachtelte CodeGroup-Abschnitte existieren und Sie auf die richtige Einordnung achten müssen: Die richtige Position ist, wie Sie in Abbildung 30.9 erkennen können, hinter dem </CodeGroup>-Tag des letzten öffnenden <CodeGroup>-Tags.

```
<CodeGroup class="UnionCodeGroup"
   version="1"
   PermissionSetName="FullTrust"
   Name="XMLCodeGruppe"
   Description="Codegruppe für XML-Datenverarbeitungserweiterung">
      <IMembershipCondition class="UrlMembershipCondition"
         version="1"
         Url="C:\Programme\Microsoft SQL Server\MSSQL.3\Reporting
Services\ReportServer\bin\ixto.Beispiele.ReportingServices.XMLDatenverarbeitungsErweiterung.dll"
      />
</CodeGroup>
```

Listing 30.16 Fügen Sie diese Zeilen der Datei *RSSrvPolicy.config* hinzu

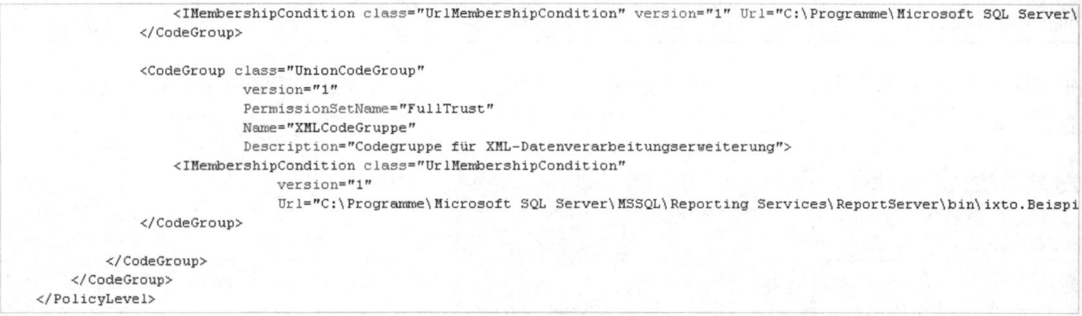

```
               <IMembershipCondition class="UrlMembershipCondition" version="1" Url="C:\Programme\Microsoft SQL Server\
            </CodeGroup>

            <CodeGroup class="UnionCodeGroup"
                    version="1"
                    PermissionSetName="FullTrust"
                    Name="XMLCodeGruppe"
                    Description="Codegruppe für XML-Datenverarbeitungserweiterung">
               <IMembershipCondition class="UrlMembershipCondition"
                      version="1"
                      Url="C:\Programme\Microsoft SQL Server\MSSQL\Reporting Services\ReportServer\bin\ixto.Beispi
            </CodeGroup>

         </CodeGroup>
      </CodeGroup>
   </PolicyLevel>
```

Abbildung 30.9 An dieser Stelle müssen Sie die Codegruppeninformationen einfügen

6. Wenn Sie Ihre Datenverarbeitungserweiterung im Berichts-Designer verwenden möchten, wiederholen Sie den Schritt 5 mit der Richtlinienkonfigurationsdatei für die Vorschau im Berichts-Designer, die Sie standardmäßig unter *C:\Programme\Microsoft Visual Studio 8\Common7\IDE\PrivateAssemblies\RSPreviewPolicy.config* finden, und der folgenden Codegruppe:

```
<CodeGroup class="UnionCodeGroup"
   version="1"
   PermissionSetName="FullTrust"
   Name=" XMLCodeGruppe "
   Description=" Codegruppe für XMLDatenverarbeitungsErweiterung">
      <IMembershipCondition class="UrlMembershipCondition"
         version="1"
         Url="C:\Programme\Microsoft Visual Studio 8\Common7\IDE\PrivateAssemb-
lies\ixto.Beispiele.ReportingServices.XMLDatenverarbeitungsErweiterung.dll"
      />
</CodeGroup>
```

Listing 30.17 Fügen Sie diese Zeilen der Datei *RSPreviewPolicy.config* hinzu

Nun steht Ihre Datenverarbeitungserweiterung endgültig zur Verwendung in Ihren Berichten bereit.

Verwendung einer Datenverarbeitungserweiterung in einem Bericht

Nachdem Sie eine XML-Datenverarbeitungserweiterung implementiert und bereitgestellt haben, wie in den vorangegangenen Abschnitten beschrieben, können Sie die Erweiterung nun endlich in Ihren Berichten verwenden.

Dazu erstellen Sie einfach einen normalen Bericht basierend auf Ihrer eigenen Datenquelle, was im Folgenden knapp beschrieben wird.

> **HINWEIS** Ausführlichere Informationen zum Erstellen von Berichten mit dem Berichtsprojekt-Assistenten finden Sie in Kapitel 6.

1. Starten Sie das Erstellen eines neuen Berichts in Visual Studio mit dem Assistenten, indem Sie den Menübefehl *Datei/Neu/Projekt* aufrufen, unter *Business Intelligence-Projekte* den *Berichtsserverprojekt-Assistenten* markieren und mit *OK* starten.
2. Wählen Sie die Option *Neue Datenquelle* und als Typ *XML-Datenverarbeitungserweiterung*, wie in Abbildung 30.10 zu sehen.

> **ACHTUNG** Wird Ihre Datenverarbeitungserweiterung in Schritt 2 unter *Typ* nicht angezeigt, überprüfen Sie zunächst, ob Sie alle im Abschnitt »Bereitstellung einer Datenverarbeitungserweiterung« weiter vorne in diesem Kapitel beschriebenen Schritte korrekt durchgeführt haben.

Haben Sie alles richtig konfiguriert, werfen Sie einen Blick in die Log-Dateien, die Sie standardmäßig unter *C:\Programme\Microsoft SQL Server\MSSQL.3\Reporting Services\LogFiles* finden, in der meist sehr hilfreiche Fehlermeldungen stehen, oft sogar mit Zeilennummer.

Hilft auch das nicht weiter, debuggen Sie Ihre Erweiterung wie im Abschnitt »Debugging von Erweiterungs-Code« weiter hinten in diesem Kapitel erläutert.

Abbildung 30.10 Wählen Sie hier Ihre selbst erstellte Datenverarbeitungserweiterung als Datenquelle aus

3. Ihre Erweiterung benötigt eigentlich keine Verbindungszeichenfolge, Sie können jedoch den Berichts-Assistenten nicht fortsetzen, solange das Feld leer ist. Tragen Sie daher unter *Verbindungszeichenfolge* den Wert **dummy** ein.

4. Klicken Sie auf *Anmeldeinformationen* und wählen Sie im Dialogfeld in Abbildung 30.11 die Anmeldeinformationen, mit denen Ihre Erweiterung die Daten abrufen soll, z.B. *Windows-Authentifizierung verwenden (Integrierte Sicherheit)* und klicken Sie auf *OK*, um die Datenquelle zu speichern.

Abbildung 30.11 Wählen die Sicherheitseinstellungen aus, mit denen Ihre Erweiterung arbeiten soll

5. Wechseln Sie mit *Weiter* zum Dialogfeld *Abfrage entwerfen* (Abbildung 30.12) und tragen Sie dort den Namen der Datei mit Pfadnamen (aber ohne Dateierweiterung) ein, deren Daten Sie im Bericht anzeigen möchten, hier also **C:\XMLTest\BuchDaten**.

Abbildung 30.12 Tragen Sie hier den Namen mit Pfad der XML-Datei ein, die angezeigt werden soll

6. Klicken Sie auf *Weiter*, wählen Sie Ihren *Berichtstyp* sowie den gewünschten *Stil* Ihres Berichtes aus und klicken Sie anschließend auf *Fertig stellen*, um zum Fenster *Den Berichts-Assistenten abschließen* (Abbildung 30.13) zu gelangen, wo Sie als *Berichtsname* **XMLTest** eintragen.

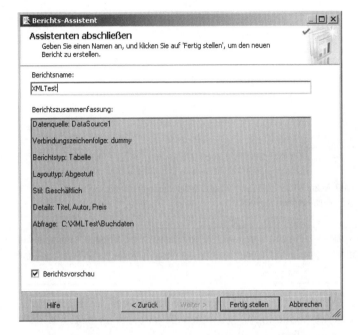

Abbildung 30.13 Geben Sie hier Ihrem Beispielbericht einen Namen

7. Wählen Sie *Berichtsvorschau* und klicken Sie auf *Fertig stellen*.
8. Der Bericht wird in der Vorschau angezeigt. In der Abbildung 30.14 erkennen Sie die von Ihrer Erweiterung zurückgegebenen Felder *Titel*, *Autor* und *Preis*.

XMLTest		
Titel	**Autor**	**Preis**
Das Märchen von Gockel, Hinkel und Gackeleia	Clemens Brentano	16,70
Hampels Fluchten	Michael Kumpfmüller	9,90
Die offene Gesellschaft und ihre Feinde	Karl Popper	89,00

Abbildung 30.14 Überzeugen Sie sich in der Berichtsvorschau, dass Ihre Erweiterung die korrekten Daten anzeigt

9. Überprüfen Sie, ob der Inhalt Ihres Berichts mit dem Inhalt der Datei *C:\XMLTest\BuchDaten.xml* übereinstimmt.
10. Überprüfen Sie, ob Ihre Erweiterung wie jede andere Datenquelle funktioniert, indem Sie die Registerkarte *Daten* wählen und dort auf das !-Symbol klicken.
11. Wie in Abbildung 30.15 zu sehen ist, werden die Daten im Abfragebereich angezeigt – ganz so, als würden wir mit einer normalen SQL-Abfrage und nicht mit einer selbst programmierten Erweiterung arbeiten!

Abbildung 30.15 Die Daten Ihrer Erweiterung werden angezeigt, als ob sie aus einer SQL-Abfrage kämen

ACHTUNG   Da Sie in Visual Studio im Vorschaufenster in einem besonderen Sicherheitskontext arbeiten, ist es sehr wichtig, dass Sie den Bericht an den Berichtsserver weitergeben, denn dort können trotz problemlos funktionierender Vorschau durchaus noch Fehler auftreten!

12. Rufen Sie den Menübefehl *Debuggen/Debuggen starten* auf. Der Weitergabeprozess läuft durch und ein Browserfenster öffnet sich entsprechend der Abbildung 30.16. Sollten Sie stattdessen eine Fehlermeldung zu sehen bekommen, hilft Ihnen der folgende Texteinschub weiter.

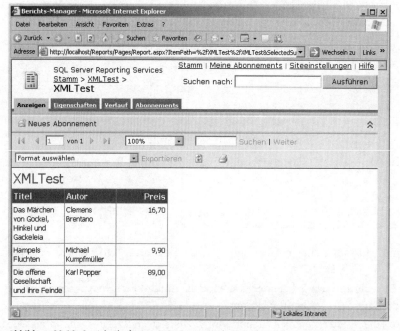

Abbildung 30.16 So sieht Ihr fertiger XML-Datenverarbeitungserweiterung-Testbericht im Browser aus

Verwendung einer Datenverarbeitungserweiterung in einem Bericht

Wenn die Datenverarbeitungserweiterung nicht arbeiten will: Typische Probleme

Folgende Fehlermeldungen treten häufig beim Testen von Datenverarbeitungserweiterungen auf:

- Systemberechtigungsprobleme, wie in Abbildung 30.17 zu sehen.

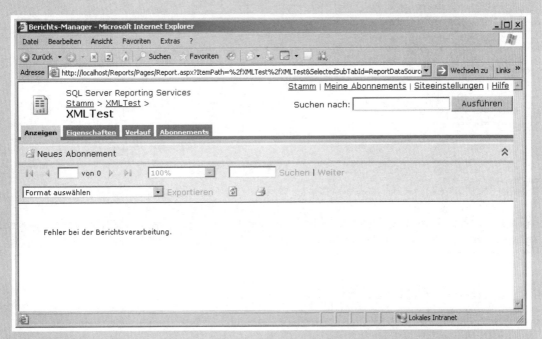

Abbildung 30.17 Diese Fehlermeldung deutet auf einen Fehler in *RSSrvPolicy.config* hin

Überprüfen Sie, ob Sie bei der Bereitstellung die Anpassungen an der *RSSrvPolicy.config*-Datei vorgenommen haben, wie im Abschnitt »Bereitstellung einer Datenverarbeitungserweiterung« weiter vorne in diesem Kapitel beschrieben.

- Der Hinweis auf »Datenquellen-Anmeldeinformationen« wie in Abbildung 30.18 kann einerseits darauf hinweisen, dass die Berechtigungen nicht ausreichen, kann aber auch auf eine fehlerhafte Programmierung Ihrer Datenverarbeitungserweiterung hindeuten.

Weitere Informationen zum Thema »Datenquellen« finden Sie in Kapitel 17.

Oft sehr hilfreiche Hinweise auf mögliche Fehlerursachen finden Sie in des Reporting Services-Log-Dateien, die standardmäßig unter *C:\Programme\Microsoft SQL Server\MSSQL.3\Reporting Services\Log-Files* abgelegt werden.

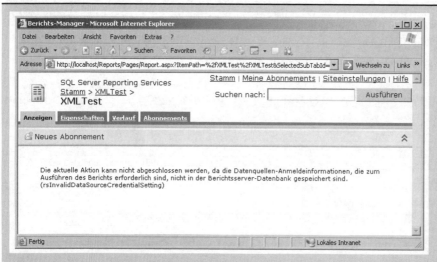

Abbildung 30.18 Diese Fehlermeldung deutet darauf hin, dass Sie die Datenquellensicherheitsinformationen nicht richtig konfiguriert haben

Bei der weiteren Eingrenzung des Fehlers hilft Ihnen eventuell der Abschnitt »Debugging von Erweiterungs-Code« weiter hinten in diesem Kapitel.

Debugging von Erweiterungs-Code

Wenn Ihre Datenverarbeitungserweiterung nicht das tut, was sie soll, müssen Sie diese debuggen.

Das geht komfortabler, als Sie dies angesichts der tiefen Verzahnungen zwischen den Report Services und Ihrem Code wahrscheinlich erwarten würden:

1. Öffnen Sie das Datenverarbeitungserweiterung-Projekt in Visual Studio.
2. Sofern noch nicht geschehen, erzeugen Sie die aktuelle Assembly über den Menübefehl *Erstellen/XMLDatenverarbeitungsErweiterung erstellen*.
3. Kopieren Sie die Assembly und die gleichnamige *.pdb*-Datei in die Binary-Verzeichnisse von Berichtsserver und Berichts-Manager, die Sie standardmäßig unter *C:\Programme\Microsoft SQL Server\MSSQL.3\Reporting Services\ReportServer\bin* bzw. *C:\Programme\Microsoft SQL Server\MSSQL.3\Reporting Services\ReportManager\bin* finden.

WICHTIG Sollten Sie beim Kopieren Ihrer Assembly die Fehlermeldung aus Abbildung 30.19 erhalten, müssen Sie den Berichtsserver beenden, die Assembly kopieren und anschließend den Berichtsserver wieder starten.

Abbildung 30.19 Fehlermeldung beim Kopieren der Assembly, wenn diese vom Berichtsserver verwendet wird

Debugging von Erweiterungs-Code

Den Berichtsserver können Sie beenden und starten, indem Sie z.B. im Startmenü die Befehlsfolge *Alle Programme/Verwaltung/Dienste* aufrufen, *SQL Server Reporting Services* auswählen und auf *Beenden* bzw. *Starten* klicken.

4. Setzen Sie Haltepunkte in Ihrem Projekt, indem Sie z.B. im Quelltext links in der Leiste neben die _state-Variable klicken, wie in Abbildung 30.20 zu sehen ist.

Abbildung 30.20 Setzen Sie einen Haltepunkt auf die _state-Variable, um diese zu debuggen

5. Rufen Sie den Menübefehl *Debuggen/An den Prozess anhängen* auf, um das gleichnamige Dialogfeld zu öffnen. Markieren Sie dort die *aspnet_wp.exe* bzw. *w3wp.exe* (der Name hängt davon ab, mit welcher IIS-Version Sie arbeiten) sowie die (während Sie die `Strg`-Taste gedrückt halten) *ReportingServicesService.exe*. Klicken Sie dann auf *Anfügen*. Wenn das Dialogfeld *Codetyp auswählen* erscheint (siehe Abbildung 30.21), sorgen Sie beide Male dafür, dass *Systemeigen* sowie *Verwaltet* angekreuzt sind und klicken auf *OK*.

TIPP Wenn im Dialogfeld *An den Prozess anhängen* weder *aspnet_wp.exe* noch *w3wp*.exe aufgelistet wird, starten Sie eine ASP.NET-Anwendung, zum Beispiel den Berichts-Manager, und führen einige Arbeitsschritte damit durch. Klicken Sie anschließend im Dialogfeld *An den Prozess anhängen* auf *Aktualisieren*, um den gesuchten Prozess anzuzeigen.

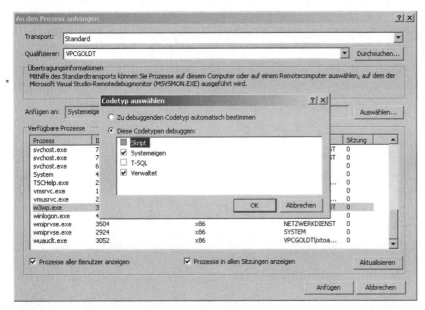

Abbildung 30.21 Hängen Sie den Debugger an den IIS-Prozess an

6. Sorgen Sie dafür, dass Ihre Erweiterung zur Ausführung kommt, z.B. wie im Abschnitt »Verwendung einer Datenverarbeitungserweiterung in einem Bericht« weiter vorne beschrieben.
7. Sobald die Erweiterung ausgeführt und eine Position im Code erreicht wird, an der Sie einen Haltepunkt gesetzt haben, gelangen Sie in den Visual Studio-Debugger, der den Haltepunkt anzeigt (siehe Abbildung 30.22).

Abbildung 30.22 Beim Debugging wurde der Haltepunkt erreicht

8. Führen Sie den Code durch wiederholtes Drücken der [F11]-Taste Zeile für Zeile aus oder setzen Sie die Ausführung mit der [F5]-Taste fort.

Mehr Informationen zum Thema »Debugging« finden Sie in der Visual Studio 2005-Dokumentation.

Entfernen einer Erweiterung

Eine Datenverarbeitungs- oder Übermittlungserweiterung zu entfernen kostet nicht viel Mühe: Sie müssen nur die *Extension*-Elemente aus den Konfigurationsdateien entfernen, die Sie mit Hilfe der Anleitung im Abschnitt »Bereitstellung einer Datenverarbeitungserweiterung« jeweils in diesem Kapitel hinzugefügt haben. Dies betrifft die Dateien *RSReportServer.config*, *RSReportDesigner.config*. und *RSSecurity.config*.

Sobald diese Konfigurationsinformationen entfernt sind, steht die Erweiterung nicht mehr zur Verfügung, d.h. die Ausführung von darauf basierenden Komponenten wie Berichten führt zu einem Fehler, und für das Erzeugen neuer Berichte, z.B. im Berichts-Designer, wird die Erweiterung nicht mehr angeboten.

Stichwortverzeichnis

.config-Datei 482
    fehlerhafte XML-Struktur 482
    Fehlkonfiguration 482
.NET-Assemblies 422
.NET-Datenquellen 465
.pdb-Datei 490
.rss-Datei *siehe* Skript
.xsd-Datei 468
@ExecutionTime 389
@ReportName 389

A

Abfrage entwerfen (Fenster) 486
Abfrageausführung 298
Abfrage-Designer 102, 118
Abfrageentwurf 402
Abfrage-Generator 82, 118
Abfrageparameter 170
Abfrageprozess 296
Abfragetimeoutwert 294
Abfrageverarbeitung 294
Ablauf
    wiederkehrender 28
Abonnement 291, 370
    aktualisieren 242
    anzeigen 242
    datengesteuert 268
    erstellen 242
    löschen 242
    Methoden 446
    Status-Spalte 385
Abteilungsbericht 28
Active Directory Gruppen- und Benutzernamen 397
Administration
    Aufgaben automatisieren 422
    horizontal aufteilen 394
    vertikal teilen 394
Administrationsschnittstelle
    webbasierte 30
AdventureWorks 63
Akzeptanz
    beim Nutzer 32
Altair-Dollar 410–411
Altair-Dollar-Währungsrechner *siehe* Währungsrechner
Altair-System 410
Analysten 33

Anforderungen
    administrative 30
Anmeldefehler 385
Anmeldeinformationen 248, 274, 372
    direkte Eingabe 274
    gespeicherte 277
    gespeicherte Anmeldeinfomationen 276
    Kerberos 275–276
    Methoden der Authentifizierung 276
    nicht erforderlich 275, 277
    spezielles Konto 277
    SQL-Authentifizierung 276
    unbeaufsichtigte Berichtsverarbeitung 277
Anmeldeinformationen für die Datenquelle (Fenster) 486
Architekturdiagramm 46
ASP.NET 424
ASP.NET-Anwendung 491
ASP.NET-Webdienst 434
aspnet_wp.exe 491
Assembly 412, 416
    Bereitstellung 414
    Erstellung 413
    Implementierung 412
    Nutzung 417
    Verweis auf eine *siehe* Bericht, Verweis auf eine Assembly
Aufgabe 241–242, 244, 246, 255
    Aktion 241
    Alle Abonnements verwalten 242, 247
    Aufträge verwalten 242, 244, 250
    benutzerdefiniert 241
    Berechtigung 241–243
    Berechtigungsart 244
    Berichte anzeigen 246–247, 252, 262
    Berichte verwalten 242, 247–249, 253, 262
    Berichtsservereigenschaften anzeigen 244, 250
    Berichtsservereigenschaften verwalten 244, 250
    Berichtsserversicherheit verwalten 244, 250
    Berichtsverlauf verwalten 243, 247–248
    Datenquellen anzeigen 243, 247–248, 252, 262, 265
    Datenquellen verwalten 243, 247–249, 252, 262, 265
    Einzelne Abonnements verwalten 243, 246–248
    Elementebene 242, 247
    Ereignisse generieren 244
    Freigegebene Zeitpläne anzeigen 244, 250
    Freigegebene Zeitpläne verwalten 242, 244, 250
    Ordner anzeigen 243, 246–248, 252, 262

Aufgabe *(Fortsetzung)*
    Ordner verwalten 241, 243, 247–249, 262
    Ressourcen anzeigen 243, 246–248, 262
    Ressourcen verwalten 243, 247–249
    Rollen verwalten 244, 250
    Sicherheit für einzelne Elemente 247
    Sicherheit für einzelne Elemente festlegen 243, 251,
        262, 265
    Systemebene 242–243
    Verknüpfte Berichte erstellen 243, 247–249
    vordefiniert 241
    zuweisen 241
Aufgabenliste 411
Auflistung
    Fields 407
    globale 407
    Globals 407
    Parameters 409
    ReportItems 409
    User 409
Auflistungen
    globale 409
Auftrag
    abbrechen 299–300
    Benutzerauftrag 298
    in Bearbeitung 298
    in Listenform anzeigen 299
    sortieren 299
    Spalten der Auflistung 299
    Systemaufträge 298–299
    verwalten 298
    verwalten (Seite) 298
Ausdruck 401, 404
    bearbeiten 407
    Editor 407
    fehlerhaft 411
    Verwenden 402
Ausführung 290
    bedarfsgesteuert 295–296
    Eigenschaftenseite 291
    Methoden 444
    Phasen 290
    Snapshot 296
    Timeout 294
Ausführungsprotokolle 231
Automatisieren *siehe* Administration
    Aufgaben automatisieren
Autorisierungsmodell 240

B

BackgroundColor 404
BackgroundColor-Element 358
BackgroundImage-Element 358
Basisordner 381
Batch *siehe* Skript
Bedingte Formatierung 133–134

Befehlszeilenprogramme 42, 45
BeginTransaction-Methode 472
    im Listing 472
Beispiel
    BerichtRdlErstellenUndWeitergeben 351
    RDL 349
Beispielberichte bereitstellen 71
Benutzer 240, 244, 249, 255–256
    Administrator 240, 245, 251, 258
    Authentifikation 240
    Benutzer-Konto 258
    Berechtigung 241
    Gruppenkonto 256
    Integrierte Gruppe 245
    Integrierte Windows-Gruppe 258, 261
    Jeder-Konto 258
    Konto 240
    vertrauenswürdig 247
    zuordnen 240
Benutzerauftrag 298
Benutzereingaben 456
Berechtigungen
    in Skriptdateien 461
    Methoden 446
Berechtigungsfehler 398
Bereiche
    ausblenden 33
    einblenden 33
Bereitstellung 89, 194, 199–202
Bericht 242, 246
    abonnieren 241
    ältere Version 29
    Anmeldeinformationen 236
    aus Anwendungen rendern 449
    ausblenden 223
    ausführen 242
    Ausführungssnapshot 293
    ausgedruckter 32
    Datei uploaden-Seite 262
    datengesteuerter 376
    Datenquelle 214
    Dauer der Zwischenspeicherung 293
    Dokumentenstruktur 237
    downloaden 215
    Eigenschaftenseite Allgemein 224
    Eigenschaftenseite Parameter 227
    erstellen 242–243
    exportieren 302
    Exportieren-Listenfeld 302
    im Intra- oder Internet 423
    immer mit neuesten Daten ausführen 292
    löschen 217, 242
    nach Zeitplan ausführen 32
    on-demand ausführen 32
    online einsehen 32
    Parameter 248
    Parameterfelder 236

Stichwortverzeichnis

Bericht *(Fortsetzung)*
    Projekt erstellen 402
    publizieren 249
    rendern 211, 292, 298
    rendern per Skript 457
    rendern per URL-Zugriff 425, 430
    selbst administrieren 394
    sichern 263
    suchen 220
    temporäre Kopie 293
    Übermittlung 24
    uploaden 213
    Verkaufsbericht 402
    verknüpfen 226
    Verknüpfter Bericht 399
    veröffentlichen 350
    verschieben 217
    vertraulich 261
    Verweis auf eine Assembly 416
    Vorschau 403, 411, 417
    weitergeben 364, 398
    wiederherstellen 217
    Zelle 404
    zentral abgelegen 32
    Zwischenspeichern 292
Berichte
    Liste aller am Berichtsserver verfügbaren Berichte 457
    zusammenfassende 33
Berichtgenerator-Beispiel 350
Berichtname 409
Berichtsabonnement *siehe* Abonnement
Berichts-Assistent 39, 78, 348
Berichtsausführung 298
Berichtsausführung, 290, 294
Berichtsausführungsprozesse 299
Berichtsdefinition 36, 39, 41–42, 242, 291, 305, 348, 361
    generieren 354
    schließen 361
    schreiben 363
Berichtsdefinitionssprache *siehe* RDL
Berichts-Designer 36, 39–42, 94, 305, 417
    Datenübermittlungserweiterung 465
    Publizierung in 'Meine Berichte' 398
    Verwendung des DataReader-Objekts 478
    Vorschau-Modus 478
Berichtseigenschaften
    Code 410
Berichtselemente 95, 108
Berichtserstellung
    eingebettete 29
    Standarderstellung 29
Berichtsfeatures 22
Berichts-Generator 22, 40, 333, 341–342
Berichtslayout
    in RDL 356

Berichtslösung 32
    ausgefeilte 29
    moderne 29
Berichts-Manager 37–38, 40–42, 302, 341
    Arbeiten mit 'My Reports' 397
    Datenübermittlungserweiterung 465
    Home 207
    Linkzeile 207
    Navigations-Anzeiger 207
    Siteeinstellungen 230, 325
    starten 206
    Suchen nach 220
    Symbole 208
    Zugriff auf 397
Berichtsmodell 334, 338–340
Berichtsobjektmodell 307
Berichtsparameter 170, 172, 186, 189, 198, 409
    Methoden 445
Berichtsprojekt 78
Berichtsprojekt-Assistent 78
Berichtsprozessor 41–43, 45
Berichtsregion 356
Berichtsserver 36–42, 44–45, 89
    beenden 491
    Berechtigungen 417
    instanziieren 461
    Konfigurationsdatei 414
    starten 491
    umbennen 231
    verwalten 247
    warten 247
Berichtsserver Namespace Management
    Methoden 448
Berichtsserver-Dateifreigabe 373, 377
Berichtsserver-Datenbank 41–42, 44–45
Berichtsserver-E-Mail 387
    konfigurieren 387
Berichtssnapshot 156
Berichtsspezifische Datenquelle 268
    Anmeldeinformationen 271
    Eigenschaftenseite Datenquellen 270
    Einrichtung 278
    freigegebene Datenquelle 270
    mehrere Datenquellen 271
    Schaltfläche 'Durchsuchen' 271
    Schaltfläche 'Übernehmen' 271
    Schaltflächen 270
    Verbindungsinformation 268
    Verbindungstyp 271
    Verbindungszeichenfolge 271
Berichtsspezifische Datenquellen 143
Berichtssymbolleiste ausblenden 429
Berichtstyp 85, 356, 403
Berichtsverarbeitung 290, 298
    unbeaufsichtigte 277
    Zeitpunkt bestimmen 291

Berichtsverlauf 291, 296, 298
   anwenden 320
   auflisten 243
   Beschreibung 321
   Datensicherheit 320
   Eigenschaftsseite Verlauf 315
   löschen 243, 322
   Methoden 447
   Neuer Snapshot 315, 322
   öffnen 322
   Snapshot 321
   Snapshot öffnen 321
   sortieren 321
   Spalte 'Größe' 321
   Spalte 'Wann ausgeführt' 321
   verschieben 320
   Zugriffsberechtigung 320
Berichtswesen
   Anforderungen 28
   externes 29
   internes 28
   unternehmensweites 28
Berichtszoomwert *siehe* Zoom
Beschreibungsbereich 110
Bestsellerliste 434
Bewegung
   zwischen Berichten 29
Bild 109
Bild-Assistent 114
Body-Element 356
   im Listing 356
BorderColor-Element 358
BorderStyle-Element 358–359
   im Listing 357
btnRdlErstellen_Click-Methode 354
Buchungen 29
Business Intelligence Development Studio 71
Button 438

C

Cache 291
CancelBatch-Methode 448
CancelJob-Methode 448
Cancel-Methode 477
   im Listing 477
Close-Methode 472
   im Listing 472
Code
   in Berichte einbetten 422
Code-Editor 440
Code-Element 410–412
Code-Generator 422, 456
Code-Objekt 422
Color-Element 358
Command-Klasse 478
   Implementierung 474–475

Command-Objekt 466, 472
CommandText-Eigenschaft 475
   im Listing 476
CommandText-Element 362
   im Listing 361
CommandTimeout-Eigenschaft 475
   im Listing 476
CommandType-Eigenschaft
   im Listing 476
Company Sales 372
Connection-Klasse 471
   erforderliche Eigenschaften 471
   erforderliche Methoden 472
   Implementierung 470–471
Connection-Objekt 466, 470
ConnectionProperties-Element 355, 366
   im Listing 355
ConnectionString-Eigenschaft
   im Listing 471
ConnectionTimeout-Eigenschaft 471, 475
   im Listing 472
CreateBatch-Methode 448
CreateCommand-Methode 472
   im Listing 473
CreateDataDrivenSubscription-Methode 446
CreateDataSource-Methode 445
CreateFolder-Methode 448
CreateLinkedReport-Methode 449
CreateParameter-Methode 477
   im Listing 477
CreateReportHistorySnapshot-Methode 447
CreateReport-Methode 364–365, 448
   im Listing 364
CreateResource-Methode 448
CreateRole-Methode 446
CreateSchedule-Methode 449
CreateSubscription-Methode 446
CSV 100

D

DataReader-Klasse 478
   Implementierung 478
DataReader-Objekt 466, 474, 478
   im Berichts-Designer 478
   Leistungsumfang 478
Dataset 140, 145
DataSet-Element
   im Listing 361
Dataset-Element 360–361
DataSets-Element
   im Listing 361
Datasets-Element 361
DataSouceReference-Element 355
DataSource-Element 355
   im Listing 355
   Untergeordnete Elemente 355

Stichwortverzeichnis

DataSourceName-Element
   im Listing 361
DataSources-Element 355
   im Listing 355
Dateifreigabe 376
Daten
   aus verschiedenen Quellen konsolidieren 29
   filtern 33
Datenanalyse 28
   komplexe 33
Daten-Ansicht 95, 101–102
Datenbankverbindung 470
Datenbereiche 108, 117
Datenfelder
   definieren 361
Datengesteuertes Abonnement 298
   abbrechen 299
   auflisten 299
Datenquelle 140, 335, 350, 355, 362
   Abfrageinformationen 268
   Allgemein-Eigenschaftenseite 265
   anlegen 212
   anmelden per URL-Zugriff 426, 430
   bearbeiten 278
   berichtsspezifisch 268
   definieren in XML 354
   Eigenschaftenseite 'Allgemein' 224
   Eigenschaftenseiten 269
   erstellen 243
   freigegeben 242, 268
   freigegebene Datenquelle 212
   im XML-Format anzeigen 428
   löschen 243
   Neue Datenquelle 212, 281
   Neue Datenquelle-Seite 262
   Sicherheitseinstellungen 264
   suchen 220
   Varianten 268
   Verbindungszeichenfolge 212
   Zuweisung 214
Datenquellen
   Methoden 445
Datenquellen-Anmeldeinformationen
   fehlerhafte 489
Datenquellensicht 336
Datenübermittlungs-API 465
Datenübermittlungserweiterung
   Arbeitsweise 466
   Funktionalitäten 467
   leistungsfähiger machen 467
   Schema 465
   Transaktionen 472
Datenverarbeitung 290, 294
Datenverarbeitungserweiterung 39, 41–42, 140, 464
   Anmeldeinformationen 473
   Bereitstellung 482
   Einführung 465

   Entfernung 492
   fehlerhafte Programmierung 489
   Kommandotext 474
   Kompilierung 481
   Namespace 469
   Programmierung 464
   Prozessfluss 466
   typische Probleme 489
   Verbindungsübergreifende Funktionen 470
   Verwendung 485, 492
Datum
   Tag 409
   Uhrzeit 409
Debuggen 199–201
DeleteItem-Methode 448
DeleteReportHistorySnapshot-Methode 447
DeleteRole-Methode 446
DeleteSchedule-Methode 449
DeleteSubscription-Methode 446
Den Berichts-Assistenten abschließen (Fenster) 487
Designer für generische Abfragen 102, 104, 483
Designer für grafische Abfragen 102
Detailgruppierung 167
Details-Element 359
   im Listing 359
Diagramm 108–109, 124
Diagrammbereich 82–83, 102
Dienstkonto 56
Dienstprogramm
   rsconfig 277
DirectoryInfo-Klasse 467
DisableDataSource-Methode 445
Dokumentkopf
   definieren in XML 354
Dokumentstruktur 99, 137, 186, 191–192, 198
   verstecken 429
Dokumentstruktur-ID
   navigieren zu 429
Drilldown 33, 86, 100–101, 123–124, 186, 188, 198–199
Drillthrough 33, 188, 198–199
Drittanbieter
   Tools 33
Drucken 97, 100
Dynamische Abfrage 181
Dynamische Hilfe 95

E

Editionen 48
Eigene-Dateien-Ordner 394
Eigenschaft
   Berichtselement 406
   Hintergrundfarbe 406
Eigenschaftenfenster 95, 110
Eigenschaftenseite
   Beschreibung 315

Eigenschaftenseite Allgemein
　Aktualisieren 225
　Bearbeiten 215, 225
　Bereich 'Berichtsdefinition' 225
　Bereich 'Eigenschaften' 225
　Bereich 'Schaltflächen' 226
　Berichtsdefinition 215
　In Listenansicht ausblenden 223
　Verknüpften Bericht erstellen 226
　Verknüpfung ändern 226
Eigenschaftenseite Parameter
　Beschreibung 227
　Datentyp 228
　Eingabeaufforderung 229
　Hat Standardwert 228
　NULL 228
　Standardwert 228
Eigenschaftenseite Verlauf
　Berichtsspezifischer Zeitplan 316
　Einrichtung 318
Eigenschaftenseiten 111
　Allgemein 215
　Datenquellen 214
　öffnen 221
　Parameter 227
　Schaltfläche Löschen 222
　Schaltfläche Übernehmen 222
　Schaltfläche Verschieben 222
Eingabeaufforderung 171, 173
Eingebetteter Bericht 109, 117, 199
EML-Format 387
Employee Sales Summary 377
EnableDataSource-Methode 445
Endbenutzer-Lizenzvertrag 50
Enterprise Edition 49, 264
Entwicklungsumgebung 36, 39, 94
Entwurfsoberfläche 97
Ergebnisbereich 82, 84, 103
Erweiterung
　bereitstellen 482
　debuggen 490
　entfernen 492
Erweiterungsschnittstellen *siehe* Reporting Services Erweiterungsschnittstellen
Erweiterungstypen 464
Excel 100
　Pivottabelle 307
ExecuteBatch-Methode 448
ExecuteReader-Methode 474, 477
Exportformat 100, 302
　Bild 304–305
　CSV 304
　Druckausgabe 304
　Excel 302, 304
　HTML 304–305
　MHTML 304, 306–307
　Pagnierung 304
　PDF 304–305
　Renderingerweiterung 305
　Seitengröße 305
　Seitenumbruch 305
　Vor- und Nachteile 304
　Webarchiv 304
　XML 304
Extension-Element 492

F

Featureauswahl 55
Fehler
　in Skriptdateien 461
Fehlermeldung 411
Fehlerprotokoll *siehe* Logfile
Felddefinition
　definieren in XML 360
FieldCount-Eigenschaft
　im Listing 479
Field-Element
　im Listing 361
FileSystemInfo-Klasse 467
Filter 152, 175–176, 198
Finden
　Text 429
FindItems-Methode 448
FireEvent-Methode 448
Flexibilität
　bei der Berichtsausführug 32
　bei der Speicherung 30
FlushCache-Methode 445
FontSize-Element 358
FontStyle-Element 358
FontWeight-Element 358
Formatierungszeichen 130, 132
Formatierungszeichenfolge 132–133
forward-only stream 478
Freiform-Berichte 33
Freigabe
　einrichten 381
Freigegebene Datenquelle 269
　anlegen 281
　Anmeldinformationen 273
　deaktivieren 269, 272
　Eigenschaftenseite 'Datenquellen' 271
　Elemente 272
　In Listenansicht ausblenden 272
　Schaltfläche 'Löschen' 273
　Schaltfläche 'Übernehmen' 273
　Schaltfläche 'Verschieben' 273
　Schaltflächen 272
　Verbindungstyp 272
　Wartbarkeit 269
Freigegebene Datenquellen 141

Stichwortverzeichnis

Freigegebene Zeitpläne
    Anhalten 324
    Beschreibung 324
    Fortsetzen 325
    Löschen 324
    Sortierung 325
    Spalte
        Ersteller 325
    Spalte 'Nächste Ausführung' 325
    Spalte 'Name' 325
    Spalte 'Status' 324
    Spalte 'Zeitplan' 325
    Spalte 'Zuletzt ausgeführt' 325
    Zeitplan erstellen 325
Freigegebener Zeitplan 297
    anhalten 328
    erstellen 325
    fortsetzen 329
    Seite 'Berichte' 327
    zuweisen 327
freigegebener Zeitplan
    Methoden 449
FsiDataExtension-Beispiel 467
Funktion
    .NET 409
    Aggregat- 405
    Datumsfunktion 409
    eigene 410, 412
    Entscheidungsfunktion 410
    Iif 404
    Iif- 410
    in Ausdrücken 404
    Left 410
    Now 409
    Summe 404
    Visual Basic 409
    Zeichenfolgefunktion 410
Fußzeile 407, 409

G

Geräteinformationseinstellungen
    PDF-Lesezeichen 310
Gespeicherte Prozedur 105, 146, 177
Gestaltung 194, 198
GetCacheOptions-Methode 445
GetDataDrivenSubscriptionProperties-Methode 446
getData-Methode 361–362
GetDataSourceContents-Methode 445
GetExecutionOptions-Methode 445
GetFieldType-Methode 478–479
    im Listing 479
GetItemType-Methode 448
GetName-Methode 478–479
    im Listing 479
GetOrdinal-Methode 478–479
    im Listing 480

GetPermissions-Methode 447
GetPolicies-Methode 447
GetProperties-Methode 448
GetRenderResource-Methode 445
GetReportDataSourcePrompts-Methode 446
GetReportDataSources-Methode 446
GetReportDefinition-Methode 448
GetReportHistoryLimit-Methode 447
GetReportHistoryOptions-Methode 447
GetReportLink-Methode 449
GetReportParameters-Methode 445
GetResourceContents-Methode 448
GetRoleProperties-Methode 447
GetScheduleProperties-Methode 449
GetSubscriptionProperties-Methode 446
GetSystemPermissions-Methode 447
GetSystemPolicies-Methode 447
GetSystemProperties-Methode 448
GetValue-Methode 478–479
    im Listing 480
Globals-Auflistung 136
Gruppieren 86, 117, 161

H

Haltepunkt 491–492
Hauptzielgruppe 32
Header-Element 356–357, 359
    im Listing 357
Height-Element 356
    im Listing 357
HelloWorld-Funktion 435
Hintergrundbild 116
Home-Ordner
    vollständig leer 397
HTML-Anhang 391
HTML-Ansicht 391
HTML-Viewer 306
    Anmeldeinformationen 236
    Berichtssymbolleiste 234
    Beschreibung 233
    Dokumentenstruktur 234, 237
    Parameter 236
    Parameterabschnitt 234
    per URL-Zugriff steuern 428
HTTP POST 437
Hyperlinks 189, 191–192, 198

I

IDataParameterCollection-Schnittstelle
    im Listing 481
IDataReader
    Eigenschaften-Implementierung 479
IDataReaderExtension-Schnittstelle 478

IDataReader-Schnittstelle 478
  Implementierung Methoden und Eigenschaften 479
IDbCommandAnalysis-Schnittstelle 478
IDbCommand-Schnittstelle 474
  im Listing 475
IDbConnectionExtension-Schnittstelle 470, 473
IDbConnection-Schnittstelle 470–471
  im Listing 471
Inaktivität 198
Informationserforscher 32–33
Informationsgesellschaft 28
Informationskonsumenten 32–33
Inhalt-Seite
  Datei uploaden 210, 213, 219
  Details anzeigen 210
  Details ausblenden 210
  Löschen 210, 217
  Neue Datenquelle 210, 212, 281
  Neuer Ordner 210–211
  Symbole 208
  Überblick 209
  Verschieben 211, 217
InheritParentSecurity-Methode 447
Installationsvorgang 50–51
Integration in Anwendungen 444
Interaktivität 186, 192, 198
Internet Information Services 257
  iisreset 257
  zurücksetzen 257
Internet-Buchhändler 434
Inventarlisten 32

K

Kanaltyp 161
Kaskadierende Parameter 178
Klassenansicht 95
Komponenten 54
Komponentenupdate 51
Konfigurationsdatei *siehe* .config-Datei
Konfigurations-Manager 23, 200–201
Konsolenanwendung 456
Kopf- und Fußzeile
  einer Gruppe 195
  einer Tabelle 195
  eines Berichts 194
Kurs
  aktueller 434

L

Lagerlisten 28
Language-Element 358
Laufzeitassembly 291
Layout
  konsistentes 29

Layout-Ansicht 95–96
Legende 434
Lesezeichenlinks 191–192, 198
Level-Funktion 167–168
liesXmlDataDocument-Methode
  im Listing 480
Linie 108, 113
ListChildren-Methode 448
Liste 108–109, 124
ListEvents-Methode 448
ListExtensions-Methode 448
ListJobs-Methode 448
ListLinkedReports-Methode 449
ListReportHistory-Methode 447
ListReportsUsingDataSource-Methode 446
ListRoles-Methode 447
ListScheduledReports-Methode 449
ListSchedules-Methode 449
ListSecureMethods-Methode 447
ListSubscriptions-Methode 446
ListTasks-Methode 447
Liveberichte 294
LocalizedName-Eigenschaft 472
  im Listing 473
Log-Dateien 485, 489
Logfiles 385

M

Matrix 108–109, 121
Matrix-Element 356
Meine Berichte
  aktivieren 394
  deaktivieren 396
  publizieren 398
  verwalten 394
Meine Berichte-Funktionalität 248, 254
  sichern 265
Meine-Berichte-Ordner *siehe* My-Reports-Ordner
Methoden
  Abonnements- 446
  Ausführungs- 444
  Berechtigungen- 446
  Berichtsparameter- 445
  Berichtsserver-Namespace-Management- 448
  Berichtsverlauf- 447
  Datenquellen- 445
  Freigegebener-Zeitplan- 449
  Rendering- 444
  Richtlinien- 446
  Rollen- 446
  Snapshot- 447
  Verbindungs- 445
  Verknüpfte-Berichte- 449
Microsoft BI Development Studio 39

Stichwortverzeichnis

Microsoft.ReportingServices.DataProcessing-Namespace
    im Listing 471, 475, 481
Microsoft.ReportingServices.Interfaces.dll 470
Microsoft.ReportingServices.Interfaces-Namespace
    im Listing 471
MIME-Typ 115
Mini-Portal 431
Mobilfunk 386
MoveItem-Methode 448
My-Reports-Ordner 395
    Publizieren in 398

N

Nachrichtentext 96
Namespace 409
Navigation 198
    in Berichten 29
no-Operation-Implementierung 467
NotSupportedException 467
Nur-Lesen-Datenstrom *siehe* read-only stream
Nutzer
    berechtigte 29
Nutzergruppen 31

O

Offlineanzeige 371
OLE DB 470
Open-Methode 472
    im Listing 472
Ordner 242
    Allgemein-Eigenschaftenseite 262
    ausblenden 223
    auswählen 214
    Eigenschaftenseite 'Allgemein' 222
    Eigenschaftenseite 'Sicherheit' 223
    erstellen 211, 243
    löschen 217, 243
    Meine Berichte sichern 265
    Neuer Ordner 211
    Neuer Ordner-Seite 262
    sichern 261
    suchen 220
    verschieben 217
    wiederherstellen 217
Ordner 'Users Folders' *siehe* Users-Folders-Ordner
Ordnerhierarchie 249, 255, 261
Ordnernavigation 247
Ordnersicherheit 262
Outlook Express 387, 391

P

Parameter 99, 170, 199
    akutalisieren 242
Parametereingabemöglichkeit
    verstecken 429
Parameters-Eigenschaft 476
    im Listing 476
Parameterwert 33
    auswählen 33
PauseSchedule-Methode 449
PDF 100
Portal 399
Portal-Integration 431
PrepareQuery-Methode 446
Programmierschnittstellen 41–42, 423
Programmierung
    Möglichkeiten 422
Projekteigenschaftenseiten 398
Projektmappe 438
Projektmappen-Explorer 91, 95, 435
Provision 412, 417
Provisionssatz 412
Proxyklasse 440
Prozessor für Zeitplanung und Übermittlung 41, 44–45
Prozessstart 299
Push-Pull-Paradigmen 30
Pushzugriff 291

Q

Query-Element
    im Listing 361

R

Rasterbereich 82–84, 102
RDL 305, 311, 348
    generieren 422
RDL-Datei 262, 364, 398
    ändern 215
    bearbeiten 216
    downloaden 215
    upload 398
RDL-Elemente 311
Read-Methode 478–479
    im Listing 479
read-only stream 478
Rechteck 109, 113
Registerkarten
    Anzeigen 215
    Eigenschaften 214

Registrierungsinformationen 53
Rekursive Hierarchien 166
Rendering 290
    Methoden 444
Renderingerweiterung 291, 302, 304–305, 464
    benutzerdefiniert 305, 311
    Berichtselement 308
    Bild 306, 309
    Bildformate 309
    CSV 308
    CSV-Datei 308
    Datenbereich 307
    Diagramm 307
    drucken 310
    Excel 307
    Feldtrennzeichen 308
    Geräteinformationseinstellung 306–307, 309–310
    Gerätespezifisches Format 305
    Größeneigenschaften 306
    HTML 306
    HTML-Tabelle 306
    Liste 308
    Listenelement 307
    Matrize 307
    Pagnierung 309
    PDF 310
    Positionseigenschaften 306
    Renderingobjektmodell 308
    Render-Parameter 306
    Standardwerte 306
    Tabelle 307–308
    TIFF 309
    URL-Zugriff 307–308, 311
    XML 306, 309
    XML-Code 309
Renderingerweiterung steuern *siehe* URL-Zugriff, Renderingerweiterung steuern
Renderingerweiterungen 39, 41, 43–44
    URL-Parameter 306
Render-Methode
    in Anwendung nutzen 452
Rendern 100
Report-Element
    im Listing 355
Reporting Life Cycle 36, 78
Reporting Services
    als Bestandteil von eigenen Anwendungen 449
    Erweiterungsschnittstellen 423
    in eigene Anwendungen integrieren 422
    Integrationskonzepte 422
    Log-Dateien *siehe* Log-Dateien
    programmieren 422
    programmieren in .NET 453
    Schnittstellen *siehe* Programmierschnittstellen
    steuern 422
Reporting Services Web Service 444
    im Berichts-Manager 444

Reporting Services, Webdienst-Schnittstelle *siehe* Webdienst-Schnittstelle
ReportItems-Element 356
Ressource 242, 246
    erstellen 243
    löschen 243
    sichern 263
Ressourcen
    anzeigen 219
    Arten 218
    MIME-Typen 218
    Ressource 218
    uploaden 218
ResumeSchedule-Methode 449
Richtlinien
    Methoden 446
Richtlinienkonfigurationsdatei für den Berichtsserver *siehe* RSSrvPolicy.config-Datei
Richtlinienkonfigurationsdatei für die Vorschau in Berichts-Designer *siehe* RSPreviewPolicy.config-Datei
Rolle
    Browser 395, 397
    empfohlene 395
    Inhalts-Manager 395
    Meine Berichte 395
    Verleger 395
Rollen
    Methoden 446
Rollendefinition 244, 251
    Aktionen 241
    aktivieren 244
    aktualisieren 244
    ändern 253
    Anforderungen 251
    anzeigen 244
    Aufgabe 241
    Auflistung von Aufgaben 244
    Berechtigung 251
    Beschreibung 244, 252
    Browser 241
    Browser-Rolle 246, 260, 264
    Elementebene 246
    erstellen 244, 251
    Inhalts-Manager 240–241
    Inhalts-Manager-Rolle 247, 251, 263–264
    löschen 244, 254
    Meine Berichte-Rolle 248, 265
    Namen festlegen 251
    Neue Rolle-Seite 251–252
    Neue Systemrolle-Seite 251
    Planung 251
    Rolle bearbeiten-Seite 251, 253
    System-Administrator 240
    Systemadministrator-Rolle 250
    Systembenutzer-Rolle 250, 259
    Systemebene 249
    Systemrolle bearbeiten-Seite 251

Stichwortverzeichnis

Rollendefinition *(Fortsetzung)*
    Verleger 240–241
    Verleger-Rolle 249, 255, 261
    verwenden 241
    vordefiniert 241, 245–246, 249
    Zugriff erteilen 240
Rollendefinitionen 241
Rollenzuweisung 244, 251, 254–256, 261–262
    benutzerdefiniert 258
    erstellen 258
    Inhalts-Manager 258
    neue 397
    Systemadministrator 258
    Systemrollenzuweisungen-Seite 259
    verwalten 258
    vordefiniert 245, 258
Rollenzuweisungen 241
rs.exe-Dienstprogramm 422, 456
    Argumente 457
    Syntax 457
RSEmailDPConfiguration 387
RSPreviewPolicy.config-Datei 484
RSReportDesigner.config-Datei 482–483, 492
RSReportServer.config 387
RSReportServer.config-Datei 470, 472, 482, 492
rsreportserver.config-Datei 277
RSS-Datei *siehe* Skript
RSSecurity.config-Datei 492
rssrvpolicy.config 414, 417
RSSrvPolicy.config-Datei 483, 489
    CodeGroup-Abschnitt 483

S

SampleReports
    installieren 207
SampleReports (verwendete Beispiele)
    Company Sales 211, 213, 221, 270, 278, 280, 282–283, 287, 302, 320, 322
    Employee Sales Summary 229
    Foodmart Sales 226, 327
    Product Catalog 234, 292, 296
    Product Line Sales 236
    Territory Sales Drilldown 297, 300, 319
Schnittstellen *siehe* Programmierschnittstellen
Seite 'Freigegebene Zeitpläne'
    Anhalten 328
    Fortsetzen 329
    Neuer Zeitplan 325
Seitenformatierung 134–135
Seitengröße 134
Seitenumbruch 134
Seitenzahl
    setzen 429
Server-Explorer 95, 146
Service1.asmx 435

services.msc 415
SetConfiguration-Methode 472
    im Listing 473
SetDataDrivenSubscriptionProperties-Methode 446
SetDataSourceContents-Methode 446
SetPolicies-Methode 447
SetProperties-Methode 448
SetReportDataSources-Methode 446
SetReportDefinition-Methode 448
SetReportHistoryLimit-Methode 447
SetReportHistoryOptions-Methode 447
SetReportLink-Methode 449
SetReportParameters-Methode 445
SetResourceContents-Methode 448
SetRoleProperties-Methode 447
SetScheduleProperties-Methode 449
SetSubscriptionProperties-Methode 446
SetSystemPolicies-Methode 447
SetSystemProperties-Methode 448
Setup-Assistent 50, 52–53, 57, 60
Sicherbare Elemente 240
Sicherheit 397
Sicherheit von Elementen 261
    Bericht 263
    freigegebene Datenquelle 264
    Meine Berichte-Ordner 265
    Ordner 261
    Ressource 263
Sicherheitserweiterung 464
Sicherheitskontext
    im Vorschaufenster 488
Sicherheitsmodell 240
    kategorisieren 240
    Komponenten 240
    rollenbasiert 240
    Rollendefinition 240
Sicherheitsrichtlinie 243, 255
Sicherheitsrisiko
    potentielles 397
    URL-Parameter 431
Sicherungskopie 371
Simple Object Access Protocol *siehe* SOAP
Siteeinstellungen 299–300
    Bereich 'Andere' 232
    Bereich 'Einstellung' 230
    Bereich 'Sicherheit' 232
    Berichtsserver umbenennen 231
    Beschreibung 230
    Felder 230
    Freigegebene Zeitpläne verwalten 325
    Für 'Meine Berichte' ermöglichen 394
    Timeout 294
Siteeinstellungen-Seite 244, 249, 259
Skript
    Ablaufverfolgungsinformationen 457
    als Batch ausführen 457
    ausführen 456

Skript *(Fortsetzung)*
    Benutzername 457
    debuggen 460
    entwicklen mit Visual Studio 460
    erstellen 456
    fehlerhaftes 460
    globale Variablen 457
    Kennwort 457
    programmgesteuert erzeugen 456
    Rollback 457
    Timeout 457
Skriptdateien 422, 456
    verglichen mit Webdienst 444
SMTP-Servers
    Installation eines 386
Snapshot 243, 291, 293, 295–296, 300
    Bericht ausführen von 296
    Beschreibung 314
    Erstellung nach Zeitplan 297
    geplanter 298
    Methoden 447
    Renderingformat 314
    Speicherformat 314
    synchronisieren 297
    zum Berichtsverlauf 293, 298
    zur Berichtsausführung 293, 298
SOAP 437, 440
    API 422
    Endpunkt 444, 457
    -Nachrichten 437
    -Umschlag 437
SoapException 365
Sortieren 157
Spalten überspannende Zellen 196–197
Spaltenüberschriften
    definieren in XML 356
SQL
    Abfrage 403, 407
    Abfrage-Generator 407
    Anweisung 407
SQL Server Agent 375
SQL-Bereich 82, 102
Stammnamespace 461
Standard Edition 49, 264
Standardabonnement 298
Standardsicherheit 241, 245, 248
Startprojekt festlegen 440
State-Eigenschaft 471
    im Listing 472
Stil *siehe* Style-Element
Stubs 471
Style-Element 356–358, 360
    im Listing 357
Suchen
    Ausführen 221
    Bericht 220
    Datenquelle 220

Element 220
FindItems Methode 221
Ordner 220
Ressource 220
Suchen 220
Suchoperator 220
Suchzeichenfolge 220
Text in einem Bericht 220
Suchen-Seite 220
Systemauftrag 298
Systemeigenschaften 244
Systemkonfigurationsüberprüfung 52
Systemsicherheitsrichtlinien 244

T

Tabelle (Datenbereich) 108, 117
TableCell-Element 356
    im Listing 357
TableCells-Element 356
    im Listing 357
TableColumn-Element 360
    im Listing 360
TableColumns-Element 360
    im Listing 360
Table-Element 356
    im Listing 356
TableRow-Element 356
    im Listing 357
TableRows-Element 356
    im Listing 357
TargetFolder 398
Telefonlisten 32, 372
TextAlign-Element 358
Textbox-Element 357
    im Listing 357
Textfeld 108–109
TIFF 100
Timeout 300
    Abfragetimeoutwert 294
    abschalten 294
    einstellen 295
    für Berichtausführung 294
Timeout-Fehler 294
Toolbox 95, 108
Toolbox-Fenster 438
Transaction-Eigenschaft 476
    im Listing 477
Transaction-Element 355
TypeName-Element 361

U

Übermittlungserweiterung 464
    entfernen 492
Übermittlungserweiterungen 38, 41, 44–45

Überschreiben
    Option 374
Umsatzziel 404
UNC-Schreibweise 374
Unternehmensbericht 28
Unternehmensberichtsszenarien 29
URL 191
URL-Enkodierungsstandards 426
URL-Parameter 306
URL-Parameter *siehe* URL-Zugriff, URL-Parameter
URL-Zugriff 397, 423
    Anmeldung an der Datenquelle 430
    auf My-Reports-Ordner 399
    Bericht rendern 428, 430
    Berichtsparameter 427
    Berichtsserver adressieren 427
    browsen 424
    Command-Parameter 428
    Datenquelle anzeigen 428
    DocMapID-Parameter 429
    DocMap-Parameter 429
    dsp-Parameter-Präfix 426, 430
    dsu-Parameter-Präfix 426, 430
    EndFind-Parameter 429
    FallbackPage-Parameter 429
    FindString-Parameter 429
    Format-Parameter 428
    GetDataSourceContents-Parameter 428
    GetImage-Parameter 429
    GetResourceContents-Parameter 428
    HTML-Viewer 428
    Icon-Parameter 429
    interaktiv nutzen 426
    ListChildren-Parameter 428
    Parameter-Präfixe 426
    Parameters-Parameter 429
    rc-Parameter-Präfix 426, 428, 430
    Renderingerweiterung steuern 426, 430
    Render-Parameter 428
    rs-Parameter-Präfix 426–427
    Section-Parameter 429
    Snapshot-Parameter 428
    StartFind-Parameter 429
    Syntax 423
    Toolbar-Parameter 429
    Unterschiede zum Berichts-Manager 424
    URL per Klick zusammenzustellen 426
    URL-Parameter 426
    Verzeichnis anzeigen 428
    Verzeichnis wechseln 425
    Zoom-Parameter 429
    Zugriff auf Elemente 426
    Zugriffsfehler 425
URL-Zugriff, Bericht rendern mit *siehe* Bericht rendern
Users-Folders-Ordner 396

V

ValidateExtensionSettings-Methode 448
Value-Element 359
    im Listing 359
Verbindung
    Methoden 445
Verbindungsstatus 471–472
Verbindungszeichenfolge 81, 142, 273, 279, 350, 470–471
    Provider
        Microsoft SQL Server 273
        ODBC 274
        OLE DB 273
        Oracle 273
        Typische Varianten 273
Verkaufsberichte 32
Verkaufsstatistik 28
Verknüpfte Berichte
    Methoden 449
    Stammbericht 226
    verknüpfen 226
Verknüpfung
    einschließen 390
Verknüpfung zu Bericht *siehe* Bericht, verknüpfter
Verlauf (Seite) 293
Verlaufserstellung 299
Verwaltungstools-Installationsoption 456
Verweis auf Bericht *siehe* Bericht, verknüpfter
Verweis hinzufügen (Seite) 470
Viewer 302
    interaktive Funktionen 304
Visibility-Element 360
Visual Basic .NET 422
Visual Basic .NET-Compiler 460
Visual Basic-Projekt
    erstellen 350
Visual Studio Debugger 492
Visual Studio-Projekt anlegen 450
Vorschau-Ansicht 99
Vorwärtsbewegung *siehe* forward-only stream

W

w3wp.exe 491
Währungsrechner 410
Web Services Description Language *siehe* WSDL
Webarchiv 100
Webarchivformat 371
Webdienst 434–435
    auf dem lokalen Computer 438
    aufrufen 437
    Client 437
    Dienstbeschreibung 437
    Dilbert- 441
    eigener 434

Webdienst *(Fortsetzung)*
    einbinden 438
    suchen 438
    testen 436
    URL eingeben 438
    Vorgänge 436
Webdienst-Schnittstelle 422
Webdienst-Schnittstelle *siehe* Reporting Services
    Web Service
Webfarm 298
WebMethod 435
Webverweis 352
    auf Berichtsserver hinzufügen 461
    auf Berichtsserver setzen 450
    hinzufügen 438
Webverweisname 353
Weitergabeprozess 488
Wert
    aus der Datenbank 382
    statischer 382
Width-Element
    im Listing 360
Windows Forms 438
Windows-Anwendung 438
Windows-Plattformen 434
Windows-Sicherheit 240
    Benutzer 240
writeFile-Methode 363
WSDL 437

X

XML 100, 348
XML-Code 413
XmlCommand-Klasse
    erforderliche Eigenschaften implementieren 476
XmlDatareader-Objekt 477
XML-Datei 412, 416
    erstellen 413
    Zugriffsberechtigung 414

XMLDatenverarbeitungsErweiterung (Beispiel) 468
XmlLesen 414
XmlLesenAssembly 413
XmlParameters-Eigenschaft 476
    im Listing 476
XML-Schema-Datei *siehe* .xsd-Datei

Z

Zeitplan 156, 374
    Abgelaufene Zeitpläne 318
    anzeigen 244
    bearbeiten 317
    Bereich 'Anfangs- und Enddatum' 318
    Bereich 'Zeitplandetails' 317
    Berichtsspezifischer Zeitplan 316
    einrichten 318
    erstellen 244
    freigegebener 323, 384
    Neuer Zeitplan 325
    Option 'Einmal' 318
    Option 'Monat' 318
    Option 'Stunde' 317
    Option 'Tag' 318
    Option 'Woche' 318
    Optionen 317
    Ortszeit 317
Zeitplanungsmodul
    SQL Server Agent 319
Zeitungsszenario 370
Zelle
    Eigenschaften 404
    Hintergrundfarbe 404
Zentrale Speicherung 29
Zielserver 403
Zoom einstellen 429
Zusammenführung von Zellen 196–197
Zwischenformat 291, 296
Zwischengespeicherte Kopie 293
Zwischensumme 409

> Wissen aus erster Hand

Dieses Buch zeigt Ihnen die Features von SQL Server 2005, die einen Teil der Business Intelligence darstellen oder eng mit diesem Gebiet verknüpft sind: OLAP und Data Mining, Analysis Services und Reporting Services, wobei auch deren Integration in die Microsoft Office-Welt und die SharePoint-Technologien behandelt werden. Eine umfassende und fundierte Behandlung des wichtigen Themas Business Intelligence!

Autor	Brosius et al.
Umfang	950 Seiten, 1 CD
Reihe	Fachbibliothek
Preis	59,00 Euro [D]
ISBN	3-86063-994-3

Microsoft Press-Titel erhalten Sie im Buchhandel, PC-Fachhandel und in den Fachabteilungen der Warenhäuser

Microsoft Press

Wissen aus erster Hand

Kurz, klar, präzise. So lässt sich dieser praktische Ratgeber für IT-Profis, die mit Microsoft SQL Server 2005 arbeiten, beschreiben. Das ideale Buch für den Arbeitsplatz, das schnelle Antworten bietet und sich dabei auf die relevanten Informationen für die tägliche Arbeti konzentriert. Aufgrund seiner Größe auch ideal geeignet für die Arbeit des Administrators unterwegs.

Autor	William R. Stanek
Umfang	506 Seiten
Reihe	Taschenratgeber
Preis	34,90 Euro [D]
ISBN	3-86063-990-0

Microsoft Press-Titel erhalten Sie im Buchhandel, PC-Fachhandel und in den Fachabteilungen der Warenhäuser

Microsoft Press

Wissen aus erster Hand

Dieses Buch wendet sich an alle Entwickler, die den SQL Server 2005 und seine Möglichkeiten von Grund auf kennen lernen und beherrschen wollen. Dazu stellt es die Architektur des Systems aus der Perspektive eines Datenbankentwicklers vor, behandelt alle Aspekte der Datenbankentwicklung mit SQL Server von T-SQL über XML bis zur .NET-Programmierung und lässt auch für Entwickler wichtige Services nicht außer Acht. Geschrieben von drei Experten auf diesem Gebiet stellt es die ultimative Referenz zum Thema dar.

Autor	Urban, Köller, Jungbluth
Umfang	1000 Seiten, 1 CD
Reihe	Das Entwicklerbuch
Preis	59,00 Euro [D]
ISBN	3-86063-538-7

Microsoft Press-Titel erhalten Sie im Buchhandel, PC-Fachhandel und in den Fachabteilungen der Warenhäuser

Microsoft Press

Wissen aus erster Hand

Die Analysis Services innerhalb von Microsoft SQL Server bieten anpassbare Lösungen zur Modellierung und Interpretation von Unternehmensdaten und helfen Ihnen dabei, *Business Intelligence* auf alle Bereiche Ihres Geschäfts auszuweiten. Das vorliegende Buch macht Sie mit diesem leistungsfähigen Werkzeug vertraut: Sie lernen, wie Sie einen OLAP-Würfel erstellen, wie Sie die grundlegenden Kalkulationen weitergeben, anpassen und erweitern.

Autor	Reed Jacobson et al.
Umfang	ca. 450 Seiten, 1 CD
Reihe	Schritt für Schritt
Preis	39,90 Euro [D]
ISBN	3-86645-560-7

Microsoft Press-Titel erhalten Sie im Buchhandel, PC-Fachhandel und in den Fachabteilungen der Warenhäuser

Wissen aus erster Hand

Viele Anwender, die zur selben Zeit auf eine umfangreiche Netzwerk-Datenbank zugreifen – hier stößt Access an seine Grenzen. Dieses Buch zeigt Ihnen, wie Sie über den Dateityp ADP effiziente Synergien der Access-Programmierung mit den Managementfunktionen für Datenbanken des SQL Servers erzielen.
Dazu gibt es auf CD den Beispielcode und -datenbanken aus dem Buch sowie eine Testversion von SQL Server 2000 und die komplette deutsche Online-Hilfe zu SQL Server 2000.

Autor	Nicol, Albrecht, Jungbluth
Umfang	608 Seiten, 1 CD
Reihe	Fachbibliothek
Preis	44,90 Euro [D]
ISBN	3-86063-093-8

Microsoft Press-Titel erhalten Sie im Buchhandel, PC-Fachhandel und in den Fachabteilungen der Warenhäuser

Microsoft® Press

Wissen aus erster Hand

Dieses Buch stellt Ihnen ohne unnötigen Ballast die Informationen zur Verfügung, die Sie brauchen, um schnell zu Ergebnissen zu kommen und spart Ihnen durch eine Vielzahl von universell verwendbaren Routinen eine Menge Zeit und Nerven bei der Entwicklung. Es eignet sich als ein Leitfaden für Einsteiger in die Datenbankprogrammierung und als Nachschlagewerk für Fortgeschrittene.

Autor	Doberenz, Gewinnus
Umfang	Ca. 740 Seiten, 1 CD
Reihe	Fachbibliothek
Preis	49,90 Euro [D]
ISBN	3-86063-588-3

Microsoft Press-Titel erhalten Sie im Buchhandel, PC-Fachhandel und in den Fachabteilungen der Warenhäuser